Missbräuchliche Ausnutzung von FRAND-unterworfenen SEPs im US-Kartellrecht

Europäische Hochschulschriften Recht

European University Studies in Law

Publications Universitaires Européennes de Droit

Band/ Volume **6295**

Simon Schmauder

Missbräuchliche Ausnutzung von FRAND-unterworfenen SEPs im US-Kartellrecht

Eine rechtsvergleichende Untersuchung unter Berücksichtigung vertragsrechtlicher Haftungsfragen

PETER LANG

Bibliografische Information der Deutschen Nationalbibliothek
Die Deutsche Nationalbibliothek verzeichnet diese Publikation in der Deutschen Nationalbibliografie; detaillierte bibliografische Daten sind im Internet über http://dnb.d-nb.de abrufbar.

Zugl.: Siegen, Univ., Diss., 2021

D 467
ISSN 0531-7312
ISBN 978-3-631-87682-4 (Print)
E-ISBN 978-3-631-87755-5 (E-PDF)
E-ISBN 978-3-631-87756-2 (EPUB)
DOI 10.3726/b19668

Diese Publikation wurde begutachtet.

www.peterlang.com

Für Laura

Vorwort

Die vorliegende Arbeit wurde im Wintersemester 2020/2021 von der Fakultät III Wirtschaftswissenschaften, Wirtschaftsinformatik und Wirtschaftsrecht der Universität Siegen, Fachbereich Deutsches und Europäisches Wirtschaftsrecht, als Dissertation angenommen.

Ganz herzlich danken möchte ich meinem Doktorvater Professor Dr. Peter Krebs für die wertvollen Hinweise und weiterführenden Anregungen sowie für die hervorragende Betreuung. Herrn Professor Dr. Jörn Griebel danke ich für die zügige Erstellung des Zweitgutachtens.

Ein besonderer Dank gilt meinen Eltern, Schwiegereltern und meinen Freunden, für die stetige Unterstützung und die wertvollen Ablenkungen abseits des Promotionsalltags.

Gewidmet ist diese Arbeit meiner Frau Laura, der ich von Herzen für ihre bedingungslose Unterstützung bei meinen juristischen Abenteuern danke.

Stuttgart, 19.01.2022

Simon Schmauder

Inhaltsübersicht

Inhaltsverzeichnis

Abkürzungsverzeichnis

AAG	Assistant Attorney General
AER	The American Economic Review
AEUV	Vertrag über die Arbeitsweise der Europäischen Union
aF	alte Fassung
ALJ	Administrativ Law Judge
Antitrust Bull.	The Antitrust Bulletin
Antitrust L.J.	Antitrust Law Journal
ANSI	American National Standards Institute
ATIS	Alliance for Telecommunications Industry Solutions
B.C.L. Rev.	Boston College Law Review
Berkeley Tech. L.J.	Berkeley Technology Law Journal
BGB	Bürgerliches Gesetzbuch
BMWi	Bundesministerium für Wirtschaft und Energie
CEN	Europäisches Komitee für Normung
CENELEC	Europäisches Komitee für elektrotechnische Normung
Colum. Sci. & Tech. L. Rev.	Columbia Science and Technology Law Review
Cornell L. Rev.	Cornell Law Review
Criterion J. on Innovation	The Criterion Journal of Innovation
DIN	Deutsche Institut für Normung e.V.
DoJ	U.S. Department of Justice
E.C.J.	European Competition Journal
EPÜ	Euro päisches Patentübereinkommen
ETSI	Europäisches Institut für Telekommunikationsnormen
FRCP	Federal Rules of Civil Procedure
FRAND	Fair, Reasonable and Non-Discriminatory
FTC	U.S. Federal Trade Commission
Geo. Mason L. Rev.	George Mason Law Review
Geo. Wash. L. Rev.	George Washington Law Review
GRUR	Gewerblicher Rechtsschutz und Urheberrecht
GRUR Int.	GRUR International Journal of European and International IP Law

GWB	Gesetz gegen Wettbewerbsbeschränkungen
Harv. L. Rev.	Harvard Law Review
IEC	International Electronical Commission
IEEE	Institute of Electrical and Electronics Engineers
IIC	International Review of Intellectual Property and Competition Law
IJITSR	International Journal of IT Standards and Standardization Research
IP	Intellectual Property
IPRP	Intellectual Property Rights Policy
ISO	International Organization of Standardization
ITC	U.S. International Trade Commission
ITU	International Telecommunication Union
Ital. Antitrust Rev.	Italian Antitrust Review
J. Antitrust Enforc.	Journal of Antitrust Enforcement
J.C.L. & E.	The Journal of Competition Law & Economics
J. Corp. L.	The Journal of Corporation Law
JEDEC	JEDEC Solid State Technology Association
JLA	Journal of Legal Analysis
J.L. & Econ.	The Journal of Law & Economics
J. Intell. Prop. L. & Pract.	Journal of Intellectual Property Law & Practice
J. Political Econ.	Journal of Political Economy
K&R	Kommunikation & Recht
MittdtPatA	Mitteilungen der Deutschen Patentanwälte
Neb. L. Rev.	Nebraska Law Review
NEMA	National Electrical Manufacturers Association
NIST	National Institute of Standards and Technology
NZKart	Neue Zeitschrift für Kartellrecht
Nw. J. Tech. & Intell. Prop.	Northwestern Journal of Technology and Intellectual Property
OASIS	Organization for the Advancement of Structured Information Standards
PTO	U.S. Patent and Trademark Office
Q. J. Econ.	Quarterly Journal of Economics
RAND J. Econ.	RAND Journal of Economics
Res. Policy	Research Policy
RIW	Recht der Internationalen Wirtschaft
S. Cal. L. Rev.	Southern California Law Review
SDO	Standard Determination Organization

Sec.	Section
SEP	Standardessentielles Patent
SIG	Special Interest Group
SMU L. Rev.	SMU Law Review
SSO	Standardisierungsorganisation
Stan. L. Rev.	Stanford Law Review
Stan. Tech. L. Rev.	Stanford Technology Law Review
Tex. Intell. Prop. L.J.	Texas Intellectual Property Law Journal
Tex. L. Rev.	Texas Law Review
TIA	Telecommunication Industry Association
Univ. Pa. Law. Rev.	University of Pennsylvania Law Review
U.C.C.	Uniform Commercial Code
U.S.C.	United States Code
Utah L. Rev.	Utah Law Review
Va. J. Int'l L.	Virginia Journal of International Law
VESA	Video Electronics Standards Association
VITA	VMEbus International Trade Association
WRP	Wettbewerb in Recht und Praxis
WuW	Wirtschaft und Wettbewerb
Yale L.J.	The Yale Law Journal
ZWeR	Zeitschrift für Wettbewerbsrecht

Hervorhebungen und Unterstreichungen in dieser Arbeit sind, sofern nicht anders gekennzeichnet, durch den Verfasser vorgenommen worden.

Erster Teil - Einleitung

„Wie einst Hannibal die Römer erschreckte, lehren heute die Inhaber von Mobilfunkpatenten die Autoindustrie das Fürchten. Die (teils schon etwas betagten) Elefanten, auf denen die Patentinhaber zu Felde ziehen sind ihre standardessentiellen Patente (...)“[1]

In einer zunehmend technologisierten und vernetzten Welt ist entscheidender denn je, dass unterschiedliche Produkte miteinander kompatibel und interaktionsfähig sind. Dies wird nicht nur am Beispiel der „*smart cars*“ deutlich, die in dem Zitat von *Körber* angesprochen werden. Der standortunabhängige Datenaustausch über unterschiedliche Endgeräte, sei es ein Laptop, ein Tablet oder ein Smartphone, ist heute selbstverständlich, nicht zuletzt, weil die Interoperabilität zwischen verschiedener Hard- und Software für den Digitalbereich in Europa aufgrund der Digitale-Inhalte-Richtlinie[2] (EU) 2019/770 gesetzlich auch weitgehend vorgegeben ist. Die technische Grundlage die es ermöglicht, dass unterschiedliche Geräte kompatibel sind und miteinander kommunizieren können, bilden einheitliche technische Standards. Weltweit profitieren nicht nur Verbraucher von einheitlichen Mobilfunkstandards, mit denen ein zunehmend größerer Datentransfer ermöglicht wird. Auch für die Industrie bilden technische Standards die Grundlage dafür, dass neue Technologien wie die vernetzte Industrie 4.0, das autonome Fahren oder „*smart cars*“ umgesetzt werden können. Nachdem in Europa nunmehr Autohersteller auf Grundlage der VO 2015/758/EU[3] verpflichtet sind, neu zugelassene Fahrzeuge standardmäßig mit einem eCall-Notrufsystem auszurüsten, erhalten Mobilfunkstandards auch für die europäische Automobilindustrie eine zunehmende Bedeutung.

Dass unterschiedliche Endprodukte – sei es ein Smartphone oder eben ein Automobil – herstellerunabhängig kommunizieren können und mobilfunkfähig sind, ist auf eine gemeinsame Grundlage zurückzuführen: Der Festlegung und

---

1 *Körber*, NZKart 2020, 493.

2 Richtlinie (EU) 2019/770 des Europäischen Parlaments und des Rates v. 20.05.2019 über bestimmte vertragsrechtliche Aspekte der Bereitstellung digitaler Inhalte und digitaler Dienstleistungen.

3 Verordnung (EU) 2015/758 des Europäischen Parlaments und des Rates v. 29.04.2015 über Anforderungen für die Typgenehmigung zur Einführung des auf dem 112-Notruf basierenden bordeigenen eCall-Systems in Fahrzeugen und zur Änderung der Richtlinie 2007/46/EG.

Praktizierung einheitlicher technischer Standards. Unter der Schirmherrschaft von Standardisierungsorganisationen (SSO) beraten sich Unternehmen aus den unterschiedlichsten Branchen darüber, welche technische Lösung am besten geeignet ist, die Grundlage für einen Standard zu bilden. Das Ergebnis dieses Beratungsprozesses ist die Festlegung technischer Spezifikationen in einem Standard, der eingehalten werden muss, wenn ein Produkt standardkonform sein soll. Die ökonomischen Vorteile, die technische Standards für Verbraucher, Unternehmen und eine moderne Volkswirtschaft bewirken, werden als grundsätzlich positiv hervorgehoben[4], weil sie zur Entwicklung neuer und innovativer Produkte beitragen, den Wettbewerb beleben und zugleich zu niedrigeren Herstellungs- und Verkaufskosten führen, wovon letztlich auch die Verbraucher profitieren[5].

Die weltweite wirtschaftliche Bedeutung von SSOs, in denen Standards festgelegt werden, ist nach wie vor ungebrochen, Tendenz steigend. Allein im Bereich der Informations- und Kommunikationstechnologien sind über 1120 SSOs weltweit aktiv.[6] Die Festlegung technischer Lösungen und Spezifikationen in einem Standard bringt es mit sich, dass davon auch patentgeschützte Technologien betroffen werden. Wird eine patentgeschützte Technologie Teil eines Standards, die von Herstellern standardkonformer Produkte genutzt werden muss, um die Standardkonformität zu gewährleisten, spricht man bei solchen Patenten von standardessentiellen Patenten (SEP). SEPs verleihen ihrem Inhaber eine nicht unerhebliche Machtposition, weil Standardanwender darauf angewiesen sind, die standardessentielle und patentgeschützte Technologie nutzen zu dürfen. Ein SEP-Inhaber kann geneigt sein, seine Machtposition für eigene wirtschaftliche Vorteile auszunutzen, unter anderem in dem er die Erteilung von Lizenzen zur Nutzung der essentiellen Technologie verweigert oder nur zu überhöhten Lizenzgebühren vergibt. Als Hebel zur Durchsetzung seiner Forderungen kommen insbesondere patentrechtlichen Unterlassungsrechte in Betracht. Um diesem Missbrauchspotenzial vorzubeugen, verpflichten

---

4 Siehe dazu Europäische Kommission, Leitlinien zur Anwendung von Art. 101 des Vertrags über die Arbeitsweise der Europäischen Union auf Vereinbarungen über horizontale Zusammenarbeit", ABl. C 11 v. 14.01.2011, Rn. 263, 308 (im Folgenden: Horizontalleitlinien) und DoJ/FTC, Antitrust Enforcement and Intellectual Property Rights: Promoting Innovation and Competition, 2007, S. 33 (im Folgenden: Antitrust and IP-Report (2007); *Geradin*, 76 (1) Antitrust L.J. 329, 333 (2009); *Dornis*, GRUR 2020, 690.

5 Vgl. Europäische Kommission, Horizontalleitlinien, Rn. 263.

6 Siehe dazu https://www.consortiuminfo.org/sso-list/ (abgerufen am: 22.03.2021).

sich SSO-Mitgliedsunternehmen vor Festlegung des Standards gegenüber der SSO, vom Standard betroffene und mithin essentielle Patentrechte zu fairen, angemessenen und nicht-diskriminierenden Bedingungen zu lizenzieren (sog. FRAND-Lizenzbedingungen).[7]

Die marktmächtige Stellung des SEP-Inhabers in Verbindung mit denkbaren einseitigen missbräuchlichen Verhaltensweisen, bringt einerseits das kartellrechtliche Missbrauchs- und Monopolisierungsverbot ins Spiel, das im US-Kartellrecht in Sec. 2 des Sherman Act[8] enthalten ist und sein europäisches bzw. deutsches Pendant in Art. 102 AEUV und § 19 GWB hat. Auf der anderen Seite ist es einem Patentrecht immanent, dass es seinem Inhaber weitreichende Ausschließungsrechte gegenüber Dritten gewährt, die die geschützte Technologie lizenzlos nutzen. Darin kommt das Spannungsverhältnis zwischen dem Kartell- und Patentrecht zum Ausdruck, weil das kartellrechtliche Missbrauchsverbot einseitige, wettbewerbsschädigende Verhaltensweisen eines Monopolisten verbiet, während das Patentrecht Exklusiv- und Ausschlussbefugnisse verleihen soll.

Dass es sich bei diesem Missbrauchspotenzial nicht um ein nur theoretisches Problem handelt, haben die in den USA unter der Bezeichnung *„mobile devices patent wars"* international bekannt gewordenen Patentstreitigkeiten zwischen verschiedenen Smartphone-Herstellern gezeigt.[9] Die jüngere Vergangenheit belegt allerdings, dass die Patentkriege nunmehr auch in Deutschland angekommen sind und die Automobilbranche erreicht haben, die unter dem Stichwort

---

7 Die aus dem englischsprachigen Raum stammenden Begriffe FRAND (fair, reasonable and non-discriminatory) und RAND (reasonable and non-discriminatory) haben dieselbe Bedeutung; *Layne-Farrar/Padilla*, 9 (2) IJITSR 19, 22 Fn. 14 (2011); *Cotter*, 22 Tex. Intell. Prop. L.J. 311, 312 (2014).

8 Der Sherman Antitrust Act (Sherman Act) ist in „Title 15 Commerce and Trade – Chapter 1" des United States Code (U.S.C.) – einem Gesetzessammelwerk, in den §§ 1-7 enthalten. Weitere kartellrechtlich relevante Gesetzeswerke sind der Clayton Antitrust Act (Clayton Act) in der durch den Robinson Patman Act geänderten Fassung, die in 15 U.S.C. §§ 8 ff. enthalten sind. Für die Zitierung US-kartellrechtlicher Normen wird nachfolgend die „Section" (Sec.) aus dem jeweiligen Gesetz angegeben, die im Anhang dieser Arbeit aufgeführt sind. Normen aus anderen Rechtsgebieten werden mit der gängigen U.S.C.-Bezeichnung zitiert.

9 Vgl. Bericht v. 25.08.2012 in der New York Times zu den *patent wars* zwischen *Apple* und *Samsung*, abrufbar unter: https://www.nytimes.com/2012/08/26/technology/apple-samsung-case-shows-smartphone-as-lawsuit-magnet.html (abgerufen am: 22.03.2021).

der *„connected cars"* Auseinandersetzungen bekannt geworden sind.[10] Die Pflicht zur Ausstattung neuer Kraftfahrzeuge mit einem eCall-Notrufsystem hat sich insofern bislang weniger als geschickter Schachzug der Automobilbranche erwiesen, um im Fall eines Unfalls den eigenen Vertragswerkstätten das Erstzugriffsrecht zu sichern, sondern – wie *Körber* treffend formuliert – als „Trojanisches Pferd" erwiesen, das SEP-Inhaber nunmehr an den Tisch gerufen hat.[11] Der Großteil der Streitigkeiten um FRAND-unterworfene SEPs hat bislang die Frage betroffen, inwieweit es missbräuchlich ist, wenn ein Patentinhaber Unterlassungsrechte aus seinem SEP gegen Standardanwender geltend macht. Auf beiden Seiten des Atlantiks rücken allerdings immer häufiger andere Lizenzpraktiken von SEP-Inhabern in den kartellrechtlichen Fokus, insbesondere, inwiefern eine ausschließliche Lizenzierung gegenüber Endprodukteherstellern innerhalb einer Vertriebskette zulässig ist.[12]

Aufgrund der oftmals weltweiten Lizenzierungstätigkeit von SEP-Inhabern ist es möglich, dass dasselbe Lizenzverhalten im US-amerikanischen Kartellrecht nach anderen Maßstäben beurteilt wird, als im europäischen und deutschen Kartellrecht und daher unterschiedliche Haftungsrisiken birgt. Mit der vorliegenden Arbeit soll aufgezeigt werden, ob und wie im US-Kartellrecht – der Mutter aller modernen Kartellrechte[13] – mit Sec. 2 Sherman Act einzelne missbräuchliche Verhaltensweisen eines SEP-Inhabers adressiert und sanktioniert werden können, der ein FRAND-Lizenzversprechen abgegeben hat. Dabei wird auch berücksichtigt, welche vertragsrechtlichen Auswirkungen das FRAND-Lizenzversprechen im US-Recht hat.

Das Ziel der Arbeit besteht darin, einzelne missbräuchliche Verhaltensweisen eines SEP-Inhabers, der ein FRAND-Lizenzversprechen abgegeben hat, anhand des US-kartellrechtlichen Monopolisierungsverbots in Sec. 2 Sherman Act und rechtsvergleichend anhand von Art. 102 AEUV bzw. § 19 GWB kartellrechtlich

10 Vgl. zu *connected cars* Verfahren aus der jüngeren Vergangenheit, LG Mannheim, Urteil v. 18.08.2020 – 2 O 34/19; LG München I, Urteil v. 10.09.2020 – 7 O 8818/19; LG München I, Urteil v. 30.10.2020 – 21 O 11384/19; LG München I, Urteil v. 30.10.2020 – 21 O 3891/19 (Stand: 22.03.2021, nicht bei juris veröffentlicht).

11 *Körber*, NZKart 2020, 493.

12 Aus der deutschen Rechtsprechung jüngst LG Mannheim, Urteil v. 18.08.2020 – 2 O 34/19; LG München I, Urteil v. 10.09.2020 – 7 O 8818/19; vgl. *Körber*, NZKart 2020, 493, 494.; aus der US-Rechtsprechung dazu erstinstanzlich FTC v. Qualcomm Inc., 411 F.Supp.3d 658, 751, 752 (N.D. Cal. 2019), zweitinstanzlich v. 11.08.2020, FTC v. Qualcomm Inc., 969 F.3d 974, 995 (9th Cir. 2020).

13 *Fuchs*, in: I/M, Bd. 1, AEUV, Art. 102, Rn. 40.

zu beurteilen.[14] Der Rechtsvergleich soll dazu dienen, die jeweiligen Gemeinsamkeiten und Unterschiede darzustellen, um bewerten zu können, welcher Ansatz welche Vor- oder Nachteile mit sich bringt und möglicherweise in das eigene Recht übernommen werden sollte. Ein zusätzlicher praktischer Nutzen ergibt sich zudem für essentielle Patentrechte haltende Unternehmen, die oftmals weltweite Lizenzierungsstrategien verfolgen und für dasselbe Verhalten in unterschiedlichen Rechtsordnungen verschiedenen Haftungsrisiken ausgesetzt sein können.

Die rechtsvergleichende Arbeit beschränkt sich nicht nur isoliert auf die kartellrechtliche Bewertung einer einzelnen Verhaltensweise[15], sondern nimmt eine umfassende Untersuchung vor. Überdies sollen vertragsrechtliche Auswirkungen des FRAND-Lizenzversprechens berücksichtigt werden, die vor allem im US-Recht von Bedeutung sind. Um eine Beschränkung des zu untersuchenden Gegenstands vorzunehmen, liegt der Fokus auf den materiell-rechtlichen

---

14 Eine Bewertung einzelner Verhaltensweisen anhand von Art. 102 AEUV, sowohl bezüglich SEPs aus *de facto* als auch *de jure* Standards, unter besonderer Berücksichtigung der Ökonomie der Standardisierung, siehe *Lampert*, Die kartellrechtliche Kontrolle der Ausübung standardwesentlicher Schutzrechte (2018). Allgemein zu einseitigen Verhaltensweisen im Standardisierungskontext nach Sec. 2 Sherman Act, ohne konkreten FRAND-Bezug, *Fräßdorf*, Rechtsfragen des Zusammentreffens gewerblicher Schutzrechte, technischer Standards und technischer Standardisierung (2009), S. 177-180. Die englischsprachige Arbeit von *Petrovčič*, Competition Law and Standard Essential Patents (2014) bewertet zum einen nur teilweise einzelne Verhaltensweisen eines SEP-Inhabers aus Sicht des europäischen und US-Kartell- und Wettbewerbsrecht und lässt zudem ausdrücklich Bezüge zum Vertragsrecht außer Betracht (*Petrovčič*, S. 24). Die Arbeit von *Petrovčič* befasst sich aufgrund ihres Erscheinungsdatums zudem nicht mit der *Huawei*-Leitentscheidung des EuGH, neuen Entwicklungen im deutschen und vor allem US-amerikanischen Kartellrecht.

15 Einige Arbeiten im deutschsprachigen Raum enthalten rechtsvergleichende Elemente mit dem US-amerikanischen Kartellrecht hinsichtlich einzelner Verhaltensweisen eines SEP-Inhabers. Zum Sonderfall des „*patent ambush*“ bzw. Patenthinterhalt, siehe *Brakhahn*, Manipulation eines Standardisierungsverfahrens durch Patenthinterhalt und Lockvogeltechnik (2013); *Hartmann*, Patenthinterhalte in Normungsprozessen (2016); *Picht*, Strategisches Verhalten bei der Nutzung von Patenten im Standardisierungsverfahren aus der Sicht des europäischen Kartellrechts (2013). Allgemein zu immaterialgüterrechtlichen Zwangslizenzen auch im US-Kartellrecht, *Apel*, Die kartellrechtliche Zwangslizenz im Lichte des europäischen Wettbewerbsrechts, (2015), S. 444 ff.

Aspekten des Kartellrechts[16] und berücksichtigt dabei nur missbräuchliche Verhaltensweisen im Zusammenhang mit solchen SEPs, für die ein FRAND-Lizenzversprechen abgegeben wurde und die aus einem formellen Standardisierungsverfahren hervorgegangen sind[17]. Von der Arbeit nicht umfasst sind zudem Aspekte im Zusammenhang mit der Kartellverbotsnorm des Sec. 1 Sherman Act, respektive den Pendants in Art. 101 AEUV und § 1 GWB. Ferner bleiben lauterkeitsrechtliche Erwägungen außer Betracht.[18]

16 Zum kartellrechtlichen Zwangslizenzeinwand unter Berücksichtigung prozessualer Aspekte, *Augsburger*, Der kartellrechtliche Zwangslizenzeinwand (2017); *Hötte*, Die kartellrechtliche Zwangslizenz im Patentrecht (2011).

17 Eine Auseinandersetzung mit kartellrechtlichen Fragestellung einzelner missbräuchlicher Verhaltensweisen auch im Zusammenhang mit *de facto* Standards, *Lampert*, Die kartellrechtliche Kontrolle der Ausübung standardwesentlicher Schutzrechte (2018).

18 Bezüge zu Sec. 5 FTC Act und einzelnen Verhaltensweisen enthält die Arbeit von *Petrovčič*; zum Sonderfall des Patenthinterhalts und den jeweiligen lauterkeitsrechtlichen Bezügen im deutschen UWG und US-Recht nach dem FTC Act, *Hartmann*, S. 238 ff., 267 ff, 291 ff. und *Picht*, Strategisches Verhalten, S. 361 ff.

Zweiter Teil – Einführung in die Grundlagen der Standardisierung

I. Begrifflichkeiten und Definitionen

1. Zum Begriff des Standards im allgemeinen und technischen Sinn

In unserem Sprachgebrauch wird der Begriff des Standards häufig verwendet. Der deutsche Duden definiert „Standard" als etwas, das als „mustergültig, modelhaft angesehen wird und wonach sich anderes richtet".[19] Standards existieren in den unterschiedlichsten Bereichen des Alltags schon seit Jahrhunderten.[20] Im Deutschen wird der Begriff des „Standard" seit dem 19. Jahrhundert verwendet[21], in dem zentrale Standardisierungen wie die einheitliche Festsetzung von Gewichts- und Maßeinheiten, beispielsweise dem Kilogramm und dem Meter, stattgefunden haben[22]. Beispielsweise hat sich im literarischen Bereich der Ausdruck „Standardwerk" für solche Literatur etabliert, die von herausragender Bedeutung ist. Eine Kategorisierung der verschiedenen Arten von Standards ist in vielerlei Hinsicht möglich. Etwa mit Blick auf seine Funktion als Qualitäts-, Design-, Sicherheits-, Performance- oder Kompatibilitätsstandard, oder hinsichtlich des Adressatenkreises an den er sich wendet, beispielsweise als innerbetrieblicher oder eine ganze Industrielandschaft bindender Standard. Die Vielschichtigkeit des „Standard"-Begriffs verdeutlicht, warum es trotz einiger Versuche bislang nicht gelungen ist, eine einheitliche Definition zu formulieren.[23]

---

19 Duden online, abrufbar unter: https://www.duden.de/rechtschreibung/Standard_Norm_Richtmasz_Guete (abgerufen am: 22.03.2021).

20 Zu den historischen Entwicklungen der Standardisierung siehe *Krislov*, How Nations Choose Product Standards and Standards Change Nations, S. 26 ff.; dazu auch *Brakhahn*, S. 31-33.

21 Zum Begriff des „Standard", Kluge, Etymologisches Wörterbuch der deutschen Sprache, S. 876.

22 *Brakhahn*, S. 32, mit weiteren Beispielen.

23 *Brakhahn*, S. 21 mit Verweis auf *Krislov*, How Nations Choose Product Standards and Standards Change Nations, S. 7 („*Indeed, there is no standard way of defining standard*"); *Brunsson/Rasche/Seidl*, 33 (5-6) Organization Studies 613, 615 (2012).

Für die vorliegende Arbeit, die sich auf die Betrachtung von branchenweiten – nicht nur innerbetrieblich geltenden – technischen Standards beschränkt, ist es weder zweckdienlich noch weiterführend, eine einheitliche Definition zu konstruieren, unter die sämtliche Formen von Standards subsumiert werden können. Neben dem Begriff des technischen Standards wird vielfach der Begriff der technischen Norm[24] verwendet, teilweise synonym[25] und zum Teil im Sinne eines Über- und Unterbegriffsverständnisses[26]. Eine terminologische Unterscheidung ist nicht erforderlich, weil der Fokus der Arbeit auf technischen Standardisierungsvorgängen liegt, die – wie in Normungsverfahren – im Rahmen von SSOs stattfinden und deren rechtliche Behandlung gleich verläuft.[27] Aus demselben Grund bedarf es auch keiner terminologischen Unterscheidung des Begriffs der SSO zu dem teilweise verwendeten Begriff der Normungsorganisation[28], weil in beiden Fällen innerhalb einer Organisation Mitglieder auf freiwilliger Basis im Rahmen eines förmlichen Verfahrens technische Standards erarbeiten und festlegen.

Definitionsansätze für den Begriff des technischen Standards sind vielfach vorhanden. Die Europäische Kommission definiert den Begriff der „*Norm*" als

> *„auf freiwilliger Basis anzuwendende Dokumente, in denen technische oder die Qualität betreffende Anforderungen festgelegt sind, denen bereits bestehende oder künftige Produkte, Produktionsverfahren, Dienstleistungen oder Verfahren entsprechen können"*[29]

oder als

> *„Festlegung technischer oder qualitätsbezogener Anforderungen an bestehende oder zukünftige Produkte, Herstellungsverfahren, Dienstleistungen und Methoden. Vereinbarungen über Normen erstrecken sich über unterschiedliche Bereiche wie die Normierung*

---

24 Exemplarisch seien Normen des Deutschen Instituts für Normung e.V. genannt, die sog. DIN-Normen.

25 *Burghartz*, S. 33 Fn. 2.

26 *Brakhahn*, S. 24, wonach Standard als Überbegriff auch nicht-technische Sachverhalte erfasse und sich faktisch etablieren könne, während eine Norm als Unterkategorie stets technische Sachverhalte voraussetze, die in einem konsensualen Verfahrens festgelegt werden. Ähnlich auch *Fröhlich*, GRUR 2008, 205, 206.

27 So auch *Burghartz*, S. 33 Fn. 2 und – trotz terminologischer Differenzierung – auch *Brakhahn*, S. 24.

28 *Fuchs*, in: Lange/Klippel/Ohly, 147, 154, 155.

29 Europäische Kommission, Eine strategische Vision der europäischen Normung: Weitere Schritte zur Stärkung und Beschleunigung des nachhaltigen Wachstums der europäischen Wirtschaft bis zum Jahr 2020, KOM(2011) 311 endg., v. 01.06.2011, unter 1.1.

unterschiedlicher Ausführungen oder Größen eines Produkts oder technische Spezifikationen in Produkt- oder Dienstleistungsmärkten, bei denen die Kompatibilität und Interoperabilität mit anderen Produkten oder Systemen unerlässlich ist."[30]

In den jeweiligen englischsprachigen Fassungen ist insofern von den Begriffen „*standard*" und „*standardisation*" die Rede, was letztlich mit dazu beigetragen hat, dass die Begriffe „Standard" und „Standardisierung" auch in der deutschen Rechtssprache verwendet werden.[31] Im US-Recht wird der technische Standard wie folgt legaldefiniert:

„*'technical standards' means performance-based or design-specific technical specifications and related management systems practices.*"[32]

Gemeinsamer Nenner all dieser Definitionsansätze ist, dass eine technische Vereinheitlichung angestrebt wird, in dem ein bestimmter Satz technischer Spezifikationen in einem Regelwerk festgehalten wird, in der Absicht, eine einheitliche Basis für Produkte, Produktionsverfahren, oder sonstige technische Abläufe zu schaffen. Technische Standardisierung umfasst mithin jede Setzung einheitlicher technischer Spezifikationen für ein Produkt.[33] „Standardisierung" steht dementsprechend für das Verfahren, mit dem ein technischer Standard festgelegt wird.

Technische Standards können Vereinheitlichungen hinsichtlich unterschiedlicher Produkteigenschaften verfolgen und verschiedene Komplexität aufweisen.[34] Von einfachen Vorgaben über die Größe von Schrauben oder der Form und dem Design von haushaltsüblichen elektrischen Steckern und Steckdosen, bis hin zu hochkomplexen Technologiestandards in der Informations- und Kommunikationsindustrie, mit denen gewährleistet werden soll, dass

---

30 Europäische Kommission, Horizontalleitlinien, Rn. 257.

31 *Fröhlich*, GRUR 2008, 205, 206; so auch *Burghartz*, S. 33 Fn. 2 und *Lampert*, S. 19, 20. Nachfolgend werden die Begriffe Norm/Normung und Standard/Standardisierung synonym verwendet.

32 § 12 (d) (5) des *National Technology Transfer and Advancement Act of 1995*.

33 In Anlehnung an den weiten Definitionsansatz von *Lemley*, 90 Cal. L. Rev. 1889, 1896 (2002); *Hovenkamp/Janis/Lemley/Leslie/Carrier*, IP and Antitrust, Vol. 2, 35-3; *Fuchs*, in: Lange/Klippel/Ohly, 147; *Geradin*, 76 (1) Antitrust L.J. 329, 332 (2009); ähnlich weite Definitionsansätze verwenden *Hawkins/Blind*, in: Hawkins/Blind/Page, Handbook of Innovation and Standards, S. 3; *Lampert*, S. 19; *Fräßdorf*, S. 5. *Brunsson/Rasche/Seidl*, 33 (5-6) Organization Studies 613, 616 (2012), verwenden die Begriffe Kompatibilitäts- und Schnittstellenstandards synonym für technische Standards.

34 *Krislov*, How Nations Choose Product Standards and Standards Change Nations, S. 7.

unterschiedliche Systemkomponenten herstellerunabhängig kompatibel sind.[35] In mobilfunkfähigen Produkten werden oftmals mehrere Standards umgesetzt, wobei in einem einzelnen Standard tausende Patente gebündelt sein können.[36] Exemplarisch sei das Ergebnis einer Studie aus dem Jahr 2010 genannt, wonach zu diesem Zeitpunkt in einem haushaltsüblichen Laptop mindestens 251 Standards umgesetzt waren[37], wobei alleine dem UMTS-Standard über 2000 Patenten von über 100 verschiedenen Patenthaltern zugerechnet werden[38].

2. Entstehungsweisen technischer Standards

Die Entstehung technischer Standards kann danach abgegrenzt werden, wo der Wettbewerb um den Standard stattfindet: Entweder im offenen Markt, auf dem sich ein Standard faktisch durchsetzen kann, oder im Rahmen eines planmäßigen Festsetzungsverfahrens in einer SSO, als formeller Standard. Die Unterscheidung der beiden Entstehungsweisen ist sowohl hinsichtlich deren ökonomischer Effekte von Bedeutung, als auch hinsichtlich der Regelungen, die von SSO-Mitgliedern eingehalten werden müssen.

a) Faktische Standards

Ein faktischer Standard – auch *de facto* Standard oder „*market standard*“[39] genannt – zeichnet sich dadurch aus, dass er sich auf dem Markt und unmittelbar aus dem Marktgeschehen heraus als unausweichliche Alternative etabliert hat, entweder, weil er eine überragende Marktakzeptanz durch seine Nutzer erfahren hat, die Alternativmöglichkeiten ablehnen, oder weil schlicht keine Alternativen existieren.[40] Insofern wird auch vom „*winner-take-all standards war*“ gesprochen, weil Unternehmen darum bemüht sind, die alleinige Vormachtposition auf einem Markt zu erlangen, in der Hoffnung, dass der Markt

---

35 *Lemley*, 90 Cal. L. Rev. 1889, 1896 (2002); *Cary/Nelson/Kaiser/Sistla*, 77 Antitrust L.J. 913, 914 (2011); *Fuchs*, in: Lange/Klippel/Ohly, 147, 148; *Fröhlich*, GRUR 2008, 205, 206.

36 *Lemley/Shapiro*, 85 Tex. L. Rev. 1991, 1992 (2007); *Kattan*, 27 (3) Antitrust 30, 31 (2013).

37 *Biddle/White/Woods*, How Many Standards in a Laptop? (And Other Empirical Questions) (2010), 1.

38 *Blind/Pohlmann*, GRUR 2014, 713.

39 *Hawkins/Blind*, in: Hawkins/Blind/Page, Handbook of Innovation and Standards, S. 4.

40 *Hawkins/Blind*, in: Hawkins/Blind/Page, Handbook of Innovation and Standards, S. 4; *Lemley*, 90 Cal. L. Rev. 1889, 1899 (2002); *Fuchs*, in: Lange/Klippel/Ohly, 147, 155.

zugunsten der eigenen Technologie kippt („*tipping*").[41] Möglich ist es aber auch, dass eine solche Standard-„Schlacht" kein „*tipping*" bewirkt und mehrere Technologien parallel im Markt verbleiben.[42] Im Gegensatz zu formellen Standards, die im Rahmen eines kooperativen Auswahl- und Festsetzungsverfahrens innerhalb einer SSO festgelegt werden und bei denen der Patentinhaber sich verpflichtet, standardwesentliche Patente offenzulegen und die Erklärung abgibt, diese zu FRAND-Bedingungen zu lizenzieren[43], fehlt es an diesen förmlichen Zusagen bei faktischen Standards, die sich außerhalb einer SSO aus dem Marktgeschehen heraus entwickeln.

Die Herausbildung eines faktischen Standards durch ein einzelnes Unternehmen ist oft nur in solchen Industrien möglich, in denen Aspekte der Produktabstimmung und Kompatibilität keine wesentliche Bedeutung haben. Beispielsweise erfordert die Umsetzung eines Standards über die Buchstabenbelegung einer Computertastatur keine industrieweite Koordination, wohl aber ein produktübergreifender Kommunikationsstandard.[44] Die Entstehung faktischer Standards ist insbesondere in Netzwerkmärkten wahrscheinlich, die durch direkte und indirekte Netzwerkeffekte geprägt sind.[45] Positive direkte Netzwerkeffekte drücken den gesteigerten Nutzerwert eines Produkts aus, den er durch die zunehmende Anzahl seiner Nutzer erfährt, wie beispielsweise beim klassischen Telefonnetzwerk.[46] Indirekte positive Netzwerkeffekte beschreiben den gesteigerten Nutzerwert eines Produkts, der sich aus seiner Kompatibilität mit anderen Produkten und Technologien ergibt.[47] Exemplarisch sei das *Microsoft*-Betriebssystem *Windows* genannt, das seine Nutzerattraktivität auch der Vielzahl an kompatibler Computersoftware zu verdanken hat. Neben *Windows* hat sich in der jüngeren Vergangenheit die Internetsuchmaschine *Google* als bekanntes

41 DoJ/FTC, Antitrust and IP-Report (2007), S. 34; *Wright*, 21 (4) Geo. Mas. L. Rev. 791, 794 (2014).

42 *Wright*, 21 (4) Geo. Mas. L. Rev. 791, 794 (2014); *Layne-Farrar/Padilla*, 9 (2) IJITSR 19, 23 (2011).

43 Vgl. *Layne-Farrar/Padilla*, 9 (2) IJITSR 19, 21, 22 (2011); *Tsai/Wright*, 80 (1) Antitrust L.J. 157, 160 (2015).

44 *Layne-Farrar/Padilla*, 9 (2) IJITSR 19, 23 (2011).

45 *Teece/Sherry*, 87 Minn. L. Rev. 1913, 1918 (2003); *Lemley*, 90 Cal. L. Rev. 1889, 1899 (2002); *Katz/Shapiro*, 75 (3) AER 424 (1985).

46 *Eilmansberger/Bien*, in: MüKo WettbR, Bd. I, Art. 102 AEUV, Rn. 248; *Schwalbe/Zimmer*, Kartellrecht und Ökonomie, S. 61; *Katz/Shapiro*, 75 (3) AER 424 (1985); *Wright*, 21 (4) Geo. Mas. L. Rev. 791, 793 (2014).

47 *Katz/Shapiro*, 75 (3) AER 424 (1985).

Beispiel eines faktischen Standards herausgestellt.[48] Allerdings sind auch noch heute deutlich ältere faktische Marktstandards verbreitet, wie beispielsweise die Anordnung der QWERTY- bzw. QWERTZ-Tastaturbelegung, die noch aus dem Zeitalter der Schreibmaschinen stammt.[49]

Ein faktischer Standard kann sich auch aus der Kooperation mehrerer Unternehmen ergeben, die außerhalb institutioneller SSOs und ohne zeitintensive förmliche Verfahren gemeinsam einen Standard aufsetzen und versuchen, diesen im Markt zu etablieren[50], wobei sich eine solche Kooperation innerhalb der Grenzen des kartellrechtlich Zulässigen halten muss. Beispiele von bekannten Standards, die aus Industriekonsortien stammen, sind die *Bluetooth*-Technologie, die *Blu-ray Disc* oder die *www.*-Internettechnologie.[51]

b) Formelle Standards

aa) Formelle Standardisierung in SSOs

Ein formeller Standard – auch institutioneller Standard[52] oder „*committee standard*“[53] bezeichnet – wird unter der Schirmherrschaft einer SSOs im Rahmen eines förmlichen Verfahrens durch ihre Mitglieder festgelegt, wobei dieser teilweise zuvor kollektiv erarbeitet und evaluiert wird; teilweise wird aber auch nur an bereits existierende technische Optionen angesetzt und diese dem Standard zugrunde gelegt, ohne dass eine „echte“ technische Erarbeitung stattfindet. Bei einem formellen Standard obliegt die Entscheidung, ob eine bestimmte Technologie Teil des Standards wird, der Entscheidung seiner Mitglieder und nicht – wie im Falle eines faktischen Standards – den Kräften und Wirkmechanismen des offenen Standardisierungsprozesses im Markt.[54] Formelle Standards sind das Ergebnis des Wettbewerbsprozesses innerhalb einer SSO.[55] Teilweise wird

---

48 *Hawkins/Blind*, in: Hawkins/Blind/Page, Handbook of Innovation and Standards, S. 4; *Teece/Sherry*, 87 Minn. L. Rev. 1913, 1918 (2003).

49 *Layne-Farrar/Padilla*, 9 (2) IJITSR 19, 22 (2011).

50 *Klees*, EWS 2008, 449; *Lampert*, S. 21. *Loest/Bartlik* wollen dies weder der formellen noch faktischen Standardisierung zuordnen, sondern sehen darin eine Sonderkonstellation, *Loest/Bartlik*, ZWeR 2008, 41, 44.

51 *Loest/Bartlik*, ZWeR 2008, 41, 44 Fn. 15; *Hartmann*, S. 97.

52 *Fräßdorf*, S. 16.

53 *Hawkins/Blind*, in: Hawkins/Blind/Page, Handbook of Innovation and Standards, S. 4; vgl. *David/Greenstein*, 1 Econ. Innov. New Techn. 3, 4 (1990).

54 *Lampert*, S. 30; *Klees*, EWS 2008, 449.

55 *Wright*, 21 (4) Geo. Mas. L. Rev. 791, 794 (2014).

diese Form des Standards auch als *de jure* Standard bezeichnet.[56] Dies ist insoweit missverständlich, als Standardisierung auch in der Form von staatlichen Vereinheitlichungen durch verbindliche Normen erfolgen kann.[57] Formelle Standardisierungsvorgänge basieren hingegen auf der freiwilligen Teilnahme von SSO-Mitgliedern und schaffen keine staatlichen Vorgaben, sondern setzen unverbindliche Standards fest, deren Umsetzung freiwillig ist.[58]

Im US-Recht ist im *National Cooperative Research and Production Act*[59] eine Legaldefinition für formelle Standardisierungsverfahren vorhanden:

> *„The term "standards development activity" means any action taken by a standards development organization for the purpose of developing, promulgating, revising, amending, reissuing, interpreting, or otherwise maintaining a voluntary consensus standard, or using such standard in conformity assessment activities, including actions relating to the intellectual property policies of the standards development organization."*[60]

Neben dem Begriff der SSO wird teilweise der Begriff *„standards development organozation"* (SDO) synonym verwendet[61], andere sprechen nur von SDOs[62]. Wieder andere sehen den Unterschied zwischen einer SSO und einer SDO darin, das zwei unterschiedliche Ebenen innerhalb einer Standardisierungsinstitution betroffen werden.[63] Die Bezeichnung SSO wird dabei für den Dachverband verwendet, im dem unterschiedliche Fachkreise angesiedelt sind, beispielsweise die Interessenvertreter (*special interest groups* (SIGs)) und die SDOs[64], wobei letztere für die Entwicklung und Zertifizierung des Standards zuständig sind[65]. Die

---

56 *Lampert*, S. 20; vgl. *David/Greenstein*, 1 Econ. Innov. New Techn. 3, 4 (1990), wonach *„standards agreements arrived at within, and published by voluntary standards-writing organizations"* der *„de jure"* Kategorie unterfallen sollen.

57 *Fuchs*, in: Lange/Klippel/Ohly, 147, 156; *Brakhahn*, S. 26, 27, die als Beispiel für einen *de jure* Standard die Verordnung (EWG) Nr. 1677/88/EWG über die Festsetzung von Qualitätsnormen für Gurken nennt.

58 *Lemley*, 90 Cal. L. Rev. 1889, 1898-1900, Fn. 21 (2002), der zwischen *private and formal, de facto* und *government-set standards* differenziert; so auch *Hartmann*, S. 80 Fn. 287; *Ullrich*, GRUR 2007, 817, 818; *Klees*, in: Taeger/Pohle, CHB, Kapitel 61 Rn. 74.

59 *National Cooperative Research and Production Act of 1993*, in der durch den *Standards Development Organization Act of 2004* geänderten Fassung, wobei nachfolgend die erste Bezeichnung verwendet wird.

60 15 U.S.C. § 4301 (a) (7).

61 *Cotter*, 34 J. Corp. L. 1151, 1153 Fn. 13 (2009).

62 *Martinez*, GRUR Int. 2019, 633, 634.

63 *Markus/Merrill*, Patent Challenges for Standard-Setting in the Global Economy, S. 35.

64 *Markus/Merrill*, Patent Challenges for Standard-Setting in the Global Economy, S. 35.

65 *Hawkins/Blind*, in: Hawkins/Blind/Page, Handbook of Innovation and Standards, S. 4.

übergeordnete Tätigkeit der SSO umfasst dagegen die Koordinierung und Verwaltung von unterschiedlichen Standards, einschließlich Fragen im Zusammenhang mit Patentrechten.[66]

Formelle Standardisierung zeichnet sich dadurch aus, dass im Rahmen freiwilliger Zusammenarbeit ein auf Konsens beruhender Standard entwickelt, festgesetzt und verkündet wird und von Seiten der SSO Regelungen über den Umgang mit relevanten Patentrechten getroffen werden. Die typische Ausgangslage für die Bildung einer SSO sind Bestrebungen mehrerer Unternehmen, eine gemeinsame Lösung für ein technisches Problem zu finden. Mitglieder einer SSO können Unternehmen unterschiedlicher Größe sein, die auf verschiedenen Marktstufen tätig sind. Mitgliedsunternehmen können aus dem Bereich der Innovationsforschung stammen, der sich dadurch kennzeichnet, dass neue Technologien erforscht, entwickelt und patentiert werden, oder dem produzierenden Gewerbe angehören, die standardkonforme Produkte herstellen.[67] Insofern erfüllt eine SSO auch Funktionen einer Markt- bzw. Mittlerplattform, indem sie Patentinhaber, die technologische Lösungen in einen Standard einbringen können, und Standardanwender, die den Standard in ihre Produkte umsetzen, zusammen bringt.[68] Die eigentliche Lizenzierungsarbeit für die von dem Standard belegten SEPs erfolgt nicht durch die SSO selbst, sondern ist Sache der jeweiligen SEP-Inhaber, die teilweise Patentpools[69] bilden, um eine koordinierte und einheitliche Lizenzierung zu ermöglichen.[70] Solche Patentpools sind ein wichtigstes Instrument, um eine komplexe Lizenzierung

von SEPs zu koordinieren, weil dadurch die Transparenz erhöht wird, Transaktionskosten gesenkt und kostspielige Verletzungsklagen vermieden werden.[71]

66 *Markus/Merrill*, Patent Challenges for Standard-Setting in the Global Economy, S. 35. Für die Zwecke dieser Arbeit ist eine Differenzierung nicht notwendig, weshalb nachfolgend die Bezeichnung SSO verwendet wird.

67 *Wright*, 21 (4) Geo. Mas. L. Rev. 791, 792, 793 (2014).

68 *Tsai/Wright*, 80 (1) Antitrust L.J. 157, 165 (2015); *Wright*, 21 (4) Geo. Mas. L. Rev. 791, 801 (2014); *Lemley*, 90 Cal. L. Rev. 1889, 1892 (2002).

69 Unter Patent- oder Technologiepools werden Vereinbarungen verstanden, bei denen mehrere Schutzrechtsinhaber ein Patent- oder Technologiepaket zusammenstellen, das nicht nur an die Mitglieder des Pools, sondern auch an Dritte per Lizenz vergeben wird. Vgl. Europäische Kommission, Leitlinien zur Anwendung von Art. 101 des Vertrags über die Arbeitsweise der Europäischen Union auf Technologietransfer-Vereinbarungen, ABl. C 89/03 v. 28.03.2014, Rn. 244 (im Folgenden: TT-Leitlinien).

70 *Melamed/Shapiro*, 127 (7) Yale L.J. 2110, 2112, 2113 (2018); *Wright*, 21 (4) Geo. Mas. L. Rev. 791, 793 (2014).

71 *Blind/Pohlmann*, GRUR 2014, 713, 717.

Wenngleich in der Vergangenheit teilweise ein Trend auszumachen war, dass die Anzahl an Patentpools und Patentpool-Mitglieder gestiegen ist[72], haben Patentpools oftmals nur einen kleinen Prozentanteil an allen für einen Standard relevanten SEPs beinhaltet[73]. Viele SEP-Inhaber entscheiden sich aus Gründen der Gewinnmaximierung gegen eine Teilnahme an einem Patentpool und lizensieren ihre SEPs individuell.[74] Da deshalb eher selten eine alle SEPs umfassende Pool-Lizenz für einen Standard verfügbar ist, ist es oftmals erforderlich, dass sich ein Hersteller eines standardkonformen Produkts bei jedem SEP-Inhaber einzeln um eine Patentlizenz bemühen muss.[75]

Anerkannte SSOs existieren zu einer Vielzahl auf nationaler und internationaler Ebene und können verschiedene Industriebereiche betreffen. Aufgrund der Geschwindigkeit, mit der neue Standards entwickelt werden, ist eine Nennung sämtlicher weltweit aktiver SSOs nicht möglich.[76] Im internationalen Bereich gehören zu den bekanntesten Organisationen die International Organization of Standardization (ISO)[77], die International Electronical Commission (IEC)[78] oder die International Telecommunication Union (ITU)[79]. Mitglieder dieser internationalen Schirmorganisationen sind die jeweiligen nationalen Dachverbände, unter anderem ANSI[80] und DIN[81]. ANSI ist in den USA ein bekannter nationaler Dachverband, der insbesondere NEMA[82] und die Telecommunication Industry Association (TIA)[83]

---

72 Siehe Abbildung 5 bei *Blind/Pohlmann*, GRUR 2014, 713, 717.

73 Siehe Abbildung 6 bei *Blind/Pohlmann*, GRUR 2014, 713, 717.

74 *Blind/Pohlmann*, GRUR 2014, 713, 717.

75 *Pregartbauer*, S. 31.

76 *Bekkers/Updegrove*, A Study of IPR policies and practices of a representative group of Standard Setting Organizations worldwide (2012), S. 5.

77 Siehe ISO-Website, „About Us", https://www.iso.org/about-us.html (abgerufen am: 22.03.2021).

78 Siehe IEC-Website, „Who We Are", https://www.iec.ch/who-we-are (abgerufen am: 22.03.2021).

79 Siehe ITU-Website, „About ITU", https://www.itu.int/en/about/Pages/default.aspx (abgerufen am: 22.03.2021).

80 Siehe ANSI-Website, „About ANSI", https://www.ansi.org/about/introduction (abgerufen am: 22.03.2021).

81 Siehe DIN-Website, „DIN und seine Partner", https://www.din.de/de/din-und-seine-partner/din-e-v (abgerufen am: 22.03.2021).

82 Siehe NEMA-Website, „About", https://www.nema.org/about (abgerufen am: 22.03.2021).

83 Siehe TIA-Website, „About", https://tiaonline.org/about/ (abgerufen am: 22.03.2021).

angehören.[84] Weitere Organisationen sind das Institute of Electrical and Electronics Engineers (IEEE)[85] sowie auf europäischer Ebene das Europäische Komitee für Normung (CEN)[86], das Europäische Komitee für elektrotechnische Normung (CENELEC)[87] oder das Europäische Institut für Telekommunikationsnormen (ETSI)[88]. Als deutsche Normungsorganisation hat das DIN die größte Bekanntheit.[89]

bb) Grundzüge über den Ablauf eines formellen Standardisierungsverfahrens

Die Verfahrensregeln über den Ablauf eines formellen Standardisierungsverfahrens variieren je nach SSO[90], weshalb nur die allgemeinen Grundzüge dargestellt werden können. In der Regel ist eine SSO in mehrere Fachbereiche unterteilt, die ihrerseits wieder in Sachgebiete untergliedert sind, in denen einzelne Arbeitsgruppen oder Komitees mit der eigentliche Erarbeitung der technischen Spezifikationen befasst sind.[91] Teilnehmer dieser Arbeitsgruppen sind die von den Mitgliedsunternehmen entsandten Vertreter, bei denen es sich zumeist um Experten aus den jeweiligen technischen Bereichen handelt, oft Ingenieure oder andere Fachexperten, und nur selten um rechtlich versierte Unternehmensvertreter, wie Anwälte oder Inhouse-Juristen[92], was den technikbezogenen Fachgespräche und Entwicklungsarbeiten in den jeweiligen Arbeitsgruppen bzw. Komitees geschuldet sein dürfte. Das Standardisierungsverfahren findet

---

84 Eine Auflistung der verschiedenen SDOs die ANSI angehören, ist abrufbar unter: https://www.standardsportal.org/usa_en/resources/sdo.aspx (abgerufen am: 22.03.2021).

85 Siehe IEEE-Website, „About", https://www.ieee.org/about/index.html (abgerufen am: 22.03.2021).

86 Siehe CEN-Website, „Who We Are", https://www.cen.eu/about/Pages/default.aspx (abgerufen am: 22.03.2021).

87 Siehe CENLEC-Website, „About CENLEC", https://www.cenelec.eu/aboutcenelec/whoweare/index.html#top (abgerufen am: 22.03.2021).

88 Siehe ETSI-Website, „About ETSI", https://www.etsi.org/about (abgerufen am: 22.03.2021).

89 Eine tabellarische Übersicht mit Informationen über die bekanntesten SSOs, deren Gründungsjahr, Industriebereich, Mitgliedszahlen und verabschiedeten Standards ist bei *Tsai/Wright*, 80 (1) Antitrust L.J. 157, 184 ff. (2015) enthalten.

90 *Melamed/Shapiro*, 127 (7) Yale L.J. 2110, 2112 (2018).

91 *Lampert*, S. 29, 30; *Layne-Farrar/Padilla*, 9 (2) IJITSR 19, 21 (2011).

92 *Lampert*, S. 29, 30; Lemley, 90 Cal. L. Rev. 1889, 1907 (2002); *Layne-Farrar/Padilla*, 9 (2) IJITSR 19, 21 (2011).

grundsätzlich im Rahmen einer Reihe von Treffen statt, in denen der Stand der Technik analysiert wird und Mitgliedsunternehmen eigene bereits vorhandene Technologien vorstellen und einbringen können, die zur Lösung des in Frage stehenden technischen Problems beitragen sollen. Werden vorhandene technische Lösungen als unzureichend eingestuft, kann beschlossen werden, dass eine Technologie *de novo* entwickelt werden muss.[93] Die jeweiligen Vorschläge sowie Alternativmöglichkeiten werden innerhalb der Arbeitsgruppen diskutiert und bewertet.[94] Dieser Evaluierungsprozess ist oft Schauplatz heftigen Ringens um die Aufnahme der eigenen Technologie in den Standard, weil diese dem Patentinhaber eine stetige Einnahmequelle durch Lizenzgebühren für all jene Produkte garantiert, die dem künftigen Standard entsprechen sollen.[95] Ziel dieses oftmals zeitintensiven Evaluierungsprozesses ist es, die bestmögliche technische Lösung für das in Frage stehende Problem zu finden, wobei in der Regel auch praktische Belange wie die zu erwartenden Umsetzungskosten und die Schwierigkeit der Implementierung berücksichtigt werden.[96] Die Festlegung auf einen Standard bringt es folglich mit sich, dass wenige Technologien Teil des Standards werden und andere keinen Eingang darin finden.

Nach Abschluss des Evaluierungsprozesses mündet das Verfahren in die Abstimmungsphase. Dabei wird darüber abgestimmt, welche Technologie bzw. welches Bündel an komplementären Technologien Bestandteil des Standards werden soll und welche Merkmale und Fähigkeiten ein Produkt haben muss, um standardkonform zu sein.[97] Das Abstimmungsverfahren und die erforderlichen Mehrheiten variieren dabei je nach SSO. Teilweise gilt die Regel, dass ein Mitglied eine Stimme hat; zum Teil ist das Stimmgewicht davon abhängig, wie hoch bestimmte Verkaufszahlen eines Mitglieds sind.[98] Auf Basis der Abstimmung wird dann ein Entwurf der technischen Lösung erstellt, dem Fachbereich zur Überprüfung vorgelegt und anschließend veröffentlicht, um Dritten Gelegenheit zu geben, dazu Stellung zu nehmen und Verbesserungsvorschläge einzubringen.[99] Der letzte Schritt des Standardisierungsverfahrens ist die Verabschiedung

---

93 *Layne-Farrar/Padilla*, 9 (2) IJITSR 19, 21 (2011).

94 *Melamed/Shapiro*, 127 (7) Yale L.J. 2110, 2112 (2018); *Wright*, 21 (4) Geo. Mas. L. Rev. 791, 794 (2014).

95 *Wright*, 21 (4) Geo. Mas. L. Rev. 791, 794 (2014).

96 *Layne-Farrar/Padilla*, 9 (2) IJITSR 19, 21 (2011); *Lampert*, S. 30.

97 *Melamed/Shapiro*, 127 (7) Yale L.J. 2110, 2112 (2018); *Layne-Farrar/Padilla*, 9 (2) IJITSR 19, 21 (2011).

98 *Layne-Farrar/Padilla*, 9 (2) IJITSR 19, 21 Fn. 10 (2011).

99 *Lampert*, S. 30.

des Standards. Die Festlegung eines Standards kann, je nach seiner Komplexität, ein mehrere Jahre andauerndes und umfangreiches Unterfangen sein, das aus vielen Diskussions- und Evaluierungsrunden besteht.[100] Angesichts der Vielzahl von Technologien und involvierten Patenten, mit denen ein einzelner Standard belegt sein kann, wird dieser Umfang deutlich. Exemplarisch sei nochmals der UMTS-Standard genannt, der nach *Blind* und *Pohlmann* im Jahr 2014 noch mit über 2000 Patenten belegt war.[101]

cc) Offenlegungs- und FRAND-Lizenzpflicht

SSOs geben sich im Rahmen ihrer Selbstverwaltung nicht nur interne Regelungen über den Ablauf des Standardisierungsverfahrens. In IPRPs wird zudem geregelt, welche Pflichten für die Mitglieder im Umgang mit ihren potenziell standardwesentlichen Patentrechten gelten, die von dem Standard möglicherweise betroffen sind. Die Ausgestaltung der einzelnen Regelungen variiert dabei je nach Organisation[102], wobei zwei zentrale Regeln in den allermeisten IPRPs vorgesehen sind: Mitgliedsunternehmen müssen während des Standardisierungsverfahrens – erstens – sämtliche Patentrechte an Technologien offenlegen, die für den geplanten Standard möglicherweise essentiell sind (*disclosure obligation*) und – zweitens – versichern, dass sie für den Fall der Standardessentialität ihre SEPs zu FRAND-Bedingungen lizenzieren (*FRAND-licensing obligation*).[103] Das FRAND-Lizenzversprechen spiegelt insofern den bewussten „*trade-off*" wieder, indem ein SEP-Inhaber Beschränkungen seiner patentimmanenten Rechte akzeptiert, unter anderem in dem er in der freien Festlegung der Gebührenhöhe und der Wahl, gegenüber wem er seine Technologie lizenziert, eingeschränkt ist, allerdings im Gegenzug dafür mit dem SEP-„Siegel" eine stetige Einnahmequelle an Lizenzgebühren für jedes standardkonforme Produkt

---

100 *Ramirez*, 4 (1) Ital. Antitrust Rev. 41, 46 (2017); vgl. *Cary/Nelson/Kaiser/Sistla*, 77 Antitrust L.J. 913, 919 (2011).

101 *Blind/Pohlmann*, GRUR 2014, 713.

102 *Melamed/Shapiro*, 127 (7) Yale L.J. 2110, 2112 (2018); *Lemley*, 90 Cal. L. Rev. 1889 ff. (2002).

103 *Layne-Farrar/Padilla*, 9 (2) IJITSR 19, 21, 22 (2011); *Tsai/Wright*, 80 (1) Antitrust L.J. 157, 160 (2015); *Melamed/Shapiro*, 127 (7) Yale L.J. 2110, 2111 (2018); *Lemley*, 90 Cal. L. Rev. 1889, 1906 (2002), wonach bereits in 2002 29 der 36 untersuchten SSOs FRAND-Lizenzpflichten in ihren IPRPs vorgesehen hatten. Näheres zu den beiden Regelungen im Dritten Teil der Arbeit, S. 71 ff.

erhält.[104] Das FRAND-Versprechen soll zugleich sicherstellen, dass der Patentinhaber für seine Innovationsfindung ausreichend entlohnt wird.[105]

Die Förmlichkeiten um die Offenlegung potenzieller SEPs und mögliche Lizenzbedingungen werden exemplarisch anhand des IEEE-Musterformulars[106] dargestellt. Neben Angaben zum einreichenden Unternehmen und dem betroffenen Standard oder Projekt muss offengelegt werden, welche Patentrechte der Einreicher besitzt oder kontrolliert, die möglicherweise standardessentiell sind oder dies potenziell noch werden können.[107] Der Einreicher kann bei IEEE ferner wählen, ob er eine gebührenfreie[108], RAND-[109] oder keine[110] Lizensierung seiner Patentrechte beabsichtigt.

3. Zum Begriff des standardessentiellen Patents

Als standardessentiell werden all jene Patente bezeichnet, deren Nutzung für eine Umsetzung des Standards in ein Produkt unumgänglich ist.[111] Vereinfacht ausgedrückt ist es nicht möglich die Standardkonformität eines Produkts legal zu erreichen, ohne eine Patentlizenz für die zugrundeliegende Standardtechnologie zu erwerben.[112] Während die „Status"-Änderung vom normalen zum essentiellen Patentrecht bei einem faktischen Standard Folge der Wirkkräfte auf dem Markt ist[113], basiert dies bei formellen Standards auf der konsensualen Entscheidung der Mitglieder, die festlegen, ob eine bestimmte Technologie bzw. ein ganzes Bündel an Technologien standardwesentlich wird, die von Patenten belegt sein können.[114] Die organisationsinternen Regelungen vieler SSOs

---

104 *Kattan*, 27 (3) Antitrust 30, 31 (2013).

105 *Geradin*, 76 (1) Antitrust L.J. 329, 334 (2009).

106 IEEE „*Letter of Assurance for Essential Patent Claims*" vom 01.06.2019, abrufbar unter: https://mentor.ieee.org/myproject/Public//mytools/mob/loa.pdf (abgerufen am: 22.03.2021).

107 Abschnitte A. bis C, E. des IEEE „*Letter of Assurance for Essential Patent Claims*".

108 Abschnitt D.1.a. des IEEE „*Letter of Assurance for Essential Patent Claims*".

109 Abschnitt D.1.b. des IEEE „*Letter of Assurance for Essential Patent Claims*", mit der Option Maximalgebührensätze anzugeben.

110 Abschnitt D.1.d. des IEEE „*Letter of Assurance for Essential Patent Claims*".

111 Europäische Kommission, Pressemitteilung v. 29.04.2014, IP/14/490; *Jakobs*, NZKart 2014, 394; vgl. *Galetovic/Haber/Levine*, 11 (3) J.C.L. & E. 549, 550 (2015).

112 Europäische Kommission, Pressemitteilung v. 29.04.2014, IP/14/490; *Petrovčič*, S. 16; vgl. *Eckel*, NZKart 2017, 408.

113 Siehe zuvor unter Abschnitt I. 2. a), S. 38 ff.

114 Vgl. *Lampert*, S. 30.

enthalten Legaldefinitionen für den Begriff der „Essentialität", die in ihrer Reichweite jedoch verschieden sind.[115]

Teilweise wird in diesem Zusammenhang nicht genau dargestellt, dass im Rahmen der formellen Standardisierung nicht festgelegt wird, welche Patente standardessentiell sind. Vielmehr wird bestimmt, welche Technologien zur Lösung eines technischen Problems am besten geeignet sind, die dem Standard zugrunde gelegt werden sollen. Diese Technologien wiederum können mit einer Vielzahl von Patentrechten belegt sein, die damit allesamt für die Einhaltung des Standards essentiell werden. SSOs selbst führen zumeist keine Überprüfung durch, ob die von den Mitgliedern offengelegten und als essentiell deklarierten Patentrechte für den Standard tatsächlich essentiell sind.[116] Der Grund hierfür dürfte zum einen darin liegen, dass die Hauptaufgaben der SSO darin besteht, die Einhaltung der Pflichten aus den IPRPs zu überwachen, insbesondere die Mitgliedspflicht zur Offenlegung essentieller Patente („*Call for IPRPs*"[117]), und die SSO zum anderen die offengelegten Informationen der Patentinhaber übernehmen und potenziellen Standardanwendern zugänglich machen muss.[118] Zudem erscheint es für eine SSO nur schwer leistbar, die einzelnen offengelegten Patente auf ihre Essentialität hin zu überprüfen, weil dies mit erheblichem Verwaltungs-, technischem Prüfungs- und personellem Aufwand verbunden sein dürfte. Der dafür erforderliche Aufwand wäre umso größer, je mehr Standardisierungsvorgänge im Einzelnen innerhalb einer SSO stattfinden.

Aus diesem Grund müssen sich die Mitglieder einer SSO oft *ex ante* vor Festlegung des Standards FRAND-Lizenzbedingungen unterwerfen, wenn ihre Technologie Eingang in den Standard finden können soll und für den Fall, dass sich im Nachgang an die Festsetzung des Standards herausstellt, dass das offengelegte Patent tatsächlich standardessentiell ist.[119] Eine endgültige Klärung

---

115 Für eine Übersicht zu den unterschiedlichen Legaldefinitionen der Begriffe „*essential*" und „*necessary*", siehe *Bekkers/Updegrove*, A Study of IPR policies and practices of a representative group of Standard Setting Organizations worldwide (2012), S. 34 ff.

116 *Cotter*, 22 Tex. Intell. Prop. L.J. 311, 312 (2014); *Wong-Ervin/Hicks/Slonim*, 24 Geo. Mason L. Rev. 1091, 1098 (2017); *Fröhlich*, GRUR 2008, 205, 209; *Tochtermann*, GRUR 2020, 905, 907.

117 Zum „*Call for IPRPs*" bei ETSI, *Fröhlich*, GRUR 2008, 205, 208.

118 *Fröhlich*, GRUR 2008, 205, 209.

119 Zu den Missverständnissen um SEPs und deren Entstehung, siehe *Theodore Essex*, Clearing Up Confusion on SEPs: A Line-by-Line Response to a Problematic Essay, v. 05.02.2020, abrufbar unter: https://www.ipwatchdog.com/2020/02/05/clearing-confusion-seps-line-line-response-problematic-essay/id=118571/ (abgerufen am: 22.03.2021).

darüber, welche der als essentiell deklarierten Patente tatsächlich solche sind und mithin zu FRAND-Bedingungen lizenziert werden müssen, kann – abgesehen von offensichtlichen Fällen – oftmals nur im Nachgang an die Festsetzung eines Standards gerichtlich festgestellt werden.[120] Einer Studie zur Folge sind ein Drittel bis mehr als die Hälfte aller als potenziell standardessentiell deklarierten Patentrechte letztlich nicht standardwesentlich und unterliegen keinen FRAND-Bedingungen.[121]

II. Formelle Standardisierung und ökonomische Effekte

Die ökonomischen Auswirkungen der Standardisierung sind vielschichtiger Natur.[122] Grundsätzlich werden die positiven Effekte hervorgehoben, die Standardisierungen für Verbraucher, Unternehmen und eine moderne Volkswirtschaft bewirken[123], weil sie unter anderem Interoperabilität und Kompatibilität zwischen Produkten schaffen und damit zugleich zu verringerten Produktionskosten auf Herstellerseite führen.[124] Allerdings kann Standardisierung auch negative Potenziale mit sich bringen, insbesondere weil ein Unternehmen, das geschützte Rechte an einer Standardtechnologie hält, die durch den Standard vermittelte Machtposition zum eigenen Vorteil und zum Nachteil der Standardanwender ausnutzen kann.

1. Positive ökonomische Effekte

Standardisierungen bewirken sowohl auf Seiten der Nachfrager als auch der Anbieter positive Effekte. Im Bereich der Informations- und Kommunikationstechnologie sorgen Standards dafür, dass Produkte herstellerunabhängig auf

---

120 Exemplarisch sei in diesem Zusammenhang das Verfahren vor der United States International Trade Commission (ITC) in Sachen INVT v. Apple, 337-TA-1138 v. 18.02.2020 genannt, in der die ITC u.a. geprüft hat, ob von *INVT* gehaltene Patente für den 3G oder LTE-Standard essentiell sind.

121 *Hovenkamp*, 105 Cornell L. Rev. 101, 109 (2020) mit Verweis auf die Statistik in Schaubild 1, S. 31 der Studie von *Stitzing/Sääskilahti/Royer/Van Audenrode*, Over-Declaration of Standard Essential Patents and Determinants of Essentiality (2018).

122 *Klees*, in: Taeger/Pohle, CHB, Kapitel 61 Rn. 75; *Picht*, Strategisches Verhalten, S. 183.

123 Europäische Kommission, Horizontalleitlinien, Rn. 263, 308; DoJ/FTC, Antitrust and IP-Report (2007), S. 33; *Kattan*, 27 (3) Antitrust 30 (2013); *Geradin*, 76 (1) Antitrust L.J. 329, 333 (2009); *Dornis*, GRUR 2020, 690.

124 Europäische Kommission, Horizontalleitlinien, Rn. 263, 308; DoJ/FTC, Antitrust and IP-Report (2007), S. 33; *Dornis*, WRP 2020, 540, 541.

unterschiedlichen Funktionsebenen miteinander kompatibel sind, Informationen ausgetauscht werden können und der Datentransfer über das Netzwerk, auf dem Netzwerkbetreiber, Gerätehersteller, Softwareentwickler und Endverbraucher tätig sind, funktioniert.[125] Aus Sicht der Nachfrager von standardkonformen Produkten sind die bereits genannten positiven Netzwerkeffekte zu nennen.[126] Je mehr Nutzer ein Netzwerk verwenden, umso größer wird nicht nur das Netzwerk selbst, sondern auch die mit ihm verbundenen positiven Netzwerkeffekte, d.h., dass sich der Produktnutzen für den Verwender erhöht, je größer der Kreis der Nutzer ist.[127]

Zugleich bietet das Qualitätssiegel eines anerkannten Standards Nachfragern Gewähr dafür, dass sämtliche Produkte, in denen der Standard umgesetzt ist, herstellerunabhängig miteinander kompatibel und interoperabel sind. Standardisierung kann daher Vertrauen in Technologien schaffen und die Markttransparenz erhöhen, indem sich Abnehmer besser auf dem Produktmarkt orientieren können, was zu einer höheren Nachfrage und wiederum zu Marktwachstum und höheren Umsätzen bei den beteiligten Unternehmen führen kann.[128]

Standardisierungen schaffen bei Produktherstellern zudem größere Skaleneffekte („*scale economies*" oder „*economies of scale*"[129]), weil es unterschiedlichen Herstellern ermöglicht wird, Kostenersparnisse bei der Verwendung eines gemeinsamen Lieferanten zu erzielen.[130] Mit der Möglichkeit zur Verwendung austauschbarer, standardkonformer Teile bewirkt Standardisierung zudem, dass niedrigere Kosten bei der Herstellung verschiedener Produkte

---

125 *Fuchs*, in: Lange/Klippel/Ohly, 147, 148; *Dornis*, WRP 2020, 540, 541; *Hilty/Slowinski*, GRUR Int. 2015, 781, 782.

126 *Epstein/Noroozi*, 32 Berkeley Tech. L.J. 1381, 1391 (2017); *Lemley*, 90 Cal. L. Rev. 1889, 1896 (2002); *Layne-Farrar/Padilla*, 9 (2) IJITSR 19, 23 (2011); *Katz/Shapiro*, 75 (3) AER 424 (1985); *Farrell/Saloner*, Economic Issues in Standardization (1985), S. 7, 8.

127 *Shapiro*, in: Dreyfuss/Zimmerman/First, Expanding the Boundaries of IP, 81, 88; *Farrell/Saloner*, 16 (1) RAND J. Econ 70 (1985); *Dies.*, Economic Issues in Standardization (1985), S. 7, 8.

128 *Layne-Farrar/Padilla*, 9 (2) IJITSR 19, 23 (2011); *Epstein/Noroozi*, 32 Berkeley Tech. L.J. 1381, 1391 (2017); *Fuchs*, in: Lange/Klippel/Ohly, 147, 148; *Klees*, in: Taeger/Pohle, CHB, Kapitel 61 Rn. 76.

129 *Voigt/Weber* (2018): Stichwort: economies of scale. In: Springer Gabler Verlag (Hrsg.): Gabler Wirtschaftslexikon, https://wirtschaftslexikon.gabler.de/definition/economies-scope-36320 (abgerufen am: 22.03.2021).

130 *Farrell/Saloner*, Economic Issues in Standardization (1985), S. 5.

anfallen.[131] Aus Anbietersicht führen Standards zu längeren Produktionszyklen und geringeren Entwicklungskosten, da eine dezentrale, zeit- und kostenintensive Forschung und Entwicklung eines eigenen Standards vermieden und zentral in einer SSO stattfinden kann.[132] Hersteller standardkonformer Produkte profitieren davon, dass sie einen zentralen und kostengünstigen Zugang zu technischen Informationen erhalten und Produktaufmachungen vereinfachen können.[133] Standardisierungen führen zudem dazu, dass Kosten, die im Zusammenhang mit dem Erlernen des Umgangs mit einem Produkt stehen, reduziert werden.[134] Darüber hinaus sind geringere Aufwendungen für das Marketing von standardkonformen Produkten erforderlich, weil mit der steigenden Anzahl an Unternehmen, die für den Standard werben, die Marketingausgaben pro Unternehmen sinken, die für eine Marktdurchdringung des Standards erforderlich sind.[135] Die Glaubwürdigkeit der Marketingbotschaft wird zudem dadurch verstärkt, dass gleichzeitig mehrere Unternehmen für den Standard werben.[136] Der Endkunde profitiert davon, weil er mit dem Standard eine bestimmte Produktqualität assoziiert.[137] Mit Standardisierungen entfallen zudem mögliche Wechselkosten auf Nachfrageseite, d.h. solcher Kosten, die mit dem Wechsel von einem Produkt zu einem anderen Produkt verbunden sind[138], und führt so zu einem stärkeren Preiswettbewerb um standardkonforme Produkte[139]. Zugleich sinkt auf Anbieter- und Abnehmerseite das Risiko von Fehlinvestitionen, da kein

131 *Farrell/Saloner*, Economic Issues in Standardization (1985), S. 5; *Dornis*, WRP 2020, 540, 541.

132 *Lampert*, S. 42; *Galetovic/Gupta*, 23 (3) Industrial and Corporate Change, 827 (2020); *Kattan*, 27 (3) Antitrust 30 (2013); *Fuchs*, in: Lange/Klippel/Ohly, 147, 148.

133 *Tsai/Wright*, 80 (1) Antitrust L.J. 157, 159 (2015); *Wright*, 21 (4) Geo. Mas. L. Rev. 791, 793 (2014); *Katz/Shapiro*, 75 (3) AER 424 (1985).

134 *Farrell/Saloner*, Economic Issues in Standardization (1985), S. 5.

135 *Epstein/Noroozi*, 32 Berkeley Tech. L.J. 1381, 1391 (2017); *Lampert*, S. 42.

136 *Epstein/Noroozi*, 32 Berkeley Tech. L.J. 1381, 1391 (2017).

137 *Lampert*, S. 42.

138 *Schwalbe/Zimmer*, Kartellrecht und Ökonomie, S. 194, 195.

139 Dazu auch Apple, Inc. v. Motorola Mobility, Inc., 886 F.Supp.2d 1061, 1067 (W.D. Wis. 2012) („*standards lower costs by (…) increase price competition by eliminating the costs for consumers to switch between products manufactured by different firms*"); Europäische Kommission, Horizontalleitlinien, Rn. 263; *Klees*, in: Taeger/Pohle, CHB, Kapitel 61 Rn. 76; *Farrell/Saloner*, 16 (1) RAND J. Econ 70, 71 (1985).

„winner-take-all" Wettlauf stattfindet[140], und technologische Sackgassen vermieden werden, durch die Kanalisierung von Entwicklungstätigkeiten[141].

Standardisierungen haben auch marktöffnende Effekte für benachbarte Märkte, wie Märkte für Ersatzteile, Komponenten oder sonstige komplementäre Produkte.[142] Durch den Zugang zu den technischen Informationen des Standards werden zum einen Marktzutrittsbarrieren verringert, auf der anderen Seite ist sichergestellt, dass komplementäre Produkte die von Seiten der Nachfrager gewünschte Interoperabilität aufweisen.[143] Aus diesem Grund richten Unternehmen, die auf Komplementärmärkten agieren, ihre Produktion oft an solchen Produkten oder Technologien aus, die Teil eines industrieweiten Standards sind und nicht nur einen Nischenmarkt besetzen[144], wodurch die Sogwirkung zum Standard verstärkt wird.[145]

Zuletzt bietet formelle Standardisierung auch im Vergleich zur faktischen Standardisierung ökonomische Vorteile. Bei faktischen Standardisierungsprozessen besteht das Risiko darin, dass der Wettlauf um die Vorherrschaft eines Standards zu erheblichen Kosten bei den beteiligten Unternehmen führt, unter anderem durch den Aufbau einer Nutzerplattform. Setzt sich am Ende des Wettlaufs nur eine Technologie durch, sind sämtliche Investitionen in andere Standardanwärter als fehlgeschlagen zu bewerten, sowohl auf Seiten der Verbraucher, die eine unterlegene Technologie gewählt haben, als auch auf Seiten der Unternehmen, die in andere Standardanwärter investiert haben.[146] Dies kann zur Folge haben, dass Verbraucher und Unternehmen den Kauf und die Weiterentwicklung von Produkten so lange hinauszögern, bis der endgültige faktische Standard im Markt feststeht.[147] Andererseits ist eine Technologie, die sich

---

140 *Epstein/Noroozi*, 32 Berkeley Tech. L.J. 1381, 1391 (2017).

141 *Kattan*, 27 (3) Antitrust 30 (2013); *Tsai/Wright*, 80 (1) Antitrust L.J. 157, 159, 160 (2015); *Lampert*, S. 42; *Shapiro*, in: Dreyfuss/Zimmerman/First, Expanding the Boundaries of IP, 81, 88.

142 *Fuchs*, in: Lange/Klippel/Ohly, 147, 149; *Farrell/Saloner*, Economic Issues in Standardization (1985), S. 6; vgl. *Dornis*, GRUR 2020, 690.

143 *Lampert*, S. 42; *Geradin*, 76 (1) Antitrust L.J. 329, 333 (2009).

144 Dazu *Lemley*, 90 Cal. L. Rev. 1889, 1896, 1897 (2002), der als Beispiel für diesen Effekt den Softwarebereich anführt, in dem Softwareprogrammierer und -verkäufer wegen der Nutzerzahlen eher geneigt sein dürften, *Windows*-kompatible Software zu programmieren.

145 *Klees*, in: Taeger/Pohle, CHB, Kapitel 61 Rn. 75.

146 *Wright*, 21 (4) Geo. Mas. L. Rev. 791, 794 (2014); *Tsai/Wright*, 80 (1) Antitrust L.J. 157, 159, 160 (2015).

147 *Wright*, 21 (4) Geo. Mas. L. Rev. 791, 795 (2014).

faktisch aus dem Marktgeschehen heraus bei den Nutzern als unausweichlicher Standard durchsetzt hat[148], womöglich gerade aufgrund dieser Marktdurchsetzung auch der beste Standard. Allerdings wird gerade formellen Standards die Eigenschaft nachgesagt, dass sie aufgrund ihres Evaluierungsprozesses, in dem viele Technologien aus unterschiedlichen Quellen eingebracht und diskutiert werden, qualitativ hochwertigere Standards hervorbringen, als dies bei faktischen Standards der Fall ist.[149]

2. Mögliche negative ökonomische Effekte

Formelle Standardisierungsprozesse können bewirken, dass es zu einer Verringerung von Alternativtechnologien, einer Reduktion der Technologievielfalt und damit zum Erliegen des Innovationswettbewerbs kommt, weil es das Festsetzungsverfahren häufig mit sich bringt, dass nur bestimmte Technologien Teil des Standards werden, unter Ausschluss alternativer – möglicherweise besserer – Technologien.[150] Etwas anderes kann anzunehmen sein, wenn es sich um einen entwicklungsoffenen Standard handelt, der es Dritten ermöglicht, auf dem Standard aufbauende und weiterentwickelte Produkte auf den Markt zu bringen[151], wobei solche Standards eher selten vorkommen[152]. Eine reduzierte Technologievielfalt infolge formeller Standardisierung kann daher aus Abnehmersicht nachteilig sein, da unterschiedliche Nutzertypen verschiedene Produkte bevorzugen können.[153] Die Einschränkung des Angebots auf einige standardkonforme Produkte kann zudem negative Rückkopplungseffekte für künftige Innovationen haben, weil Forschungs- und Entwicklungsbemühungen außerhalb der Standard-Kanäle dadurch ausgeschlossen sein können (*path dependence*), die möglicherweise neue innovative Produkte hätten hervorbringen können.[154] Darüber hinaus ist in einem verabschiedeten Standard nur die

---

148 *Lemley*, 90 Cal. L. Rev. 1889, 1899 (2002).

149 *Layne-Farrar/Padilla*, 9 (2) IJITSR 19, 23, 24 (2011).

150 *Lampert*, S. 44; *Hilty/Slowinski*, GRUR Int. 2015, 781, 782; *Cary/Nelson/Kaiser/Sistla*, 77 Antitrust L.J. 913, 914 (2011); *Shapiro*, in: Dreyfuss/Zimmerman/First, Expanding the Boundaries of IP, 81, 88; *Dornis*, GRUR 2020, 690.

151 Zum Begriff und der Funktionsweise eines offenen Standards, vgl. *Brakhahn*, S. 28, 29.

152 Vgl. dazu *Lemley*, 90 Cal. L. Rev. 1889, 1963 (2002) („*Only a few SSOs in my study actually committed fully to open standards.*").

153 *Farrell/Saloner*, 16 (1) RAND J. Econ 70, 71 (1985); *Dies.*, Economic Issues in Standardization (1985), S. 9.

154 *Fuchs*, in: Lange/Klippel/Ohly, 147, 150, 151; *Shapiro*, in: Dreyfuss/Zimmerman/First, Expanding the Boundaries of IP, 81, 88.

Lösung für ein technisches Problem enthalten, für die sich ein Konsens – d.h. ein Kompromiss – in der SSO hat finden lassen, in dem sich verschiedene Machtpositionen innerhalb der SSO wiederspiegeln[155], weshalb der Standard nicht zwingend die technisch beste Lösung wiederspiegeln muss.[156]

Wurden bereits standardbezogene Investitionen getätigt, kann dies sowohl für Verbraucher, die das standardkonforme Produkt gekauft haben und nutzen, als auch für Unternehmen, die auf benachbarten Märkten standardkomplementäre Produkte entwickeln, einen „*lock-in*" bzw. „Einsperr"-Effekte bewirken, weil ein Umstieg in andere nicht-standardkonforme Systeme mit Wechselkosten verbunden ist.[157] Dieser Effekt verstärkt sich zusätzlich, je länger ein Standard im Markt besteht und ist insbesondere in Netzwerkmärkten mit direkten oder indirekten Netzwerkeffekten erheblich, da in alternativen Systemen möglicherweise keine Nutzerbasis vorhanden ist.[158] Konkurrenten die alternative Technologien anbieten wollen, welche den etablierten Standard ablösen soll, müssen nicht nur weitaus innovativere Produkte anbieten – d.h. Produkte mit besonders großem Innovationssprung, sondern auch den zusätzlichen Wert aus dem Netzwerk überbieten, die die Nachfrager im Standard hält.[159] Insofern kann Standardisierung wettbewerbshemmende Effekte haben und den Innovationswettbewerb beschränken.[160]

Wegen der Koordinierungs- und Abstimmungserfordernisse, die formelle Standardisierungsprozesse mit sich bringen, erfolgen Umstellungen und Anpassungen an neue Technologien oft nur mit Zurückhaltung.[161] Erschwerend kommt hinzu, dass das formelle Standardisierungsverfahren – gerade auch im Vergleich zur faktischen Standardisierung – als besonders zeitintensiv und langwierig gilt und mithin die Gefahr besteht, dass es aufgrund von Auseinandersetzungen zwischen den beteiligten Unternehmen über die Wahl der vorzugswürdigen Technologien zu Verzögerungen bei technischen Entwicklungen kommt.[162] Welche Technologie letztlich Eingang in einen Standard findet, kann

155 *Ullrich*, GRUR 2007, 817, 828.

156 *Brakhahn*, S. 51.

157 *Fuchs*, in: Lange/Klippel/Ohly, S. 151; *Dornis*, WRP 2020, 540, 541.

158 *Cary/Nelson/Kaiser/Sistla*, 77 Antitrust L.J. 913, 914 (2011); *Fuchs*, in: Lange/Klippel/Ohly, 147, 151.

159 *Fuchs*, in: Lange/Klippel/Ohly, 147, 151.

160 *Fuchs*, in: Lange/Klippel/Ohly, 147, 152.

161 *Farrell/Saloner*, 16 (1) RAND J. Econ 70, 71 (1985).

162 *Layne-Farrar/Padilla*, 9 (2) IJITSR 19, 23 (2011); *Lampert*, S. 44; *Farrell/Hayes/Shapiro/Sullivan*, 74 (3) Antitrust L.J. 603, 616, 617 (2007) mit Hinweis darauf, dass der 3G GSM (W-CDMA) Standard über drei Jahre Entwicklungszeit benötigt hat.

dabei auch von nicht rationalen bzw. technikfernen Gründen geleitet sein, was auch darin seinen Ursprung haben dürfte, dass ein verabschiedeter formeller Standard eben nur auf einem Kompromiss zwischen den verschiedenen Akteuren in der SSO beruht, die verschiedene Machtpositionen innerhalb der SSO innehaben und von verschiedenen Interessen geleitet sein können.[163]

Da einzelne SEP-Inhaber mit der Festlegung des Standards erhebliche Marktmacht als unumgänglicher Lizenzpartner erlangen können, birgt dies Missbrauchspotenziale. Ein SEP-Inhaber kann in unterschiedlicher Weise versuchen, seine Marktmacht in opportunistischer Weise für sich auszunutzen, unter anderem indem er überhöhter Lizenzgebühren fordert, eine Lizenzierung verweigert oder mit der Geltendmachung von Unterlassungsrechten droht, mit dem der Zugang zum Standard und zum Produktmarkt blockiert werden kann.[164] Dieses Missbrauchspotenzial wird dadurch verstärkt, wenn Produkthersteller bereits standardbezogene Investitionen getätigt haben und eine Umstellung auf andere Technologien wegen der damit verbundenen Wechselkosten nicht möglich ist.[165] Dies kann nicht nur zu einer Schädigung der Produktabnehmer führen, auf die höhere Lizenzkosten abgewälzt werden[166] und die möglicherweise Verzögerungen von Produktneuentwicklungen hinzunehmen haben. Auch unternehmerische Aktivitäten innerhalb einer SSO können dadurch erschwert werden, da Unternehmen weniger bereit sein werden, Mühe und Zeit in ein Standardisierungsverfahren zu investieren, wenn die Umsetzung des Standards durch missbräuchliche Verhaltensweisen blockiert oder erschwert wird.[167] Neben dieser Missbrauchsgefahr durch den einzelnen SEP-Inhaber birgt formelle Standardisierung auch die Gefahr kollusiven Verhaltens durch die am Standardisierungsprozess beteiligten Unternehmen, konkret, dass es zu wettbewerbsbeschränkenden Vereinbarungen oder unzulässigen Verhaltenskoordinierungen kommt.[168]

---

163 Vgl. *Ullrich*, GRUR 2007, 817, 828.

164 Näheres dazu im nächsten Abschnitt.

165 *Ramirez*, 4 (1) Ital. Antitrust Rev. 41, 46 (2017); *Fuchs*, in: Lange/Klippel/Ohly, 147, 149, 152; *Dornis*, WRP 2020, 540, 541.

166 *Farrell/Hayes/Shapiro/Sullivan*, 74 (3) Antitrust L.J. 603, 608 (2007); *Dornis*, GRUR 2020, 690.

167 *Ramirez*, 4 (1) Ital. Antitrust Rev. 41, 46 (2017); *Dornis*, WRP 2020, 540, 541.

168 Siehe dazu u.a. American Society of Mechanical Engineers, Inc. v. Hydrolevel Corp., 456 U.S. 556, 571 (1982) (SSOs „*can be rife with opportunities for anticompetitive activity*“); Allied Tube & Conduit Corp. v. Indian Head, Inc., 486 U.S. 492, 500 (1988); *Fuchs*, in: Lange/Klippel/Ohly, 147, 150.

III. Opportunistische Verhaltensweisen im formellen Standardisierungskontext

1. Opportunistisches Verhalten und Begriffsverständnis

Patenthaltende Unternehmen können bestrebt sein, den Standardisierungsprozess durch Fehlinformationen zu beeinflussen, um der eigenen Technologie möglichst Zugang in den Standard zu verschaffen, um anschließend die durch die Festsetzung des Standards vermittelte Machposition in opportunistischer Weise auszunutzen. Der Ökonom *Oliver E. Williamson* hat den Begriff des Opportunismus als *„self-interest seeking with guile“* definiert[169], d.h. das eigennützige Streben nach Vorteilen mittels Tücke bzw. List. Die Bandbreite an Verhaltensweisen, die von diesem weiten Begriff umfasst sind, beginnt bei eher offenen Handlungsformen, wie der Täuschung anderer, bis hin zu eher subtilen und raffinierten Formen des Betrugs und der Irreführung. Zugleich kann sich Opportunismus in aktivem Handeln oder Unterlassen ausdrücken und schon *ex ante* – von Anfang an geplant – oder sich erst *ex post* – im Nachhinein – zeigen.[170] Opportunistisches Verhalten ist zwar nicht immer zugleich als missbräuchliches Verhalten zu qualifizieren. Es besteht aber dahingehend eine hohe Gefahr. Opportunismus im Standardisierungskontext kann daher als ein missbräuchliches Streben eines SEP-Inhabers nach wirtschaftlichen Vorteilen verstanden werden. Dies umfasst sowohl Verschleierungstaktiken während des Standardisierungsverfahrens, indem Informationen unvollständig, verfälscht oder gar nicht offengelegt werden, als auch missbräuchliche Lizenzpraktiken nach Festsetzung des Standards, die wettbewerbsschädigende Wirkung sowohl für Hersteller standardkonformer Produkte als auch Endabnehmer haben können.

2. Missbrauchsanfälligkeit des Lizenzierungsverfahrens

Der Ablauf formeller Standardisierungsverfahren sowie die sich daran anschließende Phase der SEP-Lizenzierung weist im Vergleich zu herkömmlichen Lizenzpraktiken Besonderheiten auf, weil Lizenzverhandlungen in der Regel erst nach Festsetzung des Standards erfolgen, nachdem standardspezifische Investitionen bereits getätigt wurden. Dies kann zu einem Verhandlungsungleichgewicht

169 Williamson, The Economic Institutions of Capitalism, S. 47.
170 Williamson, The Economic Institutions of Capitalism, S. 47.

führen, das ein SEP-Inhaber für sich in opportunistischer Weise ausnutzen kann.[171] Die damit verbundenen negativen Effekte werden unter den Bezeichnungen *„patent hold-up"* und *„royalty stacking"* diskutiert.[172] Missbrauchspotenziale sind jedoch auch auf Seiten der SEP-Nutzer denkbar, was unter den Begriffen *„reverse hold-up"* und *„patent hold-out"* thematisiert wird.[173] Wenngleich sich die vorliegende Arbeit auf missbräuchliche Verhaltensweisen eines SEP-Inhabers beschränkt, ist die Darstellung dieses gegenläufigen Missbrauchspotenzials von Seiten der Patentnutzer erforderlich, weil es Auswirkungen darauf haben kann, ob einem SEP-Inhaber patentrechtliche Unterlassungsansprüche zustehen sollen oder nicht.

a) „Patent hold-up" und „royalty stacking"

aa) Ökonomische Konzeption

„Hold-up" ist ein ökonomisches Erklärungsmodell für ein Verhandlungsungleichgewicht zwischen zwei Vertragsparteien, das entstehen kann, wenn *ex ante* ein unvollständiger Vertrag abgeschlossen wird, in dem noch nicht sämtliche Bestandteile festgelegt worden sind, eine Partei im Vertrauen darauf Investitionen tätigt und die andere Partei *ex post*, wenn die noch offenen Vertragsbestandteile festgelegt werden sollen, den Investitions-*„lock-in"*-Effekt der investierenden Partei für sich als Hebel ausnutzt, um in opportunistischer Weise bessere Konditionen durchzusetzen.[174] Um ein *„hold-up"* zu ermöglichen, müssen drei Voraussetzungen erfüllt sein: 1.) Spezifische Investitionen einer Partei, die sich nicht einfach auf andere Bereiche umlenken lassen, 2.) das Bestehen eines noch unbestimmten bzw. unvollständigen Vertrags und 3.) das

---

171 *Galetovic/Haber/Levine*, 11 (3) J.C.L. & E. 549, 556 (2015); *Layne-Farrar*, Patent Holdup and Royalty Stacking Theory and Evidence: where do we stand after 15 years of history? (2014), S. 2.

172 *Layne-Farrar*, Patent Holdup and Royalty Stacking Theory and Evidence: where do we stand after 15 years of history? (2014), S. 2, 3.

173 *Ginsburg/Wong-Ervin/Wright*, 10 (1) CPI Antitrust Chronicles 1, 3 (2015); *Layne-Farrar*, Patent Holdup and Royalty Stacking Theory and Evidence: where do we stand after 15 years of history? (2014), S. 5.

174 *Farrell/Hayes/Shapiro/Sullivan*, 74 (3) Antitrust L.J. 603, 604 (2007); *Layne-Farrar*, Patent Holdup and Royalty Stacking Theory and Evidence: where do we stand after 15 years of history? (2014), S. 2; *Galetovic/Haber/Levine*, 11 (3) J.C.L. & E. 549, 556 (2015); *Shapiro/Lemley*, 168 Univ. Pa. Law. Rev. 1, 7, 8 (2020); vgl. *Sidak*, 3 Criterion J. on Innovation 401, 412 (2018); grundlegend zu *„hold-ups" Klein*, 34 Economic Inquiry 444 ff. (1996).

opportunistische Ausnutzen dieser Investitionsgebundenheit durch die andere Partei.[175] Täuschungs- oder Verschleierungstaktiken sind dafür nicht erforderlich, können diesen Hebeleffekt allerdings verstärken.[176] *„Hold-up“* kann zu wirtschaftlichen Ineffizienzen und überhöhten Produktpreisen führen, weil die Kostenerhöhung infolge des opportunistischen Handels auf den Endproduktpreis abgewälzt werden kann, sodass dieser Preis nicht den eigentlichen Wert des Produkts wiederspiegelt.[177]

Im Patent- und Standardkontext beschreibt *„hold-up“* das Phänomen, dass ein Unternehmen kraft seines aus dem Immaterialgüterrecht folgenden Ausschlussrechts den Zugang und die Zugangsbedingungen zu einem Standard blockieren und kontrollieren kann.[178] Bei den dem Standard zugrundeliegenden Schutzrechten handelt es sich um Patentrechte[179], weshalb sich die Bezeichnung *„patent hold-up“* etabliert hat. Der Lizenzierungsprozess, d.h. das Verfahren über die Vergabe von SEP-Lizenzen und die Festlegung der einzelnen Lizenzbedingungen, findet zwischen dem SEP-Inhaber und dem Lizenzsucher in bilateralen Verhandlungen statt[180], allerdings erst *ex post* zu einem Zeitpunkt, nachdem der Standard verabschiedet und standardbezogene Investitionen bereits getätigt, möglicherweise Produkte schon hergestellt wurden und die Standardtechnologie mithin bereits genutzt wird[181]. Die standardspezifischen Investitionen sind insofern ganz oder teilweise bereits unwiederbringlich verloren – sog. *„sunk*

---

175 *Sidak*, 3 Criterion J. on Innovation 401, 415 (2018); vgl. *Layne-Farrar*, Patent Holdup and Royalty Stacking Theory and Evidence: where do we stand after 15 years of history? (2014), S. 2.

176 *Farrell/Hayes/Shapiro/Sullivan*, 74 (3) Antitrust L.J. 603, 604 (2007); vgl. *Shapiro/Lemley*, 168 Univ. Pa. Law. Rev. 1, 16 (2020).

177 *Farrell/Hayes/Shapiro/Sullivan*, 74 (3) Antitrust L.J. 603, 604 (2007); *Layne-Farrar*, Patent Holdup and Royalty Stacking Theory and Evidence: where do we stand after 15 years of history? (2014), S. 2.

178 *Fuchs*, in: Lange/Klippel/Ohly, 147, 152.

179 Technische Erfindungen können im deutschen Recht als Gebrauchsmuster oder Patent geschützt werden. Im europäischen und US-amerikanischen Recht existiert hingegen kein dem Gebrauchsmuster vergleichbares Schutzrecht, siehe Deutsches Patent- und Markenamt, Gebrauchsmusterschutz im Ausland, abrufbar unter: https://www.dpma.de/gebrauchsmuster/gebrauchsmusterschutz_im_ausland/index.html (Stand: 22.03.2021).

180 *Layne-Farrar/Padilla*, 9 (2) IJITSR 19, 22 (2011); *Ullrich*, GRUR 2007, 817, 822.

181 *Werden/Froeb*, 27 (1) Tex. Intell. Prop. L.J. 1, 2, 3 (2019); *Melamed/Shapiro*, 127 (7) Yale L.J. 2110, 2113 (2018); *Layne-Farrar*, Patent Holdup and Royalty Stacking Theory and Evidence: where do we stand after 15 years of history? (2014), S. 2.

investments", weil sie nicht amortisiert werden können, wenn der Standard aufgeben wird oder SEPs nicht lizenziert werden.[182]

Auf der einen Seite ist die *ex ante* Festlegung aller SEP-Lizenzbedingungen nicht praktikabel, weil bei Standardfestsetzung oft nicht klar ist, welche und wie viele SEPs letztlich von Standard betroffen werden.[183] Auf der anderen Seite verfügt der SEP-Inhaber *ex post* über eine größere Verhandlungsmacht, die er in missbräuchlicher Weise ausnutzen kann. Nach Standardfestlegung, wenn Unternehmen standardspezifische Investitionen getätigt haben und technologische Substitute nicht vorhanden oder nur mit Wechselkosten verbunden sind, kann ein SEP-Inhaber auf verschiedene Weise versuchen, *ex post* die verringerte Flexibilität des Standardanwenders auszunutzen, um unter Androhung der Geltendmachung von patentrechtlicher Ausschlussrechte höhere Lizenzgebühren oder bessere Lizenzkonditionen durchzusetzen.[184] Insbesondere kann ein SEP-Inhaber geneigt sein, Teile der versunkenen Kosten auf Seiten der Standardnutzer für sich zu kapern und als Hebel für höheren Lizenzgebühren auszunutzen.[185]

Die Nutzer der patentgeschützten Technologie sind demnach gezwungen, sich zwischen zwei unvorteilhaften Optionen zu entscheiden: Erstens, entweder muss die lizenzlose Nutzung der standardessentiellen Technologie unterbleiben bzw. sie wird untersagt und Investitionen sind endgültig verloren oder zweitens, den abgepressten Lizenzforderungen wird nachgegeben.[186] Beide Handlungsalternativen bewirken negative wettbewerbliche Effekte: Unterbleibt eine Lizenzierung, dann sind nicht nur sämtliche bereits getätigten Investitionen endgültig verloren, ein Hersteller kann dann dazu geneigt sein, eine veraltete Technologie mit einer geringere Innovationshöhe zu verwenden, zum Nachteil der Endabnehmer. Wird dagegen der abgepressten Lizenzforderung des SEP-Inhabers zugestimmt, kann ein Hersteller die höheren Lizenzkosten auf den Weiterverkaufspreis aufschlagen, mit der Folge höherer Endproduktpreise, ebenso zum Nachteil der Endabnehmer.[187]

---

182 *Werden/Froeb*, 27 (1) Tex. Intell. Prop. L.J. 1, 3 (2019).

183 *E. Hovenkamp*, 19 (1) Colum. Sci. & Tech. L. Rev. 79, 81 (2017).

184 *Melamed/Shapiro*, 127 (7) Yale L.J. 2110, 2113 (2018); *Epstein/Noroozi*, 32 Berkeley Tech. L.J. 1381, 1384 (2017); *E. Hovenkamp*, 19 (1) Colum. Sci. & Tech. L. Rev. 79, 88 (2017); *Shapiro/Lemley*, 168 Univ. Pa. Law. Rev. 1, 2 (2020).

185 *Epstein/Noroozi*, 32 Berkeley Tech. L.J. 1381, 1384 (2017); *Layne-Farrar*, 59 (2) Antitrust Bull. 373, 375 (2014); *Kobayashi/Wright*, 5 (3) J.C.L. & E., 469, 470, 486 (2009).

186 Siehe dazu DoJ/FTC, Antitrust and IP-Report (2007), S. 37-38.

187 *Galetovic/Haber/Levine*, 11 (3) J.C.L. & E. 549, 557 (2015); *Melamed/Shapiro*, 127 (7) Yale L.J. 2110, 2116 (2018); *Shapiro/Lemley*, 168 Univ. Pa. Law. Rev. 1, 3 (2020).

Die Vielzahl an Standards und betroffenen SEPs, die alleine in einem Produkt umgesetzt sein können, in Verbindung mit der oben dargestellten „*hold-up*“ Gefahr, kann einen weiteren negativen Multiplizierungseffekt bewirken, wenn mehrere SEP-Inhaber unangemessen hohe Lizenzgebühren erheben, die sich dann aufaddieren. „*Royalty stacking*“ beschreibt die Summe dieser Effekte, d.h. welche Auswirkungen es für die Gesamtlizenzkosten eines standardkonformen Produkts hat, dass für dessen Herstellung ein Bündel bzw. aggregierter Stapel sich ergänzender SEPs von verschiedenen Patentinhabern benötigt wird.[188]

Das ökonomische Konzept auf dem „*royalty stacking*“ basiert, hat seinen Ursprung in dem von *Cournot* untersuchten Komplementäreffekt.[189] *Cournot*[190] stellte unter anderem fest, dass wenn einzelne Bestandteile eines nachgelagerten Produkts komplementäre Funktionen haben und von einem einzigen Monopolisten kontrolliert und veräußert werden, dies für einen Abnehmer, der auf beide Komponenten angewiesen ist, in Summe zu niedrigeren Kosten führt, als wenn jeweils ein Monopolist einen Produktbestandteil kontrolliert, den er ohne Rücksicht auf den anderen Bestandteil zu einem Monopolpreis veräußert.[191] Im Fall von komplementären Produktkomponenten, die für ein Endprodukt benötigt werden, ist es danach für den Endprodukthersteller günstiger, wenn er nur einem und nicht zwei Monopolisten und damit keiner mehrfachen Monopolrendite ausgesetzt ist.[192]

Überträgt man dieses Prinzip auf die Herstellung standardkonformer Produkte, bei dem mehrere SEP-Lizenzen zur Umsetzung des Standard erforderlich

188 *Layne-Farrar*, Patent Holdup and Royalty Stacking Theory and Evidence: where do we stand after 15 years of history? (2014), S. 3; *Lemley/Shapiro*, 85 Tex. L. Rev. 1991, 1993 (2007); *Kattan*, 27 (3) Antitrust 30, 31 (2013).

189 *Layne-Farrar*, Patent Holdup and Royalty Stacking Theory and Evidence: where do we stand after 15 years of history? (2014), S. 3; *Galetovic/Gupta*, 23 (3) Industrial and Corporate Change, 827, 828 (2020).

190 *Cournot*, Researches into the Mathematical Principles of the Theory of Wealth, Chapter IX – Mutuall relations of producers, S. 99-107.

191 *Cournot*, Researches into the Mathematical Principles of the Theory of Wealth, Chapter IX – Mutuall relations of producers, S. 107 („*an increase in price is the result of separation of the monopolies*“); dazu auch *Fisher*, 12 (2) Q. J. Econ. 119, 128 (1898).

192 *Fisher*, 12 (2) Q. J. Econ. 119, 128 (1898); dazu auch *Layne-Farrar*, Patent Holdup and Royalty Stacking Theory and Evidence: where do we stand after 15 years of history? (2014), S. 3; *Llobet/Padilla*, 59 (1) J.L. & Econ. 45, 48 (2016); *Cary/Nelson/Kaiser/Sistla*, 77 Antitrust L.J. 913, 917 (2011); *Cotter*, 34 J. Corp. L. 1151, 1169 (2009); *Galetovic/Gupta*, 23 (3) Industrial and Corporate Change, 827, 828 (2020).

sind, hat dies zur Folge, dass das „*royalty stacking*“ Risiko – d.h. die Gefahr, dass insgesamt überhöhte Gebühren für ein Bündel an SEP-Lizenzen aufgewendet werden müssen – umso größer wird, je höher die Anzahl an unabhängigen SEP-Inhaber pro Standard und Produkt ist.[193] In Verbindung mit „*patent hold-up*“ kann dies zur Folge haben, dass die Herstellung von standardkonformen Produkten wegen der kumulierten SEP-Lizenzgebühren unrentabel wird und ein Standard nicht den Verbreitungsgrad erreicht, der ihm potenziell zukommen könnte.[194] Das Gesamtpaket an überhöhten Lizenzgebühren kann sich zuletzt auch auf den Produktpreis niederschlagen und damit zulasten eines jeden Glieds in der Abnehmerkette gehen, bei dem das Produkt verbleibt.

bb) Überblick über die Kritik an der „patent hold-up“ Theorie im SEP-Kontext – Ein bloß theoretisches Konstrukt oder tatsächliches Problem?

Die Plausibilität und Relevanz sowohl der „*patent hold-up*“ als auch de „*royalty stacking*“ Theorie werden in der ökonomischen und juristischen Literatur bereits seit Jahrzehnten kontrovers diskutiert und im SEP-Kontext angezweifelt.[195] Ein Teil der Literatur betont, dass „*patent hold-up*“ und „*royalty stacking*“ in besonderem Maße im formellen Standardisierungskontext problematisch sei und zwar nicht nur in der Theorie, sondern auch in der Praxis wettbewerblich negative Auswirkungen zeige.[196] Kritiker hingegen zweifeln teilweise bereits an, dass „*patent hold-up*“ überhaupt die oben genannten Voraussetzungen erfüllt, die in der ökonomischen Literatur für ein „*hold-up*“ entwickelt wurden.[197] Angesichts dem bereits seit Jahrzehnten bekannten vermeintlichen „*patent hold-up*“ Problem wird es als praxisfremd erachtet, dass ein umsichtiges Unternehmen, das den Standard in seine Produkte umsetzen will, standardspezifische Investitionen tätige, ohne zuvor die Lizenzbedingungen für die Nutzung der SEPs ausgehandelt und im Blick zu haben.[198] Zu Recht wird dem allerdings entgegen

---

193 *Lemley/Shapiro*, 85 Tex. L. Rev. 1991, 2013 (2007); *Cary/Nelson/Kaiser/Sistla*, 77 Antitrust L.J. 913, 917 (2011).

194 *Cary/Nelson/Kaiser/Sistla*, 77 Antitrust L.J. 913, 917 (2011).

195 Umfassend dazu, *Sidak*, 3 Criterion J. on Innovation 401-554 (2018).

196 *Farrell/Hayes/Shapiro/Sullivan*, 74 (3) Antitrust L.J. 603, 616 (2007); *Melamed/Shapiro*, 127 (7) Yale L.J. 2110, 2111, 2116 (2018); *Shapiro/Lemley*, 168 Univ. Pa. Law. Rev. 1, 12 (2020); weitere Nachweise bei *Galetovic/Haber/Levine*, 11 (3) J.C.L. & E. 549, 550 in Fn. 2 (2015).

197 Umfassend dazu *Sidak*, 3 Criterion J. on Innovation 401, 415, 435 (2018).

198 *Sidak*, 3 Criterion J. on Innovation 401, 416, 417 (2018).

gehalten, dass die Mehrheit von Patentverletzungsfällen solche patentgeschützten Technologien betrifft, deren Nutzung nicht von vornherein offensichtlich war, sondern die Patentverletzung erst später aufgedeckt werden kann und mithin zuvor schon gar keine Kenntnis darüber bestand, dass und wessen Technologie letztlich genutzt wird.[199]

Teilweise wird auch die Erfüllung des zweiten *„hold-up"* Kriteriums – die Unbestimmtheit bzw. Unvollständigkeit eines noch abzuschließenden Vertrags – im Standardisierungskontext angezweifelt. Mit der Offenlegungspflicht werde sichergestellt, dass ein Standardanwender die jeweiligen SEP-Inhaber ausmachen könne und zwar vor der Vornahme standardspezifischer Investitionen.[200] Teilweise seien die von den SEP-Inhabern erhobenen SEP-Lizenzgebühren sogar öffentliche bekannt, beispielsweise wie im Falle von *Qualcomm* und *Ericsson* hinsichtlich ihrer den 5G-Mobilfunkstandard betreffenden SEPs, sodass weder ungewiss sei, wie hoch die Lizenzgebühr ausfallen wird, noch standardspezifische Investitionen in Ungewissheit darüber getroffen werden müssen.[201] Zudem sei alles anderes als klar, dass ein SEP-Inhaber seine Stellung in opportunistischer Weise ausnutzen wird, weil zum einen der Lizenzierungsprozess ein gegenseitiges Verfahren sei und ein Patentinhaber, will er Lizenzeinnahmen über eine längere Periode hinweg maximieren, eher geneigt sein dürfte, mit einem Lizenzsucher zu kooperieren als zu versuchen, diesen auszubeuten.[202] Angesichts der mit opportunistischem Verhalten verbundenen Kosteneinbußen für den SEP-Inhaber, nämlich drohende zeit- und kostenintensive Gerichtsprozesse und einer Verzögerung, bis die SEP-Lizenzgebühr letztlich erhalten wird, sowie das Risiko, selbst einem Haftungsprozess ausgesetzt zu sein, seien alles Effekte, die die vermeintlichen Missbrauchsanreize reduzieren.[203]

Neben dieser Kritik, ob die *„hold-up"* Voraussetzungen im SEP-Kontext überhaupt erfüllt sind, richtet sich der Fokus anderer Kritiker darauf, dass empirisch belegt werden könne, dass *„patent hold-up"* kein gängiges und systematisches Problem sondern ein eher theoretisches und kaum auftretendes Phänomen ist.[204] Studien aus der Mobilfunkindustrie, einer in erheblichem

199 *Shapiro/Lemley*, 168 Univ. Pa. Law. Rev. 1, 18 und Fn. 51 (2020) mit Verweis auf eine Untersuchung, wonach in nur 31,1 % der Fälle Beklagte bereits vor einem Patentverletzungsprozess von der Nutzung der patentierten Technologie Kenntnis gehabt haben.
200 *Sidak*, 3 Criterion J. on Innovation 401, 417 (2018).
201 *Sidak*, 3 Criterion J. on Innovation 401, 418, 419 (2018).
202 *Sidak*, 3 Criterion J. on Innovation 401, 433 (2018).
203 *Sidak*, 3 Criterion J. on Innovation 401, 433, 434 (2018).
204 *Sidak*, 3 Criterion J. on Innovation 401, 435 (2018); *Layne-Farrar*, Patent Holdup and Royalty Stacking Theory and Evidence: where do we stand after 15 years of history?

Maße von Standards und SEPs geprägten und mithin für *„patent hold-up"* und *„royalty stacking"* eigentlich prädestinierte Industrie, hätten gezeigt, dass keine der behaupteten negativen Effekte auszumachen sind. Würden beiden Theorien zutreffend sein, müssten mehrere Wettbewerbsparameter negative Entwicklungen auf dem SEP-durchdrungenen Mobilfunkmarkt aufzeigen, konkret: Steigende Produktpreise, abnehmende bzw. stagnierende Produktionszahlen, ein stagnierender Innovationsfortschritt oder begrenztere Marktzugangsmöglichkeiten.[205] Die angeführten Studien hätten allerdings nicht nur gezeigt, dass solche negativen Effekte nicht auszumachen sind; im Gegenteil, die untersuchten Wettbewerbsparameter hätten vielmehr einen funktionierenden Markt mit belebtem Wettbewerb belegt[206]: Die Preise für Mobilfunkgeräte sind seit 2005 entweder gleich geblieben oder gesunken, Produktionszahlen sind gestiegen, ebenso wie die Funktionalität und Innovationshöhe der Produkte, der Wettbewerb zwischen den Herstellern von Mobilfunkgeräten hat sich dynamisch entwickelt, zu bedeutenden Markteintritten geführt und eine verringerte Marktkonzentration bewirkt.[207] Aus diesen Gründen wird die in der Literatur aufgestellte Hypothese der Wettbewerbsschädlichkeit von *„patent hold-up"* und *„royalty stacking"* im SEP-Kontext angezweifelt, weil die Theorien nicht durch empirische Belege untermauert werden.[208] Allerdings werden auch die genannten

(2014), S. 7; *Galetovic/Haber/Levine*, 11 (3) J.C.L. & E. 549, 551 (2015); *Galetovic/Gupta*, 23 (3) Industrial and Corporate Change, 827, 848 (2020); *Ginsburg/Wong-Ervin/Wright*, 10 (1) CPI Antitrust Chronicles 1, 3, 4 (2015).

205 *Layne-Farrar*, Patent Holdup and Royalty Stacking Theory and Evidence: where do we stand after 15 years of history? (2014), S. 8; *Galetovic/Haber/Levine*, 11 (3) J.C.L. & E. 549, 555, 557, 558 (2015).

206 *Ginsburg/Wong-Ervin/Wright*, 10 (1) CPI Antitrust Chronicles 1, 4, 5 (2015); *Layne-Farrar*, Patent Holdup and Royalty Stacking Theory and Evidence: where do we stand after 15 years of history? (2014), S. 8; *Galetovic/Gupta*, 23 (3) Industrial and Corporate Change, 827, 848 (2020).

207 *Layne-Farrar*, Patent Holdup and Royalty Stacking Theory and Evidence: where do we stand after 15 years of history? (2014), S. 8; *Ginsburg/Wong-Ervin/Wright*, 10 (1) CPI Antitrust Chronicles 1, 4, 5 (2015); *Galetovic/Haber/Levine*, 11 (3) J.C.L. & E. 549, 572 (2015); *Galetovic/Gupta*, 23 (3) Industrial and Corporate Change, 827, 848 (2020); *Sidak*, 3 Criterion J. on Innovation 401, 436, 437 (2018).

208 *Ginsburg/Wong-Ervin/Wright*, 10 (1) CPI Antitrust Chronicles 1, 4 (2015); *Layne-Farrar*, Patent Holdup and Royalty Stacking Theory and Evidence: where do we stand after 15 years of history? (2014), S. 9; vgl. *Werden/Froeb*, 27 (1) Tex. Intell. Prop. L.J. 1, 2 (2019).

Studien zum Teil kontrovers diskutiert und von der Gegenseite als fehlerhaft deklariert.[209]

Aus alledem ist jedenfalls zu entnehmen, dass es sich bei *„patent hold-up"* und *„royalty stacking"* nicht zwingend um ein standardspezifisches und wettbewerbsschädigendes Problem handeln muss, was für einen zurückhaltenden, die jeweiligen Effekte im Einzelfall analysierenden Ansatz bei der Anwendung des Kartellrechts sprechen kann.

b) „Reverse hold-up" und „patent hold-out"

„Hold-up" Szenarien sind nicht als Einbahnstraße zu verstehen, die nur eine der Vertragspartei treffen, sondern in beide Richtungen verlaufen kann[210], sprich auch zu Lasten eines SEP-Inhabers gehen kann. Ein Hersteller von standardkonformen Produkten, der ein SEP benutzt, kann es in umgekehrter Weise für sich ausnutzen, dass der SEP-Inhaber bereits Investitionen in Forschung und Entwicklung aufgewendet hat und infolge der FRAND-Erklärung bestimmten Lizenzbeschränkungen unterliegt, als quasi umgekehrter *„lock-in"*-Effekt.[211] In diesem Zusammenhang werden die Bezeichnungen *„reverse hold-up"* und *„patent hold-out"* – teilweise synonym[212], teilweise differenziert – verwendet. Nach dem hier zugrunde gelegten Verständnis bezieht sich *„reverse hold-up"* auf die Situation, in der umgekehrt ein Nutzer eines SEP den *„lock-in"*-Effekt auf Seiten des SEP-Inhabers ausnutzt, um unangemessen niedrige Lizenzgebühren durchzusetzen.[213] *„Patent hold-out"* zeichnet sich dadurch aus, dass der Nutzer eines SEP die Bezahlung einer Lizenzgebühr entweder insgesamt ablehnt oder

209 *Shapiro/Lemley*, 168 Univ. Pa. Law. Rev. 1, 23-25 (2020).

210 *Layne-Farrar*, Patent Holdup and Royalty Stacking Theory and Evidence: where do we stand after 15 years of history? (2014), S. 5; *Ginsburg/Wong-Ervin/Wright*, 10 (1) CPI Antitrust Chronicles 1, 3 (2015).

211 *Layne-Farrar*, Patent Holdup and Royalty Stacking Theory and Evidence: where do we stand after 15 years of history? (2014), S. 5; *Ginsburg/Wong-Ervin/Wright*, 10 (1) CPI Antitrust Chronicles 1, 3 (2015).

212 So *Layne-Farrar*, Patent Holdup and Royalty Stacking Theory and Evidence: where do we stand after 15 years of history? (2014), S. 5.

213 Zu *„reverse hold-up"* in dem Sinn auch EuGH, Urteil v. 16.07.2015, Huawei/ZTE, Rs. C-170/13, ECLI:EU:C:2015:477, Rn. 38; *Ginsburg/Wong-Ervin/Wright*, 10 (1) CPI Antitrust Chronicles 1, 3 (2015); *Hovenkamp*, 105 Cornell L. Rev. 101, 152 (2020), der hierfür allerdings die Bezeichnung *„hold-out"* verwendet.

diese in treuwidriger Weise hinauszögert.[214] Das zugrundeliegende Problem ist jeweils dasselbe: Ein Standardanwender weigert sich *ex post* mit dem SEP-Inhaber Lizenzverhandlungen nach Treu und Glauben zu führen.[215] Ein SEP-Inhaber kann dadurch gezwungen sein, entweder erhebliche Prozesskosten und Zeitverzögerungen bis zum Erhalt der Lizenzgebühren in Kauf zu nehmen, um letztlich ein auf Zahlung von FRAND-Lizenzgebühren gerichtetes Urteil zu erstreiten, oder aber der Zuwenigforderung nachgeben oder – was aber eher der Ausnahmefall sein dürfte – die Technologie sogar lizenzlos nutzen zu lassen.[216] Treuwidrige Verhandlungstaktiken eines SEP-Nutzers können sich insoweit als effiziente Patentverletzung erweisen.[217]

Erfolgreiche *„reverse hold-up"* und *„patent hold-out"* Strategien können dazu führen, dass ein SEP-Inhaber in nicht angemessener Weise für seine Innovationsleistung entlohnt wird. Dies kann zum einen innovationshemmende Effekte haben, weil Unternehmen weniger bereit sein werden, Innovationsforschung zu betreiben. Zum anderen können Patentinhaber von der Teilnahme an Standardisierungsprozessen absehen, wenn sich die FRAND-Lizenzpflicht letztlich als unrentabler Verzicht auf patentimmanente Rechte erweist, die zugleich Missbrauchspotenziale für Patentverletzer eröffnet.[218]

3. Präventivmaßnahmen zur Verhinderung opportunistischer Verhaltensweisen

Ansatzpunkte zur Verhinderung opportunistischer Verhaltensweisen eines SEP-Inhabers kommen in zweifacher Form in Betracht: Zum einen kann *ex post* opportunistisches Verhalten durch *ex ante* Präventions- und Schutzmaßnahmen verhindert werden[219], zum anderen kann mittels nachträglicher (schieds-)

---

214 *Ginsburg/Wong-Ervin/Wright*, 10 (1) CPI Antitrust Chronicles 1, 3 (2015); *Werden/Froeb*, 27 (1) Tex. Intell. Prop. L.J. 1, 3, 4 (2019); *Ramirez*, 4 (1) Ital. Antitrust Rev. 41, 47 Fn. 14 (2017), die dies als *„reverse hold-up"* bezeichnet, jedoch auf die synonyme Bedeutung zu *„patent hold-out"* hinweist, *Dies.*, 4 (1) Ital. Antitrust Rev. 41, 52 Fn. 34 (2017).

215 *Epstein/Noroozi*, 32 Berkeley Tech. L.J. 1381, 1384 (2017).

216 *Layne-Farrar*, Patent Holdup and Royalty Stacking Theory and Evidence: where do we stand after 15 years of history? (2014), S. 5; *Epstein/Noroozi*, 32 Berkeley Tech. L.J. 1381, 1384 (2017).

217 *Epstein/Noroozi*, 32 Berkeley Tech. L.J. 1381, 1384 (2017), die den Begriff *„efficient infringement"* synonym für *„patent hold-out"* verwenden.

218 *Ginsburg/Wong-Ervin/Wright*, 10 (1) CPI Antitrust Chronicles 1, 7 (2015).

219 Vgl. Williamson, The Economic Institutions of Capitalism, S. 48.

gerichtlicher Verfahren überprüft werden, ob eine Verhaltensweise rechtmäßig war und gegebenenfalls sanktioniert werden.

Als Maßnahmen zur Verhinderung von *„patent hold-up“*, *„royalty stacking“* sowie sonstiger *ex post* opportunistischer Verhaltensweisen haben sich die bereits angesprochenen organisationsinternen Regelungen über die Offenlegung von potenziellen SEPs und die korrespondierende FRAND-Lizenzpflicht etabliert.[220] Sinn und Zweck der Offenlegungspflicht ist sicherzustellen, dass SSO-Mitglieder im Rahmen des Standardauswahlverfahrens frühestmöglich über die von dem Standard möglicherweise betroffenen Patentrechte sowie unpatentierte oder lizenzfrei verfügbare Technologien informiert werden.[221] Die Offenlegungspflicht soll zugleich bewirken, dass Lizenzparteien *ex ante* vor Festsetzung des Standards jedenfalls die Möglichkeit haben, in Lizenzverhandlungen zu treten.[222] Mit dem FRAND-Lizenzversprechen sollen SEP-Inhaber davon abgehalten werden, nach Festlegung des Standards ihre andernfalls unbeschränkten Ausschlussrechte aus dem SEP durchzusetzen und Dritten den Zugang zum Produktmarkt zu versperren. Ferner soll eine Forderung von überhöhten Lizenzgebühren verhindert und eine möglichst weite Verbreitung und Nutzung des Standards zu angemessenen Bedingungen sichergestellt werden.[223] Auf der anderen Seite soll damit eine angemessene Entlohnung des SEP-Inhabers sichergestellt werden, sprich *„reverse hold-up“* und *„patent hold-out“* Szenarien verhindert werden.

4. Einzelne opportunistisches Verhaltensweisen

Potenziell missbräuchliches Verhalten ist sowohl im Rahmen des Standardauswahlverfahrens als auch nach Festlegung des Standards denkbar. Nachfolgend soll im Überblick dargestellt werden, welche einzelnen Verhaltensweisen eines SEP-Inhabers wettbewerbsschädigend und dem kartellrechtlichen Missbrauchstatbestand zuwiderlaufen können, die im fünften Teil der Arbeit untersucht werden sollen.

---

220 *Melamed/Shapiro*, 127 (7) Yale L.J. 2110, 2111 (2018).

221 *Ramirez*, 4 (1) Ital. Antitrust Rev. 41, 47, 48 (2017).

222 *Cary/Nelson/Kaiser/Sistla*, 77 Antitrust L.J. 913, 916 (2011).

223 *Melamed/Shapiro*, 127 (7) Yale L.J. 2110, 2113 (2018); *Layne-Farrar/Padilla*, 9 (2) IJITSR 19, 22 (2011); *Cary/Nelson/Kaiser/Sistla*, 77 Antitrust L.J. 913, 917, 918 (2011); *E. Hovenkamp*, 19 (1) Colum. Sci. & Tech. L. Rev. 79, 81 (2017); vgl. *Geradin*, 76 (1) Antitrust L.J. 329, 334 (2009); *Shapiro/Lemley*, 168 Univ. Pa. Law. Rev. 1, 27 (2020).

a) *Missbräuchliches Verhalten während des Standardisierungsverfahren*

Eine mögliche gegen das Missbrauchsverbot verstoßende Handlung kann ihren Ursprung bereits im Standardisierungsverfahren, vor der endgültigen Festlegung des Standards haben und an die Verletzung der Offenlegungspflicht anknüpfen, sog. *patent ambush by nondisclosure.*[224] Kennzeichnend für einen Patenthinterhalt ist ein mehrstufiges Verhalten, indem ein Pateninhaber in einem ersten Schritt an einem Standardisierungsverfahren teilnimmt und es bewusst unterlässt, sein potenziell standardwesentliches Patent oder eine entsprechend anhängige Patentanmeldung offenzulegen[225], teilweise in Verbindung mit weiteren Falschangaben oder Verschleierungstaktiken[226]. Nachdem sich die SSO auf den Standard festgelegt und unbewusst, aber wie vom Patentinhaber gewollt, seine Technologie in den Standard aufgenommen hat, tritt der SEP-Inhaber unter Offenlegung seiner Patentrechte in einem zweiten Schritt mit unangemessenen Forderungen an die Standardanwender heran.[227]

b) *Missbräuchliche Lizenzpraktiken nach Festsetzung des Standards*

Nach Implementierung des Standards kann ein SEP-Inhaber mit unterschiedlichen Lizenzstrategien versuchen, seine Machtposition zur Erlangung maximaler Renditen auszunutzen oder Wettbewerber vom Produktmarkt zu verdrängen oder potenzielle Konkurrenten am Zugang zu Komplementärmärkten zu hindern.[228] Die Lizenzstrategie hängt oftmals davon ab, welche Rolle der SEP-Inhaber im Wettbewerb spielt, d.h. ob er ausschließlich mit der Lizenzierung seiner Technologien befasst ist oder als vertikal integriertes Unternehmen zudem standardkonforme Produkte herstellt und vertreibt.[229]

---

224 *Hovenkamp*, 105 Cornell L. Rev. 101, 154 (2020). Dieses Verhalten wird im deutschsprachigen Raum teilweise auch als „Patenthinterhalt" bezeichnet, vgl. *Brakhahn*, S. 1, 9.

225 *Brakhahn*, S. 9; vgl. *Farrell/Hayes/Shapiro/Sullivan*, 74 (3) Antitrust L.J. 603, 604-605 (2007).

226 *Lemley*, 90 Cal. L. Rev. 1889, 1928 (2002); *Ramirez*, 4 (1) Ital. Antitrust Rev. 41, 47-49 (2017); *Farrell/Hayes/Shapiro/Sullivan*, 74 (3) Antitrust L.J. 603, 656-657; *Ullrich*, GRUR 2007, 817, 825.

227 *Brakhahn*, S. 9; *Lampert*, S. 191; zur Zweistufigkeit des Vorgehens, siehe in Sachen *Rambus*, Europäische Kommission, Pressemitteilung v. 09.12.2009, IP/09/1897, S. 1.

228 Vgl. *Fuchs*, in: Lange/Klippel/Ohly, 147, 150.

229 *Hartmann*, S. 5, 6.

Ein SEP-Inhaber kann den Zugang zu seiner Technologie von der Entrichtung einer unangemessen hohen, nicht FRAND entsprechenden Lizenzgebühr abhängig machen. Die Absicht des Patentinhabers, sich nicht an das FRAND-Lizenzversprechen halten zu wollen, kann bereits *ex ante* bei Offenlegung der Patentrechte im Rahmen des Standardisierungsverfahren gefasst gewesen sein.[230] Ein SEP-Inhaber kann aber auch erst nach Festsetzung des Standards die Absicht fassen und in die Tat umsetzen, von seinem ursprünglichen FRAND-Versprechen abzuweichen oder eine erhöhte Lizenzgebühr neu zu verhandeln, wenngleich er dies nicht von Anfang an bei der Abgabe des Lizenzversprechens geplant hatte.[231] Ebenso kann es eine missbräuchliche Lizenzpraxis darstellen, wenn ein SEP-Inhaber Lizenzen zu diskriminierenden Lizenzbedingungen vergibt.

Ein missbräuchliches Verhalten kann darin zum Ausdruck kommen, dass ein SEP-Inhaber eine Lizenzvergabe verweigert. Eine Lizenzverweigerung ist eine IP-spezifische Unterkategorie der allgemeinen Lieferverweigerung (*refusal to deal*), bei der die Einräumung einer Lizenz für die geschützte Standardtechnologie verweigert wird, so dass es einem Hersteller von standardkonformen Produkten nicht möglich ist, das Produkt herzustellen, ohne das SEP zu verletzen. Dabei kann ein SEP-Inhaber einem lizenzsuchenden Unternehmen die Einräumung einer Lizenz generell und unbedingt – sprich unter allen Umständen – verweigern (*unconditional refusal to license*).[232] In diese Kategorie fällt auch eine Lizenzpraktik, bei denen das SEP ausschließlich auf Ebene der Endproduktehersteller lizenziert wird und dies gegenüber lizenzsuchenden Komponentenhersteller generell verweigert wird. Ein SEP-Inhaber kann die Einräumung von SEP-Lizenzen aber auch von der Erfüllung weiterer Bedingungen abhängig machen, sprich in Fällen einer bedingten Lizenzverweigerung (*conditional refusal to license*).[233] Eine Bedingung kann insbesondere darin liegen, dass noch weitere, für die Ausübung des Standards nicht-essentielle Patentrechte lizenziert werden müssen. Eine Pflicht zur Lizenznahme eines gebündelten Patentpakets

---

230 *Melamed/Shapiro*, 127 (7) Yale L.J. 2110, 2124 (2018); *Kobayashi/Wright*, 5 (3) J.C.L. & E., 469, 489 (2009). In der deutschsprachigen Literatur wird ein solcher von Anfang an geplanter Verstoß gegen die FRAND-Lizenzzusage teilweise als „Lockvogeltaktik" bezeichnet, *Brakhahn*, S. 2, 16.

231 *Kobayashi/Wright*, 5 (3) J.C.L. & E., 469, 488, 493 (2009); *Layne-Farrar*, 59 (2) Antitrust Bull. 373, 378 (2014); *Farrell/Hayes/Shapiro/Sullivan*, 74 (3) Antitrust L.J. 603, 605, 606, 659 (2007).

232 *Hovenkamp*, 105 Cornell L. Rev. 101, 115 (2020).

233 *Hovenkamp*, 105 Cornell L. Rev. 101, 115, 116 (2020).

kann unter bestimmten Voraussetzungen eine missbräuchliche Koppelungspraktik darstellen (*tying practices*).

Von großer praktischer Relevanz ist zudem die Frage, ob ein SEP-Inhaber missbräuchlich handelt, wenn er aus einem FRAND-unterworfenen SEP Unterlassungsrechte gegen Patentnutzer geltend macht. Die Missbräuchlichkeit kann sich zum einen daraus ergeben, dass eine offensichtlich unbegründete Patentunterlassungsklage erhoben wird, in der zum Ausdruck kommt, dass der mutmaßliche Patentverletzer eingeschüchtert und an einer Markttätigkeit gehindert werden soll (*sham litigation*[234]).[235] Zum anderen kann die Missbräuchlichkeit daraus folgen, weil dadurch Hersteller von standardkonformen Produkte der Marktzugang versperrt wird, obwohl mit dem FRAND-Versprechen eine Lizenzierung und Nutzung der patentgeschützten Technologie eigentlich zugesichert wurde.[236] Denkbar ist mithin, dass die Durchsetzung von Unterlassungsrechten aus einem FRAND-unterworfenen SEP ein bereits für sich missbräuchliches Verhalten ist.

---

234 Auch „*abuse of the judicial process*" oder „*vexatious claims*" genannt.

235 *Werden/Froeb*, 27 (1) Tex. Intell. Prop. L.J. 1, 17, 18 (2019); *Hovenkamp*, 105 Cornell L. Rev. 101, 161 (2020); *Bulst*, in: Langen/Bunte, Bd. 2, Art. 102 AEUV, Rn. 371.

236 *Ginsburg/Owings/Wright*, 14 (1) The Antitrust Source, 1, 2 (2014).

Dritter Teil – Rechtsverbindlichkeit und Durchsetzbarkeit der Offenlegungs- und FRAND-Lizenzpflicht

Formelle Standardisierung eröffnet für Patentinhaber sowohl im Rahmen des Standardisierungsprozesses als auch nach Festsetzung des Standards verschiedene Möglichkeiten für opportunistisches Verhalten. Wie bereits eingangs dargestellt, geben sich SSOs in ihren IPRPs interne Regelwerke, die unter anderem die Offenlegung und die FRAND-Lizenzierung von SEPs regeln, die Missbrauch vorbeugen sollen. US-amerikanische Gerichte haben sich mehrfach insbesondere damit befasst, welche vertragsrechtlichen Konsequenzen aus dem FRAND-Lizenzversprechen folgen, dessen Einhaltung oft zentraler Gegenstand von Auseinandersetzungen ist. Dies wiederum hat Einfluss auf die Debatte, ob Mittel des Vertrags- oder sogar Deliktsrechts im Vergleich zu den gravierenderen kartellrechtlichen Haftungsfolgen besser geeignet sind, *ex post* opportunistisches Verhalten und „*patent hold-up*" zu adressieren.[237] Nachfolgend wird dargestellt, ob und wie opportunistische Verhaltensweisen eines SEP-Inhabers mit organisationsinternen Regeln der SSO und sowie Vertrags- oder Deliktsrechtlichen Mitteln überhaupt erfasst werden können.

I. IPRPs als organisationsinterne Selbstverwaltungsregeln

Abhängig von der privatrechtlichen Organisationsform geben sich SSOs im Rahmen ihrer Selbstverwaltungskompetenz interne Verwaltungsregeln, die auf dem Vereins-, Verbands- oder Gesellschaftsrecht basieren können.[238] Diese ermächtigen die SSO dazu, organisationsinterne Abläufe zu konkretisieren und Mitgliedspflichten zu definieren. Exemplarisch seien die internationalen agierenden

---

237 An dieser Stelle sei auf die Befürworter eines vertragsrechtlichen Lösungsansatzes in „*patent hold-up*" Fällen hingewiesen, die eine Anwendung von Sec. 2 Sherman Act kritisieren, vgl. *Werden/Froeb*, 27 (1) Tex. Intell. Prop. L.J. 1, 2 und Fn. 4 (2019). Näheres zu den kartellrechtlichen Implikationen für einzelne Verhaltensweisen im Fünften Teil unter Abschnitt II., S. 194 ff.

238 *Fuchs*, in: Lange/Klippel/Ohly, 147, 160; *Ullrich*, GRUR 2007, 817, 818; *Brakhahn*, S. 115.

SSOs ISO, IEC und ITU genannt, die allesamt als Körperschaft nach Schweizer Recht organisiert sind. CEN und CENLEC sind als gemeinnützige Vereine französischen Rechts organisiert, während das DIN ein eingetragener Verein nach deutschem Recht ist.[239] Die US-amerikanische SSO ANSI ist beispielsweise in der Rechtsform als *„nonprofit corporation"* organisiert, ebenso wie IEEE.[240] Der Großteil aller SSOs regelt den Umgang mit standardrelevanten Patentrechten in *Patent Policies* bzw. IPRPs[241], die unter anderem Teil von verbands- oder vereinsrechtlichen Satzungen oder wie im US-amerikanischen Recht Elemente der Geschäftsordnung (*„statutes, bylaws, policies, rules of procedure"*) sein können[242], und insbesondere Regelungen über die Offenlegung potenziell essentieller Patentrechte und die FRAND-Lizenzierung von SEPs beinhalten.

II. IPRPs und US-vertragsrechtliche Grundlagen

Die Begründung und Durchsetzbarkeit der in IPRPs geregelten Pflichten werden im US-Recht nach vertragsrechtlichen Grundsätzen beurteilt (*Law of Contracts*[243]), da es im Kern um einen Mitgliedsvertrag zwischen einer SSO und einem Mitgliedsunternehmen geht, der die Aufnahmebedingungen und die einzuhaltenden Mitgliedspflichten im Rahmen von Standardisierungsverfahren regelt.[244] Ob und in welchem Umfang IPRPs vertragliche Pflichten begründen,

239 *Brakhahn*, S. 36-38, mit weiteren Beispielen zu SSOs und deren Organisationsformen.

240 Zum *„legal status"* von ANSI und IEEE als *„nonprofit corporation"*, siehe https://www.ansi.org/about_ansi/overview/overview und https://www.ieee.org/about/help/business-policies/tax-corporate-info.html (Stand: 22.03.2021).

241 *Lemley*, 90 Cal. L. Rev. 1889, 1904 (2002), wonach bereits im Jahr 2002 36 der 43 untersuchten SSOs organisationsinterne Regelungen über den Umgang mit IP-Rechten in ihren IPRPs implementiert hatten.

242 *Bekkers/Updegrove*, A Study of IPR policies and practices of a representative group of Standard Setting Organizations worldwide (2012), S. 7; *Lemley*, 90 Cal. L. Rev. 1889, 1909 (2002); *Wright*, 21 (4) Geo. Mas. L. Rev. 791, 800 (2014).

243 Das US-amerikanische *Law of Contracts* unterliegt den *Common Law* Regeln der einzelnen Bundesstaaten (sog. *state contract law*), ist nur rudimentär im Uniform Commercial Code (U.C.C.) vereinheitlicht und basiert vor allem auf Richterrecht (*Case Law*), vgl. *Hay*, US-amerikanisches Recht, Rn. 282 ff.

244 *Lemley*, 90 Cal. L. Rev. 1889, 1909 (2002) („[*b*]*ecause the IP policies are at base agreements by members of the SSO to abide by certain rules regarding IP ownership, their enforceability is initially a question of contract law*"; grundlegend zur generellen Begründung vertraglicher Pflichten im US-Vertragsrecht durch *offer, acceptance* und *consideration*, siehe *Hay*, US-amerikanisches Recht, Rn. 287 ff.

ist zunächst davon abhängig, welches nationale Vertragsrecht anzuwenden ist.[245] Haben die Parteien keine Rechtswahl getroffen und bestimmen auch die Statuten bzw. Policies der SSO kein anderes anwendbares Recht[246], sieht das US-Recht vor, dass das Recht am Ort des Vertragsschlusses für Fragen des Zustandekommens und des Inhalts maßgeblich ist.[247] Inwieweit IPRPs nach US-Vertragsrecht verbindliche Pflichten begründen können, bestimmt sich nach den Umständen des Einzelfalls und dem jeweiligen konkreten Regelungsinhalt[248], wobei die dogmatische korrekte Einordnung von IPRPs und der darin geregelten Pflichten im US-Recht nicht im Vordergrund steht[249].

Denkbar ist die Begründung vertraglicher Pflichten zwischen der SSO und dem jeweiligen Mitglied zum einen dadurch, dass ein Unternehmen einen SSO-Mitgliedsvertrag unterzeichnet, der die IPRPs unmittelbar beinhaltet und ausdrücklich zu deren Einhaltung verpflichtet. Allerdings nutzen nur die wenigsten SSOs Mitgliedsvereinbarungen in dieser Form.[250] Zum anderen und durchaus üblicher ist, dass der Mitgliedsvertrag einen Hinweis auf die organisationsinterne Satzung enthält, deren Bestandteil unter anderem auch die IPRPs sind, zu deren Kenntnisnahme und Einhaltung sich jedes Mitgliedsunternehmen verpflichtet.[251] Durch den Verweis bzw. die Einbeziehung der SSO-internen

---

245 *Cotter*, 22 Tex. Intell. Prop. L.J. 311, 315 (2014); *Fräßdorf*, S. 104; *Hartmann*, S. 129; umfassend zu den Aspekten des Internationalen Privatrechts, *Burghartz*, S. 109 ff.

246 Exemplarisch sei die SSO ETSI genannt, die als anwendbares Recht französisches Recht vorsieht, ETSI Directive (Februar 2020), Rules of Procedure (Dezember 2019), Art. 18, was so auch von US-Gerichten angewendet wird, vgl. Apple, Inc. v. Samsung Electronics Co., Ltd., 2012 WL 1672493, 10, 11 (N.D. Cal. 2012). Im Gegensatz zu den ETSI Policy enthalten insbesondere die relevanten FRAND-Dokumente bei IEEE und ITU keine Rechtswahlklausel, siehe dazu *Tsang/Lee*, 59 (2) Va. J. Int'l L. 220, 263 (2019).

247 *Hay*, US-amerikanisches Recht, Rn. 341.

248 *Lemley*, 90 Cal. L. Rev. 1889, 1910 (2002); *Cotter*, 22 Tex. Intell. Prop. L.J. 311, 315 (2014).

249 Dazu *Picht*, Strategisches Verhalten, S. 67.

250 *Lemley*, 90 Cal. L. Rev. 1889, 1910 (2002).

251 SSO-Mitgliedsanträge enthalten oftmals Verweise darauf, dass die SSO-Statuten einzuhalten sind, die wiederum auf IPRPs verweisen. Vgl. dazu u.a. den ETSI Mitgliedsantrag, abrufbar unter: https://portal.etsi.org/membership_app/applicationform.aspx (Stand: 22.03.2021): „*The applicant (…) hereby agrees and commits itself to comply with the provisions of the ETSI Directives*“, wobei Teil der ETSI Directives die ETSI IPR Policy sind, siehe ETSI Directive (Februar 2020), abrufbar unter: https://portal.etsi.org/directives/41_directives_feb_2020.pdf (Stand: 22.03.2021).

Regelungen und IPRPs, werden die darin enthaltenen Bestimmungen Teil der Mitgliedspflichten, die ein Mitgliedsunternehmen einzuhalten hat, im US-Vertragsrecht in Form einer sog. *incorporation by reference.*[252] Hinsichtlich der Begründung vertraglicher Pflichten einschließlich der in den IPRPs geregelten Mitgliedspflichten, sei exemplarisch auf die Ausführungen eines US-Gerichts hingewiesen, unter Anwendung des *Contract Law* von *Wisconsin*:

> „*To form a valid contract under Wisconsin law, there must be evidence of an offer, acceptance and consideration, (...) and an understanding between the parties regarding the essential terms of the contract. (...)*
> *In this case, the combination of the policies and bylaws of the standards-setting organizations, Motorola's membership in those organizations and Motorola's assurances that it would license its essential patents on fair, reasonable and nondiscriminatory terms constitute contractual agreements. The intellectual property rights policies of ETSI and IEEE constituted offers to Motorola for membership in the organization in exchange for Motorola's ability to participate in developing technical standards. The "offers" set out the essential terms of the contract, namely, that members must abide by intellectual property rights policies. (...) Motorola accepted the offers and agreed to be bound by these policies when it joined ETSI and IEEE.*“[253]

Nach dem im US-Vertragsrecht ebenso wie im deutschen Zivilrecht geltenden Grundsatz der Relativität der Schuldverhältnisse[254], bestehen Rechte und Pflichten aus der Mitgliedschaft in einer SSO in erster Linie zwischen den Vertragsparteien des Mitgliedsvertrags, sprich der SSO selbst und dem jeweiligen Mitgliedsunternehmen[255].

Nicht am Vertragsschluss beteiligte Dritte können nur dann Rechte aus diesem Vertragsverhältnis herleiten, wenn es sich um einen echten Vertrag zugunsten Dritter handelt, mit dem einem Dritten – der Nichtvertragspartei – ein eigener Leistungsanspruch eingeräumt werden soll, als sog. „*third party beneficiary*“[256] – vergleichbar mit dem Drittbegünstigten im deutschen Zivilrecht nach

---

252 *Lemley*, 90 Cal. L. Rev. 1889, 1909, 1910 (2002).

253 Apple, Inc. v. Motorola Mobility, Inc., 886 F.Supp.2d 1061, 1083, 1084 (W.D. Wis. 2012).

254 Sog. *privity of contracts*, vgl. *Hay*, US-amerikanisches Recht, Rn. 341.

255 Siehe dazu auch Apple, Inc. v. Motorola Mobility, Inc., 886 F.Supp.2d 1061, 1085 (W.D. Wis. 2012); Microsoft Corp. v. Motorola, Inc., 864 F.Supp.2d 1023, 1030-1033 (W.D. Wash.2012); Realtek Semiconductor Corp. v. LSI Corp., 946 F.Supp.2d 998, 1005 (N.D. Ca. 2013); *Schwartz/Scott*, 7 JLA 325, 337 (2015).

256 *Lemley*, 90 Cal. L. Rev. 1889, 1910, 1915 (2002); *Chronopoulus*, 7 IIC 782, 801 (2009); *Contreras*, 2 (5) Utah L. Rev. 479, 509 (2015); grundlegend dazu aus der US-Rechtsprechung Lawrence v. Fox, 20 N.Y. 268, 274, 275 (1859); Seaver v. Ransom, 224 N.Y. 233, 240-242 (1918); dazu auch *Schwartz/Scott*, 7 JLA 325, 330, 331 (2015).

§ 328 BGB[257]. Das Konzept der „*third party beneficiary*“ ist heute grundsätzlich in den gesamten USA anerkannt.[258] Dabei wird zwischen dem „*intended third party beneficiary*“ und dem bloßen „*incidential beneficiary*“ unterschieden.[259] Während sich ersterer auf die Einhaltung der Pflichten aus dem Vertrag berufen kann, scheidet dies bei letzterem aus.[260] Ob eine Drittbegünstigung anzunehmen ist, beurteilt sich danach, ob die vertragsschließenden Parteien dies beabsichtigt haben oder nicht, wobei im US-Vertragsrecht keine einheitlichen Kriterien zur Ermittlung dieser Absicht existieren.[261] Einige US-Gerichte folgen dem eher formalistischen Ansatz, eine Drittbegünstigungsabsicht nur anzunehmen, wenn dies eindeutig und ausdrücklich in einer Vereinbarung niedergelegt ist:

> „*To be bound as a third-party beneficiary, the terms of the contract must clearly express intent to benefit that party or an identifiable class of which the party is a member.*“[262]

Andere US-Gerichte halten es für ausreichend, wenn sich aus den Begleitumständen ergibt, dass die Vertragsparteien beabsichtigt haben, Dritten eine eigene Rechtsposition einzuräumen:

> „*whether "the circumstances indicate that" [the promisee] "intend[ed]" to give (...) the benefit of the promised performance.*“[263]

Die Einräumung von Drittrechten kann sowohl für einen einzelnen Dritten als auch für eine Gruppe an Dritten beabsichtigt sein, wobei der Dritte bzw. die Gruppe an Dritten hinreichend spezifizier- und identifizierbar sein muss.[264] Im Standardisierungskontext hat die Differenzierung zwischen den Vertragsparteien einerseits und dem beabsichtigten oder nicht-beabsichtigten Drittbegünstigten

---

257 *Picht*, Strategisches Verhalten, S. 68.

258 *Contreras*, 2 (5) Utah L. Rev. 479, 509 (2015), mit Hinweis in Fn. 12, dass das Konzept der *third party beneficiary* – anders als im US-Recht – in anderen *Common Law* Systemen, wie dem *United Kingdom*, nicht anerkannt ist.

259 *Lemley*, 90 Cal. L. Rev. 1889, 1910, 1915 (2002); *Schwartz/Scott*, 7 JLA 325, 332 (2015); *Contreras*, 2 (5) Utah L. Rev. 479, 510 (2015).

260 *Contreras*, 2 (5) Utah L. Rev. 479, 510 (2015); *Lemley*, 90 Cal. L. Rev. 1889, 1916 (2002).

261 *Schwartz/Scott*, 7 JLA 325, 332 (2015).

262 Nitro Distributing, Inc. v. Dunn, 194 S.W.3d 339, 345 (Mo. 2006); Aetna Cas. & Sur. Co. v. Fireguard Corp., 455 S.E.2d 229, 232 (Va. 1995); Apple, Inc. v. Motorola Mobility, Inc., 886 F.Supp.2d 1061, 1085 (W.D. Wis. 2012).

263 Sovereign Bank v. BJ's Wholesale Club, Inc., 533 F.3d 162, 168 (3d Cir. 2008); Accord Klamath Water Users Protective Ass'n v. Patterson, 204 F.3d 1206, 1211 (9th Cir. 1999); vgl. zu beiden Ansätzen, *Schwartz/Scott*, 7 JLA 325, 332, 333 (2015).

264 *Contreras*, 2 (5) Utah L. Rev. 479, 510, 511, 512 (2015).

andererseits Auswirkungen darauf, wer dem Kreis der Berechtigten angehört, die sich auf die Einhaltung von SSO-Mitgliedspflichten berufen können.

Im Vordergrund steht dabei die Pflicht zur Offenlegung möglicher essentieller Patente sowie die FRAND-Lizenzpflicht, auf die nachfolgend im Einzelnen eingegangen werden soll.

III. Offenlegungspflicht – *disclosure obligation*

1. Inhalt, Umfang und maßgeblicher Zeitpunkt

Der Umfang der Offenlegungspflicht, zu deren Einhaltung sich die SSO-Mitgliedsunternehmen gegenüber der SSO verpflichten, variiert je nach SSO, wobei die meisten IPRPs Regelungen zur Offenlegung möglicherweise essentieller Patente vorsehen.[265] Oft ist vorgesehen, dass Mitglieder sowohl bereits erteilte Patente als auch anhängige, veröffentlichte oder unveröffentlichte Patentanmeldungen offenlegen müssen.[266] In den IPRPs wird zudem vielfach definiert, wann ein Patent tatsächlich oder möglicherweise standardessentiell ist[267], was den Mitgliedern als Hilfestellung dafür dienen soll, welche Patentrechte letztlich offenzulegen sind. Der Sorgfaltsmaßstab, der an SSO-Mitgliedsunternehmen für die interne Recherche nach relevanten Patentrechten gestellt wird, variiert je nach SSO, wobei zumeist gefordert wird, sich in angemessener Weise um das

---

265 *Tsai/Wright*, 80 (1) Antitrust L.J. 157, 169, 175 (2015), wonach jede der 11 untersuchten IPRPs Offenlegungspflichten enthält; so auch *Lemley*, 90 Cal. L. Rev. 1889, 1904 (2002), wonach 24 der 36 untersuchten SSOs Offenlegungspflichten in ihre IPRPs implementiert haben.

266 Siehe ETSI Directive (Februar 2020), Rules of Procedure, Annex 6: ETSI IPR Policy (Dezember 2019), Art. 4 i.V.m. Art. 15 (7), abrufbar unter: https://portal.etsi.org/directives/41_directives_feb_2020.pdf (Stand: 22.03.2021); VITA Patent Policy, VSO Policies and Procedures (September 2015), Art. 10.2.1, abrufbar unter: https://www.vita.com/resources/Documents/Policies/vso-pp-r2d8.pdf (Stand: 22.03.2021); weitere Beispiele bei *Bekkers/Updegrove,* A Study of IPR policies and practices of a representative group of Standard Setting Organizations worldwide (2012), S. 44, 45.

267 Zu „*essential*" bei ETSI, siehe ETSI IPR Policy (September 2020), Art. 15 (6); bei VITA, Patent Policy unter Art. 10.2.1; bei IEEE, IEEE-SA Standards Board Bylaws (August 2020), Art. 6.1, abrufbar unter: https://standards.ieee.org/content/dam/ieee-standards/standards/web/documents/other/sb_bylaws.pdf (Stand: 22.03.2021); zu einzelnen Varianten der Definition „*essential*" siehe *Bekkers/Updegrove,* A Study of IPR policies and practices of a representative group of Standard Setting Organizations worldwide (2012), S. 35 ff.

Auffinden von möglichen essentiellen Patente zu bemühen.[268] Hat ein SSO-Mitglied entsprechende Patentrechte ausgemacht, muss es diese zeitnah bzw. möglichst früh und vor Festlegung des Standards offenlegen.[269] Insgesamt variieren die einzelnen Regelungen über die Offenlegungspflicht je nach SSO.[270]

2. Organisationsinterne Sanktionen bei einem Verstoß gegen die Offenlegungspflicht

Verstößt ein Mitgliedsunternehmen gegen die Offenlegungspflicht sehen manche SSOs in ihren IPRPs Sanktionsmechanismen vor, die von Seiten der SSO verhängt werden können.[271] Die ETSI IPR Policy regelt in Art. 14, dass jeder Verstoß gegen die IPR Policy als Pflichtverletzung gegenüber ETSI und von ETSI geahndet werden kann.[272] Dabei wird allerdings nicht genannt, welche Sanktionsmittel zur Verfügung stehen. Zwangsmaßnahmen zur Durchsetzung von Offenlegungspflichten im eigentlichen Sinne stehen einer SSO nicht zur Verfügung.[273] Neben dem Imageschaden für das pflichtwidrig handelnde Unternehmen, wenn ein etwaiger Verstoß in der Hauptversammlung vor der versammelten Industrie diskutiert wird, kommt in letzter Konsequenz ein Mitgliedsausschluss in Betracht.[274] Eine deutlich drastischere Sanktion sieht die Patent Policy von VITA vor. Eine nicht ordnungsgemäße oder rechtzeitige Offenlegung von Patenten löst eine Pflicht zur gebührenfreien Lizenzierung aus.[275] Letzten Endes sind die Möglichkeiten zur Verhängung von organisationsinternen Sanktionen eher

268 ETSI IPR Policy (September 2020), Art. 4.1; IEEE-SA Standards Board Bylaws (August 2020), Art. 6.2; VITA Patent Policy, VSO Policies and Procedures (September 2015), Art. 10.2.1.

269 ETSI IPR Policy (September 2020), Art. 4.1; IEEE-SA Standards Board Bylaws (August 2020), Art. 6.2; VITA Patent Policy, VSO Policies and Procedures (September 2015), Art. 10.1, Art. 10.2.3; weitere Beispiele bei *Bekkers/Updegrove,* A Study of IPR policies and practices of a representative group of Standard Setting Organizations worldwide (2012), S. 58-60.

270 *Lemley*, 90 Cal. L. Rev. 1889, 1904 (2002); *Bekkers/Updegrove,* A Study of IPR policies and practices of a representative group of Standard Setting Organizations worldwide (2012), S. 68.

271 *Farrell/Hayes/Shapiro/Sullivan*, 74 (3) Antitrust L.J. 603, 628 (2007).

272 ETSI IPR Policy (September 2020), Art. 14.

273 *Fröhlich*, GRUR 2008, 205, 209.

274 *Fröhlich*, GRUR 2008, 205, 209.

275 VITA Patent Policy, VSO Policies and Procedures (September 2015), Art. 10.4; dazu auch *Farrell/Hayes/Shapiro/Sullivan*, 74 (3) Antitrust L.J. 603, 628 (2007).

begrenzt, da die SSO in gewissem Maße von der Unternehmensverantwortung seiner Mitglieder abhängig ist.[276] Abgesehen von den eher seltenen Fällen, in denen die Nichtoffenlegung eine gebührenfreie Lizenzpflicht auslöst, erscheint es insofern am naheliegendsten, dass solche Verstöße mit Sanktionen geahndet werden, die an die Mitarbeit in einem Standardisierungsverfahren anknüpfen, beispielsweise dem Ausschluss aus einer Arbeitsgruppe und in letzter Konsequenz dem Ausschluss aus der SSO insgesamt.

3. Rechtliche Einordnung der Offenlegungspflicht

a) *Bindungswirkung, Durchsetzbarkeit und Haftungsfolgen nach US-amerikanischem Vertrags- und Deliktsrecht*

aa) *Vertragsrechtliche Einordnung und Haftungsfolgen*

Unterlässt es ein SSO-Mitgliedsunternehmen pflichtwidrig ein standardessentielles Patent offenzulegen, kann dies nicht nur deliktsrechtlich den „*fraud*"-Tatbestand erfüllen[277], sondern auch eine Verletzung vertraglicher Pflichten darstellen.[278] Ein Pflichtenverstoß ist insbesondere anzunehmen, wenn der Patentinhaber vorsätzlich seine standardwesentlichen Patente nicht offengelegt hat, ebenso aber, wenn der Patentinhaber den ihm obliegenden Sorgfaltsmaßstab bei der Recherche nach relevanten Patentrechten nicht eingehalten hat. Der Kreis möglicher Anspruchsberechtigter, die einen Verstoß gegen die Offenlegungspflicht geltend machen können, umfasst jedenfalls die SSO als den Mitgliedsvertrag mitabschließende Partei. Bislang wurde angenommen, dass allenfalls die übrigen Mitgliedsunternehmen Drittbegünstigte der Mitgliedsvereinbarung mit der SSO sein können und Außenstehende keinerlei Ansprüche aus der Vertragsbeziehung zwischen der SSO und dem Mitgliedsunternehmen herleiten können.[279] Wenngleich sich US-Gerichte in der jüngeren Vergangenheit vor allem mit der Frage befasst haben, ob und inwieweit eine drittbegünstigende Wirkung von dem FRAND-Lizenzversprechen ausgeht[280], hat jedenfalls

276 *Fröhlich*, GRUR 2008, 205, 209.

277 Siehe dazu im nachfolgenden Abschnitt III. 3. a) bb), S. 81 ff.

278 *Lemley*, 90 Cal. L. Rev. 1889, 1914 (2002); *Hovenkamp/Janis/Lemley/Leslie/Carrier*, IP and Antitrust, Vol. 2, 35-78.3.

279 *Chronopoulus*, 7 IIC 782, 801 (2009); *Hartmann*, S. 117.

280 Siehe dazu u.a. Microsoft Corp. v. Motorola, Inc., 864 F.Supp.2d 1023, 1032, 1033 (W.D. Wash. 2012), bestätigt in Microsoft Corp. v. Motorola, Inc., 795 F.3d 1024 (9th Cir. 2015); Apple, Inc. v. Motorola Mobility, Inc., 886 F.Supp.2d 1061, 1085 (W.D.

ein U.S-Gericht für die IPRPs von ETSI und IEEE bestätigt, dass all jene Unternehmen, die beabsichtigen den Standard zu praktizieren, einen Verstoß gegen die IPRPs durch ein SSO-Mitgliedsunternehmen geltend machen können. Das Gericht stellte fest:

> „*The primary purpose of the ETSI and IEEE intellectual property rights policies and Motorola's licensing commitments is to protect companies that need to obtain licences in order to practice the standards adopted by the organizations. (...) As a potential user of the standards at issue and a prospective licensee of essential patents, Apple is a third party beneficiary of the agreements between Motorola and IEEE and Motorola and ETSI.*“[281]

Drittbegünstigte der Vertragsbeziehung zwischen einem Mitgliedsunternehmen und einer SSO können mithin all jene sein, die beabsichtigen, den Standard umzusetzen. Das Gericht stellte weiter fest, dass Teil der vertraglichen Pflichten des SSO-Mitglieds die in den IPRPs geregelte Pflicht zur Offenlegung von möglicherweise essentiellen Patenten ist, gegen die das SSO-Mitgliedsunternehmen *Motorola* im vorliegenden Fall verstoßen hatte und worauf sich ein potenzieller Standardanwender als Drittbegünstigter berufen kann.[282] Sind die in den IPRPs genannten Regelungen – wie im US-Recht anerkannt – Teil der vertraglichen Pflichten zwischen der SSO und dem jeweiligen Mitgliedsunternehmen, und lassen die Formulierungen der IPRPs den Schluss zu, dass sich auch ein Dritter auf die Einhaltung der dort geregelten Pflichten berufen können soll, dann ist kein Grund ersichtlich, den Umfang der Drittbegünstigung nur auf die FRAND-Lizenzpflicht zu begrenzen und nicht auch auf die Offenlegungspflicht zu erstrecken.[283] Der Kreis möglicher Berechtigter, die einen Verstoß gegen die Offenlegungspflicht geltend machen können, ist zumindest nach dieser US-Entscheidung nicht von vornherein nur auf die SSO selbst oder deren Mitglieder beschränkt, sondern kann auch jeden potenziellen Standardanwender und SEP-Lizenznehmer umfassen.[284] Ob der zwischen einer SSO und einem Mitglied abgeschlossene Mitgliedsvertrag drittbegünstigende Wirkung hat, ist damit im jeweiligen Einzelfall anhand der Formulierung der zugrunde gelegten IPRPs

---

Wis. 2012); Realtek Semiconductor Corp. v. LSI Corp., 946 F.Supp.2d 998, 1006 (N.D. Ca. 2013).

281 Apple, Inc. v. Motorola Mobility, Inc., 886 F.Supp.2d 1061, 1085 (W.D. Wis. 2012).

282 Apple, Inc. v. Motorola Mobility, Inc., 886 F.Supp.2d 1061, 1086, 1087 (W.D. Wis. 2012).

283 So auch *Hovenkamp/Janis/Lemley/Leslie/Carrier*, IP and Antitrust, Vol. 2, 35-78.3.

284 Apple, Inc. v. Motorola Mobility, Inc., 886 F.Supp.2d 1061, 1085 (W.D. Wis. 2012).

sowie den Begleitumständen zu ermitteln.[285] Inwieweit andere US-Gerichte diesem weitgehenden Ansatz folgen werden, bleibt abzuwarten.

Ein vertragswidriges Verhalten führt auf Rechtsfolgenseite (*contractual remedies*) im US-Recht vor allem zu Schadensersatzansprüchen, die sich danach bemessen, wie die durch den Pflichtenverstoß geschädigte Partei bei ordnungsgemäßer Erfüllung der Vertragspflichten gestanden wäre.[286] Ein vertragsrechtlicher Schadensersatzanspruch ist dabei auf den einfachen Schadensbetrag beschränkt (*single damages*), wobei Anwalts- und Rechtsverfolgungskosten im Falle eines Gerichtsprozesses auch bei einem Obsiegen grundsätzlich nicht erstattungsfähig sind.[287] Wenngleich der Kreis möglicher Anspruchsberechtigter, die einen Verstoß gegen die Offenlegungspflicht geltend machen können, nicht von vornherein limitiert ist, besteht die Schwierigkeiten primär im Nachweis eines kausalen, auf der unterlassenen Offenlegung beruhenden Schadens im jeweiligen Einzelfall.[288] Neben denkbaren Schadensersatzansprüchen kann als Haftungsfolge für ein pflichtwidriges Verhalten zwar ausnahmsweise auch Vertragserfüllung geltend gemacht werden (sog. *specific performance*[289]), wobei US-Gerichte dies nur zurückhaltend gewähren.[290] Ein Erfüllungsanspruch, der auf die nachträgliche Offenlegung eines standardwesentlicher Patentrechts gerichtet ist, ist jedoch weder besonders effektiv noch weiterführend, da die Beteiligten von dem nicht offengelegten SEP zumeist erst zu einem Zeitpunkt

---

285 Vgl. dazu die vorherigen Ausführungen zur „*third party beneficiary*" im US-Vertragsrecht in Abschnitt II., S. 74 ff.

286 *Lemley*, 90 Cal. L. Rev. 1889, 1916 (2002); *Hovenkamp/Janis/Lemley/Leslie/Carrier*, IP and Antitrust, Vol. 2, 35-74.2; *Contreras*, 2 (5) Utah L. Rev. 479, 552 (2015).

287 *Hovenkamp*, 105 Cornell L. Rev. 101, 147 (2020); *Hazard/Fletcher/Bundy/Bradt*, Pleadings and Procedure, S. 36 zu dem Grundsatz, dass eine obsiegende Partei eines Rechtsstreits grundsätzlich keine Rechtsverfolgungskosten erstattet verlangen kann, es sei denn, die Erstattungsfähigkeit beruht auf einer vertraglichen Abrede oder gesetzlichen Ausnahme, wie im Falle des US-Kartellrechts gemäß Sec. 4 Clayton Act.

288 *Hovenkamp/Janis/Lemley/Leslie/Carrier*, IP and Antitrust, Vol. 2, 35-78.3.

289 Das US-amerikanische Vertragsrecht gewährt auf Rechtsfolgenseite nur ausnahmsweise Erfüllungsansprüche, wenn eine Schadenswiedergutmachung in Geld nicht ausreichend ist und der Vertragsgegenstand nicht ersetzbar (*unique*) ist; *Lemley*, 90 Cal. L. Rev. 1889, 1916 (2002); *Hay*, US-amerikanisches Recht, Rn. 339.

290 Instruktiv Apple, Inc. v. Motorola Mobility, Inc., 2012 WL 5416941, 3 (W.D. Wis. 2012) („*It is true that the "normal remedy for breach of contract is an award of damages," while specific performance is an "exceptional" remedy*"); Miller v. LeSea Broadcasting, Inc., 87 F.3d 224, 230 (7th Cir.1996).

erfahren, nachdem der Standard bereits festgelegt wurde.[291] Standardspezifische Investitionen können zu diesem Zeitpunkt auch bereits vorgenommen worden sein. Ob solche Aufwendungen, die im Vertrauen auf den Standard getätigt wurden, ersatzfähig sind, hängt mit der schwierigen Fragestellung zusammen, ob ein Gericht den hypothetischen Fall rekonstruieren kann, wie es sich auf das Standardauswahlverfahren ausgewirkt hätte, wenn die SSO-Mitglieder vom nicht offengelegten Patent Kenntnis gehabt hätten.[292]

bb) Unterlassene Offenlegung und deliktsrechtliche Haftung wegen „fraud“

Verstößt ein Patentinhaber wissentlich gegen die ihm obliegende Offenlegungspflicht, indem er schweigt und sein Patentrecht nicht offenlegt oder bejahend erklärt, über kein solches Recht zu verfügen, kann dies eine Haftung nach dem deliktsrechtlichen[293] *Fraud*-Tatbestand[294] auslösen.[295] Nach einer im Standardisierungskontext ergangenen Entscheidung setzt die erfolgreiche Geltendmachung von *fraud* voraus, dass eindeutige und schlüssige Beweise für folgendes Verhalten des SEP-Inhabers nachgewiesen werden können:

> 1.) Falschdarstellung oder unterlassene Offenlegung trotz entsprechender Pflicht von 2.) wesentlichen Tatsachen, 3.) in vorsätzlicher Art und Weise sowie (4.) in der Absicht andere irrezuführen, 5.) worauf die irregeführte Partei vernünftigerweise auch vertrauen durfte, 6.) mit der Folge, dass bei der irregeführten Partei ein Schaden entstanden ist.[296]

---

291 *Lemley*, 90 Cal. L. Rev. 1889, 1917 (2002).

292 *Lemley*, 90 Cal. L. Rev. 1889, 1917 (2002).

293 Deliktsrecht (*Tort Law*) ist im US-amerikanischen Recht ein eigenes Rechtsgebiet, das seine Grundlagen im Recht der jeweiligen Bundesstaaten hat (*State Law*) und wesentlich vom Richterrecht geprägt ist (*Case Law*), vgl. *Hay*, US-amerikanisches Recht, Rn. 282, 353.

294 Zu *Common Law Fraud* und dessen Voraussetzungen außerhalb der hier betroffenen Offenlegungspflicht im Standardisierungskontext, State ex Rel. the Illuminating Co. v. Court 97 Ohio St. 3d 69, 74 (Ohio 2002); Nobelpharma AB v. Implant Innovations, Inc. 141 F.3d 1059, 1069, 1070 (Fed. Cir. 1998).

295 *Kobayashi/Wright*, 5 (3) J.C.L. & E., 469, 515 (2009); *Lemley*, 90 Cal. L. Rev. 1889, 1935 (2002); *Picht*, Strategisches Verhalten, S. 81.

296 Zu dem *fraud*-Tatbestand nach dem Recht von Virginia, Rambus Inc. v. Infineon Technologies AG, 318 F.3d 1081, 1096 (Fed. Cir. 2003) („*To prove fraud in Virginia, a party must show by clear and convincing evidence: 1) a false representation (or omission in the face of a duty to disclose), 2) of a material fact, 3) made intentionally and knowingly, 4) with the intent to mislead, 5) with reasonable reliance by the misled party, and 6) resulting in damages to the misled party.*“); Rambus, Inc. v. Infineon Techs. AG, 164 F. Supp. 2d 743, 750 (E.D. Va. 2001).

Das erstgenannte Merkmal setzt beim Vorwurf der unterlassenen Offenlegung eines Patentrechts allerdings eine eindeutige Regelung in den IPRPs voraus, die bestimmt, was, wann, wie und gegenüber wem offenzulegen ist.[297] Ist eine Regelung unpräzise formuliert und genügt sie nicht diesen Bestimmtheitsanforderungen, scheidet der *fraud*-Vorwurf aus.[298] Ob die übrigen Voraussetzungen erfüllt sind, ist im jeweiligen Einzelfall zu beurteilen. Aus der Aufnahme einer patentierten Technologie in einen Standard kann jedenfalls der Schluss gezogen werden, dass die SSO und ihre Mitglieder auf die Darstellungen des Patentinhabers vertraut haben, wenn nach den SSO-Regeln nur patentfreie oder mit einer FRAND-Lizenzverpflichtung belegte Technologien in Standards aufgenommen werden.[299]

Liegen hinreichend bestimmte Offenlegungspflichten vor und erfüllt ein SSO-Mitgliedsunternehmen den *fraud*-Tatbestand, wurde teilweise angeführt, dass der Kreis möglicher Berechtigter, die einen solchen Verstoß geltend machen können, wie bei vertraglichen Schadensersatzansprüchen begrenzt sei und allenfalls die übrigen SSO-Mitglieder erfasse.[300] Ein auf unterlassene Offenlegung gestützter *fraud*-Vorwurf erfordert eine spezifische Pflicht zur Offenlegung gerade gegenüber dem Anspruchsteller. Mangelt es an einer solchen, scheidet eine deliktsrechtliche Haftung aus.[301] Angesichts vereinzelter Tendenzen in der US-Rechtsprechung, dass die in den IPRPs geregelte Offenlegungspflicht, die dem Vertragsverhältnis zwischen der SSO und dem Mitglied zugrunde liegt, auch drittbegünstigende Wirkung zugunsten Standardanwendern haben kann, scheint jedenfalls nicht ausgeschlossen, dass sich diese darauf berufen können, dass die Pflicht zur Offenlegung auch ihnen gegenüber besteht. Die Annahme einer so weitgehenden Pflicht scheint allerdings angesichts der wenigen Entscheidungen dazu im US-Recht noch nicht üblich zu sein.

Sind die Voraussetzungen des *fraud*-Tatbestands erfüllt, führt dies auf Rechtsfolgenseite dazu, dass der Anspruchsteller den dadurch entstandenen tatsächlichen Schaden erstattet verlangen kann[302], der ausnahmsweise auch

---

297 Rambus Inc. v. Infineon Technologies AG, 318 F.3d 1081, 1102 (2003).

298 So im Fall Rambus Inc. v. Infineon Technologies AG, 318 F.3d 1081, 1098 (Fed. Cir. 2003).

299 Picht, Strategisches Verhalten, S. 81.

300 *Lemley*, 90 Cal. L. Rev. 1889, 1935 (2002); *Cary/Nelson/Kaiser/Sistla*, 77 Antitrust L.J. 913, 944 (2011); aus der deutschsprachigen Literatur, Picht, Strategisches Verhalten, S. 82 und *Hartmann*, S. 118.

301 *Lemley*, 90 Cal. L. Rev. 1889, 1935 (2002); *Cary/Nelson/Kaiser/Sistla*, 77 Antitrust L.J. 913, 944 (2011).

302 *Lemley*, 90 Cal. L. Rev. 1889, 1935 (2002).

Rechtsverfolgungskosten umfassen kann[303]. Überdies besteht im Zusammenhang mit deliktsrechtlichen Vorwürfen die Möglichkeit der Verhängung von Straf- bzw. Abschreckungsschadensersatz (*punitive damages*), die insgesamt zu einer erheblichen Schadensersatzsumme führen können.[304]

b) *Bindungswirkung, Durchsetzbarkeit und Haftungsfolgen nach deutschem Zivilrecht*

Im deutschen Recht wurde bereits umfassend diskutiert, ob die unterlassene Offenlegung von standardwesentlichen Patentrechten entgegen SSO-interner Mitgliedspflichten schuldrechtliche Ansprüche auslösen kann.[305] Grundsätzlich sind Schadensersatzansprüche nach Maßgabe der §§ 280 ff. BGB denkbar, sofern IPRPs im jeweiligen Einzelfall verbindliche Vertragspflichten begründen.[306] Deutsche Gerichte haben bislang noch nicht darüber entscheiden müssen. Je nach Organisationsform der SSO können IPRPs nach deutschem Recht unter anderem Bestandteil einer Verbands- oder Vereinssatzung sein, die für ihre Mitglieder verbindlich ist.[307] Werden durch vereins- oder verbandsrechtliche Regelungen den Mitgliedern Handlungs- und Verhaltenspflichten auferlegt – wie die Pflicht zur Offenlegung standardwesentlicher Patente, kann deren Nichteinhaltung Schadensersatzansprüche nach § 280 Abs. 1 BGB auslösen.[308] Zwangsmaßnahmen zur Durchsetzung der Offenlegungspflicht stehen der SSO allerdings nicht zur Verfügung.[309] Verstößt ein Mitgliedsunternehmen dagegen ist jedenfalls denkbar, dass der SSO als Vertragspartei der Mitgliedsvereinbarung Ersatzansprüche zustehen[310], sofern ihr dadurch ein Schaden entstanden ist, der in dem verlorenen Arbeitsaufwand oder Aufwendungen liegen kann, wenn wegen

---

303 Dazu Rambus, Inc. v. Infineon Technologies AG, 164 F. Supp. 2d 743, 762-764 (E.D. Va. 2001) mit Hinweis darauf, dass Rechtsverfolgungs- und Anwaltskosten als Folgen des „*fraudulent conduct*" ersatzfähig sind.

304 *Kobayashi/Wright*, 5 (3) J.C.L. & E., 469, 515 und Fn. 144 (2009).

305 Grundlegend dazu *Maaßen*, S. 292 ff.; *Fräßdorf*, S. 104 ff.

306 *Hartmann*, S. 117; *Maaßen*, S. 293; *Schöler*, in: zu Waldeck und Pyrmont/Adelman/Brauneis/Drexl/Nack, Patents and Technological Progress in a Globalized World, 177, 192.

307 *Brakhahn*, S. 115.

308 *Maaßen*, S. 293.

309 *Fröhlich*, GRUR 2008, 205, 209.

310 *Fröhlich*, GRUR 2008, 205, 209; *Fräßdorf*, S. 105; *Hartmann*, S. 117.

der verspäteten Offenlegung die Festsetzung des Standards letztlich verhindert wird oder ein bereits verabschiedeter Standard zurückgezogen werden muss[311].

Ob darüber hinaus andere SSO-Mitgliedsunternehmen Ansprüche geltend machen können[312] oder sogar Außenstehende als Drittbegünstigte erfasst sind, die am Standardisierungsprozess nicht teilgenommen haben, ist grundsätzlich eine Frage der Vertragsauslegung[313]. Die Mehrheit in der Literatur spricht allenfalls der SSO und ihren Mitgliedern eine Gläubigerstellung zu, da nur sie auf die Schutzrechtsneutralität vertrauen durften, während Außenstehende grundsätzlich keine Ansprüche haben sollen.[314] Ob SSO-Mitgliedsunternehmen und Außenstehenden tatsächlich Ersatzansprüche zustehen können, wird auch mit Blick auf den Schutzzweck der Offenlegungspflicht für eher zweifelhaft gehalten, weil diese den Zweck habe, doppelten Arbeitsaufwands durch die SSO zu vermeiden sowie die Lizenzbereitschaft des Patentinhabers auf die Offenlegung hin zu klären.[315]

c) *Rechtsvergleichende Würdigung und Zusammenfassung der Ergebnisse*

Im US-Recht wird die Rechtsbeziehung zwischen der SSO und ihren jeweiligen Mitgliedern nach vertragsrechtlichen Grundsätzen beurteilt, wobei die IPRPs den Pflichtenkanon abbilden, den die Mitglieder einzuhalten haben und wozu zumeist auch die Pflicht gehört, standardwesentliche Patentrechte offenzulegen. Vergleichbare Grundsätze gelten auch im deutschen Vertragsrecht. Ein Verstoß gegen Offenlegungspflichten kann im US-Recht neben vertragsrechtlichen Ansprüchen auch deliktsrechtliche Ansprüche auslösen, wofür die Voraussetzungen des *fraud*-Tatbestands erfüllt sein müssen. Der Kreis möglicher Anspruchsberechtigter ist nicht von vornherein auf die SSO und deren Mitgliedsunternehmen begrenzt, sondern kann auch Standardanwender als Drittbegünstigte umfassen, was allerdings im jeweiligen Einzelfall nachzuweisen ist.

---

311 *Fröhlich*, GRUR 2008, 205, 209; *Fräßdorf*, S. 106, 107.

312 *Schöler*, in: zu Waldeck und Pyrmon u.a., Patents and Technological Progress in a Globalized World, 177, 192, die darauf hinweist, dass jedenfalls vertragsähnliche Pflichten (*quasi-contractual*) gegenüber Mitgliedsunternehmen bestehen sollen.

313 *Fräßdorf*, S. 105.

314 *Hartmann*, S. 117; *Schöler*, in: zu Waldeck und Pyrmon u.a., Patents and Technological Progress in a Globalized World, 177, 192; kritisch bezüglich dem Einbezug von Außenstehenden auch *Fräßdorf*, S. 105.

315 *Hartmann*, S. 117; *Maaßen*, S. 298, 328.

In der US-Rechtsprechung sind jedenfalls Tendenzen erkennbar, den Kreis der Begünstigten auf sämtliche Außenstehende zu erstrecken, die beabsichtigen, den Standard zu praktizieren.

Nach vertragsrechtlichen Grundsätzen im deutschen Recht kann der Verstoß eines Mitgliedsunternehmen gegen Offenlegungspflichten zwar grundsätzlich Schadensersatzansprüche nach Maßgabe der §§ 280 ff. BGB auslösen, sofern die IPRPs im jeweiligen Einzelfall verbindliche Mitgliedspflichten begründen. Allerdings steht und fällt ein solcher Anspruch damit, ob durch die pflichtwidrige Nichtoffenlegung ein kausaler Schaden entstanden ist. Als den Mitgliedsvertrag mitabschließende Partei ist jedenfalls die SSO berechtigt, Ersatzansprüche geltend zu machen, allerdings nur, wenn bei ihr ein kausaler Schaden entstanden ist, der in Form von verlorenem Arbeitsaufwand oder Aufwendungen liegen kann, wenn durch die Nichtoffenlegung die Verabschiedung des Standards verhindert wird oder ein Standard zurückgezogen werden muss. Ob dasselbe auch für andere SSO-Mitglieder oder sogar Außenstehende als Drittbegünstigte gilt, ist eine Frage der Vertragsauslegung und im jeweiligen Einzelfall zu bestimmen. Angesichts des Zwecks der Offenlegungspflicht, doppelten Arbeitsaufwand durch die SSO zu vermeiden sowie die Lizenzbereitschaft des Patentinhabers zu klären, wird allerdings überwiegend vertreten, dass allenfalls SSO-Mitgliedsunternehmen, nicht aber Außenstehende zum Kreis möglicher Anspruchsberechtigter gehören.

IV. FRAND-Lizenzpflicht – *FRAND-licensing obligation*

1. Inhalt und Umfang

Die meisten SSOs verlangen von ihren Mitgliedern für den Fall, dass ein offengelegtes Patent Teil des Standards wird oder werden soll, eine Lizenzierung zu FRAND-Bedingungen.[316] In den wenigsten Fällen ist die Pflicht zur FRAND-Lizenzierung allerdings unmittelbar in den IPRPs der SSO geregelt.[317] Zumeist

---

316 *Lemley*, 90 Cal. L. Rev. 1889, 1906 (2002); *Tsai/Wright*, 80 (1) Antitrust L.J. 157, 160 (2015).

317 Eine Ausnahme davon ist bei VITA Patent Policy, VSO Policies and Procedures (September 2015) zu finden, die in Art. 10.3.1 eine ausdrückliche FRAND-Lizenzpflicht implementiert hat: „*Each WG* (working group) *Member agrees, on behalf of the VITA Member Company he or she represents, that it will grant to any WG Member, VITA Member Company, or third party a nonexclusive, worldwide, nonsublicensable (except to the extent necessary "to have made"), perpetual patent license (or equivalent*

werden Mitgliedsunternehmen, die ein potenziell standardwesentliches Patentrecht halten, mit der Offenlegung aufgefordert, eine FRAND-Lizenzerklärung abzugeben.[318] Der Patentinhaber ist allerdings frei darin zu entscheiden, ob er seine Technologie überhaupt lizenzieren will und wenn ja, ob er dies zu FRAND-Bedingungen tut.[319] Manche Lizenzerklärungen sehen neben der Verweigerung der FRAND-Lizenzierung[320] auch mehrere Optionen vor, aus denen der Patentinhaber wählen kann[321]: eine gebührenfreie Lizenzierung, teilweise mit Bedingungen über reziproke Lizenzeinräumungen, d.h. dass auch andere Patentinhaber gebührenfreie Lizenzen erteilen, oder die Lizenzierung zu FRAND-Bedingungen.

Trotz der überragenden Bedeutung der FRAND-Lizenzpflicht im formellen Standardisierungskontext definieren SSOs vielfach nicht in ihren IPRPs, was unter „*fair and reasonable*" oder „*non-discriminatory*" zu verstehen ist.[322] Ebenso wenig existieren allgemeingültige Bestimmungsmethoden, wann eine Lizenzierung FRAND-konform ist.[323] Der Grund warum SSOs zu der zentralen Frage der FRAND-konformen Lizenzierung keine konkreteren Vorgaben machen, kann zum einen darin gesehen werden, dass vermieden werden soll, dass es SSO-intern zu kartellrechtswidrigen Absprachen über Lizenzgebühren zwischen Patentinhabern kommt und auch SSO-Mitgliedern keine zu hohen

---

non-assertion covenant) for its patent claims essential (…) *on fair, reasonable and non-discriminatory terms* (…)."

318 So bei ETSI Directive (Februar 2020), Rules of Procedure, Annex 6: ETSI IPR Policy (Dezember 2019) – Appendix A: IPR INFORMATION STATEMENT AND LICENSING DECLARATION, unter IPR Licensing Declaration; so auch bei IEEE, „*Letter of Assurance for Essential Patent Claims*", unter D.

319 *Padilla/Wong-Ervin*, 62 (3) Antitrust Bull. 494, 498 (2017); *Brakhahn*, S. 120; *Ullrich*, GRUR 2007, 817, 821, 822.

320 Vgl. bei ETSI Directive (Februar 2020), Rules of Procedure, Annex 6: ETSI IPR Policy (Dezember 2019) – Appendix A: IPR INFORMATION STATEMENT AND LICENSING DECLARATION, unter IPR Licensing Declaration, wonach entweder einer FRAND-Lizenzierung zugestimmt oder diese verweigert werden kann.

321 So bei IEEE, „*Letter of Assurance for Essential Patent Claims*", unter D. zu den Lizenzkonditionen.

322 *Bekkers/Updegrove,* A Study of IPR policies and practices of a representative group of Standard Setting Organizations worldwide (2012), S. 103; *Layne-Farrar/Padilla*, 9 (2) IJITSR 19, 22 (2011).

323 *Bosworth/Mangum III, Matolo*, in: Bharadwaj/Devaiah/Gupta, Complications and Quandaries in the ICT Sector, S. 27.

Verhaltensregeln auferlegt werden sollen.[324] Zum anderen sehen SSOs ihre Aufgabe auch nicht darin, Inhalte über Lizenzbedingungen konkret vorzugeben.[325] Manche SSOs geben den Patentinhabern beispielhafte und nicht abschließende Faktoren „an die Hand“, mit denen eine angemessene Lizenzgebühr bestimmt werden kann.[326] Letztlich bleibt es den Lizenzvertragsparteien überlassen, die konkreten FRAND-Lizenzbedingungen im Rahmen von vertraulichen bilateralen Verhandlungen auszuhandeln und festzulegen, wobei *ex post* nach Festsetzung des Standards die Vorstellungen darüber, was FRAND ist, oft auseinandergehen. Inhaltlich umfasst eine FRAND-konforme Lizenzierung jedenfalls die Erhebung fairer und angemessener Lizenzgebühren und die Lizenzvergabe zu diskriminierungsfreien Bedingungen. Im Einzelnen dazu nachfolgend.

a) Faire und angemessene Lizenzgebühr

Eine allgemeingültige Definition, wann eine Lizenzgebühr in einem angemessen Verhältnis zum wirtschaftlichen Wert der zugrundeliegenden standardessentiellen Technologie steht, existiert nicht.[327] Angesichts der Vielfältigkeit möglicher Sachverhalte und den jeweiligen einzelfallabhängigen Umständen, ist es kaum möglich, eine abstrakte Regel aufzustellen, anhand derer die FRAND-Konformität einer Lizenzgebühr überprüft werden kann.[328] Dies kann und wird auch die vorliegende Arbeit nicht lösen können, was allerdings für die vorliegenden Zwecke auch nicht erforderlich ist.[329] Aus diesem Grund beschränken sich die nachfolgenden Ausführungen auf eine rechtsvergleichende Darstellung der jeweiligen Berechnungsansätze aus der US-amerikanischen und deutschen Rechtspraxis.

---

324 *Hartmann*, S. 119, 120.

325 *Brakhahn*, S. 118, 119.

326 Siehe IEEE *„Letter of Assurance for Essential Patent Claims”* unter *„Definitions – Reasonable Rate”*.

327 *Bosworth/Mangum III, Matolo*, in: Bharadwaj/Devaiah/Gupta, Complications and Quandaries in the ICT Sector, S. 27; *Hartmann*, S. 120; *Petrovčič*, S. 29.

328 *Körber*, Standardessentielle Patente, FRAND-Verpflichtungen und Kartellrecht, S. 82; *Fuchs*, in: Lange/Klippel/Ohly, 147, 171.

329 Grundlegend zu Ansätzen für die Ermittlung angemessener Lizenzgebühren aus kartellrechtlicher und ökonomischer Sicht, *Lampert*, S. 151-180, mit dem Ergebnis, dass es *„keine „Patentlösung“ gibt“*, S. 179.

aa) Bestimmungsansätze aus der US-Rechtspraxis: Hypothetischer Lizenzverhandlungstest

(1) Grundsätze bei der Ermittlung angemessener Patentlizenzgebühren

Die Bestimmung angemessener Lizenzgebühren ist im US-Recht vor allem für das Vertrags- und Patentrecht und weniger für das Kartellrecht von Bedeutung, weil Sec. 2 Sherman Act die Erhebung unangemessener Preise grundsätzlich nicht verbietet.[330] US-Gerichte greifen für die Bestimmung angemessener Lizenzentgelte auf die im Fall Georgia-Pacific Corp. v. U.S. States Plywood Corp.[331] entwickelten sog. *Georgia-Pacific*-Faktoren zurück, die in erster Linie bei der Schadensermittlung in Patentverletzungsfällen angewendet werden. Dem liegt die Konzeption zugrunde, den Ausgang eines hypothetischen Verhandlungsszenarios zwischen dem Patentverletzer und dem Patentinhaber über die Höhe der Lizenzgebühr zu rekonstruieren. Unter Anwendung der von der US-Rechtsprechung entwickelten 15 – nicht abschließenden – *Georgia-Pacific*-Bemessungsfaktoren soll ermittelt werden, auf welche Lizenzgebühr sich ein verhandlungswilliger Lizenzsucher und Lizenzgeber *ex ante* vor der Nutzung der geschützten Technik geeinigt hätten (sog. *hypothetical negotiation framework*).[332]

Zu den relevanten Faktoren, die von Vertragsparteien im Rahmen von Lizenzverhandlungen über die Gebührenhöhe herangezogen werden, gehören unter anderem die folgenden Kriterien: die Lizenzgebühr, die der Patentinhaber für das betroffene Patent bereits mit Dritten ausgehandelt hat; die Höhe der Lizenzgebühr, die für vergleichbare Patentrechte erhoben werden; die bisherige Lizenzpolitik des Patentinhabers und die Geschäftsbeziehungen zum Patentverletzer; die Marktverhältnisse zur Zeit der Patenverletzung; das Ausmaß der Nutzung durch den Patentverletzer; die Bedeutung der patentgeschützten Technik für das Produkt und für seine Nutzer sowie die Ergebnisse einer gutachterlichen

330 Näheres dazu im Fünften Teil unter Abschnitt II. 2. a), S. 220 ff.

331 Georgia-Pacific Corp., v. U.S. Plywood Corp., 318 F. Supp. 1116 (S.D. N.Y. 1970); zweitinstanzlich bestätigt, die Gebührenhöhe aber herabgesetzt in Georgia-Pacific Corp., v. U.S. Plywood-Champion Papers Inc., 446 F.2d 295 (2d Cir. 1971).

332 Georgia-Pacific Corp., v. U.S. Plywood Corp., 318 F. Supp. 1116, 1120 (S.D. N.Y. 1970); Lucent Technologies, Inc. v. Gateway, Inc., 580 F.3d 1301, 1325 (Fed. Cir. 2009); *Ginsburg/Kobayashi/Wong-Ervin/Wright*, 4 (3) CPI Antitrust Chronicle 1, 5 (2016); *Cotter*, 22 Tex. Intell. Prop. L.J. 311, 357 (2014); *Ramirez*, 4 (1) Ital. Antitrust Rev. 41, 55 (2017); *Lemley/Shapiro*, 85 Tex. L. Rev. 1991, 2018 (2007).

Bewertung durch qualifizierte Experten.[333] Im Rahmen einer Gesamtbetrachtung und unter Berücksichtigung dieser Kriterien wird sodann ermittelt, auf welche Lizenzgebühr sich die hypothetischen Lizenzparteien geeinigt hätten, hätte der Patentverletzter die geschützte Technologie nicht lizenzlos genutzt.

(2) Besonderheiten im Zusammenhang mit FRAND-unterworfenen SEPs

Besteht ein von einem SEP betroffenes Gesamtprodukt aus mehreren Komponenten, gilt der patentrechtliche Grundsatz, dass ein angemessenes SEP-Lizenzentgelt nur den anteiligen Wert wiederspiegeln darf, der der patentgeschützten Technologie zukommt, um eine Partizipation an Innovationsleistungen Dritter und eine Überkompensation auszuschließen.[334] In der US-Rechtsprechung gibt es allerdings keine einheitliche Leitlinie, anhand welcher Bezugsgröße (*royalty base*) ein SEP-Inhaber die Angemessenheit seiner Lizenzgebühr ausrichten muss. Bei der Wahl der Bezugsgröße geht es darum, ob ein SEP-Inhaber seine Lizenzgebühr anteilig am Verkaufspreis eines Endprodukts ausrichten darf oder ob dafür die einzelne Produktkomponente heranzuziehen ist, in der die essentielle Technologie umgesetzt und der eigentliche Innovationswert enthalten ist.[335]

Jüngst erst hat ein US-Berufungsgericht festgehalten, dass im US-Recht keine Regel existiert, wonach sich die SEP-Lizenzgebühr zwingend an dem Verkaufspreis der kleinsten, die standardessentielle Technologie nutzenden Komponente (sog. „*smallest saleable patent-practicing unit*" (SSPPU)) orientieren muss.[336] Der Inhaber eines SEP für einen Telekommunikationsstandard ist beispielsweise nicht gezwungen, die Höhe der Lizenzgebühr an dem Verkaufspreis des Chipsatzes auszurichten, der die Technologie umsetzt und als Komponente in einem Endprodukt, wie einem Smartphone, verbaut ist. Ganz im Gegenteil haben US-Gerichte mehrfach bestätigt, dass es ebenso zulässig ist, wenn sich die Lizenzgebühr für ein SEP am Verkaufspreis des Endprodukts orientiert (sog. „*entire market value rule*"), indem ein – vergleichsweise geringerer – prozentualer Anteil

---

333 Zu den 15 Faktoren im Einzelnen, siehe Georgia-Pacific Corp., v. U.S. Plywood Corp., 318 F. Supp. 1116, 1120 (S.D. N.Y. 1970); zu den Effekten der jeweiligen Faktoren für die angemessene Lizenzgebühr, siehe *Sidak*, 19 Stan. Tech. L. Rev. 1, 17-20 (2015).

334 Ericsson, Inc. v. D-Link Systems, Inc., 773 F.3d 1201, 1232, 1233 (Fed. Cir. 2014) mit Verweis auf Garretson v. Clark, 111 U.S. 120, 121 (1884).

335 *Lemley/Shapiro*, 85 Tex. L. Rev. 1991, 2023-2025 (2007).

336 FTC v. Qualcomm Inc., 969 F.3d 974, 998 (9th Cir. 2020) („*No court has held that the SSPPU concept is a per se rule for "reasonable royalty" calculations*").

am Endverkaufspreis festlegt wird, der die SEP-Lizenzgebühr bestimmt.[337] Unabhängig davon welche Bezugsgröße gewählt wird – der SSPPU oder der „*entire market value*“ Ansatz, ist entscheidend, ob der prozentual festgelegte Anteil, der die Höhe der Lizenzgebühr ausdrückt, angemessen ist oder nicht.

Für die Ermittlung angemessener Lizenzgebühren ist auch im SEP-Kontext der oben genannte hypothetische Lizenzverhandlungstest zwischen einem SEP-Inhaber und dem Patentnutzer maßgeblich.[338] Die von der Rechtsprechung entwickelten *Georgia-Pacific*-Bemessungsfaktoren werden im Zusammenhang mit SEPs allerding nicht uneingeschränkt, sondern in modifizierter Form angewendet, wie der *Federal Circuit* festgehalten hat.[339] Manche der 15 Faktoren sind wegen den Besonderheiten eines FRAND-unterworfenen SEP im Vergleich zu sonstigen Patentrechten entweder nicht relevant oder würden zu widersinnigen Ergebnissen führen, wenn sie herangezogen werden würden.[340] Exemplarisch sei der vierte *Georgia-Pacific*-Faktor genannt, wonach generell bei der Lizenzgebührenbemessung berücksichtigt werden kann, inwieweit sich der Patentinhaber bislang verweigert hat, Lizenzen an Dritte zu vergeben, um seine Patentmonopolstellung zu erhalten[341], was sich grundsätzlich besonders gebührenerhöhend auswirken dürfte, weil die Hürden für die Lizenzbereitschaft des Patentinhabers und die damit verbundenen Kosten deutlich höher sind[342]. Die Anwendung des vierten Faktors wird im SEP-Kontext abgelehnt, weil er dem Sinn und Zweck der FRAND-Verpflichtung widerspricht, mit der die Ausnutzung einer Monopolstellung und eine Blockade des Zugangs zum Standard gerade verhindert werden soll.[343]

---

337 Lucent Technologies, Inc. v. Gateway, Inc., 580 F.3d 1301, 1339 (Fed. Cir. 2009) („*There is nothing inherently wrong with using the market value of the entire product*“); so auch FTC v. Qualcomm Inc., 969 F.3d 974, 999 (9th Cir. 2020); Exmark Mfg. Co. Inc. v. Briggs & Stratton Power Prods. Grp., LLC, 879 F.3d 1332, 1349 (Fed. Cir. 2018); *Rill/Kress/Kallay/Hollman*, 30 (1) Antitrust Magazine 72, 75, 76 (2015).

338 Siehe dazu Microsoft Corp. v. Motorola, Inc., No. C10-1823JLR, 33 (W.D. Wash. 2013); *Arena/Bergmann/Himes*, 9 (3) E.C.J. 623, 669 (2013).

339 Ericsson, Inc. v. D-Link Systems, Inc., 773 F.3d 1201, 1235 (Fed. Cir. 2014); *Ginsburg/Kobayashi/Wong-Ervin/Wright*, 4 (3) CPI Antitust Chronicle 1, 5 (2016).

340 Ericsson, Inc. v. D-Link Systems, Inc., 773 F.3d 1201, 1231 (Fed. Cir. 2014).

341 Ericsson, Inc. v. D-Link Systems, Inc., 773 F.3d 1201, 1230 (Fed. Cir. 2014) mit Verweis auf 4. Faktor in Georgia-Pacific Corp., v. U.S. Plywood Corp., 318 F. Supp. 1116, 1120 (S.D. N.Y. 1970).

342 Vgl. dazu *Sidak*, 19 Stan. Tech. L. Rev. 1, 18 (2015).

343 Ericsson, Inc. v. D-Link Systems, Inc., 773 F.3d 1201, 1230, 1231 (Fed. Cir. 2014) unter Nennung weiterer *Georgia-Pacific*-Faktoren, die bei FRAND-unterworfenen SEPs

US-Gerichte und auch Stimmen aus der Literatur betonen zudem, dass im Standardisierungskontext berücksichtigt werden muss, dass eine angemessene Lizenzgebühr nur den *ex ante* inkrementellen Wert der einzelnen Standardtechnologie wiederspiegeln darf. Damit ist der Wert gemeint, den die patentierte Technologie vor Aufnahme in den Standard im Vergleich zur nächstbesten Alternativtechnologie gehabt hat[344], ohne den Wert des Standards als Ganzes und die Wertsteigerung miteinfließen zu lassen, die der einzelnen Technologie infolge der Aufnahme in den Standard zugekommen ist[345]. Eine angemessene Lizenzgebühr soll nur den Patentlohn wiederspiegeln, d.h. den Wert der zugrundeliegenden Technologie, und nicht den Normungslohn beinhalten, d.h. den Wertzuwachs, der sich aus der Standardessentialität infolge der Aufnahme in den Standard ergibt. Aus diesem Grund wird bei der Bestimmung des Marktwerts der standardessentiellen Technologie der hypothetische Verhandlungszeitpunkt zugrunde gelegt, als der Standard noch nicht festgesetzt und das Patent noch nicht standardessentiellen war.[346] Durch das Abstellen auf diesen Zeitpunkt bleiben auch die standardspezifischen Investitionen des Patentnutzers außer Betracht. Andernfalls würde der Ausgang einer hypothetischen Lizenzverhandlung durch diese Investitionen und den eingetretenen *Lock-In* Effekt gebührenerhöhend beeinflusst werden und nicht den reinen *ex ante* Marktwert der Technologie wiederspiegeln.[347]

Für die Rekonstruktion der hypothetischen Lizenzverhandlung dürfen bei FRAND-unterworfenen SEPs nur diejenigen *Georgia-Pacific*-Faktoren berücksichtigt werden, die im jeweiligen Einzelfall relevant sind.[348] Dafür sind

---

irrelevant sind; so auch Microsoft Corp. v. Motorola, Inc., 795 F.3d 1024, 1041 (9th Cir. 2015).

344 Microsoft Corp. v. Motorola, Inc., No. C10-1823JLR, 38 (W.D. Wash. 2013); Microsoft Corp. v. Motorola, Inc., 795 F.3d 1024, 1041 (9th Cir. 2015); *Cotter*, 22 Tex. Intell. Prop. L.J. 311, 360 (2014); *E. Hovenkamp*, 19 (1) Colum. Sci. & Tech. L. Rev. 79, 89 (2017); *Hovenkamp*, 105 Cornell L. Rev. 101, 108 (2020).

345 Ericsson, Inc. v. D-Link Systems, Inc., 773 F.3d 1201, 1235 (Fed. Cir. 2014); Commonwealth Scientific & Indus. Research Org. v. Cisco Sys., Inc., No. 15-1066, 16, 17 (Fed. Cir. 2015); Microsoft Corp. v. Motorola, Inc., No. C10-1823JLR, 25-26 (W.D. Wash. 2013); *Arena/Bergmann/Himes*, 9 (3) E.C.J. 623, 669, 670 (2013); *Shapiro/Lemley*, 168 Univ. Pa. Law. Rev. 1, 298 (2020).

346 Microsoft Corp. v. Motorola, Inc., No. C10-1823JLR, 38 (W.D. Wash. 2013); Microsoft Corp. v. Motorola, Inc., 795 F.3d 1024, 1041 (9th Cir. 2015); *Cotter*, 22 Tex. Intell. Prop. L.J. 311, 358 (2014).

347 *Ramirez*, 4 (1) Ital. Antitrust Rev. 41, 55 (2017).

348 Ericsson, Inc. v. D-Link Systems, Inc., 773 F.3d 1201, 1235 (Fed. Cir. 2014).

insbesondere vergleichbare Lizenzvereinbarungen mit Dritten zu berücksichtigen, worin vielfach die am besten geeignetste Methode gesehen wird, um den Marktwert eines SEP zu bestimmten.[349] Wenngleich der Ausgang eines solchen, mehrere Bemessungsfaktoren berücksichtigenden Lizenzverhandlungstests ungewiss ist, existieren im US-Recht jedenfalls etablierte Faktoren zur Bestimmung einer angemessenen Lizenzgebühr. Insgesamt sind aber nur wenige Fälle bekannt, bei denen ein US-Gericht eine FRAND-konforme Lizenzgebühr auf dieser Grundlage konkret beziffert hat.[350] Dies dürfte nicht zuletzt auch daran liegen, dass SSOs in ihren IPRPs teilweise Regelungen vorsehen, bei FRAND-Lizenzdisputen eine schiedsgerichtliche Klärung herbeizuführen[351], dessen Ausgang grundsätzlich nicht öffentlich bekannt gemacht wird.

Einen anderen Berechnungsansatz – den sog. „*top-down approach*“[352] – hat erstmals der *U.S. District Court for the Central District of California* gewählt. Dabei wird zunächst eine aggregierte und als angemessen bewertete Gesamtlizenzgebühr für alle in einem Standard enthaltenen SEPs ermittelt und diese anschließend durch die Gesamtzahl der ermittelten SEPs dividiert, die in dem Standard umgesetzt sind.[353] Hält ein Patentinhaber gleich mehrere SEPs für einen Standard, wird die ermittelte anteilige Lizenzgebühr pro SEP mit der Anzahl an gehaltenen SEPs multipliziert.[354] Zudem wurden weitere (Fein-)Korrekturfaktoren miteinbezogen. Insbesondere wurde dem Umstand Rechnung getragen, dass die Schutzdauer mancher der dem Standard zugrundeliegenden SEPs bereits

---

349 HTC Corp. v. Telefonaktiebolaget LM Ericsson, 407 F.Supp.3d 631, 639 (E.D. Tex. 2019) („*The Court finds that the comparable licenses provide the best market-based evidence of the value of Ericsson's SEPs and that Ericsson's reliance on comparable licenses is a reliable method of establishing fair and reasonable royalty rates that is consistent with its FRAND commitment.*“); *Ginsburg/Kobayashi/Wong-Ervin/Wright*, 4 (3) CPI Antitrust Chronicle 1, 5 (2016).

350 Die erste Entscheidung in der ein US-Gericht eine FRAND-Lizenzgebühr bestimmt hatte, ist Microsoft Corp. v. Motorola, Inc., No. C10-1823JLR (W.D. Wash. 2013); bestätigt in Microsoft Corp. v. Motorola, Inc., 795 F.3d 1024, 1041 (9th Cir. 2015); *Arena/Bergmann/Himes*, 9 (3) E.C.J. 623, 669 (2013).

351 Siehe dazu u.a. die Schiedsklausel bei VITA Patent Policy, VSO Policies and Procedures (September 2015), Art. 10.5.

352 Näheres dazu aus der deutschen Rechtspraxis im nächsten Abschnitt unter IV. 1. a) bb) (2) (c), S. 100 ff.

353 TCL Commc'ns Tech. Holdings, Ltd. v. Telefonaktiebolaget LM Ericsson, 2018 WL 4488286, 8, 19 (C.D. Cal. 2018); dazu auch *Tsilikas*, GRUR Int. 2020, 885, 889, 890.

354 TCL Commc'ns Tech. Holdings, Ltd. v. Telefonaktiebolaget LM Ericsson, 2018 WL 4488286, 20, 21 (C.D. Cal. 2018).

abgelaufen war oder sich kurz davor befand.[355] Allerdings wurde eine Differenzierung der SEPs nach ihrer jeweiligen Werthaltigkeit abgelehnt und insofern eine Wertgleichheit angenommen.[356] Die Entscheidung ist aber, wenngleich aus prozessualen Gründen, in der Berufungsinstanz aufgehoben worden.[357]

bb) Bestimmungsansätze aus der deutschen Rechtspraxis

Die Bestimmung angemessener FRAND-Lizenzentgelte ist auch in der deutschen Rechtspraxis eine der Herausforderungen bei der Lizenzierung von SEPs.[358] Dabei handelt es sich nicht um einen mit mathematischer Genauigkeit durchzuführenden Vorgang, sondern um eine näherungsweise Bestimmung.[359] Die Schwelle zur Unangemessenheit wird überschritten, wenn eine deutliche Diskrepanz zwischen der als angemessen ermittelten und der tatsächlich erhobenen SEP-Lizenzgebühr besteht[360], was sich anhand des Höchstbetrags bestimmt, der kartellrechtlich noch zulässig ist[361]. Im Zusammenhang mit dem kartellrechtlichen Tatbestand des Preishöhenmissbrauchs wird eine Unangemessenheit teilweise bejaht, wenn die streitgegenständliche Gebühr um 100 % höher ist, als der vergleichsweise heranzuziehende angemessene Referenzwert[362], wobei eine Diskrepanz von unter 30 % nicht genügen soll[363]. Der „Graubereich" dazwischen gilt als nicht ansatzweise geklärt.[364] Im Zusammenhang mit der Bestimmung der angemessenen Lizenzgebühr wird auch diskutiert, welches die relevante Bezugsgröße ist, an der sich eine angemessene Lizenzgebühr zu orientieren hat, und mit welchen Methoden eine solche Gebühr ermittelt werden soll.

---

355 TCL Commc'ns Tech. Holdings, Ltd. v. Telefonaktiebolaget LM Ericsson, 2018 WL 4488286, 20 (C.D. Cal. 2018).

356 TCL Commc'ns Tech. Holdings, Ltd. v. Telefonaktiebolaget LM Ericsson, 2018 WL 4488286, 41 (C.D. Cal. 2018).

357 TCL Commc'ns Tech. Holdings, Ltd. v. Telefonaktiebolaget LM Ericsson, 943 F.3d 1360, 1371 (Fed. Cir. 2019).

358 *Bukow*, in: Haedicke/Timmann, Hdb. PatR, § 13 Rn. 366.

359 Kühnen, Hdb. Patentverletzung, Kap E Rn. 484; *Dornis*, WRP 2020, 688, 691.

360 Kühnen, Hdb. Patentverletzung, Kap E Rn. 486.

361 *Hacker*, in: Busse/Keukenschrijver, Patentgesetz, § 24 PatG Rn. 131.

362 *Wolf*, in: Schuster/Grützmacher, IT-Recht, Art. 102 AEUV, Rn. 35; *Geradin*, 76 (1) Antitrust L.J. 329, 349 (2009); *Eilmansberger/Bien*, in: MüKo WettbR, Bd. I, Art. 102 AEUV, Rn. 365.

363 *Wolf*, in: Schuster/Grützmacher, IT-Recht, Art. 102 AEUV, Rn. 35.

364 *Eilmansberger/Bien*, in: MüKo WettbR, Bd. I, Art. 102 AEUV, Rn. 365.

(1) Relevante Bezugsgröße

(a) Ansätze aus der Literatur und Rechtsprechung

Anders als im US-Recht, in dem anerkannt ist, dass sich eine SEP-Lizenzgebühr nicht zwingend am Wert der einzelnen Produktkomponente (SSPPU) sondern auch am höheren Verkaufswert des Endprodukts („*entire market value rule*") orientieren darf, galt dies bis zuletzt in der deutschen Rechtsprechung als ungeklärt. Unionsgerichtliche Entscheidungen dazu fehlen bislang. Vereinzelt wird vertreten, dass eine streng nach Wertkomponenten differenzierende Wertermittlung vorzunehmen sei, sprich dass für die Berechnung des Lizenzentgelts bei einem aus Komponenten zusammengesetzten Endprodukts nicht auf den höheren Wert des Endprodukts abgestellt werden soll, sondern die jeweilige, das SEP nutzende Komponente maßgeblich sei.[365] Es wird nicht für gerechtfertigt erachtet, einen SEP-Inhaber, dessen Technologie nur für das Funktionieren einer Produktkomponente notwendig ist, überkompensatorisch und überproportional am Wert des Endprodukts zu beteiligen.[366] Der Gesamtnutzen eines Endprodukts ergebe sich aus der Summe des Nutzens der jeweiligen Komponenten, weshalb der Wert jeder Komponente einem Bruchteil des Marktwerts des Endprodukts entspreche.[367] Ein SEP-Inhaber dessen Technologie nur einen Nutzen für eine Komponente habe, soll daher auch nur darauf bezogen entlohnt werden und nicht an fremden Innovationsleitungen partizipieren dürfen, die sich im Endprodukt wiederfinden.[368] Für diesen komponentenbezogenen Ansatz wird zudem angeführt, dass eine Nutzen- und Wertanalyse bezogen auf nur eine Komponente einfacher durchzuführen sei, als eine Gesamtbewertung für ein Endprodukt.[369] Mehrere Stimmen aus der Literatur[370], der sich nunmehr auch das LG Mannheim angeschlossen hat[371], vertreten hingegen die Auffassung, dass eine angemessene Beteiligung des SEP-Inhabers und die Höhe der ihm

---

365 *Dornis*, WRP 2020, 688, 691, 692.

366 *Dornis*, WRP 2020, 688, 691; *Ders.*, WRP 2020, 540, 543.

367 *Dornis*, WRP 2020, 688, 691, 692.

368 *Dornis*, WRP 2020, 688, 692.

369 *Dornis*, WRP 2020, 688, 692.

370 Kühnen, Hdb. Patentverletzung, Kap E Rn. 487; *Kühnen*, GRUR 219, 665, 671; *Martinez*, GRUR Int. 2019, 633, 639; *Huber*, Why the ETSI IPR Policy Does Not and Has Never Required Compulsory 'License to All': A Rebuttal to Karl Heinz Rosenbrock (2017), S. 11.

371 LG Mannheim, Urteil v. 18.08.2020 – 2 O 34/19, 3. Ls. (zitiert nach juris); zur zentralen Bedeutung und internationalen Anerkennung der Landgerichte Mannheim, Düsseldorf und München in Patentverletzungsverfahren, siehe *Wolf*, RIW 2019, 258, 268.

zustehenden Lizenzgebühr grundsätzlich am Verkaufswert des Endprodukts zu orientieren hat. Ein Lizenzgeber, so das LG Mannheim, sei „*grundsätzlich am wirtschaftlichen Nutzen der Technologie im verkaufsfähigen Endprodukt auf der letzten Stufe der Wertschöpfungskette zu beteiligen.*“[372]

(b) Stellungnahme

Dem vom LG Mannheim und Teilen der Literatur verfolgte „*entire market value*“ Ansatz, der – wie oben dargestellt – auch in der jüngeren Vergangenheit im US-Recht bei FRAND-unterworfenen SEPs bestätigt wurde, ist insgesamt vorzugswürdig. Zunächst sind gegen die von der Gegenansicht angeführten Praktikabilitätsgründe anzuführen, dass ein komponentenbasierender Ansatz nicht zwingend einfacher durchzuführen ist, weil ein patentgeschützte standardessentielle Technologie auch von mehreren Komponenten oder von dem Endprodukt selbst praktiziert werden kann, was auch in dem Fall ermittelt werden müsste.[373] Zu Recht weist das LG Mannheim auch darauf hin, dass im Falle einer Lizenzierung eines Patentportfolios ein komponentenbezogener Ansatz nicht minder komplexe und unpraktikable Folgen nach sich zieht, weil damit die Ermittlung der Reichweite eines jeden Patents aus dem Portfolio für eine bestimmte Komponente erforderlich wäre.[374] Darüber hinaus ist der wirtschaftliche Wert einer Technologie nicht nur auf den Nutzen in einer Komponente allein begrenzt, sondern kann sich im Zusammenspiel mit weiteren Komponenten und Technologien im Endprodukt erhöhen, sprich zu einer gesteigerten Gesamtfunktionalität führen. Es erscheint unbillig einen SEP-Inhaber von einer Werterhöhung auszuschließen, die sich aus einer erhöhten Funktionalität seiner Technologie im Zusammenspiel mit anderen Technologien in einem Endprodukt ergibt.[375] Im Wert des Endprodukts spiegelt sich letztlich der eigentliche Wert wieder, den eine einzelne Technologie für einen Gesamtmechanismus hat. Alles andere würde den Endgerätehersteller, der die Komponenten zusammenfügt, letztlich überbegünstigen und ihm den gesteigerten Erfindungsnutzen zusprechen, der eigentlich auf der Erfindungsleistung der jeweiligen SEP-Inhabern beruht.

---

372 LG Mannheim, Urteil v. 18.08.2020 – 2 O 34/19, Rn. 171 (zitiert nach juris).

373 *Martinez*, GRUR Int. 2019, 633, 639.

374 LG Mannheim, Urteil v. 18.08.2020 – 2 O 34/19, Rn. 172 (zitiert nach juris).

375 So auch LG Mannheim, Urteil v. 18.08.2020 – 2 O 34/19, Rn. 172 (zitiert nach juris); *Kühnen*, GRUR 2019, 665, 671; *Huber*, Why the ETSI IPR Policy Does Not and Has Never Required Compulsory ‘License to All’: A Rebuttal to Karl Heinz Rosenbrock (2017), S. 11.

Wenngleich die Diskussion um die Bezugsgrundlage für die Bestimmung angemessener Lizenzentgelte sicherlich nicht mit dem Urteil des LG Mannheim beendet sein dürfte, wird aus rechtsvergleichender Perspektive jedenfalls die Tendenz ersichtlich, dass der „*entire market value*“ Ansatz aus dem US-Recht auch Eingang in das deutsche Recht gefunden hat.

(2) Methoden zur Bestimmung angemessener Lizenzgebühren

Unabhängig von der Frage der „richtigen“ Bezugsgröße existieren mehrere Methoden zur Ermittlung einer angemessenen – FRAND-konformen – Lizenzgebühr.[376] Dabei werden neben dem Patentrecht auch Erkenntnisse aus dem Kartellrecht herangezogen. Insbesondere das im Zusammenhang mit dem kartellrechtlichen Tatbestand des Preishöhenmissbrauchs erprobte Vergleichsmarktkonzept hat sich als praktikabler Ansatz erwiesen.[377]

(a) Kosten- und Erfindungsnutzen-basierende Ansätze

Ein angemessenes Lizenzentgelt kann grundsätzlich mittels einer kostenbasierenden Berechnungsmethode ermittelt werden, die vereinzelt auch im Zusammenhang mit kartellrechtlichen Preiskontrollen angewendet wurde.[378] Nach dieser Methode sind im Rahmen einer Kostenanalyse zunächst die gesamten Aufwendungen und Kosten – d.h. Fixkosten und variablen Kosten – zu ermitteln, die bei einem SEP-Inhaber für die Entwicklung, Herstellung und Vermarktung seiner standardessentiellen Technologie angefallen sind (sog. Gestehungskosten).[379] Anschließend werden patentbezogene Anmelde- und Verwaltungskosten sowie eine angemessene Entlohnung des Patentinhabers für seine Innovationsfindung auf die Gestehungskosten addiert.[380] Je nachdem, ob der SEP-Inhaber am Nutzen seiner Technologie im Endprodukt beteiligt werden soll, das insofern einen größeren Gesamtnutzen aufweisen kann, oder die einzelne Komponente als Bezugsgröße herangezogen wird, kann der hinzuzurechnende

376 Eine nicht abschließende Aufzählung einzelner Berechnungsmethoden, Europäische Kommission, Horizontalleitlinien, Rn. 289, 290.

377 Kühnen, Hdb. Patentverletzung, Kap E Rn. 489.

378 Vgl. EuGH, Urteil v. 14.02.1978, United Brands/Kommission, Rs. 27/76, ECLI:EU:C:1978:22, Rn. 248/257; dazu auch Europäische Kommission, Horizontalleitlinien, Rn. 289.

379 *Hartmann*, S. 122; *Fräßdorf*, S. 116; *Loest/Bartlik*, ZWeR 2008, 41, 53.

380 *Lampert*, S. 164 mit Verweis auf die Schlussanträge des GA *Jacobs* in Sachen EuGH, Urteil v. 13.07.1989, Tournier, Rs. 395/87, ECLI:EU:C:1989:319, Rn. 69.

Innovationslohn variieren. Die Summe aus den Kosten und der Vergütung des Patentinhabers ergibt dann die Lizenzgebühr, die angemessen ist.

Allerdings sind – wie auch die Europäische Kommission zutreffend erkennt – solche kostenbezogenen Berechnungsmethoden im Standardisierungskontext schon deshalb kaum geeignet, weil die Zurechnung von Forschungs- und Entwicklungskosten gerade zu einem Patentrecht kaum möglich ist.[381] Dabei ist es nicht nur die Bestimmung eines angemessenen Patent- und Innovationslohns, die kaum umsetzbar ist. Im Standardisierungskontext stellt sich zudem das Problem, ob und wie die Wertsteigerung des Patents infolge der Aufnahme in den Standard – sprich der Normungslohn – vom Patentlohn isoliert werden kann.[382] Teilweise wird dafür plädiert, dem Patentinhaber nicht nur den Patent- sondern auch den Normungslohn in seine Vergütung miteinzubeziehen, überwiegend wird dies aber abgelehnt.[383] Eine Ausklammerung des standardbedingten Wertzuwachses erscheint auch gerechtfertigt, weil dem SEP-Inhaber nur der Patentlohn zukommen soll, der auf seiner Innovationsleistung beruht. Ein möglicher Wertzuwachs des SEP infolge der Aufnahme in einen Standard basiert nicht auf der Innovationsleistung des Patentinhabers an sich, sondern auf der „Krönung“ bestimmter und dem Ausschluss alternativer Technologien, durch Festlegung des Standards in einer SSO. Mit der Verweigerung des Normungslohns drohen auch keine Anreizverluste für die Teilnahme an Standardisierungsverfahren, weil der Patentinhaber mit dem SEP-„Siegel“ jedenfalls die Garantie für stetige Lizenzeinnahmen und Marktpräsenz erhält.[384] Daher ist es gerechtfertigt, für die Bestimmung einer angemessenen Lizenzgebühr – wie auch im US-Recht – auf den Wert der patentierten Technologie vor der Standardeinbindung abzustellen.[385] Diesem Ansatz folgend hat auch das LG Mannheim in Übereinstimmung mit den Ausführungen der Europäischen Kommission festgehalten, dass bei der Bemessung der Lizenzgebühr keine Elemente berücksichtigt werden

381 Europäische Kommission, Horizontalleitlinien, Rn. 289; vgl. GA *Pitruzzella*, Schlussanträge v. 16.07.2020, Rs. C-372/19 Rn. 34 – SABAM; *Lampert*, S. 163; *Heyers*, WRP 2014, 1253, 1257; Kühnen, Hdb. Patentverletzung, Kap E Rn, 488; *Geradin*, 76 (1) Antitrust L.J. 329, 348, 349 (2009).

382 *Ullrich*, GRUR 2007, 817, 822, 823; *Klees*, EWS 2008, 449, 454.

383 Grundlegend zum Meinungsstand in der Literatur *Lampert*, S. 164 ff., der sich für eine Ausklammerung des Normungslohns ausspricht, S. 170; ablehnend auch *Dornis*, WRP 2020, 688, 689.

384 *Dornis*, WRP 2020, 688, 690.

385 *Dornis*, WRP 2020, 688, 689.

sollen, die auf der Entscheidung beruhen, eine Technologie in den Standard aufzunehmen.[386]

Darüber hinaus kann ein angemessenes Lizenzentgelt mit einem Erfindungsnutzen-basierenden Ansatz ermittelt werden, der im Bereich des Lizenzrechts als Methode grundsätzlich anerkannt ist und danach fragt, welchen wirtschaftlichen Nutzen eine patentierte Technologie in einem Produkt hat.[387] Je nachdem welche Bezugsgröße man als maßgeblich betrachtet, ist in einem weiteren Schritt die Funktionalität aller in einer Produktkomponente oder im Endprodukt enthaltenen Patentrechte zu ermittelt und anschließend zu gewichten, welchen Anteil am Umsatzerfolg dem betroffenen SEP zukommt, was ebenso mit erheblichem Aufwand verbunden sein kann.[388]

(b) Vergleichsmarktkonzepte

Als praxistauglicher Ansatz zur Bestimmung angemessener Lizenzgebühren gilt das Vergleichsmarktkonzept aus dem Kartellrecht.[389] Dabei ist primär zu prüfen, ob für das betroffene SEP ein oder mehrere Lizenzvereinbarungen mit Dritten bereits abgeschlossen worden sind.[390] Die Heranziehung vergleichbarer Lizenzvereinbarungen, sprich solcher Vereinbarungen, die von ähnlich gelagerten Lizenzparteien abgeschlossen worden sind, wird – wie auch im US-Recht – als die am besten geeignete und zuverlässigste Methode erachtet, die Angemessenheit einer Lizenzgebühr zu bestimmen.[391] Je höher die Anzahl der abgeschlossenen Lizenzvereinbarungen ist, die vergleichsweise herangezogen werden können, umso stärker ist die Vermutungswirkung zugunsten der Angemessenheit dieser Lizenzbedingungen.[392]

---

386 LG Mannheim, Urteil v. 18.08.2020 – 2 O 34/19, Rn. 171 (zitiert nach juris), mit Verweis auf Europäische Kommission, Mitteilung der Kommission an das Europäische Parlament, den Rat und den Europäischen Wirtschafts- und Sozialausschuss über den Umgang der EU mit standardessenziellen Patenten, COM(2017) 712 final, v. 22.11.2017, S. 8.

387 Kühnen, Hdb. Patentverletzung, Kap E Rn. 488.

388 Kühnen, Hdb. Patentverletzung, Kap E Rn. 488.

389 Kühnen, Hdb. Patentverletzung, Kap E Rn. 489; *Rinken*, in: Schulte, PatG, § 24 PatG Rn. 123.

390 Kühnen, Hdb. Patentverletzung, Kap E Rn. 491; *Bukow*, in: Haedicke/Timmann, Hdb. PatR, § 13 Rn. 366; *Rinken*, in: Schulte, Patentgesetz mit EPÜ, § 24 PatG Rn. 124.

391 *Tsilikas*, GRUR Int. 2020, 885, 886 u.a. mit Verweis auf LG Düsseldorf, Urteil v. 31.03.2016 – 4a O 73/14, Rn. 243-248 (zitiert nach juris); LG Düsseldorf, Urteil v. 09.11.2018 – 4a O 16/17, Rn. 269 (zitiert nach juris).

392 Kühnen, Hdb. Patentverletzung, Kap E Rn. 491; *Tsilikas*, GRUR Int. 2020, 885, 886.

Wurde das betroffene Patentrecht bereits vor Festsetzung des Standards lizenziert, kann unter Anwendung eines zeitlichen Vergleichsmarktkonzepts die *ex ante* erhobene Lizenzgebühr mit der *ex post* nach Implementierung des Standards geforderten SEP-Lizenzgebühr verglichen und deren Angemessenheit bewertet werden.[393] Obwohl mit diesem Ansatz ein möglicher *ex post* aufaddierter Normungslohn als Differenzbetrag ermittelt und ausgeklammert werden könnte, setzt dieses Berechnungsmodell voraus, dass die *ex ante* erhobene Lizenzgebühr in einem Wettbewerbsumfeld – d.h. nicht unter der Bedingungen einer Marktbeherrschung – und nicht bereits überhöht festgelegt worden sind. Zudem steht und fällt eine solche Betrachtung damit, ob eine *ex ante* Lizenzierung überhaupt stattgefunden hat.[394]

Lassen sich auf dem betroffenen geografischen Lizenzmarkt – beispielsweise im In-land – keine Lizenzvereinbarungen für das SEP vergleichsweise heranziehen, weil auf diesem Markt Lizenzvereinbarungen bislang nicht abgeschlossen worden sind, kann die Anwendung eines räumlichen Vergleichsmarktkonzepts weiterhelfende Ergebnisse liefern, mit dem Lizenzvergaben im Ausland berücksichtigt werden.[395] Die Anwendung des räumlichen Vergleichsmarktkonzepts setzt voraus, dass dasselbe SEP auf unterschiedlichen geografischen Märkten lizenziert wird. Lassen sich keine räumlichen Vergleichsmärkte finden, was insbesondere bei SEPs für Informations- und Kommunikationsstandards der Fall sein kann, weil es sich vielfach um weltweite Lizenzmärkte handelt[396], kann zuletzt ein sachliches Vergleichsmarktkonzept angewendet werden. Es fragt danach, ob und was für Lizenzverträge für (technisch und wirtschaftlich) vergleichbare SEPs desselben Standards – d.h. standardintern – oder für andere Standards existieren.[397] Eine Vergleichbarkeit ist aber nur gegeben, wenn die vergleichsweise zu betrachtende lizenzierte Technologie hinsichtlich ihrer technischen Funktionen und der Wichtigkeit innerhalb des Standards näherungsweise

---

393 Europäische Kommission, Horizontalleitlinien, Rn. 289.

394 *Lampert*, S. 153, 155.

395 Kühnen, Hdb. Patentverletzung, Kap E Rn. 491.

396 Hinsichtlich weltweiter SEP-Lizenzmärkte in diesem Bereich, vgl. Europäische Kommission, Entscheidung v. 09.12.2009, COMP/38.636, Rn. 17 – Rambus; so auch FTC, In the Matter of Rambus, Inc., Opinion of the Commission v. 26.02.2006, 142 F.T.C. 98, 371 (2006); FTC v. Qualcomm Inc., Complaint vom 01.02.2017, No. 17-cv-00220-LHK, Rn. 135; dazu auch *Heyers*, WRP 2014, 1253, 1257; *Geradin*, 76 (1) Antitrust L.J. 329, 350 (2009); Näheres dazu im Fünften Teil unter Abschnitt I. 1. b), S. 182 ff.

397 Kühnen, Hdb. Patentverletzung, Kap E Rn. 492; *Rinken*, in: Schulte, Patentgesetz mit EPÜ, § 24 PatG Rn. 123; *Hartmann*, S. 122.

der Stellung entspricht, die der zu untersuchenden Technologie zukommt.[398] Lassen sich weder standardintern noch bei anderen Standards vergleichbare Technologien finden, für die Lizenzverträge bereits abgeschlossen worden sind, besteht noch die Möglichkeit, außerhalb des Standardisierungskontextes nach Technologien mit vergleichbaren Funktionen zu suchen.

(c) „Top-Down" Ansatz

Der in der US-Rechtsprechung vereinzelt angewendete „*top down*" Ansatz hat vereinzelt auch Anklang in der deutschen Rechtsprechung gefunden.[399] Dabei ist in umgekehrter Reihenfolge zunächst für alle in einem Standard eingebundenen Patentrechte eine angemessene Gesamtlizenzgebühr zu bestimmen und im Anschluss daran die gesamte Lizenzgebühr danach auf die einzelnen SEP-Inhaber zu verteilen.[400] Ihren Ursprung hat diese Methode in der *Huawei/Unwired Planet*-Entscheidung des *High Court* von England und Wales[401], der nunmehr durch den *UK Supreme Court* bestätigt wurde[402]. Dabei ist zunächst eine maximale Gesamtlizenzbelastung zu bestimmten, die auf einen Standard entfällt, und anschließend zu ermitteln, von wie viele SEPs der Standard belegt wird. Verfügt der Patentinhaber über ein ganzes Portfolio an SEPs oder eben nur über ein SEP, wird anschließend die ermittelte Gesamtlizenzgebühr proportional pro SEP aufgeteilt.[403] Konkret sieht die Berechnung wie folgt aus[404]: Die Gesamtzahl der in einem Standard enthaltenen SEPs wird mathematisch als Teiler erachtet, die Zahl der klägereigenen SEPs – im Falle eines Patentportfolios mehrere SEPs, andernfalls nur ein SEP – bildet den Zähler, sodass mit dem so ermittelten Prozentwert und der Gesamtlizenzgebühr die einzelne SEP-Lizenzgebühr berechnet werden kann.

Hinsichtlich der Ermittlung einer maximalen Gesamtlizenzgebühr wird sowohl von Stimmen aus der Literatur[405] als auch der Europäischen

---

398 Kühnen, Hdb. Patentverletzung, Kap E Rn. 492.

399 LG München I, Urteil v. 30.10.2020 – 21 O 11384/19, Rn. 342 (zitiert nach juris); anerkennend LG Mannheim, Urteil v. 18.08.2020 – 2 O 34/19, Rn. 169, 172, 174 (zitiert nach juris).

400 *Dornis*, WRP 2020, 688, 694, 695; *Tsilikas*, GRUR Int. 2020, 885, 889.

401 EWHC, Urteil v. 05.04.2017, [2017] EWHC 711 (Pat) Rn. 178 – Unwired Planet v Huawei.

402 UK Supreme Court, Urteil v. 20.08.2020, [2020] UKSC 37 Rn. 42, 46, 60.

403 LG München I, Urteil v. 30.10.2020 – 21 O 11384/19, Rn. 342-346 (zitiert nach juris).

404 Berechnungsbeispiel aus *Dornis*, WRP 2020, 688, 695.

405 *Lampert*, S. 171-175, *Dornis*, WRP 2020, 540, 543, 544.

Kommission[406] darauf hingewiesen, dass ein „*royalty stacking*“ zu vermeiden ist, sprich dass Standardnutzer durch eine Vielzahl von einzelnen Lizenznahmen wirtschaftlich überbelastet und erdrückt werden. Neben der Verhinderung eines „*royalty stacking*“ soll damit auch eine Überkompensation von SEP-Inhabern verhindert werden[407], die davon profitieren, je höher die festgelegte Gesamtlizenzgebühr ist. Darüber hinaus wird vereinzelt angeführt, dass eine strikte *pro-rata* Regel, d.h. dass jedem einzelnen SEP der gleiche Anteil an der Gesamtlizenz zustehen soll, trotz Praktikabilität in der Umsetzung für die Gerichte, nicht gerechtfertigt sei, weil die verschiedenen SEPs gerade keinen proportionalen Beitrag zum Standard leisten, sondern eine verschiedene Werthaltigkeit aufweisen können. Eine *pro-rata*-Aufteilung müsse deshalb qualitativ, je nach Funktion des SEP, modifiziert werden.[408]

cc) Stellungnahme

Es wäre vermessen an dieser Stelle den Versuch zu unternehmen, *die* Lösung für eines der zentralen Probleme im FRAND-Kontext zu präsentieren, mit dem sich die Rechtswissenschaft und Ökonomie bereits seit langem befasst, nämlich der Frage, wie angemessene – FRAND-konforme – Lizenzgebühren für ein SEP ermittelt werden können. Angesichts dessen verwundert es nicht, dass bislang keine Entscheidung eines deutschen Gerichts existiert, in der eine FRAND-Lizenzgebühr letztlich auch konkret bestimmt wurde.[409] Neben den konzeptionellen Kritikpunkten an den einzelnen Ansätzen zur *ex post* Bestimmung angemessener Lizenzentgelte, bestehen primär vor allem Schwierigkeiten in der jeweiligen Umsetzung.

Ein kostenbasierender Ansatz ist ungeeignet, weil die Zurechnung von Forschungs- und Entwicklungskosten gerade zu einem Patentrecht und die Bemessung eines angemessenen Innovationslohns kaum möglich sind. Erfindungsnutzen-basierende Methoden sind im SEP-Kontext ebenso nur schwer umsetzbar, weil zum einen der eigentliche Nutzen bzw. Wert einer essentiellen Technologie in einem Produkt bestimmt werden muss und sich zum anderen das Problem stellt, dass ein standardkonformes Produkt zumeist von

406 Europäische Kommission, Mitteilung der Kommission an das Europäische Parlament, den Rat und den Europäischen Wirtschafts- und Sozialausschuss über den Umgang der EU mit standardessenziellen Patenten, COM(2017) 712 final, v. 22.11.2017, S. 8.

407 *Dornis*, WRP 2020, 688, 695.

408 *Dornis*, WRP 2020, 688, 695.

409 *Tsilikas*, GRUR Int. 2020, 885, 886.

einer Vielzahl von SEPs belegt ist, für die wiederum der Nutzen und Wertanteil jeweils ermittelt werden muss. Die Anwendung der verschiedenen Vergleichsmarktkonzepte setzt voraus, dass geeignete Vergleichsmärkte gefunden werden können.[410]

Die sowohl in der US-amerikanischen als auch deutschen Rechtsprechung in den Fokus gerückte „*top down*" Methode hat zwar auf der einen Seite den Vorteil, dass eine angemessene maximale Gesamtlizenzgebühr für alle in dem Standard enthaltenen SEPs bestimmt und einem „*royalty stacking*" vorgebeugt werden kann. Zum einen aber ist alles andere als klar, sondern unter Ökonomen heftig umstritten, ob es sich bei „*royalty stacking*" nur um ein theoretisches oder auch tatsächliches Problem handelt.[411] Nach den Ergebnissen der Studie aus der Mobilfunkindustrie, lässt sich danach die Hypothese der Gefahr des „*royalty stacking*" im SEP-Kontext jedenfalls nicht durch empirische Belege untermauern.[412] Auf der anderen Seite begegnet auch der „*top down*" Ansatz aus mehreren Gründen nicht weniger Schwierigkeiten in seiner Umsetzung. Die Bestimmung einer angemessenen, aggregierten Gesamtlizenzgebühr für sämtliche in einem Standard enthaltenen SEPs ist bereits deshalb kaum möglich, weil verlässliches Datenmaterial, das hierzu erforderlich ist, kaum zugänglich sein wird.[413] Nicht minder schwierig ist die Ermittlung sämtlicher in einem Standard umgesetzter SEPs. Wenig belastbar dürfte die Heranziehung der im Rahmen des Standardisierungsverfahrens von den SSO-Mitgliedern als essentiell deklarierten Patente sein, weil eben auch solche Patente offenzulegen sind, die nur möglicherweise essentiell sind.[414] Ob ein offengelegtes Patentrecht überhaupt rechtsbeständig und tatsächlich für die Praktizierung des vielfach deutlich später festgelegten Standards essentiell ist, oder ob eine über-Deklarierung von essentiellen Patenten stattgefunden hat, wird allesamt nicht von der SSO geprüft, sondern ergibt sich oft erst nachträglich im Rahmen eines gerichtlichen Verfahrens.[415] Das Aussortieren von über-deklarierten und letztlich nicht essentiellen Patentrechten ist für sich bereits kaum umsetzbar und kann allenfalls näherungsweise erfolgen.[416] Selbst wenn man über die Hürden hinwegsieht, die mit der Bestimmung der

---

410 *Lampert*, S. 161.

411 So auch *Lampert*, S. 174.

412 Siehe dazu oben im Zweiten Teil unter III. 2. a) bb), S. 62-64.

413 *Tsilikas*, GRUR Int. 2020, 885, 890.

414 *Tsilikas*, GRUR Int. 2020, 885, 890, 891.

415 Siehe dazu bereits oben im Zweiten Teil unter Abschnitt I. 3., S. 47 ff.

416 So auch LG München I, Urteil v. 30.10.2020 – 21 O 11384/19, Rn. 352 (zitiert nach juris).

Gesamtlizenzbelastung einerseits und der Ermittlung der Gesamtanzahl an SEPs für den jeweiligen Standard andererseits hinwegsieht, zeigen sich weitere Umsetzungsprobleme, wenn – entgegen einer strikten *pro-rata*-Regel – die jeweilige Werthaltigkeit eines SEPs berücksichtigt werden soll, weil manche der SEPs nur triviale und andere hingegen Kernfunktionen des Standards betreffen.[417] Insgesamt ist der „*top down*“ Ansatz daher nicht minder komplex und erfordert eine Auswertung von Datenmaterial, das weder leicht zu beschaffen noch zwingend verlässlich ist.[418]

Wegen der mit einer *ex post* Bestimmung angemessener Lizenzgebühren verbundenen Schwierigkeiten, aber auch wegen der besseren Kontrollmöglichkeit, wurde unter anderem vorgeschlagen, anstelle der *ex post* Preiskontrolle eine *ex ante* Festlegung der Lizenzbedingungen – also vor Annahme des endgültigen Standards – einzuführen[419], in Form verbindlicher Zusagen gegenüber der SSO, welche maximalen Lizenzgebühren oder sonstigen restriktiven Lizenzbedingungen nach Standardfestsetzung gelten sollen[420]. Wenngleich dieser Ansatz im Standardisierungskontext nicht neu ist, hat er sich in den IPRPs der meisten SSOs kaum durchgesetzt.[421] Zudem läuft die Verpflichtung zur *ex ante* Bekanntgabe von Lizenzvergabebedingungen darauf hinaus, dass individuelle, nachfragerspezifische Verhandlungen über Lizenzgebühren ausgeschlossen werden, obwohl es gerade der Sinn des unbestimmten und von den SSOs unbestimmt

---

417 *Tsilikas*, GRUR Int. 2020, 885, 891; für eine Differenzierung nach Werthaltigkeit, *Dornis*, WRP 2020, 688, 695.

418 *Tsilikas*, GRUR Int. 2020, 885, 891, der im Ergebnis den Ansatz der Heranziehung vergleichbarer Lizenzvereinbarungen für vorzugswürdig hält.

419 Ein solcher Ansatz scheint in den Horizontalleitlinien der Europäischen Kommission enthalten zu sein (Rn. 289), wonach in „*einem geeigneten Fall (…) auch vorab im Rahmen eines bestimmten Normungsprozesses offengelegte Angaben zu den Lizenzbedingungen herangezogen werden*“ können. Dafür plädierend *Fuchs*, in: Lange/Klippel/Ohly, 147, 172; *Loest/Bartlik*, ZWeR 2008, 41, 54, 55, jeweils mit Ausführungen zur Zulässigkeit einer solchen Praxis mit Blick auf den europäischen Kartellverbotstatbestand in Art. 101 AEUV; *ex ante* Verhandlungen befürwortend *Geradin*, 76 (1) Antitrust L.J. 329, 356 (2009).

420 Zu solchen *ex ante* offenzulegenden Lizenzbedingungen, siehe *Bekkers/Updegrove*, A Study of IPR policies and practices of a representative group of Standard Setting Organizations worldwide (2012), S. 94 ff.

421 Die Offenlegung einer „*maximum royalty rate*“ ist bei VITA vorgesehen, VITA Patent Policy, VSO Policies and Procedures (September 2015), Art. 10.3.2; IEEE sieht dies optional vor, IEEE „*Letter of Assurance for Essential Patent Claims*“ unter D. 1. b.

gelassenen FRAND-Begriffs ist, Raum für Lizenzverhandlungen zuzulassen und eine ausdifferenzierte Gebührenfindung zu ermöglichen.[422]

Rechtsordnungsübergreifend bleibt festzuhalten, dass die Ermittlung angemessener und FRAND-konformer Lizenzentgelte mit erheblichen Schwierigkeiten verbunden ist. Dabei wird deutlich, dass in den jeweiligen Rechtsordnungen in der vergleichsweisen Heranziehung von Lizenzvereinbarungen der primäre Ansatzpunkt gesehen wird, eine angemessene Lizenzgebühr zu bestimmen.

b) Diskriminierungsfreie Lizenzierung

Die wenigsten IPRPs enthalten Definitionen darüber, unter welchen Voraussetzungen Lizenzpraktiken nicht-diskriminierend sind. Dennoch ist das Kriterium der Diskriminierungsfreiheit leichter handhabbar, weil es grundsätzlich zur Gleichbehandlung gleicher Sachverhalte verpflichtet, ohne jedoch schematische Einheitstarife zu verlangen.[423] Eine Lizenzpraktik ist im Grundsatz diskriminierend, wenn unterschiedliche Lizenzkonditionen für gleichartige Lizenznehmer oder gleiche Lizenzkonditionen für verschiedenartige Lizenznehmer gelten.[424] Vereinfach ausgedrückt verlangt das Diskriminierungsverbot, dass ein SEP-Inhaber ähnliche Lizenzbedingungen für wettbewerblich ähnlich gelagerte Lizenznehmer stellt.[425] Zulässige Differenzierungsmerkmale zur Unterscheidung, welche Lizenznehmern derselben oder einer anderen Nutzerkategorie angehören und für die verschiedene Lizenzbedingungen gelten können, sind unter anderem die Nutzungsweise der geschützten Technologie, die Größe des lizenzsuchenden Unternehmens sowie seine erwarteten Einnahmen oder seine Stellung im Markt.[426] Unterschiedliche Lizenzbedingungen können auch durch andere sachliche Gründe gerechtfertigt sein, beispielsweise im Fall der Einräumung von Kreuzlizenzen.[427]

---

422 *Ullrich*, GRUR 2007, 817, 826.

423 *Farrell/Hayes/Shapiro/Sullivan*, 74 (3) Antitrust L.J. 603, 638 (2007); *Fuchs*, in: Lange/Klippel/Ohly, 147, 172; *Hartmann*, S. 124; aus der deutschen Rechtsprechung, BGH, Urteil v. 05.05.2020, KZR 36/17, FRAND-Einwand, BGHZ 225, 269, 285; BGH, Urteil v. 13.07.2004, KZR 40/02, Standard-Spundfaß, BGHZ 160, 67, 78, 79.

424 *Layne-Farrar*, 6 (4) J.C.L. & E. 811, 815 (2010).

425 *E. Hovenkamp/Simcoe*, 19 (4) The Antitrust Source, 1, 6 (2020).

426 *Layne-Farrar*, 6 (4) J.C.L. & E. 811, 815 (2010); vgl. Farrell/*Hayes/Shapiro/Sullivan*, 74 (3) Antitrust L.J. 603, 638 (2007).

427 *Farrell/Hayes/Shapiro/Sullivan*, 74 (3) Antitrust L.J. 603, 638 (2007); *Hartmann*, S. 124.

2. Organisationsinterne Folgen einer verweigerten FRAND-Lizenzerklärung

Sehen die IPRPs einer SSO vor, dass SEPs zu FRAND-Bedingungen zu lizenzieren sind, damit eine Technologie in den Standard aufgenommen wird, und verweigert ein Patentinhaber eines potenziell standardwesentlichen Patents die Lizenzierung zu diesen Bedingungen, indem er im Rahmen der Lizenzerklärung beispielsweise angibt, überhaupt nicht oder nicht zu FRAND-Bedingungen lizenzieren zu wollen, kann dies Auswirkungen auf den Auswahlprozess haben, welche Technologien einem Standard zugrunde gelegt werden. Die Ablehnung einer FRAND-Lizenzierung hat beispielsweise bei ETSI zur Folge, dass alternative Technologien für den Standard in Betracht gezogen werden, die entweder nicht patentgeschützt sind oder jedenfalls zu FRAND-Bedingungen zugänglich sind.[428] Existiert keine Alternativtechnologie, dann soll der Standardisierungsprozess eingestellt und weitere Schritte eingeleitet werden. Führt eine erneute Aufforderung gegenüber dem potenziellen SEP-Inhaber, seine FRAND-Lizenzbereitschaft zu überdenken[429], zu demselben Ergebnis einer Ablehnung, bleibt nur die Möglichkeit den Standard zurückzuziehen oder zu revidieren[430].

3. Rechtliche Einordnung der FRAND-Lizenzerklärung

a) Bindungswirkung und Durchsetzbarkeit nach US-Vertragsrecht

aa) Vertragsrechtliche Einordnung und Haftungsfolgen

Gibt ein Patentinhaber gegenüber einer SSO eine Lizenzerklärung mit dem Inhalt ab, dass er beabsichtigt, seine patentgeschützte Technologie zu FRAND-Bedingungen zu lizenzieren, stellt sich die Frage, ob dies vertragliche Pflichten begründet und wer sich auf deren Einhaltung berufen kann. Dies hängt davon ab, ob dem FRAND-Lizenzversprechen rechtliche Verbindlichkeit zukommt. Inwieweit dies der Fall ist, bestimmt sich im jeweiligen Einzelfall danach, wie der Wortlaut der FRAND-Lizenzerklärung gefasst ist, wie die IPRPs formuliert sind und welches nationale Recht für die Bestimmung der Vertragsbeziehung

---

428 ETSI IPR Policy (September 2020), Art. 8.1.1; dazu auch *Layne-Farrar/Padilla*, 9 (2) IJITSR 19, 22 (2011).

429 ETSI IPR Policy (September 2020), Art. 8.1.2 a).

430 *Ullrich*, GRUR 2007, 817, 822; *Fuchs*, in: Lange/Klippel/Ohly, 147, 161; *Brakhahn*, S. 121.

zugrunde zu legen ist.[431] FRAND-Lizenzerklärungen sind ihrer Natur nach unbestimmt, da in ihnen nur festgelegt ist, dass eine Lizenz zu fairen, angemessenen und diskriminierungsfreien Bedingungen erteilt werden muss. Zentrale Bestandteile einer Lizenzvereinbarung, wie die Lizenzgebühr oder -dauer, werden hingegen für künftige Verhandlungen offengelassen. Die Begründung vertraglicher Pflichten setzt im *U.S. Contract Law* jedoch nicht voraus, dass dafür sämtliche Bedingungen eines Vertrags feststehen müssen. Vertragspflichten können auch dann anzunehmen sein, wenn wesentliche Vertragsbestandteile noch offen sind und erst nachträglich bestimmt werden können.[432] Unter Hinweis darauf, dass die FRAND-Lizenzerklärung zu unbestimmt sei, wird teilweise eine vertragliche Bindungswirkung allein durch deren Abgabe abgelehnt.[433] Andere Stimmen in der Literatur erachten es als ausreichend, dass sich die Vertragsparteien auf eine – wenn auch unbestimmte, aber angemessene („*reasonable*“) Lizenzgebühr geeinigt haben, deren Bestimmung auch einem Gericht obliegen kann.[434]

Mit der Frage, ob ein von einem Patentinhaber gegenüber einer SSO abgegebenes FRAND-Lizenzversprechen durchsetzbare vertragliche Pflichten begründen kann, haben sich mehrfach US-Gerichte befasst, unter Anwendung des Vertragsrechts verschiedener Jurisdiktionen, unter anderem dem Vertragsrecht von Wisconsin und Washington. Daraus haben sich die folgenden Grundsätze entwickelt[435]:

---

431 *Cotter*, 22 Tex. Intell. Prop. L.J. 311, 315 (2014); *Sidak*, 3 Criterion J. on Innovation 1, 3 (2018).

432 *Contreras*, 2 (5) Utah L. Rev. 479, 514, 515 (2015); *Lemley*, 90 Cal. L. Rev. 1889, 1914 (2002); *Murray/Murray*, Corbin on Contracts, § 4.03 [1], wonach es der Annahme einer Vertragsbeziehung grundsätzlich nicht entgegensteht und keine fehlende Bestimmtheit („*indefiniteness*“) anzunehmen ist, wenn ein „*market*“ oder „*reasonable price*” vereinbart wurde, der von einem Dritten oder einem Schiedsrichter bestimmt werden kann.

433 *Contreras*, 2 (5) Utah L. Rev. 479, 515 (2015).

434 *Lemley*, 90 Cal. L. Rev. 1889, 1914 (2002); *Hovenkamp*, 105 Cornell L. Rev. 101, 113, 114 (2020); grundlegend dazu *Murray/Murray*, Corbin on Contracts, § 4.03 [1] und *Farnsworth*, Contracts, Vol. I, § 3.28, S. 360.

435 Dazu auch *Padilla/Wong-Ervin*, 62 (3) Antitrust Bull. 494, 498 (2017); *Sidak*, 3 Criterion J. on Innovation 1, 3 (2018).

1.) Das Lizenzversprechen eines Patentinhabers gegenüber einer SSO, SEPs zu FRAND-Bedingungen zu lizenzieren, begründet verbindliche Vertragspflichten zwischen dem SEP-Inhaber und der SSO[436];
2.) Nutzer der standardessentiellen Technologie und potenzielle Lizenzsucher sind Drittbegünstigte des Vertragsverhältnisses zwischen der SSO und dem SEP-Inhaber, mit der Berechtigung, die FRAND-Lizenzpflicht durchzusetzen[437];
3.) Das FRAND-Lizenzversprechen umfasst die vertragliche Pflicht, dass Lizenzverhandlungen zwischen dem SEP-Inhaber und dem Lizenzsucher nach Treu und Glauben geführt werden.[438]

Dass die Abgabe eines FRAND-Lizenzversprechens gegenüber einer SSO durchsetzbare vertragsrechtliche Pflichten begründet, ist insoweit einhellige Meinung unter US-Gerichten. Bislang existieren keine Fälle, in denen ein US-Gericht festgestellt hat, dass ein FRAND-Lizenzversprechen keine durchsetzbaren vertragsrechtlichen Pflichten begründet.[439] Dies wurde auch in einem Fall angenommen, in dem ein US-Gericht für die FRAND-Erklärung von ETSI – entsprechend der Rechtswahl in den Statuten von ETSI – französisches Vertragsrecht angewendet[440] und vertragliche FRAND-Lizenzpflichten des SEP-Inhabers zugunsten drittbegünstigter Standardanwender bejaht hatte[441], worin insoweit ein rechtlicher Gleichlauf trotz unterschiedlicher Rechtsanwender zum Ausdruck kommt.

Bislang wurde es auch nicht als Grund zur Ablehnung vertraglicher Pflichten angesehen, dass bei Abgabe der FRAND-Erklärung unbestimmt ist, welche

436 FTC v. Qualcomm Inc., 969 F.3d 974, 997 (9th Cir. 2020); Microsoft Corp. v. Motorola, Inc., 864 F.Supp.2d 1023, 1032 (W.D. Wash. 2012), bestätigt in Microsoft Corp. v. Motorola, Inc., 795 F.3d 1024 (9th Cir. 2015); Apple, Inc. v. Motorola Mobility, Inc., 886 F.Supp.2d 1061, 1083-1085 (W.D. Wis. 2012); Research In Motion Ltd. v. Motorola, Inc., 644 F.Supp.2d 788, 797 (N.D. Tex. 2008); Realtek Semiconductor Corp. v. LSI Corp., 946 F.Supp.2d 998, 1005 (N.D. Ca. 2013).

437 Microsoft Corp. v. Motorola, Inc., 864 F.Supp.2d 1023, 1032, 1033 (W.D. Wash. 2012), bestätigt in Microsoft Corp. v. Motorola, Inc., 795 F.3d 1024 (9th Cir. 2015); Apple, Inc. v. Motorola Mobility, Inc., 886 F.Supp.2d 1061, 1085 (W.D. Wis. 2012); Realtek Semiconductor Corp. v. LSI Corp., 946 F.Supp.2d 998, 1006 (N.D. Ca. 2013).

438 Microsoft Corp. v. Motorola, Inc., 795 F.3d 1024, 1029, 1030 (9th Cir. 2015); Ericsson Inc. v. D-Link Sys., Inc., 2013 WL 4046225, 25 (E.D. Tex. 2013), bestätigt in Ericsson, Inc. v. D-Link Systems, Inc., 773 F.3d 1201 (Fed. Cir. 2014).

439 *Sidak*, 3 Criterion J. on Innovation 1, 4 (2018).

440 Apple, Inc. v. Motorola Mobility, Inc., 886 F.Supp.2d 1061, 1081, 1082 (W.D. Wis. 2012).

441 Apple, Inc. v. Motorola Mobility, Inc., 886 F.Supp.2d 1061, 1081, 1085 (W.D. Wis. 2012).

Lizenzkonditionen letztlich gelten. Zudem haben US-Gerichte bislang keine Schwierigkeiten gehabt, aus der FRAND-Lizenzerklärung in Verbindung mit den verschiedenen IPRPs der SSOs einen umfassenden Drittschutz herzuleiten, der nicht nur die SSO-Mitglieder sondern sämtliche den Standard praktizierende Unternehmen umfasst.[442] Eine Drittbegünstigung in diesem Umfang wurde bislang explizit für die FRAND-Lizenzerklärungen bei ETSI, IEEE und ITU in den oben genannten US-Entscheidungen bestätigt. Allerdings existieren weitere SSOs, die vergleichbare formulierte FRAND-Lizenzerklärungen und IPRPs vorsehen, wonach jedem Anwender des Standards die Nutzung von SEPs zu FRAND-Lizenzbedingungen gestattet werden soll.[443]

Auf der einen Seite folgt aus dem FRAND-Lizenzversprechen gegenüber der SSO für den Patentinhaber die Pflicht, Standardanwendern einen Lizenzvertrag zu FRAND-Bedingungen anzubieten, wobei das Angebot so hinreichend konkret sein muss, dass es vom Angebotsempfänger – dem Standardanwender – angenommen und dadurch ein verbindlicher Lizenzvertrag begründet werden kann.[444] Ein SEP-Inhaber genügt dieser Angebotspflicht insbesondere nicht, wenn er einen Standardanwender unter Hinweis auf seine generelle Lizenzbereitschaft nur kontaktiert, ohne jedoch ein FRAND-Lizenzangebot abzugeben.[445] Auf der anderen Seite hält es die US-Rechtsprechung für nicht erforderlich, dass in dem ersten, initial vom SEP-Inhaber unterbreiteten Lizenzangebot die festgelegte Lizenzgebühr FRAND-konform sein muss. Es wird nur für erforderlich gehalten, dass die Lizenzverhandlungen dahin gehen, dass der SEP-Inhaber letztlich ein FRAND-konformes Lizenzangebot unterbreitet.[446] Der Nachweis,

442 *Padilla/Wong-Ervin*, 62 (3) Antitrust Bull. 494, 498 (2017); *Sidak*, 3 Criterion J. on Innovation 1, 3 (2018); *Werden/Froeb*, 27 (1) Tex. Intell. Prop. L.J. 1, 20-21 (2019); *Schwartz/Scott*, 7 JLA 325, 351, 352 (2015), mit Hinweis darauf, dass statistisch die Erfolgsrate bei der Geltendmachung von Ansprüchen als Drittbegünstigter im SSO-Kontext im Vergleich zu anderen Bereichen am höchsten ist.

443 Siehe dazu die Übersicht in *Bekkers/Updegrove*, A Study of IPR policies and practices of a representative group of Standard Setting Organizations worldwide (2012), S. 77, 78, mit weiterem Hinweis auf die SSOs ISO, IEC, ANSI, OASIS, VITA, W3C und NFC.

444 *Sidak*, 3 Criterion J. on Innovation 1, 6, 7 (2018).

445 So im Fall Realtek Semiconductor Corp. v. LSI Corp., 946 F.Supp.2d 998, 1007 (N.D. Ca. 2013).

446 Instruktiv dazu Microsoft Corp. v. Motorola, Inc., 864 F.Supp.2d 1023, 1038 (W.D. Wash. 2012) („*Because the IEEE and the ITU agreements anticipate that the parties will negotiate towards a RAND license, it logically does not follow that initial offers must be on RAND terms.*“).

dass das initiale FRAND-Lizenzangebot eine Lizenzgebühr vorsieht, die nicht FRAND-konform ist, genügt demnach nicht für die Annahme eines vertragswidrigen Verhaltens durch den SEP-Inhaber. Vereinzelt halten es Stimmen aus der US-Literatur hingegen für erforderlich, dass die im Erstangebot genannte Lizenzgebühr FRAND entspricht, weil dadurch sich daran anschließende, möglicherweise zeitintensive Lizenzverhandlungen vermieden werden, die dazu führen können, dass Produktneueinführungen wegen anhaltender Lizenzverhandlungen zu Lasten der Verbraucher verzögert werden.[447]

Als Drittbegünstigte und Nicht-Vertragsparteien des FRAND-Lizenzversprechens des SEP-Inhabers gegenüber der SSO, treffen lizenzsuchende Dritte grundsätzlich keine vertraglichen Pflichten. Insoweit sind diese nicht verpflichtet, auf ein Lizenzangebot überhaupt oder innerhalb einer bestimmten Frist zu reagieren oder Lizenzverhandlungen mit dem SEP-Inhaber zu führen. Nichtsdestotrotz kann die Inaktivität eines Angebotsempfängers dazu führen, dass das Annahmerecht für das SEP-Lizenzangebot erlischt. Wird ein FRAND-konformes Lizenzangebot unterbreitet, das vom Lizenzsucher ausdrücklich oder konkludent durch ein Gegenangebot abgelehnt wird, hat der SEP-Inhaber das seinerseits zu Erfüllung seiner Pflichten aus dem Vertrag mit der SSO erforderliche getan und ist nicht weiter verpflichtet, FRAND-Lizenzverhandlungen fortzuführen[448], während für den Standardanwender das Annahmerecht erlischt. Das Annahmerecht erlischt auch, wenn der Standardanwender nicht innerhalb einer im jeweiligen Einzelfall und anhand der Geschäftsgepflogenheiten zu bestimmenden angemessenen Frist auf das FRAND-Lizenzangebot reagiert.[449] Ungeachtet dessen kann ein Standardanwender nur dann Rechte als Drittbegünstigter für sich herleiten, wenn er seine Lizenzbereitschaft ernsthaft zum Ausdruck gebracht hat. Daran kann es fehlen, wenn ein FRAND-konformes Lizenzangebot abgelehnt wird oder Lizenzverhandlungen in unangemessener Weise verzögert werden.[450] Das FRAND-Lizenzversprechen verpflichtet einen SEP-Inhaber hingegen nicht dazu, ein formales, einem strukturierten Lizenzverhandlungsverfahren folgendes Procedere von FRAND-Angebot und Gegenangebot durchzuführen, um seinen Pflichten zu genügen.[451] Ein

---

447 *Sidak*, 3 Criterion J. on Innovation 1, 13, 14 (2018).

448 *Sidak*, 3 Criterion J. on Innovation 1, 10, 14 (2018).

449 *Sidak*, 3 Criterion J. on Innovation 1, 17 (2018).

450 *Sidak*, 3 Criterion J. on Innovation 1, 18, 19 (2018).

451 Instruktiv dazu *Sidak*, 3 Criterion J. on Innovation 1, 10, 15 (2018) („*The FRAND contract between the SEP holder and its SSO is distinctly not a framework for*

solches Lizenzverhandlungsprocedere ist dem US-Recht – anders als in anderen Jurisdiktionen – auch im FRAND-Kontext fremd. Insofern werden die US-vertragsrechtlichen Grundsätze als ausreichend erachtet dafür Sorge zu tragen, dass die jeweilige Lizenzvertragspartei ihren Pflichten bzw. Obliegenheiten nach Treu und Glauben in FRAND-Lizenzverhandlungen nachkommt, Verzögerungstaktiken unterlässt und auf einen zügigen Abschluss einer Lizenzvereinbarung hingewirkt.[452] Die Pflicht des SEP-Inhabers Lizenzverhandlung fair und nach Treu und Glauben mit dem Lizenzsucher zu führen[453], folgt aus dem im US-Vertragsrecht allgemein anerkannten Grundsatz des *„good faith and fair dealing"*[454].

Eine Sonderkonstellation hingegen betrifft die Frage, ob ein SEP-Inhaber bei einer mehrfachen Nutzung seiner Technologie innerhalb einer Produktionskette zu einer Lizenzierung auf allen Markstufen verpflichtet ist (*„license to all"*) oder ob er die Lizenzierungsebene – beispielsweise gegenüber Endgeräteehersteller – frei bestimmen darf.[455] Jüngst erst wurde es von einem US-Berufungsgericht offen gelassen, ob ein vertikal integrierter SEP-Inhaber, der zugleich standardkonforme Chipsätze produziert, aufgrund des FRAND-Lizenzversprechens vertraglich in Anspruch genommen werden kann, Komponentenherstellern – konkret anderen Chipherstellern – erschöpfende Patentlizenzen einzuräumen oder ob ein SEP-Inhaber seinen Pflichten bereits genügt, wenn er gegen die Nutzung seiner essentiellen Technologie auf Komponentenebene nicht vorgeht, dies lizenzlos gestattet und dadurch den Chipherstellern den Produktzugang zum Standard ermöglicht.[456] Das US-Patentrecht selbst lässt einem Patentinhaber die Wahlfreiheit, auf welcher Ebene er sein Patentrecht durchsetzen und Lizenzen

---

refereeing a multi-round bilateral negotiation between the SEP holder and a particular implementer.").

452 *Sidak*, 3 Criterion J. on Innovation 1, 23, 24 (2018).

453 Vgl. dazu Microsoft Corp. v. Motorola, Inc., 795 F.3d 1024, 1029, 1030 (9th Cir. 2015).

454 Grundlegend *Murray/Murray*, Corbin on Contracts, § 26.02 [1].

455 Näheres zu dieser Problematik, die auch im kartellrechtlichen Kontext von Bedeutung ist, im Fünften Teil unter Abschnitt II. 4. a) bb) (2) (b), S. 271 ff.

456 Eine vertragliche Pflicht zur Vergabe von Lizenzen zu FRAND-Bedingungen gegenüber Wettbewerbern bejahend, erstinstanzlich FTC v. Qualcomm Inc., 411 F.Supp.3d 658, 751, 752 (N.D. Cal. 2019), aufgehoben in der Berufung und diese Frage offen gelassen in FTC v. Qualcomm Inc., 969 F.3d 974, 995 (9th Cir. 2020), weil nur kartellrechtliche und nicht vertragsrechtliche Lizenzsansprüche streitgegenständlich waren, siehe FTC v. Qualcomm Inc., 969 F.3d 974, 987 Fn. 13 (9th Cir. 2020).

vergeben will.[457] Eine vertragliche Pflicht zur Vergabe von Lizenzen gegenüber sämtlichen Lizenzsuchern auf allen Marktstufen innerhalb einer Produktionskette hängt deshalb davon ab, ob die Formulierung des FRAND-Versprechens dies vorsieht, was üblicherweise aber nicht der Fall ist.[458]

Insgesamt ist festzuhalten, dass die den Standard in Produkte umsetzenden Unternehmen grundsätzlich Drittbegünstigte des FRAND-Lizenzversprechens sind und einen durchsetzbaren vertraglichen Anspruch gegen einen SEP-Inhaber haben, patentgeschützte standardessentielle Technologien zu FRAND-Lizenzbedingungen nutzen zu können.[459] Kommt ein SEP-Inhaber seiner Pflicht nicht nach, ein FRAND-konformes Lizenzangebot zu unterbreiten, indem er beispielsweise unangemessen hohe Lizenzgebühren fordert oder diskriminierende Lizenzbedingungen auferlegt, können sich lizenzsuchende Unternehmen auf vertragsrechtlicher Basis dagegen erwehren.

Auf Rechtsfolgenseite ist allerdings zu berücksichtigen, dass das US-Recht für vertragliche Pflichtverletzungen primär monetären Schadensersatz vorsieht und zwar in der Form, den Geschädigten so zu stellen, wie er ohne den Vertragsbruch gestanden wäre.[460] Diese Haftungsfolge wird für das FRAND-Lizenzversprechen jedoch als unbefriedigend erachtet, weil mit einer finanziellen Entschädigung nicht das erreicht werden kann, was der eigentliche Hauptzweck des Versprechens ist: Standardanwendern die Nutzung des SEP zu FRAND-Lizenzbedingungen zu ermöglichen. Aus diesem Grund wird befürwortet, dass ausnahmsweise ein Anspruch auf Vertragserfüllung (*specific performance*) gerechtfertigt ist[461], sprich eine positive Lizenzeinräumung zu FRAND-Bedingungen, was auch von US-Gerichten bereits zugesprochen wurde[462]. Gerichte können dafür anordnen, dass die Beteiligten verpflichtet sind, über die FRAND-Bedingungen einer Lizenzvereinbarung zu verhandeln und eine Einigung darüber erzielen müssen. Vorgaben zum Ablauf einer solchen Lizenzverhandlung existieren nicht. Andernfalls kann die Bestimmung der wesentlichen Lizenzbedingungen – wie

---

457 *Sidak*, 3 Criterion J. on Innovation 1, 11 (2018); *Layne-Farrar/Stark*, 88 Geo. Wash. L. Rev. 1307, 1319 (2020).

458 *Sidak*, 3 Criterion J. on Innovation 1, 11 (2018).

459 *Bosworth/Mangum III, Matolo*, in: Bharadwaj/Devaiah/Gupta, Complications and Quandaries in the ICT Sector, S. 29; *Werden/Froeb*, 27 (1) Tex. Intell. Prop. L.J. 1, 21 (2019); *Layne-Farrar/Stark*, 88 Geo. Wash. L. Rev. 1307, 1322 (2020).

460 *Contreras*, 2 (5) Utah L. Rev. 479, 552 (2015); *Lemley*, 90 Cal. L. Rev. 1889, 1916 (2002).

461 *Contreras*, 2 (5) Utah L. Rev. 479, 552 (2015); *Lemley*, 90 Cal. L. Rev. 1889, 1916 (2002).

462 ESS Technology, Inc. v. PC–Tel., Inc., 1999 WL 33520483, 4 (N.D. Cal. 1999); dazu auch Apple, Inc. v. Motorola Mobility, Inc., 886 F.Supp.2d 1061, 1084 (W.D. Wis. 2012).

die Lizenzgebühr – auch vom Gericht selbst vorgenommen und die Beteiligten angewiesen werden, unter Einhaltung dessen eine Lizenzvereinbarung zu schließen. Darüber hinaus kann ein US-Gericht auch anordnen, dass sich die Lizenzparteien einem Schiedsverfahren unterwerfen müssen, in dem der Lizenzvertrag einschließlich der wesentlichen Bedingungen von einem qualifizierten Schiedsrichter festgelegt wird.[463]

bb) Vertragshaftung nach der „doctrine of promissory estoppel"

Selbst für den Fall, dass ein abgegebenes FRAND-Lizenzversprechen gegenüber einer SSO im Einzelfall nicht geeignet ist, die dargestellten Voraussetzungen für die Annahme eines Vertragsverhältnisses zu erfüllen, besteht im US-Recht die Möglichkeit, vertraglich durchsetzbare Pflichten mit der *„doctrine of promissory estoppel"* zu begründen.[464] Mit dem Einwand des *„promissory estoppel"*[465] wird derjenige, der ein Vertragsversprechen abgegeben hat daran gehindert – *„estopped"*, sich seinem Versprechen dadurch zu entziehen, indem er die Bindungswirkung des Versprechens infrage stellt und sich darauf beruft, dass der Vertrag nicht die formalen Anforderungen des Vertragsrechts erfüllt oder sonstige Mängel aufweist.[466] Der *„promissory estoppel"* Einwand ist begründet wenn,

> ein Versprechen abgegeben wurde, das den Versprechensempfänger oder einen Dritten im Vertrauen darauf zu einer Handlung oder einem Unterlassen veranlasst hat, womit der Versprechende vernünftigerweise rechnen musste und wenn mit der Durchsetzung dieses Versprechens Unbilligkeiten verhindert werden.[467]

Ein SEP-Lizenzsucher muss demnach nachweisen, dass er tatsächlich und berechtigterweise auf ein bestimmtes FRAND-Lizenzversprechen eines SEP-Inhabers

---

463 *Contreras*, 2 (5) Utah L. Rev. 479, 553, 554 (2015).

464 *Contreras*, 2 (5) Utah L. Rev. 479, 517 (2015); *Lemley*, 90 Cal. L. Rev. 1889, 1915 (2002).

465 *„Promissory estoppel"* ist ein Einwand im US-Vertragsrecht, der nicht normiert ist, seine Wurzeln im *Common Law* hat und in allen US-Bundesstaaten und von der Rechtsprechung anerkannt ist, *Contreras*, 2 (5) Utah L. Rev. 479, 517 Fn. 165 (2015); *Lemley*, 90 Cal. L. Rev. 1889, 1915 (2002); dazu auch *Hay*, US-amerikanisches Recht, Rn. 304.

466 *Contreras*, 2 (5) Utah L. Rev. 479, 517 (2015); *Hay*, US-amerikanisches Recht, Rn. 304.

467 *Contreras*, 2 (5) Utah L. Rev. 479, 517 (2015) und *Lemley*, 90 Cal. L. Rev. 1889, 1915 (2002) (*„A promise which the promisor should reasonably expect to induce action or forbearance on the part of the promise or a third person and which does induce such action or forbearance is binding if injustice can be avoided only by enforcement of the promise."*); siehe dazu u.a. Zenith Electronics, LLC v. Sceptre, Inc., 2015 WL 12765633, 5 (C.D. Cal. 2015).

vertraut hat und auch vertrauen durfte, infolgedessen von ihm standardbezogene Investitionen getätigt wurden.[468] Zwar ist es gerade der Sinn und Zweck des FRAND-Versprechens, gegenüber Standardanwendern zu versichern, dass die standardessentielle Technologie einem möglichst weiten Anwenderkreis zu FRAND-Bedingungen zur Verfügung steht. Der Nachweis, dass Investitionen im Vertrauen auf ein FRAND-Versprechen getätigt wurden, kann allerdings schwer zu führen sein, wenn Investitionen in das Standardprodukt ohnehin angefallen wären oder wenn das Standardprodukt mit einer Vielzahl von SEPs von unterschiedlichen Inhabern belegt ist, weil der Vertrauensnachweis bezüglich eines spezifischen FRAND-Lizenzversprechens erforderlich ist.[469]

Für die Bestimmung der Berechtigten, die den *„promissory estoppel"* Einwand erheben können, ist zudem von Bedeutung, gegenüber wem das Versprechen abgegeben wurde. Grundsätzlich kann nur der FRAND-Versprechensempfänger den Einwand erheben, sprich die SSO.[470] Teilweise wird allerdings vertreten, dass die anerkannten Grundsätze über den vertraglichen Drittbegünstigen aus dem *U.S. Contract Law* (*„third party beneficiary doctrine"*) auch beim Einwand des *„promissory estoppel"* anzuwenden sind.[471] Dass dies grundsätzlich möglich ist, ergibt sich jedenfalls aus oben genannten Anwendungskriterien des *„promissory estoppel"*, wonach auf ein Versprechen vertrauende Dritte (*„third person"*) ausdrücklich miteinbezogen sind. Nicht direkte Empfänger des FRAND-Versprechens, sprich jedes Unternehmen außer die SSO, müssen demnach den Nachweis erbringen, dass der SEP-Inhaber als Versprechender vernünftigerweise davon ausgehen musste, dass auch Dritte auf sein Versprechen vertrauen werden.[472] Zur Vereinfachung dieses Nachweises haben manche SSOs in ihren FRAND-Lizenzerklärungen entsprechende Passagen aufgenommen, mit denen sichergestellt werden soll, dass sich der SEP-Inhaber bewusst ist, dass Dritte auf sein FRAND-Versprechen vertrauen. So ist die FRAND-Lizenzerklärung bei IEEE wie folgt formuliert:

---

468 *Lemley*, 90 Cal. L. Rev. 1889, 1916 (2002); *Contreras*, 2 (5) Utah L. Rev. 479, 518, 519 (2015).

469 *Contreras*, 2 (5) Utah L. Rev. 479, 519 (2015).

470 *Contreras*, 2 (5) Utah L. Rev. 479, 519 (2015).

471 *Kobayashi/Wright*, 5 (3) J.C.L. & E., 469, 511 (2009); vgl. *Lemley*, 90 Cal. L. Rev. 1889, 1916 (2002).

472 *Contreras*, 2 (5) Utah L. Rev. 479, 520 (2015).

> *„By signing this Letter of Assurance, you (…) acknowledge that users and implementers of the IEEE Standard (…) are relying or will rely upon and may seek enforcement of the terms of this (letter of assurance for essential patent claims).“*[473]

SSO-Mitgliedsunternehmen und Standardanwender sind demnach grundsätzlich in der Lage, sich gegenüber dem SEP-Inhaber auf den *„promissory estoppel“* Einwand zu berufen, wenn sie von dessen FRAND-Versprechen Kenntnis haben, tatsächlich und berechtigterweise im Vertrauen darauf Investitionen getätigt haben und auch der SEP-Inhaber Grund zu der Annahme haben durfte, dass Drittparteien mit dem FRAND-Versprechen gegenüber der SSO begünstigt werden.[474] Mit dieser Argumentation wurde jedenfalls in mehreren Gerichtsverfahren versucht, eine Vertragshaftung zu begründen.[475] Bislang aber konnten US-Gerichte entweder hierzu eine Entscheidung offen lassen oder eine solche Vertragshaftung mit anderer Begründung verneinen.[476] Ein FRAND-Lizenzversprechen, das zwar nicht die Anforderungen für die Begründung eines Vertragsverhältnisses erfüllt, allerdings infolge des *„promissory estoppel“* Einwands durchsetzbare Rechte und Pflichten begründet, führt bei einem Pflichtenverstoß des SEP-Inhabers auf Rechtsfolgenseite zu denselben Ansprüchen, wie bei einem sonstigen Vertragsbruch, sprich in erster Linie zu monetärem Schadensersatz und ausnahmsweise zu einem Erfüllungsanspruch.[477]

b) Bindungswirkung und Durchsetzbarkeit nach deutschem Vertragsrecht

Im deutschen Zivilrecht ist hingegen umstritten, ob die SSO, deren Mitglieder oder potenzielle Anwender eines Standards in der Lage sind, denjenigen, der

---

473 IEEE *„Letter of Assurance for Essential Patent Claims“*, unter G. Signature.

474 *Kobayashi/Wright*, 5 (3) J.C.L. & E., 469, 511 (2009); vgl. *Lemley*, 90 Cal. L. Rev. 1889, 1916 (2002).

475 Vgl. dazu u.a. TCL Commc'ns Tech. Holdings, Ltd. v. Telefonaktiebolaget LM Ericsson, 943 F.3d 1360, 1365 (Fed. Cir. 2019); Microsoft Corp. v. Motorola, Inc., 864 F.Supp.2d 1023, 1029, Fn. 4 (W.D. Wa. 2012); Realtek Semiconductor Corp. v. LSI Corp., 946 F.Supp.2d 998, 1003 (N.D. Ca. 2013).

476 U.a. TCL Commc'ns Tech. Holdings, Ltd. v. Telefonaktiebolaget LM Ericsson, 943 F.3d 1360, Fn. 1 (Fed. Cir. 2019), unter Hinweis, dass der Schadensnachweis nicht geführt wurde; Apple, Inc. v. Samsung Electronics Co., Ltd., 2012 WL 1672493, 15 (N.D. Cal. 2012), unter Anwendung von französischem Zivilrecht, dem ein dem *„promissory estoppel“* vergleichbarer Einwand unbekannt sei.

477 Contreras, 2 (5) Utah L. Rev. 479, 552 (2015); vgl. *Kobayashi/Wright*, 5 (3) J.C.L. & E., 469, 511 (2009).

sich zur Lizenzvergabe zu FRAND-Bedingungen bereit erklärt hat, an seinem Versprechen festzuhalten oder ob es sich dabei um nur eine rechtlich unverbindliche Absichtserklärung handelt.[478] Inwiefern das FRAND-Lizenzversprechen vertragliche Bindungswirkung entfalten kann, ist in der Literatur umfassend behandelt worden.[479] Für die Beurteilung des „ob" einer vertraglichen Bindungswirkung, kommt es zum einen darauf an, welches nationale Recht anzuwenden ist[480] und zum anderen, wie die jeweilige FRAND-Lizenzerklärung unter Berücksichtigung ihres Wortlauts und der Interessenlage auszulegen ist[481].

aa) Meinungsstand in der Literatur

Wenngleich die vertragsrechtliche Einordnung der FRAND-Erklärung umstritten ist, besteht überwiegende Einigkeit darüber, dass sie jedenfalls nicht unmittelbar einen Lizenzvertrag zwischen dem SEP-Inhaber und den Nutzern begründen kann[482], was vielfach auch gar nicht behauptet wird. Bei der weiteren Einordnung gehen die Ansichten allerdings auseinander. Teilweise wird vertreten, dass es sich bei der FRAND-Lizenzerklärung nach den Grundsätzen des deutschen Vertragsrecht um eine nicht anspruchsbegründende und vertragsrechtlich unverbindliche Selbstverpflichtung handele[483], da eine solche Erklärung nicht die für ein Angebot i.S.v. § 145 BGB erforderlichen *essentialia negotii* enthalte. Es fehle sowohl an einer bestimmbaren Lizenzgebühr, woran auch der unbestimmte und oft streitbetroffene Begriff „angemessen" nichts ändere, als auch an den sonstigen wesentlichen Vertragsbestandteilen, wie der Bestimmung des Lizenzgebiets oder der -dauer.[484] Überwiegend abgelehnt wird auch die

478 *Eckel*, NZKart 2017, 469, 470.

479 Ausführlich zur Rechtsnatur der FRAND-Erklärung u.a. *Augsburger*, S. 91 ff.; *Pregartbauer*, S. 149 ff.; *Burghartz*, S. 109 ff.; *Brakhahn*, S. 123 ff.; *Maaßen*, S. 313 ff.; *Körber*, Standardessentielle Patente, FRAND-Verpflichtungen und Kartellrecht, S. 40 ff., wobei im Zentrum der Diskussion vielfach die FRAND-Lizenzerklärung bei ETSI steht.

480 Grundlegend zu den Aspekten des Internationalen Privatrechts, *Burghartz*, S. 109 ff.; *Dornis*, GRUR 2020, 690, 691, 692; zum anwendbaren französischen Rechts auf die FRAND-Erklärung bei ETSI *McGuire*, GRUR 2018, 128-131; *Tochtermann*, GRUR 2020, 905, 907.

481 *Körber*, Standardessentielle Patente, FRAND-Verpflichtungen und Kartellrecht, S. 39, 43.

482 *Dornis*, GRUR 2020, 690, 693; *Palzer*, EuZW 2015, 702, 704.

483 *Loest/Bartlik*, ZWeR 2008, 41, 49; *Ullrich*, GRUR 2007, 817, 826, jeweils ohne nähere Begründung; *Hauck*, WRP 2013, 1446, 1450 mit Hinweis auf rein deklaratorische Wirkung der FRAND-Erklärung; *Mes*, PatG, § 9 Rn. 118.

484 *Hauck*, WRP 2013, 1446, 1450.

Einordnung als verbindliches Angebot auf Abschluss eines Lizenzvertrages *ad incertas personas* – also als Angebot an jedermann, einen Lizenzvertrag abschließen zu wollen[485], weil der SEP-Inhaber mit der FRAND-Erklärung nur erklären wolle, dass er zur Vergabe von Lizenzen bereit und grundsätzlich gewillt ist, mit potenziellen Lizenznehmern in Vertragsverhandlungen zu treten, ohne sich hierdurch bereits binden zu wollen.[486] Eine vertragliche Bindungswirkung lehnen auch die Vertreter aus der Literatur ab, die in der FRAND-Lizenzerklärung lediglich eine unverbindliche Absichtserklärung[487] oder eine Aufforderung an potenzielle Lizenznehmer sehen, ihrerseits Lizenzangebote gegenüber den SEP-Inhaber abzugeben, als *invitatio ad offerendum*[488].

Andere Teile in der Literatur sprechen sich hingegen für den rechtsverbindlichen Charakter der FRAND-Lizenzerklärung aus, vereinzelt in der Form, dass diese zumindest eine rechtsgeschäftsähnliche Pflicht nach Maßgabe des § 311 Abs. 2 Nr. 1 BGB begründe, Lizenzverhandlungen aufzunehmen und diese nach Treu und Glauben mit dem Ziel einer Lizenzierung zu FRAND-Bedingungen zu führen.[489] Andere stufen die FRAND-Erklärung als vertragliche Verpflichtung zur Lizenzerteilung ein, die einer Unterlassungsklage im Wege der *dolo-agit*-Einrede des § 242 BGB entgegen gehalten werden kann.[490] Wieder andere wollen der FRAND-Erklärung zwar verbindliche Wirkung zuerkennen, allerdings mit dem Inhalt eines schuldrechtlichen Stillhalteabkommens, also der Vereinbarung, die aus dem SEP erwachsenden Rechte nicht gerichtlich durchsetzen zu wollen.[491] Teilweise wird die FRAND-Lizenzerklärung auch als echter (Vor-)

485 *Maume/Tapia*, GRUR Int. 2010, 923, 927; *Körber*, Standardessentielle Patente, FRAND-Verpflichtungen und Kartellrecht, S. 22.

486 *Burghartz*, S. 114, 115, unter Analyse der FRAND-Lizenzbestimmungen bei ETSI, CEN/CENLEC, ISO/IEC und VITA; *Hartmann*, S. 129, 130; *Mes*, PatG, § 9 Rn. 118; *Gärtner/Vormann*, MittdtPatA 2009, 440, 444; *Nägele/Jacobs*, WRP 2009, 1062, 1075; *Hauck*, WRP 2013, 1446, 1450; *Eckel*, NZKart 2017, 469, 472; *Heyers*, WRP 2014, 1253, 1254; *Bukow*, in: Haedicke/Timmann, Hdb. PatR, § 13 Rn. 338; *Dornis*, GRUR 2020, 690, 694.

487 *Brakhahn*, S. 133, 134.

488 *Augsburger*, S. 95, 96; *Hartmann*, S. 130; *Müller*, GRUR 2012, 686, 687; *Heyers*, WRP 2014, 1253, 1255; *Bukow*, in: Haedicke/Timmann, Hdb. PatR, § 13 Rn. 340; *Dornis*, GRUR 2020, 690, 694.

489 *Hartmann*, S. 132 und Fn. 152; *Dornis*, GRUR 2020, 690, 694, 695, wonach vorvertragliche Pflichten bei Anwendung des deutschen Rechts denkbar sind.

490 *Fröhlich*, GRUR 2008, 205, 213 und Fn. 68.

491 *Nägele/Jacobs*, WRP 2009, 1062, 1075.

Vertrag zugunsten Dritter i.S.v. § 328 BGB eingestuft, der zwischen der SSO und dem die Erklärung abgebenden SEP-Inhaber geschlossen werde und auf den sich diejenigen als Drittbegünstigte berufen können, die eine Nutzung der Standardtechnologie beabsichtigen und SEP-Lizenzen begehren.[492] Lizenzsuchende Drittbegünstige haben danach einen selbstständigen vertraglichen Anspruch gegenüber dem SEP-Inhaber auf Aufnahme von Vertragsverhandlungen über die SEP-Lizenzierung zu FRAND-Bedingungen.[493]

bb) Rechtsprechung deutscher Gerichte

Die Uneinigkeit über die Einordnung der FRAND-Lizenzerklärung setzt sich auch in der Rechtsprechung fort. Während eine höchstrichterliche Klärung bis dato fehlt[494], hat das OLG Karlsruhe jedenfalls in der Tendenz zu erkennen gegeben, dass es grundsätzlich von der Rechtsverbindlichkeit der FRAND-Erklärung ausgeht:

> *„Der Senat neigt zu der Auffassung, dass sich Einwendungen sowohl aus der (…) abgegebenen, in den Statuten des Standardisierungsgremiums (ETSI) für sog. standardessentielle Schutzrechte vorgesehenen Lizenzbereitschaftserklärung als auch aus dem kartellrechtlichen Missbrauchsverbot (…) ergeben können.“*[495]

In der weiteren instanzgerichtlichen Rechtsprechung wurde der vertragliche Charakter der FRAND-Erklärung teilweise mit der Begründung abgelehnt, dass der Wortlaut der Erklärung unter Berücksichtigung der Interessenlage nicht den Schluss zulasse, dass der Patentinhaber gegenüber einer unbekannten Vielzahl

---

492 *Burghartz*, S. 121, 122; *Maaßen*, S. 320, 321; *Eckel*, NZKart 2017, 469, 472, 473; *Maume/Tapia*, GRUR Int. 2010, 923, 927; *Fuchs*, NZKart 2015, 429, 434; *Straus*, GRUR Int. 2011, 469, 480; *Körber*, Standardessentielle Patente, FRAND-Verpflichtungen und Kartellrecht, S. 22; zu demselben Ergebnis nach französischem Vertragsrecht für die ETSI-FRAND-Erklärung, *McGuire*, GRUR 2018, 128, 135; ebenso *Tochtermann*, GRUR 2020, 905, 911 und *Huber*, Why the ETSI IPR Policy Does Not and Has Never Required Compulsory 'License to All': A Re-buttal to Karl Heinz Rosenbrock (2017), S. 4.

493 *Tochtermann*, GRUR 2020, 905, 911.

494 Insoweit auch jüngst ungeklärt geblieben sowohl in BGH, Urteil v. 05.05.2020, KZR 36/17, FRAND-Einwand, BGHZ 225, 269 als auch BGH, Urteil v. 24.11.2020, KZR 35/17, FRAND-Einwand II, NZKart 2021, 178.

495 Jeweils betreffend ETSI-FRAND-Erklärung, OLG Karlsruhe, Beschluss v. 11.05.2009 – 6 U 38/09, Rn. 12 (zitiert nach juris); jüngst offenlassend OLG Karlsruhe, Urteil v. 30.10.2019 – 6 U 183/16, Rn. 91 (zitiert nach juris); offen gelassen in OLG Karlsruhe, Urteil v. 23.03.2011 – 6 U 66/09, Rn. 193 (zitiert nach juris).

von Dritten ohne Sicherung seines Lizenzgebührenanspruchs ein Nutzungsrecht erteilen wollte.[496] Bei der FRAND-Erklärung handele es sich um eine unverbindliche *invitatio ad offerendum*, deren deklaratorische Natur nicht geeignet sei, Dritten einen Anspruch auf Einräumung einer Lizenz zu FRAND-Bedingungen zu verschaffen[497], insbesondere auch nicht in Form eines Vertrags zugunsten Dritter i.S.v. § 328 BGB[498]. Jüngst hat das LG München I – allerdings unter ausdrücklicher Anwendung des französischen Vertragsrechts – der ETSI-FRAND-Erklärung vertraglichen Charakter in dem Umfang beigemessen, dass sie den SEP-Inhaber verpflichte, mit Lizenzsuchern mit dem Ziel des Abschlusses einer FRAND-Lizenz nach Treu und Glauben zu verhandeln.[499]

Während übereinstimmend einen dinglich wirkender Verzicht auf patentrechtliche Unterlassungsansprüche durch die FRAND-Erklärung abgelehnt wird[500], wird uneinheitlich beurteilt, ob sich daraus jedenfalls ein Stillhalteabkommen mit der schuldrechtlichen Pflicht ableiten lässt, die aus dem Patentrecht erwachsenden Unterlassungsrechte nicht gerichtlich durchsetzen zu wollen. Teilweise wurde ein solches Stillhalteabkommen bejaht, wenn die FRAND-Erklärung eine solche Wirkung nicht ausdrücklich ausschließt[501], teilweise aber auch verneint, da ein dahingehender Wille nicht der FRAND-Erklärung

---

496 LG Düsseldorf, Urteil v. 24.04.2012 – 4b O 273/10, Rn. 204 (zitiert nach juris).

497 Jeweils betreffend ETSI-FRAND-Erklärung LG Düsseldorf, Urteil v. 19.01.2016 – 4b O 120/14, Rn. 338 (zitiert nach juris); LG Düsseldorf, Urteil v. 24.04.2012 – 4b O 273/10, Rn. 204 (zitiert nach juris); betreffend ISO-FRAND-Erklärung LG Düsseldorf, Urteil v. 04.08.2011 – 4b O 54/10, Rn. 59 (zitiert nach juris).

498 Betreffend ISO-FRAND-Erklärung LG Düsseldorf, Urteil v. 04.08.2011 – 4b O 54/10, Rn. 57, 59 (zitiert nach juris); betreffend ITU-FRAND-Erklärung LG Düsseldorf, Urteil v. 07.06.2011 – 4b O 31/10, Rn. 97 (zitiert nach juris); offen gelassen in LG Düsseldorf, Urteil v. 13.02.2007 – 4a O 224/05, Rn. 76 (zitiert nach juris); betreffend ETSI-FRAND-Erklärung offen gelassen LG Düsseldorf, Urteil v. 13.02. 2007 – 4a O 124/05, Rn. 62 (zitiert nach juris).

499 LG München I, Urteil v. 10.09.2020 – 7 O 8818/19, Rn. 276-285 (zitiert nach juris).

500 LG Mannheim, Urteil v. 27.02.2009 – 7 O 94/08, Rn. 100 (zitiert nach juris); LG Düsseldorf, Urteil v. 04.08.2011 – 4b O 54/10, Rn. 57, 58 (zitiert nach juris); LG Düsseldorf, Urteil v. 07.06.2011 – 4b O 31/10, Rn. 97 (zitiert nach juris).

501 Jeweils betreffend ETSI-FRAND-Erklärung LG Mannheim, Urteil v. 27.02.2009 – 7 O 94/08, Rn. 98-100 (zitiert nach juris); LG Mannheim, Urteil v. 18.02.2011 – 7 O 100/10, Rn. 169, 171 (zitiert nach juris); grundsätzlich anerkennend für ITU-FRAND-Erklärung LG Düsseldorf, v. 07.06.2011 – 4b O 31/10, Rn. 98 (zitiert nach juris).

entnommen werden konnte und andernfalls ein Patentinhaber jedem unredlichen Lizenznehmer ausgeliefert wäre[502].

cc) Stellungnahme

Ob eine FRAND-Lizenzerklärung vertraglich bindende Wirkung entfalten kann, ist abstrakt und losgelöst von der konkreten Erklärung nicht zu beurteilen. Eine schematische Lösung dieser Frage begegnet schon deshalb Schwierigkeiten, weil sich die FRAND-Lizenzerklärungen und die IPRPs, auf die in den Erklärungen Bezug genommen wird, von SSO zu SSO in ihrem Wortlaut, den Begleitumständen und Interessenlagen unterscheiden können.[503] Eine Beurteilung ist damit nur im jeweiligen Einzelfall möglich. In einem ersten Schritt ist dafür erforderlich festzustellen, welches nationale Recht anzuwenden ist.[504] Anschließend sind die Fragen zu trennen, ob die Abgabe einer FRAND-Lizenzerklärung vertragliche Pflichten begründet kann, und wenn ja, mit welchem Inhalt und wer dem Kreis derjenigen angehört, die daraus Rechte herleiten können.

Losgelöst vom konkreten Inhalt einzelner FRAND-Erklärungen lässt sich jedenfalls festhalten, dass die Annahme einer vertraglichen Bindungswirkung dem Sinn und Zweck des FRAND-Versprechens gerecht wird, weil damit eine möglichst weite Verbreitung und ein Zugang zum Standard sichergestellt werden soll, ohne dass sich Standardanwender aufgrund einer lizenzlosen Nutzung patentrechtlichen Unterlassungsansprüchen aus dem SEP ausgesetzt sehen. Aus diesem Grund ist den Stimmen in der Literatur zuzustimmen, die in dem FRAND-Lizenzversprechen eines SEP-Inhabers ein verbindliches Angebot auf Abschluss eines Vertrages mit der jeweiligen SSO sehen, mit dem Drittbegünstigten vertraglich das Recht eingeräumt wird, vom SEP-Inhaber die Einräumung von Lizenzen zu FRAND-Bedingungen zu verlangen, sprich um einen echten Vertrag zugunsten Dritter nach § 328 BGB.[505] Begünstigte Dritte haben danach einen selbstständigen Anspruch gegen den SEP-Inhaber auf Aufnahme von Vertragsverhandlungen über die Einräumung einer SEP-Lizenz zu

---

502 Betreffend ETSI-FRAND-Erklärung LG Düsseldorf, Urteil v. 24.04.2012 – 4b O 273/10, Rn. 205 (zitiert nach juris); betreffend ISO-FRAND-Erklärung LG Düsseldorf, Urteil v. 04.08.2011 – 4b O 54/10, Rn. 59 (zitiert nach juris).

503 So auch *Pregartbauer*, S. 156.

504 Exemplarisch sei die SSO ETSI genannt, die als anwendbares Recht französisches Recht vorsieht, ETSI Directive (Februar 2020), Rules of Procedure (Dezember 2019), Art. 18.

505 *Burghartz*, S. 122; *Eckel*, NZKart 2017, 469, 472.

FRAND-Bedingungen. Wer genau dem Kreis der Drittbegünstigten angehört, sämtliche Lizenzsucher auf allen oder nur solche auf einer bestimmten Marktstufe, muss im jeweiligen Einzelfall anhand der FRAND-Erklärung bestimmt werden.

Mit der Anerkennung des bindenden vertraglichen Charakters würde begünstigten Lizenzsuchern ein weiteres Instrument an die Hand gegeben werden, um Rechtssicherheit hinsichtlich der Nutzungssituation zu schaffen und der Durchführung von Vertragsverhandlungen über eine SEP-Lizenz Nachdruck verleihen zu können.[506] Ferner könnten dadurch Schwierigkeiten im Zusammenhang mit einer kartellrechtlichen Marktabgrenzung und Marktmachtbewertung dahinstehen, die für eine kartellrechtliche Missbrauchskontrolle einzelner Verhaltensweisen erforderlich ist.[507]

Neben diesen zweckdienlichen Erwägungen steht der Einordnung als Vertrag zugunsten Dritter dogmatisch auch nicht entgegen, dass der konkrete SEP-Lizenznehmer bei Abgabe der FRAND-Erklärung noch unbekannt ist, da – wie aus § 328 Abs. 2 BGB zu entnehmen ist – eine hinreichende Bestimmbarkeit der Gruppe der Drittbegünstigten – hier dem Kreis lizenzwilliger Lizenzsucher – ausreichend ist.[508] Zu dieser Gruppe können – je nach Formulierung der FRAND-Erklärung – sämtliche Hersteller standardkonformer Produkte und Nutzer des SEP gehören oder aber solche Lizenzsucher, die auf einer bestimmten Marktstufe tätig sind. Eine exemplarische Analyse und Auslegung des Wortlauts verschiedener FRAND-Erklärungen aus unterschiedlichen SSOs lässt jedenfalls den Schluss einer solchen Drittbegünstigung zu. So findet sich beispielsweise in der FRAND-Erklärung bei VITA der ausdrückliche Hinweis darauf, dass nicht nur VITA-Mitgliedsunternehmen erfasst sein sollen, sondern in Abgrenzung dazu auch außenstehende Dritte („*third party*").[509] In der FRAND-Erklärung bei IEEE, die Teil des IEEE „*Letter of Assurance for Essential Patent Claims*" ist, ist unter D. 1. b. ausdrücklich vorgesehen, dass der die Erklärung abgebende

---

506 Betreffend ETSI-FRAND-Erklärung, *Tochtermann*, GRUR 2020, 605, 611.

507 Näheres dazu im Fünften Teil unter Abschnitt I., S. 175 ff.

508 *Eckel*, NZKart 2017, 469, 472; *Hilty/Slowinski*, GRUR Int. 2015, 781, 788; *Burghartz*, S. 120-122; *Maaßen*, S. 320, 321.

509 VITA Patent Policy, VSO Policies and Procedures (September 2015), Art. 10.3.1: „*Each WG* (working group) *Member agrees, on behalf of the VITA Member Company he or she represents, that it will grant to any WG Member, VITA Member Company, or third party* (…) *patent license (or equivalent non-assertion covenant) for its patent claims essential* (…) *on fair, reasonable and non-discriminatory terms* (…)."

Patentinhaber Lizenzen an eine unbegrenzte Anzahl an Lizenzsucher vergeben wird.[510] Es existieren noch weitere SSOs, deren FRAND-Erklärungen als Begünstigte *„any implementer"* vorsehen.[511] Neben der Bestimmbarkeit der Drittbegünstigten sind auch die weiteren Vertragspflichten des SEP-Inhaber gegenüber diesen hinreichend konkret: Das betroffene Vertragsgut – die SEP-Lizenz – sowie die Vertragspflicht des SEP-Inhabers, FRAND-Lizenzverhandlungen mit Drittbegünstigten nach Treu und Glauben zu führen.

Nach der hier vertretenen Auffassung sprechen nicht nur zweckdienliche Gründe dafür, eine FRAND-Erklärung verbindlichen Charakter beizumessen, auch dogmatische Gründe sprechen nicht dagegen, darin die Grundlage für den Abschluss eines Vertrags zugunsten Dritter nach § 328 BGB zu sehen, der den SEP-Inhaber dazu verpflichtet, mit Standardanwendern und Lizenzsuchern über den Abschluss eines FRAND-Lizenzvertrags in qualifizierter und zielgerichteter Weise zu verhandeln.

c) Rechtsvergleichende Würdigung und Zusammenfassung der Ergebnisse

Die vertragsrechtlichen Folgen, die eine FRAND-Lizenzerklärung bewirken kann, unterscheiden sich diametral im US-amerikanischen und deutschen Recht. Während im deutschen Recht Uneinigkeit darüber herrscht, ob und welche vertragsrechtlichen Pflichten daraus folgen können, wobei tendenziell die Stimmen überwiegen, die eine vertragliche Verbindlichkeit ablehnen, haben US-Gerichte bereits mehrfach bestätigt, dass eine FRAND-Lizenzerklärung gegenüber einer SSO vertragliche Pflichten zugunsten lizenzsuchender Dritter begründet. Ein SEP-Inhaber ist danach verpflichtet, Nutzern seines SEPs ein FRAND-Lizenzangebot zu unterbreiten, wobei er in Lizenzverhandlungen den im US-Vertragsrecht anerkannten Grundsatz des *„good faith and fair dealing"* beachten muss, Lizenzverhandlung nach Treu und Glauben zu führen. Auseinandersetzungen darüber, ob die von einem SEP-Inhaber geforderten Lizenzbedingungen FRAND-konform sind, können mithin umfassend auf

---

510 IEEE *„Letter of Assurance for Essential Patent Claims"* vom 01.06.2019, S. 2 unter D. 1. b. (*„The Submitter will make available a license for Essential Patent Claims under Reasonable Rates to an unrestricted number of Applicants"*), abrufbar unter: https://mentor.ieee.org/myproject/Public//mytools/mob/loa.pdf (abgerufen am: 22.03.2021).

511 Siehe dazu die Übersicht in *Bekkers/Updegrove,* A Study of IPR policies and practices of a representative group of Standard Setting Organizations worldwide (2012), S. 77, 78, mit weiterem Hinweis u.a. auf die SSOs ISO, ETSI, ANSI, OASIS, W3C und NFC.

vertragsrechtlicher Basis gelöst werden. Ein SEP-Inhaber verstößt unter anderem dann gegen seine vertraglichen Pflichten, wenn er eine Lizenznahme zu unangemessen hohen – nicht FRAND entsprechenden – Lizenzgebühren anbietet, Lizenzen unter diskriminierenden Bedingungen vergibt oder eine Lizenzierung insgesamt verweigert. Selbst für Fall, dass ein FRAND-Lizenzversprechen eines Patentinhabers gegenüber einer SSO nicht die Voraussetzungen für die Annahme eines Vertragsverhältnisses zugunsten Dritter erfüllt, besteht mit dem *„promissory estoppel“* Einwand eine weitere Möglichkeit, durchsetzbare Vertragspflichten aus dem FRAND-Lizenzversprechen zu begründen.

Die Hintergründe, warum US-amerikanische und deutsche Gerichte bei ähnlichem Sachverhalt und vergleichbaren Beurteilungskriterien zu unterschiedlichen Ergebnissen kommen, sind vielfacher Natur. Zum einen steht eine dogmatisch korrekte Einordnung im US-Recht generell nicht im Vordergrund.[512] Zum anderen spielen Billigkeits- und Gerechtigkeitserwägungen im Rahmen der Ergebnisfindung eine bedeutend größere Rolle, wie sich insbesondere auch am Beispiel der *„promissory estoppel doctrine“* zeigt, mit der Unbilligkeiten verhindert werden sollen. Auch aus ergebnisorientierter Perspektive sind Rückschlüsse möglich, warum im US-Recht weitgehende Vertragspflichten bejaht werden: Der US-kartellrechtliche Monopolisierungstatbestand in Sec. 2 Sherman Act mit seinen gravierenderen Haftungsfolgen[513] hat – wie sich noch zeigen wird – nur einen sehr begrenzten Anwendungsbereich zur Erfassung missbräuchlicher Lizenzpraktiken eines SEP-Inhabers, die seinem FRAND-Lizenzversprechen zuwiderlaufen. Dabei geht es unter anderem um die Erhebung unangemessen hoher Lizenzgebühren durch einen marktbeherrschenden SEP-Inhaber oder Lizenzverweigerungen, die weitgehend nicht von Sec. 2 Sherman Act erfasst werden.[514]

Praxisrelevante Auswirkung kann die unterschiedliche vertragsrechtliche Einordnung der FRAND-Lizenzerklärung jedenfalls mit Blick auf das anwendbare nationale Recht haben, das eine SSO in ihren Statuten zugrunde legt. Je nachdem, ob deutsches oder US-amerikanischen Recht gewählt werden würde,

---

512 *Picht*, Strategisches Verhalten, S. 67.

513 Ein Verstoß gegen Sec. 2 Sherman Act kann u.a. die gravierende Haftungsfolge auslösen, dass ein Geschädigter seinen Schaden in dreifacher Höhe einfordern kann, sog. *treble damages* nach Sec. 4 Clayton Act. Näheres dazu im Vierten Teil der Arbeit unter Abschnitt V. 3., S. 166 ff.

514 Dazu mehr im Fünften Teil der Arbeit unter Abschnitt II., S. 194 ff.

können sich danach unterschiedliche Ergebnisse ergeben, wenn ein nationales Gericht das entsprechende Recht auf eine FRAND-Erklärung anzuwenden hätte.

V. Zusammenfassung der Ergebnisse des Dritten Teils

Die beiden zentralen Regelungen über die Offenlegung potenziell standardwesentlicher Patente sowie die FRAND-Lizenzpflicht können je nach SSO unterschiedliche Regelungsgehalt aufweisen. Verstößt ein Mitgliedsunternehmen gegen Offenlegungspflichten oder weigert es sich eine FRAND-Lizenzerklärung abzugeben, obwohl die IPRPs dies als Voraussetzung für den Einbezug einer Technologie in den Standard vorsehen, existieren bei manchen SSOs interne Sanktions- und Regelungsmechanismen. Unterlässt es ein Mitgliedsunternehmen in vorwerfbarer Weise seine potenziell standardwesentlichen Patentrechte offen zu legen, ist in wenigen Ausnahmefällen als Sanktion eine Pflicht zur gebührenfreien Lizenzierung. In den allermeisten Fällen bleibt einer SSO als Sanktion nur die Möglichkeit eines Mitgliedsausschlusses. Verweigert der SEP-Inhaber die Abgabe einer FRAND-Lizenzerklärung hat dies zumeist nur Auswirkungen auf den Standardauswahlprozess, weil dann alternative Technologien für den Standard in Betracht gezogen werden, die zu FRAND-Bedingungen zugänglich sind.

Von den SSO-internen Regelungsmechanismen sind die zivilrechtlichen Folgen eines Verstoßes gegen die Offenlegungs- oder FRAND-Lizenzpflicht zu unterscheiden. Im deutschen Zivilrecht kann der Verstoß eines Mitgliedsunternehmen gegen die Offenlegungspflicht einen Schadensersatzanspruch nach sich ziehen, der jedenfalls von der SSO als mitvertragsschießenden Partei durchgesetzt werden kann, sofern ihr ein Schaden dadurch entstanden ist. Ansprüche, mit denen die Pflicht zur Offenlegung von potenziell oder tatsächlich essentiellen Patenten gegen ein SSO-Mitglied durchgesetzt werden sollen, sind schon deshalb kaum praktikabel, weil sich erst nachträglich nach der Festsetzung des Standards feststellen lassen wird, ob ein Mitgliedsunternehmen im Rahmen des Standardisierungsverfahrens gegen seine Offenlegungspflicht verstoßen hat. Ein dahingehender auf Erfüllung der Offenlegungspflicht gerichteter Anspruch ist daher weder zweckdienlich noch weiterführend.

Die Abgabe einer FRAND-Lizenzerklärung durch ein SSO-Mitglied begründet nach der Rechtsprechung deutscher Gerichte und Teilen der Literatur keine vertragsrechtlichen Pflichten, weil darin nur eine unverbindliche Erklärung mit deklaratorische Charakter gesehen wird. Die insoweit auf das deutsche Zivilrecht zutreffende These der fehlenden Verbindlichkeit und Durchsetzbarkeit der Offenlegungs- und FRAND-Lizenzpflicht gilt allerdings nicht für das

US-Vertragsrecht. Sowohl der Pflicht zur Offenlegung essentieller Patente als auch dem FRAND-Lizenzversprechen wird ein vertragsrechtlich bindender Charakter zuerkannt, auf deren Einhaltung sich nicht nur die SSO und deren Mitglieder, sondern auch drittbegünstigte Standardanwender berufen können. Verstößt ein Patentinhaber gegen die Offenlegungspflicht kann dies nicht nur mit vertragsrechtlichen sondern auch deliktsrechtlichen Mitteln („*fraud*") geahndet werden. Auch ein FRAND-Lizenzversprechen, das nicht die Anforderungen für die Annahme eines Vertragsverhältnisses erfüllt, kann letztlich mit dem „*promissory estoppel*" Einwand durchsetzbare vertragliche Rechte und Pflichten begründen. Insgesamt existieren im US-Recht im Vergleich zum deutschen Recht damit mehrere Ansätze im Vertrags- und Deliktsrecht, mit denen Offenlegungs- und FRAND-Lizenzpflichten durchgesetzt und missbräuchliche Verhaltensweisen eines SEP-Inhabers adressiert werden können, sei es die unterlassene Offenlegung von Patenten während des Standardisierungsverfahrens, das Verlangen von unangemessen hohen, nicht FRAND entsprechenden Lizenzgebühren oder eine SEP-Lizenzverweigerung. Damit sind der Umfang denkbarer zivilrechtlicher Ansprüche und der Kreis möglicher Anspruchsberechtigter im US-Recht weitergehender als im deutschen Zivilrecht.

Rechtsordnungsübergreifend besteht die wesentliche Herausforderung und zugleich größte Schwierigkeit allerdings darin zu bestimmen, wann eine Lizenzgebühr angemessen und FRAND-konform ist. Dabei existieren unterschiedliche Berechnungsansätze, wobei keine der Rechtsordnungen *die* eine Lösung dafür enthält. Die wohl gängigste und verlässlichste Methode zur Bestimmung einer FRAND-konformen Lizenzgebühr wird darin gesehen, bereits abgeschlossene oder vergleichbare Lizenzvereinbarungen mit Dritten heranzuziehen.

Vierter Teil – Grundlagen des US-kartellrechtlichen Monopolisierungsverbots

Im vierten Teil der Arbeit werden die Grundlagen für die Anwendung von Sec. 2 Sherman Act sowie patentrechtlichen Bezüge erläutert. Dafür wird zunächst ein Überblick über das US-Patentrecht gegeben, da das Patent als Mittel zum Zweck für missbräuchliche Lizenzpraktiken eingesetzt wird, um anschließend auf das Spannungsverhältnis mit dem Kartellrecht einzugehen. In dem darauf folgenden Teil werden die relevanten US-kartellrechtlichen Normen zur Erfassung einseitiger und missbräuchlicher Verhaltensweisen und deren tatbestandliche Voraussetzungen dargestellt. Im letzten Abschnitt wird auf die Durchsetzung von Sec. 2 Sherman Act und dessen Haftungsfolgen eingegangen.

I. Einführung in die Grundlagen des US-Patentrechts

1. US-verfassungsrechtliche Legitimation und Rechtsgrundlagen des Patentrechts

Das US-Patentrecht ist im *Patent Act*[515] geregelt, einem Bundesgesetz (*federal law*), das in allen Einzelstaaten Anwendung findet. Die US-Verfassung ermächtigt in der sog. „*IP Property Clause*" den amerikanischen Kongress dazu, ein Patentrecht zu erlassen und in einem Gesetz zu konkretisieren. Art. 1 Section 8 clause 8 der *U.S. Constitution* sieht vor:

> „*The congress shall have the power (…) to promote the progress of science and useful arts, by securing for limited times to (…) inventors the exclusive right to their respective (…) discoveries.*"

Von dieser Ermächtigung hat der US-Kongress mehrfach Gebrauch gemacht und das Patentgesetz zuletzt im Jahr 1952 neu gefasst, das bis heute die maßgebende Rechtsgrundlage bildet, wenngleich weitreichende Novellierungen immer wieder stattgefunden haben.[516] Neben den normierten Regelungen im *Patent Act* haben im US-Patentrecht insbesondere durch Präzedenzfälle geschaffene Rechtsgrundätze eine erhebliche Bedeutung, insbesondere die „*equitable*

515 35 U.S.C. §§ 1-390.

516 Mayer/Butler/Molnia, US-Patent, Rn. 4, 5.

doctrines", die in Patentverletzungsverfahren als Billigkeitseinwand erhoben werden können.[517]

2. Ausgestaltung des US-Patentschutzes und rechtsvergleichende Analyse

a) Voraussetzungen für die Erteilung eines Patentrecht

Die Erlangung patentrechtlichen Schutzes für eine Erfindung setzt im US-Patentrecht voraus, dass die vier im *Patent Act* genannten materiellen Erteilungsvoraussetzungen erfüllt sind:

> 1) Patentfähigkeit der Erfindung („*patentable subject matter*")[518], 2.) Nützlichkeit („*utility*")[519], 3.) Neuheit („*novelty*")[520] und 4.) Erfindungshöhe („*non-obviousness*" oder „*inventive step*")[521].

Im deutschen und europäischen Patentrecht sind die Voraussetzungen für die Erteilung eines Patentrechts grundsätzlich dieselben[522], mit der Ausnahme, dass Nützlichkeit nur im US-Patentrecht vorgesehen ist und im deutschen und europäischen Patentrecht das Merkmal der Gewerblichkeit[523] vorliegen muss, das gegeben ist, wenn der Gegenstand der Erfindung auf irgendeinem gewerblichen Gebiet hergestellt oder benutzt werden kann[524]. Bei technischen Erfindungen aus dem Bereich der Informations- und Kommunikationstechnologie, der vielfach auch von formellen Standardisierungen betroffen wird, unterscheidet sich das US-Patentrecht darin, dass auch Erfindungen patentschutzfähig sind, bei denen ein Computerprogramm oder eine Berechnungsweise in Form einer mathematischen Formel den wesentlichen Teil der Erfindung ausmacht. Ebenso sind Geschäftsmethoden patentierbar.[525] Im Gegensatz dazu wird im deutschen

---

517 Mayer/Butler/Molnia, US-Patent, Rn. 7-12; vgl. *Kobayashi/Wright*, 5 (3) J.C.L. & E., 469, 501 (2009).

518 35 U.S.C. § 101.

519 35. U.S.C. § 101.

520 35. U.S.C. §§ 101, 102.

521 35. U.S.C. § 103.

522 *Fräßdorf*, S. 35, 36, mit Hinweis zu den jeweiligen gesetzlichen Vorschriften im PatG und EPÜ.

523 § 1 Abs. 1 PatG; Art. 52 Abs. 1 EPÜ.

524 § 5 PatG; Art. 57 EPÜ.

525 Mayer/Butler/Molnia, US-Patent, Rn. 20, 21, 23-32 mit Verweis auf die alte Rechtsprechung, die weder Geschäftsmethoden (*business methods*) noch computerbasierte

und europäischen Patentrecht sowohl Patentierbarkeit von mathematischen Methoden abgelehnt[526], weshalb Algorithmen als solche und Computerprogramme ausgeschlossen sind, die auf einem Algorithmus aufbauen[527], als auch die Patentfähigkeit von Geschäftsmethoden verneint[528].

Wegen des Grundsatzes, dass nur der Ersterfinder berechtigt ist ein Patent zu erlangen, ist im US-Patentrecht die Darstellung des Stands der Technik zum Zeitpunkt der Patentanmeldung umfangreich und von großer Bedeutung. Ob ein patentfähiger Gegenstand unter Berücksichtigung des Stands der Technik tatsächlich Neuheit aufweist, ist in 35 U.S.C. § 102 erschöpfend geregelt.[529] Neuheitsschädlich ist insbesondere, wenn für die Erfindung, für die das Patent ersucht wird, bereits ein solches erteilt wurde, die Erfindung in einer gedruckten Veröffentlichung irgendwo auf der Welt beschrieben oder sonst der Öffentlichkeit zugänglich ist, indem sie benutzt oder verkauft wird.[530] Eine Besonderheit des US-Patentrechts ist zudem, dass die Offenbarung einer anderen Erfindung innerhalb eines Jahres vor dem wirksamen Patentanmeldetag für die beanspruchte Erfindung nicht zum Stand der Technik gehört, d.h. nicht neuheitsschädlich ist, womit im Ergebnis eine Neuheitsschonfrist von einem Jahr begründet wird.[531] Wird die Patentanmeldung mehr als ein Jahr nach dem Eintritt eines neuheitsschädlichen Ereignisses eingereicht, liegt patentrechtlich keine Neuheit mehr vor.[532]

Ob ein Erfindungsgegenstand eine ausreichende Erfindungshöhe gegenüber dem Stand der Technik aufweist[533] beurteilt sich in sowohl im US-amerikanischen als auch deutschen und europäischen Patentrecht anhand einer Betrachtung der Gesamtheit der beanspruchten Erfindung aus Sicht eines Durchschnittsfachmanns auf dem relevanten technischen Gebiet.[534] Erfüllt eine Erfindung diese

---

Berechnungsmethoden als Patentfähig anerkannt hat und zu der neuen Rechtsprechung, die beides nunmehr bejaht.

526 § 1 Abs. 3 Nr. 1 PatG; Art. 52 Abs. 2 a) EPÜ.

527 Benkard/*Bacher*, PatG, § 1 Rn. 98c, 98f; Benkard/*Melullis*, EPÜ, Art. 52 Rn. 234, 240.

528 § 1 Abs. 3 Nr. 3 PatG; Art. 52 Abs. 2 c) EPÜ; Benkard/*Bacher*, PatG, § 1 Rn. 98c, 98f; Benkard/*Melullis*, EPÜ, Art. 52 Rn. 262.

529 Mayer/Butler/Molnia, US-Patent, Rn. 394.

530 35 U.S.C. § 102 (a) (1) (a).

531 35 U.S.C. § 102 (b).

532 Mayer/Butler/Molnia, US-Patent, Rn. 395.

533 35 U.S.C. § 103; so auch § 4 PatG; Art. 56 EPÜ.

534 Mayer/Butler/Molnia, US-Patent, Rn. 527-529; *Bohannan/Hovenkamp*, 51 B.C.L. Rev. 905, 944 (2010); Benkard/*Asendorf/Schmidt*, PatG, § 4 Rn. 62, 67; Benkard/*Söldenwagner*, EPÜ, Art. 56 Rn. 37, 50.

materiellen Voraussetzungen und wird ein entsprechender Patentantrag[535] gestellt, erteilt das *U.S. Patent and Trademark Office* (PTO) bzw. das deutsche oder das europäische Patentamt dem Entdecker ein entsprechendes Patent.

b) Patentrechtlicher Schutzumfang und Ansprüche bei Patentverletzung

Ein US-Patent verleiht seinem Inhaber ein 20-jähriges Schutzrecht für die patentierte Erfindung[536] und das Recht, andere davon auszuschließen, die Erfindung in den USA herzustellen, zu benutzen, zum Verkauf anzubieten oder in die Vereinigten Staaten einzuführen[537]. Ein Patentinhaber ist grundsätzlich frei darin zu entscheiden, erstens – ob er seine Erfindung überhaupt lizenziert oder seine patentierte Technologie ausschließlich selbst verwendet und zweitens, für den Fall, dass er eine Drittlizenzierung beabsichtigt, frei zu bestimmen, an welche Lizenzsucher er Patentlizenzen zu welchen Gebühren und Bedingungen vergibt.[538] Ein Patentinhaber kann deshalb auch nach eigenem Ermessen entscheiden, auf welcher Marktstufe innerhalb einer vertikalen Produktionskette er Patentlizenzen vergibt, beispielsweise auf Ebene der Endgerätehersteller oder vorgelagerter Ebene der Komponentenhersteller.[539]

Verletzt ein Dritter ein Patentrecht, indem er die geschützte Erfindung lizenzlos nutzt, stehen dem Inhaber eines US-Patents im Wesentlichen zwei Anspruchsarten zur Verfügung: Erstens, Unterlassungsansprüche nach 35 U.S.C. § 283 und zweitens, Schadensersatzansprüche nach 35 U.S.C. § 284.[540] Die einzelnen tatbestandlichen Voraussetzungen für die Annahme eines patentrechtlichen Unterlassungsanspruchs sind zwar nicht gesetzlich normiert, da 35 U.S.C. § 283 lediglich vorsieht, dass US-Gerichte Unterlassungsansprüche in Übereinstimmung mit Billigkeitsgrundsätzen (*principles of equity*) gewähren können.[541]

---

535 Zu den Einzelheiten des Patentantrags siehe 35 U.S.C. §§ 111 ff.; dazu auch § 34 PatG; Art. 58 ff. EPÜ.

536 35 U.S.C. § 154 (a) (2).

537 35 U.S.C. § 154 (a) (1).

538 *Layne-Farrar*, 6 (4) J.C.L. & E. 811, 823 (2010); *Lemley*, 90 Cal. L. Rev. 1889, 1944 (2002); *Ramirez*, 4 (1) Ital. Antitrust Rev. 41, 43 (2017).

539 *Sidak*, 3 Criterion J. on Innovation 1, 11 (2018); *Layne-Farrar/Stark*, 88 Geo. Wash. L. Rev. 1307, 1319 (2020).

540 Mayer/Butler/Molnia, US-Patent, Rn. 1301.

541 35 U.S.C. § 283: „courts (…) may grant injunctions in accordance with the principles of equity to prevent the violation of any right secured by patent (…).“

Die jeweiligen Voraussetzungen dafür wurden jedoch vom *U.S. Supreme Court* in seiner *eBay*-Leitentscheidung konkretisiert.[542] Mit dieser Leitentscheidung wurde insbesondere der vormaligen instanzgerichtlichen Rechtsprechungspraxis eine Absage erteilt, bei der geltend gemachte Patentunterlassungsansprüche ohne weiteres zugesprochen wurden.[543] Die Durchsetzung eines patentrechtlichen Unterlassungsanspruchs setzt nunmehr voraus, dass die folgenden vier *eBay*-Kriterien (sog. „*four-factor test*") erfüllt sind. Dem Patentinhaber muss

> 1) ein irreparabler Schaden entstanden sein, wobei 2.) andere Ansprüche, wie monetärer Schadensersatz, für eine Schadenswiedergutmachung nicht ausreichend sind, und 3.) nach Abwägung der beidseitigen Interessen des Patentinhaber und des Patentverletzer sowie unter Berücksichtigung von Billigkeitsaspekten sich ergibt, dass ein Unterlassungsanspruch gerechtfertigt ist und auch 4.) öffentliche Belange durch den Unterlassungsanspruch nicht beeinträchtigt werden.[544]

Ob und welche Auswirkungen die FRAND-Lizenzerklärung für den Unterlassungsanspruch eines SEP-Inhabers hat, bleibt der späteren Darstellung vorbehalten.[545] Wird ein deutsches oder europäisches Patentrecht verletzt[546], stehen dem Patentinhaber Ansprüche auf Unterlassung[547], Vernichtung[548], Rückruf der patentverletzenden Erzeugnisse oder Entfernung derselben aus Vertriebswegen[549] zu. Der Unterlassungsanspruch nach § 139 Abs. 1 PatG wird

---

542 *Epstein/Noroozi*, 32 Berkeley Tech. L.J. 1381, 1406, 1407 (2017); *Hovenkamp*, 105 Cornell L. Rev. 101, 123 Fn. 104 (2020); *Werden/Froeb*, 27 (1) Tex. Intell. Prop. L.J. 1, 7 Fn. 22 (2019); *Ginsburg/Owings/Wright*, 14 (1) The Antitrust Source, 1, 2, 3 (2014); Mayer/Butler/Molnia, US-Patent, Rn. 1318.

543 *Bohannan/Hovenkamp*, 51 B.C.L. Rev. 905, 964 (2010); Mayer/Butler/Molnia, US-Patent, Rn. 1317.

544 eBay Inc. V. MercExchange, L.L.C., 547 U.S. 388, 391 (2006) („*According to well-established principles of equity, a plaintiff seeking a permanent injunction must satisfy a fourfactor test before a court may grant such relief. A plaintiff must demonstrate: (1) that it has suffered an irreparable injury; (2) that remedies available at law, such as monetary damages, are inadequate to compensate for that injury; (3) that, considering the balance of hardships between the plaintiff and defendant, a remedy in equity is warranted; and (4) that the public interest would not be disserved by a permanent injunction.*").

545 Näheres zu Unterlassungsklagen aus FRAND-unterworfenen SEP im Fünften Teil unter Abschnitt II. 6. a) bb), S. 346 ff.

546 Nach Art. 64 Abs. 1 EPÜ verleiht ein europäisches Patent seinem Inhaber dieselben Rechte wie ein nationales Patent; Benkard/*Osterrieth/Henke*, EPÜ, Art. 64 Rn. 1, 2.

547 § 139 Abs. 1 PatG.

548 § 140a Abs. 1 PatG.

549 § 140a Abs. 3 PatG.

verschuldensunabhängig gewährt, wenn ein objektiv widerrechtlicher Eingriff in den Schutzbereich des Patents vorliegt, wobei auch die ernsthafte Gefahr einer erstmaligen Verletzung genügt.[550] Rechtsvergleichend wird deutlich, dass im US-Patentrecht deutlich höhere Anforderungen für die erfolgreiche Geltendmachung eines Unterlassungsanspruches bestehen, insbesondere weil US-Gerichte hierfür Billigkeitsaspekte und öffentliche Belange berücksichtigen, die einen vorhersehbaren Ausgang eines solchen Anspruchs schwierig machen können.

Neben dem Unterlassungsanspruch sieht sowohl das deutsche[551] als auch US-Patentrecht die Möglichkeit von Schadensersatzansprüchen vor. Ausgangspunkt im US-Patentrecht ist, dass mit dem Schadensersatzanspruch dem Patentinhaber eine angemessene Entschädigung gewährt werden soll, dessen Höhe nicht weniger als das sein darf, was als angemessene Lizenzgebühr für die Benutzung der Erfindung hätte entrichtet werden müssen.[552] Die Bestimmung angemessener Lizenzgebühren für FRAND-unterworfene SEPs orientiert sich an den bereits dargestellten, modifizierten *Georgia-Pacific* Faktoren.[553] Darüber hinaus eröffnet 35 U.S.C. § 284 für das Gericht die Möglichkeit – nicht aber die Pflicht, den zu ersetzenden Schaden bis zum Dreifachen des festgestellten Lizenzbetrags zu erhöhen.[554] Damit sollen insbesondere vorsätzlicher Patentverletzungen (sog. „*willful infringement*") erfasst werden.[555] Ein Schadensersatzanspruch ist nach deutschem Patentrecht, der eine schuldhafte und rechtswidrige Verletzung eines Patentrechts voraussetzt[556], auf den einfachen Schadensbetrag begrenzt. Ein Schadensmultiplikator ist dem deutschen Patentrecht hingegen fremd. Zuletzt ist darauf hinzuweisen, dass im US-Patentrecht für den Fall des gerichtlichen Obsiegens des Patentinhabers gegen einen Verletzer auch hier der Grundsatz gilt, dass die obsiegende Partei die bei ihr angefallenen Anwaltskosten nur im Ausnahmefall erstattet verlangen kann[557], wobei US-Patentrechtsstreits oft lange, komplex und kostspielig

550 Benkard/*Grabinski/Zülch*, PatG, § 139 Rn. 27, 28; *Mes*, PatG, § 139 Rn. 42.

551 § 139 Abs. 2 PatG.

552 35 U.S.C. § 284; Mayer/Butler/Molnia, US-Patent, Rn. 1325.

553 Siehe dazu oben im Dritten Teil unter Abschnitt IV. 1. a) aa), S. 87 ff.

554 35 U.S.C. § 284: „the court may increase the damages up to three times the amount found or assessed."

555 *Hovenkamp*, 105 Cornell L. Rev. 101, 152 (2020); *Melamed/Shapiro*, 127 (7) Yale L.J. 2110, 2120 (2018).

556 Benkard/*Grabinski/Zülch*, PatG, § 139 Rn. 40; *Mes*, PatG, § 139 Rn. 107, 125.

557 35 U.S.C. § 285: The court in exceptional cases may award reasonable attorney fees to the prevailing party. In Fällen schikanöser Klagen von Patentinhabern, die an der

sind[558].

II. Komplementärfunktion und Spannungsverhältnis zwischen dem Patent- und Kartellrecht

Das Ziel des Patentrechts, seinem Inhaber ein langjähriges Monopolrecht mit umfassenden Exklusiv- und Ausschlussbefugnisse zu verleihen, und der Zweck des kartellrechtlichen Monopolisierungsverbots, unbeschränkten Wettbewerb zu fördern und die wettbewerbsfeindliche Ausnutzung solcher Monopolstellungen zu verhindern, stehen nur auf den ersten Blick in Widerspruch zueinander.[559] Über weite Teile des 20. Jahrhunderts war im US-Recht die Auffassung vorherrschend, dass beide Rechtsgebiete streng zu trennen sind und das, was patentrechtlich zulässig ist, auch vom Kartellrecht gestattet werden muss.[560] Diese Sichtweise ist inzwischen überholt. Heute hat sich die Sichtweise durchgesetzt, dass beide Regelwerke komplementäre Funktion haben und mit unterschiedlichen Mitteln einen gemeinsamen Zweck verfolgen, nämlich die Förderung von Innovation, Wettbewerb und Konsumentenwohlfahrt.[561] Diese Komplementärfunktion wird auch im europäischen Kartellrecht anerkannt.[562] Mit dem

---

Nutzung der patentierten Technologie kein Interesse haben, sondern Strategien verfolgen, die alleine darauf abzielen, mit Patentverletzungsklagen monetären Schadensersatz zu generieren, haben US-Gerichte teilweise entschieden, dass Beklagte unter bestimmten Umständen ihre Anwaltskosten erstattet verlangen können, vgl. Adjustacam, LLC v. Newegg, Inc., 861 F.3d 1353, 1361 (Fed. Cir. 2017); *Shapiro/Lemley*, 168 Univ. Pa. Law. Rev. 1, 4 Fn. 8 (2020).

558 Mayer/Butler/Molnia, US-Patent, Rn. 1106.

559 Instruktiv dazu Atari Games Corp. v. Nintendo of Am., Inc., 897 F.2d 1572, 1576 (Fed. Cir. 1990) („*the aims and objectives of patent and antitrust laws may seem, at first glance, wholly at odds.*").

560 Dazu u.a. Simpson v. Union Oil Co. of California, 377 U.S. 13, 24 (1964) („*The patent laws (…) are in pari materia with the antitrust laws, and modify them pro tanto.*"); zum Widerstreit aus historischer Betrachtung, siehe *Werden/Froeb*, 27 (1) Tex. Intell. Prop. L.J. 1, 12-15 (2019).

561 Jüngst dazu FTC v. Qualcomm Inc., 969 F.3d 974, 988 (9th Cir. 2020); Continental Auto. Sys., Inc. v. Avanci, LLC, 2020 WL 5627224, 11 (N.D. Tex. 2020); Atari Games Corp. v. Nintendo of Am., Inc., 897 F.2d 1572, 1576 (Fed. Cir. 1990); DoJ/FTC, Antitrust Guidelines for the Licensing of Intellectual Property, 2017, S. 3 (im Folgenden: IP-Antitrust Guidelines (2017)); *Bohannan/Hovenkamp*, 51 B.C.L. Rev. 905, 914 (2010).

562 Europäische Kommission, Horizontalleitlinien, Rn. 269; Europäische Kommission, TT-Leitlinien, Rn. 7; *Hötte*, S. 35, 36; *Körber*, Standardessentielle Patente,

Patentrecht soll innovative Tätigkeit gefördert und Unternehmen ermutigt werden, den Weg der vielfach unsicheren Innovationsforschung zu beschreiten.[563] Das Ergebnis dieser Innovationsbemühungen soll nicht nur ausreichend finanziell entlohnt, sondern der Patentinhaber auch davor geschützt werden, dass diese Forschungsbemühung und -findung durch „Trittbrettfahrer" ausgenutzt wird, die die Forschungsergebnisse abwarten und später mitnutzen.[564] Auch das Kartellrecht dient dem Zweck, innovative Tätigkeit zu fördern, weil Wettbewerb an sich die treibende Kraft dafür ist, dass Unternehmen in Forschung und Entwicklung investieren, die zu neuen und verbesserten Produkten oder effizienteren Verfahren führen können.[565] Verbraucher profitieren nicht nur von einem wettbewerbsintensiven Umfeld, in dem Produkte zu niedrigen Preisen und in größerer Produktvielfalt verfügbar sind, auch resultieren daraus Produkte mit höherer Qualität und innovativeren Eigenschaften.[566]

Wenngleich die beiden Regelwerke mit unterschiedlichen Mitteln einen gemeinsamen Zweck verfolgen, verleiht ein Patentrecht kein kartellrechtliches Privileg oder eine kartellrechtliche Immunität.[567] Dabei ist es weder der Bestand des Patents noch die hierdurch vermittelte rechtliche Monopolstellung an sich, die kartellrechtlich bedenklich sind[568], sondern der wettbewerbsschädigende

---

FRAND-Verpflichtungen und Kartellrecht, S. 37; vgl. *Schöler*, in: zu Waldeck und Pyrmont/Adelman/Brauneis/Drexl/Nack, Patents and Technological Progress in a Globalized World, 177, 178.

563 *Ramirez*, 4 (1) Ital. Antitrust Rev. 41, 43 (2017); *Werden/Froeb*, 27 (1) Tex. Intell. Prop. L.J. 1, 14 (2019).

564 *Ramirez*, 4 (1) Ital. Antitrust Rev. 41, 43 (2017); DoJ/FTC, IP-Antitrust Guidelines (2017), S. 2; dazu auch Europäische Kommission, Horizontalleitlinien, Rn. 269; Europäische Kommission, TT-Leitlinien, Rn. 7.

565 *Ramirez*, 4 (1) Ital. Antitrust Rev. 41, 42, 43 (2017); *Bohannan/Hovenkamp*, 51 B.C.L. Rev. 905, 916 (2010).

566 *Ramirez*, 4 (1) Ital. Antitrust Rev. 41, 43 (2017); *Bohannan/Hovenkamp*, 51 B.C.L. Rev. 905, 914 (2010); DoJ/FTC, Antitrust and IP-Report (2007), S. 1.

567 So ausdrücklich in U.S. v. Line Material Co., 333 U.S. 287, 308 (1948) („*patent or patents does not give the patentee any exemption from the provisions of the Sherman Act*"); In re Indep. Serv. Orgs. Antitrust Litig., 203 F.3d 1322, 1325 (Fed. Cir. 2000); Intergraph Corp. v. Intel Corp., 195 F.3d 1346, 1362 (Fed. Cir. 1999); *Werden/Froeb*, 27 (1) Tex. Intell. Prop. L.J. 1, 15 (2019).

568 U.S. v. Grinnell Corp., 384 U.S. 563, 570 (1966); U.S. v. Microsoft Corp., 253 F.3d 34, 51 (D.C. Cir. 2001); DoJ/FTC, IP-Antitrust Guidelines (2017), S. 4; so auch im europäischen Recht anerkannt, EuGH, Urteil v. 27.03.2012, Post Danmark I, Rs. C-209/10, ECLI:EU:C:2012:172, Rn. 21; EuGH, Urteil v. 08.06.1971, Deutsche Grammophon/Metro, Rs. 78/70, ECLI:EU:C:1971:59, Rn. 11; Europäische Kommission, Erläuterungen

Einsatz der durch ein Patent verliehenen Machtposition, der sich innerhalb der immanenten Grenzen dessen halten muss, was das Patentrecht gewährt[569]. Nach dem im US-Kartellrecht geltenden „*principle of symmetry*" wird die Ausübung eines Patentrechts auf der einen Seite zwar nicht kartellrechtlich privilegiert, auf der anderen Seite aber auch nicht strenger behandelt als missbräuchliche Verhaltensweisen im Zusammenhang mit sonstigen Eigentumsrechten.[570] Für FRAND-unterworfene SEPs gelten insofern auch keine abweichenden oder strengeren Grundsätze.[571]

Grundsätzlich verbietet das Kartellrecht nicht, was das Patentrecht seinem Inhaber an Schutzrechten verleiht, d.h. zum einen Ausschlussrechte gegenüber Dritten, mit der die Nutzung der patentgeschützten Erfindung untersagt werden kann, und zum anderen die freie Bestimmung, wer zu welchen Konditionen Patentlizenzen erhalten soll.[572] Auch nach Auffassung des EuGH besteht der spezifische und geschützte Kernbestand eines Patentrechts darin, die Erfindung hinsichtlich ihrer Herstellung und dem Inverkehrbringen entweder selbst oder durch die Einräumung von Lizenzen an Dritte zu verwerten, sowie das Recht, sich gegen Patentverletzungen zur Wehr zu setzen.[573] Allerdings kann auch die Geltendmachung patentimmanenter Rechte wettbewerbsschädigende Auswirkungen haben, vor denen sowohl das US- als auch europäische und deutsche

---

zu den Prioritäten der Kommission bei der Anwendung von Artikel 82 des EG-Vertrags auf Fälle von Behinderungsmissbrauch durch marktbeherrschende Unternehmen", ABl. C 45/02 v. 24.02.2009, Rn. 1 (im Folgenden: Durchsetzungsprioritäten).

569 Siehe dazu FTC v. Actavis, Inc., 570 U.S. 136, 162 (2013); U.S. v. Line Material Co., 333 U.S. 287, 310 (1948).

570 *Wright/Ginsburg*, 9 (2) CPI Antitrust Chronicles, 41, 42 (2013); vgl. *Ramirez*, 4 (1) Ital. Antitrust Rev. 41, 44 (2017); DoJ/FTC, IP-Antitrust Guidelines (2017), S. 3.

571 *Wong-Ervin/Hicks/Slonim*, 24 Geo. Mason L. Rev. 1091, 1096 (2017).

572 Schering-Plough Corp. v. FTC, 402 F.3d 1056, 1067 (11th Cir. 2005) („*a patent holder does not incur antitrust liability when it chooses to exclude others from producing its patented work*"); Intergraph Corp. v. Intel Corp., 195 F.3d 1346, 1362 (Fed. Cir. 1999); *Ramirez*, 4 (1) Ital. Antitrust Rev. 41, 43 (2017); *Layne-Farrar*, 6 (4) J.C.L. & E. 811, 823 (2010); *Lemley*, 90 Cal. L. Rev. 1889, 1944 (2002); vgl. *Arena/Bergmann/Himes*, 9 (3) E.C.J. 623, 647 (2013).

573 EuGH, Urteil v. 16.07.2015, Huawei/ZTE, Rs. C-170/13, ECLI:EU:C:2015:477, Rn. 46; EuGH, Urteil v. 18.02.1992, Kommission/Italien, Rs. C-235/89, ECLI:EU:C:1992:73, Rn. 17; so auch in der deutschen Rechtsprechung anerkannt, siehe BGH, Urteil v. 13.07.2004, KZR 40/02, Standard-Spundfaß, BGHZ 160, 67, 75, 76.

Kartellrecht schützen kann und will.[574] Verleiht ein Patentrecht seinem Inhaber nicht nur eine verwertungsrechtliche sondern kartellrechtliche Monopolstellung und wird diese Marktstellung in wettbewerbsschädigender Weise ausgenutzt, kann darin ein gegen das kartellrechtliche Missbrauchsverbot verstoßendes Verhalten liegen.

III. US-kartellrechtliche Normen zur Erfassung einseitiger und missbräuchlicher Verhaltensweisen

1. Quellen des US-kartellrechtlichen Missbrauchsrechts

a) Gesetzliche Grundlagen

Das US-amerikanische Kartellrecht (sog *U.S. Antitrust Law*) ist im Wesentlichen in „Title 15 – Commerce and Trade, Chapter 1 – Monopolies and Combinations in Restraint of Trade" des United States Code (U.S.C.) in den §§ 1-38 geregelt, worin die Regelungen des seit 1890 in Kraft befindliche Sherman Act und des Clayton Act von 1914, novelliert durch den Robinson Patman Act, enthalten sind. Dabei handelt es sich bundesgesetzliche Regelungen (*federal antitrust law*). Daneben existieren weitere Gesetze, die im Zusammenhang mit dem Kartellrecht stehen, jedoch besondere Regelungsbereiche betreffen, beispielsweise internationale Kooperationen zwischen Kartellbehörden.[575] Einseitige und wettbewerbsschädigende Verhaltensweisen eines Monopolisten können anhand von Sec. 2 Sherman Act auf ihre kartellrechtliche Zulässigkeit überprüft werden. Das darin enthaltene Marktmonopolisierungsverbot erfasst sowohl den Tatbestand der vollendeten als auch versuchten Monopolisierung. Zudem beinhaltet Sec. 2 Sherman Act ein Verbot des missbräuchlichen Zusammenwirkens mehrerer zur Marktmonopolisierung. Sec. 2 Sherman Act sieht ausdrücklich vor:

> *„Every person who shall monopolize, or attempt to monopolize, or combine or conspire with any other person or persons, to monopolize any part of the trade or commerce among the several States, or with foreign nations (…)."*

Mit den weit gefassten Tatbeständen der vollendeten und versuchten Marktmonopolisierung können einseitige wettbewerbsschädigende Verhaltensweisen von

574 DoJ/FTC, IP-Antitrust Guidelines (2017), S. 3; dazu EuGH, Urteil v. 16.07.2015, Huawei/ZTE, Rs. C-170/13, ECLI:EU:C:2015:477, Rn. 47; EuGH, Urteil v. 13.07.1966, Consten/Grundig, Rs. 56 und 58/64, ECLI:EU:C:1966:41, S. 394.

575 Weitere Beispiele zu spezialgesetzlichen kartellrechtlichen Regelungen siehe *Blechmann/Patterson*, in: FK, Bd. VI, Auslandsrechte, A. U.S.-Antitrust-Recht, Rn. 9 ff.

Personen oder Unternehmen erfasst werden. Die dritte Tatbestandsalternative des Zusammenwirkens bzw. Verschwörens zur Begründung einer Monopolstellung, erfordert eine entsprechende Vereinbarung von mehreren Unternehmen oder Personen[576] und hat mithin bei einseitigen Verhaltensweisen eines SEP-Inhabers keine Bedeutung. Sec. 2 Sherman Act verbietet mit seiner weiten Fassung eine Marktmonopolisierung bzw. den Versuch dazu, enthält aber weder eine Definition darüber, was unter „*monopolize*“ zu verstehen ist, noch sind Verhaltensweisen oder Regelbeispiele genannt, wann eine wettbewerbswidrige Monopolisierung vorliegt.[577]

Durch die Verabschiedung des Clayton Acts und der Novellierung desselben durch den Robinson Patman Act wurde das *U.S. Antitrust Law* um neue Missbrauchstatbestände ergänzt und bereits im Rahmen von Sec. 2 Sherman Act anerkannte Missbrauchsformen konkretisiert.[578] Sec. 2 (a) Clayton Act betrifft Preisdiskriminierungen[579], während Sec. 3 Clayton Act wettbewerbswidrige Exklusiv- und Kopplungspraktiken erfasst, allesamt Verhaltensweisen, die im Zusammenhang mit einseitigen Lizenzpraktiken grundsätzlich von Bedeutung sein können[580]. Die genannten Normen des Clayton Act sehen vor, dass sowohl diskriminierende Verhaltensweisen als auch Exklusiv- und Koppelungspraktiken kartellrechtswidrig sein können, wenn sie geeignet sind, den Wettbewerb erheblich zu beeinträchtigen oder dazu beitragen, eine Monopolstellung zu begründen[581].[582] Damit können wettbewerbsschädigende Verhaltensweisen bereits im Vorfeld an die Begründung einer Monopolstellung erfasst werden.[583] Finden die

576 Dazu *Blechmann/Patterson*, in: FK, Bd. VI, Auslandsrechte, A. U.S.-Antitrust-Recht, Rn. 82; *Sullivan/Hovenkamp/Shelanski/Leslie*, Antitrust Law, Policy, and Procedure, S. 828.

577 *Bohannan/Hovenkamp*, 51 B.C.L. Rev. 905, 919 (2010).

578 *Bohannan/Hovenkamp*, 51 B.C.L. Rev. 905, 920 (2010); *Sullivan/Hovenkamp/Shelanski/Leslie*, Antitrust Law, Policy, and Procedure, S. 35.

579 Sec. 2 Clayton Act, in der durch den Robinson Patman Act geänderten Fassung. Teilweise wird diese Norm auch unter Nennung des Robinson Patman Act zitiert.

580 *Blechmann/Patterson*, in: FK, Bd. VI, Auslandsrechte, A. U.S.-Antitrust-Recht, Rn. 8. Teilweise kann ein Verhalten sowohl nach Sec. 2 Sherman Act als auch als wettbewerbsbeschränkende Vereinbarungen nach Sec. 1 Sherman Act zu beurteilen sein, insbesondere bei Exklusiv- und Kopplungspraktiken, vgl. *Sullivan/Hovenkamp/Shelanski/Leslie*, Antitrust Law, Policy, and Procedure, S. 808, 809.

581 Sec. 2 und Sec. 3 Clayton Act setzen jeweils voraus, dass die Verhaltensweise geeignet ist „*to substantially lessen competition or tend to create a monopoly*“.

582 *Bohannan/Hovenkamp*, 51 B.C.L. Rev. 905, 920 (2010).

583 *Sullivan/Hovenkamp/Shelanski/Leslie*, Antitrust Law, Policy, and Procedure, S. 35.

Tatbestände des Clayton Act keine Anwendung, kann auf Sec. 2 Sherman Act zurückgegriffen werden, der einerseits zwar einen umfassenderen Anwendungsbereich hat, andererseits aber strengere Anforderungen an die Monopolstellung stellt.[584] Neben den kartellrechtlichen Regelungen auf Bundesebene existieren in den jeweiligen Bundesstaaten teilweise eigene Kartellgesetze (*state antitrust law*), deren Inhalt und Umfang teilweise voneinander abweichen, die jedoch grundsätzlich mit dem *Federal Antitrust Law* übereinstimmen und vergleichbare Regelungen zu Sec. 2 Sherman Act enthalten.[585] Eine Auseinandersetzung mit den jeweiligen bundesstaatlichen Regelungen ist deshalb nicht erforderlich.

Die Regelungen im Sherman Act und Clayton Act, anhand derer einseitige missbräuchliche Verhaltensweisen eines SEP-Inhabers auf ihre kartellrechtliche Rechtmäßigkeit hin überprüft werden können, bilden nur den Ausgangspunkt und den Rahmen einer kartellrechtlichen Prüfung. Das US-Kartellrecht ist in erheblichem Maße von umfangreichem Richterrecht (*Case Law*) geprägt, das die kartellrechtlichen Vorschriften ausgeformt, inhaltlich gestaltet und entwickelt hat.[586] Da Richterrecht im US-Recht derselbe Rang zukommt wie einer gesetzlichen Bestimmung[587], ist die kartellrechtliche Würdigung einzelner Verhaltensweisen maßgeblich von der Frage beeinflusst, inwieweit Übereinstimmungen oder Abweichungen zu vorangegangen Präzedenzfällen bestehen oder nicht. Die nachfolgenden Erläuterungen zum US-Kartellrecht und die rechtliche Einordnung missbräuchlicher Lizenzpraktiken durch SEP-Inhaber sind daher – wie in *Common Law Countries* wie den USA üblich – in besonderem Maße an die Aufarbeitung und Darstellung des *Case Laws* geknüpft.

b) Grundlagen wettbewerbstheoretischer Konzepte im US-Kartellrecht

Das US-Kartellrecht wird durch die beiden konkurrierenden wettbewerbstheoretischen Lehren der *Harvard School* und der *Chicago School* geprägt.[588] Die

---

584 *Hovenkamp*, 105 Cornell L. Rev. 101, 116 (2020).

585 *Blechmann/Patterson*, in: FK, Bd. VI, Auslandsrechte, A. U.S.-Antitrust-Recht, Rn. 15 Fn. 3, wonach in vielen Fällen ein Verstoß gegen das *Federal Antitrust Law* auch zugleich dem Recht der jeweiligen *States* unterliegt, u.a. mit Verweis auf State of Ill. ex Rel. Burris v. Panhandle E. Pipe Line Co., 935 F.2d 1469, 1479, 1480 (7th Cir. 1991).

586 *Blechmann/Patterson*, in: FK, Bd. VI, Auslandsrechte, A. U.S.-Antitrust-Recht, Rn. 5, 14.

587 Zum amerikanischen Recht als Richterrecht, *Hay*, US-amerikanisches Recht, Rn. 19 ff.

588 Grundlegend zu den beiden Ansätzen der *Harvard School* und der *Chicago* School im Vergleich, *Piraino*, 82 Indiana Law Rev. 345 ff. (2007); teilweise werden die jeweiligen

Harvard School[589], die sich Mitte des 20. Jahrhunderts entwickelt hat, geht von einem spezifischen Kausalverhältnis zwischen Marktstruktur, Marktverhalten und Marktergebnis aus („*structure-conduct-performance*"), wonach die jeweilige Marktstruktur Einfluss auf das Verhalten der Marktakteure hat, das wiederum Auswirkungen auf das Marktergebnis hat.[590] Eine hohe Marktkonzentration und hohe Marktzutrittsschranken begünstigen danach, dass die Marktteilnehmer ihr Verhalten in wettbewerbsschädigender Weise aufeinander abstimmen können.[591] Nach den Vertretern der *Harvard School* besteht der primäre Zweck des *Antitrust Law's* darin, kleinere Unternehmen vor marktmächtigen Unternehmen zu schützen.[592] Aus diesem Grund wird eine Wettbewerbspolitik befürwortet, mit der hohe Marktkonzentrationen verhindert werden[593], selbst wenn daraus geringere Kosten und niedrigere Preise für die Verbraucher folgen[594]. Um dieses Ziel zu erreichen, werden insbesondere auch Eingriffe in die Marktstruktur in Form von Entflechtungen befürwortet.[595]

Nach den Vertretern der *Chicago School*[596], die sich Ende der 1960er Jahre formiert hat, soll Wettbewerbspolitik nur ein Ziel verfolgen: Das der Maximierung

---

Lehren weiter unterteilt, u.a. *Chicago*, *Post-Chicago* und *Neo-Chicago* Konzepte, wobei eine weitere Differenzierung für die Zwecke der Arbeit nicht erforderlich ist. Dazu *Kobayashi/Muris*, 78 Antitrust L.J. 147 (2012).

589 Bedeutende Vertreter der *Harvard School* sind u.a. *Joe S. Bain*, *Edward S. Mason*, *John M. Clark*, *Carl Kaysen* und *Donald F. Turner*, vgl. dazu Kling/Thomas, Kartellrecht, § 2 Rn. 39 Fn. 154 und *Kerber/Schwalbe*, in: MüKo WettbR, Bd. I, Grdl. Rn. 82 Fn. 156.

590 Grundlegend zum „*structure-conduct-performance paradigm*", *Ferguson/Ferguson*, Industrial Economics, S. 13 ff.; *Piraino*, 82 Indiana Law Rev. 345, 348, 349 (2007); aus der deutschen Literatur zu *Harvard School* siehe u.a. *Burghartz*, S. 72, 73 und *Kerber/Schwalbe*, in: MüKo WettbR, Bd. I, Grdl. Rn. 82-84.

591 *Weiss*, 127 Univ. Pa. Law. Rev. 1104, 1105, 1106, 1115 (1979); *Piraino*, 82 Indiana Law Rev. 345, 348, 349 (2007).

592 *Piraino*, 82 Indiana Law Rev. 345, 349 (2007).

593 *Kaysen/Turner*, Antitrust Policy, S. 44, 45.

594 *Piraino*, 82 Indiana Law Rev. 345, 349 (2007).

595 *Kaysen/Turner*, Antitrust Policy, S. 46; *Weiss*, 127 Univ. Pa. Law. Rev. 1104, 1139, 1140 (1979).

596 Zu den bekanntesten Vertretern der *Chicago School* gehören unter anderem *R. Bork*, *R. Posner*, *G. Stigler* und *H. Demsetz*; vgl. dazu Kling/Thomas, Kartellrecht, § 2 Rn. 39 Fn. 155; zur Entwicklung des *Chicago School Antitrust Analysis*, siehe *Posner*, 127 Univ. Pa. Law. Rev. 925-933 (1979).

der Konsumentenwohlfahrt.[597] Mit Hilfe der Ökonomie soll beurteilt werden, welche Marktstrukturen und Verhaltensweisen schädigende und welche positive Effekte haben.[598] Die *Chicago School* folgt dem Konzept des „*survival of the fittest*", wonach sich aus den freien Marktkräften langfristig betrachtet stets die beste und effizienteste Marktstruktur selbst herausbildet und die leistungsfähigsten Unternehmen überleben, ohne dass ein regulierender Eingriff durch den Staat erforderlich ist.[599] Vertreter der *Chicago School* lehnen die These der *Harvard School* ab, dass konzentrierte Märkte zu schlechteren Wettbewerbsparameter führen und sprechen sich gegen eine Wettbewerbspolitik aus, bei der der Staat in den Markt regulierend und dekonzentrierend eingreift.[600] Staatliche Eingriffe in den Wettbewerbsprozess sollen weitestgehend unterbleiben und nur ausnahmsweise gerechtfertigt sein, wenn nach eingehender Prüfung der wettbewerblichen Effekte offensichtlich ist, dass ein wettbewerbswidriges Verhalten schädigende Auswirkungen auf die Konsumentenwohlfahrt hat.[601]

Die praktischen Auswirkungen und Einflüsse der *Harvard School* und der *Chicago School* lassen sich teilweise auch im Zusammenhang mit der Beurteilung missbräuchlicher SEP-Lizenzpraktiken erkennen, auf die an der jeweiligen Stelle hingewiesen wird.

---

597 Bork, The Antitrust Paradox, S. 51 („*the only legitimate goal of American antitrust law is the maximization of consumer welfare*"); *Piraino*, 82 Indiana Law Rev. 345, 350 (2007).

598 Bork, The Antitrust Paradox, S. 7; *Posner*, 127 Univ. Pa. Law. Rev. 925, 933, 934 (1979); *Kobayashi/Muris*, 78 Antitrust L.J. 147, 155 (2012); aus der deutschen Literatur zur *Chicago School* siehe u.a. *Burghartz*, S. 73-75 und *Kerber/Schwalbe*, in: MüKo WettbR, Bd. I, Grdl. Rn. 88-93.

599 Das „*survival*" Konzept geht u.a. auf *Stigler* zurück, siehe *Demsetz*, 101 (5) J. Political Econ. 793, 795, 802 (1993); *Piraino*, 82 Indiana Law Rev. 345, 350 (2007); vgl. *Hovenkamp*, 64 (4) Tex. L. Rev. 645, 683, 684 (1985); dazu aus der deutschen Literatur *Kerber/Schwalbe*, in: MüKo WettbR, Bd. I, Grdl. Rn. 90.

600 *Posner*, 127 Univ. Pa. Law. Rev. 925, 933, 944 (1979); *Ders*, Antitrust Law, S. 268; vgl. Bork, The Antitrust Paradox, S. 192.

601 *Piraino*, 82 Indiana Law Rev. 345, 350 (2007).

2. Abgrenzung zur lauterkeitsrechtlichen Regelung des Sec. 5 FTC Act

Kein Bestandteil des *U.S. Antitrust Law* und davon abzugrenzen ist die Regelung in Sec. 5 (a) (1) Federal Trade Act[602] (FTC Act), mit der generalklauselartig einseitige und unfaire Wettbewerbshandlungen erfasst werden können:

> *„Unfair methods of competition in or affecting commerce, and unfair or deceptive acts or practices in or affecting commerce, are hereby declared unlawful."*

Verstößt ein Verhalten gegen den Sherman Act oder Clayton Act – d.h. gegen das *U.S. Antitrust Law* – ist damit zugleich immer auch einen Verstoß gegen Sec. 5 (a) (1) FTC Act gegeben. Die allein für die Durchsetzung des FTC Acts zuständige FTC kann daher kartellrechtswidrige Verhaltensweisen indirekt als Verstoß gegen Sec. 5 (a) (1) FTC Act ahnden.[603] Mit der Regelung können aber auch solche unfairen Wettbewerbshandlungen geahndet werden, die nicht die höheren Voraussetzungen für einen Verstoß gegen den Sherman Act oder Clayton Act erfüllen. Bloß unlautere, nicht aber zugleich kartellrechtswidrige Verhaltensweisen können auf *„standalone basis"* von Sec. 5 (a) (1) FTC Act verfolgt werden.[604] Dabei ist nicht definiert, wann eine Wettbewerbshandlung *„unfair"* ist. Allerdings hat die FTC die Kriterien aufgestellt, anhand derer sie beurteilt, ob sie gegen eine mutmaßlich unfaire Verhaltensweise auf *„standalone basis"* – d.h. ohne zugleich auf einen Kartellrechtsverstoß abzustellen – vorgeht. Dabei berücksichtigt die FTC,

> 1) die öffentliche Ordnung, die den Kartellgesetzen zugrundliegt, insbesondere die Förderung der Konsumentenwohlfahrt, 2.) die Wahrscheinlichkeit, dass das unfaire Verhalten den Wettbewerb oder Wettbewerbsprozess beeinträchtigen kann und 3.) die

---

602 15 U.S.C. § 45 (a) (1).

603 *Contreras*, 2 (5) Utah L. Rev. 479, 529 (2015); *Ramirez*, 4 (1) Ital. Antitrust Rev. 41, 49 (Fn. 20) (2017); vgl. Posner, Antitrust Law, S. 44; *Patterson*, in: FK, Bd. VI, Auslandsrechte, A. U.S.-Antitrust-Recht, Rn. 120.

604 FTC, Statement of Enforcement Principles Regarding "Unfair Methods of Competition" Under Section 5 of the FTC Act, 2015; grundlegend zum weiteren Anwendungsbereich von Sec. 5 FTC Act *Kovacic/Winerman*, 76 Antitrust L.J. 929, 930 ff. (2010); *Contreras*, 2 (5) Utah L. Rev. 479, 529 (2015); *Sullivan/Hovenkamp/Shelanski/Leslie*, Antitrust Law, Policy, and Procedure, S. 35; *Hovenkamp*, 105 Cornell L. Rev. 101, 104 Fn. 10 (2020).

Möglichkeit, die Verhaltensweise auf Grundlage des Sherman Acts oder Clayton Acts zu ahnden, ohne auf Sec. 5 FTC Act zurückgreifen zu müssen.[605]

Damit können von Sec. 5 FTC Act weitergehendere Verhaltensweisen erfasst werden, die außerhalb des Anwendungsbereich von Sec. 2 Sherman Act und den Regelungen des Clayton Acts liegen.[606] Auch mit Blick auf die Rechtsfolgenseite und die Berechtigung zur Geltendmachung eines Verstoßes gegen Sec. 5 FTC Act wird deutlich, warum diese nicht dem US-Kartellrecht (*U.S. Antitrust Law*) zugerechnet werden kann. Nur die FTC kann unfaire, gegen Sec. 5 (a) (1) FTC Act verstoßende Wettbewerbshandlungen ahnden und dafür nur Aufsichts- und Unterlassungsverfügungen erlassen (*cease and desist orders*[607]) sowie im Fall einer Zuwiderhandlung gegen diese Verfügungen monetäre Sanktionen verhängen[608]. Eine Zuwiderhandlung nur gegen Sec. 5 (a) (1) FTC Act, ohne gleichzeitig einen Verstoß gegen Sec. 2 Sherman Act oder den Clayton Act zu ahnden, führt weder zu strafrechtlichen Sanktionen oder Bußgeldern, noch zu zivilrechtliche Ansprüche in Form des dreifachen Kartellschadensersatz (*treble damages*) nach Sec. 4 Clayton Act.[609] Ein kartellrechtlicher Dreifachschadensersatz ist danach nur möglich, wenn ein Verstoß gegen die „*antitrust laws*" vorliegt:

„*any person who shall be injured (…) by reason of anything forbidden in the antitrust laws (…) shall recover threefold the damages by him sustained (…).*"

Nach der Definition des Begriffs „Antitrust laws" in Sec. 1 (a) Clayton Act sind die Regelungen des FTC Act davon nicht umfasst:

605 FTC, Statement of Enforcement Principles Regarding "Unfair Methods of Competition" Under Section 5 of the FTC Act, 2015; vgl. *Patterson*, in: FK, Bd. VI, Auslandsrechte, A. U.S.-Antitrust-Recht, Rn. 119.

606 Siehe *U.S. Supreme Court*, FTC v. Motion Picture Advertising Service Co., 344 U.S. 392, 394 (1953); FTC v. Sperry & Hutchinson Co., 405 U.S. 233, 245 (1972); *Contreras*, 2 (5) Utah L. Rev. 479, 529 (2015); *Kovacic/Winerman*, 76 Antitrust L.J. 929, 930 (2010); *Hesse/Marshall*, in: Contreras, The Cambridge Handbook of Technical Standardization Law, S. 270.

607 Sec. 5 (b) FTC Act.

608 Sec. 5 (l), (m) FTC Act.

609 *Sullivan/Hovenkamp/Shelanski/Leslie*, Antitrust Law, Policy, and Procedure, S. 66; *Contreras*, 2 (5) Utah L. Rev. 479, 532, 533 (2015); *Kovacic/Winerman*, 76 Antitrust L.J. 929, 930, 931 (2010); *Hovenkamp*, 105 Cornell L. Rev. 101, 155 Fn. 261 (2020); vgl. *Ohly*/Sosnitza, UWG, Einf B Rn. 68; *Hartmann*, S. 240; unzutreffend *Brakhahn*, S. 218, wonach ein Verstoß gegen Sec. 5 FTC Act kartellrechtliche *treble damages* und strafrechtliche Sanktionen auslösen könne.

„*(a) "Antitrust laws," as used herein, includes the Act entitled "An Act to protect trade and commerce against unlawful restraints and monopolies," approved July second, eighteen hundred and ninety* [Sherman Act]; (…) *and also this Act* [Clayton Act].“[610]

Verstöße gegen Sec. 5 FTC Act können auch nicht im Wege privater Klagen, sei es durch Private oder das DoJ, geltend gemacht werden.[611] Eine Einordnung in den kartellrechtlichen Kontext ist allenfalls in dem Sinn möglich, dass bei Verhaltensweisen, die gegen den Sherman Act oder Clayton Act und mithin zugleich gegen Sec. 5 (a) (1) FTC Act verstoßen, die Zuständigkeit der FTC begründet werden kann, kartellrechtswidrige Verhaltensweise mit lauterkeitsrechtlichen Mitteln zu verfolgen. Die FTC kann Sec. 2 Sherman Act sowie die Regelungen im Clayton Act daher nur indirekt durchsetzen, wenn deren höhere Tatbestandsvoraussetzungen erfüllt sind. Im Ergebnis ist Sec. 5 (a) FTC Act damit eine lauterkeits- bzw. wettbewerbsrechtliche Regelung (*Competition Law*[612]), kann aber nicht dem *U.S. Antitrust Law* zugeordnet werden.[613] Zwar können mit Sec. 5 (a) FTC Act kartellrechtlich relevante und nicht von Sec. 2 Sherman Act erfassbare unlautere Verhaltensweisen geahndet werden, was auch im Zusammenhang mit unfairen Lizenzpraktiken eines SEP-Inhabers von Bedeutung sein kann. Allerdings bleibt dieses Rechtsgebiet für die Zwecke der sich auf das *U.S. Antitrust Law* beschränkenden Arbeit außer Betracht.

IV. Anwendungsbereich und Voraussetzungen der US-kartellrechtlichen Missbrauchstatbestände

1. Marktmonopolisierungstatbestände in Sec. 2 Sherman Act

a) Vollendete Marktmonopolisierung – actual monopolization

Die erste Tatbestandsalternative in Sec. 2 Sherman Act enthält einen Erfolgstatbestand, der an die erfolgreich vollendete Monopolisierung eines Marktes

---

610 Die ausgelassenen Stellen betreffen jeweils sondergesetzliche Bereiche oder Altfassungen. Die vollständige Norm ist im Anhang abgedruckt. Die Zusätze in den eckigen Klammern wurden aus Gründer der Verständlichkeit vom Verfasser eingefügt.

611 *Sullivan/Hovenkamp/Shelanski/Leslie*, Antitrust Law, Policy, and Procedure, S. 66; *Scher*, in Scher/Scott, Antitrust Adviser, § 3:6, S. 2.

612 *Contreras*, 2 (5) Utah L. Rev. 479, 523 (2015) spricht differenzierend von „*antitrust and competition law*“.

613 *Scher*, in Scher/Scott, Antitrust Adviser, § 3:6, S. 2 („*it* [§ 5 FTC Act] *is not considered one of the antitrust laws*“); *Hartmann*, S. 240; *Ohly*/Sosnitza, UWG, Einf B Rn. 68; *Hay*, US-amerikanisches Recht, Rn. 635; *Petrovčič*, S. 64 Fn. 172.

anknüpft. Der Norm selbst ist außer der wettbewerbsrelevanten Verhaltensweise „*to monopolize*" nicht zu entnehmen, welche Tatbestandsvoraussetzungen im Einzelnen erfüllt sein müssen. Nach der Rechtsprechung des *U.S. Supreme Court* ist eine vollendete Marktmonopolisierung an das Vorliegen von zwei Voraussetzungen geknüpft (sog. *two-element test*):

> 1.) Das Innehaben einer Monopolstellung auf einem relevanten Markt und 2.) die gewollte Begründung oder Aufrechterhaltung dieser Monopolstellung, in Abgrenzung zur Erlangung oder Erhaltung einer solchen Marktstellung durch internes Wachstum und Entwicklung als Folge eines überlegenen Produkts, durch Geschäftstüchtigkeit oder historischen Zufall.[614]

Einer kartellrechtlichen Überprüfung kann mithin der erfolgreiche Marktmonopolisierungsprozess an sich unterzogen werden, sprich die Art und Weise, wie eine Monopolstellung erfolgreich begründet wird oder mit welchen Verhaltensweisen eine solche Monopolstellung erfolgreich aufrechterhalten wird, d.h. die Ausübung von Monopolmacht. Anhand des vom *U.S. Supreme Court* aufgestellten *two-element test* wird seit dem und in ständiger Rechtsprechung geprüft, ob eine vollendete Marktmonopolisierung vorliegt.[615] Dafür ist in einem ersten Schritt der relevante Markt abzugrenzen und die Marktstellung zu bewerten, um in einem zweiten Schritt zu überprüfen, ob eine Monopolstellung durch wettbewerbsfeindliches oder ausschließendes Verhalten begründet oder erhalten wird.[616]

---

614 U.S. v. Grinnell Corp., 384 U.S. 563, 570, 571 (1966) („*The offense of monopoly under § 2 of the Sherman Act has two elements: (1) the possession of monopoly power in the relevant market and (2) the willful acquisition or maintenance of that power as distinguished from growth or development as a consequence of a superior product, business acumen, or historic accident.*"); *Blechmann/Patterson*, in: FK, Bd. VI, Auslandsrechte, A. U.S.-Antitrust-Recht, Rn. 72.

615 *U.S. Supreme Court* Entscheidungen dazu, siehe Verizon Communications Inc. v. Law Offices of Curtis V. Trinko, LLP, 540 U.S. 398, 407 (2004); Eastman Kodak Co. v. Image Technical Services, Inc., 504 U.S. 451, 481 (1992); Aspen Skiing v. Aspen Highlands Skiing, 472 U.S. 585, 595, 596 und Fn. 19 (1985); Broadcom Corp. v. Qualcomm Inc., 501 F.3d 297, 306, 307 (3d Cir. 2007); U.S. v. Microsoft Corp., 253 F.3d 34, 50 (D.C. Cir. 2001).

616 Verizon Communications Inc. v. Law Offices of Curtis V. Trinko, LLP, 540 U.S. 398, 407 (2004) („*possession of monopoly power will not be found unlawful unless it is accompanied by an element of anticompetitive conduct.*").

aa) Monopolmacht auf dem relevanten Markt

Monopolmacht wird in ständiger Rechtsprechung als die Macht definiert, Preise auf einem Markt kontrollieren oder Wettbewerb auf einem Markt auszuschließen zu können.[617] Für die Bemessung der Marktmacht ist als notwendiger Erstschritt der relevante Markt sowohl in sachlicher als auch geografischer Hinsicht zu bestimmen und abzugrenzen[618], um anschließend die Monopolmacht bewerten zu können, die regelmäßig durch einen überlegenen Marktanteil indiziert wird[619].

bb) Wettbewerbswidrige Verhaltensweise

Während das erstgenannte Tatbestandsmerkmal aus sich heraus verständlich ist, ist dies bei zweiten Merkmal weniger offensichtlich. Im Rahmen des zweiten Merkmals richtet sich der Fokus auf die Art und Weise des monopolistischen Verhaltens („*monopoly conduct requirement*"), mit dem die Monopolstellung begründet oder erhalten wird.[620] Eine beispielhafte Aufzählung einzelner missbräuchlicher Verhaltensweisen, wie dies in Art. 102 S. 2 AEUV oder in § 19 Abs. 2 GWB vorgesehen ist, fehlt bei Sec. 2 Sherman Act, der vielmehr durch eine einzelfallspezifische, durch die Rechtsprechung entwickelte Kasuistik des „*anticompetitive conduct*" geprägt ist.[621] Ein unzulässiges marktmonopolisierendes Verhalten liegt vor, wenn die Monopolmacht durch wettbewerbsfeindliches, Wettbewerber ausschließendes oder verdrängendes Verhalten („*anticompetitive*" oder „*exclusionary conduct*") begründet oder aufrechterhalten wird[622], das nicht

---

617 U.S. v. E. I. du Pont de Nemours & Co., 351 U.S. 377, 391 (1956) („*Monopoly power is the power to control prices or exclude competition.*"); Aspen Skiing v. Aspen Highlands Skiing, 472 U.S. 585, 596 und Fn. 20 (1985); Eastman Kodak Co. v. Image Technical Services, Inc., 504 U.S. 451, 481 (1992).

618 *Sullivan/Hovenkamp/Shelanski/Leslie*, Antitrust Law, Policy, and Procedure, S. 641; Näheres zur Marktabgrenzung und Marktmacht im Allgemeinen und speziell für SEPs im Fünften Teil unter Abschnitt I., S. 175 ff.

619 U.S. v. Grinnell Corp., 384 U.S. 563, 571 (1966); Eastman Kodak Co. v. Image Technical Services, Inc., 504 U.S. 451, 464 (1992); McWane, Inc. v. Fed. Trade Comm'n, 783 F.3d 814, 830 (11th Cir. 2015).

620 *Sullivan/Hovenkamp/Shelanski/Leslie*, Antitrust Law, Policy, and Procedure, S. 669.

621 Eine allgemeine, nicht abschließende Aufzählung einseitiger Verhaltensweisen mit wettbewerbswidrigen Effekten ist enthalten in *Fastow*, in Scher/Scott, Antitrust Adviser, § 2:11 S. 1.

622 Verizon Communications Inc. v. Law Offices of Curtis V. Trinko, LLP, 540 U.S. 398, 407 (2004); FTC v. Qualcomm Inc., 969 F.3d 974, 990 (9th Cir. 2020); *Cotter*, 22 Tex. Intell. Prop. L.J. 332 und Fn. 98 (2014); *Sullivan/Hovenkamp/Shelanski/Leslie*, Antitrust

Ausdruck des gewünschten Leistungswettbewerbs auf dem Markt ist („*competition on the merits*“)[623]. Nicht das Innehaben einer rechtmäßig erlangten marktmächtigen Stellung oder das Ausüben derselben verstoßen gegen Sec. 2 Sherman Act, sondern die wettbewerbsfeindliche Art und Weise, wie eine solche Position erlangt oder aufrechterhalten wird.[624] Das Verhalten muss geeignet sein, den Wettbewerbsprozess an sich und in der Folge die Konsumentenwohlfahrt zu beeinträchtigen, während – wie US-Gerichte mehrfach festgehalten haben – eine bloße Schädigung von Wettbewerbern nicht genügt.[625]

In der älteren US-Rechtsprechung wurde der Nachweis eines bedingten Vorsatzes zur Marktmonopolisierung als ausreichendes Indiz für eine Schädigung des Wettbewerbs angesehen[626]; dies allein genügt allerdings inzwischen nicht mehr[627]. Mittlerweile besteht Einigkeit darüber, dass kein Monopolist in Unbewusstsein darüber handelt, was er tut, d.h. dass er monopolisiert, und dass subjektive Kriterien nicht über die kartellrechtliche Legalität eines Verhaltens entscheiden können.[628] Der Fokus der kartellrechtlichen Untersuchung liegt inzwischen vielmehr darauf, welche positiven wie negativen wettbewerblichen Effekte die jeweilige Verhaltensweise bewirkt, wenngleich die Leitmotive für ein Verhalten als Indiz dafür herangezogen werden, die Hintergründe und

---

Law, Policy, and Procedure, S. 668, 669; *Blechmann/Patterson*, in: FK, Bd. VI, Auslandsrechte, A. U.S.-Antitrust-Recht, Rn. 80.

623 Aspen Skiing v. Aspen Highlands Skiing, 472 U.S. 585, 605 (1985); Broadcom Corp. v. Qualcomm Inc., 501 F.3d 297, 308 (3d Cir. 2007); U.S. v. Microsoft Corp., 253 F.3d 34, 59 (D.C. Cir. 2001); *Bloch/Kamann/Brown/Schmidt*, ZWeR 2005, 325, 340.

624 Verizon Communications Inc. v. Law Offices of Curtis V. Trinko, LLP, 540 U.S. 398, 407 (2004); Berkey Photo, Inc. v. Eastman Kodak Co., 603 F.2d 263, 275 (2d Cir. 1979); *Sullivan/Hovenkamp/Shelanski/Leslie*, Antitrust Law, Policy, and Procedure, S. 668.

625 Spectrum Sports, Inc. v. McQuillan, 506 U.S. 447, 458 (1993); Brooke Group Ltd. v. Brown & Williamson Tobacco Corp., 509 U.S. 209, 225 (1993); Brunswick Corp. v. Pueblo Bowl-O-Mat, Inc., 429 U.S. 477, 478, 488 (1977); FTC v. Qualcomm Inc., 969 F.3d 974, 990 (9th Cir. 2020); U.S. v. Dentsply Intern., Inc., 399 F.3d 181, 187 (3d Cir. 2005); U.S. v. Microsoft Corp., 253 F.3d 34, 58 (D.C. Cir. 2001).

626 U.S. v. Aluminium Co. of America, 148 F.2d 416, 432 (2d Cir. 1945).

627 McWane, Inc. v. Fed. Trade Comm'n, 783 F.3d 814, 840 (11th Cir. 2015); U.S. v. Microsoft Corp., 253 F.3d 34, 59 (D.C. Cir. 2001); *Blechmann/Patterson*, in: FK, Bd. VI, Auslandsrechte, A. U.S.-Antitrust-Recht, Rn. 80a.

628 Aspen Skiing v. Aspen Highlands Skiing, 472 U.S. 585, 602, 603 (1985); Times-Picayune Pub. Co. v. U.S., 345 U.S. 594, 626 (1953); *Bloch/Kamann/Brown/Schmidt*, ZWeR 2005, 325, 341.

wahrscheinlichen Auswirkungen besser nachvollziehen zu können.[629] Sind wettbewerbsschädigende Effekte zu bejahen, kann ein Verstoß gegen Sec. 2 Sherman Act dennoch abzulehnen sein, wenn wettbewerbliche Rechtfertigungsgründe erfolgreich vorgebracht werden können (*procompetitive justification*).[630] Im Rahmen von Sec. 2 Sherman Act wird primär auf Grundlage einer „*rule of reason*“ Analyse[631] untersucht, ob ein Verhalten negative oder überwiegend positive wettbewerbliche Auswirkungen hat[632], wobei die Darlegungs- und Beweislast dem sog. „*three-part burden-shifting test*“ folgt: Kann ein Kläger in einem ersten Schritt einen *prima facie* Nachweise darüber erbringen, dass ein Verhalten wettbewerbsschädigende Effekte hat, kann ein Monopolist in einem zweiten Schritt versuchen, dies durch das Vorbringen wettbewerbsfördernder Auswirkungen zu widerlegen. Gelingt dies dem Monopolist, muss der Kläger – in einem dritten Schritt – entweder die vorgebrachten wettbewerbsfördernder Effekte widerlegen oder jedenfalls nachweisen, dass die wettbewerbsschädigende Effekte überwiegen.[633]

Eine trennscharfe Zweiteilung zwischen zulässigen Verhaltensweisen auf der einen Seite, bei denen die Monopolstellung letztlich durch unternehmensinternes Wachstum, überlegener Produkttechnologie oder Geschäftstüchtigkeit begründet oder erhalten wird, und der Erlangung oder Erhaltung einer solchen Marktstellung durch wettbewerbsfeindliche Verhaltensweisen auf der anderen

---

629 U.S. v. Microsoft Corp., 253 F.3d 34, 59 (D.C. Cir. 2001); McWane, Inc. v. Fed. Trade Comm'n, 783 F.3d 814, 840 (11th Cir. 2015).

630 Siehe dazu Eastman Kodak Co. v. Image Technical Services, Inc., 504 U.S. 451, 483 (1992); U.S. v. Dentsply Intern., Inc., 399 F.3d 181, 196 (3d Cir. 2005); FTC v. Qualcomm Inc., 969 F.3d 974, 991 (9th Cir. 2020); U.S. v. Microsoft Corp., 253 F.3d 34, 58, 59 (D.C. Cir. 2001).

631 *Fastow*, in Scher/Scott, Antitrust Adviser, § 2:12 („*Rule of Reason is the presumptive mode of analysis for monopolization and attempted monopolization claims under Section 2.*“); *Patterson*, in: FK, Bd. VI, Auslandsrechte, A. U.S.-Antitrust-Recht, Rn. 124; grundlegend zur Entwicklung der Typologie von *per se* kartellrechtswidrigen Verhaltensweisen, bei denen eine Rechtfertigung ausscheidet (u.a. horizontale Preisabsprachen) und *rule of reason* Fällen, die einer Rechtfertigungsanalyse durch wettbewerbliche Effizienzgewinnen zugänglich sind, *Piraino*, 64 S. Cal. L. Rev. 685-700 (1991) und *Epstein*, 98 Neb. L. Rev. 241, 247-250 (2019).

632 Vgl. *Piraino*, 64 S. Cal. L. Rev. 685, 686 (1991) unter Hinweis, dass die „*rule of reason*” Analyse der bevorzugte Ansatz der *Chicago School* ist.

633 FTC v. Qualcomm Inc., 969 F.3d 974, 991 (9th Cir. 2020); U.S. v. Microsoft Corp., 253 F.3d 34, 58, 59 (D.C. Cir. 2001).

Seite, kann im Einzelfall schwierig sein.[634] Eine höchstrichterliche Klärung dieser Abgrenzungsfrage fehlt.[635] Der *U.S. Supreme Court* hat jedoch betont, dass ein Verhalten eines Unternehmens dann als wettbewerbsfeindlich einzustufen ist, wenn Konkurrenten nicht auf Grundlage von Effizienz aus dem Markt verdrängt werden.[636] Bei mehrschichtigen Verhaltensweisen mit unterschiedlichen Verdrängungseffekten werden die Auswirkungen des Verhaltens im Rahmen einer Gesamtbetrachtung analysiert.[637] US-Gerichte neigen eher auch dazu, keine strikte tatbestandliche Trennung zwischen dem Merkmal der Monopolstellung an erster Stelle und dem wettbewerbsschädigenden Verhalten an zweiter Stelle vorzunehmen. Vielfach erfolgt die Analyse der wettbewerblichen Auswirkungen des Verhaltens im Rahmen der Diskussion um die Erlangung oder Aufrechterhaltung der Monopolstellung oder unter umgekehrten Vorzeichen.[638] Insgesamt wird bei der kartellrechtlichen Beurteilung eines Verhaltens anhand von Sec. 2 Sherman Act tendenziell ein ergebnisorientierter Ansatz verfolgt, der sich weniger an festgefügten Tatbestandsmerkmalen orientiert und bei der die Würdigung wettbewerblicher Gesamteffekte erhebliche Bedeutung hat.[639]

cc) Kausalverhältnis

Teilweise wird aus dem Wortlaut und der Endsilbe *„to monopol-ize"* darauf geschlossen, dass als weitere – dritte – Tatbestandsvoraussetzung eine kausale Verknüpfung zwischen dem wettbewerbsschädigenden Verhalten und der Begründung oder Erhaltung der Monopolstellung erforderlich ist.[640]

---

634 *Epstein*, 98 Neb. L. Rev. 241, 249 (2019); *Blechmann/Patterson*, in: FK, Bd. VI, Auslandsrechte, A. U.S.-Antitrust-Recht, Rn. 80.

635 *Elhauge*, 56 Stan. L. Rev. 253, 261 (2003).

636 Aspen Skiing v. Aspen Highlands Skiing, 472 U.S. 585, 605 (1985).

637 Continental Ore Co. v. Union Carbide Corp., 370 U.S. 690, 699 (1962); LePage's Inc. v. 3M, 324 F.3d 141, 162 (3d Cir.2003); *Fastow*, in: Scher/Scott, Antitrust Adviser, § 2:11.

638 Vgl. u.a. U.S. v. Grinnell Corp., 384 U.S. 563, 570-576 (1966); U.S. v. Aluminium Co. of America, 148 F.2d 416 (2d Cir. 1945); dazu auch *Sullivan/Hovenkamp/Shelanski/Leslie*, Antitrust Law, Policy, and Procedure, S. 668, 669.

639 *Fuchs*, in: I/M, Bd. 1, AEUV, Art. 102, Rn. 40; *Bloch/Kamann/Brown/Schmidt*, ZWeR 2005, 325, 340.

640 *Elhauge*, 56 Stan. L. Rev. 253, 331 (2003), der in Fn. 238 auf die *U.S. Supreme Court* Entscheidungen Eastman Kodak Co. v. Image Technical Servs., Inc., 504 U.S. 451, 481 (1992), Aspen Skiing v. Aspen Highlands Skiing, 472 U.S. 585, 596 Fn. 19 (1985) und U.S. v. Grinnell Corp., 384 U.S. 563, 570, 571 (1966) verweist. Die Entscheidungen enthalten allerdings in den zitierten Fundstellen keine Hinweise auf die Einführung

Wenngleich dazu eine höchstrichterliche Klärung bislang fehlt, wird von Instanzgerichten, US-Kartellbehörden und auch der US-Literatur gefordert, dass jedenfalls irgendeine eine kausale Verknüpfung („*causal connection*“ oder „*link*“) zwischen dem wettbewerbswidrigen Verhalten und der Monopolstellung bestehen muss.[641] Verhaltensweisen für die ausgeschlossen werden kann, dass daraus irgendwelche wettbewerbswidrigen Folgen resultieren, können demnach von vornherein nicht „*exclusionary*“ sein.[642]

Unterschiede bestehen allerdings dabei, welche konkreten Anforderungen an den Kausalnachweis zu stellen sind. Einerseits wurde dem Erfordernis eine Absage erteilt, einen strikten Nachweis darüber erbringen zu müssen, dass die erlangte oder erhaltene Monopolmacht genau auf *das* wettbewerbswidrige Verhalten des Monopolisten zurückzuführen ist.[643] Andernfalls würde dies den schwierigen Nachweis erforderlich machen, wie sich die hypothetischen Marktverhältnisse ohne das streitgegenständliche Verhalten entwickelt hätten, was einen Monopolisten dazu ermutigen könnte, noch mehr und früher wettbewerbswidrige Maßnahmen zu ergreifen.[644] Aus diesem Grund wird es als ausreichend erachtet, wenn der Kläger einen einfachen Kausalitätsnachweis darüber erbringt, dass das Verhalten des Beklagten vernünftigerweise geeignet ist, einen wesentlichen Beitrag zur Begründung oder Erhaltung der Monopolstellung beizutragen.[645] Im Zusammenhang mit der Nichtoffenlegung von und der Täuschung über das Innehaben von standardrelevanten Patentrechten während

---

eines Kausalitätserfordernis, sondern wiederholen nur die beiden Merkmale des „*two-element test*“ bei Sec. 2 Sherman Act.

641 U.S. v. Microsoft Corp., 253 F.3d 34, 79 (D.C. Cir. 2001); aus US-kartellbehördlicher Sicht, siehe FTC, In the Matter of Rambus, Inc., Opinion of the Commission v. 26.02.2006, 142 F.T.C. 98, 725 (2006); *Elhauge*, 56 Stan. L. Rev. 253, 331 (2003); *Narayen*, 8 Nw. J. Tech. & Intell. Prop. 307, 321 (2010); *Farrell/Hayes/Shapiro/Sullivan*, 74 (3) Antitrust L.J. 603, 651 (2007); *Stucke*, 63 SMU L. Rev. 1069, 1108, 1109 (2010).

642 *Narayen*, 8 Nw. J. Tech. & Intell. Prop. 307, 322 (2010).

643 Siehe dazu U.S. v. Microsoft Corp., 253 F.3d 34, 79 (D.C. Cir. 2001) („*Microsoft points to no case, and we can find none, standing for the proposition that, as to § 2 liability (…) plaintiffs must present direct proof that a defendant's continued monopoly power is precisely attributable to its anticompetitive conduct.*“).

644 U.S. v. Microsoft Corp., 253 F.3d 34, 79 (D.C. Cir. 2001); *Elhauge*, 56 Stan. L. Rev. 253, 331 (2003); *Narayen*, 8 Nw. J. Tech. & Intell. Prop. 307, 322 (2010); *Stucke*, 63 SMU L. Rev. 1069, 1109 (2010).

645 U.S. v. Microsoft Corp., 253 F.3d 34, 79 (D.C. Cir. 2001); *Elhauge*, 56 Stan. L. Rev. 253, 331 (2003); *Narayen*, 8 Nw. J. Tech. & Intell. Prop. 307, 322 (2010).

eines Standardisierungsverfahrens (sog. *patent ambush by nondisclosure*) existiert allerdings eine Entscheidung, in der ein deutlich strengerer Kausalitätsnachweis für eine Zuwiderhandlung gegen Sec. 2 Sherman Act aufgestellt wurde und die aus diesem Grund kontrovers diskutiert wird.[646] Dieser Kausalitätsnachweis ist allerdings auf diesen spezifischen Fall im Standardisierungskontext beschränkt und daher als Ausnahme von der genannten Regel einzustufen.[647]

b) Versuchte Marktmonopolisierung – attempted monopolization

Die zweite Tatbestandsalternative in Sec. 2 Sherman Act erfasst den Versuch einer Marktmonopolisierung, d.h. wettbewerbswidrige Verhaltensweisen mit denen eine Monopolstellung begründet oder erhalten werden soll, der Monopolisierungserfolg aber ausbleibt. Der Tatbestand der versuchten Marktmonopolisierung ist erfüllt, wenn die folgenden drei vom *U.S. Supreme Court* aufgestellten Merkmale erfüllt sind (sog. *three-element test*), wenn

> 1.) ein wettbewerbswidrigen Verhalten vorliegt, 2.) in der spezifischen Absicht, eine Monopolstellung zu begründen und 3.) eine dringliche Wahrscheinlichkeit dafür besteht, dass der Versuch zu einer solchen Monopolstellung führen wird.[648]

Das erstgenannte Merkmal der wettbewerbswidrigen Verhaltensweise beurteilt sich anhand derselben Voraussetzungen, wie im Rahmen des Tatbestands der vollendeten Marktmonopolisierung.[649] Mangelt es an einem wettbewerbswidrigen Verhalten, scheidet mithin sowohl eine vollendete als auch versuchte Marktmonopolisierung aus.[650] Auch für den Versuchstatbestand ist ein Kausalitätsverhältnis zwischen dem wettbewerbsrelevanten Verhalten und der dringenden Erfolgswahrscheinlichkeit für die Begründung oder Erhaltung

---

646 Rambus Inc. v. FTC, 522 F.3d 456 (D.C. Cir. 2008).

647 *Narayen*, 8 Nw. J. Tech. & Intell. Prop. 307, 322 (2010); Näheres zu diesem spezifischen Kausalitätserfordernis im Fünften Teil unter Abschnitt II. 1. b) bb), S. 201 ff.

648 Spectrum Sports, Inc. v. McQuillan, 506 U.S. 447, 456 (1993) („*to demonstrate attempted monopolization a plaintiff must prove (1) that the defendant has engaged in predatory or anticompetitive conduct with (2) a specific intent to monopolize and (3) a dangerous probability of achieving monopoly power.*“); instanzgerichtlich dazu East Portland v. Providence Health, 280 F.App'x 584, 586 (9th Cir. 2008); Broadcom Corp. v. Qualcomm Inc., 501 F.3d 297, 317 (3d Cir. 2007); Tops Markets, Inc. v. Quality Markets, Inc., 142 F.3d 90, 99, 100 (2d Cir. 1998).

649 *Sullivan/Hovenkamp/Shelanski/Leslie*, Antitrust Law, Policy, and Procedure, S. 669; *Fastow*, in: Scher/Scott, Antitrust Adviser, § 2:21.

650 *Cotter*, 22 Tex. Intell. Prop. L.J. 311, 333 Fn. 98 (2014).

der Monopolstellung erforderlich, wofür ebenso ein einfacher Kausalnachweis genügt.[651] Besonderheiten weist der Versuchstatbestand allerdings hinsichtlich der beiden übrigen Merkmale auf, auf die nachfolgend eingegangen werden soll.

aa) Spezifische Monopolisierungsabsicht

Das Erfordernis einer spezifischen Monopolisierungsabsicht setzt den Nachweis voraus, dass der Handelnde beabsichtigt, den Marktwettbewerb auszuschalten oder sich ein Monopol aufzubauen.[652] Dies kann zum einen direkt aus Äußerungen des Handelnden und zum anderen indiziell aus der Schwere des wettbewerbsschädigenden Verhaltens geschlossen werden.[653] Wenngleich sich US-Gerichte darüber einig sind, dass eine spezifische Monopolisierungsabsicht erforderlich ist[654], gehen die Meinungen auseinander, wie dieses Merkmal zu interpretieren ist. Uneinigkeit besteht sowohl darüber, ob die Absicht immer beim Handelnden nachgewiesen werden muss oder ob aus objektiven Umständen darauf geschlossen werden kann, als auch darüber, ob von der Absicht umfasst sein muss, dass ein spezifischer Markt monopolisiert werden sollen oder ob es genügt, sich schlicht wettbewerbswidrig verhalten zu wollen.[655] Einigkeit besteht hingegen darüber, dass die bloße Absicht, einen Wettbewerber vom Markt zu drängen, indem bessere Produkte zu niedrigeren aber noch profitablen Preisen hergestellt werden, nicht gegen das Kartellrecht verstößt, weil die Ausnutzung von Effizienzvorteilen zu den Grundlagen des Wettbewerbsprozesses gehört und zulässig ist.[656]

bb) Dringliche Erfolgswahrscheinlichkeit einer Marktmonopolisierung

Das dritte Tatbestandsmerkmal der dringlichen Erfolgswahrscheinlichkeit für die Erlangung oder Aufrechterhaltung einer Monopolstellung wird im Wesentlichen in gleicher Weise geprüft, wie das erste Merkmal der Monopolmacht im

---

651 *Elhauge*, 56 Stan. L. Rev. 253, 331 (2003); siehe dazu bereits im vorherigen Abschnitt.

652 Times-Picayune Pub. Co. v. U.S., 345 U.S. 594, 626 (1953) („*a specific intent to destroy competition or build monopoly is essential to guilt for the mere attempt* [to monopolize]“); Tops Markets, Inc. v. Quality Markets, Inc., 142 F.3d 90, 101 (2d Cir. 1998); Areeda/Hovenkamp, Antitrust Law, Vol. IIIB, §805a, S. 406, 407.

653 Tops Markets, Inc. v. Quality Markets, Inc., 142 F.3d 90, 101 (2d Cir. 1998); *Fastow*, in: Scher/Scott, Antitrust Adviser, § 2:21.

654 Spectrum Sports, Inc. v. McQuillan, 506 U.S. 447, 456 (1993); Aspen Skiing v. Aspen Highlands Skiing, 472 U.S. 585, 602 (1985).

655 *Sullivan/Hovenkamp/Shelanski/Leslie*, Antitrust Law, Policy, and Procedure, S. 825.

656 *Sullivan/Hovenkamp/Shelanski/Leslie*, Antitrust Law, Policy, and Procedure, S. 826.

Tatbestand der vollendeten Marktmonopolisierung.[657] Zur Erfüllung dieses Merkmals ist der Nachweis erforderlich, dass der Handelnde mit großer Wahrscheinlichkeit eine Monopolstellung infolge seines Verhaltens erlangt hätte, weil er auf dem anvisierten relevanten Markt bereits einen signifikanten Marktanteil hält und erhebliche Marktzutrittsschranken bestehen, die es Wettbewerbern nicht möglich machen, ihre Produktion kurzfristig zu erhöhen, um in Wettbewerb zu treten.[658] Der Nachweis eines bereits signifikanten Marktanteils des Handelnden ist im Vergleich zum Tatbestand der vollendeten Marktmonopolisierung leichter zu führen, weil die dafür erforderliche Marktanteilsschwelle niedriger ist.[659] Erfasst sind mithin wettbewerbsfeindliche Verhaltensweisen sowohl im Vorfeld an die Begründung einer Monopolstellung, die als Mittel zur Erlangung einer solchen Stellung dienen oder mit denen erfolglos versucht wird, eine solche Monopolstellung in wettbewerbswidriger Weise aufrechtzuerhalten.

2. Missbrauchstatbestände in Sec. 2 (a) und Sec. 3 Clayton Act

Wie bereits zuvor genannt, erfasst Sec. 2 (a) Clayton Act missbräuchliche Preisdiskriminierungspraktiken und Sec. 3 Clayton Act missbräuchliche Exklusiv- und Kopplungspraktiken, und zwar bereits in der Entstehungsphase vor Begründung einer Monopolstellung.[660] Zwar weichen die tatbestandlichen Voraussetzungen der beiden Normen im Clayton Act von denen ab, die für Sec. 2 Sherman Act gelten.[661] Weitere Ausführungen dazu erübrigen sich allerdings,

---

657 Tops Markets, Inc. v. Quality Markets, Inc., 142 F.3d 90, 100 (2d Cir. 1998); *Sullivan/Hovenkamp/Shelanski/Leslie*, Antitrust Law, Policy, and Procedure, S. 824.

658 East Portland v. Providence Health, 280 F.App'x 584, 586 (9th Cir. 2008) („*To demonstrate that there is a dangerous probability that the defendant will achieve monopoly power (…) a plaintiff must: (1) define the relevant market, (2) show that the defendant owns a dominant share of that market, and (3) show that there are significant barriers to entry and show that existing competitors lack the capacity to increase their output in the short run.*“); Rebel Oil Co., Inc. v. Atl. Richfield Co., 51 F.3d 1421, 1434 (9th Cir. 1995).

659 Tops Markets, Inc. v. Quality Markets, Inc., 142 F.3d 90, 100 (2d Cir. 1998); Rebel Oil Co., Inc. v. Atl. Richfield Co., 51 F.3d 1421, 1438 (9th Cir. 1995); *Sullivan/Hovenkamp/Shelanski/Leslie*, Antitrust Law, Policy, and Procedure, S. 825; *Fastow*, in: Scher/Scott, Antitrust Adviser, § 2:21. Näheres zur Marktabgrenzung und Marktmacht im Allgemeinen und spezifisch für SEPs im Fünften Teil unter Abschnitt I., S. 175 ff.

660 *Sullivan/Hovenkamp/Shelanski/Leslie*, Antitrust Law, Policy, and Procedure, S. 35.

661 Zu den unterschiedlichen Voraussetzungen siehe Brooke Group Ltd. v. Brown & Williamson Tobacco Corp., 509 U.S. 209, 219-223 (1993); *Sullivan/Hovenkamp/Shelanski/Leslie*, Antitrust Law, Policy, and Procedure, S. 729, 730.

weil die beiden Missbrauchstatbestände des Clayton Acts im Zusammenhang mit Patentrechten und Patentlizenzen keine Anwendung finden. Der normative Anwendungsbereich ist jeweils auf Handelswaren („*commodities*") beschränkt:

> Sec. 2 Clayton Act (a): „*It shall be unlawful (...) to discriminate in price between different purchasers of commodities* (...)."
> Sec. 3 Clayton Act: „*It shall be unlawful (...) to lease or make a sale or contract for sale of goods, wares, merchandise, machinery, supplies, or other commodities, whether patented or unpatented (...) on the condition, agreement, or understanding that* (...)."

Der Begriff der „*commodities*" in Sec. 2 (a) Clayton Act ist zwar nicht legaldefiniert, wurde allerdings durch die Rechtsprechung dahingehend konkretisiert, dass er auf materielle und bewegliche Handelsgüter begrenzt ist und Diskriminierungspraktiken in Lizenzvereinbarungen über Immaterialgüterrechte wie Patente nicht erfasst.[662] Dasselbe Begriffsverständnis und mithin derselbe limitierte Anwendungsbereich gilt auch für Sec. 3 Clayton Act[663], der Kopplungs- und Exklusivpraktiken im Zusammenhang mit Güter, Maschinen und andere Handelswaren erfasst, unabhängig davon, ob diese patentgeschützt sind oder nicht, jedenfalls aber nicht auf immaterialgüterrechtliche Lizenzen anwendbar ist.[664] Da eine Patentlizenz ihrer Natur nach nicht an eine Handelsware oder ein Produkt geknüpft ist, sondern ein Nutzungsrecht für eine geschützte Technologie verleiht und selbst keine „*commodity*" ist, findet auch Sec. 3 Clayton Act im Lizenzkontext keine Anwendung.[665] Daraus folgen allerdings keine

---

662 KMG Kanal-Muller-Gruppe Int'l, GmbH v. Inliner USA, 1999 WL 1078556, 4 (S.D. Tex. 1999) („*The* [patent] *license at issue is not a commodity and the Robinson-Patman Act is inapplicable.*"); Record Club of Am., Inc. v. Columbia Broad. Sys., Inc., 310 F.Supp. 1241, 1243 (E.D. Pa. 1970) („*It* [Sec. 2 (a) Clayton Act] *does not apply to "licensing" agreements* (...)."); Allen Archery, Inc. v. Browning Mfg. Co., 1982 WL 1840, 1, 2 (D. Utah 1982); *Downey/MacAvoy*, in Scher/Scott, Antitrust Adviser, § 5:7; *Arena/Bergmann/Himes*, 9 (3) E.C.J. 623, 668 Fn. 267 (2013).

663 Siehe Satellite T Associate v. Continental Cablevision of Virginia, Inc., 586 F.Supp. 973, 975 Fn. 1 (E.D. Va. 1982) („*Both § 13 and § 14 refer to commodity in the same sense of the word.*"), wobei hier die U.S.C.-Zitierweise von Sec. 2 und Sec. 3 Clayton Act gewählt wurde.

664 Paul E. Volpp Tractor Parts v. Caterpillar, Inc., 917 F. Supp. 1208, 1226 (W.D. Tenn. 1995); *Sullivan/Hovenkamp/Shelanski/Leslie*, Antitrust Law, Policy, and Procedure, S. 716; hinsichtlich der fehlenden Anwendbarkeit bzgl. Markenlizenzen, vgl. David Ungar et al., v. Dunkin' Donuts of America, Inc., 531 F.2d 1211, 1215 Fn. 4 (3d Cir. 1976).

665 *Hovenkamp*, 105 Cornell L. Rev. 101, 116 Fn. 66 (2020); *E. Hovenkamp*, 19 (1) Colum. Sci. & Tech. L. Rev. 79, 120, 121 (2017).

Schutzlücken für die Ahndung solcher Lizenzpraktiken. Missbräuchliche Diskriminierungs- oder Koppelungspraktiken mit SEPs werden zwar nicht von den genannten Bestimmungen des Clayton Act erfasst, können aber unter Rückgriff auf Sec. 2 Sherman Act einer kartellrechtlichen Überprüfung unterzogen werden. Sec. 2 Sherman Act hat zwar auf der einen Seite strengere Anforderungen an das Vorliegen einer Monopolstellung, enthält auf der anderen Seite aber einen weitergehenden Tatbestand, der keinen Anwendungsbeschränkungen hinsichtlich der betroffenen Handelsware unterworfen ist.[666]

3. Tatbestandlicher Rechtsvergleich mit Art. 102 AEUV und § 19 GWB

Das europäische Missbrauchsverbot ist in Art. 102 AEUV geregelt und verbiete wie sein deutsches Pendant in § 19 GWB den Missbrauch einer marktbeherrschenden Stellung. Beide Missbrauchsverbote stimmen in ihrem Anwendungsbereich weitestgehend überein und haben keine greifbaren Wertungsunterschiede[667], wobei der größte Unterschied darin besteht, dass sich Art. 102 AEUV auf den Binnenmarkt und den Handel zwischen den Mitgliedsstaaten bezieht und eine Beeinträchtigung desselben als Folge des Marktmissbrauchs erfordert. Angesichts dessen, dass vor allem bei Informations- und Kommunikationsstandards vielfach weltweite Lizenzmärkte betroffen sind[668], wird deutlich, dass § 19 GWB im SEP-Lizenzkontext einen eher eingeschränkten Anwendungsbereich neben Art. 102 AEUV hat.

Die tatbestandliche Struktur und die Merkmale der beiden Normen stimmen insoweit mit der Tatbestandsalternative der vollendeten Marktmonopolisierung in Sec. 2 Sherman Act überein, da – wie beim *two-element test* – erstens, eine marktbeherrschenden Stellung erforderlich ist und zweitens, diese Marktstellung in wettbewerbswidriger Weise ausgenutzt werden muss.[669] Unterschiede zu

---

666 *Sullivan/Hovenkamp/Shelanski/Leslie*, Antitrust Law, Policy, and Procedure, S. 809; *Hovenkamp*, 105 Cornell L. Rev. 101, 116 (2020).

667 *Bulst*, in: Langen/Bunte, Bd. 2, Art. 102 AEUV, Rn. 3; *Wiedemann*, in: Wiedemann, KartellR-Hdb § 23 Rn. 282; vgl. *Lampert*, S. 18, Fn. 9.

668 Hinsichtlich weltweiter SEP-Lizenzmärkte in diesem Bereich, Europäische Kommission, Entscheidung v. 09.12.2009, COMP/38.636, Rn. 17 – Rambus; so auch FTC, In the Matter of Rambus, Inc., Opinion of the Commission v. 26.02.2006, 142 F.T.C. 98, 371 (2006); dazu auch *Heyers*, WRP 2014, 1253, 1257; *Geradin*, 76 (1) Antitrust L.J. 329, 350 (2009); Näheres dazu im Fünften Teil unter Abschnitt I. 1. b), S. 182 ff.

669 Kling/Thomas, Kartellrecht, § 6 Rn. 5; Bechtold/Bosch/Brinker, Art. 102 AEUV Rn. 1.

Sec. 2 Sherman Act bestehen allerdings sowohl hinsichtlich der Bewertung einer marktbeherrschenden Stellung als auch bei die Erfassung einzelner Verhaltensweisen.[670] Im Gegensatz zu Sec. 2 Sherman Act, mit dem sowohl der Marktmonopolisierungsvorgang an sich einer kartellrechtlichen Prüfung unterzogen werden kann, d.h. die Art und Weise, wie eine Monopolstellung begründet wird, als auch der Versuch dazu erfasst ist, sind Art. 102 AEUV und § 19 GWB nur anwendbar, wenn eine bereits bestehende marktbeherrschende Stellung ausgenutzt wird. Die Missbrauchstatbestände sind daher nur anwendbar, wenn zum Zeitpunkt der Missbrauchshandlung bereits eine marktbeherrschende Stellung vorlag. Weder der Vorgang der Erlangung einer marktbeherrschenden Stellung noch der Versuch dazu sind *de lege lata* nach deutschem und europäischem Kartellmissbrauchsrecht erfassbar und zwar unabhängig davon, wie wettbewerbsfeindlich das Verhalten ist, das zur Begründung der marktbeherrschende Stellung eingesetzt wird.[671] Darin besteht der größte tatbestandliche Unterschied zum US-kartellrechtlichen Monopolisierungsverbot.

Weder Art. 102 AEUV noch § 19 GWB setzen voraus, dass eine wettbewerbliche Beeinträchtigung infolge des missbräuchlichen Verhaltens tatsächlich eingetreten ist. Ausreichend ist der Nachweis einer potenziell wettbewerbswidrigen Wirkung, d.h. eine bloße diesbezügliche Gefahr reicht aus.[672] Die Wettbewerbswidrigkeit eines Verhaltens beurteilt sich ebenso nach objektiven Kriterien, wobei subjektive Merkmale indizielle Bedeutung haben können.[673] Im Vergleich zum weit gefassten und umfassend durch die Rechtsprechung konkretisierten Sec. 2 Sherman Act enthalten Art. 102 AEUV und § 19 Abs. 1, 2 GWB jeweils eine Generalklausel und benennen nicht abschließend eine Reihe von missbräuchlichen Verhaltensweisen in Form von Regelbeispielen.[674] Allerdings haben sowohl im Rahmen von Art. 102 AEUV als auch bei § 19 GWB die von

---

670 Jeweils ausführlich dazu im Fünften Teil der Arbeit, S. 175 ff.

671 Zur Nichterfassung eines marktmonopolisierenden Verhaltens an sich, *Maaßen*, S. 170, 171; *Brand*, in: FK, Bd. III, Art. 102 AEUV, D. Missbräuchliche Ausnutzung, Rn. 152; *Fuchs*, in: Lange/Klippel/Ohly, 147, 173, 174; *Fuchs*, in: I/M, Bd. 1, AEUV, Art. 102, Rn. 361; *Klees*, EWS 2008, 449, 453; Näheres dazu auch im Fünften Teil unter Abschnitt II. 1. c), S. 210 ff.

672 *Bulst*, in: Langen/Bunte, Bd. 2, Art. 102 AEUV, Rn. 131; EuGH, Urteil v. 14.11.1996, Tetra Pak, Rs. C-333/94 P, ECLI:EU:C:1996:436, Rn. 44; EuGH, Urteil v. 14.10.2010, Deutsche Telekomm, Rs. C-280/08 P, ECLI:EU:C:2010:603, Rn. 254.

673 Bechtold/Bosch/Brinker, Art. 102 AEUV Rn. 32.

674 EuGH, Urteil v. 21.02.1973, Continental Can/Kommission, Rs. 6/72, ECLI:EU:C:1973:22, Rn. 26; *Bulst*, in: Langen/Bunte, Bd. 2, Art. 102 AEUV, Rn. 1.

der Rechtsprechung entwickelte Missbrauchskategorien die größere praktische Bedeutung.[675] Wenngleich sich die einzelnen Fallgruppen nicht trennscharf unterscheiden lassen, wird in der Regel zwischen dem Ausbeutungs-, Behinderungs- und Marktstrukturmissbrauch differenziert[676], für die jeweils weitere Missbrauchsunterkategorien durch die Rechtsprechung entwickelt wurden. Wie auch im US-Kartellrecht können bei Art. 102 AEUV und § 19 GWB wettbewerbliche Rechtfertigungsgründe vorgebracht werden, wenn mit einem Verhalten Effizienzvorteile einhergehen, die die negativen Wettbewerbseffekte wenigstens ausgleichen und Verbrauchern zugutekommen.[677]

V. Durchsetzung von Sec. 2 Sherman Act und mögliche Haftungsfolgen

Im US-Kartellrecht ist – wie auch im deutschen und europäischen Kartellrecht[678] – ein dualer Ansatz für die Durchsetzung des Monopolisierungsverbots nach Sec. 2 Sherman Act vorgesehen: die Durchsetzung im Wege des behördlichen Vorgehens unmittelbar durch das DoJ sowie indirekt durch die FTC (*public enforcement*) sowie im Wege der privaten Rechtsdurchsetzung (*private enforcement*).

1. Kartellbehördliche Durchsetzung – public enforcement

Die Zuständigkeit zur Verfolgung von Verstößen gegen das US-Kartellrecht ist klar definiert: Die *Antitrust Division* des DoJ ist für die Durchsetzung der Regelungen des Sherman Acts, des Clayton Acts und des Robinson Patman Acts zuständig. Die FTC hingegen ist alleine für die Durchsetzung des FTC Acts zuständig, wobei teilweise eine konkurrierende Zuständigkeit für die Durchsetzung der Missbrauchstatbestände im Clayton Act besteht[679], die – wie

---

675 *Wolf*, in: Schuster/Grützmacher, IT-Recht, Art. 102 AEUV, Rn. 2, 33; *Wolf*, in: Schuster/Grützmacher, IT-Recht, § 19 GWB, Rn. 2.

676 *Bulst*, in: Langen/Bunte, Bd. 2, Art. 102 AEUV, Rn. 7; *Wolf*, in: Schuster/Grützmacher, IT-Recht, Art. 102 AEUV, Rn. 2, 33.

677 EuGH, Urteil v. 27.03.2012, Post Danmark I, Rs. C-209/10, ECLI:EU:C:2012:172, Rn. 41; EuGH, Urteil v. 15.03.2007, British Airways, Rs. C-95/04 P, ECLI:EU:C:2007:166, Rn. 69; so auch Europäische Kommission, Durchsetzungsprioritäten, Rn. 28, 30; *Fuchs*, in: I/M, Bd. 1, AEUV, Art. 102, Rn. 155.

678 *Kamann*, in: Kamann/Ohlhoff/Völcker, Kartellverfahren und Kartellprozess, § 2 Rn. 11-15.

679 *Sullivan/Hovenkamp/Shelanski/Leslie*, Antitrust Law, Policy, and Procedure, S. 5.

dargestellt – im Zusammenhang mit missbräuchlichen SEP-Lizenzpraktiken allerdings nicht anwendbar sind. Bei Zuwiderhandlungen gegen Sec. 2 Sherman Act kann es zu einer überschneidenden Zuständigkeit zwischen dem DoJ und der FTC kommen, weil die FTC Verstöße gegen den Sherman Act eben indirekt über Sec. 5 FTC Act ahnden kann.[680]

a) *Zuständigkeit des U.S. Department of Justice*

aa) *Durchsetzung von Sec. 2 Sherman Act und Haftungsfolgen*

Die *Antitrust Division* des DoJ hat die alleinige Kompetenz zur unmittelbaren Durchsetzung des Sherman Act.[681] Zuwiderhandlungen können sowohl mit straf- als auch zivilrechtlichen Mitteln geahndet werden. Nach Sec. 2 Sherman Act werden Verstoßhandlungen gegen das Monopolisierungsverbot strafrechtlich als Verbrechen (*felony*) eingeordnet. Ausschließlich das DoJ kann unter Zuhilfenahme des *Office of the U.S. Attorneys* eine strafrechtliche Anklage erheben und nach Sec. 4 Sherman Act vor ein zuständiges *U.S. District Court* – ein US-Bundesgericht (*federal court*) – bringen, die über die angeklagte Monopolisierungshandlung zu urteilen hat.[682] Kommt ein Gericht zu der Überzeugung, dass eine Zuwiderhandlung stattgefunden hat, können Bußgelder verhängt werden, die vor allem für Unternehmen mehr als die in Sec. 2 Sherman Act maximal vorgesehenen einhundert Millionen US-Dollar betragen können.[683] Ferner kann gegenüber natürlichen Personen eine Haftstrafe von bis zu 10 Jahren verhängt werden, auch kombiniert mit einem Bußgeld, wobei dies jeweils im Ermessen des Gerichts steht. In der Praxis hat sich allerdings gezeigt, dass das DoJ nur solche Verstöße strafrechtlich verfolgt, bei denen es um gravierende und absichtliche Kartellverstöße geht, bei denen die Kartellrechtswidrigkeit außer Frage steht. Dies hat eher Bedeutung im Zusammenhang mit Hardcore-Kartellverstößen entgegen Sec. 1 Sherman Act und weniger Relevanz

---

680 Siehe dazu bereits zuvor in Abschnitt III. 2., S. 139 ff.

681 *Sullivan/Hovenkamp/Shelanski/Leslie*, Antitrust Law, Policy, and Procedure, S. 59.

682 *Sullivan/Hovenkamp/Shelanski/Leslie*, Antitrust Law, Policy, and Procedure, S. 59, 60, 66; vgl. *Blechmann/Patterson*, in: FK, Bd. VI, Auslandsrechte, A. U.S.-Antitrust-Recht, Rn. 15.

683 Zur Möglichkeit der Verhängung höherer Bußgelder siehe 18 U.S.C. § 3571 (d), dazu *Briggs*, in: Charbit u.a., Ginsburg – Liber Amicorum, 291, 302. Eine Übersicht zu den bislang verhängten Bußgeldern ist abrufbar unter: https://www.justice.gov/atr/sherman-act-violations-yielding-corporate-fine-10-million-or-more (Stand: 22.03.2021).

bei wettbewerblich ambivalenteren Verhaltensweisen, die Sec. 2 Sherman Act zuwiderlaufen können.[684]

Neben der strafrechtlichen Ahndung von Verstößen gegen Sec. 2 Sherman Act kann das DoJ auch eine Zivilklage bei einem zuständigen *U.S. District Court* erheben und vor eine *Grand Jury*[685] bringen. Eine Zivilklage kann nach Sec. 4 Sherman Act sowohl auf Unterlassung der kartellrechtswidrigen Handlung (*injunctive relief*) oder für den Fall, dass einer Bundesbehörde (*federal agency*) ein Schaden entstanden ist, nach Sec. 4 (a) Clayton Act auf die Zahlung von dreifachen Schadensersatz (*treble damages*) einschließlich Anwalts- und Gerichtskosten gerichtet sein.

bb) „Patent hold-up" bei FRAND-unterworfenen SEPs und kartellbehördliche Verfolgungspraxis

Es gehört zur gängigen Praxis unter US-Kartellbehörden im Rahmen von „*guidelines*" und „*policy statements*" für bestimmte Industriebereiche Stellungnahmen zu veröffentlichen, in denen kartellrechtliche Einschätzungen abgegeben und die beabsichtigte Verfolgungspraxis dargelegt wird.[686] Im Zusammenhang mit FRAND-unterworfenen SEPs hat unter anderem das DoJ in 2013 und jüngst im Dezember 2019 sich dazu positioniert, inwieweit einem SEP-Inhaber gerichtlich Unterlassungsansprüche oder Ausschlussverfügungen („*exclusion orders*") durch die ITC zugesprochen werden sollen und welche Rolle dem US-Kartellrecht dabei zukommt.[687]

---

684 *Sullivan/Hovenkamp/Shelanski/Leslie*, Antitrust Law, Policy, and Procedure, S. 63.

685 Nach Rule 38 (a) Federal Rules of Civil Procedure (FRCP) – vergleichbar dem deutschen Zivilprozessrecht – i.V.m. dem „*Seventh Amendment to the U.S. Constitution*" haben Prozessparteien vor US-Bundesgerichten auch in zivilrechtlichen Auseinandersetzungen das Recht auf eine *Jury*, wenn der Streitgegenstand 20 US-Dollar übersteigt und wenn ein *Jury*-Verfahren nach Rule 39 FRCP ordnungsgemäß beantragt worden ist, *Hazard/Fletcher/Bundy/Bradt*, Pleadings and Procedure, S. 898 ff.

686 Siehe dazu u.a. für den IP-Bereich, DoJ/FTC, IP-Antitrust Guidelines (2017), S. 1.

687 Näheres zur Begründetheit patentrechtlicher Unterlassungsansprüche und „*exclusion orders*" durch die ITC bei FRAND-unterworfenen SEPs wird im Zusammenhang mit der kartellrechtlichen Bewertung der Durchsetzung von Unterlassungsrechten dargestellt, siehe Fünfter Teil unter Abschnitt II. 6. a) bb), S. 346 ff.

(1) *Das alte „2013 Policy Statement" unter der Administration von Präsident Obama*

Gemeinsam mit dem PTO hatte das DoJ im Januar 2013 ein *„Policy Statement"* veröffentlicht, das sich mit der Problematik befasst hat, ob einem SEP-Inhaber, der ein FRAND-Lizenzversprechen abgegeben hat, patentrechtliche Unterlassungsansprüche oder eine *„exclusion order"* gegen einen Standardanwender zustehen sollen.[688] Unter Anerkennung der grundsätzlich positiven Effekte, die mit formeller Standardisierungen einhergehen[689], wurde davor gewarnt, dass Unterlassungsansprüche aus einem SEP dazu eingesetzt werden könnten, um Wettbewerber aus dem Markt zu drängen oder solche Ansprüche als Hebel zur Durchsetzung höherer Lizenzgebühren einzusetzen, wobei solche *„patent hold-up"* Szenarien letztlich in Form höherer Endproduktpreise Verbraucher benachteiligen könne.[690] Habe ein SEP-Inhaber ein FRAND-Lizenzversprechen abgegeben, könne die Gewährung von Unterlassungsrechten zu einer Schädigung des Wettbewerbs, zu Verbrauchernachteilen führen und letztlich dem Sinn und Zweck des FRAND-Versprechens zuwiderlaufen, opportunistische Verhaltensweisen eines SEP-Inhabers zu verhindern.[691] Ein Unterlassungsanspruch könne allenfalls in Fällen gerechtfertigt sein, in denen sich ein Patentnutzer in treuwidriger Weise weigere, eine FRAND-Lizenzgebühr zu entrichten oder Verhandlungen darüber zu führen.[692]

Aus diesen Gründen kamen das DoJ und das PTO zu dem Ergebnis, dass Zurückhaltung bei der Gewährung von Unterlassungsrechte bei der Verletzung eines FRAND-unterworfenen SEPs angebracht sei.[693] Wenngleich sich das DoJ in dieser Stellungnahme vor allem dazu kritisch positioniert hat, ob einem SEP-Inhaber Unterlassungsansprüche zugesprochen werden sollen, aber (noch) nicht dazu geäußert hatte, ob es in einem Unterlassungsbegehren ein an sich wettbewerbswidriges Verhalten nach Sec. 2 Sherman Act sieht, wurde die Stellungnahme dahingehend verstanden, dass das DoJ von einem generell

---

688 DoJ/PTO, Policy Statement on Remedies for Standards-Essential Patents Subject to Voluntary F/RAND Commitments, 2013, S. 1, Fn. 1 (im Folgenden: Policy Statement on FRAND-encumbered SEPs (2013)).

689 DoJ/PTO, Policy Statement on FRAND-encumbered SEPs (2013), S. 2-4.

690 DoJ/PTO, Policy Statement on FRAND-encumbered SEPs (2013), S. 4.

691 DoJ/PTO, Policy Statement on FRAND-encumbered SEPs (2013), S. 6.

692 DoJ/PTO, Policy Statement on FRAND-encumbered SEPs (2013), S. 7.

693 DoJ/PTO, Policy Statement on FRAND-encumbered SEPs (2013), S. 8.

wettbewerbsschädigenden Potenzial des *„patent hold-up“* und Patentunterlassungsrechten ausgegangen ist.

(2) Das neue „2019 Policy Statement“ und der „New Madison Approach“ unter der Administration von Präsident Trump

In einer Reihe von öffentlichen Vorträgen des ab September 2017 bis Ende Januar 2021 im Amt gewesenen Assistant Attorney General (AAG) *Makan Delrahim*[694], dem vom US-Präsident *Donald Trump* nominierten behördlichen Leiter der *Antitrust Division* des DoJ, deutete sich an, dass das DoJ an den in der Stellungnahme in 2013 geäußerten wettbewerblichen Bedenken bezüglich *„patent hold up“* nicht mehr festhalten und davon abrücken will.[695] Unter Verweis auf den bisherigen behördlichen Fokus auf *„patent hold-up“*, sei – so *Delrahim*, das weitaus innovationsschädigendere Potenzial des *„patent hold-out“* bislang unbeachtet geblieben.[696] Unter Ankündigung eines *„New Madison Approach“*[697] solle ein Fokuswechsel im SEP-Bereich stattfinden, mit dem sichergestellt werde, dass Patentinhaber ausreichende Anreize dazu haben, innovativ tätig zu sein und neue Technologien zu entwickeln. Unter Verweis auf eine bisher zu ausufernde Anwendung des US-Kartellrechts auf einseitige Verhaltensweisen von SEP-Inhaber (*„antitrust over-enforcement“*) und den damit einhergehenden gravierenden Haftungsfolgen wegen einer drohenden dreifachen Schadensersatzhaftung (*„treble damages“*[698]), die patenthaltenden Unternehmen und letztlich

---

694 Zum Rücktritt von AAG *Delrahim* einem Tag vor der Amtseinführung von Präsident *Biden*, siehe https://www.competitionpolicyinternational.com/doj-antitrust-chief-makan-delrahim-steps-down/ (abgerufen am: 22.03.2021).

695 *Delrahim*, Take It to the Limit: Respecting Innovation Incentives in the Application of Antitrust Law, Vortrag v. 10.11.2017 an der USC Gould School of Law; The “New Madison” Approach to Antitrust and Intellectual Property Law, Vortrag v. 16.03.2018 in Philadelphia; The Long Run: Maximizing Innovation Incentives Through Advocacy and Enforcement, Vortrag v. 10.04.2018 in Washington, D.C.; Antitrust Law and Patent Licensing in the New Wild West, Vortrag v. 18.09.2018 in San Francisco.

696 *Delrahim*, Take It to the Limit: Respecting Innovation Incentives in the Application of Antitrust Law, Vortrag v. 10.11.2017 an der USC Gould School of Law S. 4.

697 *„Madison“* bezieht sich auf einen der Gründungsvater der Vereinigten Staaten *James Madison*, als einem der Hauptverantwortlichen für die Ausarbeitung der *U.S. Consitution* und der *„IP Property Clause“* in Art. 1 Section 8 clause 8 der *U.S. Constitution*; vgl. *Delrahim*, The “New Madison” Approach to Antitrust and Intellectual Property Law, Vortrag v. 16.03.2018 in Philadelphia, S. 1.

698 Näheres zum Inhalt, den Voraussetzungen und dem Sinn und Zweck von *„treble damages“* im SEP-Kontext im nächsten Abschnitt.

Verbrauchern geschadet haben, hat sich AAG *Delrahim* mehrfach dafür ausgesprochen, „*patent hold-up*" und FRAND-Dispute nicht auf Basis des Kartellrechts sondern mit Mitteln des Vertragsrechts zu lösen.[699] Zudem seien hohe Anforderungen an den Versagung von patentrechtlichen Untersagungsansprüchen auch im Fall eines SEP zu stellen, weil es sich bei einem Patent um ein fundamentales von der US-Verfassung gewährleistetes Recht handele.[700] Zudem sollen einseitige SEP-Lizenzverweigerung als kartellrechtlicher *per se* zulässig bewertet werden.[701]

Dem angekündigten Richtungswechsel folgend hat das DoJ in Zusammenarbeit mit dem PTO und dem National Institute of Standards and Technology (NIST) unter Aufhebung des vormaligen „*2013 Policy Statement*" im Dezember 2019 ein neues „*2019 Policy Statement*" veröffentlich.[702] Darin kommt die von AAG *Delrahim* angekündigte Neuausrichtung zum Ausdruck, die auch in der Literatur kontrovers diskutiert wurde.[703] In der neuen Stellungnahme wird zu Beginn darauf hingewiesen, dass das alte „*2013 Policy Statement*" teilweise missverstanden worden sei, dass für FRAND-unterworfene SEPs besondere

---

699 *Delrahim*, Take It to the Limit: Respecting Innovation Incentives in the Application of Antitrust Law, Vortrag v. 10.11.2017 an der USC Gould School of Law, S. 6-9; The "New Madison" Approach to Antitrust and Intellectual Property Law, Vortrag v. 16.03.2018 in Philadelphia, S. 5; The Long Run: Maximizing Innovation Incentives Through Advocacy and Enforcement, Vortrag v. 10.04.2018 in Washington, D.C., S. 3; Antitrust Law and Patent Licensing in the New Wild West, Vortrag v. 18.09.2018 in San Francisco, S. 2, 6.

700 *Delrahim*, The "New Madison" Approach to Antitrust and Intellectual Property Law, Vortrag v. 16.03.2018 in Philadelphia, S. 5; The Long Run: Maximizing Innovation Incentives Through Advocacy and Enforcement, Vortrag v. 10.04.2018 in Washington, D.C., S. 2, 3.

701 *Delrahim*, Take It to the Limit: Respecting Innovation Incentives in the Application of Antitrust Law, Vortrag v. 10.11.2017 an der USC Gould School of Law, S. 8; The "New Madison" Approach to Antitrust and Intellectual Property Law, Vortrag v. 16.03.2018 in Philadelphia, S. 5; Antitrust Law and Patent Licensing in the New Wild West, Vortrag v. 18.09.2018 in San Francisco, S. 5, 6.

702 DoJ/PTO/NIST, Policy Statement on Remedies for Standards-Essential Patents Subject to Voluntary F/RAND Commitments, 2019 (im Folgenden: Policy Statement on FRAND-encumbered SEPs (2019)).

703 Näheres zur Einordung und Diskussion im nächsten Abschnitt; zu den Kernbereichen des neuen „*2019 Policy Statements*", *Rill/Kallay/Kress*, A Ringing Endorsement of "Regulatory Humility": The New U.S. Statement on Remedies for Infringement of Essential Patents, Competition Policy International v. 12.02.2020, unter IV.

Maßstäbe gelten würden.[704] Ferner wird betont, dass die Stellungnahme aus 2013 fälschlicherweise den Eindruck vermittelt habe, dass das „*antitrust law*“ bei FRAND-Lizenzdisputen anzuwenden sei.[705] Die Tatsache, dass ein SEP-Inhaber ein FRAND-Versprechen abgegeben habe, sei zwar bei der Gewährung patentrechtlicher Ansprüche als ein Faktor zu berücksichtigen, stünde aber nicht *per se* einer Anspruchsart – d.h. Schadensersatz oder Unterlassung – entgegen.[706] Nach Auffassung des DoJ soll die Gewährung patentrechtlicher Ansprüche bei der Verletzung eines SEP nicht nach anderen sondern denselben Grundsätzen beurteilt werden, die auch für herkömmliche Patentrechte gelten.[707] Zwar könne eine FRAND-Lizenzzusage ein zu berücksichtigender Faktor bei der Gewährung von patentrechtlichen Unterlassungsansprüchen nach den maßgeblichen *eBay*-Kriterien des *U.S. Supreme Court* sein[708], führe aber nicht dazu, dass besondere oder abweichende Grundsätze für SEPs gelten.[709] Insofern sei auch das jeweilige Verhalten der Parteien bei FRAND-Lizenzverhandlungen zu berücksichtigen.[710]

(3) Einordnung des Richtungswechsels durch das „2019 Policy Statement“

Sowohl die Stellungnahmen des ehemaligen AAG *Delrahim* als auch das *„2019 Policy Statement“* wurden von Seiten der US-Literatur als bemerkenswerter Richtungswechsel der *Antitrust Division* des DoJ aufgefasst, wonach künftig eine kartellbehördliche Zurückhaltung gelten und auf die Durchsetzung des Sec. 2 Sherman Act gegenüber SEP-Inhabern verzichtet werden soll.[711] Wenngleich – wie auch das DoJ zutreffend erkennt – der neuen „*policy*“ keine Gesetzeskraft zukommt, sondern nur kartellbehördliche Ansichten dargestellt werden[712],

---

704 DoJ/PTO/NIST, Policy Statement on FRAND-encumbered SEPs (2019), S. 4.

705 So ausdrücklich DoJ/PTO/NIST, Policy Statement on FRAND-encumbered SEPs (2019), S. 4 Fn. 9 („*The 2013 policy statement may also have been misinterpreted to suggest that antitrust law is applicable to F/RAND disputes.*“).

706 DoJ/PTO/NIST, Policy Statement on FRAND-encumbered SEPs (2019), S. 4, 5.

707 DoJ/PTO/NIST, Policy Statement on FRAND-encumbered SEPs (2019), S. 4, 5.

708 Zu den *eBay*-Kriterien siehe oben unter Abschnitt I. 2. b), S. 128 ff.

709 DoJ/PTO/NIST, Policy Statement on FRAND-encumbered SEPs (2019), S. 6, 7.

710 DoJ/PTO/NIST, Policy Statement on FRAND-encumbered SEPs (2019), S. 5, 7.

711 So die Einordnung durch *Shapiro*/Lemley, 168 Univ. Pa. Law. Rev. 1, 38 (2020); dazu auch *Rill/Kallay/Kress*, A Ringing Endorsement of “Regulatory Humility”: The New U.S. Statement on Remedies for Infringement of Essential Patents, Competition Policy International v. 12.02.2020, unter I.

712 DoJ/PTO/NIST, Policy Statement on FRAND-encumbered SEPs (2019), S. 1 Fn. 1.

lassen sich daraus Tendenzen für die künftige kartellbehördliche Verfolgungspraxis der *Antitrust Division* des DoJ bei der Durchsetzung von Sec. 2 Sherman Act in FRAND-Disputen mit SEPs gewinnen. Sowohl aus der Positionierung dazu, dass die normalen patentrechtlichen Grundsätze auch unabhängig davon gelten sollen, ob es sich um ein FRAND-unterworfenes SEP handelt oder nicht, als auch aus dem Hinweis, dass FRAND-Dispute generell nicht unter Anwendung des Kartellrechts, sondern mit vertragsrechtlichen Mitteln aufgelöst werden sollen[713], wird deutlich, dass Sec. 2 Sherman Act keine Bedeutung bei der kartellbehördlichen Verfolgungspraxis des DoJ haben wird. Dieser zurückhaltende Ansatz erinnert an die wettbewerbstheoretischen Grundsätze der *Chicago School*[714], wonach staatliche Eingriffsmaßnahmen weitgehend aus dem Wirtschaftsgeschehen herausgehalten werden sollen. Dabei soll nunmehr der kartellbehördliche Fokus auf Verhaltensweisen von Standardanwendern und SEP-Nutzern gerichtet werden, mithin *„patent hold-out"* Szenarien.[715] Diese Patentinhaber begünstigende Positionierung der *Antitrust Division* des DoJ wurde auch zuletzt noch vom ehemaligen AAG *Delrahim* betont.[716] Inwieweit die *Antitrust Division* des DoJ unter der Leitung des neuen AAG *Jonathan Kanter,* dem vom US-Präsidenten *Biden* ernannten Behördenleiter[717], sich dem anschließen wird oder ob ein erneuter Richtungswechsel stattfinden wird, bleibt abzuwarten.

Der Patentinhaber begünstigende Ansatz der *Antitrust Division* des DoJ unter dem ehemaligen AAG *Delrahim* wurde von den Teilen der US-Literatur kritisiert, die *„patent hold-up"* als ein tatsächliches und wettbewerbsschädigendes Problem einordnen, das durch das DoJ marginalisiert werde und letztlich SEP-Inhabern zugutekomme, die versuchen ihre FRAND-Verpflichtung zu umgehen.[718] Diejenigen Stimmen in der Literatur, die *„patent hold-up"* im

---

713 Vgl. *Rill/Kallay/Kress*, A Ringing Endorsement of "Regulatory Humility": The New U.S. Statement on Remedies for Infringement of Essential Patents, Competition Policy International v. 12.02.2020, unter V. 3.

714 Zur *Chicago School*, siehe oben unter Abschnitt III. 1. b), S. 136 ff.

715 *Rill/Kallay/Kress*, A Ringing Endorsement of "Regulatory Humility": The New U.S. Statement on Remedies for Infringement of Essential Patents, Competition Policy International v. 12.02.2020, unter IV. 1. und 2.

716 *Delrahim*, Broke ... but Not No More: Opening Remarks – Innovation Policy and the Role of Standards, IP, and Antitrust, Vortrag v. 10.09.2020 in Washington, DC, S. 2.

717 Zum neuen Leiter der *Antitrust Division* des DoJ AAG *Kanter*, siehe U.S. Department of Justice – Antitrust Division, https://www.justice.gov/atr/assistant-attorney-general.

718 *Carrier/Muris et al.*, Letter to Makan Delrahim (May 17, 2018), S. 1, 2; *Shapiro*/Lemley, 168 Univ. Pa. Law. Rev. 1, 6, 37 (2020).

Standardisierungskontext als nur theoretisches Konstrukt kritisieren, negative wettbewerbliche Effekte und eine Intervention mit Mitteln des Kartellrechts ablehnen, haben den Richtungswechsel des DoJ hingegen begrüßt.[719] Insgesamt ist anzumerken, dass sich der Richtungswechsel des DoJ in die oben dargestellten Tendenzen und jüngsten Erkenntnisse aus der Ökonomie und Empirie einfügt[720], wonach von keiner generellen Wettbewerbsschädlichkeit des *„patent hold-up"* im SEP-Kontext auszugehen sei. Wenngleich die Stellungnahme keine Bindungswirkung gegenüber Gerichten hat und es Privaten unbenommen bleibt FRAND-Lizenzdispute um SEPs auf Basis des Kartellrechts zu führen, erscheint es nicht unwahrscheinlich, dass sich beklagte SEP-Inhaber künftig darauf berufen werden, dass selbst die eigentliche für die Ahnung von Zuwiderhandlungen gegen Sec. 2 Sherman Act zuständige Behörde FRAND-Lizenzdispute nicht auf kartellrechtlicher Basis lösen will.

b) Zuständigkeit der U.S. Federal Trade Commission

aa) Durchsetzung von Sec. 5 (a) (1) FTC Act i.V.m. Sec. 2 Sherman Act und Haftungsfolgen

Die FTC ist für die Durchsetzung des Lauterkeits- bzw. Wettbewerbs- und Verbraucherschutzrechts zuständig und unterhält die Abteilungen des *„Bureau of Competition"* und *„Bureau of Consumer Protection"*.[721] Da Zuwiderhandlungen gegen Sec. 2 Sherman Act zugleich als unfaire Wettbewerbshandlung und Verstoß gegen Sec. 5 (a) (1) FTC Act geahndet werden können, kann die FTC in einem solchen Fall ein Verwaltungsverfahren einleiten (*administrative proceeding*), in dem es eine Beschwerdeschrift (*complaint*) an den mutmaßlichen Zuwiderhandelnden zustellt, in dem der Sachverhalt und die Vorwürfe aufgeführt werden.[722] Entscheidet sich der vermeintlich Zuwiderhandelnde dazu, das Verfahren durch den Abschluss eines Vergleichs (*consent agreement* bzw. *consent order*) beizulegen, wie es vielfach in der Praxis geschieht, endet das Verfahren.[723]

---

719 *Barnett et al.*, Letter to Makan Delrahim (February 13, 2018), S. 1-2; vgl. *Werden/Froeb*, 27 (1) Tex. Intell. Prop. L.J. 1, 2 Fn. 4 (2019).

720 Siehe im Zweiten Teil der Arbeit unter Abschnitt III. 2. a) bb), S. 61 ff.

721 *Sullivan/Hovenkamp/Shelanski/Leslie*, Antitrust Law, Policy, and Procedure, S. 63.

722 Sec. 5 (b) FTC Act.

723 Eine Übersicht zu FTC-Verfahren im Standardisierungskontext, die auf Basis eines *„Consent Order"* beigelegt wurden, siehe *Ramirez*, 4 (1) Ital. Antitrust Rev. 41, 47-48 (2017); mit Verweis auf FTC, In the Matter of Dell Computer Corp., Consent Order, Docket No. C-3658, 121 F.T.C. 616; FTC, In the Matter of Union Oil Company Of California, Complaint, Docket No. 9305.

Will sich der Beklagte gegen die Vorwürfe in der „*complaint*“ wehren und lehnt eine Verfahrensbeendigung in dieser Form ab, entscheidet ein von der FTC ernannter „*Administrativ Law Judge*“ (ALJ) in einem gerichtsähnlichen Verfahren („*trial-type proceeding*“) im Wege einer „*initial decision*“ darüber, ob die Vorwürfe begründet sind oder nicht. Kommt der ALJ zu dem Ergebnis, dass eine Zuwiderhandlung anzunehmen ist, kann er eine Unterlassungsverfügung erlassen (*cease and desist orders*).[724] Daneben können allerdings weder straf- oder bußgeldrechtliche Sanktionen verhängt, noch Schadensersatzforderungen auf ein Verletzung von Sec. 5 FTC Act gestützt werden.[725] Ist eine „*initial decision*“ noch nicht bestandskräftig, können sowohl die FTC oder der Beklagte eine Überprüfung der Entscheidung durch die fünf FTC-*Commissioners* erzwingen. Gegen die Entscheidung der FTC-*Commissioners* wiederum kann ausschließlich der Beklagte nach Sec. 5 (c) FTC Act Berufung bei einem zuständigen *U.S. Court of Appeals* einlegen.[726] Als letztes Rechtsmittel können die Beteiligten versuchen, eine Revision durch den *U.S. Supreme Court* zu erreichen (sog. *petition for a writ of certiorari*)[727], der aber ein weitgehendes Ermessen darüber hat zu entscheiden, ob er einen Fall für eine Revision annimmt oder nicht[728].

Darüber hinaus kann die FTC mutmaßlich unzulässige Verhaltensweise auch unmittelbar vor ein *U.S. District Court* (*federal court*) bringen und eine gerichtliche Überprüfung beantragen, ohne zuvor das oben dargestellte Verwaltungsverfahren durchgeführt zu haben. Sec. 13 (b) FTC Act ermächtigt die FTC vorläufige, aber auch dauerhafte Unterlassungsverfügungen und weitere Abhilfemaßnahmen gerichtlich zu beantragen, wenn Grund zu der Annahme besteht, dass gegen von der FTC durchzusetzende Gesetze – unter anderem Sec. 5 (a)

---

724 Sec. 5 (b) FTC Act; Posner, Antitrust Law, S. 44; *Sullivan/Hovenkamp/Shelanski/Leslie*, Antitrust Law, Policy, and Procedure, S. 63; *Blechmann/Patterson*, in: FK, Bd. VI, Auslandsrechte, A. U.S.-Antitrust-Recht, Rn. 15.

725 Siehe dazu bereits oben in Abschnitt III. 2., S. 139 ff.

726 Vgl. *Sullivan/Hovenkamp/Shelanski/Leslie*, Antitrust Law, Policy, and Procedure, S. 64.

727 Siehe letzter Satz Sec. 5 (c) FTC Act.

728 *Hazard/Fletcher/Bundy/Bradt*, Pleadings and Procedure, S. 1140 mit Verweis darauf, dass der *U.S. Supreme Court* über politische und gesellschaftliche Grundsatzfragen entscheidet („*policy level court*“) und eben keine rechtliche Superrevisionsinstanz ist. Aus jährlich mehr als 7.000 Revisionsanträgen werden nur 100 bis 150 Fälle überhaupt angenommen, siehe U.S. Courts – Supreme Court Procedures, https://www.uscourts.gov/about-federal-courts/educational-resources/about-educational-outreach/activity-resources/supreme-1 (abgerufen am: 22.03.2021).

(1) FTC Act – verstoßen wird oder dies droht und die Abhilfemaßnahme durch öffentliche Interessen gerechtfertigt ist.[729]

bb) „Patent hold-up" bei FRAND-unterworfenen SEP und Verfolgungspraxis der FTC

Um zu verhindern, dass sowohl das DoJ als auch die FTC für denselben Sachverhalt jeweils ein Verfahren wegen eines vermeintlichen Verstoßes gegen Sec. 2 Sherman Act – gegebenenfalls i.V.m. Sec. 5 (a) (1) FTC Act – einleiten, mit dem Ergebnis doppelter Behördenarbeit mit potenziell unterschiedlichen Ergebnissen oder doppelten Sanktionen, koordinieren die beiden US-Behörden ihr Vorgehen in der Praxis. An dem *„2019 Policy Statement"* des DoJ hat die FTC nicht mitgewirkt und dazu auch keine offizielle Stellungnahme abgegeben. Allerdings haben sich sowohl die ehemalige FTC *Commissioner Terrell McSweeney* als auch der Vorsitzende *Commissioner Joseph Simons* dazu geäußert. Auf der einen Seite wird der neue Ansatz des DoJ begrüßt, insbesondere weil ein bloßer FRAND-Verstoß als nicht ausreichend erachtet wird, um eine Zuwiderhandlung gegen das US-Kartellrecht annehmen zu können, wofür mehr erforderlich sei.[730] Auf der anderen Seite wurde aber darauf hingewiesen, dass die Umsetzung des *„New Madison Approach"* durch die FTC etablierten Grundsätzen zuwiderlaufe und letztlich eine Abkehr von einer etablierten Praxis zur Durchsetzung des Kartellrechts in *„patent hold-up"* Fällen bedeuten würde.[731]

Diese Stellungnahmen – wenngleich sie keine behördeninterne Bindungswirkung haben – als auch die fehlende Mitwirkung am *„2019 policy statement"* werden teilweise als Indiz dafür gesehen, dass die FTC an ihren Grundsätzen festhalten und eine mittelbare Durchsetzung des Sherman Acts über Sec. 5 (a) (1) FTC Act in *„patent hold-up"* Fällen weiterhin verfolgen wird.[732] Welche Konsequenzen diese Divergenz zwischen den beiden US-Behörden für die kartellrechtliche Bewertung von FRAND-Lizenzdisputen haben kann, hat sich jüngst erst in dem Gerichtsverfahren zwischen der FTC und *Qualcomm* gezeigt, bei dem die FTC auf Basis von Sec. 5 (a) FTC Act Zuwiderhandlungen unter anderem gegen Sec. 2 Sherman Act vorgebracht und auf Unterlassung geklagt

---

729 *Sullivan/Hovenkamp/Shelanski/Leslie*, Antitrust Law, Policy, and Procedure, S. 63, 64.

730 *Simons*, Prepared Remarks of Chairman Joseph Simons, Georgetown Law Global Antitrust Enforcement Symposium, Vortrag v. 25.09.2018, S. 5, 6.

731 *McSweeney*, Holding the Line on Patent Holdup: Why Antitrust Enforcement Matters, Stellungnahme v. 21.03.2018, S. 1, 2, 6.

732 Vgl. *Shapiro/Lemley*, 168 Univ. Pa. Law. Rev. 1, 37 (2020).

hatte[733], das DoJ als *Amicus Curiae* für die Vereinigten Staaten und auf Seiten von *Qualcomm* hingegen eine diametral entgegengesetzte kartellrechtliche Position vertreten und in der Berufungsinstanz[734] damit letztlich auch obsiegt hat.[735] Nicht zuletzt wegen solcher Vorkommnisse wird die Zweckmäßigkeit des dualen Behördensystems auf Bundesebene kritisieren.[736]

2. Private Kartellrechtsdurchsetzung – private enforcement

Unabhängig davon, ob eine der beiden US-Behörden im Falle einer vermeintlich missbräuchlichen Lizenzpraktik eines SEP-Inhabers ein Verfahren auf Basis des Sec. 2 Sherman Acts einleitet, steht es Privaten frei, einen Verstoß dagegen und Ansprüche bei einem zuständigen *U.S. District Court*[737] geltend zu machen. Die dabei in Betracht kommenden Ansprüche können auf den Erlass einer richterlicher Handlungs- oder Unterlassungsanordnung nach Sec. 16 Clayton Act sowie nach Sec. 4 (a) Clayton Act auf Erstattung eines dreifachen Schadensbetrags (*treble damages*[738]) gerichtet sein. Privatklagen knüpfen vielfach an ein vorangegangenes, durch die Kartellbehörden initiiertes und rechtskräftig abgeschlossenes Gerichtsverfahren an (sog. „*follow-on*" Klagen), oft in Form einer *Class Action*[739], aber auch im Rahmen von Individualklagen[740].[741] Sec. 5 (a) Clayton Act ermöglich es einem Kläger sich auf ein rechtskräftiges Urteil aus einem Erstprozess zu berufen, unabhängig davon, ob es sich um einen Zivil- oder

733 FTC v. Qualcomm Inc., 411 F.Supp.3d 658, 669 (N.D. Cal. 2019).

734 FTC v. Qualcomm Inc., 969 F.3d 974 (9th Cir. 2020). Näheres dazu u.a. im Fünften Teil der Arbeit unter Abschnitt II. 4. a) bb) (2) (b), S. 271 ff.

735 Siehe dazu auch *Koenig/Perlman*, FTC Goes Toe-To-Toe-To-Toe With Qualcomm, DOJ, LAW360, v. 11.02.2020, (zugangsbeschränkt) abrufbar unter: https://www.law360.com/articles/1243004/ftc-goes-toe-to-toe-to-toe-with-qualcomm-doj (abgerufen am: 22.03.2021); *Shapiro/Lemley*, 168 Univ. Pa. Law. Rev. 1, 38 (2020).

736 Kritisch dazu *Briggs*, in: Charbit u.a., Ginsburg – Liber Amicorum, 291, 294, 300 und Fn. 22; *Shapiro/Lemley*, 168 Univ. Pa. Law. Rev. 1, 4 Fn. 8 (2020).

737 Sec. 4 (a) Clayton Act.

738 Näheres zu diesem US-kartellrechtlichem Spezifikum im Zusammenhang mit SEPs sogleich.

739 Zu den einzelnen Voraussetzungen für die Einsetzung einer *Class* nach Rule 23 (a) FRCP, vgl. *Patterson*, in: FK, Bd. VI, Auslandsrechte, A. U.S.-Antitrust-Recht, Rn. 154-155.

740 Beispielhaft hierzu der Fall Broadcom Corp. v. Qualcomm Inc., 501 F.3d 297 (3d Cir. 2007), in dem *Broadcom* geklagt hatte.

741 *Briggs*, in: Charbit u.a., Ginsburg – Liber Amicorum, 291, 303.

Strafprozess gehandelt hat, wenn die Vereinigten Staaten die klagende Partei war und ein Verstoß gegen das *U.S. Antitrust Law* festgestellt wurde.[742] Ist ein Unternehmen oder ein sonstiger Privater der Auffassung, durch dasselbe kartellrechtswidrige Verhalten geschädigt worden zu sein, können sich diese in einem Folgeprozess auf einen *Prima-Facie*-Beweis für die kartellrechtlichen Zuwiderhandlung (*antitrust violation*) desselben Beklagten berufen und müssen diesen nicht erneut beweisen.[743] Neben Sec. 5 (a) Clayton Act kann eine Bindungswirkung der Feststellungen aus einem Vorprozesses für einen Folgeprozess auch mittels des US-zivilprozessualen Spezifikums der *„doctrine of nonmutual collateral estoppel“*[744] begründet werden, die bei Privatklagen vielfach herangezogen wird[745]. Im Falle einer erfolgreichen, auf eine Verletzung von Sec. 2 Sherman Act gestützten Schadensersatzklage, kann der Kläger – als Ausnahme vom Grundsatz – nach Sec. 4 (a) Clayton Act zudem entstandene Anwalts- und Gerichtskosten erstattet verlangen.[746] Für Beklagte hingegen, die in einem Kartellprozess obsiegen, bleibt es bei der Regel, dass jede Partei ihre Anwaltskosten selbst zu tragen hat.[747]

3. Dreifacher Schadensersatz („treble damages“) bei missbräuchlichen Lizenzpraktiken im Zusammenhang mit FRAND-unterworfenen SEPs

Die mögliche Haftungsfolge eines dreifachen Schadensersatz bei einer Zuwiderhandlung gegen Sec. 2 Sherman Act ist eine Besonderheit des US-Kartellrechts, die bewusst keine Entsprechung im europäischen und deutschen Kartellrecht gefunden

742 *Sullivan/Hovenkamp/Shelanski/Leslie*, Antitrust Law, Policy, and Procedure, S. 141.

743 *Sullivan/Hovenkamp/Shelanski/Leslie*, Antitrust Law, Policy, and Procedure, S. 140.

744 Teilweise auch *„doctrine of nonmutual offensive collateral estoppel“* genannt. In der Entscheidung Parklane Hosiery Co., Inc. v. Shore hatte der *U.S. Supreme Court* festgelegt, dass ein Kläger, der keine Partei eines Erstprozesses war, sich die Feststellungen dieses Prozesses zu Eigen machen kann bzw. der Beklagte daran gehindert ist, dieselbe – bereits geklärte – Frage in einem Folgeprozess erneut in Frage zu stellen, es sein denn, der Kläger hätte sich dem Erstprozess unproblematisch anschließen können oder wenn die Anwendung dieser *„doctrine“* unfair gegenüber dem Beklagten ist, siehe Parklane Hosiery Co., Inc. v. Shore, 439 U.S. 322, 331 (1979). Dazu auch *Hazard/Fletcher/Bundy/Bradt*, Pleadings and Procedure, S. 1103, 1104; *Hay*, US-amerikanisches Recht, Rn. 208.

745 *Sullivan/Hovenkamp/Shelanski/Leslie*, Antitrust Law, Policy, and Procedure, S. 141.

746 *Blechmann/Patterson*, in: FK, Bd. VI, Auslandsrechte, A. U.S.-Antitrust-Recht, Rn. 17.

747 Kritisch zu diesen *„one-way attorney fees for plaintiffs“*, *Briggs*, in: Charbit u.a., Ginsburg – Liber Amicorum, 291, 296.

hat.[748] Angesichts der damit verbundenen Haftungsrisiken wird nicht nur generell, sondern speziell auch im Zusammenhang mit einseitigen SEP-Lizenzpraktiken und „*patent hold-up*“ diskutiert, ob diese Haftungsfolge angemessen ist.

a) Voraussetzungen und Rechtsfolge

Die erfolgreiche Geltendmachung eines dreifachen Schadensersatzes setzt voraus, dass ein Kläger eine Zuwiderhandlung des Beklagten gegen Sec. 2 Sherman Act nachweisen kann (*antitrust violation*), die kausal (*causation*) zu einem Kartellschaden (*antitrust injury*) geführt hat.[749] Eine „*antitrust injury*“ setzt den Nachweis voraus, dass ein Schaden durch ein Verhalten verursacht wurde, das vom Kartellrecht erfasst und sanktioniert werden soll, weshalb es auch nicht genügt, dass bloß Wettbewerber geschädigt worden sind, weil das US-Kartellrecht nicht Wettbewerber sondern den Wettbewerb an sich schützt.[750] Gelingt einer klagenden Partei der Nachweis einer „*antitrust injury*“, dann ist eine Schadensverdreifachung des vorgebrachten Schadens zwingende und automatische Rechtsfolge (*mandatory*).[751] Weder besteht die Möglichkeit der Modifikation des dreifachen Schadensmultiplikators, noch steht die Anwendung dieser Rechtsfolge im Ermessen des Gerichts oder einer eingesetzten *Jury*. Eine *Jury* wird über den Vorgang der Schadensverdreifachung weder informiert noch sonst instruiert, und soll dies auch nicht werden.[752] Am Ende eines Gerichtsverfahrens multipliziert der Tatrichter den festgestellten Schaden schlicht mit dem Faktor drei.[753]

---

748 Zur Ablehnung von „*treble damages*“ aus Perspektive des Europäischen Kartellrechts, vgl. Europäische Kommission, White Paper on Damages actions for breach of the EC antitrust rules, v. 02.04.2008, SEC(2008) 404, Fn. 24.

749 FTC v. Qualcomm Inc., 969 F.3d 974, 990 (9th Cir. 2020); *Sullivan/Hovenkamp/Shelanski/Leslie*, Antitrust Law, Policy, and Procedure, S. 65.

750 Dazu Spectrum Sports, Inc. v. McQuillan, 506 U.S. 447, 458 (1993) („*The purpose of the Act is not to protect businesses from the working of the market; it is to protect the public from the failure of the market. The law directs itself not against conduct which is competitive, even severely so, but against conduct which unfairly tends to destroy competition itself.*“); Brunswick Corp. v. Pueblo Bowl-O-Mat, Inc., 429 U.S. 477, 478, 489 (1977); *Patterson*, in: FK, Bd. VI, Auslandsrechte, A. U.S.-Antitrust-Recht, Rn. 150.

751 Posner, Antitrust Law, S. 271, 272; *Cavanagh*, 76 Antitrust L.J. 97 (2009).

752 Dazu Pollock Riley, Inc. v. Pearl Brewing Co., 498 F.2d 1240, 1242 (5th Cir. 1974) („*the jury should not be advised of the mandatory tripling provision.*“).

753 *Sullivan/Hovenkamp/Shelanski/Leslie*, Antitrust Law, Policy, and Procedure, S. 65, 160.

b) Sinn und Zweck von „treble damages"

Die Verhängung von dreifachem Schadensersatz soll zum einen abstrafenden Charakter haben („*punishment*") und hinreichende abschreckend wirken („*optimal deterrence*"), um Nachahmer abzuhalten.[754] Zum anderen soll der Schädiger die von ihm verursachen Schäden internalisieren müssen, d.h. die von ihm verursachen negativen Kosteneffekte tragen und entstandene Schäden wiedergutmachen.[755] Ein angemessener Haftungsbetrag soll daher mindestens der Summe der durch das kartellrechtswidrige Verhalten verursachten negativen Effekte entsprechen. Nicht nur Preiserhöhungen infolge des kartellrechtswidrigen Verhalten („*monopoly overcharge*"), sondern auch die übrigen Verbraucherwohlfahrtsverluste sind dafür miteinzubeziehen.[756] Ungewöhnlich erscheint, warum eine Schadenswiedergutmachung nicht auf den tatsächlich entstandenen Schaden begrenzt ist, sondern eine „über"-Kompensation infolge des Multiplikationsfaktors als angemessen erachtet wird. Dies hat seinen Grund in den historischen Wurzeln von Sec. 4 (a) Clayton Act. Diese Haftungsfolge war bereits Teil des Sherman Acts von 1890, damals jedoch in der Altfassung des Sec. 7 Sherman Act.[757] Zum damaligen Zeitpunkt existierte die *Antitrust Division* des DoJ noch nicht, die erst 1933 eingesetzt wurde. Zuwiderhandlungen gegen den Sherman Act konnten bis dato nur als Vergehen („*misdemeanor*") mit Strafen bis zu 5.000 US-Dollar geahndet werden, weshalb mit der Schadensersatzregelung und der Aussicht auf „*treble damages*" Anreize für private Rechtsdurchsetzung geschaffen werden sollten. Anders als in europäischen Kartellrechtsregimen, hat

---

754 American Society of Mechanical Engineers, Inc. v. Hydrolevel Corp., 456 U.S. 556, 572 (1982); Brunswick Corp. v. Pueblo Bowl-O-Mat, Inc., 429 U.S. 477, 485 (1977); Illinois Brick Co. v. Illinois, 431 U.S. 720, 746 (1977); Posner, Antitrust Law, S. 266; *Cavanagh*, 76 Antitrust L.J. 97, 100 (2009).

755 Dazu Blue Shield of Virginia v. McCready, 457 U.S. 465, 472 (1982) („*Congress sought to create a private enforcement mechanism that would deter violators and deprive them of the fruits of their illegal actions, and would provide ample compensation to the victims of antitrust violations.*"); *Sullivan/Hovenkamp/Shelanski/Leslie*, Antitrust Law, Policy, and Procedure, S. 161, 162; *Tsai/Wright*, 80 (1) Antitrust L.J. 157, 180, 181 (2015); *Cavanagh*, 76 Antitrust L.J. 97, 100 (2009).

756 *Sullivan/Hovenkamp/Shelanski/Leslie*, Antitrust Law, Policy, and Procedure, S. 162, 163.

757 Die ursprüngliche „*treble damages*" Regelung in Sec. 7 Sherman Act von 1890 war angelehnt an die *English Statue of Monopolies* von 1623, *Briggs*, in: Charbit u.a., Ginsburg – Liber Amicorum, 291, 301 mit weiteren Ausführungen zu den geschichtlichen Hintergründen der Norm auf S. 304 ff.

sich *„private litigation“* im US-Kartellrecht vor dem *„public enforcement“* entwickelt und nicht anders herum.[758] Mit der Haftungsregelung sollten Privatparteien darin bestärkt werden zu klagen und mit der Aussicht auf umfangreichen Schadensersatz auch hinreichende Anreize dazu geschaffen werden.[759] Aus denselben Gründen, d.h. zur Schaffung von Anreizen zur Aufdeckung und Beendigung von kartellrechtswidrigen Verhaltensweisen, kann ein obsiegender Kläger, der auf Kartellschadensersatz erfolgreich geklagt hat, nach Sec. 4 (a) Clayton Act angemessene Anwalts- und Prozesskosten erstattet verlangen[760], während ein obsiegender Beklagter, der sich gegen diesen Vorwurf erfolgreich verteidigt hat, seine Anwalts- und Prozesskosten nicht erstattet verlangen kann.

Der Schadensmultiplikator mal Drei wird zum einen für gerechtfertigt erachtet, weil die Quantifizierung eines tatsächlich eingetretenen Wohlfahrtsschadens ein schwieriges Unterfangen sein kann und *„treble damages“* insofern als Surrogat dienen sollen.[761] Zum anderen besteht eine weniger als 100 %ige Wahrscheinlichkeit, dass Zuwiderhandlungen gegen das US-Kartellrecht aufgedeckt und verfolgt werden können, die überdies mit hohem behördlichen Aufwand und Kosten verbunden sind, weshalb Kartellschäden letztlich vielfach nicht kompensiert werden.[762] Die dreifache „über“-kompensatorische Schadensersatzhaftung dient daher als Ausgleich dafür, dass nicht jeder Kartellverstoß aufgedeckt und verfolgt werden kann, weshalb und wofür ein aufgedeckter Kartellverletzer mithaften soll. Die Festlegung auf den Multiplikationsfaktor Drei basiert auf der Annahme, dass zumindest jeder dritte Kartellverstoß als aufdeckbar und

---

758 *Briggs*, in: Charbit u.a., Ginsburg – Liber Amicorum, 291, 301; vgl. Posner, Antitrust Law, S. 44.

759 *Cavanagh*, 76 Antitrust L.J. 97, 101 (2009).

760 Siehe U.S. Football League v. Natl. Football League, 887 F.2d 408, 412 (2d Cir. 1989) (*„purpose behind mandatory attorney's fees in antitrust cases is "to encourage private prosecution of antitrust violations by insulating plaintiffs' treble damage recoveries from the expense of legal fees"“*) mit Verweis auf Home Placement Serv. v. Providence Journal, 819 F.2d 1199, 1210 (1st Cir. 1987); dazu auch *Sullivan/Hovenkamp/Shelanski/Leslie*, Antitrust Law, Policy, and Procedure, S. 168.

761 *Cavanagh*, 76 Antitrust L.J. 97, 101 (2009).

762 *Sullivan/Hovenkamp/Shelanski/Leslie*, Antitrust Law, Policy, and Procedure, S. 164; *Kobayashi/Wright*, 78 (2) Antitrust L.J., 505, 508 (2012); *Tsai/Wright*, 80 (1) Antitrust L.J. 157, 181 (2015); *Cavanagh*, 76 Antitrust L.J. 97, 103 (2009).

sanktionierbar gilt, sprich dass eine 33 %ige Aufdeckungswahrscheinlichkeit besteht.[763]

c) Anwendung auf Fälle des „patent hold-up"

Die *„treble damages"* Haftungsregel wird nicht nur generell deswegen kritisiert, weil es keine einheitliche Aufdeckungswahrscheinlichkeit für Kartellverstöße gibt und sich diese je nach Verstoßform unterscheiden können.[764] Auch speziell für Fälle des *„patent hold up"*, sprich bei einseitigen missbräuchlicher Verhaltensweisen, mit denen ein SEP-Inhaber versucht bessere Lizenzkonditionen durchzusetzen, wird diese Haftungsfolge in Frage gestellt.

aa) Kritiker der „treble damages" Haftungsfolge im SEP-Lizenzkontext

Teilweise kritisieren Stimmen aus der US-Literatur, dass die zwingende Haftungsfolge auf den dreifachen Schadensersatz bei missbräuchlichen Lizenzpraktiken und *„patent hold-up"* zum einen dem Sinn und Zweck der Regelung zuwiderlaufe und zum anderen innovationsschädliche übermäßige Sanktions- und Abschreckungseffekte gegenüber SEP-Inhabern habe. Der Begründungsansatz, wonach eine Überkompensation erforderlich ist, um unentdeckte Zuwiderhandlungen gegen das US-Kartellrecht auszugleichen, gelte jedenfalls nicht bei *„patent hold-up"* Szenarien, weil die Wahrscheinlichkeit dass ein solches Verhalten unentdeckt bleibt gegen Null gehe und zwar unabhängig davon, ob der SEP-Inhaber seine Forderung letztlich durchsetzen könne oder nicht.[765] Bei *„patent hold-up"* und missbräuchlichen Lizenzstrategien sei es immanent, dass diese Praktiken nicht im Geheimen verbleiben, sondern erfordern es gerade, dass der SEP-Inhaber seine wahre Absicht, sich nicht an sein FRAND-Lizenzversprechen

---

763 *Sullivan/Hovenkamp/Shelanski/Leslie*, Antitrust Law, Policy, and Procedure, S. 164, 165; Posner, Antitrust Law, S. 272; *Cotter*, 34 J. Corp. L. 1151, 1198 Fn. 259 (2009); *Cavanagh*, 76 Antitrust L.J. 97, 103 (2009).

764 *Kobayashi/Wright*, 78 (2) Antitrust L.J., 505, 508 und Fn. 10 (2012) mit Hinweis, dass horizontale Preiskartelle ihrer Natur nach schwer aufzudecken sind und dem Verweis auf diverse Studien, wonach die Aufdeckungswahrscheinlichkeit bei solchen Kartellverstößen auf unter 20 %, zwischen 13 und 17 % bzw. seit Einführung der *„leniency programs"* auf über 60 % geschätzt wird. *Kobayashi/Wright* gehen für solche Kartellverstöße von einer Aufdeckungsquote von weniger als 25 % aus; *Sullivan/Hovenkamp/Shelanski/Leslie*, Antitrust Law, Policy, and Procedure, S. 165; Posner, Antitrust Law, S. 272.

765 *Kobayashi/Wright*, 5 (3) J.C.L. & E., 469, 509 (2009); *Dies.*, 78 (2) Antitrust L.J., 505, 509 (2012); *Tsai/Wright*, 80 (1) Antitrust L.J. 157, 181 (2015).

halten zu wollen, gegenüber der SSO, den SSO-Mitgliedsunternehmen oder sonstigen Patentnutzern offenlegt, sei es in Form der Erhebung höherer Lizenzgebühren oder einer Lizenzverweigerung.[766] Im Gegensatz zu Preiskartellen, die schwer aufzudecken sein können, gelte dies jedenfalls nicht für *„patent hold-up"*, das im Vergleich dazu grundsätzlich auch wettbewerbsfördernde Effekte haben könne.[767] Ein restriktiverer Ansatz bei der Anwendung der *„treble damages"* Haftungsnorm sei auch deswegen geboten, weil das Risiko bestehe, mit Mitteln des Kartellrechts letztlich Lizenzpraktiken übermäßig zu sanktionieren, von denen auch positive Effizienz- und Wohlfahrtgewinne ausgehen können.[768] Darüber hinaus rechtfertige auch der der Norm zugrunde liegende Abschreckungszweck (*„optimal deterrence"*) keinen überkompensierenden Schadensersatz in Fällen, in denen die Aufdeckungs- und Sanktionswahrscheinlichkeit hoch ist, wie dies bei *„patent hold-up"* der Fall sei.[769] Aufgrund des gravierenden Haftungsrisikos sprechen sich diese Stimmen dafür aus, *„patent hold-up"* und missbräuchliche FRAND-Lizenzpraktiken bevorzugt mit Mitteln des Vertrags- und Patentrechts, nicht aber auf Basis von Sec. 2 Sherman Act aufzulösen[770], während andere sogar explizit fordern, dass *„treble damages"* in *„rule of reason"* Fällen im Zusammenhang mit SEPs ausgeschlossen werden sollen[771].

bb) Stellungnahme

Die von den Kritikern angeführten Argumente, dass *„patent hold-up"* und missbräuchliche SEP-Lizenzpraktiken ihrer Natur nach gerade in offener und nicht verdeckter Form erfolgen und daher nicht vom Sinn und Zweck der Norm erfasst werden, sind zwar grundsätzlich überzeugend. *De lege lata* begegnet dieser Ansatz allerdings unüberbrückbaren Hürden in der Umsetzung. Ist eine Zuwiderhandlung eines SEP-Inhabers gegen Sec. 2 Sherman Act festgestellt und wird ein kartellbedingt entstandener Schaden eingeklagt, ist eine Schadensverdreifachung auf Rechtsfolgenseite zwingend. Eine restriktivere Handhabung oder modifizierte Anwendung der Haftungsnorm kann letztlich nur durch

---

766 *Kobayashi/Wright*, 78 (2) Antitrust L.J., 505, 509-511 (2012); *Dies.*, 5 (3) J.C.L. & E., 469, 509 (2009); vgl. *Cotter*, 34 J. Corp. L. 1151, 1198 (2009).

767 *Kobayashi/Wright*, 78 (2) Antitrust L.J., 505, 509, 510 (2012).

768 *Kobayashi/Wright*, 78 (2) Antitrust L.J., 505, 510 (2012).

769 *Kobayashi/Wright*, 78 (2) Antitrust L.J., 505, 509 (2012).

770 *Kobayashi/Wright*, 78 (2) Antitrust L.J., 505, 512 (2012); *Dies.*, 32 (8) J.C.L. & E., 1, 41 (2008); *Tsai/Wright*, 80 (1) Antitrust L.J. 157, 181 (2015).

771 *Briggs*, in: Charbit u.a., Ginsburg – Liber Amicorum, 291, 311.

legislatives Handeln ermöglich werden. In bestimmten Bereichen hat der US-Gesetzgeber bereits erkannt, dass eine strikte Anwendung dieser Haftungsfolge zu unerwünschten Ergebnissen führen kann[772], insbesondere auch im Standardisierungskontext. So regelt der National Cooperative Research and Production Act mit § 4303 (a) ein *„de-trebling"*, wonach kein dreifacher sondern nur einfacher Schadensersatz in Fällen zu gewähren ist, in denen eine SSO gegen kartellrechtliche Vorschriften verstößt.[773] Allerdings gilt diese Ausnahmeregelung ausdrücklich nur für SSOs selbst und nicht für SSO-Mitgliedsunternehmen[774], die zumeist Inhaber von SEPs sind[775]. Einerseits wird daraus deutlich, dass es grundsätzlich Ausnahmebereiche gibt und geben kann, in denen von der zwingenden Rechtsfolge der *„treble damages"* abgesehen wird. Andererseits hat der US-Gesetzgeber die Ausnahme von dieser Regel explizit auf SSOs beschränkt und es für SSO-Mitgliedsunternehmen, die vielfach SEP-Inhaber sind, ausdrücklich bei der herkömmlichen Haftungsfolge belassen. Insofern kann daraus abgeleitet werden, dass es der US-Gesetzgeber bewusst für SEP-Inhaber bei der normalen Haftungsfolge belassen wollte.

Die Forderung nach einer Neuregelung der Haftungsfolge des Sec. 4 Clayton Act lässt sich insgesamt und nicht nur speziell für Fälle des *„patent hold-up"* im Zusammenhang mit SEPs in das allgemeine Stimmungsbild einordnen, das diese Haftungsnorm für novellierungsbedürftig hält. Nicht zuletzt weil es keine einheitliche Aufdeckungswahrscheinlichkeit gibt und wegen der heute veränderten Umstände, da Kläger nicht mehr darauf angewiesen sind, alleine ihr Recht durchzusetzen, sondern zwei Wettbewerbsbehörden auf Bundesebene und mehrere Einzelbehörden auf Landesebene existieren, ist mehr als fraglich, ob diese Regelung in dieser Form noch angemessen und zeitgemäß ist. Die Aussicht

---

772 Außerhalb des Standardisierungskontext existieren zwei Gesetze, in denen ein *„de-trebling"* angeordnet ist, dem Local Government Antitrust Act von 1984 (15 U.S.C. §§ 34, 36) und dem Export Trading Company Act von 1982 (15 U.S.C. §§ 4001-4021, siehe § 4016 (b) (1)).

773 15 U.S.C. § 4303 (a) Amount recoverable: Notwithstanding section 15 of this title [Sec. 4 Clayton Act [15 U.S.C. § 15]] and in lieu of the relief specified in such section, any person who is entitled to recovery on a claim under such section shall recover the actual damages sustained by such person (...). Die Zusätze in den eckigen Klammern wurden aus Gründen der Verständlichkeit vom Verfasser eingefügt.

774 15 U.S.C. § 4301 (a) (8): The term "standards development organization" shall not, for purposes of this chapter, include the parties participating in the standards development organization.

775 *Melamed/Shapiro*, 127 (7) Yale L.J. 2110, 2136 Fn. 86 (2018).

auf einen dreifachen Schadensersatz fördere zudem, dass fragwürdige und auf Sec. 2 Sherman Act gestützte Klagen erhoben werden, die dazu führen können, dass wettbewerbs- und innovationsförderndes Verhalten abgeschreckt und verhindert wird.[776] Vorschläge zur Reformierung der Norm wurden nicht nur in unterschiedlichster Form bereits vorgebracht, sondern teilweise bereits vor Jahrzehnten geäußert. Vorgeschlagen wurde unter anderem ein generelles *„de-trebling“* in Monopolisierungsfällen.[777] Dreifachschäden sollen hingegen angemessen sein, wenn eine konkrete Absicht und offensichtliche Verletzung des Kartellrechts vorliegt oder wenn es sich um geheime bzw. verdeckte kartellrechtswidrige Handlungen handelt. Ferner existieren Überlegungen, dass eine Schadensverdreifachung nur stattfinden darf, wenn ein bestimmter Schadensbetrag nicht überschritten wird, um eine zu gravierende Haftung zu vermeiden. Ebenso wird die Implementierung einer Ermessenskomponente in unterschiedlicher Form erwogen[778].[779] Denkbar wäre insofern, die Anwendung der Haftungsfolge flexibler zu gestalten, indem eine Ermessens- oder „Kann“-Komponente eingefügt wird, vergleichbar mit der patentrechtlichen Schadensersatzregelung in 35 U.S.C. § 284, die dem Tatrichter einen Spielraum bei der Festsetzung eines individuellen Schadensmultiplikators oder überhaupt dessen Anwendung belässt. Teilweise wird explizit dafür plädiert, eine *„treble damages“* Haftung in allen *„rule of reason“* Fällen im Zusammenhang mit SEPs zu beseitigen.[780]

Wenngleich heutzutage keine Rechtfertigung mehr dafür ersichtlich scheint, jeden kartellbedingten Schaden ohne Ausnahme verdreifachen zu müssen[781], erfordern all die genannten Änderungsvorschläge ein Tätigwerden durch den US-Gesetzgeber oder eine Klarstellung durch den *U.S. Supreme Court.* Verstößt ein SEP-Inhaber gegen das Monopolisierungsverbot in Sec. 2 Sherman Act und kann ein privater Kläger einen Schaden nachweisen, ist dieser *de lege lata* zwingend und ohne Ausnahme in dreifacher Höhe zu erstatten.

---

776 *Cavanagh*, 76 Antitrust L.J. 97, 115.

777 Grundlegend dazu *Cavanagh*, 76 Antitrust L.J. 97, 104 ff. (2009).

778 *Cavanagh*, 76 Antitrust L.J. 97, 120, 121 (2009).

779 Siehe *Briggs*, in: Charbit u.a., Ginsburg – Liber Amicorum, 291, 306-307, 310-311 mit weiteren Reformvorschlägen aus den Jahren von 1980 bis 2007 sowie Hinweise auf die jeweiligen Autoren in Fn. 42; dazu auch Hovenkamp, Federal Antitrust Policy, § 17.3, S. 887; kritisch dazu auch Posner, Antitrust Law, S. 272, 273; *Cavanagh*, 76 Antitrust L.J. 97, 104, 105 (2009).

780 *Briggs*, in: Charbit u.a., Ginsburg – Liber Amicorum, 291, 311.

781 So auch *Cavanagh*, 76 Antitrust L.J. 97, 125 (2009).

VI. Zusammenfassung des Vierten Teils

Lizenzpraktiken eines marktbeherrschenden SEP-Inhaber bewegen sich im Spannungsverhältnis zwischen dem Patentrecht, das seinem Inhaber weitreichende Exklusiv- und Ausschlussbefugnisse gegenüber Dritte verleiht, und dem kartellrechtlichen Monopolisierungsverbot, das unbeschränkten Wettbewerb fördern und wettbewerbsschädigende Lizenzpraktiken verhindern will. Beide Regelwerke haben aber komplementäre Funktion und verfolgen mit unterschiedlichen Mitteln einen gemeinsamen Zweck: Die Förderung von Innovation, Wettbewerb und Konsumentenwohlfahrt. Ein SEP-Inhaber genießt dabei keine kartellrechtliche Immunität, wenn er seine durch das SEP verliehene Monopolstellung in wettbewerbsschädigender Weise einsetzt. Einseitige und missbräuchliche Lizenzpraktiken eines marktbeherrschenden SEP-Inhabers, der ein FRAND-Lizenzversprechen abgegeben hat, können im US-Kartellrecht alleine anhand von Sec. 2 Sherman Act auf ihre kartellrechtliche Zulässigkeit hin überprüft werden, der sowohl wettbewerbsschädigende Lizenzpraktiken erfasst, mit denen eine Monopolstellung erfolgreich begründet oder aufrechterhalten wird, als auch den jeweiligen Versuch dazu. Sec. 2 (a) und Sec. 3 Clayton Act, die unter anderem missbräuchliche Preisdiskriminierungs- und Koppelungspraktiken verbieten, sind zwar im Patentlizenzkontext nicht anwendbar. Allerdings können solche Lizenzpraktiken unter Rückgriff auf den weitergehenden Tatbestand des Sec. 2 Sherman Act kartellrechtlich erfasst werden.

Kartellbehördlich ist für die Durchsetzung von Sec. 2 Sherman Act primär das DoJ zuständig, wobei die FTC Verstöße dagegen mittelbar über Sec. 5 (a) (1) FTC Act ahnden kann. Das DoJ hat sich in der jüngeren Vergangenheit aber dahingehend positioniert, dass es bei vermeintlich missbräuchlichen FRAND-Lizenzpraktiken eines SEP-Inhabers nicht auf Basis von Sec. 2 Sherman Act ermitteln und dagegen vorgehen will, weil es Mittel des Vertrags- und Patentrechts für geeigneter erachtet, FRAND-Lizenzdispute angemessen zu lösen. Die zurückhaltende kartellbehördliche Verfolgungspraxis beruht unter anderem darauf, dass immer dort, wo Verstöße gegen Sec. 2 Sherman Act im Raum stehen, private Kläger und *Class Actions* sich formieren, um mit teilweise fragwürdigen Klagen „*treble damages*" für vermeintlich berechtigte Schadensersatzansprüche einzufordern. Wenngleich der Sinn und Zweck dieser Haftungsnorm bei offenen und nicht geheimen „*patent hold-up*" oder sonstigen missbräuchliche SEP-Lizenzpraktiken gegen die Gewährung eines dreifachen Schadensbetrags spricht, ist diese Schadensmultiplikation bei einem Verstoß gegen Sec. 2 Sherman Act und einem nachgewiesenen Kartellschaden *de lege lata* zwingend.

Fünfter Teil – Kartellrechtliche Bewertung missbräuchlicher Verhaltensweisen eines SEP-Inhabers

Im fünften Teil der Arbeit werden einzelne missbräuchliche Verhaltensweisen eines SEP-Inhabers auf ihre Vereinbarkeit mit dem US-Monopolisierungstatbestand in Sec. 2 Sherman Act untersucht und rechtsvergleichend mit Art. 102 AEUV und § 19 GWB bewertet. Rechtsordnungsübergreifend setzt dies in einem ersten Schritt voraus, dass eine marktbeherrschende Stellung vorliegt, wobei für eine versuchte Marktmonopolisierung nach Sec. 2 Sherman Act bereits eine dringliche Erfolgswahrscheinlichkeit zur Erlangung einer solchen Stellung genügt. Erst dann kann in einem zweiten Schritt überprüft werden, ob eine einzelne Verhaltensweise kartellrechtskonform ist oder nicht.

I. Marktbeherrschende Stellung des SEP-Inhabers

Die Bewertung der Marktstellung eines SEP-Inhabers setzt voraus, dass der relevante Markt sowohl in sachlicher als auch räumlicher Hinsicht[782] abgegrenzt und festgelegt wird.

1. Marktabgrenzung

Die Abgrenzung des relevanten Markts ist rechtsordnungsübergreifend von zentraler Bedeutung für die Frage, ob eine Maßnahme dem Anwendungsbereich des Monopolisierungs- bzw. Missbrauchsverbot unterfällt. Wird der relevante Markt zu eng abgegrenzt besteht die Gefahr, dass Marktanteile zu hoch bewertet und eine markbeherrschende Stellung vorschnell bejaht wird, während eine zu weite Abgrenzung den gegenteiligen Effekt haben kann. Nachfolgend werden die jeweiligen Grundsätze aus dem US-amerikanischen und europäischen bzw. deutschen Kartellrecht zusammen dargestellt und auf Gemeinsamkeiten und Unterschiede hingewiesen.

---

782 Eine Marktabgrenzung in zeitlicher Hinsicht ist im US-Kartellrecht nicht üblich, im Zusammenhang mit missbräuchlichen Lizenzpraktiken auch nicht von Bedeutung und kann deshalb unbeachtet bleiben.

a) *Sachlich relevanter Markt*

aa) *Abgrenzungsmethoden zur Bestimmung des sachlich relevanten Markt*

Sowohl im US-amerikanischen als auch europäischen Kartellrecht[783] bestimmt sich der sachliche relevante Markt übereinstimmend anhand der Produktaustauschbarkeit aus Sicht der Marktgegenseite, nach dem sog. Bedarfsmarktkonzept („*reasonable interchangeability of use*"). Danach sind sämtliche Erzeugnisse einem gemeinsamen sachlichen Markt zuzurechnen, die sich nach ihren Merkmalen, der Art ihrer Verwendung und Preislage so nahe stehen, dass sie aus Sicht der Nachfrager für dieselben Zwecke als austauschbar angesehen werden.[784] Einem gemeinsamen Markt zuzurechnende Produkte müssen in einem hohen Grad substituierbar, d.h. gegeneinander austauschbar sein, und in Wettbewerb zueinander stehen, während von Produkten, die nicht demselben Markt zuzurechnen sind, kein nennenswerter Wettbewerbsdruck ausgeht.[785] Für die Beurteilung der Produktaustauschbarkeit wird die Kreuzpreiselastizität der Nachfrage („*cross-elasticity of demand*") bewertet[786], sprich welche Auswirkungen eine Preisänderung des einen Produkts auf das Nachfrageverhalten für andere Produkte hat[787]. Unter Anwendung des sog. SSNIP-Test[788] – auch hypothetischer

---

783 Die Grundsätze zur Abgrenzung des relevanten Marktes stimmen im europäischen und deutschen Kartellrecht im Wesentlichen überein, weshalb eine gemeinsame Abhandlung vorgenommen werden kann, dazu *Brakhahn*, S. 204; *Wolf*, in: MüKo WettbR, Bd. II. GWB, § 18 Rn. 6; Bechtold/Bosch, GWB, § 18 Rn. 84.

784 Aus dem US-Kartellrecht U.S. v. E. I. du Pont de Nemours & Co., 351 U.S. 377, 395 (1956) („*commodities reasonably interchangeable by consumers for the same purposes.*"); Brown Shoe Co. v. U.S., 370 U.S. 294, 325 (1962); Broadcom Corp. v. Qualcomm Inc., 501 F.3d 297, 307 (3d Cir. 2007); aus dem europäischen Kartellrecht EuGH, Urteil v. 26.11.1998, Oscar Bronner/Mediaprint, Rs. C-7/97, ECLI:EU:C:1998:569, Rn. 33; Europäische Kommission, Bekanntmachung über die Definition des relevanten Marktes, ABl. C 372/5 v. 09.12.1997, Rn. 7 (im Folgenden: Bekanntmachung über den relevanten Markt); dazu auch BGH, Urteil v. 05.05.2020, KZR 36/17, FRAND-Einwand, BGHZ 225, 269, 275, 276.

785 *Sullivan/Hovenkamp/Shelanski/Leslie*, Antitrust Law, Policy, and Procedure, S. 644.

786 Brown Shoe Co. v. U.S., 370 U.S. 294, 325 (1962); Eastman Kodak Co. v. Image Technical Services, Inc., 504 U.S. 451, 469 (1992); Broadcom Corp. v. Qualcomm Inc., 501 F.3d 297, 307 (3d Cir. 2007); *Blechmann/Patterson*, in: FK, Bd. VI, Auslandsrechte, A. U.S.-Antitrust-Recht, Rn. 74.

787 U.S. v. E. I. du Pont de Nemours & Co., 351 U.S. 377, 400 (1956); *Sullivan/Hovenkamp/Shelanski/Leslie*, Antitrust Law, Policy, and Procedure, S. 651.

788 SSNIP steht für „*small but significant non-transitory increase in price*".

Monopoltest („*hypothetical monopolist test*") genannt – wird untersucht, ob eine geringfügige, 5 bis 10 %ige und dauerhafte Produktpreiserhöhung dazu führt, dass Nachfrager in Reaktion auf die Preiserhöhung auf andere Produkte umsteigen.[789] Ist dies der Fall, spricht dies für eine hohe Kreuzpreiselastizität zwischen den Produkten und einer Zuordnung zu demselben sachlichen Markt.[790] Hat eine hypothetische Preiserhöhung nicht zur Folge, dass Nachfrager auf andere Produkte ausweichen, und wäre sie also mithin gewinnbringend, sind die jeweiligen Produkte verschiedenen sachlichen Märkten zuzuordnen.[791] Eine sachliche Marktabgrenzung alleine anhand dieser Kriterien wird allerdings für fehleranfällig gehalten[792], beispielsweise, wenn der Ausgangspreis nicht unter Wettbewerbsbedingungen zustande gekommen ist und bereits volle Monopolrenditen generiert werden[793]. Aus diesem Grund ist im Rahmen der sachlichen Marktabgrenzung zusätzlich das Merkmal der Angebotsumstellungsflexibilität auf Anbieterseite zu berücksichtigen (sog. „*supply elasticity*")[794], mit dem das Reaktions- und Ansprechverhalten von Drittanbietern auf Preiserhöhungen in einem

---

789 Vgl. DoJ/FTC, Horizontal Merger Guidelines, 2010, S. 8-10 unter 4.1.1. und 4.1.2. (im Folgenden: Merger Guidelines (2010)), wobei den Marktabgrenzungskriterien in den Horizontalleitlinien auch US-Gerichten folgen, siehe Saint Alphonsus Med. Center-Nampa Inc. v. St. Luke's Health Sys., Ltd., 778 F.3d 775, 784 (9th Cir. 2015) unter Anwendung des SSNIP-Test; Theme Promotions v. News America Marketing Fsi, 539 F.3d 991, 1002 (9th Cir. 2008); vgl. *Epstein*, 98 Neb. L. Rev. 241, 256 (2019).

790 Saint Alphonsus Med. Center-Nampa Inc. v. St. Luke's Health Sys., Ltd., 778 F.3d 775, 784 (9th Cir. 2015); Theme Promotions v. News America Marketing Fsi, 539 F.3d 991, 1002 (9th Cir. 2008); so auch im europäischen Kartellrecht, siehe Europäische Kommission, Bekanntmachung über den relevanten Markt, Rn. 17; *Wolf*, in: Schuster/Grützmacher, IT-Recht, Art. 102 AEUV, Rn. 9.

791 *Wolf*, in: Schuster/Grützmacher, IT-Recht, Art. 102 AEUV, Rn. 9.

792 Vgl. Rebel Oil Co., Inc. v. Atlantic Richfield Co., 51 F.3d 1421, 1436 (9th Cir. 1995) („*But defining a market on the basis of demand considerations alone is erroneous.*").

793 Dieses Phänomen wird als „*cellophane fallacy*" bezeichnet, das auf den Fall U.S. v. E. I. du Pont de Nemours & Co., 351 U.S. 377 (1956) zurück geht, vgl. *Sullivan/Hovenkamp/Shelanski/Leslie*, Antitrust Law, Policy, and Procedure, S. 652. Der SSNIP-Test läuft danach ins Leere, wenn bereits Monopolpreise für ein Produkt verlangt werden, sodass jede Preiserhöhung nicht mehr gewinnbringend sein kann, mit dem Ergebnis, dass jede Preiserhöhung zu Substitutionskäufen und damit zu einer weiten Marktabgrenzung führt; vgl. aus der deutschen Literatur dazu Kling/Thomas, § 8 Rn. 139.

794 Rebel Oil Co., Inc. v. Atlantic Richfield Co., 51 F.3d 1421, 1436 (9th Cir. 1995) („*A reasonable market definition must also be based on "supply elasticity.""); *auch „*supply substitutability*" oder „*substitutability in production*" genannt, siehe *Sullivan/Hovenkamp/Shelanski/Leslie*, Antitrust Law, Policy, and Procedure, S. 655.

nahe gelegenen Produktmarkt analysiert wird.[795] Kann ein Hersteller seine Produktion ohne spürbare Zusatzkosten und Risiken auf einen nahegelegenen Produktmarkt verlagern, auf dem die Preiserhöhung stattgefunden hat, dann können beide Produkte einem gemeinsamen Markt zugerechnet werden.[796]

bb) Abgrenzung von Innovationsforschungs-, Technologie- und Produktmärkten

Im Zusammenhang mit formellen Standards und der Lizensierung von SEPs werden im US- und europäischen Kartellrecht drei Marktstufen unterschieden. Die erste Markstufe betrifft die der Innovationsforschung („*research and development markets*"), auf dem neue Produkte und Prozesse erforscht und entwickelt werden, ohne dass eine Technologie bereits existiert und immaterialgüterrechtlich geschützt ist.[797] Werden Lizenzrechte an immaterialgüterrechtlichen Schutzrechte getrennt von den Produkten vermarket und lizenziert, auf die sie sich beziehen, ist der Technologiemarkt („*technology markets*"[798]) als zweite Marktstufe abzugrenzen, d.h. für den Standardisierungskontext der Lizenzmarkt, auf dem SEP-Lizenzen für standardessentielle Technologien von Lizenzsuchern nachgefragt werden.[799] Von diesen beiden Marktebenen zu unterscheiden ist die nachgelagerte dritte Markstufe der Produktmärkte („*goods markets*"), auf dem standardkonforme Produkte hergestellt und vertrieben werden.[800]

Zur Gruppe der Nachfrager, die auf Technologie- bzw. Lizenzmärkten SEP-Lizenzen nachfragen, gehören daher Produkthersteller, die den Standard in ihre Produkte umsetzen und SEP-Lizenzen benötigen, um die patentgeschützten Technologien legal nutzen zu können. Nachfrager auf den nachgelagerten

---

795 Rebel Oil Co., Inc. v. Atlantic Richfield Co., 51 F.3d 1421, 1436 (9th Cir. 1995) („*Supply elasticity measures the responsiveness of producers to price increase.*").

796 Rebel Oil Co., Inc. v. Atlantic Richfield Co., 51 F.3d 1421, 1436 (9th Cir. 1995); dazu auch Europäische Kommission, Bekanntmachung über den relevanten Markt, Rn. 20, 21, 23.

797 DoJ/FTC, IP-Antitrust Guidelines (2017), S. 11; so auch Europäische Kommission, Horizontalleitlinien, Rn. 119; Europäische Kommission, TT-Leitlinien, Rn. 26.

798 Auch Lizenzmarkt oder „*licensing market*" genannt.

799 DoJ/FTC, IP-Antitrust Guidelines (2017), S. 11; *Melamed/Shapiro*, 127 (7) Yale L.J. 2110, 2127 (2018); Europäische Kommission, Horizontalleitlinien, Rn. 261; Europäische Kommission, Beschluss v. 29.04.2014, Rs. C (2014) 2892, COMP/39.985, Rn. 182 – Motorola.

800 DoJ/FTC, IP-Antitrust Guidelines (2017), S. 11; Europäische Kommission, Horizontalleitlinien, Rn. 261.

Märkten für standardkonforme Produkte sind Unternehmen oder Verbraucher, die standardkonforme Produkte verwenden. Missbräuchliche Lizenzpraktiken eines SEP-Inhabers betreffen damit den SEP-Inhaber in seiner Stellung als lizenzgebenden Marktakteur auf der zweiten Marktstufe, dem Technologie- bzw. Lizenzmarkt, der – wie nachfolgend dargestellt wird – je nach Standard und Standardtechnologie weiter sachlich einzugrenzen sein kann.[801]

cc) Sachliche Marktabgrenzung bei SEP-Lizenzmärkten

Die sachliche Marktabgrenzung bei Lizenzmärkten erfolgt nach denselben Grundsätzen wie bei der Abgrenzung sonstiger Märkte, d.h. unter Anwendung des Bedarfsmarktkonzepts.[802] Dabei ist zu untersuchen, ob eine patentgeschützte Technologie, die Teil eines Standards ist, aus Sicht der nachfragenden Lizenzsucher durch alternative Technologien substituierbar ist, die für die beabsichtigten Zwecke auf dem nachgelagerten Produktmarkt gleichermaßen geeignet sind[803], d.h. ein technisches Problem gleichermaßen lösen und unter vergleichbaren wirtschaftlichen Bedingungen erworben werden können[804]. Die Austauschbarkeit einer Technologie hängt demnach im jeweiligen Einzelfall davon ab, welchen Verwendungszweck und welche Funktionalität ein Produkt aus Sicht der Nachfrager auf dem nachgelagerten Produktmarkt aufweisen muss. Nach der Rechtsprechung des BGH ist danach zu fragen, ob durch einen Standard eine standardisierte, durch Schutzrechte geschützte Gestaltung eines aus der Sicht der Marktgegenseite nicht austauschbaren Produkts vorgegeben ist. Ist dies der Fall, dann bildet die Lizenzvergabe von Rechten, mit denen potenzielle Anbieter

---

801 Hinsichtlich des relevanten SEP-Technologie- bzw. Lizenzmarkt im US-Kartellrecht, Apple, Inc. v. Samsung Electronics Co., Ltd., 2012 WL 1672493, 5 (N.D. Cal. 2012) („*technology markets may serve as "relevant markets" for Sherman Act claims in the context of essential patents adopted by standard setting organizations.*"); Broadcom Corp. v. Qualcomm Inc., 501 F.3d 297, 315 (3d Cir. 2007); *Melamed/Shapiro*, 127 (7) Yale L.J. 2110, 2127 (2018); so auch im europäischen Kartellrecht, Europäische Kommission, Beschluss v. 29.04.2014, Rs. C (2014) 2892, COMP/39.985, Rn. 184 – Motorola; zur Betroffenheit des „*Lizenzmarkt*" auch BGH, Urteil v. 05.05.2020, KZR 36/17, FRAND-Einwand, BGHZ 225, 269, 276.

802 Europäische Kommission, Beschluss v. 29.04.2014, Rs. C (2014) 2892, COMP/39.985, Rn. 190 – Motorola; vgl. *Geradin*, 76 (1) Antitrust L.J. 329, 335 (2009).

803 Europäische Kommission, Beschluss v. 29.04.2014, Rs. C (2014) 2892, COMP/39.985, Rn. 190 – Motorola; dazu auch *Apel*, S. 290.

804 *Heyers*, WRP 2014, 1253, 1256.

eines Standardprodukts erst in die Lage versetzt werden, es auf den Markt zu bringen, regelmäßig einen eigenen, dem Produktmarkt vorgelagerten Markt.[805]

Für die Annahme eines eigenständigen SEP-Lizenzmarkt wird es – erstens – für erforderlich gehalten, dass es sich tatsächlich um ein SEP handelt, dessen Benutzung für die Umsetzung des Standards unerlässlich ist, so dass es technisch nicht möglich ist, diesen zu umgehen, ohne für den Produktmarkt wichtige Funktionen einbüßen zu müssen.[806] Gerade in dieser Unerlässlichkeit wird die Besonderheit von SEPs gegenüber sonstigen Patentrechten gesehen, weil nur die letzteren es einem Dritten erlauben, Produkte herzustellen und dabei von dem betreffenden Patent abzuweichen, ohne zugleich grundlegende Aspekte der Produktfunktionalität zu verlieren.[807] Darüber hinaus – und zweitens – soll die Annahme eines eigenständigen SEP-Lizenzmarkt nur möglich sein, wenn die dem SEP und dem Standard entsprechende technische Lehre nicht durch eine andere technische Produktgestaltung „*substituierbar*" ist.[808] Während es beim oben genannten ersten Merkmal darum geht, inwieweit eine einzelne patentgeschützte Technik essentiell ist oder umgangen werden kann – d.h. im Einzelnen nicht genutzt werden muss, ohne dass das standardkonforme Produkt an Funktionalität einbüßt, geht es beim zweiten Merkmal darum, ob die dem Patent und Standard entsprechende technische Lehre ebenso durch eine Veränderung der technischen Gestaltung des Produkts erreicht werden kann. Letzteres bezieht sich daher auf einen alternativen technischen Weg in Form einer anderen Produktgestaltung, mit der dieselbe Funktionalität gewährleistet werden kann.

Die Europäische Kommission hatte in der Praxis jedenfalls bislang keine Schwierigkeiten in der Annahme, dass jedes einem Standard zugrunde liegende SEP einen eigenen Lizenzmarkt abbildet:

> *„The specificity of SEPs is that they have to be implemented in order to comply with a standard and thus cannot be designed around, i.e. there is by definition no alternative or*

805 BGH, Urteil v. 05.05.2020, KZR 36/17, FRAND-Einwand, BGHZ 225, 269, 276; BGH, Urteil v. 13.07.2004, KZR 40/02, Standard-Spundfaß, BGHZ 160, 67, 73, 74.

806 BGH, Urteil v. 05.05.2020, KZR 36/17, FRAND-Einwand, BGHZ 225, 269, 276, u.a. mit Verweis auf EuGH, Urteil v. 16.07.2015, Huawei/ZTE, Rs. C-170/13, ECLI:EU:C:2015:477, Rn. 49; bestätigt in BGH, Urteil v. 24.11.2020, KZR 35/17, FRAND-Einwand II, NZKart 2021, 178, 179, Rn. 49.

807 EuGH, Urteil v. 16.07.2015, Huawei/ZTE, Rs. C-170/13, ECLI:EU:C:2015:477, Rn. 50.

808 BGH, Urteil v. 05.05.2020, KZR 36/17, FRAND-Einwand, BGHZ 225, 269, 276; bestätigt in BGH, Urteil v. 24.11.2020, KZR 35/17, FRAND-Einwand II, NZKart 2021, 178, 179, Rn. 49.

> *substitute for each such patent. Therefore, each SEP constitutes a separate relevant technology market on its own.*“[809]

Auch die US-Rechtsprechung kam bisher mehrfach zu dem Ergebnis, dass der Einbezug einer patentgeschützten Technologie in einen Standard, solange das SEP nicht durch andere Technologien substituierbar ist, letztlich zu einem Gleichlauf des relevanten Lizenzmarktes mit dem Schutzbereich des Patents führt, sprich jedes SEP eine eigenen Lizenzmarkt bildet. So hat der *U.S. Court of Appeals for the Third Circuit* in einer Entscheidung für die SEPs von *Qualcomm*, die dem WCDMA-Standard zugrunde lagen, ausdrücklich festgehalten:

> „*It is the incorporation of a patent into a standard (…) that makes the scope of the relevant market congruent with that of the patent.*“[810]

Das Gericht wies insbesondere den Einwand von *Qualcomm* zurück, dass ein Gleichlauf zwischen seinen für den WCDMA-Standard essentiellen Patenten mit dem relevanten Markt letztlich darauf hinaus laufe, dass jeder SEP-Inhaber immer auch ein Monopolist ist.[811] In Übereinstimmung damit haben auch andere US-Gerichte diesen Ansatz fortgeführt und jeweils separate Lizenzmärkte für das jeweilige SEP angenommen.[812] Rechtsordnungsübergreifend wird betont, dass bei der Abgrenzung des relevanten Lizenzmarkt berücksichtigt werden muss, ob die dem SEP zugrunde liegende technische Lehre substituierbar ist, sprich dieselbe Funktion durch andere Technologien ersetzt werden kann. Existieren technologische Alternativen für ein SEP, so ist der relevante Lizenzmarkt sachlich weiter abzugrenzen.[813] Allerdings hat die Praxis gezeigt, dass die Aufnahme einer patentgeschützten Technologie in einen Standard vielfach zu der Schlussfolgerung geführt hat, dass für das jeweilige SEP ein eigenständiger Lizenzmarkt anzunehmen ist, ohne dass im Einzelfall vertieft geprüft wurde, ob technologische Substitute für das SEP existierten oder nicht. Dem Umstand, dass eine zu enge Marktabgrenzung dazu führt, dass ein SEP-Inhaber

809 Europäische Kommission, Entscheidung v. 13.02.2012, COMP/M.6381, Rn. 54 – Google/Motorola Mobility; so auch Europäische Kommission, Beschluss v. 29.04.2014, Rs. C (2014) 2892, COMP/39.985, Rn. 213 – Motorola.

810 Broadcom Corp. v. Qualcomm Inc., 501 F.3d 297, 315 (3d Cir. 2007).

811 Broadcom Corp. v. Qualcomm Inc., 501 F.3d 297, 315 (3d Cir. 2007).

812 Dazu Apple, Inc. v. Samsung Electronics Co., Ltd., 2012 WL 1672493, 5 (N.D. Cal. 2012).

813 *Lampert*, S. 84.

immer auch zugleich als Marktbeherrscher einzustufen ist, muss jedenfalls auch im Rahmen der Bewertung der Marktmacht Rechnung getragen werden.[814]

b) Räumlich relevanter Markt

Im US-Kartellrecht wird der räumlich relevante Markt grundsätzlich danach abgegrenzt, in welchem Gebiet Anbieter operativ tätig sind und Abnehmer Produkte nachfragen.[815] Maßgeblich ist der räumliche Markt, der Nachfragern in zumutbarer Weise zur Verfügung steht, um sich mit Produkten zu versorgen, die derselben Produktkategorie angehören[816], sprich substituierbar sind. Daher ist zu ermitteln, ob die geographische Lage eines Anbieters die Bereitschaft oder Fähigkeit von einigen Abnehmern einschränkt, Produkte aus dem einen Gebiet durch Produkte aus einem anderen Gebiet zu ersetzen und inwieweit auf Anbieterseite eine räumliche Beschränkung besteht, nur Nachfrager in einem bestimmten Gebiet zu bedienen. Unter Anwendung des Konzepts der Nachfragesubstituierbarkeit, das auch bei der Bestimmung des sachlich relevanten Marktes herangezogen wird, ist im Lizenzkontext zu bestimmen, ob Patentlizenzen für eine bestimmte Technologie nur in einem bestimmten Gebiet nachgefragt werden. Die weiteren Faktoren, die bei der Bestimmung eines räumlich relevanten Marktes grundsätzlich zu berücksichtigen sein können, beispielsweise Transportkosten, Sprachbarrieren oder Verbrauchergewohnheiten und -präferenzen, die auch im US-Kartellrecht[817] und europäischen Kartellrecht[818] anerkannt sind, haben allerdings im Zusammenhang mit der Lizenzierung von SEPs keine Bedeutung. Anders als Produkte haben Patentlizenzen keine physischen Eigenschaften, weil sie weder transportiert werden müssen, noch Nutzungsgewohnheiten eine Rolle spielen. Eine Patentlizenz verleiht insofern nicht-physische Nutzungsrechte an einer patentgeschützten Technologie.

---

814 Näheres dazu im nachfolgenden Abschnitt I. 2., S. 185 ff.

815 E.I. du Pont de Nemours & Co. v. Kolon Indus., Inc., 637 F.3d 435, 439 (4th Cir. 2011); *Fastow*, in Scher/Scott, Antitrust Adviser, § 2:7.

816 *Blechmann/Patterson*, in: FK, Bd. VI, Auslandsrechte, A. U.S.-Antitrust-Recht, Rn. 75.

817 DoJ/FTC, Merger Guidelines (2010), S. 13 unter 4.2, die außerhalb von Fusionsfällen auch von US-Gerichten in Sec. 2 Sherman Act herangezogen werden, siehe Saint Alphonsus Med. Center-Nampa Inc. v. St. Luke's Health Sys., Ltd., 778 F.3d 775, 784 (9th Cir. 2015); *Blechmann/Patterson*, in: FK, Bd. VI, Auslandsrechte, A. U.S.-Antitrust-Recht, Rn. 74.

818 Europäische Kommission, Bekanntmachung über den relevanten Markt, Rn. 31; *M. Scholz*, in: Wiedemann, KartellR-Hdb § 22 Rn. 15.

Nach der Abgrenzungspraxis der Europäischen Kommission ist für die Bestimmung des räumlich relevanten Lizenzmarkt das Gebiet zu bestimmen, in dem die beteiligten Unternehmen ihre Produkte oder Dienstleistungen - sprich hier eine Lizenznahme - anbieten, in dem die Wettbewerbsbedingungen hinreichend homogen sind und das sich von benachbarten Gebieten durch spürbar unterschiedliche Wettbewerbsbedingungen unterscheidet.[819] Im Zusammenhang mit der Lizenzierung eines SEP kann der räumlich relevante Lizenzmarkt einerseits an den territorialen Geltungsbereich des jeweiligen nationalen Patentrechts anknüpfen (sog. patentrechtliches Territorialitätsprinzip[820]), weil in Ländern, in denen für die standardessentielle Technologie kein Patentschutz besteht bzw. dieser nicht anerkannt wird, mangels Existenz eines Patentrechts auch keine Lizenz für die Nutzung der Technologie benötigt wird und ein entsprechender Lizenzmarkt nicht existiert. Im Ausland erteilte Patente gewähren für das Inland keinen Schutz oder ein Lizenzierungsrecht, genauso wie im Inland gehaltene Patentrechte im Ausland keinen Schutz oder Lizenzierungsrechte begründen.[821]

Ist das SEP anderseits aber Teil eines weltweiten Standards, mit dem globale Interoperabilität erreicht und SEP-Lizenzen weltweit vermarktet und von Lizenznehmern weltweit nachgefragt werden, und ist die Technologie auf allen wesentlichen nationalen Märkten patentgeschützt - insbesondere in China, den USA, Japan, Süd-Korea und in Europa[822], dann ist der räumliche Lizenzmarkt nicht auf den jeweiligen nationalen Geltungsbereich des Patents begrenzt, sondern ein weltweiter Markt.[823] Insbesondere im Bereich der Informations- und

819 Europäische Kommission, Bekanntmachung über den relevanten Markt, Rn. 8; Europäische Kommission, Beschluss v. 29.04.2014, Rs. C (2014) 2892, COMP/39.985, Rn. 214 - Motorola.

820 *Mes*, PatG, § 9 Rn. 9; Benkard/*Ullmann/Deichfuß*, Einleitung PatG, Rn. 73; Benkard/*Osterrieth/Henke*, EPÜ, Art. 64 Rn. 5; so auch im US-Patentrecht anerkannt, siehe *U.S. Supreme Court* in Sachen Dowagiac Mfg. Co. v. Minnesota Moline Plow Co., 235 U.S. 641, 650 (1915); Rotec Industries, Inc. v. Mitsubishi Corp., 215 F.3d 1246, 1251 (Fed. Cir. 2000).

821 *Mes*, PatG, § 9 Rn. 9; Benkard/*Ullmann/Deichfuß*, PatG, § 9 Rn. 10.

822 Nach dem Jahresbericht 2020 der World Intellectual Property Organization (WIPO) gehen bei den Patentämtern der oben genannten Länder/Regionen absteigend in dieser Reihenfolge weltweit die meisten Patentanmeldungen ein, siehe WIPO Report 2020, S. 13, 14, abrufbar unter https://www.wipo.int/edocs/pubdocs/en/wipo_pub_941_2020.pdf (abgerufen am: 22.03.2021).

823 *Lampert*, S. 60, 61; *Hötte*, S. 61, 62; *Heyers*, WRP 2014, 1253, 1256; vgl. *Picht*, Strategisches Verhalten, S. 129.

Kommunikationstechnologie sind vielfach weltweite SEP-Lizenzmärkte betroffen, weil mit den jeweiligen Standards eine weltweite Interoperabilität erreicht werden soll, was letztlich bewirkt, dass in einigen Gebieten diese Technologien eher zum faktischen Standard werden. Beispielsweise sei der LTE- oder 5G-Mobilfunkstandard genannt, mit denen globale Kommunikationsstandards geschaffen wurden. Eine engere räumliche Marktabgrenzung ist in Fällen denkbar, in denen sich der rechtliche Geltungsbereich eines Standards auf einen nationalen Markt begrenzt. Dies kann der Fall sein, wenn ein Standard in einem Land rechtlich verbindlich wurde, sei es durch Einbezug in ein Gesetz oder durch eine gesetzliche Verweisung auf die Pflicht zur Einhaltung eines solchen.[824]

Dass nationale Lizenzmärkte bei SEPs kaum Bedeutung haben, hat sich auch in der kartellrechtlichen Praxis bestätigt, wo vielfach von mindestens EWR-weiten, eher weltweiten SEP-Lizenzmärkten ausgegangen wurde. In dem Verfahren der Europäischen Kommission gegen *Motorola* wurde der räumlich relevante Lizenzmarkt für den GPRS-Standard, dem ein SEP von *Motorola* zugrunde lag und für das Patentschutz nach dem EPÜ bestand, EWR-weit abgegrenzt.[825] Auch in Zusammenhang mit anderen Standards und den jeweiligen SEPs wurden von der Europäischen Kommission mindestens EWR-weite[826] oder weltweite Lizenzmärkte[827] angenommen, letzteres auch von US-amerikanischen Behörden[828].

c) *Zwischenergebnis*

Sowohl im US-Kartellrecht als auch europäischen und deutschen Kartellrecht folgt die Abgrenzung des sachlich und räumlich relevanten Markts vergleichbaren Grundsätzen. Wenngleich in der Praxis vielfach angenommen wurde, dass ein SEP einen jeweils eigenständigen SEP-Lizenzmarkt bildet, ist der Kausalschluss – SEP gleich eigener Lizenzmarkt – nicht immer zutreffend, wenngleich dies der Fall sein kann. Insofern muss – worauf Gerichte und Kartellbehörden

---

824 *Lampert*, S. 61; *Brakhahn*, S. 159; *Burghartz*, S. 205.

825 Europäische Kommission, Beschluss v. 29.04.2014, Rs. C (2014) 2892, COMP/39.985, Rn. 215-217 – Motorola.

826 Europäische Kommission, Entscheidung v. 13.02.2012, COMP/M.6381, Rn. 61 – Google/Motorola Mobility.

827 Europäische Kommission, Entscheidung v. 09.12.2009, COMP/38.636, Rn. 17 – Rambus.

828 FTC, In the Matter of Rambus, Inc., Opinion of the Commission v. 26.02.2006, 142 F.T.C. 98, 371 (2006); FTC v. Qualcomm Inc., Complaint v. 01.02.2017, No. 17-cv-00220-LHK, Rn. 135.

jedenfalls hinweisen – berücksichtigt werden, ob für das SEP alternative Technologien existieren, mit denen dieselbe Funktionalität eines Produkts erreicht werden kann und ob die dem Patent und dem Standard entsprechende technische Lehre durch eine andere Produktgestaltung substituierbar ist. Dies ist im jeweiligen Einzelfall bei der Abgrenzung des sachlich relevanten Lizenzmarkt zu berücksichtigen. In räumlicher Hinsicht ist vielfach von mindestens EWR-weiten, aber eher weltweiten SEP-Lizenzmärkten auszugehen, abhängig von der Verbreitung des jeweiligen Standards.

2. Marktbeherrschende Stellung

Nach der Bestimmung des relevanten Markts ist in einem zweiten Schritt zu untersuchen, ob das Unternehmen, dem eine missbräuchliche Zuwiderhandlung vorgeworfen wird, eine Monopolstellung bzw. eine marktbeherrschende Stellung auf dem relevanten Markt hat.

a) Grundsätze zur Beurteilung der marktbeherrschenden Stellung

aa) „Marktbeherrschung" in den verschiedenen Rechtsordnungen

Weder in Sec. 2 Sherman Act noch in Art. 102 AEUV ist legaldefiniert, was unter *„monopoly power"* oder einer marktbeherrschenden Stellung zu verstehen ist. Im US-Kartellrecht wird in ständiger Rechtsprechung unter *„monopoly power"* die Fähigkeit eines Unternehmens verstanden, Preise auf einem Markt kontrollieren und Wettbewerb auf diesem Markt ausschließen zu können.[829] Eine marktbeherrschende Stellung wird im europäischen Kartellrecht angenommen, wenn ein Unternehmen in der Lage ist, die Aufrechterhaltung wirksamen Wettbewerbs auf dem relevanten Markt zu verhindern, indem es sich gegenüber seinen Konkurrenten, Kunden und letztlich auch Verbrauchern in nennenswertem Umfang unabhängig verhalten kann.[830] Die marktbeherrschende Stellung muss bei Art. 102 AEUV auf dem Binnenmarkt insgesamt oder zumindest

---

829 U.S. v. E. I. du Pont de Nemours & Co., 351 U.S. 377, 391 (1956) (*„Monopoly power is the power to control prices or exclude competition."*); U.S. v. Grinnell Corp., 384 U.S. 563, 571 (1966); Image Technical Services, Inc. v. Eastman Kodak Co., 125 F.3d 1195, 1202 (9th Cir. 1997).

830 EuGH, Urteil v. 13.2.1979, Hoffman/La Roche, Rs. 85/76, ECLI:EU:C:1979:36, Rn. 38; EuGH, Urteil v. 06.12.2012, AstraZeneca, Rs. C-457/10 P, ECLI:EU:C:2012:770, Rn. 175; so auch im deutschen Kartellrecht, siehe BGH, Urteil v. 05.05.2020, KZR 36/17, FRAND-Einwand, BGHZ 225, 269, 275.

auf einem wesentlichen Teil desselben bestehen, wobei ausreichend ist, wenn sich die beherrschende Stellung auf ein Gebiet eines Mitgliedsstaats erstreckt.[831] Im deutschen Kartellrecht ist der Begriff der „marktbeherrschenden Stellung" in § 18 Abs. 1 GWB legaldefiniert. Danach ist ein Unternehmen marktbeherrschend, soweit es als Anbieter oder Nachfrager einer bestimmten Art von Waren oder gewerblichen Leistungen auf dem sachlich und räumlich relevanten Markt ohne Wettbewerber ist, keinem wesentlichen Wettbewerb ausgesetzt ist oder eine im Verhältnis zu seinen Wettbewerbern überragende Marktstellung hat.

Jedem dieser Definitionsansätze ist gemeinsam, dass Unternehmen mit einer marktbeherrschenden Stellung in hinreichendem Maße unabhängig vom Wettbewerb agieren können, weil sie nicht befürchten müssen, durch externe wettbewerbliche Kräfte, sprich Konkurrenten oder Abnehmer, für ihr Verhalten abgestraft zu werden.

bb) Marktstrukturkriterien für die Bewertung einer marktbeherrschenden Stellung

(1) Marktanteil

Bei der Bewertung der Marktstellung kommt nach allen hier untersuchten Rechtsordnungen dem Marktanteil eines Unternehmens zentrale Bedeutung zu. Während das GWB den Marktanteil als Marktmachtkriterium ausdrücklich in § 18 Abs. 3 Nr. 1 GWB enthält, ist dessen Bedeutung als Indiz für eine Monopolstellung sowohl in der US-amerikanischen[832] als auch europäische Rechtsprechung[833] anerkannt. Wegen des funktionellen Zusammenhangs zwischen dem Marktanteil auf der einen Seite und der Marktmacht auf der anderen Seite können Gerichte aus hohen Marktanteilen indiziell auf die Stärke der Marktmacht

---

831 *Bulst*, in: Langen/Bunte, Bd. 2, Art. 102 AEUV, Rn. 81; Bechtold/Bosch/Brinker, Art. 102 AEUV Rn. 20.

832 U.S. v. Grinnell Corp., 384 U.S. 563, 571 (1966) („*The existence of such power ordinarily may be inferred from the predominant share of the market.*"); Tops Markets, Inc. v. Quality Markets, Inc., 142 F.3d 90, 98 (2d Cir. 1998); U.S. v. Microsoft Corp., 253 F.3d 34, 54 (D.C. Cir. 2001); so auch FTC, In the Matter of Rambus, Inc., Opinion of the Commission v. 26.02.2006, 142 F.T.C. 98, 722 (2006).

833 EuGH, Urteil v. 06.12.2012, AstraZeneca, Rs. C-457/10 P, ECLI:EU:C:2012:770, Rn. 176; EuGH, Urteil v. 13.2.1979, Hoffman/La Roche, Rs. 85/76, ECLI:EU:C:1979:36, Rn. 41.

schließen.[834] Während das deutsche Kartellrecht in § 18 Abs. 4 GWB eine widerlegbare Vermutung für eine marktbeherrschende Stellung enthält, wenn ein Unternehmen auf dem relevanten Markt einen Anteil von mindestens 40 % hält, fehlt eine solche gesetzliche Bestimmung sowohl im US- als auch europäischen Kartellrecht.

US-Gerichte haben sich mehrfach damit befasst, ab welchem Marktanteil eine Monopolstellung anzunehmen sein soll. Dabei wird danach differenziert, ob der Tatbestand der vollendeten oder versuchten Marktmonopolisierung geprüft wird, da für letzteren ein geringerer Marktanteil genügt.[835] Für den Tatbestand der vollendeten Marktmonopolisierung ist in der Regel der Nachweis eines Marktanteils von rund 70 % oder mehr erforderlich[836], während aus einem Marktanteil von unter 50 % nur selten auf Monopolmacht geschlossen werden kann und für den Bereich dazwischen weitere Faktoren heranzuziehen sind[837]. Ein hoher Marktanteil lässt indiziell zwar den Schluss auf eine Monopolstellung zu, kann allerdings durch den vermeintlichen Monopolisten widerlegt werden, wenn er nachweist, dass er nicht in der Lage ist, das Produktvolumen auf dem Markt und das Preisniveau unabhängig zu kontrollieren.[838] Für den Tatbestand der versuchten Marktmonopolisierung genügt bereits der Nachweis

---

834 *Sullivan/Hovenkamp/Shelanski/Leslie*, Antitrust Law, Policy, and Procedure, S. 641; *Blechmann/Patterson*, in: FK, Bd. VI, Auslandsrechte, A. U.S.-Antitrust-Recht, Rn. 76; vgl. *Wolf*, in: Schuster/Grützmacher, IT-Recht, § 18 GWB, Rn. 20.

835 Dazu Tops Markets, Inc. v. Quality Markets, Inc., 142 F.3d 90, 100 (2d Cir. 1998); Rebel Oil Co., Inc. v. Atl. Richfield Co., 51 F.3d 1421, 1438 (9th Cir. 1995).

836 American Tobacco Co. v. U.S., 328 U.S. 781, 797 (1946) („*over two-thirds*"); U.S. v. E. I. du Pont de Nemours & Co., 351 U.S. 377, 379, 391 (1956) („*75 %*"); U.S. v. Grinnell Corp., 384 U.S. 563, 571 (1966) („*87 %*"); Eastman Kodak Co. v. Image Technical Services, Inc., 504 U.S. 451, 481 (1992) („*80 %*"); E.I. du Pont de Nemours & Co. v. Kolon Indus., Inc., 637 F.3d 435, 451 (4th Cir. 2011) („*greater than 70 %*"); Tops Markets, Inc. v. Quality Markets, Inc., 142 F.3d 90, 99 (2d Cir. 1998) („*market share of over 70 percent is usually "strong evidence" of monopoly power.*"); Colorado Interstate Gas v. Natural Gas, 885 F.2d 683, 694 (10th Cir. 1989) („*minimum market share of between 70% and 80%.*").

837 Instruktiv dazu Broadway Delivery Corp. v. United Parcel Serv. Of. Am., 651 F.2d 122, 129 (2d Cir. 1981) („*market share below 50 % is rarely evidence of monopoly power, a share between 50 % and 70 % can occasionally show monopoly power, and a share above 70 % is usually strong evidence of monopoly power.*"); U.S. v. Dentsply Intern., Inc., 399 F.3d 181, 187 (3d Cir. 2005); *Cotter*, 22 Tex. Intell. Prop. L.J. 311, 333 Fn. 98 (2014).

838 *Sullivan/Hovenkamp/Shelanski/Leslie*, Antitrust Law, Policy, and Procedure, S. 641

eines geringeren Marktanteils, wobei ein Anteil von mehr als 50 % bis 60 % als ausreichend erachtet wird[839], während ein Anteil von weniger als 30 % nicht genügen soll[840].

Auch im europäischen Kartellrecht ist der Marktanteil eines Unternehmens das wichtigste Indiz, das bei dauerhaftem Innehaben in der Regel den Beweis für das Vorliegen einer beherrschenden Stellung liefern kann.[841] Marktanteile von mehr als 50 % werden bereits als besonders hoch erachtet[842], wobei ein Anteil von 70 bis 80 % als klares Indiz für Marktbeherrschung gewertet wird[843]. Bei Marktanteilen von mehr als 40 % kann eine Marktbeherrschung nur bei Vorliegen weiterer Umstände angenommen werden[844], während dies bei Anteilen von unter 40 % als unwahrscheinlich, wenn auch nicht ausgeschlossen gilt[845], wobei ein Marktanteil von bis zu 25 % indiziell gegen Marktbeherrschung spricht[846].

Insgesamt bleibt festzuhalten, dass im deutschen Kartellrecht eine gesetzliche und widerlegbare Vermutung existiert, dass eine marktbeherrschende Stellung ab einem Marktanteil von 40 % vorliegt, während gesetzliche Bestimmungen

---

839 U.S. Anchor Mfg., Inc. v. Rule Indus., Inc., 7 F.3d 986, 1001 (11th Cir. 1993) („*less than 50 % of the market (…) there was no dangerous probability of success*"); McGahee v. Northern Propane Gas Co., 858 F.2d 1487, 1506 (11th Cir. 1988) („*sixty or sixty-five percent market share is a sufficiently large platform*"); *Fastow*, in: Scher/Scott, Antitrust Adviser, § 2:21.

840 Rebel Oil Co., Inc. v. Atl. Richfield Co., 51 F.3d 1421, 1438 (9th Cir. 1995).

841 EuGH, Urteil v. 06.12.2012, AstraZeneca, Rs. C-457/10 P, ECLI:EU:C:2012:770, Rn. 176; EuGH, Urteil v. 13.2.1979, Hoffman/La Roche, Rs. 85/76, ECLI:EU:C:1979:36, Rn. 41; Europäische Kommission, Beschluss v. 29.04.2014, Rs. C (2014) 2892, COMP/ 39.985, Rn. 223 – Motorola.

842 EuGH, Urteil v. 06.12.2012, AstraZeneca, Rs. C-457/10 P, ECLI:EU:C:2012:770, Rn. 176; EuGH, Urteil v. 03.07.1991, AKZO/Kommission, Rs. C-62/86, ECLI:EU:C:1991:286, Rn. 60; Bechtold/Bosch/Brinker, Art. 102 AEUV Rn. 23; *Bulst*, in: Langen/Bunte, Bd. 2, Art. 102 AEUV, Rn. 54.

843 EuG, Urteil v. 01.07.2010, AstraZeneca, Rs. T-321/05, ECLI:EU:T:2010:266, Rn. 243; EuG, Urteil v. 12.12.1991, Hilti/Kommission, Rs. T-30/89, ECLI:EU:T:1991:70, Rn. 92; *Fuchs*, in: I/M, Bd. 1, AEUV, Art. 102, Rn. 87; *M. Scholz*, in: Wiedemann, KartellR-Hdb § 22 Rn. 39.

844 *Fuchs*, in: I/M, Bd. 1, AEUV, Art. 102, Rn. 91; *Wolf*, in: Schuster/Grützmacher, IT-Recht, Art. 102 AEUV, Rn. 25; Bechtold/Bosch/Brinker, Art. 102 AEUV Rn. 23.

845 Europäische Kommission, Durchsetzungsprioritäten, Rn. 14; *Fuchs*, in: I/M, Bd. 1, AEUV, Art. 102, Rn. 92.

846 Vgl. dazu 32. Erwägungsgrund der VO (EG) Nr. 139/2004 des Rates vom 20. Januar 2004 über die Kontrolle von Unternehmenszusammenschlüssen („EG-Fusionskontrollverordnung"), ABl. L 24/1 vom 29.01.2004.

dazu im US- und europäischen Kartellrecht fehlen. Übereinstimmend wird bei Marktanteilen von über 70 % eine beherrschende Stellung in der Regel angenommen. Unterschiede bestehen hingegen im Marktanteilsbereich zwischen 50 % und 70 %. Im US-Kartellrecht wird bei Marktanteilen von 50 % und darunter selten auf eine Monopolstellung geschlossen, während dieser Wert im europäischen Recht bereits als hoch gilt und den Nachweis für eine beherrschende Stellung liefern kann. Die Marktanteilsschwelle für die Annahme von Marktmacht ist mithin im europäischen und deutschen Kartellrecht niedriger als im US-Kartellrecht.

(2) Marktzutrittsschranken und potenzieller Wettbewerb

Rechtsordnungsübergreifend ist neben dem Markanteil von erheblicher Bedeutung, ob und in welcher Höhe Marktzutrittsschranken für potenzielle Wettbewerber auf dem relevanten Markt bestehen („*barriers to entry*").[847] Ein Unternehmen mit hohen Marktanteilen kann nur dann unabhängig im Markt agieren, wenn es nicht zu befürchten hat, dass potenzielle Wettbewerber durch die Erzielung von Monopolrenditen angelockt werden, in den Markt eintreten und die vormaligen Monopolpreise unterbieten, sprich wenn der Monopolist durch hohe Marktzutrittsschranken vor Konkurrenz geschützt wird.[848] Ob hohe oder niedrige Marktzutrittsschranken bestehen, lässt sich anhand von drei Prüfkriterien bestimmen: Erstens, wie hoch sind die Anfangsinvestitionen, die ein potenzieller Wettbewerber aufwenden muss, um in den Markt einzutreten; zweitens, besteht ein signifikant hohes Risiko eines geschäftlichen Fehlschlags; drittens, wie hoch ist der Anteil der Kosten, der im Falle eines Fehlschlags unwiederbringlich verloren wäre.[849] Je höher die Eintrittskosten und das Risiko eines geschäftlichen Fehlschlags sind, und je größer der Anteil unwiederbringlich verlorener

847 U.S. v. Microsoft Corp., 253 F.3d 34, 54 (D.C. Cir. 2001) („*because of the possibility of competition from new entrants looking to current market share alone can be misleading.*"); Broadcom Corp. v. Qualcomm Inc., 501 F.3d 297, 307 (3d Cir. 2007); so auch FTC, In the Matter of Rambus, Inc., Opinion of the Commission v. 26.02.2006, 142 F.T.C. 98, 722 (2006); *Cotter*, 22 Tex. Intell. Prop. L.J. 311, 333 Fn. 98 (2014); auch Europäische Kommission, Beschluss v. 29.04.2014, Rs. C (2014) 2892, COMP/39.985, Rn. 224 – Motorola; *Fuchs*, in: I/M, Bd. 1, AEUV, Art. 102, Rn. 98.

848 *Sullivan/Hovenkamp/Shelanski/Leslie*, Antitrust Law, Policy, and Procedure, S. 659; *Bloch/Kamann/Brown/Schmidt*, ZWeR 2005, 325, 335.

849 *Sullivan/Hovenkamp/Shelanski/Leslie*, Antitrust Law, Policy, and Procedure, S. 661; vgl. *Wolf*, in: Schuster/Grützmacher, IT-Recht, Art. 102 AEUV, Rn. 25; vgl. *Fuchs*, in: I/M, Bd. 1, AEUV, Art. 102, Rn. 98.

Investitionen in einem solchen Fall ist, umso höhere Marktzutrittsschranken sind anzunehmen. Je höher die Marktzutrittsschranken wiederum sind, desto eher ist eine vor Wettbewerb geschützte Monopolstellung infolge hoher Marktanteile anzunehmen.[850] Im umgekehrten Fall kann trotz hoher Marktanteile eine beherrschende Stellung abzulehnen sein, wenn ein Markteintritt durch potenziellen Wettbewerber einfach möglich ist und im Falle der Erhebung von Monopolpreisen auch wahrscheinlich wäre.[851]

(3) Weitere Faktoren

Neben den bereits genannten Kriterien besteht im US-Kartellrecht zudem die Möglichkeit, das Innehaben einer Monopolstellung durch den direkten Beweis zu belegen, dass der Monopolist tatsächlich Preise kontrollieren oder Wettbewerb ausschließen kann.[852] Ein Nachweis darüber kann beispielsweise dadurch erbracht werden, dass der Monopolist in der Lage ist, seine Preise zu erhöhen, ohne zugleich einen signifikanten Verlust an Kunden hinnehmen zu müssen.[853] Weil Belege dafür aber nur selten vorliegen und schwer zu führen sind, stützen sich Gerichte für gewöhnlich auf indirekte Beweise und schließen aus der Höhe des Marktanteils unter Berücksichtigung von Marktzutrittsschranken auf die Monopolstellung.[854] Als weitere Faktoren können ferner die Beständigkeit der Marktstellung, die wettbewerbliche Stellung konkurrierender Unternehmen sowie Preistrends und -praktiken in der Branche miteinzubeziehen sein.[855] Im deutschen Kartellrecht sind in § 18 Abs. 3 GWB neben den genannten Kriterien ausdrücklich, aber nicht abschließend, weitere Kriterien genannt, die im Rahmen der Marktbeherrschungsprüfung berücksichtigt werden können. Auch

---

850 U.S. v. Microsoft Corp., 253 F.3d 34, 82 (D.C. Cir. 2001); Tops Markets, Inc. v. Quality Markets, Inc., 142 F.3d 90, 100 (2d Cir. 1998); dazu auch Bechtold/Bosch/Brinker, Art. 102 AEUV Rn. 23, 25.

851 *Blechmann/Patterson*, in: FK, Bd. VI, Auslandsrechte, A. U.S.-Antitrust-Recht, Rn. 78; *Wolf*, in: Schuster/Grützmacher, IT-Recht, Art. 102 AEUV, Rn. 25.

852 Tops Markets, Inc. v. Quality Markets, Inc., 142 F.3d 90, 97, 98 (2d Cir. 1998) („*Monopoly power (…) may be proven directly by evidence of the control of prices or the exclusion of competition*“); Broadcom Corp. v. Qualcomm Inc., 501 F.3d 297, 307 (3d Cir. 2007).

853 *Fastow*, in Scher/Scott, Antitrust Adviser, § 2:3.

854 U.S. v. Microsoft Corp., 253 F.3d 34, 51 (D.C. Cir. 2001); *Blechmann/Patterson*, in: FK, Bd. VI, Auslandsrechte, A. U.S.-Antitrust-Recht, Rn. 76.

855 U.S. v. Dentsply Intern., Inc., 399 F.3d 181, 187 (3d Cir. 2005); *Fastow*, in Scher/Scott, Antitrust Adviser, § 2:10.

im europäischen Kartellrecht ist anerkannt, dass neben den dargestellten Marktstrukturmerkmalen auch die Unternehmensstruktur sowie das unternehmerische Marktverhalten dafür relevant sein können.[856]

b) Marktbeherrschende Stellung eines SEP-Inhabers

SEPs sind eine standardspezifische Form eines herkömmlichen Patents, die ihrem Inhaber – wie jedes sonstige Patentrecht auch – exklusive Verwertungs- und Ausschlussrechte gegenüber Dritten verleihen, weshalb teilweise auch von Patent-Monopolrechten („*patent monopoly*") gesprochen wird. In erster Linie ist damit allerdings die rechtliche Monopolstellung gemeint, die nicht mit der kartellrechtlichen Monopolstellung gleichzusetzen ist, sprich der Fähigkeit, in hinreichendem Umfang unabhängig vom Wettbewerb agieren zu können. Die große Mehrheit der erteilten Patentrechte verleihen ihrem Inhaber überhaupt keine Marktmacht im kartellrechtlichen Sinne, weil sich nur sehr wenige patentgeschützte Technologien auf dem Markt durchsetzen[857] und die durch das Patentrecht vermittelten Exklusivrechte es nicht ausschließen können, das andere Technologien als nahe Substitute vergleichbare technische Lösungen erbringen und um dieselben Abnehmerkreise konkurrieren[858]. Die durch ein Patent vermittelte Marktstellung hängt demnach auch davon ab, wie groß die Anzahl naher Substitute ist.[859] Das bloße Innehaben eines Patentrechts ist daher nicht gleichbedeutend mit einer kartellrechtlichen Monopolstellung und begründet auch keine Vermutung dahingehend, was sowohl im US-amerikanischen[860] als auch im deutschen und europäischen Kartellrecht[861] anerkannt ist.

---

856 Dazu *Fuchs*, in: I/M, Bd. 1, AEUV, Art. 102, Rn. 102 ff; *Bulst*, in: Langen/Bunte, Bd. 2, Art. 102 AEUV, Rn. 60-63.

857 *Sullivan/Hovenkamp/Shelanski/Leslie*, Antitrust Law, Policy, and Procedure, S. 706; vgl. Posner, Antitrust Law, S. 197, 198.

858 *Epstein*, 98 Neb. L. Rev. 241, 256 (2019); *Farrell/Hayes/Shapiro/Sullivan*, 74 (3) Antitrust L.J. 603, 648 (2007).

859 *Epstein*, 98 Neb. L. Rev. 241, 256 (2019).

860 Illinois Tool Works Inc. v. Independent Ink, Inc., 547 U.S. 28, 45, 46 (2006); In re Indep. Serv. Orgs. Antitrust Litig., 203 F.3d 1322, 1325 (Fed. Cir. 2000); DoJ/FTC, IP-Antitrust Guidelines (2017), S. 4; *Layne-Farrar*, 6 (4) J.C.L. & E. 811, 818 (2010); *Wright/Ginsburg*, 9 (2) CPI Antitrust Chronicles, 41, 43 (2013); *Wong-Ervin/Hicks/Slonim*, 24 Geo. Mason L. Rev. 1091, 1098 (2017).

861 EuGH, Urteil v. 06.12.2012, AstraZeneca, Rs. C-457/10 P, ECLI:EU:C:2012:770, Rn. 186; EuGH, Urteil v. 06.04.1995, Magill, Rs. C-241/91 P und C-242/91 P, ECLI:EU:C:1995:98, Rn. 46; EuG, Urteil v. 01.07.2010, AstraZeneca, Rs. T-321/05, ECLI:EU:T:2010:266, Rn. 270; *Bulst*, in: Langen/Bunte, Bd. 2, Art. 102 AEUV, Rn. 48;

Für SEPs gelten keine davon abweichenden Grundsätze.[862] Insbesondere wird auch eine Vermutungsregel abgelehnt, wonach ein SEP seinem Inhaber eine Monopolstellung verleiht.[863] Dies ist im jeweiligen Einzelfall für das in Rede stehende SEP zu prüfen.[864] Die marktmächtige Stellung eines SEP-Inhabers kann zum einen daraus folgen, dass seine essentielle Technologie bereits vor Aufnahme in den Standard – *ex ante* – substitutionslos war und *ex post* einem formellen Standard zugrunde gelegt wird. Die einem SEP zukommende Marktmacht kann auch von der vorherrschenden Stellung eines Standards abgeleitet sein. Infolge der Aufnahme der Technologie in den Standard teilt das jeweilige SEP ab da an die beherrschende Stellung des Standards.[865] Ist eine patentgeschützte Technologie während des Standardauswahlverfahrens dem Wettbewerb durch andere Technologien ausgesetzt, die um den Einbezug in den Standard konkurrieren, verleiht das Patent seinem Inhaber in diesem Verfahrensstadium noch keine beherrschende Stellung. Allerdings führt auch die Aufnahme einer Technologie in einen Standard nicht zwingend dazu, dass damit eine beherrschende Stellung des SEP-Inhabers begründet wird.[866] Dies ist im jeweiligen Einzelfall zu bestimmen. Die Aufnahme in einen Standard kann dies bewirken, wenn es sich um einen erfolgreichen und substitutionslosen Standard handelt, der eine überragende Marktdurchdringung und Marktakzeptanz durch seine Nutzer erfahren

---

zum deutschen Kartellrecht, BGH, Urteil v. 05.05.2020, KZR 36/17, FRAND-Einwand, BGHZ 225, 269, 275; BGH, Urteil v. 13.07.2004, KZR 40/02, Standard-Spundfaß, BGHZ 160, 67, 73.

862 *M. Scholz*, in: Wiedemann, KartellR-Hdb § 22 Rn. 38; *Petrovčič*, S. 91.

863 Dazu Europäische Kommission, Horizontalleitlinien, Rn. 269 („*wird nicht unterstellt, dass die Inhaberschaft oder die Ausübung dieser Rechte* [die für einen Standard benötigt werden] *dem Besitz oder der Ausübung von Marktmacht gleichkommt.*"); Europäische Kommission, Beschluss v. 29.04.2014, Rs. C (2014) 2892, COMP/39.985, Rn. 223 – Motorola; *Klawitter*, in: Wiedemann, KartellR-Hdb § 14 Rn. 412; *Tochtermann*, GRUR 2020, 905, 910; *Layne-Farrar*, 6 (4) J.C.L. & E. 811, 828 (2010); *Wong-Ervin/Hicks/Slonim*, 24 Geo. Mason L. Rev. 1091, 1098 (2017).

864 *Wong-Ervin/Hicks/Slonim*, 24 Geo. Mason L. Rev. 1091, 1098 (2017).

865 DoJ/FTC, Antitrust and IP-Report (2007), S. 39 („*distinguish between the market power that comes from the technology on its own and the marketpower that comes just from the standard, the act of setting a standard that elevates a technology above the competitors.*"); *Hovenkamp*, 105 Cornell L. Rev. 101, 125 (2020); vgl. *Padilla/Wong-Ervin*, 62 (3) Antitrust Bull. 494, 499 (2017).

866 *Petrovčič*, S. 94; *Geradin*, 76 (1) Antitrust L.J. 329, 338, 339 (2009); *Wong-Ervin/Hicks/Slonim*, 24 Geo. Mason L. Rev. 1091, 1097 (2017); *M. Scholz*, in: Wiedemann, KartellR-Hdb § 22 Rn. 38.

hat, Hersteller standardkonformer Produkte unverzichtbar auf die Einhaltung desselben angewiesen sind und nicht auf alternative Produktstandards ausweichen können.[867] Dann ist jedes einem erfolgreichen Standard zugrundeliegende SEP ein Zugangshindernis, das für die legale Nutzung des Standards durch die Einräumung einer Lizenz überwunden werden muss, mit der Folge, dass nicht nur jedes SEP einen eigenständigen relevanten Markt bildet, sondern zugleich jeder SEP-Inhaber eine marktbeherrschende Stellung auf diesem Markt hat. In der Regel verleiht eine patentgeschützte Technologie *ex ante* vor Festsetzung des Standards seinem Inhaber keine marktbeherrschende Stellung, sondern erst *ex post* nach Festsetzung desselben.[868]

Die bei der Marktmachtanalyse ferner zu berücksichtigenden Marktzutrittsschranken können im Fall eines erfolgreichen Standards als hoch einzustufen sein, weil dies die Entwicklung und Etablierung eines neuen Konkurrenzstandards erfordert.[869] Darüber hinaus ist von Bedeutung, ob *Lock-In*-Effekte hinsichtlich eines bestimmten Standards bereits eingetreten sind.[870] Dies kann insbesondere in Märkten der Fall sein, die von hohen Netzwerkeffekten geprägt sind, die das Entstehen von Marktmacht begünstigen können.[871] An einer marktbeherrschenden Stellung eines SEP-Inhabers kann es dagegen fehlen, wenn sich ein Standard nicht durchgesetzt hat, wenn aus Abnehmersicht standardkonforme Produkte mit standard-„losen" Produkten konkurrieren oder mehrere Standards parallel existieren und in Wettbewerb zueinander stehen.[872] So existieren beispielsweise mit dem GPRS/EDGE- und CDMA-Standard zwei konkurrierende Mobilfunkstandards, die in bestimmten Teilen der Welt – unter anderem den Vereinigten Staaten und Asien – parallel existieren.[873]

Sowohl die Europäische Kommission als auch US-Kartellbehörden haben sich bereits mehrmals mit der Beurteilung der Marktstellung von SEP-Inhabern befasst. Die Europäische Kommission kam im Fall *Motorola* unter Berücksichtigung der genannten Faktoren zu dem Ergebnis, dass *Motorola* eine marktbeherrschende Stellung innehat, weil das Unternehmen zum einen Patentrechte an einer dem GPRS-Standard zugrundeliegenden essentiellen Technologie und

867 *Petrovčič*, S. 96; *Klawitter*, in: Wiedemann, KartellR-Hdb § 14 Rn. 412; *M. Scholz*, in: Wiedemann, KartellR-Hdb § 22 Rn. 38.

868 So auch *Picht*, GRUR Int. 2014 1, 8; *Heyers*, WRP 2014, 1253, 1256.

869 *Cotter*, 22 Tex. Intell. Prop. L.J. 311, 332 Fn. 98 (2014).

870 *M. Scholz*, in: Wiedemann, KartellR-Hdb § 22 Rn. 38.

871 *M. Scholz*, in: Wiedemann, KartellR-Hdb § 22 Rn. 38.

872 *Layne-Farrar*, 6 (4) J.C.L. & E. 811, 819 (2010); *Petrovčič*, S. 94, 95.

873 *Layne-Farrar*, 6 (4) J.C.L. & E. 811, 819 (2010).

mithin 100 % Marktanteile auf dem entsprechenden Lizenzmarkt hält[874], die Implementierung des GPRS-Standards wegen seiner weiten Marktdurchsetzung für die Hersteller von Mobilfunkgeräten unumgänglich ist[875] und *Lock-In*-Effekte für den GPRS-Standards anzunehmen sind[876]. Auch in einem Verfahren gegen *Rambus* kamen sowohl die FTC als auch die Europäische Kommission übereinstimmend zu dem Ergebnis, dass *Rambus* eine Monopolstellung hält, da mehr als 90 % der weltweiten DRAM-Chiptechnologie, in denen vor allem SDRAM- und DDR-SDRAM-Standards umgesetzt sind, mit von *Rambus* gehaltenen SEPs belegt und DRAM-Chips in der Computerindustrie allgegenwärtig sind.[877]

Insgesamt ist daher im jeweiligen Einzelfall zu prüfen, ob ein SEP seinem Inhaber eine marktbeherrschende Stellung auf dem jeweiligen Lizenzmarkt verleiht, unter Berücksichtigung dessen, ob die Einhaltung des Standards für Produkthersteller unumgänglich ist, Marktzutrittsschranken bestehen und *Lock-In*-Effekte bei den der Standardnutzern eingetreten sind.

II. Kartellrechtliche Würdigung einzelner Verhaltensweisen

In diesem Abschnitt werden einzelne potenziell missbräuchliche Verhaltensweisen eines SEP-Inhabers auf ihre Vereinbarkeit mit dem Monopolisierungsverbot in Sec. 2 Sherman Act und rechtsvergleichend anhand von Art. 102 AEUV und § 19 GWB untersucht. Eine Monopol- bzw. marktbeherrschende Stellung des SEP-Inhabers wird hierfür unterstellt. Zu den denkbaren missbräuchlichen Verhaltensweisen gehört die Nichtoffenlegung von SEPs während des Standardisierungsverfahrens (1.). Darüber hinaus kann der SEP-Inhaber nach Festsetzungen des Standards missbräuchliche Lizenzpraktiken betreiben, in Form der Erhebung unangemessener (2.) oder diskriminierender Lizenzgebühren oder -bedingungen (3.), die Lizenzierung seines SEP verweigern (4.) oder an

874 Europäische Kommission, Beschluss v. 29.04.2014, Rs. C (2014) 2892, COMP/39.985, Rn. 225, 226 – Motorola.

875 Europäische Kommission, Beschluss v. 29.04.2014, Rs. C (2014) 2892, COMP/39.985, Rn. 227 ff. - Motorola.

876 Europäische Kommission, Beschluss v. 29.04.2014, Rs. C (2014) 2892, COMP/39.985, Rn. 231 ff. - Motorola.

877 FTC, In the Matter of Rambus, Inc., Opinion of the Commission v. 26.02.2006, 142 F.T.C. 98, 723-725 (2006); Europäische Kommission, Entscheidung v. 09.12.2009, COMP/38.636, Rn. 20, 21 – Rambus.

weitere Bedingungen koppeln (5.). Zuletzt wird untersucht, wie in den jeweiligen Rechtsordnungen die gerichtliche Durchsetzung von Unterlassungsrechten aus einem FRAND-unterworfenen SEP kartellrechtlich bewertet wird (6.).

1. Nichtoffenlegung von SEPs während des Standardisierungsverfahren

Die Nichtoffenlegung von SEPs während des Standardauswahlverfahren (sog. *patent ambush by nondisclosure*), d.h. im Vorfeld an die Festsetzung des Standards, kann für sich neben den bereits dargestellten zivilrechtlichen Haftungsfolgen[878], auch ein gegen das kartellrechtliche Monopolisierungsverbot verstoßendes Verhalten sein. Wenngleich „*patent ambush by nondisclosure*" keine typische Vorgehensweise von patenthaltenden SSO-Mitgliedern ist und sich die meisten Auseinandersetzungen um FRAND-unterworfene SEPs nach Festsetzung des Standards ergeben, haben sich sowohl US-Gerichte damit befasst[879], als auch die Europäische Kommission.

a) *Problemdarstellung*

Unter „*patent ambush by nondisclosure*" oder einem „Patenthinterhalt"[880] wird ein Verhalten verstanden, bei dem ein SSO-Mitglied während des Standardisierungsverfahren und entgegen SSO-interner Offenlegungspflichten es bewusst unterlässt, seine patentgeschützte und standardrelevante Technologie offenzulegen. Im Anschluss daran, nachdem die eigene Technologie wie geplant Teil des Standards geworden ist, wird die Patentinhaberschaft aufgedeckt und Nutzer der Standardtechnologie mit Forderungen konfrontiert, unter Androhung oder Geltendmachung von Patentausschlussrechten.[881] Dabei kann das Innehaben relevanter Patentrechte nicht nur schlicht verschwiegen, sondern durch Falschangaben oder anderen Täuschungstaktiken verdeckt werden, um anderen SSO-Mitgliedsunternehmen unbewusst dazu zu verleiten, einen Standard

---

878 Siehe zuvor im Dritten Teil unter Abschnitt III. 3., S. 78 ff.

879 *Contreras*, 2 (5) Utah L. Rev. 479, 526 (2015).

880 Zu dieser Bezeichnung im deutschsprachigen Raum, siehe u.a. *Brakhahn*, S. 1, 9 und *Lampert*, S. 190; von Patenthinterhalt (*patent ambush*) sprechend, auch BGH, Urteil v. 24.11.2020, KZR 35/17, FRAND-Einwand II, NZKart 2021, 178, 184 Rn. 127.

881 *Brakhahn*, S. 9; *Staniszewski*, 2 J. Intell. Prop. L. & Pract. 666, 670 (2007); *Werden/Froeb*, 27 (1) Tex. Intell. Prop. L.J. 1, 3 (2019); *Cotter*, 34 J. Corp. L. 1151, 1188, 1189 (2009).

festzulegen, dem die verschwiegene Technologie angehört.[882] Die Besonderheit dieser Fallkonstellation liegt in der Art und Weise der Erlangung des SEP-„Status" und der dadurch vermittelten Machtposition. Anknüpfungspunkt für die zu untersuchende Missbrauchshandlung ist mithin die unterlassene Offenlegung an sich. Neben der Nichtoffenlegung standardwesentlicher Patentrechte als erster Anknüpfungspunkt für eine kartellrechtliche Missbrauchskontrolle, können getrennt davon nach Festsetzung des Standards und der daraus folgenden marktmächtigen Stellung des SEP-Inhabers, sämtliche missbräuchliche Lizenzpraktiken eines SEP-Inhabers – als zweiter Anknüpfungspunkt – auf ihre kartellrechtliche Zulässigkeit überprüft werden. Diese zweite Verhaltensebene ist von der ersten Verhaltensebene – der Nichtoffenlegung von Patentrechten – zu unterscheiden[883], wobei letztere in diesem Abschnitt behandelt werden soll.

In *„patent ambush by nondisclosure"* spiegelt sich das bereits angesprochene negative ökonomische Potenzial formeller Standardisierungsvorgänge wieder, wenn Hersteller standardkonformer Produkte standardspezifische Investitionen getätigt haben, eine Umstellung auf andere Technologien wegen der damit verbundenen Wechselkosten unpraktikabel ist, *Lock-In*-Effekte eingetreten sind und im Anschluss daran ein SEP-Inhaber patentrechtliche Ausschlussrechte als Hebel zur Erlangung besserer Lizenzkonditionen einsetzt.[884] Dieser Effekt kann insbesondere in Fällen gravierend sein, in denen eine SSO beabsichtigt hatte, einen Standard festzulegen, der auf unpatentierten oder lizenzfrei zugänglichen Technologien beruhen sollte und dies mit der Offenlegungspflicht sichergestellt werden sollte. Wird ein Standard festgesetzt, der unbewusst von einer patentgeschützten oder nicht lizenzfrei verfügbaren Technologie belegt wird, kann dies vor allem zu Lasten der Abnehmer des Endprodukts gehen, auf die die Lizenzmehrkosten abgewälzt werden und diese letztlich zu tragen haben.

b) Kartellrechtliche Beurteilung nach Sec. 2 Sherman Act

Im US-Kartellrecht wird eine Marktmonopolisierung durch irreführendes oder täuschendes Verhalten, sei es durch Tun oder Unterlassen, *„monopolization by*

---

882 *Lemley*, 90 Cal. L. Rev. 1889, 1928 (2002); *Cotter*, 34 J. Corp. L. 1151, 1188, 1189 (2009); *Ramirez*, 4 (1) Ital. Antitrust Rev. 41, 47-49 (2017); dazu auch *Ullrich*, GRUR 2007, 817, 825.

883 So auch *Lampert*, S. 190, 191 und *Klees*, EWS 2008, 449, 453.

884 Zu den negativen ökonomischen Effekten formeller Standardisierung, siehe Zweiter Teil unter Abschnitt II. 2., S. 53 ff.

deception" genannt.[885] Unter „*deception*" werden generell wissentliche oder vorsätzliche Falschaussagen oder -darstellungen verstanden, in ausdrücklicher oder impliziter Form, in Bezug auf gegenwärtige oder vergangene Tatsachen.[886]

Insbesondere die FTC hat mehrfach Verfahren eingeleitet und geführt, in denen ein „*deceptive conduct*" im Zusammenhang mit der Nichtoffenlegung von SEPs streitgegenständlich war, vielfach allerdings auf „*standalone basis*" der lauterkeitsrechtlichen Regelung des Sec. 5 (a) (1) FTC Act – d.h. ohne zugleich einen Verstoß gegen Sec. 2 Sherman Act geltend zu machen[887], weil mit dieser Regelung ausdrücklich „*deceptive acts or practices*" als unfaire Wettbewerbshandlungen geahndet werden können, ohne dass die Voraussetzungen von Sec. 2 Sherman Act vorliegen müssen. Führt die Nichtoffenlegung oder Verschleierung der Existenz eines Patentrechts dazu, dass die geschützte Technologie Eingang in einen Standard findet und erlangt der Patentinhaber dadurch eine Monopolstellung, kann dieses Verhalten den Tatbestand der vollendeten Marktmonopolisierung erfüllen. Aber auch der nicht erfolgreiche Versuch dazu kann von Sec. 2 Sherman Act erfasst werden, beispielsweise wenn der Einbezug der verschwiegenen Technologie in den Standard fehlschlägt.

aa) Grundsätze zu „deceptive conduct" als wettbewerbsschädigendes Verhalten

Irreführungs- oder Täuschungshandlungen können allgemein in vielfältigem Kontext auftreten, sei es durch Fehldarstellungen gegenüber der Nachfrageseite, Falschangaben gegenüber amtlichen Stellen oder eben Verheimlichungen gegenüber einer SSO.[888] Eine Zuwiderhandlung gegen Sec. 2 Sherman Act setzt voraus, dass das Täuschungsverhalten wettbewerbsschädigende Auswirkungen hat. Hat ein Unternehmen eine Monopolstellung rechtmäßig erlangt, wird es kartellrechtlich für zulässig erachtet, irreführendes oder täuschendes Verhalten dazu einzusetzen, um höhere Produktpreise erzielen zu können, weil damit keine

---

885 *Contreras*, 2 (5) Utah L. Rev. 479, 524 (2015); *Cotter*, 34 J. Corp. L. 1151, 1188 (2009); *Ramirez*, 4 (1) Ital. Antitrust Rev. 41, 47-49 (2017); *Farrell/Hayes/Shapiro/Sullivan*, 74 (3) Antitrust L.J. 603, 656-657.

886 *Stucke*, 63 SMU L. Rev. 1069, 1072 (2010).

887 Zu FTC-Verfahren auf „*standalone basis*" von Sec. 5 FTC Act, siehe FTC, In the Matter of Dell Computer Corp., Consent Order, Docket No. C-3658, 121 F.T.C. 616, 618; FTC, In the Matter of Union Oil Company Of California, Complaint, Docket No. 9305; dazu auch *Ramirez*, 4 (1) Ital. Antitrust Rev. 41, 47, 48 (2017).

888 Note, 125 Harv. L. Rev. 1235, 1237 (2012); Hovenkamp, Federal Antitrust Policy, § 7.13, S. 450.

Wettbewerber verdrängenden und Wettbewerbskräfte vermindernde Effekte gegenüber möglicherweise noch im Markt existierenden Konkurrenten verbunden sind[889], sondern eben nur Abnehmer auf der nachgelagerten Marktstufe die täuschungsbedingt höheren Mehrpreise zu tragen haben[890]. Sec. 2 Sherman Act erfasst zudem auch keine noch so böswilligen Verhaltensweisen eines Unternehmens gegenüber Konkurrenten, wenn damit keine Monopolisierung des Markts einhergeht.[891] Wettbewerbsschädigende Effekte sind nur anzunehmen, wenn die Täuschungshandlung oder Fehldarstellung negative – Wettbewerber verdrängende – Auswirkungen auf die Struktur des Marktwettbewerbs hat.[892]

Der *U.S. Supreme Court* hat unter anderem in einer Entscheidung anerkannt, dass die Durchsetzung von Patentrechten aus einem durch Täuschung oder Betrug gegenüber dem Patentamt erlangten Patent, das seinem Inhaber eine Monopolstellung verleiht, unter bestimmten Umständen als kartellrechtswidrig und mit Sec. 2 Sherman Act unvereinbar eingestuft werden kann.[893] In der vielfach im Zusammenhang mit „*deception*" und Sec. 2 Sherman Act zitierten Entscheidung Conwood Co. v. U.S. Tobacco Co., auf die sich auch die FTC in dem Verfahren gegen *Rambus* wegen des Vorwurfs der Marktmonopolisierung durch Nichtoffenlegung von SEPs gestützt hatte[894], ging es um wettbewerbswidrige Verdrängungspraktiken eines Unternehmens gegenüber Konkurrenten („*exclusionary conduct*"), in Form von Falschdarstellungen gegenüber der Nachfrageseite. Die *U.S. Tobacco Company* – ein Tabakproduktehersteller und das beklagte Unternehmen, machte gegenüber diversen produktnachfragenden Händlern Falschangaben über die Abverkaufszahlen und Verkaufsstärke ihrer Tabakprodukte im Vergleich zu konkurrierenden Produkten, mit dem gewünschten

889 Rambus Inc. v. FTC, 522 F.3d 456, 464 (D.C. Cir. 2008) („*an otherwise lawful monopolist's use of deception simply to obtain higher prices normally has no particular tendency to exclude rivals and thus to diminish competition.*").

890 Vgl. *Hovenkamp*, 105 Cornell L. Rev. 101, 155 (2020).

891 Brooke Group Ltd. v. Brown & Williamson Tobacco Corp., 509 U.S. 209, 225 (1993) („*Even an act of pure malice by one business competitor against another does not, without more, state a claim under the federal antitrust laws; those laws do not create a federal law of unfair competition.*").

892 Rambus Inc. v. FTC, 522 F.3d 456, 464, 466 (D.C. Cir. 2008); *Hovenkamp*, 105 Cornell L. Rev. 101, 155 (2020); vgl. *Stucke*, 63 SMU L. Rev. 1069, 1105, 1106 (2010).

893 Walker Process Equip., Inc. v. Food Mach. & Chem. Corp., 382 U.S. 172, 174 (1965). Näheres dazu in diesem Abschnitt unter 6. a), S. 342 ff.

894 FTC, In the Matter of Rambus, Inc., Opinion of the Commission v. 26.02.2006, 142 F.T.C. 98, 656 Fn. 136 (2006).

Ergebnis, dass die für Produkte von *U.S. Tabacco* vorgesehenen Ausstellungsflächen im Einzelhandel vergrößert und die für konkurrierende Produkte verkleinert wurden. Die klagende *Conwood Co.* war einer der betroffenen Konkurrenten.[895] Das mit dem Fall befasste US-Berufungsgericht sah in den Fehldarstellungen ein wettbewerbsschädigendes Verhalten, das eine Verschiebung von Marktanteilen weg von den Konkurrenten und hin zur Beklagten bewirkt und damit zu einer Verringerung des Wettbewerbs auf dem von *U.S. Tabacco* monopolisierten Markt für Tabakprodukte geführt hatte.[896]

In Abgrenzung dazu hatte ein anderes US-Berufungsgericht in einem Fall ein bloß werbendes Verhalten für die Stärken des eigenen Produkts unter Marginalisierung dessen Schwächen als mit Sec. 2 Sherman Act vereinbar erachtet, so lange diese keine wettbewerbsschädigende Täuschung darstellt.[897] Auch in anderen Fällen haben US-Gerichte anerkannt, dass *„deceptive conduct"* ein vom Monopolisierungsverbot in Sec. 2 Sherman Act erfassbares Verhalten sein kann.[898] Eine Täuschung oder Irreführung (*„deceptive conduct"*) kann demzufolge dann ein gegen Sec. 2 Sherman Act verstoßendes Verhalten sein, wenn damit Wettbewerber verdrängende Effekte verbunden sind, die dazu führen, dass das täuschende Unternehmen Marktanteile gewinnt und damit den Markt für sich monopolisiert.

Die Abgrenzung, ob und wann *„deceptive conduct"* nicht nur eine unfaire Wettbewerbshandlung darstellt und gegen Sec. 5 (a) (1) FTC Act verstößt, sondern Wettbewerbsstrukturen eines Markts negativ beeinflusst und in den Anwendungsbereich des Sec. 2 Sherman Acts fällt, wird in der US-Literatur unterschiedlich beurteilt. *Stucke* schlägt einen vereinfachten Beurteilungsstandard vor, wonach U.S-Gerichte irreführendes oder täuschendes Verhalten

---

895 Conwood Co. v. U.S. Tobacco Co., 290 F.3d 768, 773-778 (6th Cir. 2002).

896 Conwood Co. v. U.S. Tobacco Co., 290 F.3d 768, 788, 790, 791 (6th Cir. 2002); auch andere US-Entscheidungen berufen sich explizit auf diese Feststellungen, siehe LePage's Inc. v. 3M, 324 F.3d 141 (3d Cir. 2003) („*Conwood Co. v. U.S. Tobacco Co. (…) presents a good illustration of the type of exclusionary conduct that will support a § 2 violation.*"); Rambus Inc. v. FTC, 522 F.3d 456, 464 (D.C. Cir. 2008).

897 Berkey Photo, Inc. v. Eastman Kodak Co., 603 F.2d 263, 287, 288 (2d Cir. 1979); zum generell engeren Verständnis der rechtswidrigen Täuschung in *„Business-to-Business"*-Vertragsverhandlungen auch im US-Vertrags- und Deliktsrecht, vgl. *Jung*, 92 (4) S. Cal. L. Rev. 973, 986-988, 993, 994 (2019).

898 Weitere *„deception"*-Fälle im Zusammenhang mit Sec. 2 Sherman Act, siehe U.S. v. Microsoft Corp., 253 F.3d 34, 76, 77 (2001); Broadcom Corp. v. Qualcomm Inc., 501 F.3d 297, 314 (3d Cir. 2007); dazu auch Note, 125 Harv. L. Rev. 1235, 1236 Fn. 7 (2012).

prima facie als wettbewerbsschädliche Marktmonopolisierung einstufen können sollen, wenn sich auf den ersten Blick feststellen lasse, dass ein Täuschungsverhalten vernünftigerweise geeignet ist, wesentlich zu einer Monopolstellung beizutragen.[899] Dafür soll dem Kläger der Nachweis obliegen, dass der Beklagte eine Monopolstellung innehat, der Monopolist in böswilliger Absicht eine Täuschungshandlung vorgenommen hat, die von nur fahrlässigen Falschaussagen abzugrenzen ist, und dass die Täuschung geeignet ist und kausal dazu beigetragen hat, eine Monopolstellung zu begründen oder zu erhalten.[900] Überwiegend wird allerdings eine restriktive Anwendung von Sec. 2 Sherman Act befürwortet, weil Irreführungs- und Täuschungshandlungen nur selten wettbewerbsschädigende Auswirkungen haben[901] und zudem andere Rechtsinstrumente vorhanden sind, die solche Verhaltensweisen in geeigneterer Weise erfassen können[902]. Darüber hinaus schädige „*deceptive conduct*" zumeist letztlich nur Verbraucher oder Wettbewerber, nicht allerdings den Wettbewerb an sich, wobei nur dieser – wie vielfach vom *U.S. Supreme Court* wiederholt wurde[903] – vom US-Kartellrecht geschützt werden soll.[904] Aus diesem Grund wird eine Vermutungsregel vorgeschlagen, dass „*deceptive conduct*" unerhebliche („*de minimis*") und außerhalb des Anwendungsbereichs von Sec. 2 Sherman Act liegende wettbewerbliche Effekte habe.[905]

Der von *Stucke*[906] vorgeschlagene Beurteilungsstandard birgt in der Tat die Gefahr einer zu schnellen Bejahung wettbewerbsschädigender Effekte und einer kartellrechtlichen Haftung. Insbesondere existieren auch besser geeignete

---

899 *Stucke*, 63 SMU L. Rev. 1069, 1113 (2010).

900 *Stucke*, 63 SMU L. Rev. 1069, 1113, 1114 (2010).

901 Note, 125 Harv. L. Rev. 1235, 1236, 1241 (2012); Hovenkamp, Federal Antitrust Policy, § 7.13, S. 450 („*most business torts have only a de minimis effect or no effect at all on competition*"); Areeda/Hovenkamp, Antitrust Law, Vol. IIIB, §782b, S. 327 („*courts would be wise to regard misrepresentations as presumptively de minimis for § 2 purposes.*"); vgl. Posner, Antitrust Law, S. 195.

902 Posner, Antitrust Law, S. 195; Hovenkamp, Federal Antitrust Policy, § 7.13, S. 450.

903 Spectrum Sports, Inc. v. McQuillan, 506 U.S. 447, 458 (1993); Brunswick Corp. v. Pueblo Bowl-O-Mat, Inc., 429 U.S. 477, 478, 489 (1977).

904 Note, 125 Harv. L. Rev. 1235, 1242 (2012); Areeda/Hovenkamp, Antitrust Law, Vol. IIIB, §782, S. 321 („*Proof of harm to a specific competitor (…) is almost never sufficient to meet the antitrust concern.*").

905 Note, 125 Harv. L. Rev. 1235, 1243 (2012); Areeda/Hovenkamp, Antitrust Law, Vol. IIIB, §782b, S. 327.

906 *Stucke*, 63 SMU L. Rev. 1069, 1113, 1114 (2010).

Instrumente in anderen Rechtsgebieten, wie die des Lauterkeitsrechts (*unfair competition*) zur Erfassung solcher Verhaltensweisen, ohne zugleich die gravierenden kartellrechtlichen Haftungsfolgen für ein Verhalten auszulösen, das möglicherweise kaum Auswirkungen auf den Wettbewerb hat. Vorzugswürdig ist deshalb ein zurückhaltender Ansatz bei der Anwendung von Sec. 2 Sherman Act bei „*deceptive conduct*". Insgesamt bleibt damit festzuhalten, dass es in Übereinstimmung mit der US-Rechtsprechung Fälle von „*deceptive conduct*" geben kann, die dem Monopolisierungsverbot zuwiderlaufen, wofür allerdings im jeweiligen Einzelfall der Nachweis erbracht werden muss, dass das Täuschungsverhalten wettbewerbsschädigenden Effekte auf den Wettbewerb und die Marktstruktur hat und nicht nur Wettbewerber geschädigt werden.

bb) Nichtoffenlegung von und Täuschung über die Inhaberschaft von standardrelevanten Patenten während des Standardisierungsverfahren

Ausgangspunkt der kartellrechtlichen Bedenken gegen „*patent ambush by non-disclosure*" ist, dass ein Patentinhaber, der eine SSO über den Bestand eines Patentrechts täuscht und dieses nicht offen legt, dergestalt bewirken kann, dass seine Technologie unbemerkt in den Standard aufgenommen und damit eine beherrschende Stellung zuteilwird, die ihm sein Patentrecht andernfalls nicht vermittelt hätte.[907] Nicht jede unterlassene Offenlegung während eines Standardisierungsverfahrens ist jedoch als marktmonopolisierendes Täuschungsverhalten einzuordnen.[908] Ein Verstoß gegen Sec. 2 Sherman Act erfordert auch in diesem Zusammenhang, dass die Nichtoffenlegung des Patents Wettbewerber verdrängende Effekte hat.[909] Ein Patentinhaber der bewusst eine SSO und deren Mitglieder darüber täuscht, dass er bereits standardrelevante Patentrechte hält oder solche angemeldet hat, und dies bewusst nicht offenlegt, hält nicht nur im Dunkeln, zu welchen Bedingungen die Technologie für SSO-Mitglieder und Standardanwender verfügbar sein wird. Auch der Wettbewerbsprozess um die Auswahl der geeignetsten Standardtechnologie kann dadurch verzerrt sein, weil es den an der Standardsetzung beteiligten SSO-Mitglieder nicht möglich ist, eine

---

907 *Arena/Bergmann/Himes*, 9 (3) E.C.J. 623, 658 (2013).

908 Aus der US-Rechtsprechung Hynix Semiconductor Inc. v. Rambus Inc., 441 F.Supp.2d 1066, 1081 (N.D. Cal. 2006); Townshend v. Rockwell Intern. Corp., 2000 WL 433505, 11 (N.D. Cal. 2000); so auch *Hovenkamp*, 105 Cornell L. Rev. 101, 156 Fn. 267 (2020).

909 *Hovenkamp*, 105 Cornell L. Rev. 101, 156 (2020); vgl. Note, 125 Harv. L. Rev. 1235, 1239 (2012).

objektive, an Kostengesichtspunkten orientierte Auswahlentscheidung darüber zu treffen, welches die eine unter mehreren konkurrierenden Technologien sein soll, die dem Standard zugrunde gelegt wird.[910] Unter welchen Voraussetzungen die Nichtoffenlegung von standardrelevanten Patentrechten gegen Sec. 2 Sherman Act verstößt, ist Gegenstand der bedeutenden Leitentscheidung Rambus Inc. v. FTC[911], die nachfolgend dargestellt wird.[912]

(1) FTC-Verfahren gegen Rambus

Nachdem die FTC schon in 2002 ein Verwaltungsverfahren gegen *Rambus* auf „*standalone basis*" von Sec. 5 FTC Act eingeleitet hatte und in 2004 auf dieser Grundlage bereits auf der ersten Entscheidungsebene vor dem ALJ gescheitert war[913], wurde die Ablehnungsentscheidung auf die Berufung hin durch die FTC-*Commissioners* wieder aufgehoben, wobei die FTC das Verfahren gegen *Rambus* nunmehr alleine unter dem Vorwurf eines Monopolisierungsverstoßes nach Sec. 2 Sherman Act fortführte.[914] Dem Verfahrenskomplex lag folgender Sachverhalt zugrunde.

Rambus ist ein auf die Entwicklung von Computerspeicher-Chips spezialisiertes US-Unternehmen. Bereits im April 1990 hatte *Rambus* eine Patentanmeldung für seine DRAM[915]-Computerchiptechnologie eingereicht.[916] Rambus nahm erstmals im Dezember 1991 zunächst als Gast und kurz darauf im Jahr 1992 offiziell als Mitglied an den Treffen der SSO JEDEC teil und beteiligte sich aktiv an verschiedenen Standardisierungsprozessen.[917] Teil der mitgliedschaftlichen Pflichten bei JEDEC war es, standardrelevante Patentrechte sowie entsprechende Patentanmeldungen, die den Standard betreffen könnten, offenzulegen

910 *Ramirez*, 4 (1) Ital. Antitrust Rev. 41, 49, 50 (2017); *Farrell/Hayes/Shapiro/Sullivan*, 74 (3) Antitrust L.J. 603, 609 (2007); vgl. *Contreras*, 2 (5) Utah L. Rev. 479, 525 (2015).

911 Rambus Inc. v. FTC, 522 F.3d 456 (D.C. Cir. 2008).

912 *Werden/Froeb*, 27 (1) Tex. Intell. Prop. L.J. 1, 18, 19 (2019).

913 FTC, In the Matter of Rambus, Inc., Initial Decision v. 24.02.2004, 142 F.T.C. 98, 157 (2006); zum FTC-Verfahrensablauf vor dem ALJ siehe bereits Vierter Teil unter Abschnitt V. 1. b) aa), S. 162 ff.

914 FTC, In the Matter of Rambus, Inc., Opinion of the Commission v. 26.02.2006, 142 F.T.C. 98, 829-831 (2006); dazu auch *Klees*, EWS 2008, 449, 452.

915 Die Abkürzung DRAM steht für „*dynamic random access memory*".

916 FTC, In the Matter of Rambus, Inc., Complaint, Docket No. 9302, 142 F.T.C. 98, 110 Rn. 34 (2006).

917 FTC, In the Matter of Rambus, Inc., Complaint, Docket No. 9302, 142 F.T.C. 98, 114 (2006).

und lizenzgebührenfrei oder zu FRAND-Bedingungen zu lizenzieren.[918] Während sich in den Sitzungen für die Festlegung des final im Jahr 1993 verabschiedeten SDRAM[919]-Standards abzeichnete, dass eine andere als die patentgeschützte Technologie von *Rambus* Teil des Standards werden sollte[920], ließ *Rambus* im März 1992 durch entsprechende Patentteilungsanträge (*divisional patent applications*) sein ursprüngliches DRAM-Patent aus 1990 in zehn Patentrechte aufteilen, für die jeweils rückwirkender Schutz auf den Zeitpunkt der Erstanmeldung beantragt und auch gewährt wurde. Für die jeweiligen Patente wurde ein erweiterter Schutzbereich beantragt und ebenso zugesprochen, der bewusst die sich abzeichnende, präferierte technische Lösung für den SDRAM-Standard mitumfasst hatte.[921] All dies verheimlichte *Rambus* gegenüber JEDEC und deren Mitgliedsunternehmen, sowohl bezüglich des 1993 verabschiedeten SDRAM-Standards als auch bezüglich des weiterentwickelten und 1999 festgesetzten DDR-SDRAM[922]-Standards[923], wobei *Rambus* im Juni 1996 seine Mitgliedschaft bei JEDEC beendet hatte[924]. Nachdem der Standard am Markt angenommen worden war, die Industrie sich auf die Verwendung des Standards eingestellt und mit der Produktion von standardkonformen Computerchips begonnen hatte[925], trat Rambus unter Hinweis auf die vom SDRAM- und DDR-SDRAM-Standard betroffenen *Rambus*-Patentrechte für die DRAM-Technologie weltweit an verschiedene Chiphersteller mit Lizenzforderungen heran[926].

Die FTC kam zu der kartellrechtlichen Einschätzung, dass die vorsätzliche Nichtoffenlegung standardrelevanter Patentrechte in Verbindung mit der

---

918 FTC, In the Matter of Rambus, Inc., Complaint, Docket No. 9302, 142 F.T.C. 98, 104 Rn. 20 (2006).

919 Die Abkürzung SDRAM steht für „*synchronous dynamic random access memory*".

920 FTC, In the Matter of Rambus, Inc., Complaint, Docket No. 9302, 142 F.T.C. 98, 114 (2006).

921 FTC, In the Matter of Rambus, Inc., Complaint, Docket No. 9302, 142 F.T.C. 98, 111-116 (2006).

922 Die Abkürzung DDR-SDRAM steht für „*double data rate SDRAM*".

923 FTC, In the Matter of Rambus, Inc., Complaint, Docket No. 9302, 142 F.T.C. 98, 119, 125 ff. (2006).

924 FTC, In the Matter of Rambus, Inc., Complaint, Docket No. 9302, 142 F.T.C. 98, 114 (2006).

925 FTC, In the Matter of Rambus, Inc., Complaint, Docket No. 9302, 142 F.T.C. 98, 134 (2006).

926 FTC, In the Matter of Rambus, Inc., Complaint, Docket No. 9302, 142 F.T.C. 98, 134-137 (2006).

Täuschung der SSO sowie deren Mitglieder über den Nichtbestand dieser Rechte eine Form des „*deceptive conduct*“ sei, das wettbewerbsschädigende Effekte habe und gegen Sec. 2 Sherman Act verstoße, da *Rambus* dadurch in vier Technologiemärkten in wettbewerbswidriger Weise eine Monopolstellung erlangen konnte.[927] Das den Wettbewerb ausschließende Element wurde in dem Täuschungsverhalten von *Rambus* gesehen, weil dadurch der falschen Eindruckt erweckt worden war, dass *Rambus* weder relevanten Patentrechte innehabe, noch sich um solche bemüht habe. JEDEC und deren Mitglieder seien dadurch irregeführt geworden, weil die mit der *Rambus*-Technologie verbundenen Lizenzkosten unbekannt geblieben sind und es mithin nicht möglich war, anhand von Kosten- und Effizienzgesichtspunkten eine fundierte Entscheidung darüber zu treffen, welche der konkurrierenden Technologien letztlich für den Standard am besten geeignet war.[928] Der für eine Zuwiderhandlung gegen Sec. 2 Sherman Act erforderliche schädigende Effekt für den Wettbewerbsprozess an sich wurde darin gesehen, dass durch die Verheimlichung der Patente der Auswahl- und Wettbewerbsprozess über die Aufnahme einer Technologie in den Standard verzerrt und die von JEDEC implementierten Schutzmaßnahmen zur Verhinderung der missbräuchlichen Ausnutzung einer Monopolstellung umgangen wurden.[929] Insbesondere sei dadurch auch der Einbezug von lizenzkostengünstigeren Alternativtechnologien verhindert worden.[930] Die FTC wies zudem darauf hin – was sich später als entscheidender Kausalitäts-Fallstrick erweisen sollte, dass wenn *Rambus* seine patentgeschützten Technologien offengelegt hätte, JEDEC entweder vom Einbezug in den Standard abgesehen oder jedenfalls die Technologie gegen eine RAND-Lizenzzusage in den Standard aufgenommen hätte.[931] Durch dieses Verhalten habe *Rambus* – so die FTC – eine Monopolstellung erlangt, da mehr als 90 % der weltweiten DRAM-Chiptechnologien, in denen vor allem SDRAM- und DDR-SDRAM-Standards umgesetzt werden, mit von *Rambus*

---

927 FTC, In the Matter of Rambus, Inc., Opinion of the Commission v. 26.02.2006, 142 F.T.C. 98, 617-618 (2006).

928 FTC, In the Matter of Rambus, Inc., Opinion of the Commission v. 26.02.2006, 142 F.T.C. 98, 655, 667-668 (2006).

929 FTC, In the Matter of Rambus, Inc., Opinion of the Commission v. 26.02.2006, 142 F.T.C. 98, 716 (2006).

930 FTC, In the Matter of Rambus, Inc., Opinion of the Commission v. 26.02.2006, 142 F.T.C. 98, 729 (2006).

931 FTC, In the Matter of Rambus, Inc., Opinion of the Commission v. 26.02.2006, 142 F.T.C. 98, 726 (2006).

gehaltenen SEPs belegt sind und die DRAM-Chiptechnologie in der Computerindustrie allgegenwärtig ist.[932]

Die FTC bewertete das Täuschungsverhalten von *Rambus* als Verstoß gegen Sec. 2 Sherman Act in Verbindung mit Sec. 5 FTC Act und ordnete an, dass *Rambus* es zu unterlassen habe, Patentrechte gegen die Hersteller von JEDEC-konformen Produkten durchzusetzen sowie bereits existierende Patentlizenzvereinbarungen zu vollziehen, und dass die betroffenen Patentrechte zu RAND-Bedingungen lizenziert werden müssen.[933]

(2) Berufungsentscheidung des U.S. Court of Appeals for the D.C Circuit

Gegen die Entscheidung der FTC legte *Rambus* Berufung beim zuständigen *U.S. Court of Appeals* ein, woraufhin die Entscheidung im April 2008 aufgehoben wurde. Das Gericht war der Auffassung, dass die FTC nicht nachweisen konnte, dass das Verhalten von *Rambus* die für Sec. 2 Sherman Act erforderlichen Wettbewerber verdrängende bzw. ausschließende Effekte hatte.[934] Ausschlaggebend für die Aufhebung der Entscheidung war, dass die FTC zwei alternative Geschehensabläufe für den Fall der ordnungsgemäßen Offenlegung der *Rambus*-Patente aufgezeigt hatte. Entweder hätte JEDEC die Technologien von *Rambus* nicht in den Standard einbezogen oder aber für deren Einbezug in den Standard eine RAND-Lizenzzusage verlangt. Einen Nachweis darüber, welcher der beiden hypothetischen Geschehensabläufe im Falle der Offenlegung wahrscheinlicher eingetreten wäre, hielt die FTC fälschlicherweise für nicht erforderlich.[935] Während die FTC für den Ausgang beider Szenarien zu dem Ergebnis kam, dass sowohl in der ersten als auch in der zweiten Alternative *Rambus*‘ unterlassene Offenlegung wettbewerbsschädigende Effekte gehabt habe, hat der *U.S. Court of Appeals* betont, dass dies allenfalls für den ersten Geschehensablauf der Fall gewesen wäre. Eine Schädigung des Wettbewerbsprozesses sei nur anzunehmen, wenn die vollständige Offenlegung der von *Rambus* gehaltenen Patent dazu geführt hätte, dass JEDEC einen anderen (offenen oder nicht-patentgeschützten) Standard verabschiedet hätte. Nur in dem Fall könne

---

932 FTC, In the Matter of Rambus, Inc., Opinion of the Commission v. 26.02.2006, 142 F.T.C. 98, 723-725 (2006).

933 FTC, In the Matter of Rambus, Inc., Opinion of the Commission v. 26.02.2006, 142 F.T.C. 98, 794-796 (2006).

934 Rambus Inc. v. FTC, 522 F.3d 456 (D.C. Cir. 2008).

935 Rambus Inc. v. FTC, 522 F.3d 456, 463 (D.C. Cir. 2008).

die Nichtoffenlegung als „*exclusionary conduct*" mit schädigenden Wettbewerbseffekten eingeordnet werden.[936]

Für den zweiten hypothetischen Geschehensablauf, bei dem *Rambus* seine Technologien offengelegt, JEDEC eine RAND-Lizenzzusage verlangt und die Technologie in den Standard implementiert hätte, wurden wettbewerbsschädigende Effekte hingegen von dem US-Gericht verneint. Selbst wenn ein Täuschungsverhalten eines Monopolisten, der seine Marktstellung rechtmäßig erlangt hat, im Ergebnis dazu führe, dass höhere Produktpreise erhoben werden können und negative „*downstream*" Effekte für Verbraucher nach sich zieht, ohne aber den Wettbewerb an sich zu schädigen, sei dies allein kein kartellrechtswidriges Verhalten, weil dem keine Tendenz zukomme, Wettbewerber aus dem Markt zu drängen oder den Wettbewerb zu verringern.[937] Das Berufungsgericht wies darauf hin, dass die Täuschung in diesem Fall nur bewirkt hätte, dass JEDEC eine Gelegenheit verloren hatte, sich eine RAND-Lizenzverpflichtung von *Rambus* zusichern zu lassen. Eine entgangene RAND-Lizenzzusage führe allerdings zu keiner Beeinträchtigung des Wettbewerbs durch alternative Technologien. Ganz im Gegenteil, hätte JEDEC mittels einer RAND-Zusage die von *Rambus* zu erhebenden Lizenzgebühren auf angemessene und diskriminierungsfreie Bedingungen beschränken können, wäre hierdurch weniger und nicht mehr Wettbewerb durch alternative Technologien zu erwarten gewesen, weil hohe Preise und beschränkte Produktionskapazitäten Wettbewerber anziehe.[938] Komme man daher – so das Gericht – zu dem Ergebnis, dass die *Rambus*-Technologien so oder so Eingang in den Standard gefunden hätten, im Falle der Offenlegung allerdings nur gegen eine RAND-Zusage, dann bewirke die Täuschung und Nichtoffenlegung nur, dass JEDEC eine Gelegenheit entgangen ist, günstigere RAND-Lizenzbedingungen sicherzustellen. Dies allein genüge jedoch nicht, um eine Schädigung des Wettbewerbs anzunehmen.[939] Da die FTC diesen wettbewerbsunschädlichen Kausalverlauf nicht ausschließen konnte, kam das Berufungsgericht zu dem Ergebnis, dass das Verhalten von *Rambus* nicht zweifelsfrei als wettbewerbsschädigend und gegen Sec. 2 Sherman Act verstoßend eingestuft werden konnte.[940] Der anschließende Versuch der FTC, die Entscheidung des

936 Rambus Inc. v. FTC, 522 F.3d 456, 463 (D.C. Cir. 2008).
937 Rambus Inc. v. FTC, 522 F.3d 456, 463, 466 (D.C. Cir. 2008).
938 Rambus Inc. v. FTC, 522 F.3d 456, 466 (D.C. Cir. 2008).
939 Rambus Inc. v. FTC, 522 F.3d 456, 466, 467 (D.C. Cir. 2008).
940 Rambus Inc. v. FTC, 522 F.3d 456, 466, 467 (D.C. Cir. 2008).

U.S. Court of Appeals durch den *U.S. Supreme Court* überprüfen zu lassen, wurde abgelehnt, woraufhin das Verfahren gegen *Rambus* eingestellt wurde.[941]

(3) Auseinandersetzung und Stellungnahme

Die Aufhebung der Entscheidung der FTC wegen des Bestehens zweier alternativer Geschehensabläufe, wobei nur einer davon wettbewerbsschädigende Effekte gehabt hätte, wurde vielfach kritisiert, weil darin nicht weniger als ein neuer – strenger – Kausalitätsstandard für Verstöße gegen Sec. 2 Sherman Act eingeführt wurde, eine Anomalie des Monopolisierungsrechts, der letztlich auf einen „*safe-haven*" für wettbewerbsschädigendes Täuschungsverhalten hinauslaufe.[942] Um einen Verstoß gegen Sec. 2 Sherman Act in solchen Fällen erfolgreich geltend machen zu können, muss ein Kläger nunmehr den Nachweis über einen hypothetischen Geschehensablauf erbringen, dass das Standardisierungsverfahren einen anderen Ausgang genommen hätte und die verdeckte Technologie nicht in den Standard aufgenommen worden wäre, wenn sie offengelegt worden wäre. Ein solcher Nachweis ist in der Praxis allerdings kaum zu erbringen, da es bei den meisten SSOs für den Einbezug einer Technologie in einen Standard ausreichend ist, wenn eine FRAND-Zusagen eingeholt werden kann und da in nur weniger Fällen beabsichtigt wird, einen ausschließlich offenen und nicht patentbelegten Standard festzusetzen. Der in der *Rambus*-Entscheidung aufgestellte strenge Kausalitätsnachweise wird zudem kritisiert, weil er dem etablierten Kausalitätsstandard zuwiderlaufe, der in anderen Täuschungs-Fällen aufgestellt wurde.[943] Wegen der Schwierigkeit der Vorhersage eines „was wäre passiert wenn" Geschehensablauf („*but for the deception*") wird es in Täuschungsfällen für den Kausalitätsnachweis als ausreichend erachtet, wenn der Getäuschte auf das Verhalten des Täuschenden vertraut hat und dieses Verhalten auch wesentlich war, vergleichbar mit den Nachweisanforderungen in deliktsrechtlichen „*fraud*"-Fällen.[944] Der in der *Rambus*-Entscheidung aufgestellte

---

941 Siehe dazu FTC, In the Matter of Rambus Inc., Case Summery, abrufbar unter: https://www.ftc.gov/enforcement/cases-proceedings/011-0017/rambus-inc-matter (abgerufen am: 22.03.2021).

942 *Stucke*, 63 SMU L. Rev. 1069, 1105 (2010); *Narayen*, 8 Nw. J. Tech. & Intell. Prop. 307 (2010); vgl. *Cary/Nelson/Kaiser/Sistla*, 77 Antitrust L.J. 913, 922 (2011).

943 *Stucke*, 63 SMU L. Rev. 1069, 1106 (2010); vgl. *Narayen*, 8 Nw. J. Tech. & Intell. Prop. 307, 321, 322 (2010).

944 *Stucke*, 63 SMU L. Rev. 1069, 1106, 1107 (2010); dazu bereits im Dritten Teil unter Abschnitt III. 3. a) bb), S. 81 ff.

Kausalitätsnachweis steht nicht nur in Widerspruch dazu[945], dessen Einführung in Sec. 2 Sherman Act mache den Monopolisierungstatbestand zudem letztlich bedeutungslos, weil immer die Möglichkeit alternativer Geschehensabläufe besteht[946]. Zu Recht weist *Stucke* daher darauf hin „*[h]ow can one objectively and predictably determine what would happen in an alternate universe?*"[947]

Bemerkenswert ist, das dasselbe Gericht, das über den *Rambus*-Fall entschieden hatte, dieselbe Problematik um einen solchen strengen Kausalnachweis bei Sec. 2 Sherman Act Jahre zuvor im Fall U.S. v. Microsoft Corp. angesprochen und eine Absage erteilt hatte.[948] Wie auch das Gericht zutreffen erkannt hat, würde ein strenger Kausalitätsstandard andernfalls den schwierigen Nachweis erfordern, die hypothetischen Marktverhältnisse ohne die wettbewerbsschädigende Verhaltensweise zu rekonstruieren, was einen Monopolisten dazu ermutigen könnte, noch mehr und noch früher wettbewerbswidrige Maßnahmen zur Verschleierung von Kausalzusammenhängen zu ergreifen.[949] Aus diesem Grund hatte es dasselbe US-Berufungsgericht für Sec. 2 Sherman Act zutreffend für ausreichend erachtet, dass nur ein Nachweis darüber zu erbringen ist, dass das wettbewerbswidrige Verhalten vernünftigerweise geeignet ist, einen wesentlichen Beitrag zur Begründung oder Erhaltung der Monopolstellung zu leisten.[950] Ein zu Recht deutlich einfacherer, nun allerdings in Widerspruch zur *Rambus*-Entscheidung stehender Kausalitätsnachweis.[951]

Auf der einen Seite ist ein einfacher Kausalitätsnachweis, wie er in der *Microsoft*-Entscheidung aufgestellt wurde, auch im Standardisierungskontext vorzugswürdig und wünschenswert. So lange eine höchstrichterliche Klärung fehlt und derselbe *U.S. Court of Appeals* seine widersprüchliche Rechtsprechung nicht aufklärt, bleibt es allerdings dabei, dass im spezifischen Fall der Nichtoffenlegung von und der Täuschung über das Innehaben von standardrelevanten Patenten während eines Standardisierungsverfahrens, eine Zuwiderhandlung gegen Sec. 2 Sherman Act den strengen Kausalitätsnachweis erfordert. Auf der

---

945 *Stucke*, 63 SMU L. Rev. 1069, 1107 (2010).

946 *Stucke*, 63 SMU L. Rev. 1069, 1108, 1109 (2010).

947 *Stucke*, 63 SMU L. Rev. 1069, 1111 (2010); so auch *Farrell/Hayes/Shapiro/Sullivan*, 74 (3) Antitrust L.J. 603, 653 (2007).

948 U.S. v. Microsoft Corp., 253 F.3d 34, 79 (D.C. Cir. 2001).

949 U.S. v. Microsoft Corp., 253 F.3d 34, 79 (D.C. Cir. 2001).

950 U.S. v. Microsoft Corp., 253 F.3d 34, 79 (D.C. Cir. 2001); zustimmend *Elhauge*, 56 Stan. L. Rev. 253, 331 (2003); *Stucke*, 63 SMU L. Rev. 1069, 1113 (2010).

951 *Cary/Nelson/Kaiser/Sistla*, 77 Antitrust L.J. 913, 922 (2011); *Stucke*, 63 SMU L. Rev. 1069, 1109 (2010).

anderen Seite ist ein solcher Kausalitätsnachweis aber als Sonderfall im Standardisierungskontext einzustufen und in seiner Anwendung auch ausschließlich darauf beschränkt.

Insgesamt wird deutlich, dass hohe Hürden für die erfolgreiche Geltendmachung eines Verstoßes gegen Sec. 2 Sherman Act wegen *„patent ambush by nondisclosure“* bestehen und die gravierenden US-kartellrechtlichen Haftungsfolgen nur im Ausnahmefall drohen. Bis dato existiert jedenfalls kein Fall im US-Recht, in dem ein schlichter Verstoß gegen SSO-interne Offenlegungspflichten als Zuwiderhandlung gegen Sec. 2 Sherman Act eingeordnet wurde, wenn dies nicht wenigstens gleichzeitig mit einer bewussten Täuschung einhergegangen ist.[952] Jedenfalls drohen infolge der hohen Hürden für die Annahme einer Zuwiderhandlung gegen Sec. 2 Sherman Act keine rechtlichen Schutzlücken, da Verstöße gegen SSO-interne Offenlegungspflichten sowohl auf organisationsinterner[953], vertrags- und deliktsrechtlicher Basis[954] sanktioniert werden können, als auch auf lauterkeitsrechtlicher *„standalone basis“* von Sec. 5 (a) (1) FTC Act, der aber nur durch die FTC durchgesetzt werden kann.

cc) Zwischenergebnis

Legt ein SSO-Mitgliedsunternehmen während des Standardisierungsverfahrens und entgegen entsprechender Pflichten bewusst nicht offen und täuscht darüber, dass es über patentgeschützte standardrelevante Technologien verfügt, kann dies als *„deceptive conduct“* eine Zuwiderhandlung gegen Sec. 2 Sherman Act darstellen, wenn dies dazu führt, dass die verdeckte Technologie Eingang in den Standard findet und der Patentinhaber dadurch eine Monopolstellung erlangt. Durch den in *Rambus*-Entscheidung aufgestellten strengen und schwer zu führenden Kausalitätsnachweis muss ein Kläger allerdings darlegen, dass die SSO und deren Mitglieder eine alternative Technologie anstelle der verdeckten Technologie dem Standard zugrunde gelegt hätten, wäre letztere offengelegt worden. Nur unter diesen Voraussetzungen kann die Nichtoffenlegung als wettbewerbsschädigendes und marktmonopolisierendes Verhalten entgegen Sec. 2 Sherman Act eingeordnet werden.

---

952 Vgl. *Wright*, 21 (4) Geo. Mas. L. Rev. 791, 803 (2014).

953 Siehe dazu im Dritten Teil unter Abschnitt III. 2., S. 77, 78.

954 Siehe dazu im Dritten Teil unter Abschnitt III. 3. a), S. 78 ff.

c) *Kartellrechtliche Beurteilung nach Art. 102 AEUV und § 19 GWB*

Mit „*patent ambush*" haben sich nicht nur US-amerikanische Kartellbehörden und US-Gerichte befasst. Auch die Europäische Kommission hat sich mit zwei Fällen befasst, in denen ein Patenthinterhalt Gegenstand kartellrechtlicher Ermittlungen war.[955] Erstmals erfolgte dies im Jahr 2007, als die Europäische Kommission gegen das Unternehmen *Rambus* ein Verfahren auf Grundlage von Art. 82 EG eingeleitet hatte.[956] Dem Missbrauchsvorwurf lag dabei derselbe Sachverhalt zugrunde, wie er auch von der FTC im US-Verfahren gegen *Rambus* ermittelt wurde, die Nichtoffenlegung und Täuschung über das Innehaben von standardrelevanten Patenten während des Standardisierungsverfahrens und die Forderung überhöhter Lizenzgebühren nach Festsetzung des Standards. Auch der BGH hat jüngst zum ersten Mal zu dem Einwand des Patenthinterhalts in aller Kürze Stellung genommen, wenngleich er wesentliche Punkte mangels Entscheidungserheblichkeit offen gelassen hat.[957]

Der von der Europäischen Kommission erhobene Missbrauchsvorwurf betraf allerdings nicht die – erste Verhaltensebene – der Nichtoffenlegung der *Rambus*-Patente, sondern das sich daran anschließende Verhalten nach Festsetzung des Standards – sprich auf zweiter Verhaltensebene, die Erhebung unangemessen hoher SEP-Lizenzgebühren.[958] Die Kommission musste sich jedoch nicht mit den Vorwürfen im Einzelnen befassen, weil es das Verfahren aufgrund von Verpflichtungszusagen von *Rambus* beenden konnte. Dabei wurde von *Rambus* unter anderem zugesagt, bei der Erhebung von SEP-Lizenzgebühren bestimmte Obergrenzen einzuhalten.[959] Auch in dem im Jahr 2011 eingeleiteten Verfahren gegen *Honeywell* warf die Kommission dem Unternehmen vor, über die Existenz seiner Patente und anhängigen Patentanmeldungen getäuscht, diese während des Standardisierungsverfahrens nicht offen gelegt und im Anschluss

955 Siehe dazu auch *Klees*, EWS 2008, 449, 451, 452; *Lampert*, S. 196-198.

956 Europäische Kommission, Pressemitteilung, Antitrust: Commission confirms sending a Statement of Objections to Rambus, MEMO/07/330 v. 23.08.2007.

957 BGH, Urteil v. 24.11.2020, KZR 35/17, FRAND-Einwand II, NZKart 2021, 178, 184 Rn. 127, 130 ff.

958 Europäische Kommission, Pressemitteilung, Antitrust: Commission confirms sending a Statement of Objections to Rambus, MEMO/07/330 v. 23.08.2007.

959 Europäische Kommission, Pressemitteilung, Kartellrecht: Kommission akzeptiert Rambus' Verpflichtungsangebot zur Senkung der Lizenzgebühren für Speicherchips, v. 09.12.2009, IP/09/1897.

daran nicht FRAND-konforme Lizenzgebühren gefordert zu haben.[960] In den dem Unternehmen im Jahr 2014 übermittelten Beschwerdepunkten der Kommission war aber von einem Missbrauchsvorwurf nach Art. 102 AEUV keine Rede mehr.[961]

Anders als im US-Kartellrecht existieren zwar weder im deutschen noch europäischen Kartellrecht kartellbehördliche oder gerichtliche Entscheidungen zu der Frage, ob „*patent ambush by nondisclosure*“ für sich bereits ein gegen Art. 102 AEUV oder § 19 GWB verstoßendes Verhalten darstellen kann. Der BGH hat es jüngst ausdrücklich unbeantwortet gelassen, ob und unter welchen Voraussetzungen ein Patenthinterhalt (*patent ambush*) als Missbrauch einer marktbeherrschenden Stellung angesehen werden kann[962], weil in dem besagten Fall dem aktuellen SEP-Inhaber nicht der Patenthinterhalt zur Last gelegt werden konnte, der von dem ehemaligen SEP-Inhaber im Rahmen des Standardisierungsverfahren begangen wurde[963]. Allerdings wurde die kartellrechtliche Bewertung dieser Frage bereits mehrfach und umfassend in der deutschen Literatur behandelt[964], weshalb nur in gebotener Kürze auf diese Sonderkonstellation eingegangen werden soll.

aa) Simultanität von Marktbeherrschung und Missbrauchshandlung

Im Kern dreht sich die Problematik des „*patent ambush by nondisclosure*“ darum, ob der Missbrauchstatbestand in Art. 102 AEUV bzw. § 19 GWB auch das Verhalten eines Patentinhabers erfassen kann, mit dem eine marktbeherrschende Stellung erst begründet wird. Grundsätzlich kann ein vermeintlich missbräuchliches Verhalten nur dann einer Missbrauchskontrolle nach den genannten Tatbeständen unterzogen werden, wenn zum Zeitpunkt des Verhaltens eine solche Stellung bereits besteht, weil insofern Gleichzeitigkeit bzw. Simultanität

---

960 Europäische Kommission, Pressemitteilung, Antitrust: Commission opens proceedings against two manufacturers of refrigerants used in car air conditioning, v. 16.12.2011, IP/11/1560.

961 Europäische Kommission, Pressemitteilung, Kartellrecht: Kommission übermittelt Honeywell und DuPont Mitteilung der Beschwerdepunkte zu deren Zusammenarbeit bei neuem Kältemittel für Pkw-Klimaanlagen, v. 21.10.2014, IP/14/1186.

962 BGH, Urteil v. 24.11.2020, KZR 35/17, FRAND-Einwand II, NZKart 2021, 178, 184 Rn. 130.

963 BGH, Urteil v. 24.11.2020, KZR 35/17, FRAND-Einwand II, NZKart 2021, 178, 184 Rn. 131.

964 Grundlegend dazu u.a. *Lampert*, S. 198 ff.; *Brakhahn*, S. 167 ff.; *Hartmann*, S. 284 ff.; dazu auch *Petrovčič*, S. 105 ff.

der marktbeherrschenden Stellung und der Missbrauchshandlung erforderlich ist.[965] Das Streben nach einer marktbeherrschenden Stellung an sich – d.h. der Monopolisierungsvorgang – ist daher auch nicht unzulässig[966], und zwar unabhängig davon, was für ein Verhalten zur Umsetzung dieses Bestrebens eingesetzt wird. Eine Missbrauchskontrolle für Verhaltensweisen zur Begründung einer marktbeherrschenden Stellung, sprich vor dem Erwerb derselben, ist dem europäischen und deutschen Kartellrecht nach ganz herrschender Meinung unbekannt.[967] Untersagt ist nur die missbräuchliche Ausnutzung einer bereits bestehenden marktbeherrschenden Stellung.[968]

Entscheidend ist daher, ob ein Patentinhaber in dem Zeitpunkt der mutmaßlichen Missbrauchshandlung, hier dem Nichtoffenlegen seiner Patentrechte während des Standardisierungsverfahrens, eine solche Stellung bereits innehat.[969] Wie bereits dargestellt wurde, ist zwar nicht ausgeschlossen, dass eine patentgeschützte Technologie bereits *ex ante* vor Festsetzung des Standards alternativlos war und seinem Inhaber eine marktbeherrschende Stellung vermittelt hat. In den allermeisten Fällen ist dies aber nicht der Fall. Der Standardauswahl- und Evaluierungsprozess ist vielfach Schauplatz heftigen Ringens um die Aufnahme einer von vielen konkurrierenden Technologie in einen Standard. Vor Festsetzung des Standards ist eine technischen Lösung daher in der Regel Substitutionswettbewerb durch andere Technologien ausgesetzt, weshalb ein Patentinhaber zumeist erst *ex post* nach Festsetzung des Standards eine marktbeherrschende Stellung erlangt.[970] Aus diesem Grund wird es in den meisten Fällen, in denen ein Patentinhaber während eines Standardisierungsverfahrens seine Patente verheimlicht und nicht offen legt, an einer marktbeherrschenden Stellung fehlen.

Die daraus folgende Nichterfassung solcher Patenthinterhalte mit Mitteln des kartellrechtlichen Missbrauchsverbots wird vereinzelt als Schutzlücke empfunden, für dessen Schließung unterschiedliche Ansätze in der Literatur vorgeschlagen werden.[971]

---

965 *Lampert*, S. 208; *M. Scholz*, in: Wiedemann, KartellR-Hdb § 22 Rn. 23.

966 *Maaßen*, S. 170, 171.

967 *Brand*, in: FK, Bd. III, Art. 102 AEUV, D. Missbräuchliche Ausnutzung, Rn. 152; *Fuchs*, in: Lange/Klippel/Ohly, 147, 173-174; *Fuchs*, in: I/M, Bd. 1, AEUV, Art. 102, Rn. 361; *Klees*, EWS 2008, 449, 453; *Jung*, in: GHN, AEUV, Art. 102, Rn. 130.

968 *Arena/Bergmann/Himes*, 9 (3) E.C.J. 623, 663 (2013).

969 *Klees*, EWS 2008, 449, 453; vgl. *Petrovčič*, S. 111.

970 Siehe dazu oben unter Abschnitt I. 2. b), S. 191-193.

971 Ausführlich dazu u.a. *Lampert*, S. 198-216; *Brakhahn*, S. 167-173; *Hartmann*, S. 284-291.

(1) Überblick über die Lösungsansätze aus der Literatur

Zur Überwindung dieser kartellrechtlichen Schutzlücke wird teilweise die Anwendung einer Fiktion vorgeschlagen, mit der die begehrte, nach Festsetzung des Standards erlangte beherrschende Marktstellung, zeitlich vorverlagert wird.[972] Danach soll das den Patenthinterhalt durchführende Unternehmen als schon marktbeherrschend in dem Zeitpunkt angesehen werden können, als es seine standardrelevanten Patente oder Patentanmeldungen geheim gehalten und nicht offen gelegt hat, weil die beherrschende Stellung schon zu diesem Zeitpunkt angelegt und zu erwarten gewesen sei.[973] Ebenso wurde die Überlegung angeführt, das Verschweigen der standardrelevanten Patentrechte auf der ersten Verhaltensebene mit dem sich daran anknüpfenden Verhalten auf der zweiten Ebene – vielfach die Forderung von überhöhter Lizenzgebühren, als Teil eines „verklammerten" Gesamtplans zu sehen, mit dem Ergebnis, dass eine einzige, zeitlich gestreckte, aber zusammenhängenden Handlung vorliegen soll.[974] Dogmatisch soll dafür das von der Europäischen Kommission im Zusammenhang mit kartellrechtlichen Bußgeldverfahren zu komplexen Kartellen nach Art. 101 AEUV entwickelte Konzept der „komplexen und fortgesetzte Zuwiderhandlung"[975] auf Fälle des Patenthinterhalts und Art. 102 AEUV übertragen werden.[976] Grundsätzlich können danach verschiedene Handlungsabschnitte eine einzige zusammengesetzte Zuwiderhandlung bilden, wenn sie von einem Gesamtplan getragen sind und auf ein einheitliches Unwertziel abzielen[977] bzw. von einem identischen Zweck getragen sind[978].

Schließlich wird auch vorgeschlagen, die bestehende Regelungslücke durch die Einführung eines an Sec. 2 Sherman Act angelehnten Marktmonopolisierungstatbestand in das europäische Missbrauchsverbot zu schließen, mit dem dann ebenso Marktmonopolisierungsvorgänge an sich adressiert werden können.[979]

---

972 *Staniszewski*, 2 J. Intell. Prop. L. & Pract. 666, 676 (2007).

973 *Staniszewski*, 2 J. Intell. Prop. L. & Pract. 666, 676 (2007), der einen solchen Ansatz aber selbst als „*speculative*" und letztlich zu riskant ablehnt; so auch *Fischmann*, GRUR Int. 2010, 185, 192.

974 *Loest/Bartlik*, ZWeR 2008, 41, 52; *Fischmann*, GRUR Int. 2010, 185, 192, 193.

975 Grundlegen zur Herleitung und Entwicklung dieser Rechtsfigur bei Art. 101 AEUV, *Dreher*, ZWeR 2007, 276 ff.

976 *Loest/Bartlik*, ZWeR 2008, 41, 52; *Fischmann*, GRUR Int. 2010, 185, 192, 193.

977 *Loest/Bartlik*, ZWeR 2008, 41, 52; grundlegend *Dreher*, ZWeR 2007, 276 ff.

978 EuGH, Urteil v. 07.01.2004, Aalborg Portland, Rs. C-204/00, ECLI:EU:C:2004:6, Rn. 260.

979 *Maaßen*, S. 339.

Könnten Kartellbehörden – *de lege ferenda* – bereits vor der Entstehung einer marktbeherrschenden Stellung eingreifen, ließen sich die nur schwer rückgängig zu machenden Effekte eines „*tipping*" hin zu einer marktbeherrschenden Stellung durch den missbräuchlich Handelnden verhindern[980], die grundsätzlich auch bei erfolgreichen und marktdurchdringenden Standards denkbar sind.

Im Zuge der 10. GWB-Novelle wurden mit dem neu gefassten § 20 Abs. 3a GWB im deutschen Kartellrecht jedenfalls speziell für den Digital-Sektor ein Eingriffstatbestand geschaffen, der es nunmehr ermöglicht, missbräuchliches Verhalten von Digitalunternehmen mit überlegener Marktmacht, die auf Plattformmärkten nach § 18 Abs. 3a GWB tätig sind, bereits im Vorfeld an die Erlangung einer marktbeherrschenden Stellung bzw. Verhaltensweisen zur Herbeiführung eines marktmonopolisierenden „*tipping*" mit nicht-leistungswettbewerblichen Mitteln erfassen zu können.[981] Auch mit dem neu gefassten § 19a GWB besteht in Zukunft die Möglichkeit, Digitalunternehmen mit überragender marktübergreifender Bedeutung für den Wettbewerb – was auch unterhalb der Stufe der Marktbeherrschung anzunehmen sein kann[982] – besondere Verhaltenspflichten aufzuerlegen und bestimmte wettbewerbsbeschränkende Verhaltensweisen auch auf noch nicht beherrschten Märkten aufgreifen zu können.[983] Insofern stellt sich die Frage, welche Auswirkungen die Neueinführungen dieser sektorspezifischen Regelungen für die kartellrechtliche Bewertung eines Patenthinterhalts haben.

Zuletzt müssen in diesem Gesamtzusammenhang auch die jüngst durch den BGH geäußerten Hinweise zur Bewertung von Patenthinterhalten berücksichtigt

980 *Maaßen*, S. 340; zur Diskussion über eine Modernisierung der Missbrauchsaufsicht für den Bereich der Digitalmärkte und Plattformanbieter im Zuge der 10. GWB-Novelle, *Huttenlauch*, in: Loewenheim/Meessen/Riesenkampff/Kersting/Meyer-Lindemann, Art. 102 AEUV, Rn. 3a, wobei für diesen Bereich ein Monopolisierungsverbot nach dem Vorbild des Sec. 2 Sherman Act explizit abgelehnt wird, siehe *Schweitzer/Haucap/Kerber/Welker*, Modernisierung der Missbrauchsaufsicht für marktmächtige Unternehmen, 2018, S. 157 Ziff. (2).

981 BT-Drucksache 19/23492, S. 82, 83; vgl. Sonderbeilage „Konsolidierte Fassung des GWB nach der 10. GWB-Novelle mit den wesentlichen Teilen der amtlichen Begründungen", zu NZKart 2/2021, S. 69, 70.

982 Eine marktbeherrschende Stellung wird explizit nicht als Voraussetzung für die Anwendung des § 19a GWB gesehen, siehe BT-Drucksache 19/25868, S. 113; vgl. Sonderbeilage „Konsolidierte Fassung des GWB nach der 10. GWB-Novelle mit den wesentlichen Teilen der amtlichen Begründungen", zu NZKart 2/2021, S. 59.

983 BT-Drucksache 19/25868, S. 112; vgl. Sonderbeilage „Konsolidierte Fassung des GWB nach der 10. GWB-Novelle mit den wesentlichen Teilen der amtlichen Begründungen", zu NZKart 2/2021, S. 59.

werden. Wenngleich – wie zuvor genannt – der BGH offen gelassen hat, ob ein Patenthinterhalt ein Missbrauch einer marktbeherrschenden Stellung nach Art. 102 AEUV bzw. § 19 GWB sein kann[984], hat er in einer Passage darauf hingewiesen, dass ein Patenthinterhalt jedenfalls voraussetze, dass der Entscheidungsprozess innerhalb des Standardisierungsgremiums durch das Verbergen relevanter Informationen verfälscht worden sein muss.[985] Wurde eine für den Standard relevante Patentanmeldung im Rahmen des Standardisierungsverfahrens nicht offenbart, müssen – so der BGH – Anhaltspunkte dafür vorliegen, dass der Standard anders formuliert worden wäre, wenn der Patentanmelder diese Information nicht zurückgehalten hätte.[986]

(2) Stellungnahme

Jeder der in der Literatur dargestellten Ansätze zur Erfassung missbräuchlicher Verhaltensweisen vor dem oder für den Erwerb einer marktbeherrschenden Stellung begegnet *de lege lata* unüberbrückbaren Hindernissen, weil letztlich mittels Fiktionen und Rechtskonstrukten das überwunder werden soll, was der Gesetzgeber klar formuliert hat: Nur die missbräuchliche Ausnutzung einer bereits bestehenden marktbeherrschenden Stellung kann einer Missbrauchskontrolle unterzogen werden, weil zum einen nur dem Marktbeherrscher eine besondere Verantwortung für die Aufrechterhaltung wirksamen und unverfälschten Restwettbewerb auferlegt wird[987] und zum anderen repressive Reaktionen nur dort erforderlich sind, wo die Funktionsfähigkeit des Wettbewerbs wegen der Stellung des Marktbeherrschers bereits beeinträchtigt ist[988]. Insofern besteht keine Regelungslücke, die ausgefüllt werden müsste, sondern eine bewusste gesetzgeberische Entscheidung.[989]

Gegen den erstgenannten Lösungsansatz spricht, dass die Aufnahme einer Technologie in einen Standard nicht zwingend zu einer marktbeherrschende Stellung führen muss. Dies ist daher im jeweiligen Einzelfall zu untersuchen.[990]

---

984 BGH, Urteil v. 24.11.2020, KZR 35/17, FRAND-Einwand II, NZKart 2021, 178, 184 Rn. 130.

985 BGH, Urteil v. 24.11.2020, KZR 35/17, FRAND-Einwand II, NZKart 2021, 178, 185 Rn. 132.

986 BGH, Urteil v. 24.11.2020, KZR 35/17, FRAND-Einwand II, NZKart 2021, 178, 185 Rn. 132.

987 *Jung*, in: GHN, AEUV, Art. 102, Rn. 129, 130; *Lampert*, S. 200; *Arena/Bergmann/Himes*, 9 (3) E.C.J. 623, 624 (2013).

988 *Jung*, in: GHN, AEUV, Art. 102, Rn. 129.

989 So auch *Lampert*, S. 200, 201.

990 Siehe dazu oben unter Abschnitt I. 2. b), S. 191-194.

Denkbar ist, dass die Aufnahme einer Technologie in einen erfolglosen oder starkem Substitutionswettbewerb ausgesetzten Standard gar keine Marktmacht verleiht. Insofern – wie *Staniszewski* auch selbst zutreffend erkennt – ist es reine Spekulation anzunehmen, das bereits zum Zeitpunkt des Verschweigens der patentgeschützten Technologie eine gesicherte Erwartung auf eine marktbeherrschende Stellung besteht, weil sich der Grad der Marktdurchdringung eines Standards und seine Akzeptanz bei den Endverbrauchern vielfach erst nach Festsetzung desselben herausstellt.[991] Der zweite Lösungsansatz begegnet Bedenken, weil zum einen das Rechtskonstrukt der „komplexen und fortgesetzten Zuwiderhandlung" für Fälle des Art. 101 AEUV konzipiert wurde und mit der tatbestandlichen Struktur von Art. 102 AEUV nicht vereinbar ist, der an eine einseitige Missbrauchshandlung eines Unternehmens zu einem Zeitpunkt anknüpft, der zwischen dem Erwerb und der Aufgabe der marktbeherrschenden Stellung liegt.[992] Mit diesen beiden Ansätzen würde zudem eine weite Auslegung des Merkmals der beherrschenden Stellung ermöglicht werden, die die Gefahr in sich birgt, dass auch Fälle außerhalb des *„patent ambush"* erfasst werden könnten, bei denen der Handelnde eben noch keine gesicherte marktbeherrschende Stellung zum Handlungszeitpunkt innehat, was letztlich zu Rechtsunsicherheit bei potenziellen Normadressaten führen würde.[993] Die beiden erstgenannten Lösungsansätze laufen letztlich über die Hintertür auf das hinaus, was der dritte Lösungsansatz ausdrücklich formuliert, nämlich die Einführung eines Monopolisierungsverbots wie es Sec. 2 Sherman Act kennt, das *de lege lata* allerdings nicht in Art. 102 AEUV angelegt ist und auch nicht als solches interpretiert werden kann.[994]

Im Zuge der 10. GWB-Novelle wurde mit dem neu gefassten Eingriffstatbestand des § 20 Abs. 3a GWB im deutschen Kartellrecht eine Regelung für den Digital-Sektor geschaffen, mit dem missbräuchliche Verhaltensweisen zur Begründung einer marktbeherrschenden Stellung erfasst werden können. Die darin enthaltenen Wertungen lassen sich allerdings nicht – auch nicht analog – auf den SEP-Kontext übertragen. Zum einen handelt es sich bei diesem neuen Tatbestand um eine bewusste gesetzgeberische Entscheidung, die speziell nur für

---

991 *Lampert*, S. 200.

992 *Fuchs*, in: Lange/Klippel/Ohly, 147, 172; *Jung*, in: GHN, AEUV, Art. 102, Rn. 129; *Klees*, EWS 2008, 449, 453; *Brakhahn*, 172.

993 *Petrovčič*, S. 113, 114.

994 *Fuchs*, in: Lange/Klippel/Ohly, 147, 173; *Jung*, in: GHN, AEUV, Art. 102, Rn. 10, 117; *Lampert*, S. 207; *Brakhahn*, S. 172; *Hartmann*, S. 290; *Petrovčič*, S. 112, 113.

den Digital-Sektor Geltung hat, in dem dieser „*Sondertatbestand als wettbewerbspolitisch sachgerecht und erforderlich*“[995] gehalten wird. An einer planwidrigen Regelungslücke fehlt es auch deshalb, weil die Studie, auf der die 10. GWB-Novelle aufbaut[996], sich explizit gegen die Einführung eines Sec. 2 Sherman Act vergleichbaren allgemeinen Marktmonopolisierungstatbestands ausgesprochen hat[997], dem der Gesetzgeber auch bewusst gefolgt ist, in dem er den Anwendungsbereich von § 20 Abs. 3a GWB auf den Digital-Sektor beschränkt hat. Nichts anderes gilt auch für den neu gefassten § 19a GWB, der zwar auch unterhalb der Schwelle der Marktbeherrschung missbräuchliche Verhaltensweisen erfassen kann, in seinem Anwendungsbereich aber ebenso auf Unternehmen aus dem Digital-Bereich beschränkt ist. Zudem ist die Konstellation des „*patent ambush*“ und die Schwierigkeit im Zusammenhang mit einer kartellrechtlichen Ahndung zumindest seit seinem erstmaligen Auftreten im Jahr 2007 bekannt[998], was den deutschen Gesetzgeber aber offensichtlich nicht veranlasst hat, dahingehend gesetzgeberisch tätig zu werden.

Letztlich dürfte aufgrund der jüngsten, oben genannten Hinweise des BGH ohnehin der von der Literatur gewünschten kartellrechtlichen Erfassung eines Patenthinterhalts faktisch der Boden entzogen worden sein. Wenn – wie der BGH ausführt – für die Ahndung eines Patenthinterhalts Anhaltspunkte erforderlich sind, dass der Standard anders formuliert worden wäre, wenn der Patentanmelder seine Patente offen gelegt hätte[999], wurde damit nicht weniger als ein kaum überwindbarer Kausalitätsnachweis für die Erlangung der marktbeherrschenden Stellung als SEP-Inhaber eingeführt, der dem Kausalitätsnachweis

---

995 BT-Drucksache 19/23492, S. 83; vgl. Sonderbeilage „Konsolidierte Fassung des GWB nach der 10. GWB-Novelle mit den wesentlichen Teilen der amtlichen Begründungen“, zu NZKart 2/2021, S. 70.

996 *Schweitzer/Haucap/Kerber/Welker*, Modernisierung der Missbrauchsaufsicht für marktmächtige Unternehmen, 2018, auf die ausdrücklich in der Gesetzesbegründung zur 10. GWB-Novelle verwiesen wird, BT-Drucksache 19/23492, S. 55; vgl. Sonderbeilage „Konsolidierte Fassung des GWB nach der 10. GWB-Novelle mit den wesentlichen Teilen der amtlichen Begründungen“, zu NZKart 2/2021, S. 53.

997 *Schweitzer/Haucap/Kerber/Welker*, Modernisierung der Missbrauchsaufsicht für marktmächtige Unternehmen, 2018, S. 157 Ziff. (2).

998 Europäische Kommission, Pressemitteilung, Antitrust: Commission confirms sending a Statement of Objections to Rambus, MEMO/07/330 v. 23.08.2007.

999 BGH, Urteil v. 24.11.2020, KZR 35/17, FRAND-Einwand II, NZKart 2021, 178, 185 Rn. 132.

entspricht, den auch der *U.S. Court of Appeals* in seiner *Rambus*-Entscheidung formuliert hat[1000] und dafür kritisiert wurde[1001].

Eine Anpassung der Missbrauchstatbestände in Art. 102 AEUV und § 19 GWB ist aber auch nicht unter Rechtsschutzgesichtspunkten erforderlich. Zum einen kann eine vorsätzliche Nichtoffenlegung von standardrelevanten Patentrechten entgegen SSO-interner Offenlegungspflichten nach deutschem Recht jedenfalls mit vertragsrechtlichen Mitteln geahndet werden, weil darin zugleich ein Verstoß gegen SSO-Mitgliedspflichten liegt.[1002] Patenthinterhalte können aber auch auf lauterkeitsrechtlicher Grundlage des deutschen UWG hinreichend erfasst werden.[1003] Zum anderen kann jedenfalls das sich daran anschließende Folgeverhalten auf der zweiten Verhaltensebene, wenn der SEP-Inhaber über eine marktbeherrschende Stellung verfügt, anhand von Art. 102 AEUV und § 19 GWB überprüft werden.[1004] Die Leitmotive und subjektiven Zielsetzungen des täuschenden Patentinhabers können jedenfalls indiziell im Rahmen der Beurteilung der Wettbewerbsschädlichkeit des Folgeverhaltens berücksichtigt werden.[1005] Angesichts dessen, dass *„patent ambush"* keine typische Praxis patenthaltender SSO-Mitglieder ist[1006], was auch durch die geringe Anzahl entsprechender Fälle belegt wird, ist auch ein gesetzgeberisches Tätigwerden in Form der Anpassung der Art. 102 AEUV und § 19 GWB an den US-kartellrechtlichen Monopolisierungstatbestand nur wegen dieser speziellen Fallkonstellation nicht erforderlich.[1007]

bb) Zwischenergebnis

Das Nichtoffenlegen standardrelevanter Patente während des Standardisierungsverfahren, mit dem eine marktbeherrschende Stellung des täuschenden SEP-Inhabers erst begründet wird, ist kein Missbrauchsverhalten, das von Art. 102 AEUV oder § 19 GWB erfasst werden kann. In dem Zeitpunkt, in dem der Patentinhaber sein Patentrecht verheimlicht und dieses nicht offenlegt, verfügt er in der Regel noch über keine marktbeherrschende Stellung, die zumeist

---

1000 Siehe Rambus Inc. v. FTC, 522 F.3d 456, 463 (D.C. Cir. 2008).

1001 Siehe dazu bereits oben unter Abschnitt II. 1. b) bb) (3), S. 207 ff.

1002 Siehe dazu oben im Dritten Teil unter Abschnitt III. 3. b), S. 83, 84.

1003 *Hartmann*, S. 305.

1004 *Brakhahn*, S. 173; *Lampert*, S. 208, 209; *Picht*, GRUR Int. 2014, 1, 8.

1005 *Hartmann*, S. 311; vgl. Bechtold/Bosch/Brinker, Art. 102 AEUV Rn. 32.

1006 *Contreras*, 2 (5) Utah L. Rev. 479, 526 (2015) (*„patent ambush does not appear to be common"*).

1007 So auch *Lampert*, S. 215.

erst *ex post* mit der Festsetzung des Standards unter Aufnahme seiner Technologie begründet wird. *De lege lata* kann das den Art. 102 AEUV und § 19 GWB zugrunde liegende Erfordernis der Simultanität der Marktbeherrschung und der Missbrauchshandlung auch nicht unter Heranziehung von zeitlichen Fiktionen oder Gesamtverhaltensbetrachtungen begründet werden. Allerdings besteht nach der hier vertretenen Auffassung auch kein gesetzgeberischer Bedarf, die beiden Tatbestände an den Marktmonopolisierungstatbestand in Sec. 2 Sherman Act anzupassen, weil – wie dargestellt – zum einen andere rechtliche Instrumente aus dem Vertrags- und Lauterkeitsrecht zu Verfügung stehen, und da zum anderen das anschließende Lizenzverhalten des marktbeherrschenden SEP-Inhaber einer kartellrechtlichen Missbrauchsprüfung unterzogen werden kann. Mit der Einführung der auf den Digital-Sektor beschränkten § 20 Abs. 3a GWB und § 19a GWB hat der deutsche Gesetzgeber jedenfalls zum Ausdruck gebracht, dass er sich bewusst gegen einen allgemeinen Marktmonopolisierungstatbestand entschieden hat, mit dem ein „*patent ambush by nondisclosure*" allenfalls erfassbar wäre.

d) *Rechtsvergleichende Würdigung und Zusammenfassung der Ergebnisse*

In Fällen des „*patent ambush by nondisclosure*" zeigt sich die tatbestandliche Besonderheit des US-kartellrechtlichen Monopolisierungsverbot im Vergleich zu seinen Pendants im europäischen und deutschen Kartellrecht: Nur Sec. 2 Sherman Act kann wettbewerbswidrige Verhaltensweisen erfassen, mit denen eine Monopolstellung bergründet wird, sprich der Marktmonopolisierungsvorgang an sich, wobei sogar der Versuch dazu tatbestandlich geahndet werden kann. Darüber hinaus existiert eine ausentwickelte Kasuistik an unterschiedlichen Täuschungs- oder Irreführungshandlungen, die als wettbewerbsschädigendes und markmonopolisierendes Verhalten eingestuft werden. Trotz der weitreichenden Möglichkeit, einzelne Missbrauchshandlungen zur Begründung einer Monopolstellung kartellrechtlich prüfen zu können, besteht beim „*patent ambush by nondisclosure*" die größte Hürde darin, den von der US-Rechtsprechung aufgestellten Kausalitätsnachweis zu erbringen, dass die SSO und deren Mitglieder eine andere als die verheimlichte Technologie dem Standard zugrunde gelegt hätten, hätte der spätere SEP-Inhaber seine standardrelevanten Patentrechte offengelegt.

Tatbestandlich kann hingegen weder Art. 102 AEUV noch § 19 GWB Verhaltensweisen erfassen, die im Vorfeld an eine oder zur Begründung einer marktbeherrschenden Stellung vorgenommen werden. Da ein Patentinhaber zum Zeitpunkt des Verschweigens und der unterlassenen Offenlegung seines standardrelevanten Patents zumeist nicht über eine marktbeherrschende Stellung verfügt, kann dieses Verhalten nicht einer kartellrechtlichen Missbrauchskontrolle unterzogen werden. Das zwingende Erfordernis einer beherrschenden Stellung während der Missbrauchshandlung kann auch nicht unter Zuhilfenahme von Fiktionen und anderen Rechtskonstrukten begründet werden. Die Heranziehung der mit der 10. GWB-Novelle neu in das deutsche Kartellrecht eingeführten § 20 Abs. 3a GWB und § 19a GWB scheidet ebenso – auch in analoger Anwendung – aus, weil deren Anwendungsbereiche auf den Digital-Sektor begrenzt sind. Kartellrechtlich verbleibt jedenfalls die Möglichkeit, das sich an die unterlassene Offenlegung anschließende Lizenzverhalten des marktbeherrschenden SEP-Inhabers einer Prüfung anhand von Art. 102 AEUV und § 19 GWB zu unterziehen.

Inwieweit Unterschiede zwischen den Kartellrechtsregimen bei der Bewertung einzelner Lizenzpraktiken des SEP-Inhabers nach Festsetzung des Standards und Begründung einer marktbeherrschenden Stellung bestehen, wird in den nachfolgenden Abschnitten dargestellt.

2. Erhebung von unangemessenen und nicht FRAND-konformen Lizenzgebühren

Im Anschluss an die Festsetzung des Standards und der daraus folgenden Unumgänglichkeit eines SEP-Inhabers als Lizenzgeber für all jene, die den Standard praktizieren wollen, kann dieser geneigt sein, seine beherrschende Stellung dafür auszunutzen, um unangemessen hohe, nicht FRAND-konforme Lizenzgebühren zu erheben.

a) Kartellrechtliche Beurteilung nach Sec. 2 Sherman Act

Inwiefern die Forderung überhöhter, nicht FRAND entsprechender Lizenzgebühren eine gegen Sec. 2 Sherman Act verstoßendes Lizenzverhalten sein kann, muss im US-Kartellrecht anhand der konkreten Umstände des jeweiligen Einzelfalls bestimmt werden, weil US-Gerichte hierzu unterschiedlich geurteilt haben. Aus diesem Grund werden zunächst die Grundsätze dargestellt, um anschließend die Ausnahmefälle zu behandeln.

aa) Grundsatz: Kartellrechtliche Zulässigkeit unangemessener Lizenzgebühren

US-Gerichte haben mehrfach betont, dass der Grundsatz gilt, dass Unternehmen frei darin sind, Preise nach eigenem Ermessen und in unbeschränkter

Höhe festzusetzen.[1008] Nichts anderes gilt auch für einen Monopolisten. Die Erhebung unangemessen hoher Monopolpreise wird nicht als missbräuchliche Ausnutzung einer Monopolstellung eingeordnet, die Sec. 2 Sherman Act zuwiderläuft.[1009] Der *U.S. Supreme Court* hat ausdrücklich festgehalten:

> „*The mere possession of monopoly power, and the concomitant charging of monopoly prices, is not only not unlawful; it is an important element of the free-market system. The opportunity to charge monopoly prices – at least for a short period – is what attracts "business acumen" in the first place; it induces risk taking that produces innovation and economic growth.*"[1010]

Das Innehaben von Monopolmacht und die sich daraus ergebende Möglichkeit unbegrenzt hohe Monopolpreise verlangen zu können, wird nicht nur als zulässig, sondern als wettbewerbsbelebendes Element eines freien Marktsystems erachtet. Unternehmerischer Geschäftssinn und riskante Innovationsbemühungen sollen durch die Möglichkeit der Generierung von Monopolpreisen ausreichend entlohnt und innovative Tätigkeiten damit gefördert werden.[1011] Die fehlende Aussicht auf Monopolrenditen wird als wettbewerbsdämpfend erachtet, weil Unternehmen in diesem Fall weniger bereit sein werden, unternehmerische Risiken auf sich zu nehmen, die zu wirtschaftlichem Wachstum führen und auf lange Sicht Verbrauchern zugutekommen.[1012] Hohe Preise und eine beschränkte Produktionskapazität werden zudem als wettbewerbsförderliche Parameter angesehen, weil die Aussicht auf Monopolrenditen Wettbewerber in den Markt locke.[1013] Je profitabler ein Monopol ist, desto attraktiver wird ein Markteintritt auf dem Monopolmarkt für potenzielle Wettbewerber. Aus diesem Grund wird es für kartellrechtlich unbedenklich gehalten, wenn

---

1008 Pacific Bell Telephone Co. v. linkLine Communications, Inc., 555 U.S. 438, 448 (2009); FTC v. Qualcomm Inc., 969 F.3d 974, 997 (9th Cir. 2020).

1009 Vgl. dazu *Kovacic*, Competition Policy in the European Union and the United States: Convergence or Divergence?, Vortrag v. 02.06.2008 bei der Fifth Annual Antitrust Conference, Washington D.C., S. 11.

1010 Verizon Communications Inc. v. Law Offices of Curtis V. Trinko, LLP, 540 U.S. 398, 407 (2004).

1011 So auch jüngst bestätigt in FTC v. Qualcomm Inc., 969 F.3d 974, 1003 (9th Cir. 2020); *Sullivan/Hovenkamp/Shelanski/Leslie*, Antitrust Law, Policy, and Procedure, S. 680; *Ginsburg/Kobayashi/Wong-Ervin/Wright*, 4 (3) CPI Antitrust Chronicle 1, 3 (2016); *Wong-Ervin/Hicks/Slonim*, 24 Geo. Mason L. Rev. 1091, 1104 (2017).

1012 *Wong-Ervin/Hicks/Slonim*, 24 Geo. Mason L. Rev. 1091, 1105 (2017).

1013 Rambus Inc. v. FTC, 522 F.3d 456, 466 (D.C. Cir. 2008); dazu auch *Wong-Ervin/Hicks/Slonim*, 24 Geo. Mason L. Rev. 1091, 1105 (2017).

ein Monopolpreis für ein Produkt deutlich über seinen Herstellungskosten liegt.[1014] Die Erhebung von Monopolpreisen wird von der US-Rechtsprechung auch deshalb für kartellrechtlich unbedenklich gehalten, weil dadurch keine Wettbewerber aus dem Markt gedrängt werden oder der Wettbewerbsprozess an sich eingeschränkt wird[1015], wobei es ebenso als unerheblich erachtet wird, dass daraus erhöhte Verbraucherpreise resultieren können[1016]. Etwas anderes gilt nur, wenn erhöhte Verbraucherpreise auf ein wettbewerbsschädigendes oder -verdrängendes Verhalten zurückzuführen sind[1017], mit dem eine Monopolstellung in unrechtmäßiger Weise erlangt wurde.[1018] Ungeachtet dessen kommt in der Zulässigkeit der Erhebung von Monopolpreisen die dem US-Kartellrecht zugrunde liegende Wertung zum Ausdruck, dass ein freier und kartellrechtlich möglichst nicht regulierter Markt am besten geeignet ist, wirtschaftliche Ressourcen bestmöglich zu verteilen[1019], ein wettbewerbstheoretischer Ansatz, der vor allem dem Konzept der *Chicago School* entspricht[1020]. Neben den positiven wettbewerblichen Auswirkungen, die mit Monopolpreisen einhergehen, wird zudem betont, dass die Bestimmung angemessener Preise ein schwieriges und zudem fehleranfälliges Unterfangen ist.[1021]

Hat ein Unternehmen eine Monopolstellung in rechtmäßiger Weise erlangt und erhebt es daraufhin unangemessen hohe Monopolpreise, wird dies nicht als missbräuchliche Ausnutzung einer Monopolstellung in Zuwiderhandlung gegen Sec. 2 Sherman Act gewertet, weil darin kein an sich wettbewerbsschädigendes Verhalten gesehen wird. Dieser Grundsatz gilt gleichermaßen für die Erhebung unangemessen hoher Lizenzgebühren für die Nutzung einer

1014 *Sullivan/Hovenkamp/Shelanski/Leslie*, Antitrust Law, Policy, and Procedure, S. 668.

1015 Rambus Inc. v. FTC, 522 F.3d 456, 463, 466 (D.C. Cir. 2008).

1016 FTC v. Qualcomm Inc., 969 F.3d 974, 990 (9th Cir. 2020).

1017 FTC v. Qualcomm Inc., 969 F.3d 974, 990 (9th Cir. 2020); *Sullivan/Hovenkamp/Shelanski/Leslie*, Antitrust Law, Policy, and Procedure, S. 668.

1018 *Wong-Ervin/Hicks/Slonim*, 24 Geo. Mason L. Rev. 1091, 1102 (2017).

1019 *Petrovčič*, S. 81.

1020 Zu den wettbewerbstheoretischen Ansätzen der *Chicago School*, siehe Vierter Teil unter Abschnitt III. 1. b), S. 136 ff.

1021 Instruktiv dazu Pacific Bell Telephone Co. v. linkLine Communications, Inc., 555 U.S. 438, 454 (2009) („*[H]ow is a judge or jury to determine a 'fair price' (...) without examining costs and demands, indeed without acting like a rate-setting regulatory agency, the rate-setting proceedings of which often last for several years?*"); *Arena/Bergmann/Himes*, 9 (3) E.C.J. 623, 667 (2013); *Wong-Ervin/Hicks/Slonim*, 24 Geo. Mason L. Rev. 1091, 1105 (2017).

patentgeschützten Technologie. Einem Patentinhaber wird es kartellrechtlich gestattet, so hohe Lizenzgebühren zu verlangen, wie es ihm die durch das Patent vermittelte Monopolstellung als Hebel in Verhandlungen mit potenziellen Lizenznehmern ermöglicht.[1022] In einer älteren und als Ausnahmefall einzuordnenden Entscheidung hatte ein erstinstanzliches Gericht in einem einstweiligen Verfügungsverfahren („*preliminary injunction*") die Erhebung von exorbitant hohen Patentlizenzgebühren als missbräuchlich und kartellrechtswidrig eingestuft.[1023] In Übereinstimmung mit den dargestellten Grundsätzen wurde die Verfügung zweitinstanzlich eben mit dem Hinweis aufgehoben, dass die Erhebung monopolistischer Lizenzgebühren kein unrechtmäßiges Verhalten ist, mit dem in wettbewerbswidriger Weise eine Monopolstellung erhalten oder der Wettbewerb beschränkt wird.[1024] Verfügt ein SEP-Inhaber über eine rechtmäßig erlangte Monopolstellung und beutet er diese Marktstellung dadurch aus, indem er unangemessen hohe Lizenzgebühren erhebt, stellt dies grundsätzlich kein Verhalten dar, das gegen das kartellrechtliche Monopolisierungsverbot in Sec. 2 Sherman Act verstößt. Marktstrukturelle Maßnahmen zur Entflechtung von länger andauernden monopolistischen Wettbewerbsstrukturen, die das US-Kartellrecht zwar grundsätzlich kennt, die aber nur zurückhalten angewendet werden[1025], haben im Zusammenhang mit einseitigen missbräuchlichen Lizenzpraktiken eines monopolistischen SEP-Inhabers bislang keine Rolle gespielt.[1026]

bb) Ausnahme vom Grundsatz: Ex ante Täuschung über FRAND-Lizenzbereitschaft und ex post Forderung unangemessener Lizenzgebühren

Der US-kartellrechtliche Grundsatz, wonach ein marktbeherrschender Patentinhaber frei darin ist zu entscheiden, in welcher Höhe er Lizenzgebühren für

---

1022 Brulotte v. Thys Co., 379 U.S. 29, 33 (1964); U.S. v. General Electric Co., 272 U.S. 476, 489 (1926); *Werden/Froeb*, 27 (1) Tex. Intell. Prop. L.J. 1, 16, 21 (2019); *Ramirez*, 4 (1) Ital. Antitrust Rev. 41, 43 (2017); *Ginsburg/Kobayashi/Wong-Ervin/Wright*, 4 (3) CPI Antitrust Chronicle 1, 3 (2016); *Arena/Bergmann/Himes*, 9 (3) E.C.J. 623, 666 (2013).

1023 American Photocopy Equip. Co. v. Rovico, Inc., 359 F.2d 745, 747 (7th Cir. 1966).

1024 American Photocopy Equip. Co. v. Rovico, Inc., 257 F. Supp. 192, 199, 200 (N.D. Ill. 1966); dazu auch *Arena/Bergmann/Himes*, 9 (3) E.C.J. 623, 667 (2013).

1025 Vgl. U.S. v. Microsoft Corp., 253 F.3d 34 (D.C. Cir. 2001) („*Absent some measure of confidence that there has been an actual loss to competition that needs to be restored, wisdom counsels against adopting radical structural relief.*").

1026 *Petrovčič*, S. 186, 187.

die Nutzung seiner patentierten Technologie erhebt, gilt allerdings nicht ausnahmslos. Eine seltene Ausnahme davon wurde insbesondere im Standardisierungskontext entwickelt. Gibt ein Patentinhaber *ex ante* während des Standardisierungsverfahren gegenüber einer SSO eine FRAND-Lizenzerklärung in der Absicht ab, im Fall der Aufnahme seiner Technologie in den Standard und der Erlangung einer Monopolstellung sich nicht an dieses Lizenzversprechen halten zu wollen, und setzt er diese von Anfang an bestehende Absicht *ex post* mit der Forderung nicht FRAND-konformen, überhöhter Lizenzgebühren in die Tat um, kann dieses Verhalten gegen Sec. 2 Sherman Act verstoßen (sog. *patent hold-up with deception*).[1027] Ein solcher Missbrauchsvorwurf war Gegenstand des Verfahrens in Sachen Broadcom Corp. v. Qualcomm Inc.[1028], in der *Broadcom* als Klägerin ein Gerichtsverfahren gegen *Qualcomm* angestrengt hatte und das zentrale Bedeutung in diesem Zusammenhang hat.[1029]

(1) Leitentscheidung in Sachen Broadcom Inc. v Qualcomm Inc.

(a) Zugrundeliegender Sachverhalt

Qualcomm, ein US-Unternehmen das sowohl Computerchiptechnologien entwickelt und lizenziert als auch herstellt und vertreibt, ließ sich unter anderem die Datenübertragungstechnologie *Wideband Code Division Multiple Access* (WCDMA) patentrechtlich schützen. Im Rahmen seiner Mitgliedschaft bei ETSI beteiligte sich *Qualcomm* an dem Standardisierungsverfahren, mit dem der *Universal Mobile Telecommunications System* (UMTS) Standard entwickelt wurde und legte seine Patentrechte für die WCDMA-Technologie offen und verpflichtete sich – wie in den IPRPs von ETSI vorgesehen, seine potenziell standardwesentliche Technologien für den Fall, dass sie Eingang in den UMTS-Standard finden sollte, zu FRAND-Bedingungen zu lizenzieren. Nachdem die WCDMA-Technologie in den UMTS-Standard aufgenommen und *Qualcomm*-Patente standardessentiell wurden, beklagte sich der konkurrierende UMTS-Chiphersteller *Broadcom*, dass *Qualcomm* nach Festsetzung des Standards unangemessen hohe, nicht der FRAND-Lizenzerklärung entsprechende Lizenzgebühren fordere.

1027 *Kobayashi/Wright*, 5 (3) J.C.L. & E., 469, 489 (2009).

1028 Broadcom Corp. v. Qualcomm Inc., 501 F.3d 297 (3d Cir. 2007).

1029 Dazu auch *Hesse/Marshall*, in: Contreras, The Cambridge Handbook of Technical Standardization Law, S. 274, 275; *Werden/Froeb*, 27 (1) Tex. Intell. Prop. L.J. 1, 18 (2019)

Broadcom erhob daraufhin Klage unter anderem wegen des Vorwurfs, *Qualcomm* habe ETSI unter Täuschung über seine FRAND-Lizenzbereitschaft dazu verleitet, die WCDMA-Technologie in den UMTS-Standard aufzunehmen, um anschließend sein FRAND-Versprechen zu brechen und – wie von Anfang an geplant – seine wahren Absichten in die Tat umzusetzen, indem anschließend nicht FRAND entsprechende SEP-Lizenzgebühren erhoben wurden.[1030] *Broadcom* stützte den Missbrauchsvorwurf darauf, dass der Erwerb einer Monopolstellung durch absichtliches Täuschungsverhalten gegenüber einer SSO ein gegen Sec. 2 Sherman Act verstoßendes Verhalten sei.[1031]

(b) Berufungsentscheidung des U.S. Court of Appeals for the Third Circuit

Nachdem sich *Qualcomm* erstinstanzlich gegen die von *Broadcom* beim *U.S. District Court* in *New Jersey* eingereichte Klage[1032] zunächst erfolgreich verteidigen konnte, weil der *U.S. District Court* kein wettbewerbsschädigendes Täuschungsverhalten gegenüber der SSO erkennen konnte[1033], kam der *U.S. Court of Appeals for the Third Circuit* in seiner Berufungsentscheidung zu einem gegenteiligen Ergebnis und hob das Ersturteil auf.

Das Gericht führte aus, dass ein irreführendes oder täuschendes Verhalten (*deception*) bezüglich der FRAND-Lizenzbereitschaft in einem auf Konsens beruhenden privaten Standardisierungsverfahrens dem eigentlich wettbewerbsfördernden Standardisierungsprozess schade, da die mit der Aufnahme einer patentgeschützten Technologie in einen Standard verbundenen Lizenzkosten dadurch verschleiert und die Wahrscheinlichkeit erhöht werde, dass ein Patentinhaber dadurch eine Monopolstellung erlange.[1034] Falschdarstellungen hinsichtlich der mit einer patentgeschützten Technologie verbundenen Lizenzkosten, die während der Phase des wettbewerbsintensiven Standardauswahlprozesses stattfinden, könne – so das Gericht – für die betreffende Technologie einen unfairen Wettbewerbsvorteil verschaffen und den Wettbewerbsprozess

---

1030 Broadcom Corp. v. Qualcomm Inc., 501 F.3d 297, 303-304 (3d Cir. 2007); ein weiterer Vorwurf gegenüber *Qualcomm* betraf den Versuch der Monopolisierung des nachgelagerten Produktmarkt für UMTS-Chipsätze mittels Preisdiskriminierungs- und weiteren Lizenzpraktiken, Broadcom Corp. v. Qualcomm Inc., 501 F.3d 297, 317-319 (3d Cir. 2007). Näheres dazu im Abschnitt III. a) bb), S. 246 ff.

1031 Broadcom Corp. v. Qualcomm Inc., 501 F.3d 297, 304 (3d Cir. 2007).

1032 Broadcom Corp. v. Qualcomm Inc., 2006 WL 2528545 (D. N.J. 2006).

1033 Broadcom Corp. v. Qualcomm Inc., 2006 WL 2528545, 1, 9 (D. N.J. 2006).

1034 Broadcom Corp. v. Qualcomm Inc., 501 F.3d 297, 314 (3d Cir. 2007).

zugunsten der Aufnahme dieser Technologie verzerren.[1035] Ein irreführendes oder täuschendes Verhalten gegenüber eine SSO, unabhängig davon, ob es die Nichtoffenlegung von standardwesentlichen Patentrechten („*deceptive nondisclosure of IPRs*") oder die FRAND-Lizenzbereitschaft betreffe, könne so zu einer Schädigung des Wettbewerbsprozesses führen.[1036] Bedenken äußernd über die mögliche Konsequenz, dass lizenzsuchende Unternehmen, die in den Standard vertraut und Investitionen getätigt haben, nicht in der Lage sein könnten, vor einem ausbeuterischen Verhalten eines SEP-Inhabers durch eine FRAND-Lizenzpflicht geschützt zu sein[1037], stellte das Gericht folgenden Leitsatz auf:

> „*We hold that (1) in a consensus-oriented private standard-setting environment, (2) a patent holder's intentionally false promise to license essential proprietary technology on FRAND terms, (3) coupled with an SDO's reliance on that promise when including the technology in a standard, and (4) the patent holder's subsequent breach of that promise, is actionable anticompetitive conduct.*"[1038]

Demnach stellt es ein belangbares und wettbewerbswidriges Verhalten dar, wenn ein Patentinhaber im Rahmen eines konsensualen Standardisierungsverfahren vorsätzlich ein falsches Lizenzversprechen darüber abgibt, seine SEPs zu FRAND-Bedingungen zu lizenzieren, worauf eine SSO bei Festsetzung des Standards und Einbezug seiner Technologie vertraut hat, und der SEP-Inhaber anschließend seinem FRAND-Lizenzversprechen zuwider handelt. Unter Anwendung dieses Leitsatzes kam das Berufungsgericht zu dem Ergebnis, dass *Qualcomm's* Verhalten wettbewerbsschädigend war und deshalb ein Verstoß gegen Sec. 2 Sherman Act anzunehmen ist.[1039] *Qualcomm* habe durch sein Täuschungsverhalten bewirkt, dass seine Technologie Eingang in den UMTS-Standard von ETSI gefunden habe, wodurch eine Monopolstellung auf dem Lizenzierungsmarkt für die – für den UMTS-Standard essentielle – WCDMA-Technologie erlangt wurde.[1040] Da alternative Technologien während des Standardisierungsverfahrens existiert haben, so das Berufungsgericht, hätte ETSI die WCDMA-Technologie von *Qualcomm* nicht ohne die FRAND-Zusage in den Standard einbezogen, sondern wäre auf andere Technologien ausgewichen.[1041]

1035 Broadcom Corp. v. Qualcomm Inc., 501 F.3d 297, 313 (3d Cir. 2007).
1036 Broadcom Corp. v. Qualcomm Inc., 501 F.3d 297, 314 (3d Cir. 2007).
1037 *Cotter*, 34 J. Corp. L. 1151, 1191 (2009).
1038 Broadcom Corp. v. Qualcomm Inc., 501 F.3d 297, 314 (3d Cir. 2007).
1039 Broadcom Corp. v. Qualcomm Inc., 501 F.3d 297, 315 (3d Cir. 2007).
1040 Broadcom Corp. v. Qualcomm Inc., 501 F.3d 297, 315 (3d Cir. 2007).
1041 Broadcom Corp. v. Qualcomm Inc., 501 F.3d 297, 316 (3d Cir. 2007).

Selbst für den hypothetischen Fall, dass keine Alternativtechnologien vorgelegen hätten, wäre dies unschädlich gewesen, weil der Einbezug einer Technologie ohne eine FRAND-Lizenzerklärung bei ETSI nicht möglich war.[1042] *Qualcomm* habe mithin durch sein Verhalten gegen Sec. 2 Sherman Act verstoßen, weshalb die erstinstanzliche Entscheidung aufgehoben wurde.

(2) Einordnung der Entscheidung und Stellungnahme

Die in der *Broadcom*-Entscheidung getroffene Feststellung, dass ein Täuschungsverhalten wettbewerbswidrig und geeignet sein kann, den Auswahlprozess hinsichtlich einer Standardtechnologie zu verzerren und Schutzmaßnahmen zu umgehen, mit denen die Ausbeutung der durch die Festsetzung des Standards vermittelten Monopolstellung verhindert werden soll, fügt sich in das ein, was auch der *U.S. Court of Appeals for the D.C. Circuit* in der *Rambus*-Entscheidung bezüglich der Wettbewerbsschädlichkeit von *„deceptive conduct"* bestätigt hat.[1043] Wenngleich die wettbewerbliche Schädlichkeit dieselbe ist, ist der Anknüpfungspunkt für das Täuschungsverhalten hier ein anderer.[1044] Anders als bei *„patent ambush by nondisclosure"*, bei dem das Täuschungsverhalten die Verheimlichung und Nichtoffenlegung von standardwesentlichen Patentrechten ist, ist dies im vorliegenden Fall die *ex ante* Täuschung über die FRAND-Lizenzbereitschaft bei Abgabe der FRAND-Erklärung, in der bereits gefassten Absicht, sich *ex post* nach Festsetzung des Standards nicht daran halten zu wollen, und der anschließenden Umsetzung dieses Vorhabens, in Form der Erhebung überhöhter, nicht FRAND entsprechender Lizenzgebühren. Nur unter diesen engen Voraussetzungen ist es möglich, die Erhebung überhöhter Lizenzgebühren – entgegen dem oben genannten Grundsatz – als kartellrechtswidriges Ausnutzen einer Monopolstellung einzustufen. Mittlerweile wurde dies auch durch andere US-Gerichte anerkannt.[1045] Nicht erfasst hingegen ist der Fall, wenn ein SEP-Inhaber entgegen seiner ursprünglichen Absicht später, nach Festsetzung des Standards, den Entschluss fasst, seine Technologie nun doch zu FRAND-Bedingungen zu lizenzieren. Entscheidend ist daher, dass die *ex ante* Täuschung über die FRAND-Lizenzbereitschaft später auch in Form einer nicht

---

1042 Broadcom Corp. v. Qualcomm Inc., 501 F.3d 297, 316 (3d Cir. 2007).

1043 *Contreras*, 2 (5) Utah L. Rev. 479, 525 (2015); *Kobayashi/Wright*, 5 (3) J.C.L. & E., 469, 488, 489 (2009).

1044 *Kobayashi/Wright*, 5 (3) J.C.L. & E., 469, 489 (2009).

1045 Apple Inc. v. Samsung Electronics Co., Ltd., 2011 WL 4948567, 4 (N.D. Cal. 2011), unter Verweis auf den oben genannten Leitsatz in der *Broadcom*-Entscheidung.

FRAND konformen Gebührenerhebung in die Tat umgesetzt wird, wie auch dem vierten Merkmal des oben genannten Leitsatzes – „*(4) the patent holder's subsequent breach of that promise*" – zu entnehmen ist.

Mit Blick auf die Feststellungen in der *Rambus*-Entscheidung wird der gemeinsame Ansatz deutlich, der der wettbewerblichen Schadenstheorie zugrunde liegt: Das *ex ante* Täuschungsverhalten bewirkt, dass ein Patentinhaber unrechtmäßig eine Monopolstellung erlangt und diese Stellung wird anschließend durch die Erhebung von Monopolpreisen zu Nachteil der Verbraucherwohlfahrt ausgenutzt, die überhöhte Lizenzgebühren in Form höherer Endproduktpreise letztlich zu tragen haben. Anders als die FTC im Fall *Rambus* ist *Broadcom* der Nachweis gelungen, dass das Täuschungsverhalten dazu geführt hat, dass die Technologie von *Qualcomm* in den Standard aufgenommen wurde und dies andernfalls nicht der Fall gewesen wäre.[1046] Jüngst erst allerdings hat es ein erstinstanzliches US-Gericht[1047] ausdrücklich abgelehnt, die in der *Broadcom*-Entscheidung aufgestellten Grundsätze anzuwenden und festgehalten, dass die Täuschung eines Patentinhabers hinsichtlich seiner FRAND-Lizenzbereitschaft, die dazu geführt hat, dass seine aber nicht die Technologie eines Konkurrenten in den Standard aufgenommen wurde, eben nur den Wettbewerber, nicht allerdings den Wettbewerbsprozesses an sich geschädigt habe. Ein Täuschungsverhalten, das letztlich nur dazu dient, höhere Preise generieren zu können, habe keine Wettbewerber ausschließenden und wettbewerbsvermindernden Effekte.[1048] Inwiefern diese Abweichung zur *Broadcom*-Rechtsprechung Bestand hat, bleibt abzuwarten.

Ungeachtet dessen sind die in der *Broadcom*-Entscheidung aufgestellten Grundsätze als täuschungsspezifische Ausnahme einzuordnen, die nur einen eng begrenzen Anwendungsbereich haben. In der Praxis dürfte es vielfach schwierig sein, eine bereits vor Festsetzung des Standards erfolgte Täuschung über die FRAND-Lizenzbereitschaft nachzuweisen. Trotz des limitierten Anwendungsbereichs von Sec. 2 Sherman Act in solchen Fällen wird diese Rechtsprechung teilweise kritisiert, weil sie dazu geführt habe, dass Kläger nunmehr versuchen, gerichtliche Auseinandersetzungen mit einem SEP-Inhaber über die FRAND-Lizenzgebühr als entsprechende *ex ante* FRAND-Lizenztäuschungsfälle darzustellen.[1049] Angesichts dieser Kritik und auch der jüngsten Ablehnung der

---

1046 *Cotter*, 22 Tex. Intell. Prop. L.J. 311, 335 (2014).

1047 Continental Auto. Sys., Inc. v. Avanci, LLC, 2020 WL 5627224, 12 (N.D. Tex. 2020).

1048 Continental Auto. Sys., Inc. v. Avanci, LLC, 2020 WL 5627224, 12 (N.D. Tex. 2020).

1049 Kritisch *Delrahim*; Antitrust Law and Patent Licensing in the New Wild West, Vortrag v. 18.09.2018 in San Francisco, S. 13, 14, der allerdings zugesteht, dass

Broadcom-Rechtsprechung in der genannten erstinstanzlichen Entscheidung ist in der Tendenz davon auszugehen, dass begründete Verstöße gegen Sec. 2 Sherman Act auf dieser Basis die seltene Ausnahme bleiben werden.

cc) Weitere Ausnahme vom Grundsatz: Jede ex post Forderung nicht FRAND konformer Lizenzgebühren als Verstoß gegen Sec. 2 Sherman Act?

Konzeptionell fällt die *ex post* Forderung von nicht FRAND entsprechenden Lizenzgebühren entweder in die oben dargestellte Täuschungs-Kategorie, bei dem das FRAND-Lizenzversprechen *ex ante* bereits nicht wahrheitsgemäß war, oder um einen Fall, bei dem ein SEP-Inhaber sich erst *ex post* dazu entschließt, von seinem FRAND-Versprechen abzurücken.[1050] Auch in diesem Zusammenhang wird die – zum Teil als „*radical*"[1051] bezeichnete – Theorie diskutiert, ob jeder nachträgliche, *ex post* beabsichtigte und in die Tat umgesetzte Verstoß des SEP-Inhabers gegen seine FRAND-Lizenzpflicht zugleich gegen Sec. 2 Sherman Act verstößt.[1052] *Ex post* Verstöße gegen die FRAND-Lizenzpflicht zeichnen sich dadurch aus, dass ein SEP-Inhaber entweder versucht Lizenzbedingungen im Nachhinein neu zu verhandeln oder von seiner ursprünglichen, ohne Täuschung eingegangenen FRAND-Verpflichtung, zugunsten höherer Lizenzgebühren abzuweichen.[1053] Bedeutung kann eine solche Konstellation auch in Fällen haben, in denen eine *ex ante* Täuschungsabsicht schlicht nicht nachweisbar ist. Unterstellt, dass einem Betroffenen der Nachweis gelingt, dass die vom SEP-Inhaber erhobene Lizenzgebühr nicht fair und angemessen ist, dann stellt sich die Frage, ob ein *ex post* FRAND-Lizenzverstoß für sich bereits genügt, um eine Zuwiderhandlung gegen Sec. 2 Sherman Act annehmen zu können.[1054] Die

---

der im *Broacdom*-Fall aufgestellte Leitsatz angesichts seltener „echter" FRAND-Täuschungsfälle nur einen begrenzten Anwendungsbereich hat; *Wright*, 21 (4) Geo. Mas. L. Rev. 791, 809 (2014); *Tsai/Wright*, 80 (1) Antitrust L.J. 157, 181 (2015).

1050 *Kobayashi/Wright*, 5 (3) J.C.L. & E., 469, 488 (2009); *Farrell/Hayes/Shapiro/Sullivan*, 74 (3) Antitrust L.J. 603, 659 (2007).

1051 *Delrahim*, Broke ... but Not No More: Opening Remarks – Innovation Policy and the Role of Standards, IP, and Antitrust, Vortrag v. 10.09.2020 in Washington, DC, S. 2.

1052 *Kobayashi/Wright*, 5 (3) J.C.L. & E., 469, 488, 489 (2009).

1053 *Kobayashi/Wright*, 5 (3) J.C.L. & E., 469, 493 (2009), bezeichnen dies als „*pure*" *ex-post contractual opportunism*"; *Padilla/Wong-Ervin*, 62 (3) Antitrust Bull. 494, 498 (2017).

1054 *Cotter*, 22 Tex. Intell. Prop. L.J. 311, 335 (2014).

Beantwortung dieser Frage ist in der US-Literatur umstritten, wobei mehrere US-Gerichte hierzu Stellung genommen haben.

(1) Befürworter einer kartellrechtlichen Haftung

Ein Teil der US-amerikanischen Literatur[1055] ist der Auffassung, dass jede *ex post* Forderung von überhöhten, nicht FRAND entsprechenden SEP-Lizenzgebühren ein wettbewerbsschädigendes Verhalten ist und gegen Sec. 2 Sherman Act verstößt. Das pflichtwidrige Fehlverhalten, bei dem Patentrechte zu überhohen und nicht FRAND entsprechenden Bedingungen lizenziert werden, nachdem dies *ex ante* zugesagt wurde, sei ein wettbewerbsschädigendes Verhalten, das sowohl die Einführung innovativer Technologien behindere als auch Verbraucher beeinträchtige, die die höheren Lizenzgebühren in Form höherer Endproduktpreise für das standardkonforme Produkt zu trägen hätten, und letztlich bewirke, dass eine Monopolstellung begründet oder erhalten werden kann.[1056] Ferner wird von diesen Vertretern angeführt, dass es bei der Anwendung von Sec. 2 Sherman Act keinen Unterschied machen könne, ob ein FRAND-Lizenzverstoß von Anfang an geplant oder ein solcher Entschluss erst nach Festsetzung des Standards gefasst und in die Tat umgesetzt wird. Alleine die Beurteilung der wettbewerblichen Effekte einer Maßnahme sei maßgeblich und nicht die mit ihr einhergehenden Intentionen. Die wettbewerbsschädigenden Auswirkungen infolge der Erhebung überhöhter und nicht FRAND entsprechender Lizenzgebühren seien unabhängig davon dieselben, ob der SEP-Inhaber den FRAND-Verstoß von Anfang an oder erst im Nachhinein geplant hatte.[1057] Zur Begründung eines Verstoßes gegen Sec. 2 Sherman Act wird insbesondere von *Kattan* die wettbewerbliche Schadenstheorie angeführt, dass ein SEP-Patentinhaber, so lange er sich an seine FRAND-Lizenzpflicht halte, noch keine – andernfalls unbeschränkte – Monopolstellung innehabe, sondern so stehe, als wäre er immer noch dem *ex ante* Wettbewerb durch alternative Technologien ausgesetzt.[1058] Da

---

1055 *Kattan*, 27 (3) Antitrust 30, 32, 33 (2013); *Farrell/Hayes/Shapiro/Sullivan*, 74 (3) Antitrust L.J. 603, 658-659 (2007); *Melamed/Shapiro*, 127 (7) Yale L.J. 2110, 2136 (2018); *Cary/Nelson/Kaiser/Sistla*, 77 Antitrust L.J. 913, 943 (2011); *Carrier/Muris et al.*, Letter to Makan Delrahim (May 17, 2018), S. 2, 3.

1056 *Kattan*, 27 (3) Antitrust 30, 32, 33 (2013); *Farrell/Hayes/Shapiro/Sullivan*, 74 (3) Antitrust L.J. 603, 658-659 (2007); *Melamed/Shapiro*, 127 (7) Yale L.J. 2110, 2136 (2018); *Cary/Nelson/Kaiser/Sistla*, 77 Antitrust L.J. 913, 943 (2011); *Carrier/Muris et al.*, Letter to Makan Delrahim (May 17, 2018), S. 2, 3.

1057 *Cary/Nelson/Kaiser/Sistla*, 77 Antitrust L.J. 913, 943 (2011).

1058 *Kattan*, 27 (3) Antitrust 30, 33 (2013).

ein SEP-Inhaber, so lange er seine FRAND-Lizenzpflicht einhält, an dem Erwerb einer Monopolstellung gehindert werde, stelle der FRAND-Verstoß das wettbewerbswidrige Verhalten dar, mit dem die Monopolstellung in unrechtmäßiger Weise begründet werde.[1059]

(2) Gegenansicht und Stellungnahme

Die Forderung nach einer stärkeren kartellrechtlichen Intervention in Fällen, in denen ein SEP-Inhaber *ex post* nicht FRAND entsprechende Lizenzgebühren erhebt, wird zu Recht in der Literatur kritisiert[1060] und fand bislang auch keinen Anklang in der Rechtsprechung[1061]. Die teilweise von den Fürsprechern zur Untermauerung ihrer Schadenstheorie angeführte Rechtsprechung[1062] betraf jeweils einen Fall des „*patent hold-up with deception*", bei dem eine von Anfang an bestehende Täuschungsabsicht bezüglich der FRAND-Lizenzbereitschaft streitgegenständlich war.[1063] Diese Konstellation ist von dem hier betroffenen *ex post* Abweichung vom FRAND-Versprechen konzeptionell gerade zu trennen. Bislang hat kein US-Gericht eine kartellrechtliche Haftung für FRAND-Verstöße angenommen, ohne zugleich ein vorgelagertes Täuschungsverhalten bejaht zu haben.[1064] Insofern liefert die bisherige US-Rechtsprechung keine unterstützenden Argumente. Die Befürworter einer kartellrechtlichen Haftung verkennen zudem, dass ein SEP-Inhaber, der erst *ex post* von seinem FRAND-Lizenzversprechen abrückt, seine Monopolstellung mit der Festsetzung des Standards bereits rechtmäßig erlangt hat[1065] und die Ausnutzung dieser Stellung

---

1059 *Kattan*, 27 (3) Antitrust 30, 33 (2013).

1060 *Werden/Froeb*, 27 (1) Tex. Intell. Prop. L.J. 1, (2019); *Kobayashi/Wright*, 5 (3) J.C.L. & E., 469, 505, 506 (2009); *Delrahim*; Antitrust Law and Patent Licensing in the New Wild West, Vortrag v. 18.09.2018 in San Francisco, S. 11 ff.; vgl. *Padilla/Wong-Ervin*, 62 (3) Antitrust Bull. 494, 498, 499 (2017); *Rill/Kress/Kallay/Hollman*, 30 (1) Antitrust Magazine 72 (2015).

1061 Dazu *Rill/Kress/Kallay/Hollman*, 30 (1) Antitrust Magazine 72, 75 (2015).

1062 Insbesondere Broadcom v. Qualcomm, 501 F.3d 297 (3d Cir. 2007) und Microsoft Mobile Inc. v. Interdigital, Inc., 2016 WL 1464545, 2 (D. Del. 2016).

1063 *Werden/Froeb*, 27 (1) Tex. Intell. Prop. L.J. 1, 28, 29 (2019); *Wright/Ginsburg*, 9 (2) CPI Antitrust Chronicles, 41, 47 (2013).

1064 *Wright*, 21 (4) Geo. Mas. L. Rev. 791, 803 (2014); *Werden/Froeb*, 27 (1) Tex. Intell. Prop. L.J. 1, 5, 24 (2019); *Wong-Ervin/Wright./Kobayashi/Ginsburg*, Extra-Jurisdictional Remedies Involving Patent Licensing, George Mason Law & Economics Research Paper No. 16-46 (2016), S. 6.

1065 *Cary/Nelson/Kaiser/Sistla*, 77 Antitrust L.J. 913, 943 (2011).

durch die nachträgliche Erhebung von monopolistischen Lizenzgebühren kartellrechtlich gerade zulässig ist[1066]. Darüber kann auch nicht das von Teilen der Gegenansicht konzipierte Konstrukt hinweghelfen, wonach erst der FRAND-Verstoß eine Monopolstellung begründe. Das FRAND-Lizenzversprechen dient nicht dazu – worauf auch *Werden* und *Froeb* zutreffend hinweisen, die Erlangung einer Monopolstellung zu verhindern, sondern stellt ein vertragsrechtliches Mittel zur Begrenzung der sonst unbeschränkten Monopolmacht des SEP-Inhabers dar.[1067]

Nicht nur aus diesen Gründen ist eine Anwendung des Sec. 2 Sherman Acts auf Fälle von *ex post* opportunistischem Lizenzverhalten nicht geboten. Auch mit Blick auf andere rechtliche Mittel, die ein solches Verhalten besser erfassen können, allerdings nicht dieselben gravierenden Haftungsfolgen auslösen, ist dies nicht erforderlich.[1068] Wie US-Gerichte mehrfach festgehalten haben, können Verstöße gegen die FRAND-Lizenzpflicht jedenfalls umfassend auf Basis des US-Vertragsrechts adressiert werden.[1069] Die Anwendung von Sec. 2 Sherman Act auf solche Lizenzverstöße bietet im Vergleich zu vertragsrechtlichen Rechtsinstrumenten auf der einen Seite kaum Vorteile, auf der anderen Seite ist ein „*over-enforcement*" des Kartellrechts mit gravierende Haftungsfolgen verbunden und kann bewirken, dass wettbewerblich ambivalentes Lizenzverhalten kartellrechtlich übersanktioniert wird.[1070] Innovationseinbringende Unternehmen könnten angesichts dieser Haftungsrisiken einerseits geneigt sein, sich aus Standardisierungsverfahren zurückziehen[1071] oder andererseits sich dazu

---

1066 *Werden/Froeb*, 27 (1) Tex. Intell. Prop. L.J. 1, 12, 13 (2019); siehe dazu oben unter Abschnitt II. 2. a) aa), S. 220 ff.

1067 *Werden/Froeb*, 27 (1) Tex. Intell. Prop. L.J. 1, 27 (2019).

1068 *Kobayashi/Wright*, 5 (3) J.C.L. & E., 469, 505, 506 (2009); *Werden/Froeb*, 27 (1) Tex. Intell. Prop. L.J. 1, 33, 34 (2019); *Delrahim*, Antitrust Law and Patent Licensing in the New Wild West, Vortrag v. 18.09.2018 in San Francisco, S. 12.

1069 *Wong-Ervin/Wright/Kobayashi/Ginsburg*, Extra-Jurisdictional Remedies Involving Patent Licensing, George Mason Law & Economics Research Paper No. 16-46 (2016), S. 6; *Arena/Bergmann/Himes*, 9 (3) E.C.J. 623, 671 (2013).

1070 *Kobayashi/Wright*, 5 (3) J.C.L. & E., 469, 486 (2009); *Delrahim*, Antitrust Law and Patent Licensing in the New Wild West, Vortrag v. 18.09.2018 in San Francisco, S. 13; *Rill/Kress/Kallay/Hollman*, 30 (1) Antitrust Magazine 72, 74 (2015).

1071 *Wright*, 21 (4) Geo. Mas. L. Rev. 791, 808-809 (2014); *Teece/Sherry*, 87 Minn. L. Rev. 1913, 1986 (2003); *Tsai/Wright*, 80 (1) Antitrust L.J. 157, 180 (2015); vgl. *Delrahim*, Antitrust Law and Patent Licensing in the New Wild West, Vortrag v. 18.09.2018 in San Francisco, S. 11.

entschließen, von vornherein zu geringe Lizenzgebühren zu erheben, um sich in keiner Weise einem Vorwurf ausgesetzt zu sehen, zu hohe Gebühren gefordert zu haben[1072].

Auch unter dem Gesichtspunkt der effektiven Sicherstellung, dass das FRAND-Versprechen eines SEP-Inhabers auch eingehalten wird, ist die Anwendung des Kartellrechts aus Abschreckungsgründen nicht erforderlich. Es ist kein Grund ersichtlich, warum eine kartellrechtliche Haftung auf den dreifachen Schadensbetrag („*treble damages*") im Vergleich zu der auf einfachen Schadensersatz („*single damages*") beschränkten Vertragshaftung zwingend erforderlich ist, um die Einhaltung des FRAND-Versprechen zu gewährleisten.[1073] Zudem verhindern auch organisationsinterne Mechanismen, dass SEP-Inhaber mit schlechter Marktreputation, weil sie bereits durch FRAND-Lizenzverstöße aufgefallen sind, als potenzielle Wiederholungstäter nochmals mit einer Technologie in einen Standard aufgenommen werden.[1074] Insofern existieren ausreichende rechtliche und tatsächliche Mechanismen, die dafür Sorge tragen können, dass ein SEP-Inhaber seine FRAND-Zusage einhält. Unter dem Gesichtspunkt der Abschreckung pflichtwidrigen Lizenzverhaltens ist es mithin nicht erforderlich, jeden „bloßen" Vertragsverstoß in einen Monopolisierungsverstoß nach Sec. 2 Sherman Act umzuwandeln.[1075]

(3) Auflösung durch die US-Rechtsprechung

US-Gerichte haben sich bereits mehrfach mit Fällen befasst, in denen ein FRAND-Lizenzverstoß streitgegenständlich war, weil ein SEP-Inhaber vermeintlich zu hohe Lizenzgebühren erhoben hat. Die klägerseitig behaupteten Ansprüche basierten allerdings oft auf vertragsrechtlicher Grundlage, ohne zugleich eine Zuwiderhandlung gegen Sec. 2 Sherman Act gelten zu machen[1076], wobei letzteres zum Teil auch (erfolglos) versucht wurde[1077]. Allerdings hat nunmehr der *U.S. Court of Appeals for the Ninth Circuit* in einer Berufungsentscheidung[1078] auch zu dem Aspekt Stellung genommen, welche Auswirkungen

---

1072 *Delrahim*, Antitrust Law and Patent Licensing in the New Wild West, Vortrag v. 18.09.2018 in San Francisco, S. 12.

1073 *Tsai/Wright*, 80 (1) Antitrust L.J. 157, 180, 181 (2015).

1074 *Ginsburg/Wong-Ervin/Wright*, 10 (1) CPI Antitrust Chronicles 1, 5 (2015).

1075 *Werden/Froeb*, 27 (1) Tex. Intell. Prop. L.J. 1, 24 (2019).

1076 Siehe dazu u.a. Microsoft Corp. v. Motorola, Inc., 795 F.3d 1024, 1033 (9th Cir. 2015).

1077 Apple, Inc. v. Motorola Mobility, Inc., 886 F.Supp.2d 1061, 1076 (W.D. Wis. 2012).

1078 FTC v. Qualcomm Inc., 969 F.3d 974 (9th Cir. 2020). Näheres zu dieser Entscheidung in diesem Teil unter Abschnitt II. 4. a) bb) (2) (b), S. 271 ff.

ein FRAND-Verstoß auf die Anwendung von Sec. 2 Sherman Act haben kann und sich im Ergebnis gegen einen kartellrechtliche Haftung bei FRAND-Lizenzverstößen ausgesprochen, die nicht im Zusammenhang mit einem vorausgegangenen Täuschungsverhalten (*deception*) stehen. Das Berufungsgericht hat betont, dass die in der *Broadcom*-Entscheidung aufgestellten Haftungskriterien, wonach Sec. 2 Sherman Act bei *ex ante* Täuschungen über die FRAND-Lizenzbereitschaft erfüllt sein kann, eine Ausnahme zu dem Grundsatz darstellt, dass die Missachtung von Pflichten, deren Einhaltung ein SEP-Inhaber gegenüber einer SSO zugesichert hat, grundsätzlich keine kartellrechtliche Haftung auslöst:

> *„the Third Circuit's*[1079] *"intentional deception" exception to the general rule that breaches of SSO commitments do not give rise to antitrust liability does not apply to this case.*"[1080]

Das Berufungsgericht hat ausdrücklich darauf hingewiesen, dass es die von den oben genannten Vertretern der Gegenansicht geäußerten Bedenken bezüglich der Anwendung von Sec. 2 Sherman Act für überzeugend hält und dass das Kartellrecht nicht für die Lösung von eigentlich vertragsrechtlichen Auseinandersetzungen herangezogen werden soll.[1081] Aus diesem Grund soll keine weitere Ausnahme von dem Grundsatz geschaffen werden, dass Unternehmen kartellrechtlich frei darin sind zu entscheiden, welche Preise sie für ein Produkt verlangen.[1082] Auch ein anderes US-Gericht hat diesen Grundsatz jüngst bestätigt. Dabei ging es um eine Klage des Unternehmens *Continental* mit dem Vorwurf, dass die SEP-Inhaberin *Avanci* ihr FRAND-Lizenzversprechen nicht eingehalten und unangemessen hohe Lizenzgebühren erhoben habe. Gestützt auf einen Verstoß gegen Sec. 2 Sherman Act hat die Klägerin versucht, *„treble damages"* einzuklagen. Der *U.S. District Court for the Northern District of Texas* bestätigte den Grundsatz, dass die Erhebung von nicht FRAND entsprechenden,

---

1079 Gemeint ist die Entscheidung in Sachen Broadcom Corp. v. Qualcomm Inc., 501 F.3d 297 (3d Cir. 2007).

1080 FTC v. Qualcomm Inc., 969 F.3d 974, 997 (9th Cir. 2020).

1081 FTC v. Qualcomm Inc., 969 F.3d 974, 997 (9th Cir. 2020) (*„Finally, we note the persuasive policy arguments of several academics and practitioners with significant experience in SSOs, FRAND, and antitrust enforcement, who have expressed caution about using the antitrust laws to remedy what are essentially contractual disputes between private parties engaged in the pursuit of technological innovation.*"), unter Verweis u.a. auf *Wright*, 21 (4) Geo. Mas. L. Rev. 791, 803, 808-809 (2014).

1082 FTC v. Qualcomm Inc., 969 F.3d 974, 997 (9th Cir. 2020).

unangemessen hohen SEP-Lizenzgebühren nicht zugleich ein gegen Sec. 2 Sherman Act verstoßendes Verhalten ist:

> „An SEP holder may choose to contractually limit its right to license the SEP through a FRAND obligation, but a violation of this contractual obligation is not an antitrust violation. For these reasons, the Court finds that Plaintiff's (…) claims of "inflated and non-FRAND royalty rates" do not state a violation of § 2."[1083]

Ein Verstoß gegen das vertragliche FRAND-Lizenzversprechen durch die Erhebung unangemessen hoher Lizenzgebühren stellt damit nicht zugleich ein kartellrechtswidriges und gegen Sec. 2 Sherman Act verstoßendes Verhalten dar.

dd) Zwischenergebnis

Im US-Kartellrecht gilt der Grundsatz, dass ein Monopolist, der seine Marktstellung in rechtmäßiger Weise erlangt hat, frei darin ist, auch unangemessen hohe Monopolpreise zu fordern. Nichts anderes gilt auch für die Erhebung unangemessener SEP-Lizenzgebühren. Das FRAND-Versprechen mag dazu führen, dass vertragsrechtliche Lizenzbeschränkungen hinsichtlich der Gebührenhöhe bestehen, ändert aber nichts an der kartellrechtlichen Beurteilung. Ein Verstoß gegen Sec. 2 Sherman Act kann ausnahmsweise anzunehmen sein, wenn ein Patentinhaber *ex ante* über seine FRAND-Lizenzbereitschaft täuscht, dadurch bewirkt, dass seine Technologie in den Standard aufgenommen wird und daraufhin *ex post* seine Täuschung in die Tat umsetzt, in dem er nicht FRAND konforme Lizenzgebühren erhebt. Abgesehen von dieser Sonderkonstellation stellt es kein kartellrechtswidriges Verhalten dar, wenn ein SEP-Inhaber nur *ex post* von seinem FRAND-Lizenzversprechen abrückt und überhöhte Lizenzgebühren fordert. Insgesamt hat Sec. 2 Sherman Act daher nur einen begrenzten Anwendungsbereich bei der Erhebung unangemessen hoher SEP-Lizenzgebühren.

b) Preishöhenmissbrauch nach Art. 102 S. 2 lit. a) AEUV und § 19 Abs. 2 Nr. 2 GWB

Die Forderung unangemessen hoher SEP-Lizenzgebühren kann im europäischen und deutschen Kartellrecht den in Art. 102 S. 2 lit. a) AEUV und § 19 Abs. 2 Nr. 2 GWB normierten Tatbestand des Preishöhensmissbrauchs erfüllen.[1084]

1083 Continental Auto. Sys., Inc. v. Avanci, LLC, 2020 WL 5627224, 11 (N.D. Tex. 2020).

1084 Mit Ausnahme der Zwischenstaatlichkeitsdimension entspricht das europäische Missbrauchsverbot in Art. 102 AEUV in seinem materiellen Regelungsgehalt weitgehend § 19 GWB, *Wiedemann*, in: Wiedemann, KartellR-Hdb § 23 Rn. 282; *Fuchs*,

Ein solcher Vorwurf war Gegenstand des von der Europäischen Kommission gegen das Unternehmen *Qualcomm* im Jahr 2007 eingeleiteten Verfahrens. Mehrere Konkurrenten hatten sich zuvor beschwert, dass *Qualcomm* seine zur Umsetzung des UMTS-Standards notwendige WCDMA-Technologie nicht zu FRAND-Bedingungen lizenziere, sondern unangemessen hohe Lizenzgebühren fordere.[1085] Das Verfahren wurde allerdings in 2009 eingestellt, nachdem die betroffenen Konkurrenten ihre Beschwerden zurückgezogen hatten und die Europäische Kommission sich nicht mehr veranlasst sah, den Vorwurf weiter zu verfolgen.[1086]

aa) Rechtliche Rahmenbedingungen

Der Tatbestand des Preishöhenmissbrauchs verbietet es marktbeherrschendes Unternehmen ihre Stellung dazu zu missbrauchen, unangemessene Preisen von der Abnehmerseite zu verlangen und zwar unabhängig davon, ob dies erfolgreich durchgesetzt werden kann oder nicht.[1087] Dem liegt die wettbewerbliche Wertung zugrunde, dass ein Marktbeherrscher seine Stellung nicht auf Kosten der Marktgegenseite ausnutzen können soll, um sich geschäftliche Vorteile in Form höherer Preise zu verschaffen, die letztlich zu Lasten von Verbrauchern gehen.[1088] Mit Art. 102 S. 2 lit. a) AEUV sollen damit auch mittelbar verbraucherschädigende Verhaltensweisen erfasst werden.[1089]

Ein Preishöhenmissbrauch ist erfüllt, wenn ein marktbeherrschendes Unternehmen die sich aus seiner Machtstellung ergebende Möglichkeit ausnutzt, geschäftliche Vorteile zu erhalten, die es nicht erhalten würde, wenn es normalen und hinreichend wirksamen Wettbewerb ausgesetzt wäre, und wenn

---

in: I/M, Bd. 2, GWB, § 19, Rn. 59. Die nachfolgenden Ausführungen gelten mithin jeweils entsprechend, während auf Abweichungen hingewiesen wird.

1085 Europäische Kommission, Pressemitteilung, Antitrust: Commission initiates formal proceedings against Qualcomm, MEMO/07/389 v. 01.10.2007; Bericht über die Wettbewerbspolitik 2007, KOM(2008) 368 endg., Rn. 57.

1086 Europäische Kommission, Pressemitteilung, Antitrust: Commission closes formal proceedings against Qualcomm, MEMO/09/516 v. 24.11.2009.

1087 *Wolf*, in: Schuster/Grützmacher, IT-Recht, Art. 102 AEUV, Rn. 34; *Fuchs*, in: I/M, Bd. 1, AEUV, Art. 102, Rn. 174; vgl. *Geradin*, 76 (1) Antitrust L.J. 329, 345 (2009).

1088 *Bulst*, in: Langen/Bunte, Bd. 2, Art. 102 AEUV, Rn. 92; *M. Scholz*, in: Wiedemann, KartellR-Hdb § 22 Rn. 65.

1089 EuGH, Urteil v. 21.02.1973, Continental Can/Kommission, Rs. 6/72, ECLI:EU:C:1973:22, Rn. 26; *M. Scholz*, in: Wiedemann, KartellR-Hdb § 22 Rn. 66; *Eilmansberger/Bien*, in: MüKo WettbR, Bd. I, Art. 102 AEUV, Rn. 337.

der geforderte Preis in keinem angemessenen Verhältnis zum wirtschaftlichen Wert der erbrachten Leistung steht.[1090] Nichts anderes gilt auch für die Forderung unangemessen hoher Lizenzgebühren.[1091] Während im Gegensatz zum US-kartellrechtlichen Monopolisierungstatbestand die Frage des „ob" der tatbestandlichen Erfassung eines Preishöhenmissbrauchs bei Art. 102 S. 2 lit. a) AEUV und § 19 Abs. 2 Nr. 2 GWB zu bejahen ist, stellt die Ermittlung der die Missbräuchlichkeit auslösenden Diskrepanz zwischen einer noch angemessenen oder bloß erhöhten und einer unangemessenen überhöhten Lizenzgebühr die eigentliche Schwierigkeit in diesem Zusammenhang dar.[1092] Erforderlich ist, dass ein „übertriebenes Missverhältnis" zwischen den tatsächlich entstandenen Kosten und dem verlangten Preis besteht bzw. der Preis „stark überhöht" oder „eindeutig überhöht" ist.[1093] Die Erhebung einer „nur" erhöhten, nicht FRAND konformen Lizenzgebühr genügt daher noch nicht, um die Unangemessenheit annehmen zu können.[1094] Es bedarf der Forderung einer eindeutig überhöhten SEP-Lizenzgebühr.

bb) Ansätze zur Bestimmung einer angemessenen Lizenzgebühr

Zur Klärung der Frage, wann eine Lizenzgebühr die Grenze der Unangemessenheit erreicht, muss zunächst als Ausgangspunkt und Vergleichsmaßstab eine angemessene Lizenzgebühr bestimmt werden.[1095] Hierfür können die bereits genannten Ansätze zur Berechnung einer angemessenen Lizenzgebühr angewendet werden.[1096] Denkbar ist die Anwendung eines Kosten-basierenden Berechnungsmodells[1097], das aufgrund seiner Umsetzungsschwierigkeiten zu Recht jedoch für unpraktikabel gehalten wird.[1098] Lässt sich – unterstellt – dergestalt

1090 EuGH, Urteil v. 14.02.1978, United Brands/Kommission, Rs. 27/76, ECLI:EU:C:1978:22, Rn. 248/257; *Fuchs*, in: I/M, Bd. 1, AEUV, Art. 102, Rn. 175.

1091 *Fuchs*, in: I/M, Bd. 1, AEUV, Art. 102, Rn. 196.

1092 *Klees*, EWS 2008, 449, 454; *Fuchs*, in: I/M, Bd. 1, AEUV, Art. 102, Rn. 175.

1093 GA *Pitruzzella*, Schlussanträge v. 16.07.2020, Rs. C-372/19 Rn. 29 – SABAM; *Heyers*, WRP 2014, 1253, 1256 mit Verweis auf die jeweilige in der Rechtsprechung und Kommissionspraxis verwendeten Termini; *Körber*, Standardessentielle Patente, FRAND-Verpflichtungen und Kartellrecht, S. 80, 81.

1094 *Heyers*, WRP 2014, 1253, 1256.

1095 *Geradin*, 76 (1) Antitrust L.J. 329, 347 (2009).

1096 Siehe Dritter Teil unter Abschnitt IV. 1. a) bb), S. 93 ff.

1097 Dazu EuGH, Urteil v. 14.02.1978, United Brands/Kommission, Rs. 27/76, ECLI:EU:C:1978:22, Rn. 248/257.

1098 Europäische Kommission, Horizontalleitlinien, Rn. 289.

dennoch in einem ersten Schritt aus den Kosten eine angemessene Lizenzgebühr als Basiswert ermitteln, wäre in einem zweiten Schritt zu fragen, ob der Differenzbetrag zur tatsächlich erhobenen Lizenzgebühr, sprich die Gewinnspanne für den Lizenzgeber, unangemessen hoch ist (sog. Konzept der Gewinnbegrenzung).[1099] Zum einen aber werden Methoden zur Bestimmung der Gewinnspanne schon außerhalb des Standardisierungskontexts für komplex gehalten, die oft nur zu ungefähren Ergebnissen führen[1100], zum anderen hat sich bislang auch noch keine Mindestschwelle etabliert, bei deren Überschreitung ein unangemessen hoher Gewinn anzunehmen ist[1101].

Als praktikabler für die Bestimmung der Angemessenheit hat sich die Anwendung marktorientierter Ansätze herausgestellt, die danach fragen, welche Gebührensätze der SEP-Inhaber von anderen Benutzergruppen fordert oder wie vergleichbare Patentrechte auf anderen Märkten lizenziert werden, um anschließend bewerten zu können, ob die geforderten Gebühren erheblich über diesen Referenzwerten liegen.[1102] Teilweise wird die angenommen, dass eine Unangemessenheit vorliegt, wenn der streitgegenständliche Betrag um 100 % höher ist, als der vergleichsweise Referenzwert[1103], wobei dies nicht bei einem Unterschied von unter 30 % gelten soll[1104]. Für alle Werte dazwischen ist auch in Form von bestimmten Bandbreiten ungeklärt, ob und wann eine Unangemessenheit gegeben sein kann.[1105] Allerdings ist auch die Anwendung dieser Berechnungsmethode mit nicht unerheblichen Umsetzungsschwierigkeiten verbunden, da sie das Auffinden von vergleichbaren Märkten erfordert, was gerade im Standardisierungskontext wegen der spezifischen Einzeltechnologien und den vielfach weltweiten Lizenzmärkten problematisch sein kann. Selbst für den Fall, dass ein unangemessenes Abweichen zwischen der geforderten und der vergleichsweise

---

1099 *Bulst*, in: Langen/Bunte, Bd. 2, Art. 102 AEUV, Rn. 168; grundlegend dazu *Lampert*, S. 162 ff.

1100 GA Pitruzzella, Schlussanträge v. 16.07.2020, Rs. C-372/19 Rn. 32 – SABAM.

1101 *Bulst*, in: Langen/Bunte, Bd. 2, Art. 102 AEUV, Rn. 168, wonach eine Gewinnspanne von 25 % als vager Anhaltspunkt für eine Unangemessenheit gelten könne, wobei 7 % nicht ausreichend sei.

1102 So auch EuGH, Urteil v. 13.07.1989, Tournier, Rs. 395/87, ECLI:EU:C:1989:319, 4. Ls; dazu auch *Fuchs*, in: I/M, Bd. 1, AEUV, Art. 102, Rn. 196.

1103 *Wolf*, in: Schuster/Grützmacher, IT-Recht, Art. 102 AEUV, Rn. 35; *Geradin*, 76 (1) Antitrust L.J. 329, 349 (2009); *Eilmansberger/Bien*, in: MüKo WettbR, Bd. I, Art. 102 AEUV, Rn. 365.

1104 *Wolf*, in: Schuster/Grützmacher, IT-Recht, Art. 102 AEUV, Rn. 35.

1105 *Eilmansberger/Bien*, in: MüKo WettbR, Bd. I, Art. 102 AEUV, Rn. 365.

herangezogenen Lizenzgebühr nachgewiesen werden kann, verbleibt einem SEP-Inhaber die Möglichkeit, diesen Vorwurf durch den Nachweis zu entkräften, dass die Gebührendifferenz durch objektive und relevante Unterschiede bei der Wahrnehmung seiner Rechte gerechtfertigt ist.[1106]

cc) Stellungnahme zu den Folgen für die Anwendungspraxis im SEP-Kontext

Wenngleich mit dem Tatbestand des Preishöhenmissbrauchs eine kartellbehördliche SEP-Lizenzgebührenkontrolle nach dem Gesetz möglich ist, werden Bedenken gegen eine zu ausufernde Anwendung vorgebracht und dafür plädiert, diesen Tatbestand restriktiv anzuwenden.[1107] Dem ist zuzustimmen. Aufgrund der dargestellten Schwierigkeiten bei der Bestimmung, wann ein Lizenzgebühr angemessen oder „nur" erhöht, nicht aber unangemessen überhöht ist, muss eine kartellbehördliche Preisregulierungspraxis mit Zurückhaltung erfolgen. *Petrovčič* weist zu Recht zum einen darauf hin, dass das Fehlen klarer Richtlinien zur Bestimmung der Angemessenheit die Gefahr birgt, dass SEP-Lizenzgebühren kartellrechtlich als überhöht deklariert werden, obwohl diese es nicht sind, mit dem möglichen Ergebnis, dass legitimes Preissetzungsverhalten eines SEP-Inhabers sanktioniert und dieser um den ihm zustehenden Patentlohn für seine Innovationsbemühungen gebracht wird. Zum anderen kann ein kartellrechtlich zu interventionistischer, preisregulierender Ansatz zur Folge haben, dass Nutzer der Standardtechnologie zu „*patent hold-out*" Strategien verleiten werden, indem sie in Lizenzverhandlungen die von SEP-Inhabern geforderten Gebühren in der Höhe ablehnen, um unter Hinweis auf eine vermeintliche kartellrechtliche Haftung für ein missbräuchliches Preissetzungsverhalten den Patentinhaber unter Druck zu setzen, sich mit geringeren Lizenzgebühren abzufinden.[1108] Angesicht dieser Risiken ist eine zurückhaltende Anwendung der Preishöhenmissbrauchstatbestände nach Art. 102 S. 2 lit. a) AEUV und § 19 Abs. 2 Nr. 2 GWB im SEP-Lizenzkontext angezeigt.

dd) Zwischenergebnis

Fordert ein SEP-Inhaber unangemessen hohe SEP-Lizenzgebühren von den Nutzern seiner essentiellen Technologie, stellt dies grundsätzlich ein gegen Art. 102 S. 2 lit. a) AEUV und § 19 Abs. 2 Nr. 2 GWB verstoßendes Missbrauchsverhalten

---

1106 *Fuchs*, in: I/M, Bd. 1, AEUV, Art. 102, Rn. 196.

1107 *Geradin*, 76 (1) Antitrust L.J. 329, 345 (2009); *Petrovčič*, S. 146-149.

1108 *Petrovčič*, S. 147, 148.

dar. Die primäre Schwierigkeit bei der Feststellung eines Preishöhenmissbrauchs besteht allerdings darin zu ermitteln, ob die geforderte SEP-Lizenzgebühr in unangemessener Weise von der Lizenzgebühr abweicht, die als angemessen erachtet wird. Wegen der damit verbundenen Risiken erscheint es gerechtfertigt, einen Lizenzgebührenmissbrauch nur in klar gelagerten Fällen anzunehmen.

c) Rechtsvergleichende Würdigung und Zusammenfassung der Ergebnisse

Der konzeptionelle Unterschied zwischen Sec. 2 Sherman Act und seinen Pendants in Art. 102 AEUV und § 19 GWB zeigt sich auch bei der kartellrechtlichen Würdigung, für den Fall, dass ein marktbeherrschender SEP-Inhaber unangemessen hohe, nicht FRAND konforme Lizenzgebühren für sein SEP erhebt. Dem US-kartellrechtlichen Monopolisierungsverbot ist ein Preishöhenmissbrauch, wie er im deutschen und europäischen Kartellrecht in Art. 102 S. 2 lit. a) AEUV und § 19 Abs. 2 Nr. 2 GWB anerkannt ist, fremd. Als missbräuchlich werden in erster Linie Verhaltensweisen eingestuft, mit denen in wettbewerbswidriger Weise eine Monopolstellung begründet oder aufrechterhalten wird. Die Ausbeutung einer rechtmäßig erlangten Monopolstellung in Form der Erhebung überhöhter Monopolpreise wird nicht nur als kartellrechtlich zulässig, sondern sogar als wettbewerbsförderlich eingestuft.[1109] Dem liegt die wettbewerbliche Wertung zugrunde, dass es den freien Wettbewerbskräften überlassen werden soll dafür Sorge zu tragen, dass sich der Markt von selbst reguliert, ohne dass es einer Marktsteuerung in Form der Preiskontrolle oder einer kartellbehördlichen Intervention bedarf. Marktstrukturelle Maßnahmen zur Entflechtung länger andauernder monopolistischer Strukturen kennt das US-Kartellrecht zwar grundsätzlich. Solche Maßnahmen haben aber im Zusammenhang mit einseitigen monopolistischen Lizenzpraktiken eines SEP-Inhabers bislang keine Rolle gespielt.

Eine Ausnahme von dieser Regel gilt im Standardisierungskontext nur in engen Grenzen für den Fall, dass ein Patentinhaber *ex ante* über seine FRAND-Lizenzbereitschaft täuscht, kausal bewirkt, dass seine Technologie in den Standard aufgenommen wird, und anschließend – *ex post* – diesen Plan in die Tat umsetzt und überhöhter, nicht FRAND entsprechender Lizenzgebühren fordert. Dagegen genügt es nicht, wenn ein SEP-Inhaber sich erst nach Festsetzung des Standards und Erlangung einer Monopolstellung – *ex post* – dazu entschließt,

1109 Siehe oben Abschnitt II. 2. a) aa), S. 220 ff.

unangemessen hohe, nicht FRAND konforme Lizenzgebühren zu erheben. Wenngleich Sec. 2 Sherman Act in dem Zusammenhang nur ein begrenzte Anwendung hat, sind Standardanwender nicht schutzlos solchen Gebührenforderungen ausgesetzt, weil dies jedenfalls mit Mitteln des US-Vertragsrechts geahndet werden kann.

Im Vergleich dazu kann sowohl mit Art. 102 S. 2 lit. a) AEUV als auch § 19 Abs. 2 Nr. 2 GWB der Preishöhenmissbrauch eines marktbeherrschenden SEP-Inhabers tatbestandlich erfasst werden. Dem liegt – im Gegensatz zu dem liberalen Verständnis von Wettbewerb und Marktwirtschaft in den USA – jeweils die wettbewerbliche Wertung zugrunde, dass die missbräuchliche Ausbeutung einer marktbeherrschenden Stellung durch das Fordern unangemessener Lizenzgebühren verhindert werden soll, weil dies unmittelbar zu Lasten der Marktgegenseite geht und mittelbar dadurch Verbraucher geschädigt werden, was dem europäischen und deutschen Konzept einer sozialen Marktwirtschaft zuwiderläuft.[1110] Wenngleich tatbestandlich mit Art. 102 S. 2 lit. a) AEUV und § 19 Abs. 2 Nr. 2 GWB eine Lizenzgebührenkontrolle möglich ist, begegnet diese erheblichen Umsetzungsschwierigkeiten, weil die Bestimmung, wann eine Lizenzgebühr nicht nur erhöht sondern unangemessen überhöht ist, ein komplexes und fehleranfälliges Unterfangen ist, das umfangreiche Untersuchungen erforderlich macht.

3. Lizenzvergabe zu diskriminierenden Bedingungen

Vergibt ein SEP-Inhaber Patentlizenzen gegenüber Lizenznehmern zu unterschiedlichen Bedingungen, ohne dass dafür sachliche Rechtfertigungsgründe vorliegen, kann dies eine missbräuchliche diskriminierende Lizenzpraxis darstellen, die die Marktstellung und Wettbewerbsfähigkeit der Diskriminierten beeinträchtigen kann. Eine Lizenzvergabe zu diskriminierenden Bedingungen kann sowohl konditionen- als auch gebührenbezogen sein, wobei insbesondere letzteres in der Praxis von Bedeutung ist und im Fokus der nachfolgenden Untersuchung steht.

1110 Zur Verwirklichung einer sozialen Marktwirtschaft in Europa, dem u.a. auch mit Art. 102 AEUV Rechnung getragen werden soll, Kling/Thomas, Kartellrecht, § 2 Rn. 48-50.

a) *Kartellrechtliche Beurteilung nach Sec. 2 Sherman Act*

aa) *Grundsätzliches zur Patentlizenzvergabe zu diskriminierenden Bedingungen*

Ein SEP-Inhaber ist wie jedes sonstige Unternehmen grundsätzlich frei darin zu entscheiden, gegenüber wem und zu welchen preislichen wie sonstigen Konditionen er sein Patent lizenziert.[1111] Wenngleich die Erhebung diskriminierender Lizenzgebühren nicht dem Preisdiskriminierungstatbestand in Sec. 2 (a) Clayton Act unterfällt[1112], kann eine solche Lizenzpraktik dem Monopolisierungsverbot in Sec. 2 Sherman Act zuwiderlaufen. Während Sec. 2 (a) Clayton Act ausdrücklich sowohl Preisdiskriminierungen verbietet, die geeignet sind den Wettbewerb erheblich zu beeinträchtigen, als auch solche erfasst, mit denen eine Monopolstellung begründet werden kann[1113], setzt Sec. 2 Sherman Act voraus, dass die wettbewerbsschädigende Handlung – hier die Diskriminierung – einen kausalen Beitrag zur Erlangung oder Erhaltung einer Monopolstellung leistet[1114].

Ausgangspunkt für die Beurteilung einer diskriminierenden Lizenzpraxis ist, dass generell weder unterschiedliche Lizenzkonditionen für gleichartige Lizenznehmer, noch gleiche Lizenzkonditionen für verschiedenartige Lizenznehmer gelten dürfen.[1115] Das US-Kartellrecht verbietet es nicht, von verschiedenen Abnehmern unterschiedliche Preise zu fordern[1116], wobei nicht anderes für einen SEP-Inhaber gelten kann, der gegenüber verschiedenen Lizenznehmern unterschiedliche Lizenzgebühren erhebt. Eine Lizenzgebührenpraktik, bei der unterschiedliche Gebühren erhoben werden, ist nicht diskriminierend, wenn sachliche und in der Stellung der Lizenznehmer liegende Gründe eine

---

1111 Zu diesem Grundsatz, siehe Pacific Bell Telephone Co. v. linkLine Communications, Inc., 555 U.S. 438, 448 (2009); FTC v. Qualcomm Inc., 969 F.3d 974, 997 (9th Cir. 2020).

1112 Zur Nichtanwendbarkeit im Patent-/Lizenzkontext, siehe Vierter Teil unter Abschnitt IV. 2., S. 150, 151.

1113 Sec. 2 (a) Clayton Act, wonach die Preisdiskriminierung geeignet sein muss „*to substantially lessen competition or tend to create a monopoly*".

1114 Vgl. dazu im Vierten Teil unter Abschnitt IV. 1., S. 141 ff.

1115 *Layne-Farrar*, 6 (4) J.C.L. & E. 811, 815 (2010); *Farrell/Hayes/Shapiro/Sullivan*, 74 (3) Antitrust L.J. 603, 638 (2007); siehe dazu bereits im Dritten Teil unter Abschnitt IV. 1. b), S. 104.

1116 Einer der wenigen Aussagen dazu in der US-Rechtsprechung, USM Corp. v. SPS Technologies, Inc., 694 F.2d 505, 512 (7th Cir. 1982) („*no general principle of antitrust law forbids charging different prices to different customers, what is often but loosely called "price discrimination."*").

Differenzierung rechtfertigen, d.h. es sich um nicht gleichgelagerte Lizenznehmern handelt[1117], wobei eine Preisdiskriminierung auch durch den Nachweis gerechtfertigt werden kann, dass damit überwiegende, positive Wettbewerbseffekte einhergehen[1118]. Wenngleich die Erhebung diskriminierender Patentlizenzgebühren grundsätzlich ein gegen Sec. 2 Sherman Act verstoßendes Verhalten sein kann[1119], haben sich US-Gerichte bislang selten mit solchen Fällen befasst und waren auch zurückhaltend in der Annahme einer Zuwiderhandlung gegen Sec. 2 Sherman Act allein auf dieser Basis[1120]. Teilweise wurde festgehalten, dass es einem marktbeherrschenden Patentinhaber kartellrechtlich gestattet sei, Preisdiskriminierungen dazu einzusetzen, um seinem Patentrecht einen möglichst großen Wert zu verschaffen.[1121] Andere US-Gerichte haben im Einzelnen aufgeführt, unter welchen Voraussetzungen eine diskriminierende Lizenzgebührenpraktik gegen Sec. 2 Sherman Act verstoßen kann. Ein Kläger muss dafür nachweisen, dass er

> (1.) eine Patentlizenz erhalten hat, die sich (2.) hinsichtlich der Gebührenhöhe von der einem Wettbewerber erteilten Lizenz unterscheidet, obwohl (3.) die Ausgangslage und die für die Bemessung der Lizenzgebührenhöhe relevanten Faktoren beim Kläger und dem Wettbewerber vergleichbar sind, (4.) die Höhe der Lizenzgebühr für den Kläger ein wichtiger Kostenfaktor für seine Produktion ist und die diskriminierende Lizenzgebührenpraktik dazu geführt hat, dass der Wettbewerb auf dem relevanten Produktmarkt erhebliche beeinträchtigt wird.[1122]

1117 *Layne-Farrar*, 6 (4) J.C.L. & E. 811, 815 (2010).

1118 Vgl. *Wong-Ervin/Wright./Kobayashi/Ginsburg*, Extra-Jurisdictional Remedies Involving Patent Licensing, George Mason Law & Economics Research Paper No. 16-46 (2016), S. 8; vgl. *Farrell/Hayes/Shapiro/Sullivan*, 74 (3) Antitrust L.J. 603, 638-639 (2007).

1119 Siehe USM Corp. v. SPS Technologies, Inc., 694 F.2d 505, 512 (7th Cir. 1982) („*it* [price discrimination] *might in a particular case be condemned as an attempt to monopolize or as an act of monopolization under section 2 of the Sherman Act*").

1120 *Gates*, in Scher/Scott, Antitrust Adviser, § 6:23, S. 3.

1121 USM Corp. v. SPS Technologies, Inc., 694 F.2d 505, 512 (7th Cir. 1982) („*A patent owner may use price discrimination to maximize the patent's value without violating antitrust law.*"); Continental Auto. Sys., Inc. v. Avanci, LLC, 2020 WL 5627224, 11 (N.D. Tex. 2020).

1122 Honeywell Inc. v. Sperry Rand Corp., 1973 WL 903, 84 (D. Minn. 1973) („*In order to sustain a finding of (...) a Sherman Act violation based on discriminatory licensing, at least the following must be (a) the plaintiff took a license; (b) the royalty rate charged plaintiff and that charged a competitor were unequal; (c) in all particulars relevant to equality of rates plaintiff and its licensed competitor were similarly situated; and (d) the royalties were an important expense factor in the production costs and*

Kann ein Patentinhaber nicht nachweisen, dass es sich um verschiedenartige Lizenznehmerhandelt oder sachliche oder wettbewerbsfördernde Gründe eine Gebührendifferenzierung rechtfertigen, ist demzufolge entscheidend, ob die Diskriminierungspraktik wettbewerbsschädigende Auswirkungen auf einem nachgelagerten Markt hat. In den wenigen Fällen, in denen eine diskriminierende Lizenzpraktik überhaupt streitgegenständlich war, konnte die wettbewerbsschädigende Wirkung allerdings vielfach nicht durch den Kläger belegt werden.[1123]

Eine seltene Ausnahme stellen die unter der Bezeichnung *„shrimp peeler"* bekannt gewordenen Fälle dar[1124], die bereits in den 1960er Jahren entschieden worden sind und deren Ergebnis teilweise als *„disturbing"*[1125] eingestuft wird. Unter anderem wurde in einer dieser Entscheidungen eine Zuwiderhandlung gegen Sec. 2 Sherman Act wegen der Erhebung diskriminierender Patentlizenzgebühren angenommen.[1126] Gegenstand der *„shrimp peeler"* Entscheidung war die diskriminierende Lizenzgebührenpraxis eines monopolistischen Patentinhaber und Hersteller von Garnelenschälmaschinen, der für die Nutzung seiner Maschinen von nachfragenden Schrimpsverarbeitern aus der Region *„Pacific Northwest"* im Vergleich doppelt so hohe Gebühren verlangte, als gegenüber Schrimpsverarbeitern aus dem *„Gulf Coast"* Gebiet, ohne dafür kostenbasierende oder sonstige Rechtfertigungsgründe vorgebracht zu haben.[1127] Das Gericht kam zu dem Ergebnis, dass diese Lizenzgebührenpraxis die Wettbewerbsfähigkeit der diskriminierten Schrimpsverarbeiter gegenüber den nicht benachteiligten Konkurrenten auf demselben relevanten Markt beeinträchtigt habe und eine Wettbewerbsschädlichkeit anzunehmen sei.[1128] Die Entscheidung wurde allerdings

---

the discriminatory rate caused substantial impairment of competition in the relevant market."); Peelers Co. v. Wendt, 260 F.Supp. 193, 197 (W.D. Wash. 1966).

1123 Siehe dazu Honeywell Inc. v. Sperry Rand Corp., 1973 WL 903, 84, 85 (D. Minn. 1973); ebenso USM Corp. v. SPS Technologies, Inc., 694 F.2d 505, 513 (7th Cir. 1982).

1124 Instruktiv dazu in Sachen USM Corp. v. SPS Technologies, Inc., 694 F.2d 505, 512 (7th Cir. 1982) („*The furthest the courts have gone in condemning patent price discrimination under antitrust principles is in a series of cases involving a patented process for machine peeling of shrimp.*").

1125 Holmes, Intellectual Property and Antitrust Law, § 24:5, S. 1.

1126 Peelers Co. v. Wendt, 260 F.Supp. 193, 197-199 (W.D. Wash. 1966); *Gates*, in Scher/Scott, Antitrust Adviser, § 6:23, S. 4 Fn. 29; zu anderen *„shrimp peeler"* Fällen, bei denen jedoch kein Verstoß gegen Sec. 2 Sherman Act festgestellt wurde, siehe *Arena/Bergmann/Himes*, 9 (3) E.C.J. 623, 668 (2013).

1127 Peelers Co. v. Wendt, 260 F.Supp. 193, 197 (W.D. Wash. 1966); dazu auch *Arena/Bergmann/Himes*, 9 (3) E.C.J. 623, 668 (2013).

1128 Peelers Co. v. Wendt, 260 F.Supp. 193, 197, 198 (W.D. Wash. 1966).

vielfach kritisiert. Die Feststellungen des „*shrimp peeler*" Urteils in Kombination mit dem Grundsätzen, dass ein Patentinhaber frei darin ist zu entscheiden, ob er seine Technologie überhaupt lizenziert und wenn er dies tut, dafür maximal hohe Lizenzgebühren ausverhandeln zu können, ergebe die anomale Schlussfolgerung, dass ein Patentinhaber am besten gestellt wäre, wenn er nur an einen einzigen Lizenznehmer lizenziere und von diesem maximal hohe Lizenzgebühr verlange.[1129] Auch andere US-Gerichte haben sich aus denselben Gründen ähnlich kritisch zu der Entscheidung positioniert.[1130]

Angesichts der Schwierigkeit, dass ein Kläger nachweisen muss, dass eine Preisdiskriminierung zu einer erheblichen Wettbewerbsbeeinträchtigung geführt hat sowie der Tatsache, dass solche Praktiken bis dato im kartellrechtlichen Kontext kaum eine Rolle mehr gespielt haben, wird deutlich, dass Sec. 2 Sherman Act in diesem Zusammenhang nur einen begrenzten Anwendungsbereich hat. Wie der *U.S. Supreme Court* mehrfach festgehalten hat, genügt eine Schädigung von Wettbewerbern – selbst in Form böswilliger Geschäftspraktiken – für sich genommen eben nicht, um einen Verstoß gegen Sec. 2 Sherman Act auszulösen.[1131] Vielmehr ist erforderlich, dass mit einer wettbewerbswidrigen Geschäftspraxis die dringliche Wahrscheinlichkeit der Erlangung einer Monopolstellung einhergeht.[1132] Diskriminierende Lizenzpraktiken eines Monopolisten gegenüber einzelnen Lizenznehmern behindern aber den Wettbewerb zwischen den Lizenznehmern auf einer nachgelagerten Marktstufe, führen aber nicht zugleich dazu, dass der Lizenzgeber die Aussicht auf eine Monopolstellung auf diesem nachgelagerten Markt erhält. Besteht keine realistische Gefahr, dass durch die Lizenzierungspraxis des Patentinhabers der nachgelagerte Markt monopolisiert wird, scheidet ein Verstoß gegen Sec. 2 Sherman Act grundsätzlich aus.[1133]

1129 So Holmes, Intellectual Property and Antitrust Law, § 24:5, S. 1.

1130 Dazu Carter-Wallace, Inc. v. U.S., 1970 WL 10124, 8 Fn. 10 (Ct. Cl. 1970) („*This reasoning leads to the strange and illogical result that granting but one license (or no license at all) is proper, while granting more than one license may be improper. Truly, this stands the antimonopoly laws on their head, for it makes no sense to condemn as anticompetitive a practice which can lead only to more competition, not less.*"); USM Corp. v. SPS Technologies, Inc., 694 F.2d 505, 512, 513 (7th Cir. 1982).

1131 Brooke Group Ltd. v. Brown & Williamson Tobacco Corp., 509 U.S. 209, 225 (1993).

1132 Brooke Group Ltd. v. Brown & Williamson Tobacco Corp., 509 U.S. 209, 224, 225 (1993).

1133 So auch *Petrovčič*, S. 166.

Eine differenzierende Betrachtung kann aber in Fällen angezeigt sein, in denen es sich bei dem diskriminierenden Patentinhaber und Monopolisten um ein vertikal integriertes Unternehmen handelt, das neben dem Lizenzmonopolmarkt zugleich auf einem nachgelagerten, auf seiner Technologie basierenden Produktmarkt tätig ist oder jedenfalls den Eintritt in einen solchen Markt beabsichtigt.[1134] Ein Patentinhaber der alleine auf dem vorgelagerten Lizenzmarkt tätig ist, profitiert in der Regel von belebtem Wettbewerb auf dem nachgelagerten Produktmarkt in Form höherer Lizenzeinnahmen und hat in der Regel kein Interesse daran, Wettbewerber auf diesem Markt durch die Erhebung ungleicher Lizenzgebühren in ihrer Wettbewerbsfähigkeit zu beeinträchtigen, aus dem Markt zu drängen und damit einzelne Unternehmen in ihrer Marktstellung zu stärken, um sich sodann deren Nachfragemacht ausgesetzt zu sehen.[1135] Ein vertikal integriertes Unternehmen hingegen kann mittels Diskriminierungspraktiken versuchen, seine Monopolstellung aus dem vorgelagerten Lizenzmarkt als Hebel zur Begründung einer Monopolstellung auf dem nachgelagerten Produktmarkt einzusetzen und Wettbewerber dadurch zu verdrängen (sog. *monopoly leveraging*), indem es das eigene Unternehmen bevorzugt und Wettbewerber diskriminiert.[1136]

bb) Diskriminierende Lizenzgebührenpraktiken im SEP-Kontext

Die Erhebung diskriminierender Lizenzgebühren im SEP-Kontext wurde bislang nur als Teilaspekt in der bereits dargestellten Entscheidung Broadcom Inc., v. Qualcomm Inc.[1137] thematisiert, und zwar im Hinblick auf die Stellung *Qualcomm's* als vertikal integriertes Unternehmen und dem Vorwurf eines *„monopoly leveraging"*.

Der zweite Verhaltensvorwurf betraf die diskriminierende SEP-Lizenzgebührenpraxis von *Qualcomm* und den Versuch, in wettbewerbswidriger Weise eine Monopolstellung auf dem UMTS-Chipmarkt zu begründen. Die Tätigkeit von *Qualcomm* umfasst – wie dargestellt – nicht nur die Entwicklung

---

1134 *Layne-Farrar*, 6 (4) J.C.L. & E. 811, 824 (2010); *Geradin*, 76 (1) Antitrust L.J. 329, 340 (2009).

1135 *Layne-Farrar*, 6 (4) J.C.L. & E. 811, 824-825 (2010); *Geradin*, 76 (1) Antitrust L.J. 329, 340 (2009); so auch *M. Scholz*, in: Wiedemann, KartellR-Hdb § 22 Rn. 115 und *Lampert*, S. 183.

1136 *Layne-Farrar*, 6 (4) J.C.L. & E. 811, 824-825 (2010); *Farrell/Hayes/Shapiro/Sullivan*, 74 (3) Antitrust L.J. 603, 640 (2007); so im Fall Broadcom Corp. v. Qualcomm Inc., 501 F.3d 297, 317-319 (3d Cir. 2007). Näheres dazu im nächsten Abschnitt.

1137 Broadcom Corp. v. Qualcomm Inc., 501 F.3d 297 (3d Cir. 2007).

und Lizenzierung seiner für den UMTS-Standard essentiellen WCDMA-Technologie an Standardanwender und UMTS-Chiphersteller, sondern auch die Produktion sowohl von UMTS- als auch CDMA-Chipsätzen, wobei *Qualcomm* auf dem Markt für CDMA-Chipsätze zum Zeitpunkt der Entscheidung über einen Marktanteil von 90 % verfügte. *Broadcom* erhob Klage wegen des Vorwurfs, dass *Qualcomm* sowohl gegenüber konkurrierenden UMTS-Chipherstellern als auch gegenüber Endprodukteherstellern diskriminierend höhere Lizenzgebühren für seine standardessentielle WCDMA-Patente erhob, bei letzteren, wenn diese nicht die von *Qualcomm* produzierten UMTS-Chipsätze in ihren Produkten verwendeten.[1138] Durch diese diskriminierende Lizenzgebührenpraxis seien Hersteller von Mobilfunkgeräten gezwungen gewesen, nur von *Qualcomm* hergestellte UMTS-Chipsätze zu beziehen. Diese Lizenzpraktik sei – so der Vorwurf von *Broadcom* – Teil der Strategie von *Qualcomm* gewesen, eine Monopolstellung auf dem Markt für UMTS-Chipsätze zu begründen, weil *Qualcomm* befürchtet hatte, dass belebter Wettbewerb auf diesem Markt auf lange Sicht eine Bedrohung für seine bestehende Monopolstellung für CDMA-Technologien sein könnte.[1139]

Unter Bestätigung des *Qualcomm* gegenüber vorgeworfenen Verhaltens[1140] kam das Berufungsgericht zu dem Ergebnis, dass die diskriminierende Lizenzpraktik wettbewerbswidrig und als Versuch der Monopolisierung des UMTS-Chip-Marktes in Zuwiderhandlung gegen Sec. 2 Sherman Act zu bewerten sei[1141]. Neben der Wettbewerbswidrigkeit der die konkurrierenden UMTS-Chiphersteller auf dem Markt verdrängenden Lizenzpraktik bejahte das Gericht ebenso die weiteren Tatbestandsmerkmale einer versuchten Monopolisierung. Sowohl bestanden daran keine Zweifel, dass *Qualcomm* in der Absicht der Monopolisierung des UMTS-Chipmarktes gehandelt habt[1142], ebenso wie eine dringliche Wahrscheinlichkeit angenommen wurde, dass eine solche Monopolstellung hätte begründet werden können[1143].

Die Entscheidung macht deutlich, dass eine preisliche Diskriminierung bei der Erhebung von Patentlizenzgebühren vor allem dann gegen Sec. 2 Sherman Act verstoßen kann, wenn Wettbewerber aus dem Markt gedrängt werden und

1138 Broadcom Corp. v. Qualcomm Inc., 501 F.3d 297, 304 (3d Cir. 2007).
1139 Broadcom Corp. v. Qualcomm Inc., 501 F.3d 297, 304 (3d Cir. 2007).
1140 Broadcom Corp. v. Qualcomm Inc., 501 F.3d 297, 317, 318 (3d Cir. 2007).
1141 Broadcom Corp. v. Qualcomm Inc., 501 F.3d 297, 318 (3d Cir. 2007).
1142 Broadcom Corp. v. Qualcomm Inc., 501 F.3d 297, 318 (3d Cir. 2007).
1143 Broadcom Corp. v. Qualcomm Inc., 501 F.3d 297, 318, 319 (3d Cir. 2007).

dadurch eine Monopolstellung begründet wird oder wenn dies jedenfalls versucht wird. Dies kann insbesondere in Fall sein, wenn ein SEP-Inhaber als vertikal integriertes Unternehmen zugleich auf einem nachgelagerten Produktmarkt tätig ist, und Wettbewerber aus diesem Markt drängen und den Markt für sich monopolisieren will. Außerhalb der Fälle des „*monopoly leveraging*", das allenfalls bei vertikal integrierten SEP-Inhabern von Bedeutung sein kann, hat Sec. 2 Sherman Act nur einen eingeschränkten Anwendungsbereich.

cc) Zwischenergebnis

Vergibt ein SEP-Inhaber Lizenzen gegenüber gleichartigen Lizenznehmern, erhebt dafür aber Lizenzgebühren in unterschiedlicher Höhe, kann diese diskriminierende Lizenzpraktik gegen Sec. 2 Sherman Act verstoßen, wenn damit ein kausaler Beitrag zu Erlangung oder Erhaltung einer Monopolstellung geleistet wird. Dies kann insbesondere im Zusammenhang mit einem SEP-Inhaber von Bedeutung sein, der als vertikal integriertes Unternehmen zusätzlich auf einem nachgelagerten Markt tätig ist und Wettbewerber aus diesem Markt verdrängen will, um den Markt für sich zu monopolisieren. In der älteren US-Rechtsprechung existieren zwar Fälle, wonach es für die Annahme einer kartellrechtswidrigen Preisdiskriminierung ausreichen soll, wenn diese wettbewerbsschädigende Effekte auf einem nachgelagerten Markt bewirkt. Verstöße gegen Sec. 2 Sherman Act alleine auf dieser Basis dürften jedoch die Ausnahme sein, was angesichts der bis dato kaum vorhandenen Rechtsprechung deutlich wird.

b) Kartellrechtliche Beurteilung nach Art. 102 S. 2 lit. c) AEUV und § 19 Abs. 2 Nr. 1 Alt. 2 GWB

Nach Art. 102 S. 2 lit. c) AEUV stellt es ein missbräuchliches Verhalten dar, wenn ein Marktbeherrscher gegenüber seinen Handelspartnern unterschiedliche Bedingungen für gleichwertige Leistungen oder gleiche Bedingungen für verschiedene Leistungen anwendet, die zu einem Wettbewerbsnachteil führen und nicht objektiv gerechtfertigt sind. Auch § 19 Abs. 2 Nr. 1 Alt. 2 GWB erfasst in gleicher Weise sachlich nicht gerechtfertigte Andersbehandlungen von gleichartigen Unternehmen.[1144] Das Diskriminierungsverbot soll unter anderem

---

1144 Wegen des nahezu identischen materiell-rechtlichen Inhalts der beiden Regelungen, mit Ausnahme der für Art. 102 AEUV zusätzlich erforderlichen Eignung zur Handelsbeeinträchtigung zwischen den Mitgliedsstaaten, und mangels greifbarer Wertungsunterschiede können die Erkenntnisse jeweils gegenseitig herangezogen werden, *Burghartz*, S. 125; *Wiedemann*, in: Wiedemann, KartellR-Hdb § 23 Rn. 283.

davor schützen, dass ein Marktbeherrscher mittels diskriminierender Geschäftspraktiken in die Marktstruktur eingreift und den Wettbewerb zwischen den Marktakteuren auf einer nachgelagerten Marktstufe willkürlich verzerrt und verfälscht.[1145] Wie auch jeden sonstigen Marktbeherrscher trifft auch einen marktbeherrschenden SEP-Inhaber grundsätzlich eine besondere Verantwortung für die Aufrechterhaltung eines wirksamen und unverfälschten Wettbewerbs[1146] und die Pflicht, eine sachlich nicht gerechtfertigte Erhebung diskriminierender SEP-Lizenzgebühren zu unterlassen, mit der die Wettbewerbsfähigkeit nachfragender Lizenzsucher beeinträchtigt und der Wettbewerb auf dem nachgelagerten Produktmarkt verzerrt werden kann.

Im Gegensatz zur oben dargestellten Preiskontrolle ist die Verpflichtung zur diskriminierungsfreien Lizenzierung leichter zu handhaben, weil nur eine vergleichsweise Betrachtung erforderlich ist.[1147] Anders als im US-Kartellrecht sind die tatbestandlichen Voraussetzungen für die Prüfung, ob eine Zuwiderhandlung gegen das kartellrechtliche Diskriminierungsverbot in Art. 102 S. 2 lit. c) AEUV bzw. § 19 Abs. 2 Nr. 1 Alt. 2 GWB vorliegt, zum einen klar definiert und zum anderen existiert eine etablierte Rechtsprechungspraxis, die sich mit der Auslegung der jeweiligen Merkmale befasst hat. Während der EuGH bislang noch nicht über einen Fall urteilen musste, bei dem ein SEP-Inhaber dem Vorwurf einer diskriminierenden Lizenzgebührenpraktik ausgesetzt war, standen Diskriminierungspraktiken mehrfach im Fokus deutscher Gerichte.[1148]

Ein marktbeherrschender SEP-Inhaber verstößt gegen das kartellrechtliche Diskriminierungsverbot in Art. 102 S. 2 lit. c) AEUV und § 19 Abs. 2 Nr. 1 Alt. 2 GWB, wenn er einen Lizenznehmer im Vergleich zu gleichartigen anderen Lizenznehmern, trotz gleichwertiger Leistung anders behandelt und daraus eine wettbewerbliche Benachteiligung des diskriminierten Lizenznehmers folgt, die nicht durch objektive oder sachliche Gründe gerechtfertigt werden kann.

1145 EuGH, Urteil v. 19.04.2018, Meo/Serviços de Comunicações e Multimédia, Rs. C-525/16, ECLI:EU:C:2018:270, Rn. 24; BGH, Urteil v. 05.05.2020, KZR 36/17, FRAND-Einwand, BGHZ 225, 269, 285, 286; *Bulst*, in: Langen/Bunte, Bd. 2, Art. 102 AEUV, Rn. 210; Kling/Thomas, Kartellrecht, § 6 Rn. 136.

1146 EuGH, Urteil v. 09.11.1983, Michelin/Kommission, Rs. 322/81, ECLI:EU:C:1983:313, Rn. 57; *Jung*, in: GHN, AEUV, Art. 102, Rn. 129.

1147 *Loest/Bartlik*, ZWeR 2008, 41, 52.

1148 Siehe BGH, Urteil v. 13.07.2004, KZR 40/02, Standard-Spundfaß, BGHZ 160, 67; BGH, Urteil v. 05.05.2020, KZR 36/17, FRAND-Einwand, BGHZ 225, 269, 293 ff.

aa) Aktuelle oder potenzielle Handelspartner

Das Diskriminierungsverbot gilt generell gegenüber anderen Unternehmen bzw. Handelspartnern des marktbeherrschenden SEP-Inhabers. Darunter sind Unternehmen zu verstehen, die im Verhältnis zum Marktbeherrscher auf einer vor- oder nachgelagerten Wirtschaftsstufe tätig sind und mit diesem in geschäftlichen Kontakt stehen[1149], wobei im Falle eines SEP-Inhabers dies in erster Linie Lizenzsucher und Standardanwender auf nachgelagerten Produktmärkten sind. Nicht nur aktuelle Kunden eines SEP-Inhabers sind Handelspartner in diesem Sinne, sondern auch potenzielle Kunden fallen darunter[1150], sprich potenzielle Lizenznehmer und Hersteller standardkonformer Produkte.

bb) Gleichartigkeit der Unternehmen

Das Diskriminierungsverbot verpflichtet den marktbeherrschenden SEP-Inhaber dazu, Handelspartner die in vergleichbarer Lage sind, d.h. gleichgelagert sind[1151], hinsichtlich der Lizenzbedingungen für die Nutzung der patentgeschützten Technologie gleich zu behandeln, was allerdings keine Pflicht zur schematischen Gleichbehandlung im Sinne eines Einheitstarifs bedeutet.[1152] Die Lizenzbedingungen beinhalten insbesondere die vom Lizenznehmer zu erbringende Gegenleistung, für die der SEP-Inhaber im Gegenzug seine Leistung – das Einräumen von Nutzungsrechten – erbringt. Die gleichwertige Leistung ist mithin die Messlatte für die Gegenleistung, die anhand einer wertenden Betrachtung zu beurteilen ist.[1153] Eine Pflicht zur Gleichbehandlung gleicher Sachverhalte setzt allerdings voraus, dass der SEP-Inhaber mit der Erstlizenzierung den Zugang zum Lizenzierungsmarkt – d.h. einen diesbezüglichen Geschäftsverkehr – eröffnet hat.[1154] Hat er dies getan, dann stellt sowohl die

---

1149 *Bulst*, in: Langen/Bunte, Bd. 2, Art. 102 AEUV, Rn. 212.

1150 *Bulst*, in: Langen/Bunte, Bd. 2, Art. 102 AEUV, Rn. 213; Kling/Thomas, Kartellrecht, § 6 Rn. 137; *Eilmansberger/Bien*, in: MüKo WettbR, Bd. I, Art. 102 AEUV, Rn. 416; a.A. *Fuchs*, in: I/M, Bd. 1, AEUV, Art. 102, Rn. 387.

1151 Zu den zulässigen Differenzierungsmerkmalen hinsichtlich verschiedener Lizenznehmergruppen, siehe bereits im Dritten Teil unter Abschnitt IV. 1. b), S. 104.

1152 BGH, Urteil v. 05.05.2020, KZR 36/17, FRAND-Einwand, BGHZ 225, 269, 285; vgl. *Fuchs*, in: I/M, Bd. 1, AEUV, Art. 102, Rn. 389.

1153 *Bulst*, in: Langen/Bunte, Bd. 2, Art. 102 AEUV, Rn. 215, 216.

1154 *Loest/Bartlik*, ZWeR 2008, 41, 52; vgl. *Wolf*, in: Schuster/Grützmacher, IT-Recht, § 19 GWB, Rn. 21; aus der deutschen Rechtsprechung, BGH, Urteil v. 13.07.2004, KZR 40/02, Standard-Spundfaß, BGHZ 160, 67, 74, 75; OLG Düsseldorf, Urteil v. 03.04.2019 – VI-U 6/18, Rn. 66 (zitiert nach juris).

Erteilung von Exklusivlizenzen als auch die willkürliche Vergabe von Lizenzen zu unterschiedlichen Bedingungen eine dem Diskriminierungsverbot zuwiderhandelnde Ungleichbehandlung dar.[1155] Inwiefern Lizenznehmer in einer vergleichbaren Lage sind oder sachliche Differenzierungsmerkmale gegeben sind, ist im jeweiligen Einzelfall zu untersuchen.

cc) Wettbewerbsbenachteiligung

Die Diskriminierungspraxis des marktbeherrschenden SEP-Inhabers muss ferner darauf abzielen, den Wettbewerb auf dem nachgelagerten Markt zu verfälschen, indem es die Wettbewerbsstellung einiger seiner Lizenznehmer im Vergleich zu anderen Lizenznehmern beeinträchtigt und diese im Wettbewerb benachteiligt.[1156] Für diesen Nachweis gelten keine hohen Hürden. Insbesondere ist kein Beweis dafür erforderlich, dass die Ungleichbehandlung zu einer tatsächlichen oder quantifizierbaren Verschlechterung der Wettbewerbsstellung einzelner Handelspartner geführt hat.[1157] Ob das Verhalten des Marktbeherrschers darauf abzielt, die Wettbewerbsbeziehung zwischen seinen Abnehmern zu verzerren, ist anhand der relevanten Umstände des konkreten Einzelfalls zu bestimmen.[1158] Unter anderem kann dafür auch berücksichtigt werden, ob der Marktbeherrscher eine Strategie zur Verdrängung eines seiner Handelspartner vom nachgelagerten Markt verfolgt.[1159] Dies kann insbesondere im Zusammenhang mit vertikal integrierten SEP-Inhabern von Bedeutung sein, wenn mit dem diskriminierenden Lizenzverhalten ein unliebsamer Wettbewerber aus dem

---

1155 OLG Düsseldorf, Urteil v. 03.04.2019 – VI-U 6/18, Rn. 66 (zitiert nach juris); *Loest/Bartlik*, ZWeR 2008, 41, 52; *Ullrich*, GRUR 2007, 817, 827.

1156 EuGH, Urteil v. 19.04.2018, Meo/Serviços de Comunicações e Multimédia, Rs. C-525/16, ECLI:EU:C:2018:270, Rn. 24, 25; EuGH, Urteil v. 15.03.2007, British Airways, Rs. C-95/04 P, ECLI:EU:C:2007:166, Rn. 144; BGH, Urteil v. 24.10.2011, KZR 7/10, Grossistenkündigung, NJW 2012, 773, 775.

1157 EuGH, Urteil v. 19.04.2018, Meo/Serviços de Comunicações e Multimédia, Rs. C-525/16, ECLI:EU:C:2018:270, Rn. 27; EuGH, Urteil v. 15.03.2007, British Airways, Rs. C-95/04 P, ECLI:EU:C:2007:166, Rn. 145.

1158 EuGH, Urteil v. 19.04.2018, Meo/Serviços de Comunicações e Multimédia, Rs. C-525/16, ECLI:EU:C:2018:270, Rn. 28, 31; dazu auch *Eilmansberger/Bien*, in: MüKo WettbR, Bd. I, Art. 102 AEUV, Rn. 434.

1159 EuGH, Urteil v. 19.04.2018, Meo/Serviços de Comunicações e Multimédia, Rs. C-525/16, ECLI:EU:C:2018:270, Rn. 31.

Produktmarkt gedrängt oder jedenfalls in seiner wettbewerblichen Stellung beeinträchtigt werden soll.[1160]

dd) Objektive und sachliche Rechtfertigungsgründe

Eine diskriminierende Lizenzierungspraxis kann dem Tatbestand des Diskriminierungsverbots entzogen werden, wenn sie aufgrund objektiver oder sachlicher Gründe gerechtfertigt ist.[1161] Insbesondere steht es dem SEP-Inhaber frei den Nachweis zu erbringen, dass mit der Diskriminierung wettbewerbsfördernde Effizienzvorteile einhergehen, die die negativen Wettbewerbseffekte wenigstens ausgleichen und die letztlich den Verbrauchern zugutekommen.[1162] Während sich der EuGH im Standardisierungskontext bislang nicht mit der Erhebung diskriminierender Patentlizenzen befassen musste, hat der BGH festgehalten, dass bei gewerblichen Schutzrechten grundsätzlich ein weiter Spielraum für eine sachliche Rechtfertigung einer Ungleichbehandlung von Lizenzinteressenten besteht.[1163] Ob eine Ungleichbehandlung gerechtfertigt ist, bestimmt sich anhand einer Gesamtwürdigung und Abwägung aller beteiligten Interessen, unter Berücksichtigung der auf die Freiheit des Wettbewerbs gerichteten Zielsetzung des Kartellrechts.[1164]

An die sachliche Rechtfertigung kann ein strengerer Maßstab anzulegen sein, wenn weitere Umstände hinzutreten, angesichts derer die Ungleichbehandlung zu einer Gefährdung der Freiheit des Wettbewerbs führt.[1165] Ein solcher Umstand wird darin gesehen, wenn der Zugang zu einem nachgelagerten Produktmarkt

---

1160 *M. Scholz*, in: Wiedemann, KartellR-Hdb § 22 Rn. 115; *Geradin*, 76 (1) Antitrust L.J. 329, 3340 (2009).

1161 Zur Möglichkeit der Rechtfertigung durch objektive Gründe, EuG, Urteil v. 06.10.1994, Tetra Pak, Rs. T-83/91, ECLI:EU:T:1994:246, Rn. 207; bestätigt in EuGH, Urteil v. 14.11.1996, Tetra Pak, Rs. C-333/94 P, ECLI:EU:C:1996:436, Rn. 37; aus der deutschen Rechtsprechung, BGH, Urteil v. 13.07.2004, KZR 40/02, Standard-Spundfaß, BGHZ 160, 67, 75-78; BGH, Urteil v. 05.05.2020, KZR 36/17, FRAND-Einwand, BGHZ 225, 269, 293, 294.

1162 EuGH, Urteil v. 27.03.2012, Post Danmark I, Rs. C-209/10, ECLI:EU:C:2012:172, Rn. 41; EuGH, Urteil v. 15.03.2007, British Airways, Rs. C-95/04 P, ECLI:EU:C:2007:166, Rn. 69; so auch Europäische Kommission, Durchsetzungsprioritäten, Rn. 28, 30; *Fuchs*, in: I/M, Bd. 1, AEUV, Art. 102, Rn. 155.

1163 BGH, Urteil v. 13.07.2004, KZR 40/02, Standard-Spundfaß, BGHZ 160, 67, 76.

1164 BGH, Urteil v. 13.07.2004, KZR 40/02, Standard-Spundfaß, BGHZ 160, 67, 76, 77; BGH, Urteil v. 05.05.2020, KZR 36/17, FRAND-Einwand, BGHZ 225, 269, 293, 294.

1165 BGH, Urteil v. 13.07.2004, KZR 40/02, Standard-Spundfaß, BGHZ 160, 67, 76.

von der Einhaltung einer patentgemäßen Lehre abhängig ist[1166], d.h. ein Produkt nur mit der Umsetzung der patentgeschützten Technologie wettbewerbsfähig ist. Im Standardisierungskontext – so der BGH – ist schließlich die Besonderheit zu beachten, dass sich die beherrschende Stellung des Patentinhabers nicht allein aus der der Erfindung zugrundeliegenden Leistung ergibt, sondern auch darauf zurückzuführen ist, dass der Zugang zu einem nachgelagerten Produktmarkt, wegen eines Standards oder aufgrund standardähnlicher einheitlicher Vorgaben der Produktnachfrager, von der Befolgung dieser patentgemäßen Lehre abhängig ist.[1167] Wenngleich diese BGH-Entscheidung einen faktischen und keinen formellen, im Rahmen einer SSO festgelegte Standard betroffen hat[1168], gilt hier nichts anderes. Der BGH hat insofern explizit festgehalten, dass es für diese Bewertung nicht darauf ankomme, ob der Patentinhaber an einem Standardisierungsverfahren mitgewirkt, es initiiert oder der Festsetzung des Standards zugestimmt habe, sondern es reiche aus, wenn er schlicht durch den Standard begünstigt wird.[1169]

Auf der einen Seite begründet das Diskriminierungsverbot keinen Meistbegünstigungsgrundsatz, der den Marktbeherrscher generell dazu zwingt, allen Lizenzsuchern gleiche Lizenzbedingungen einzuräumen, da es auch einem solchen Unternehmen frei stehen soll, auf unterschiedliche Marktbedingungen differenzierend reagieren zu können.[1170] Auf der anderen Seite liegt eine kartellrechtswidrige Diskriminierung vor, wenn die unterschiedliche Behandlung auf Willkür oder Absichten beruht, die nicht wirtschaftlich oder unternehmerisch vernünftigem Handeln entsprechen. Maßgeblich sind mithin die Art und das Ausmaß der unterschiedlichen Behandlung.[1171] Als möglicher Rechtfertigungsgrund für eine differenzierte Lizenzgebührenpraxis kommt

1166 BGH, Urteil v. 13.07.2004, KZR 40/02, Standard-Spundfaß, BGHZ 160, 67, 77.

1167 BGH, Urteil v. 13.07.2004, KZR 40/02, Standard-Spundfaß, BGHZ 160, 67, 77.

1168 Gegenstand der Entscheidung war die diskriminierende Lizenzvergabepraxis einer Patentinhaberin, deren patentgeschützte technische Lehre sich als faktischer Standard für ein bestimmtes Industriefass etabliert hatte. Die Klägerin und Patentinhaberin gewährte drei anderen Fass-Herstellern, die an der Entwicklung des Standard-Spundfasses beteiligt waren, jeweils Freilizenzen, verweigerte jedoch die Lizenzierung gegenüber der Beklagte, die anschließend das patentgeschützte Spundfass lizenzlos vertrieb, woraufhin die Klägerin Klage erhob; BGH, Urteil v. 13.07.2004, KZR 40/02, Standard-Spundfaß, BGHZ 160, 67, 68-70.

1169 BGH, Urteil v. 13.07.2004, KZR 40/02, Standard-Spundfaß, BGHZ 160, 67, 77.

1170 BGH, Urteil v. 13.07.2004, KZR 40/02, Standard-Spundfaß, BGHZ 160, 67, 79.

1171 BGH, Urteil v. 13.07.2004, KZR 40/02, Standard-Spundfaß, BGHZ 160, 67, 79.

im Standardisierungskontext insbesondere die Vergabe von Kreuzlizenzen in Betracht, die als Teil der Gegenleistung und Vergütung angesehen werden kann[1172], wofür allerdings erforderlich ist, dass die reduzierte Lizenzgebühr dem Wert der gegenseitig eingeräumten Lizenz entspricht[1173]. Ebenso können andere Vergütungskomponenten, wie die Mitwirkung an der Forschung und Entwicklung eines Standards, eine preisliche Differenzierung rechtfertigen.[1174]

ee) Zwischenergebnis

Erhebt ein SEP-Inhaber gegenüber lizenzsuchenden Unternehmen unterschiedlich hohe Lizenzgebühren, obwohl sie in ihrer wettbewerblichen Stellung als gleichgelagert anzusehen sind und ohne dass sachliche oder wettbewerbliche Gründe eine Differenzierung rechtfertigen, kann dies sowohl den Tatbestand des Diskriminierungsverbot in Art. 102 S. 2 lit. c) AEUV erfüllen, als auch gegen § 19 Abs. 2 Nr. 1 Alt. 2 GWB verstoßen. Eine genaue Untersuchung der wettbewerblichen Effekte einer Diskriminierungspraxis kann insbesondere in Fällen angezeigt sein, in denen ein SEP-Inhaber als vertikal integriertes Unternehmen zugleich auf einem nachgelagerten Markt für standardkonforme Produkte tätig ist und ein Interesse daran haben kann, unliebsame Wettbewerber aus dem Markt zu drängen oder jedenfalls in ihrer wettbewerblichen Stellung zu beeinträchtigen.

c) Rechtsvergleichende Würdigung und Zusammenfassung der Ergebnisse

Vergibt ein Patentinhaber SEP-Lizenzen und erhebt dafür unterschiedlich hohe Lizenzgebühren von gleichartigen Lizenznehmern, verstößt dies zwar gegen das FRAND-Versprechen selbst, weil eben eine diskriminierungsfreie Lizenzierung zugesagt wurde. Rechtsordnungsübergreifend folgt daraus aber nicht zugleich ein Verstoß gegen das kartellrechtliche Diskriminierungsverbot. Die aus der Diskriminierung folgende Benachteiligung einzelner Lizenznehmer und die daraus resultierende Verzerrung des Wettbewerbs auf dem nachgelagerten Produktmarkt, auf dem lizenznehmende Hersteller von standardkonformen Produkten tätig sind, genügt im US-Kartellrecht ohne Hinzutreten weiterer Umstände in

1172 *Geradin*, 76 (1) Antitrust L.J. 329, 342 (2009); *Layne-Farrar*, 6 (4) J.C.L. & E. 811, 825 (2010).

1173 *Lampert*, S. 187.

1174 *Lampert*, S. 187, 188.

der Regel nicht, um eine Zuwiderhandlung gegen Sec. 2 Sherman Act allein auf dieser Basis annehmen zu können. Eine Zuwiderhandlung ist hingegen eher anzunehmen, wenn das diskriminierende Lizenzverhalten einen kausalen Beitrag zur Erlangung oder Erhaltung einer Monopolstellung leistet, wobei negative wettbewerbliche Effekte eben nur auf dem – dem Lizenzmonopolmarkt nachgelagerten – Produktmarkt auszumachen sind. Marktmonopolisierende Auswirkungen zugunsten eines SEP-Inhabers sind allerdings denkbar, wenn es sich bei dem Patentinhaber um ein vertikal integriertes Unternehmen handelt, das zusätzlich auf dem nachgelagerten Produktmarkt tätig ist und mit der Diskriminierung bewirkt, dass Wettbewerber aus dem Markt gedrängt und eine Monopolstellung begründet wird. Außerhalb der Fälle eines solchen „*monopoly leveragings*" hat Sec. 2 Sherman Act nur einen begrenzten Anwendungsbereich bei der Erhebung diskriminierender Lizenzgebühren. Lizenznehmer sind einer diskriminierenden Lizenzvergabe allerdings nicht schutzlos ausgesetzt, weil dies im US-Recht auf vertragsrechtlicher Basis als Verstoß gegen das FRAND-Lizenzversprechen geahndet werden kann.

Im Gegensatz dazu kann im europäischen und deutschen Kartellrecht mit Art. 102 S. 2 lit. c) AEUV und § 19 Abs. 2 Nr. 1 Alt. 2 GWB eine missbräuchliche, Lizenzgebühren betreffende Diskriminierung durch einen marktbeherrschenden SEP-Inhaber hinreichend erfasst werden. Nicht nur sind die jeweiligen tatbestandlichen Voraussetzungen klarer geregelt. Auch wurde mehrfach bestätigt, dass das kartellrechtliche Diskriminierungsverbot gerade davor schützen soll, dass ein Marktbeherrscher mit der Diskriminierung die Wettbewerbsfähigkeit einzelner Unternehmen beeinträchtigt und dadurch den Marktwettbewerb verzerrt. Dem liegt das wettbewerbliche Konzept zugrunde, dass einen marktbeherrschenden SEP-Inhaber eine besondere Verantwortung für die Aufrechterhaltung wirksamen und unverfälschten Wettbewerbs auf nachgelagerten Märkten trifft. Das US-kartellrechtliche Monopolisierungsverbot in Sec. 2 Sherman Act hat demgegenüber die Erlangung oder Erhaltung einer Monopolstellung mit wettbewerbsfeindlichen Mitteln im Fokus, ohne dem Monopolisten in gleicher Weise eine Verantwortlichkeit für den nachgelagerten Wettbewerb aufzuerlegen. Auch darin kommt das liberale Verständnis von Wettbewerb und Marktwirtschaft in den USA einerseits, und das europäische und deutsche Modell einer sozialen Marktwirtschaft andererseits zum Ausdruck, bei der eine Ausbeutung und Behinderung von Marktpartnern gerade auch mit Art. 102 AEUV verhindert werden soll.[1175]

1175 Vgl. Kling/Thomas, Kartellrecht, § 2 Rn. 50.

4. SEP-Lizenzverweigerung

Eine Lizenzverweigerung („*refusal to license*") ist ein patentspezifischer Unterfall einer Geschäftsverweigerung („*refusal to deal*"). Dabei steht die Frage im Fokus, ob ein SEP-Inhaber einem Lizenzsucher gegenüber die Einräumung einer Patentlizenz verweigern darf oder ob darin der Missbrauch einer beherrschenden Stellung zum Ausdruck kommt.

a) Kartellrechtliche Beurteilung nach Sec. 2 Sherman Act

Im US-Kartellrecht wird begrifflich zwischen einer bedingten und einer unbedingten Lizenzverweigerungen unterschieden. Die in diesem Abschnitt behandelte unbedingte Lizenzverweigerung („*simple*" oder „*unconditional refusal to license*") kennzeichnet sich dadurch aus, dass ein Patentinhaber eine Lizenzierung seines Patents insgesamt und bedingungslos verweigert oder an Umstände knüpft, die von einem lizenzsuchenden Unternehmen nicht ohne weiteres herbeigeführt werden können. Bei bedingten Lizenzverweigerungen („*conditional refusal to license*") macht ein Patentinhaber seine Lizenzbereitschaft davon abhängig, dass weitere Bedingungen erfüllt werden, indem beispielsweise die Lizenzvergabe an die Abnahme weiterer Produkt gekoppelt ist (*tying*).[1176]

aa) Grundsatz: Kartellrechtliche Zulässigkeit einer unbedingten Patentlizenzverweigerung

Ein Unternehmen das über ein Patentrecht verfügt, ist wie jedes andere Unternehmen grundsätzlich frei darin zu entscheiden, ob es seine Technologie überhaupt lizenziert und wenn es dies beabsichtigt, nach eigenem Ermessen festzulegen, wem gegenüber eine Lizenz eingeräumt und wem die Nutzung nicht gestattet werden soll.[1177] Nichts anderes gilt grundsätzlich auch für den Fall, dass ein Patentrecht seinem Inhaber eine Monopolstellung verleiht, weil das Kartellrecht nicht die dem Patent immanente Ausschlussbefugnis gegenüber Dritten

---

1176 *Hovenkamp*, 105 Cornell L. Rev. 101, 115, 116 (2020); Näheres zu bedingten Lizenzverweigerungen in Form missbräuchlicher Koppelungen mit SEPs im Abschnitt II. 5., S. 314 ff.

1177 Pacific Bell Telephone Co. v. linkLine Communications, Inc., 555 U.S. 438, 448 (2009); U.S. v. Colgate & Co., 250 U.S. 300, 307 (1919); FTC v. Qualcomm Inc., 969 F.3d 974, 997 (9th Cir. 2020); Miller Insituform, Inc. v. Insituform of North America, Inc., 830 F.2d 606, 609 (6th Cir. 1987); In re Indep. Serv. Orgs. Antitrust Litig., 203 F.3d 1322, 1330 (Fed. Cir. 2000); *Wright/Ginsburg*, 9 (2) CPI Antitrust Chronicles, 41, 44 (2013); Holmes, Intellectual Property and Antitrust Law, § 11:2, S. 2.

negieren[1178] und dergestalt unbegrenzt Patentnutzungsrechte für Dritte verschaffen will. Der *U.S. Patent Act* selbst sieht in Sec. 271 (d)(4)[1179] zwar eine ausdrückliche Regelung vor, wonach einem Patentinhaber nicht alleine wegen einer unbedingten Lizenzverweigerung der „*patent misuse*" Einwand[1180] entgegengehalten werden kann. Allerdings wird diese Bestimmung von Seiten der Literatur[1181] und der DoJ/FTC[1182] so verstanden, dass sie eine Immunität eben nur gegenüber dem „*patent misuse*" Einwand und keine kartellrechtliche Immunität begründet. Insbesondere wird argumentiert, dass wenn der US-Gesetzgeber eine kartellrechtliche Freistellung solcher Verhaltensweisen mit dieser Regelung beabsichtigt hätte, hätte er dies ausdrücklich getan, wie dies in anderen gesetzlichen Regelungen der Fall ist.[1183] Wegen des auch im US-Recht anerkannten Auslegungsgrundsatzes, dass Ausnahmeregelungen eng auszulegen sind, wird Sec. 271 (d)(4) Patents Act dahingehend verstanden, dass er für unbedingte Lizenzverweigerungen keine kartellrechtliche Immunität hinsichtlich einer Haftung nach Sec. 2 Sherman Act verschafft.[1184] Auch in der US-Rechtsprechung ist

---

1178 In re Indep. Serv. Orgs. Antitrust Litig., 203 F.3d 1322, 1325 (Fed. Cir. 2000) („*antitrust laws do not negate the patentee's right to exclude others from patent property*"); Intergraph Corp. v. Intel Corp., 195 F.3d 1346, 1362 (Fed. Cir. 1999); *Ramirez*, 4 (1) Ital. Antitrust Rev. 41, 43 (2017).

1179 35. U.S.C. § 271 (d): „No patent owner otherwise entitled to relief for infringement or contributory infringement of a patent shall be denied relief or deemed guilty of misuse or illegal extension of the patent right by reason of his having (…) (4) refused to license or use any rights to the patent."

1180 „*Patent misuse*" ist ein aus dem Patentrecht durch Richterrecht entwickelter Einwand, der von einem beklagten Patentnutzer gegen eine Patentverletzungsklage eingewendet werden kann. Das erfolgreiche Vorbringen setzt voraus, dass der Einwendende nachweisen kann, dass ein marktmächtiger Patentinhaber sein Patent ausübt, um einen Marktvorteil zu erringen, der über den Umfang des gewährten Patentrechts hinausgeht. Der Einwand führt dazu, dass der Patentinhaber an der Ausübung seiner Patentrechte gegen den Verletzer so lange gehindert wird, bis der Missbrauch bereinigt ist, *Hovenkamp*, 105 Cornell L. Rev. 101, 115 (2020); *Patterson*, in: FK, Bd. VI, Auslandsrechte, A. U.S.-Antitrust-Recht, Rn. 129; dazu auch *Riziotis*, GRUR Int. 2004, 367 ff.

1181 *Hovenkamp*, 105 Cornell L. Rev. 101, 117 (2020); *Sullivan/Hovenkamp/Shelanski/Leslie*, Antitrust Law, Policy, and Procedure, S. 716.

1182 DoJ/FTC, Antitrust and IP-Report (2007), S. 6, 27.

1183 *Hovenkamp*, 105 Cornell L. Rev. 101, 117 (2020).

1184 *Hovenkamp*, 105 Cornell L. Rev. 101, 117, 118 (2020) mit Hinweis auf die *U.S. Supreme Court* Entscheidungen Brown v. Pro Football, Inc., 518 U.S. 231, 258 (1996) und Grp. Life & Health Ins. Co. v. Royal Drug Co., 440 U.S. 205, 231 (1979) („*It is*

zu erkennen, dass die Anwendung des US-Kartellrechts unbeeinflusst von der Regelung des Sec. 271 (d)(4) Patents Act sein soll.[1185]

US-Gerichte[1186], Kartellbehörden[1187] und auch die Literatur[1188] sind sich weitgehend darüber einig, dass eine Vermutung besteht, dass eine einseitige und unbedingte Lizenzverweigerung („*unconditional refusal to license*“) grundsätzlich nicht zu einer kartellrechtlichen Haftung des Patentinhabers führt, und zwar auch dann, wenn es sich bei den Lizenzsucher um einen Wettbewerber des Patentinhabers handelt[1189]. Dies ist insoweit in Einklang mit dem kartellrechtlichen Grundsatz, dass eine bloße Schädigung von Wettbewerber nicht durch das US-Kartellrecht geschützt wird.[1190] In der US-Rechtsprechung wird eine Patentlizenzverweigerung teilweise *per se* als kartellrechtlich zulässig erachtet, solange keine Anhaltspunkte für einen der folgenden Ausnahmefälle gegeben sind: Erstens, eine Lizenzverweigerung in Verbindung mit einer wettbewerbswidrigen Koppelungspraktik, zweitens, das Vorgehen aus einem unrechtmäßig, durch Täuschung gegenüber dem Patentamt erlangten Patentrecht sowie drittens, schikanöse Patentverletzungsklagen.[1191] Kann ein Lizenzsucher einen solchen

---

well settled that exemptions from the antitrust laws are to be narrowly construed.“); DoJ/FTC, Antitrust and IP-Report (2007), S. 26, 27.

1185 Illinois Tool Works Inc. v. Independent Ink, Inc., 547 U.S. 28, 42 (2006); Scheiber v. Dolby Labs., Inc., 293 F.3d 1014, 1019 (7th Cir. 2002); dazu auch DoJ/FTC, Antitrust and IP-Report (2007), S. 25 Fn. 77.

1186 Verizon Communications Inc. v. Law Offices of Curtis V. Trinko, LLP, 540 U.S. 398, 408 (2004); In re Indep. Serv. Orgs. Antitrust Litig., 203 F.3d 1322, 1326 (Fed. Cir. 2000); Intergraph Corp. v. Intel Corp., 195 F.3d 1346, 1362 (Fed. Cir. 1999).

1187 DoJ/FTC, Antitrust and IP-Report (2007), S. 6 mit dem Hinweis „*Antitrust liability for mere unilateral, unconditional refusals to license patents will not play a meaningful part in the interface between patent rights and antitrust protections.*“

1188 *Ramirez*, 4 (1) Ital. Antitrust Rev. 41, 43 (2017); *Cotter*, 22 Tex. Intell. Prop. L.J. 311, 333 (2014).

1189 DoJ/FTC, IP-Antitrust Guidelines (2017), S. 3 („*The antitrust laws generally do not impose liability upon a firm for a unilateral refusal to assist its competitors*“); *Edwards/Ginsburg/Wright*, 8 (2) J. Antitrust Enforc., 335, 338 (2020); *Arena/Bergmann/Himes*, 9 (3) E.C.J. 623, 653 (2013).

1190 Spectrum Sports, Inc. v. McQuillan, 506 U.S. 447, 458 (1993); FTC v. Qualcomm Inc., 969 F.3d 974, 990 (9th Cir. 2020); U.S. v. Dentsply Intern., Inc., 399 F.3d 181, 187 (3d Cir. 2005); U.S. v. Microsoft Corp., 253 F.3d 34, 58 (D.C. Cir. 2001).

1191 In re Indep. Serv. Orgs. Antitrust Litig., 203 F.3d 1322, 1327 (Fed. Cir. 2000) („*In the absence of any indication of illegal tying, fraud in the Patent and Trademark Office, or sham litigation, the patent holder may enforce the statutory right to exclude others from*

Ausnahmefall nicht nachweisen, ist die Patentlizenzverweigerung eines monopolistischen Patentinhabers kartellrechtskonform. Auch der ehemalige AAG der *Antitrust Division* des DoJ *Makan Delrahim* hat sich mehrmals dafür ausgesprochen, dass einseitige und unbedingte Lizenzverweigerungen eines Patentinhabers kartellrechtlich *per se* zulässig sein sollen.[1192]

Andere US-Gerichte hingegen haben eine widerlegbare Vermutung („*rebuttable presumption*") für die kartellrechtliche Zulässigkeit einer unbedingten Lizenzverweigerung angenommen.[1193] Kann ein Patentinhaber legitime geschäftliche Rechtfertigungsgründe für eine Lizenzverweigerung anführen, unter anderem dass er die geschützte Technologie exklusiv selbst verwerten oder seine Patentrechte vor ungewünschter Nutzung schützen will, ist die Verweigerung kartellrechtskonform.[1194] Gelingt einem Lizenzsucher hingegen der Nachweis, dass der Patentinhaber in der Absicht gehandelt hat, eine Monopolstellung auf einem nachgelagerten Markt zu begründen oder wird ein Rechtfertigungsgrund nur als Vorwand vorgebracht, soll die Lizenzverweigerung gegen Sec. 2 Sherman Act verstoßen.[1195] Letzteres wurde im Fall *Image Technical Services, Inc. v. Eastman Kodak Co.* angenommen und eine Zuwiderhandlung gegen Sec. 2 Sherman Act bejaht.[1196] Der Ansatz, subjektive Merkmale zur Widerlegung der Rechtmäßigkeit einer Lizenzverweigerung anführen zu können, wurde zu Recht kritisiert, weil entscheidend ist, welche wettbewerblichen Effekte eine

---

making, using, or selling the claimed invention free from liability under the antitrust laws.").

1192 *Delrahim*, The "New Madison" Approach to Antitrust and Intellectual Property Law, Vortrag v. 16.03.2018 in Philadelphia, S. 5 („*from the perspective of the antitrust laws, a unilateral and unconditional refusal to license a patent should be considered per se legal.*"); *Ders.*, Broke … but Not No More: Opening Remarks – Innovation Policy and the Role of Standards, IP, and Antitrust, Vortrag v. 10.09.2020 in Washington, DC, S. 2.

1193 Image Technical Services, Inc. v. Eastman Kodak Co., 125 F.3d 1195, 1218 (9th Cir. 1997); Data General Corp. v. Grumman Systems Support Corp., 36 F 3d 1147, 1184 (1st Cir 1994); dazu auch *Arena/Bergmann/Himes*, 9 (3) E.C.J. 623, 648, 649 (2013).

1194 Image Technical Services, Inc. v. Eastman Kodak Co., 125 F.3d 1195, 1218 (9th Cir. 1997); Data General Corp. v. Grumman Systems Support Corp., 36 F 3d 1147, 1182 (1st Cir 1994).

1195 Sullivan/Hovenkamp/Shelanski/Leslie, Antitrust Law, Policy, and Procedure, S. 717; *Cotter*, 22 Tex. Intell. Prop. L.J. 311, 333, 334 (2014).

1196 Image Technical Services, Inc. v. Eastman Kodak Co., 125 F.3d 1195, 1219, 1920 (9th Cir. 1997).

Verhaltensweise bewirkt und unerheblich ist bzw. höchstens indiziell berücksichtigt werden kann, welche Motivation einem Verhalten zugrunde liegt.[1197]

Insgesamt erfüllt eine Patentlizenzverweigerung durch einen monopolistischen Patentinhaber demzufolge in den allermeisten Fällen nicht die Voraussetzungen, um einen Verstoß gegen Sec. 2 Sherman Act annehmen zu können. Jedenfalls bestehen hohe Hürden für die Begründung des Gegenteils. Die restriktive Handhabung beruht darauf, dass die Annahme einer unzulässigen Lizenzverweigerung und die daraus folgende kartellrechtliche Lizenzpflicht zu einem Kontrahierungszwang führt, der *ex ante* Innovationsanreize verringern, zu entsprechend verminderten Investitionen führen und ein „Trittbrettfahren" durch Wettbewerber („*competitor free riding*") begünstigen kann.[1198] Zudem werden Gerichte für nicht geeignet gehalten, im Stile zentraler Planer über Vertragsbedingungen und -preise zu entscheiden, die als Folge kartellrechtlicher Zugangsansprüche festgelegt werden müssten. Zuletzt wird ein Kontrahierungszwang generell als kartellrechtlich bedenklich erachtet, als dies kollusives Verhalten zwischen dem Monopolisten und potenziellen Wettbewerbern erleichtern kann.[1199] Insgesamt ist damit festzuhalten, dass einseitige SEP-Lizenzverweigerungen eines Monopolisten grundsätzlich nicht gegen Sec. 2 Sherman Act verstoßen.

bb) Ausnahme: Kartellrechtliche Patentlizenzpflicht

Ausnahmsweise und unter bestimmten Umständen („*certain*" bzw. „*exceptional circumstances*"[1200]) kann eine Lizenzverweigerung gegen Sec. 2 Sherman Act verstoßen und der oben genannte Grundsatz durchbrochen sein, wenn ein kartellrechtlicher Lizenzierungs- bzw. Kontrahierungszwang („*antitrust duty to license*") anzunehmen ist. Als Ansatzpunkte einer kartellrechtlichen Lizenzpflicht

---

1197 Vgl. dazu In re Indep. Serv. Orgs. Antitrust Litig., 203 F.3d 1322, 1327 (Fed. Cir. 2000); U.S. v. Microsoft Corp., 253 F.3d 34, 59 (D.C. Cir. 2001); so auch DoJ/FTC, Antitrust and IP-Report (2007), S. 18; *Cotter*, 22 Tex. Intell. Prop. L.J. 311, 334 (2014).

1198 *Hovenkamp*, 105 Cornell L. Rev. 101, 128 (2020).

1199 Dazu aus der US-Rechtsprechung Verizon Communications Inc. v. Law Offices of Curtis V. Trinko, LLP, 540 U.S. 398, 407, 408 (2004), Aerotec International, Inc. v. Honeywell International, Inc., 836 F.3d 1171, 1183 (9th Cir. 2016); so auch DoJ/FTC, IP-Antitrust Guidelines (2017), S. 3; *Cotter*, 22 Tex. Intell. Prop. L.J. 311, 333 (2014); *Hovenkamp*, 105 Cornell L. Rev. 101, 128, 129 (2020).

1200 Zu diesen Termini Verizon Communications Inc. v. Law Offices of Curtis V. Trinko, LLP, 540 U.S. 398, 408 (2004) („*Under certain circumstances, a refusal to cooperate with rivals can constitute anticompetitive conduct and violate § 2.*"); In re Indep. Serv. Orgs. Antitrust Litig., 203 F.3d 1322, 1327 (Fed. Cir. 2000).

gegenüber Dritten kommt zum einen die sog. „*essential facilities doctrine*“ in Betracht. Zum anderen kann sich eine solche auf Grundlage der Leitentscheidung des *U.S. Supreme Court* in Sachen *Aspen Skiing v. Aspen Highlands Skiing*[1201] ergeben. Während die „*essential facility doctrine*“ einen vermögens- bzw. gegenstandsbezogen Ansatz (*asset based*) verfolgt, betrifft die *Aspen*-Entscheidung eine unzulässige verhaltensbezogene (*conduct based*) Geschäftsverweigerung.[1202]

(1) Patentlizenzpflicht und „essential facility doctrine“

Denkbar ist, dass ein Lizenzsucher eine kartellrechtliche Patentlizenzpflicht des SEP-Inhabers mit der aus dem US-Recht stammenden „*essential facility doctrine*“[1203] begründen kann. Dabei handelt es sich um eine nicht im Patentkontext und aus mehreren instanzgerichtlichen Urteilen entwickelte Doktrin.[1204] Vereinfacht gesprochen knüpft die Doktrin daran an, dass ein Monopolist, der eine wesentliche Einrichtung betreibt, unter bestimmten Umständen einem anderen Unternehmen nicht den Zugang zu seiner Einrichtung verweigern darf.[1205] Der *U.S. Supreme Court* selbst hat allerdings ausdrücklich betont, noch nie die „*essential facility*“ Doktrin anerkannt zu haben, hat es bislang allerdings auch offengelassen, diese im US-Kartellrecht abzulehnen oder zu bestätigen.[1206] Eine differenzierende Betrachtung dieser auf einem vermögens- bzw. gegenstandsbezogen Ansatz (*asset based*) beruhenden Doktrin ist angezeigt, da sie auf der Idee basiert, dass manche Einrichtungen oder Vermögenswerte so wesentlich sind, dass der Eigentümer die Pflicht hat, sie zu teilen und zwar unabhängig davon, ob ihm ein sonstiges Verhalten (*conduct*) vorzuwerfen ist.[1207]

1201 Aspen Skiing v. Aspen Highlands Skiing, 472 U.S. 585 (1985).

1202 *Hovenkamp*, 105 Cornell L. Rev. 101, 127 (2020).

1203 Teilweise auch „*bottleneck principle*“ genannt, siehe Hecht v. Pro-Football, Inc., 570 F.2d 982, 992 (D.C. Cir. 1977); Intergraph Corp. v. Intel Corp., 3 F.Supp.2d 1255, 1277 (N.D. Ala. 1998).

1204 Zuletzt dazu Aerotec International, Inc. v. Honeywell International, Inc., 836 F.3d 1171, 1184, 1185 (9th Cir. 2016).

1205 *Sullivan/Hovenkamp/Shelanski/Leslie*, Antitrust Law, Policy, and Procedure, S. 786.

1206 Verizon Communications Inc. v. Law Offices of Curtis V. Trinko, LLP, 540 U.S. 398, 411 (2004) („*We have never recognized such a doctrine* (…) *and we find no need either to recognize it or to repudiate it here.*“); ausdrücklich offen gelassen in Aspen Skiing v. Aspen Highlands Skiing, 472 U.S. 585, 611 Fn. 44 (1985); Areeda/Hovenkamp, Antitrust Law, Vol. IIIB, §772b, S. 199.

1207 *Hovenkamp*, 105 Cornell L. Rev. 101, 135 (2020).

(a) Voraussetzungen

Während der *U.S. Supreme Court* sich nicht mit den einzelnen Voraussetzungen der Doktrin auseinandergesetzt hat, haben dies mehrere Instanzgerichte getan. Danach setzt die erfolgreiche Geltendmachung von Zugangsansprüchen nach der „*essential facility*" Doktrin voraus, dass der Zugangswillige vier Voraussetzungen darlegen kann:

> (1.) Die Kontrolle einer wesentlichen Einrichtung durch einen Monopolisten, (2.) die Unmöglichkeit oder Unzumutbarkeit für den zugangssuchenden Wettbewerber, die Einrichtung zu duplizieren, (3.) die Verweigerung des Zugangs, trotz dessen, dass es (4.) dem Monopolisten möglich wäre, seine Einrichtung dafür zur Verfügung zu stellen.[1208]

Wenngleich relativ klar definierte Tatbestandsmerkmale existieren, besteht große Rechtsunsicherheit über deren konkreten Inhalt. Insbesondere wird für unklar gehalten, was unter einer wesentlichen Einrichtung zu verstehen ist und wann der Betreiber einer Einrichtung berechtigterweise den Zugang verweigern darf.[1209] Teilweise haben US-Gerichte die Doktrin nur angewendet, wenn zusätzliche Voraussetzungen erfüllt waren.[1210] Unter anderem wurde es für erforderlich gehalten, dass der beklagte Monopolist zugleich auf einem vor- oder nachgelagerten Markt tätig ist und durch die Verweigerung des Zugangs zu seiner Einrichtung effektiven Wettbewerb in einem abhängigen Markt verhindert[1211], oder dass der Zugang zu einer Verbesserung des Wettbewerbs durch markteintrittswillige Wettbewerber führt[1212]. Zum Teil wurde das Bestehen eines

---

1208 MCI Commun. Corp. v. AT&T Co., 708 F.2d 1081, 1132, 1133 (7th Cir. 1983) („*The case law sets forth four elements necessary to establish liability under the essential facilities doctrine: (1) control of the essential facility by a monopolist; (2) a competitor's inability practically or reasonably to duplicate the essential facility; (3) the denial of the use of the facility to a competitor; and (4) the feasibility of providing the facility.*"); Aerotec International, Inc. v. Honeywell International, Inc., 836 F.3d 1171, 1185 (9th Cir. 2016); Applera Corp. v. MJ Research, Inc., 349 F.Supp.2d 338, 347 Fn. 6 (D. Conn. 2004); Morris Comm. Corp. v. PGA Tour, Inc., 235 F.Supp.2d 1269, 1285 (M.D. Fla. 2002).

1209 *Sullivan/Hovenkamp/Shelanski/Leslie*, Antitrust Law, Policy, and Procedure, S. 786.

1210 *Cotter*, 22 Tex. Intell. Prop. L.J. 311, 334, 335 (2014).

1211 Aerotec International, Inc. v. Honeywell International, Inc., 836 F.3d 1171, 1185 (9th Cir. 2016); Intergraph Corp. v. Intel Corp., 195 F.3d 1346, 1357 (Fed. Cir. 1999).

1212 Hecht v. Pro-Football, Inc., 570 F.2d 982, 992 (D.C. Cir. 1977); *Sullivan/Hovenkamp/Shelanski/Leslie*, Antitrust Law, Policy, and Procedure, S. 786.

Wettbewerbsverhältnisses zwischen den Parteien gefordert[1213], teilweise wurde verlangt, dass der Einrichtungsinhaber mit der Zugangsverweigerung versuchen muss, seine Monopolstellung auf einen angrenzenden Markt auszudehnen.[1214]

Wenngleich zumindest Einigkeit darüber besteht, dass die wesentliche Einrichtung einen eigenen relevanten Markt abbilden muss, auf dem der den Zugang regelnde Betreiber eine Monopolstellung hält[1215], ist unklar, ob eine wesentliche Einrichtung nur auf natürliche, physische Einrichtungen beschränkt ist oder auch Immaterialgüterrechte wie ein Patentrecht umfasst. Gerichtlich anerkannte Fälle solcher Einrichtungen sind unter anderem Sportstadien[1216], Eisenbahninfrastruktureinrichtungen[1217], Telekommunikations-[1218] oder Stromversorgungsnetze[1219]. Tendenziell haben US-Gerichte die Wesentlichkeit einer Einrichtung eher in Fällen bejaht, in denen staatlich regulierte Bereiche betroffen waren, es sich um in öffentlicher Hand befindenden oder staatlich subventionierte Einrichtungen gehandelt hat oder der Betreiber der Einrichtung ein öffentliches Versorgungsunternehmen war, das einen Versorgungsauftrag zu erfüllen hat.[1220] Außerhalb dieser regulierten Bereiche ist die Anwendung der *„essential facility"* Doktrin hingegen problematisch.[1221] Bislang existiert kein Fall, in dem ein Patentrecht als wesentliche Einrichtung angesehen und eine Lizenzverweigerung als Verstoß gegen Sec. 2 Sherman Act oder eine Lizenzpflicht auf Grundlage der *„essential facility"* Doktrin angenommen wurde.[1222] Teilweise werden in diesem Zusammenhang die Entscheidungen in Sachen *Intergraph Corp. v. Intel*

1213 Intergraph Corp. v. Intel Corp., 195 F.3d 1346, 1357 (Fed. Cir. 1999); *Cotter*, 22 Tex. Intell. Prop. L.J. 311, 335 (2014).

1214 Intergraph Corp. v. Intel Corp., 3 F.Supp.2d 1255, 1277 (N.D. Ala. 1998).

1215 *Sullivan/Hovenkamp/Shelanski/Leslie*, Antitrust Law, Policy, and Procedure, S. 786.

1216 Hecht v. Pro-Football, Inc., 570 F.2d 982, 992, 993 (D.C. Cir. 1977), wobei sich das Football-Stadion im Eigentum der öffentlichen Hand befunden hat.

1217 U.S. v. Terminal R.R. Ass'n of St. Louis, 224 U.S. 383 (1912).

1218 MCI Commun. Corp. v. AT&T Co., 708 F.2d 1081, 1133 (7th Cir. 1983).

1219 Otter Tail Power Co. v. United States, 410 U.S. 366 (1973).

1220 *Sullivan/Hovenkamp/Shelanski/Leslie*, Antitrust Law, Policy, and Procedure, S. 787.

1221 *Hovenkamp*, 105 Cornell L. Rev. 101, 135 (2020).

1222 Dazu SolidFX, LLC v. Jeppesen Sanderson, Inc., 935 F.Supp.2d 1069, 1083, 1084 (D. Col. 2013) (*„None of the cases cited by Plaintiff in support of its essential facility theory involve intellectual property."*); bestätigt in SolidFX, LLC v. Jeppesen Sanderson, Inc., 841 F.3d 827 (10th Cir. 2016); Morris Comm. Corp. v. PGA Tour, Inc., 235 F.Supp.2d 1269, 1285 (M.D. Fla. 2002).

Corp.[1223] angeführt[1224], die jedoch aus mehreren Gründen keine weiterführenden Erkenntnisse im Patentlizenzkontext liefern können. Zwar ist korrekt, dass in besagtem Fall das Unternehmen *Intergraph* auf Grundlage der *„essential facility"* Doktrin Lieferansprüche hinsichtlich patentgeschützter CPU-Chips von *Intel* einschließlich entsprechender technische Informationen geltend gemacht hat und diese auch zugesprochen wurden, da die Erstinstanz zu dem Ergebnis kam, dass es sich bei den CPU-Chips einschließlich der technischen Informationen um eine wesentliche Einrichtung handele.[1225] Streitgegenständlich war aber nur eine physische CPU-Chips betreffende Lieferverweigerung einschließlich notwendiger technischer Informationen (*„refusal to supply advanced CPUs and essential technical information"*), nicht hingegen die Erteilung von Patentlizenzen zur Nutzung einer patentierten Technologie. Die Aussagekraft dieser Entscheidung ist nicht nur dahingehend begrenzt, sondern auch angesichts deren Aufhebung in der zweiten Instanz, in der die Anwendung der *„essential facility"* wegen des fehlenden Wettbewerbsverhältnisses zwischen *Intel* und *Intergraph* verneint wurde.[1226] Andere Instanzgerichte haben es mittlerweile ausdrücklich abgelehnt, ein Patentrecht als wesentliche Einrichtung einzuordnen.[1227]

Angesichts der bestehenden Rechtsunsicherheit im Umgang mit und der Anerkennung der *„essential facility doctrine"* im US-Kartellrecht, der höchstrichterlich ungeklärten Frage, ob ein Patentrecht überhaupt eine wesentliche Einrichtung sein kann, der Tatsache, dass dies von den Instanzgerichten bislang verneint wird und dem Grundsatz, dass eine Patentlizenzverweigerung eines Monopolisten grundsätzlich kartellrechtskonform ist, deutet dies darauf hin, dass diese Doktrin nur zurückhaltend angewendet werden kann und kaum Aussicht auf Erfolg verspricht, um eine Patentlizenzpflicht zu begründen.[1228]

1223 Erstinstanzliche Entscheidung siehe Intergraph Corp. v. Intel Corp., 3 F.Supp.2d 1255 (N.D. Ala. 1998); Berufungsentscheidung siehe Intergraph Corp. v. Intel Corp., 195 F.3d 1346 (Fed. Cir. 1999).

1224 So *Fräßdorf*, S. 178.

1225 Intergraph Corp. v. Intel Corp., 3 F.Supp.2d 1255, 1277, 1278 (N.D. Ala. 1998).

1226 Intergraph Corp. v. Intel Corp., 195 F.3d 1346, 1357 (Fed. Cir. 1999).

1227 SolidFX, LLC v. Jeppesen Sanderson, Inc., 935 F.Supp.2d 1069, 1083, 1084 (D. Col. 2013); zweitinstanzlich bestätigt in SolidFX, LLC v. Jeppesen Sanderson, Inc., 841 F.3d 827 (10th Cir. 2016); Applera Corp. v. MJ Research, Inc., 349 F.Supp.2d 338, 348 (D. Conn. 2004); Morris Comm. Corp. v. PGA Tour, Inc., 235 F.Supp.2d 1269, 1285 (M.D. Fla. 2002).

1228 *Cotter*, 22 Tex. Intell. Prop. L.J. 311, 334 (2014); *Contreras*, 2 (5) Utah L. Rev. 479, 528 (2015).

(b) *Lizenzpflicht nach der „essential facility doctrine" bei FRAND-unterworfenen SEPs*

Es stellt sich die Frage, ob sich an der Anwendung der *„essential facility doctrine"* dadurch etwas ändert, dass es sich bei einem SEP um einen standardspezifischen Fall eines Patentrechts handelt, das mit einer FRAND-Lizenzzusage verbunden ist und eine standardwesentliche „Einrichtung" sein könnte.

Einerseits bereitet die Annahme mancher Merkmale der *„essential facility"* Doktrin, die in der instanzgerichtlichen US-Rechtsprechung aufgestellt wurden, im Zusammenhang mit SEPs weniger Schwierigkeiten. Ein SEP-Inhaber verfügt in der Regel über eine Monopolstellung auf dem jeweiligen SEP-Lizenzmarkt – einem eigenständigen relevanten Markt im Sinne der Doktrin.[1229] Ferner wird es einem Lizenzsucher in der Regel sowohl tatsächlich unmöglich als auch wirtschaftlich nicht zuzumuten sein, eine Alternativtechnologie zu entwickeln, da dies zum einen technisch komplex und kostenintensiv ist und zum anderen nur die Nutzung der festgelegten Standardtechnologie die Standardkonformität eines Produkts gewährleisten kann. Ferner müsste nachgewiesen werden, dass der SEP-Inhaber den Zugang zu seiner standardessentiellen Technologie unbedingt oder zumindest faktisch verweigert und nicht bloß zu hohe Lizenzgebühren dafür fordert.[1230] Ebenso dürfte auch das Merkmal der Zumutbarkeit bzw. Möglichkeit einer Lizenzvergabe an Lizenzsucher durch den SEP-Inhaber in der Regel anzunehmen sein, indiziert die FRAND-Lizenzerklärung jedenfalls seine generelle Lizenzbereitschaft. Zudem ist die Einräumung von SEP-Lizenzen nicht an begrenzte Kapazitäten gebunden und unterliegt keinen physischen Zugangsbeschränkungen. Das von manchen US-Gerichten zusätzlich geforderte Merkmal eines Wettbewerbsverhältnisses bzw. einer Tätigkeit des Monopolisten auf einem der Einrichtung vor- oder nachgelagerten Märkten wäre in den Fällen zu bejahen, in denen der SEP-Inhaber ein vertikal integriertes Unternehmen ist, dass mit dem SEP-Lizenzsucher auf einem nachgelagerten Produktmarkt konkurriert. Dass solche Konstellationen durchaus praxisnah sind, belegt beispielsweise die bereits dargestellte Tätigkeit des Unternehmens *Qualcomm*, dessen Geschäftsgegenstand sowohl die Entwicklung und Lizenzierung von Standardtechnologien als auch die Herstellung darauf basierender Modem-Chips umfasst.

Andererseits bleibt die große Schwierigkeit darin zu begründen, warum entgegen der instanzgerichtlichen Rechtsprechung gerade ein SEP eine wesentliche Einrichtung sein soll, obwohl dies für Patentrechte generell ablehnt wird.

1229 Siehe dazu oben unter Abschnitt I. 2. b), S. 192-194.

1230 *Cotter*, 22 Tex. Intell. Prop. L.J. 311, 334 (2014).

So lange dem Einrichtungsbegriff ein nur physische Gegenstände umfassendes Verständnis zugrunde liegt, ist es ausgeschlossen, SEPs damit zu erfassen. Die generelle Zurückhaltung von US-Gerichten Geschäftsverweigerungspraktiken überhaupt als kartellrechtswidrig einzuordnen sowie die Tatsache, dass keine Tendenzen zu erkennen sind, dass ein SEP als Einrichtung im Sinne der *„essential facility doctrine"* eingeordnet werden kann, lässt darauf schließen, dass eine SEP-Lizenzpflicht auf dieser Grundlage nicht begründet werden kann.[1231]

(2) Verhaltensbasierende Patentlizenzpflicht nach der Aspen-Doktrin

Ein weiterer Ansatz zu Begründung einer Lizenzpflicht und zur Durchbrechung des Grundsatzes, wonach auch ein monopolistischer Patentinhaber frei darin ist, eine Lizenzvergabe zu verweigern, kann sich aus der *Aspen*-Doktrin des *U.S. Supreme Court* ergeben. Danach kann eine Geschäftsverweigerung ausnahmsweise gegen Sec. 2 Sherman Act verstoßen und einen kartellrechtlicher Kontrahierungszwang mit einem Wettbewerber begründen[1232], wenn eine vorangegangene Geschäftsbeziehung oder Zusammenarbeit zwischen einem Monopolisten und einem Wettbewerber bestand, die trotz Profitabilität von Seiten des Monopolisten beendet wurde, um langfristig den Wettbewerb auf dem betroffenen Markt vermindern oder ausschließen zu können. In diesem verhaltensbezogenen Element liegt der Unterschied zu der eine Einrichtung betreffenden *„essential facility doctrine"*. Der *U.S. Supreme Court* hat in seiner *Aspen*-Entscheidung ausdrücklich betont, nicht die *„essential facility doctrine"* anzuwenden.[1233] Wenngleich sich die Doktrin nicht im patentrechtlichen Kontext entwickelt hat, kann sie auch im Zusammenhang mit FRAND-unterworfenen SEPs bedeutend sein, wie jüngst die Entscheidungen in Sachen FTC v. Qualcomm[1234] belegen.

1231 So im Ergebnis für SEPs auch *Cotter*, 22 Tex. Intell. Prop. L.J. 311, 335 (2014) und *Contreras*, 2 (5) Utah L. Rev. 479, 528 (2015).

1232 Siehe dazu Verizon Communications Inc. v. Law Offices of Curtis V. Trinko, LLP, 540 U.S. 398, 399 (2004) („*The leading case imposing § 2 liability for refusal to deal with competitors is Aspen Skiing Co. v. Aspen Highlands Skiing Corp.*"); FTC v. Qualcomm Inc., 969 F.3d 974, 993 (9th Cir. 2020) („*The one, limited exception to this general rule that there is no antitrust duty to deal comes under the Supreme Court's decision in Aspen Skiing Co. v. Aspen Highlands Skiing Corp.*"); Broadcom Corp. v. Qualcomm Inc., 501 F.3d 297, 316 (3d Cir. 2007); dazu auch *Hovenkamp*, 105 Cornell L. Rev. 101, 142 (2020).

1233 Aspen Skiing v. Aspen Highlands Skiing, 472 U.S. 585, 611 Fn. 44 (1985).

1234 FTC v. Qualcomm Inc., 411 F.Supp.3d 658 (N.D. Cal. 2019); FTC v. Qualcomm Inc., 969 F.3d 974 (9th Cir. 2020).

(a) Leitentscheidung Aspen Skiing v. Aspen Highlands Skiing

(aa) Zugrundeliegender Sachverhalt

Die Unternehmen *Aspen Skiing Company* (*Ski Co.*) und *Aspen Highlands Skiing* waren Betreiber konkurrierender Skigebiete in Aspen, Colorado, wobei ersteres Unternehmen die drei Skigebiete *Aspen Mountain*, *Buttermilk* und *Snowmass* und letzteres Unternehmen das Skigebiet *Aspen Highlands* unterhielt, jeweils einschließlich des Liftbetriebs. Beide Unternehmen hatten eine Kooperation über einen gemeinsamen Skipass abgeschlossen – das *„all-Aspen-ticket"*, der es Wintersportlern ermöglichte, jedes der vier Skigebiete unbeschränkt nutzen zu können.[1235] Die Einnahmen aus dem gemeinsamen Skipass wurden abhängig davon aufgeteilt, wie hoch der Anteil der Wintersportler war, die das eine von *Aspen Highlands Skiing* betriebene Skigebiet *Aspen Highlands* mit diesem Skipass genutzt hatten.[1236] Von 1971 bis 1977 wurden Einnahmen aus der Kooperation auf dieser Grundlage aufgeteilt, wobei *Ski Co.* während des überwiegenden Teils dieses Zeitraums den bis dato existierenden, nur die eigenen drei Skigebiete umfassenden Skipass (*„3-area, multi-day ticket"*) nicht angeboten hatte.[1237] Für die folgenden Wintersaisons beabsichtigte *Ski Co.* das Einnahme-Verteilungssystem zu modifizieren und bot *Aspen Highlands Skiing* an, die Kooperation für das *„all-Aspen-ticket"* fortzuführen, wenn *Aspen Highlands Skiing* einen prozentualen Festanteil aus den Ticketeinnahmen akzeptieren würde. Während sich beide Unternehmen für eine Wintersaison noch auf einen festen Anteil einigen konnten, lehnte *Aspen Highlands Skiing* dieses Verteilungssystem in der Folgezeit ab, weil es seinen festen Einnahmeanteil als zu niedrig erachtet hatte.[1238]

Ski Co. kündigte daraufhin die Kooperation und führte wieder das *„3-area, multi-day ticket"* ein, das nur die eigenen drei Skigebiete umfasste. Im Rahmen einer nationalen Werbekampagnen für ihren Skipass versuchte *Ski Co.* insbesondere den Eindruck zu vermitteln, dass die Region Aspen nur die eigenen drei und nicht das vierte von *Aspen Highlands Skiing* betriebene Skigebiete umfasst.[1239] Darüber hinaus ergriff *Ski Co.* weitere Maßnahmen, um die Vermarktungsbemühungen von *Aspen Highlands Skiing* zu erschweren, ein eigens aufgesetztes Aspen-Multi-Skigebiet-Paket zu etablieren, dass das vormalige

---

1235 Aspen Skiing v. Aspen Highlands Skiing, 472 U.S. 585, 589, 590 (1985).
1236 Aspen Skiing v. Aspen Highlands Skiing, 472 U.S. 585, 590 (1985).
1237 Aspen Skiing v. Aspen Highlands Skiing, 472 U.S. 585, 590, 591 (1985).
1238 Aspen Skiing v. Aspen Highlands Skiing, 472 U.S. 585, 591-593 (1985).
1239 Aspen Skiing v. Aspen Highlands Skiing, 472 U.S. 585, 593 (1985).

„all-Aspen-ticket“ ersetzen sollte. Unter anderem verweigerte es *Ski Co.*, das eigene *„3-area, multi-day ticket“* an *Aspen Highlands Skiing* zum normalen Einzelhandelspreis zu verkaufen. Auch der Versuch von *Aspen Highlands Skiing*, über ein Skipass-Gutscheinsystem für die anderen drei Skigebiete ein alternatives, sämtliche Aspen-Skigebiete umfassenden Produkt anbieten zu können, schlug fehl, weil *Ski Co.* sich weigerte, entsprechende Gutscheine anzunehmen.[1240] Die Folge dessen, dass *Aspen Highlands Skiing* nicht mehr in der Lage war ein sämtliche Skigebiete umfassenden Ticketpaket anbieten zu können, war eine stetige Abnahme der Marktanteile auf dem Markt für *„downhill skiing services“* in Aspen, die mit sinkenden Einnahmen aus Skischul-, Skiverleih- und Restaurantbetrieben einher gingen.[1241]

Aspen Highlands Skiing erhob daraufhin Klage mit dem Vorwurf, dass *Ski Co.* infolge seiner Praktiken den Markt für *„downhill skiing services“* in Aspen in Zuwiderhandlung gegen Sec. 2 Sherman Act monopolisiert habe und verlangte *„treble damages“*.[1242]

(bb) Rechtliche Würdigung durch den U.S. Supreme Court

Nachdem sowohl die erste und zweite Instanz eine Zuwiderhandlung von *Ski Co.* gegen das Monopolisierungsverbot in Sec. 2 Sherman Act und einen Schadensersatzanspruch bejaht hatten[1243], befasste sich der *U.S. Supreme Court* mit dem Fall und bestätigte die instanzgerichtlichen Urteile. Während die Frage der Monopolstellung bejaht und auch von *Ski Co.* selbst nicht angezweifelt wurde, stand die Frage im Fokus, ob das Verhalten von *Ski Co.* als wettbewerbsschädigend eingestuft werden kann. Der *U.S. Supreme* Court bestätigte zunächst den Grundsatz, wonach auch ein Monopolist nicht dazu verpflichtet ist, mit einem Wettbewerber zusammenzuarbeiten[1244], betonte aber, dass dies nicht ausnahmslos gilt[1245].

Die Entscheidung von *Ski Co.* dass *„all-Aspen-ticket“* zu kündigen, habe zwar zu einer erheblichen Änderung der Marktverhältnisse geführt. Dies begründe allerdings für sich noch nicht zwingend den Schluss, dass ein solches Verhalten wettbewerbswidrig sei.[1246] Maßgeblich sei, welche wettbewerblichen Effekte ein

---

1240 Aspen Skiing v. Aspen Highlands Skiing, 472 U.S. 585, 593, 594 (1985).
1241 Aspen Skiing v. Aspen Highlands Skiing, 472 U.S. 585, 594, 595 (1985).
1242 Aspen Skiing v. Aspen Highlands Skiing, 472 U.S. 585, 595 (1985).
1243 Aspen Skiing v. Aspen Highlands Skiing, 472 U.S. 585, 595-599 (1985).
1244 Aspen Skiing v. Aspen Highlands Skiing, 472 U.S. 585, 600 (1985).
1245 Aspen Skiing v. Aspen Highlands Skiing, 472 U.S. 585, 601 (1985).
1246 Aspen Skiing v. Aspen Highlands Skiing, 472 U.S. 585, 604 (1985).

Verhalten auf Verbraucher und den Wettbewerber habe.[1247] Der *U.S. Supreme Court* evaluierte dafür zunächst die Auswirkungen für die Verbraucher und kam zu dem Ergebnis, dass die Kündigung des *„all-Aspen-ticket“* zu einer Reduzierung der Angebotsvielfalt entgegen der präferierten Verbrauchergewohnheiten geführt habe, weil Statistiken und Verbraucherumfragen belegt hätten, dass Wintersportler ein alle vier Gebiete umfassendes Ticket bevorzugen würden.[1248] Als maßgeblich für die Annahme der Wettbewerbswidrigkeit wurde allerdings der Umstand gesehen, dass es *Ski Co.* nicht gelang, geschäftlich nachvollziehbare Rechtfertigungsgründe für die Beendigung der Kooperation und sein nachfolgendes Verhalten darzulegen. Die Tatsache, dass *Ski Co.* seinem Wettbewerber *Aspen Highlands Skiing* jeglichen Zugang zu seinen Skigebieten versperrt hatte, sowohl durch die Weigerung das *„3-area, multi-day ticket“* zum Einzelhandelspreis zu verkaufen, als auch durch die Ablehnung des Gutscheinsystems, und den Bemühungen von *Ski Co.*, Kunden davon abzuhalten bei *Aspen Highlands Skiing* Skitickets zu kaufen, wurden als Nachweis dafür angesehen, dass *Ski Co.* bereit war, kurzfristige Umsatzeinbußen hinzunehmen, um im Gegenzug den Wettbewerb im Markt für *„downhill skiing services“* in Aspen auf lange Sicht zu vermindern, kleineren Wettbewerbern zu schaden und diese aus dem Markt zu drängen.[1249] Der *U.S. Supreme Court* bestätigte die instanzgerichtlichen Feststellungen, wonach die Geschäftsverweigerung von *Ski Co.* gegen Sec. 2 Sherman Act verstoßen hatte.

(cc) Einordnung und Analyse der Aspen-Doktrin

Der *U.S. Supreme Court* hat sich in seiner späteren *Trinko*-Entscheidung zu der *Aspen*-Doktrin dahingehend positioniert, diese Doktrin einerseits nicht aufheben zu wollen, andererseits aber festgehalten *„Aspen is at or near the outer boundary of § 2 liability“*[1250] und damit den Ausnahmecharakter der Entscheidung verdeutlicht. Wenngleich die *Aspen*-Entscheidung insbesondere für ihre misslungene Marktabgrenzung kritisiert wird[1251] und weil sie den US-amerikanischen Vorstellungen von Wettbewerb und Vertragsfreiheit zuwiderläuft[1252], steht sie

---

1247 Aspen Skiing v. Aspen Highlands Skiing, 472 U.S. 585, 605 (1985).

1248 Aspen Skiing v. Aspen Highlands Skiing, 472 U.S. 585, 605-607 (1985).

1249 Aspen Skiing v. Aspen Highlands Skiing, 472 U.S. 585, 608-611 (1985).

1250 Verizon Communications Inc. v. Law Offices of Curtis V. Trinko, LLP, 540 U.S. 398, 399 (2004).

1251 Siehe *Hovenkamp*, 105 Cornell L. Rev. 101, 132 und Fn. 142 (2020); *Ders.*, Federal Antitrust Policy, § 3.2, S 121.

1252 *Layne-Farrar/Stark*, 88 Geo. Wash. L. Rev. 1307, 1340 (2020).

für die Ausnahmeregel, dass eine einseitige Kündigung einer freiwillig eingegangenen und profitablen Zusammenarbeit zwischen einem Monopolisten und einem Wettbewerber wettbewerbswidrig sein kann, wenn darin zum Ausdruck kommt, dass kurzzeitig auf Gewinne verzichtet werden soll, um mit einer systematischen Behinderung auf lange Sicht den Wettbewerb im Markt vermindern oder ausschließen zu können (auch „*profit sacrifice test*" genannt[1253]). In der US-Literatur wird teilweise kritisiert, dass unklar sei, wann diese Voraussetzungen im Einzelnen vorliegen[1254], wobei instanzgerichtlich eine Konkretisierung teilweise erfolgt ist. Ein wettbewerbswidrige Geschäftsverweigerung nach der *Aspen*-Doktrin wird angenommen, wenn

> (1.) eine freiwillig eingegangene und gewinnbringende geschäftliche Zusammenarbeit einseitig aufgekündigt wird, (2.) der einzig hierfür denkbare Grund oder Zweck darin liegt, kurzfristige Gewinne zu opfern, um langfristig höhere Gewinne durch den Ausschluss von Wettbewerb erzielen zu können und (3.) die Geschäftsverweigerung Produkte betrifft, die der beklagte Monopolist bereits auf dem relevanten Markt an andere, ähnlich gelagerte Kunden verkauft hat.[1255]

Andere US-Gerichte fordern hingegen nur den Nachweise zweier Voraussetzungen: Erstens, dass eine freiwillig eingegangene und profitable Geschäftsbeziehung beendigt wurde und zweitens, dass die Geschäftsverweigerung des Monopolisten Teil eines größeren, wettbewerbsschädigenden Plans ist, Konkurrenten vom Markt zu drängen oder diese zu disziplinieren.[1256] Mit der Anwendung des „*profit sacrifice test*" soll insbesondere sichergestellt werden, dass ein wettbewerbsschädigendes Verhalten von solchem Verhalten abgrenzt wird, das durch wettbewerbliche Effizienzgewinne gerechtfertigt ist.[1257] Stimmen aus der

---

1253 Novell, Inc. v. Microsoft Corp., 731 F.3d 1064, 1077 (10th Cir. 2013).

1254 *Edwards/Ginsburg/Wright*, 8 (2) J. Antitrust Enforc., 335, 341 (2020).

1255 Jüngst FTC v. Qualcomm Inc., 969 F.3d 974, 993, 994 (9th Cir. 2020) („*a company engages in prohibited, anticompetitive conduct when (1) it unilaterally terminates a voluntary and profitable course of dealing, (2) the only conceivable rationale or purpose is 'to sacrifice short-term benefits in order to obtain higher profits in the long run from the exclusion of competition, and (3) the refusal to deal involves products that the defendant already sells in the existing market to other similarly situated customers.*"), mit Verweis auf die weitere instanzgerichtliche Rechtsprechung Aerotec International, Inc. v. Honeywell International, Inc., 836 F.3d 1171, 1184 (9th Cir. 2016); MetroNet Services Corp. v. Qwest Corp., 383 F.3d 1124, 1132 (9th Cir. 2004).

1256 Novell, Inc. v. Microsoft Corp., 731 F.3d 1064, 1074, 1075 (10th Cir. 2013).

1257 Novell, Inc. v. Microsoft Corp., 731 F.3d 1064, 1077 (10th Cir. 2013) („*The point of the profit sacrifice test is to isolate conduct that has no possible efficiency justification.*"); dazu *Edwards/Ginsburg/Wright*, 8 (2) J. Antitrust Enforc., 335, 342 (2020).

US-Literatur fordern teilweise ein weiteres Tatbestandsmerkmal, wonach die ursprüngliche Kooperation zu erheblichen Investitionen geführt haben muss, deren Zweck infolge der Kündigung entfällt oder eine Umwidmung zu kostspielig wäre.[1258] Unter diesem Gesichtspunkt wird auch die Entscheidung des *U.S. Supreme Court* in der *Aspen*-Entscheidung kritisiert, weil die Kündigung letztlich nur den *status quo ante* vor der Kooperation herbeigeführt und zu keinen Investitionsverlusten geführt habe.[1259]

Insgesamt ist die *Aspen*-Doktrin als einzelfallbezogene und von spezifischen Fakten abhängige Ausnahme vom Grundsatz einzuordnen, dass auch ein Monopolist kartellrechtlich frei darin ist, eine Zusammenarbeit mit einem Wettbewerber abzulehnen. Der Ausnahmecharakter der *Aspen*-Entscheidung ist aber vor allem dem Umstand geschuldet, dass nicht nur eine einseitige Kündigung streitgegenständlich war, sondern ein ganzes Bündel an Verhaltensweisen des Monopolisten – d.h. sein Gesamtverhalten – eine systematische Behinderung und Verdrängung seines Konkurrenten belegt hat. Im Gegensatz zur „*essential facility doctrine*" ist eine Begründung dieser Ausnahme dennoch einfacher, weil sie gerichtlich anerkannt ist und klarere tatbestandlichen Voraussetzungen hat. Allerdings hat der *U.S. Supreme Court* in seiner *Trinko*-Entscheidung eben explizit auf den Ausnahmecharakter und die engen Grenzen der *Aspen*-Doktrin hingewiesen[1260], die es einzuhalten gilt.

(b) SEP-Lizenzpflicht unter Anwendung der Aspen-Doktrin

Angesichts fehlender Präzedenzfälle galt es bislang als unklar, ob US-Gerichte die *Aspen*-Doktrin im Zusammenhang mit einer SEP-Lizenzverweigerung überhaupt heranziehen und eine entsprechende Lizenzpraxis als wettbewerbswidrig einstufen würden.[1261] Mit unter anderem dieser Frage haben sich erstmals US-Gerichte befasst, in einer vielbeachteten Auseinandersetzung zwischen der FTC und dem erneut im kartellrechtlichen Fokus stehenden Unternehmen *Qualcomm*.[1262]

1258 *Hovenkamp*, 105 Cornell L. Rev. 101, 129 (2020).

1259 *Hovenkamp*, 105 Cornell L. Rev. 101, 132, 133 (2020).

1260 Verizon Communications Inc. v. Law Offices of Curtis V. Trinko, LLP, 540 U.S. 398, 399 (2004) („*Aspen is at or near the outer boundary of § 2 liability*").

1261 Siehe dazu *Petrovčič*, S. 140.

1262 Erstinstanzlich FTC v. Qualcomm Inc., 411 F.Supp.3d 658 (N.D. Cal. 2019); zweitinstanzlich FTC v. Qualcomm Inc., 969 F.3d 974 (9th Cir. 2020).

(aa) Zugrundeliegender Sachverhalt

Das beklagte Unternehmen *Qualcomm* ist ein US-Unternehmen, das im Bereich der Forschung und Entwicklung von Mobilfunktechnologie tätig ist. Unter anderem werden die CDMA („3G") und LTE („4G") Mobilfunkstandards von durch *Qualcomm* entwickelte und patentierte standardessentiellen Technologien belegt, die in den meisten Mobilfunkgeräten umgesetzt sind und für die *Qualcomm* ein FRAND-Lizenzversprechen abgegeben hat. Neben einer Unternehmenssparte, die mit der Lizenzierung von Patenten und der Festlegung der Lizenzbedingungen befasst ist („*Qualcomm Technology Licensing*"), existiert eine zweite Unternehmensparte, die mit der Herstellung und dem Verkauf von *Qualcomm* eigenen CDMA- und LTE-Modem-Chips („*Qualcomm CDMA Technologies*") befasst ist, sprich der Hardware, die eine Kommunikation zwischen Mobilfunkgeräten unter Umsetzung der CDMA- bzw. LTE-Mobilfunkstandards technisch ermöglicht. Dieses zweiteilige Geschäftsmodell – Patentlizenzierung und Herstellung von Chiptechnologie ist einmalig in der Mobilfunkindustrie, wobei *Qualcomm* sowohl auf den jeweiligen Lizenzmärkten als auch auf den Produktmärkten für CDMA- und LTE-Chipsätze über eine Monopolstellung verfügt.[1263]

Neben dem besonderen Geschäftsgegenstand von *Qualcomm* kennzeichnet sich die Lizenzstrategie von *Qualcomm* dadurch aus, dass *Qualcomm* seine Patentrechte in Form eines Portfolios ausschließlich auf OEM-Ebene[1264] – d.h. gegenüber den Endprodukteherstellern – lizenziert, zu denen unter anderem Produzenten von Smartphones, Smart-Cars und anderen Mobilfunkprodukten gehören. Die Höhe der SEP-Lizenzgebühr wird dabei anhand eines festgelegten Prozentsatzes bestimmt, der an den Verkaufspreis des Endprodukts anknüpft. Eine Patentlizenzierung gegenüber konkurrierenden Chipherstellern – d.h. auf Ebene der Komponentenhersteller – wird von *Qualcomm* nicht angeboten.[1265] Der Hintergrund für diese nicht marktunübliche ausschließliche Lizenzierung auf OEM-Ebene, die auch von anderen SEP-Inhabern wie *Nokia* oder *Ericsson* betrieben wird, liege nach den Feststellung des Gerichts darin, dass *Qualcomm* dergestalt zum einen versuche, möglichst hohe Renditen für seine patentierten Technologien zu erzielen. Zum anderen solle durch die Ablehnung einer Lizenzierung gegenüber konkurrierenden Chipherstellern – sprich auf vorgelagerter Ebene der Komponentenhersteller – sichergestellt werden, dass nicht der

---

1263 FTC v. Qualcomm Inc., 969 F.3d 974, 982-984 (9th Cir. 2020)

1264 OEM ist der englischsprachige Abkürzung für „*original equipment manufacturer*".

1265 FTC v. Qualcomm Inc., 969 F.3d 974, 984 (9th Cir. 2020).

patentrechtliche Erschöpfungsgrundsatz (*patent exhaustion*) eine Lizenzierung auf der nachgelagerten OEM-Ebene ausschließe.[1266] Würde *Qualcomm* seine Patentrechte auf der weiter vorgelagerten Ebene der Komponentenhersteller lizenzieren, wären Patenrechte an der standardessentiellen Technologie bereits erschöpft, wenn lizenznehmende und konkurrierenden Chiphersteller ihre Chipsätze an die OEMs verkaufen.[1267]

Da konkurrierende Chiphersteller selbst auf die Nutzung der standardessentiellen Technologie von *Qualcomm* angewiesen sind, um ihrerseits standardkonforme Chips herstellen und anbieten zu können, schließe *Qualcomm* – so die Feststellungen des US-Gerichts –mit diesen Unternehmen einen sog. „*CDMA ASIC*" Vertrag ab. Danach verpflichtet sich *Qualcomm* keine Patentausschlussrechte gegen die Nutzung seiner standardessentiellen Technologien geltend zu machen und keine Lizenzgebühren zu erheben. Konkurrierende Chiphersteller verpflichten sich im Gegenzug dazu, zum einen Chip-Lieferungen an OEMs an *Qualcomm* zu melden, sodass *Qualcomm* an OEMs mit Lizenzgebührenforderungen für seine SEPs herantreten kann. Zum anderen verpflichten sich die konkurrierenden Chiphersteller dazu, ihre Chipsätze nicht an solche OEMs zu verkaufen, die eine SEP-Lizenzierung gegenüber *Qualcomm* ablehnen.[1268] *Qualcomm* sichere diese als „*no license, no chips*" bezeichnete Lizenzstrategie dadurch ab, in dem es ebenso einen Verkauf von eigens hergestellten Chipsätzen gegenüber OEMs verweigere, wenn diese eine SEP-Lizenzierung unter den festgelegten Lizenzbedingungen ablehnen. Durch diese Lizenzstrategie soll insgesamt sichergestellt werden, dass eine SEP-Lizenzierung und Gebührenerhebung erstmals auf OEM-Ebene erfolge und zwar unabhängig davon, von welchem Unternehmen ein OEM letztlich seine Chipsätze bezieht.[1269] Darüber hinaus hatte

---

1266 „*Patent exhaustion*" ist ein durch den *U.S. Supreme Court* anerkannter Grundsatz im US-Patentrecht, wonach sich durch einen mit Zustimmung des Patentinhabers erfolgten Verkauf eines patentbelegten Erzeugnisses, d.h. vom Patentinhaber selbst oder von einem zum Verkauf berechtigten Lizenznehmer, der Patentschutz in Bezug auf diese Erzeugnis erschöpft; Quanta Computer, Inc. v. LG Elecs., Inc., 553 U.S. 617, 625 (2008); bestätigt in Impression Prods., Inc. v. Lexmark Int'l, Inc., 137 S. Ct. 1523, 1531 (2017); dazu auch Mayer/Butler/Molnia, US-Patent, Rn. 1231, 1232. Der patentrechtliche Erschöpfungsgrundsatz exisitert ebenso in anderen Rechtsordnungen, beispielsweise im deutschen Patentrecht, vgl. Kühnen, Hdb. Patentverletzung, Kap E Rn. 633 ff.

1267 FTC v. Qualcomm Inc., 969 F.3d 974, 984 (9th Cir. 2020).

1268 FTC v. Qualcomm Inc., 969 F.3d 974, 984, 985 (9th Cir. 2020).

1269 FTC v. Qualcomm Inc., 969 F.3d 974, 985 (9th Cir. 2020).

Qualcomm in der Vergangenheit OEMs gegenüber Rabattgewährungen auf den Bezug von CDMA- und LTE-Chipsätze gewährt, die ein bestimmtes Kontingent oder exklusiv Chipsätze von *Qualcomm* bezogen haben.

Konkurrierende Chiphersteller sowie OEMs hatten sich wegen der ausschließlichen Lizenzierung auf OEM-Ebene, der Lizenzgebührenbemessung sowie der *„no license, no chips policy"* Lizenzstrategie von *Qualcomm* beschwert. Insbesondere die Lizenzverweigerung gegenüber den konkurrierenden Chipherstellern in Verbindung mit den Lizenz- und Exklusivpraktiken von *Qualcomm* habe dazu geführt, dass Wettbewerber geschädigt und teilweise ganz aus dem Markt gedrängt wurden. Die Lizenzverweigerung sei nicht nur ein wettbewerbswidriges Verhalten, sondern auch eine Verletzung der vertraglicher Pflichten, die *Qualcomm* gegenüber den beiden SSOs TIA und ATIS durch sein FRAND-Lizenzversprechen eingegangen ist, das eine SEP-Lizenzierung gegenüber sämtlichen Lizenzsuchern zu FRAND-Bedingungen vorsehe.[1270] Auf diese Beschwerden hin leitete die FTC ein Verfahren gegen *Qualcomm* ein. Im Januar 2017 erhob die FTC Klage gegen *Qualcomm* auf Unterlassung der Lizenzpraktiken auf Basis von Sec. 5 (a) FTC Act unter anderem in Verbindung mit Sec. 2 Sherman Act[1271], weil diese dazu geführt hätten, dass der Wettbewerb auf dem Märkten für die entsprechenden Chipsätze beeinträchtigt und Wettbewerber verdrängt wurden.

(bb) Erstinstanzliche Entscheidung und Aufhebung in der Berufungsinstanz

Unter Zugrundelegung dieses Sachverhalts kam erstinstanzlich das *U.S. District Court for the Northern District of California* unter anderem[1272] zu dem Ergebnis, dass die SEP-Lizenzverweigerung von *Qualcomm* gegenüber konkurrierenden Chipherstellern gegen Sec. 2 Sherman Act verstoße, da die Voraussetzungen für eine kartellrechtliche Pflicht zur Vergabe von erschöpfenden SEP-Lizenzen (*antitrust duty to license*) auf Grundlage der *Aspen*-Doktrin anzunehmen sei.[1273]

1270 FTC v. Qualcomm Inc., 969 F.3d 974, 985, 986 (9th Cir. 2020).

1271 Die FTC stützte ihre Klage zudem auf einen Verstoß gegen das Kartellverbot in Sec. 1 Sherman Act, FTC v. Qualcomm Inc., 969 F.3d 974, 986 (9th Cir. 2020).

1272 Neben der kartellrechtlichen Bewertung einer SEP-Lizenzpflicht, wurden sowohl erst- als auch zweitinstanzlich Koppelungspraktiken von *Qualcomm* auf ihre Zulässigkeit anhand von Sec. 2 Sherman Act überprüft. Näheres dazu im Abschnitt II. 5. a), S. 314 ff.

1273 FTC v. Qualcomm Inc., 411 F.Supp.3d 658, 758-763 (N.D. Cal. 2019).

Auf die Berufung von *Qualcomm* hin, hob der *U.S. Court of Appeals for the Ninth Circuit* die Entscheidung auf. Das Berufungsgericht erachtete es insbesondere als fehlerhaft, dass *Qualcomm* eine kartellrechtliche Lizenzierungspflicht gegenüber seinen konkurrierenden Chipherstellern habe.[1274] Der Grundsatz, dass auch ein marktbeherrschender SEP-Inhaber keine kartellrechtliche Lizenzpflicht gegenüber seinen Wettbewerbern hat, sondern seine Lizenzpartner frei auswählen kann, könne nur ausnahmsweise und unter den restriktiv zu handhabenden Voraussetzungen der *Aspen*-Doktrin durchbrochen werden, die das Berufungsgericht als nicht erfüllt erachtet hatte.[1275]

Die Erstinstanz sah das erste *Aspen*-Merkmal, die Kündigung einer freiwillig eingegangenen und gewinnbringenden Zusammenarbeit als erfüllt an, weil *Qualcomm* 20 Jahre zuvor schon einmal konkurrierenden Chip-Herstellern gegenüber Patentlizenzen eingeräumt habe[1276] und dies trotz Profitabilität wieder eingestellt hatte[1277]. Das Berufungsgericht hingegen bewertete diese Annahme als fehlerhaft. Die angeführte, 20 Jahre zurückliegende Lizenzpraxis sei zu einem während eines Zeitraums erfolgt, als *Qualcomm* noch keine Monopolstellung inne gehabt hatte. Zum anderen habe die FTC keinen Nachweis dafür erbringen können, dass *Qualcomm* seit Erlangung seiner Monopolstellung ab dem Jahr 2006 jemals erschöpfende Patentlizenzen (*exhaustive licenses*) auf der Ebene der Komponentenhersteller vergeben hatte, ganz im Gegensatz zur ausschließlichen Lizenzierungspraxis auf OEM-Ebene.[1278]

Auch die zweite Voraussetzung der *Aspen*-Doktrin – der *„profit sacrifice test“* – sah das Berufungsgericht als nicht erfüllt an. Die Hintergründe der Lizenzstrategie von *Qualcomm*, erschöpfende SEP-Lizenzen ausschließlich auf OEM-Ebene zu vergeben, habe nicht den Zweck gehabt, konkurrierende Chiphersteller in wettbewerbswidriger Weise zu beeinträchtigen, um langfristig höhere Gewinne erzielen und Wettbewerber aus dem Markt zu verdrängen, wie dies erstinstanzlich angenommen wurde.[1279] Vielmehr sei die Strategie der ausschließlichen Lizenzierung auf OEM-Ebene einer Änderung der Rechtslage hinsichtlich des patentrechtlichen Erschöpfungsgrundsatzes geschuldet gewesen, die es einerseits erschwert hatte, nicht-erschöpfende Patentlizenzen zu vergeben,

1274 FTC v. Qualcomm Inc., 969 F.3d 974, 995, 1005 (9th Cir. 2020).
1275 FTC v. Qualcomm Inc., 969 F.3d 974, 994 (9th Cir. 2020).
1276 FTC v. Qualcomm Inc., 411 F.Supp.3d 658, 753, 754 (N.D. Cal. 2019).
1277 FTC v. Qualcomm Inc., 411 F.Supp.3d 658, 759, 760 (N.D. Cal. 2019).
1278 FTC v. Qualcomm Inc., 969 F.3d 974, 994 (9th Cir. 2020).
1279 So erste Instanz, FTC v. Qualcomm Inc., 411 F.Supp.3d 658, 760-762 (N.D. Cal. 2019).

andererseits es ermöglich hat, dass mit einer Lizenzierung nur auf OEM-Ebene kurz- und langfristig höhere Lizenzgewinne erzielt werden konnten. Ein solches Gewinnbestreben auf kurze und lange Sicht sei allerdings wettbewerblich legitim.[1280]

Das dritte Merkmal der *Aspen*-Doktrin, der Betroffenheit eines „Produkts", das von dem Monopolisten auf dem relevanten Markt gegenüber ähnlich gelagerte Abnehmer verkauft wird, wurde erstinstanzlich bejahrt. *Qualcomm* und andere Patentinhaber hätten in der Vergangenheit ihre SEPs bereits auf Ebene der Chip-Hersteller lizenziert, weshalb die Lizenzverweigerung einen bereits existierenden SEP-Lizenzmarkt betreffe.[1281] Das Berufungsgericht hingegen bewertete diese Einschätzung ebenso für fehlerhaft. In Abgrenzung zum Sachverhalt in *Aspen*, bei dem die Geschäftsverweigerung darauf ausgerichtet gewesen sei, einen kleineren Wettbewerber aus dem Markt zu drängen, sei dies vorliegend nicht der Fall. Die Lizenzpraxis von *Qualcomm*, SEPs nur auf OEM-Ebene zu lizenzieren, gelte gleichermaßen gegenüber allen konkurrierenden Chipherstellern. Auch gehe *Qualcomm* in gleicher Weise gegen keinen der konkurrierenden Chiphersteller patentrechtlich vor und gestatte ihnen die Nutzung der standardessentiellen Technologie lizenzgebührenfrei. Aus diesem Grund, so das US-Berufungsgericht, sei die Lizenzpolitik von *Qualcomm* gegenüber konkurrierenden Chipherstellern vielmehr im Sinne eines *„no license, no problem"* zu charakterisieren.[1282] Eine kartellrechtliche Lizenzpflicht unter Heranziehung der *Aspen*-Doktrin sei daher insgesamt abzulehnen und die OEM-Lizenzstrategie insofern kartellrechtlich zulässig.[1283]

Im Zusammenhang mit der Lizenzverweigerung nahm das Berufungsgericht auch zu einer von der FTC erst im Rahmen der Berufungserwiderung aufgeworfenen Schadenstheorie Stellung. Die FTC führte an, dass sich die Wettbewerbswidrigkeit der Lizenzverweigerung auch daraus ergebe, dass sich *Qualcomm* durch das FRAND-Lizenzversprechen jedenfalls vertraglich verpflichtet habe, SEP-Lizenzen gegenüber sämtlichen Lizenzsuchern und mithin auch an konkurrierende Chiphersteller zu vergeben, und dass die Verletzung dieser vertraglichen Pflicht zugleich als Verstoß gegen Sec. 2 Sherman Act zu werten sei, weil die wettbewerblichen Möglichkeiten und die Marktstellung der konkurrierenden Chiphersteller durch die Lizenzverweigerung beeinträchtigt worden seien.[1284]

1280 FTC v. Qualcomm Inc., 969 F.3d 974, 994 (9th Cir. 2020).
1281 FTC v. Qualcomm Inc., 411 F.Supp.3d 658, 762, 763 (N.D. Cal. 2019).
1282 FTC v. Qualcomm Inc., 969 F.3d 974, 995 (9th Cir. 2020).
1283 FTC v. Qualcomm Inc., 969 F.3d 974, 995 (9th Cir. 2020).
1284 FTC v. Qualcomm Inc., 969 F.3d 974, 995 (9th Cir. 2020).

Das Berufungsgericht hingegen sah sich nicht veranlasst die Frage zu klären und hat es ausdrücklich offen gelassen, ob das FRAND-Lizenzversprechen von *Qualcomm* überhaupt eine vertragliche Pflicht zur Einräumung von erschöpfenden SEP-Lizenzen gegenüber Wettbewerbern auf einer bestimmten Marktstufe begründen kann, da es der FTC bereits nicht gelungen sei nachzuweisen, wie ein FRAND-Verstoß für sich bereits die wettbewerblichen Möglichkeiten von Wettbewerbern beeinträchtigen haben können soll.[1285] Gegen diese These spreche bereits, dass die *„CDMA ASIC"* Vereinbarung von *Qualcomm* funktionell nichts anderes sei, als eine *de facto* Lizenzierung ohne patenterschöpfende Wirkung, die es Wettbewerbern gestattet habe, *Qualcomm's* SEPs gebührenfrei zu nutzen. Darüber hinaus erforderte ein Verstoß gegen Sec. 2 Sherman Act, dass ein Verhalten zu einer wettbewerbswidrigen Schädigung des Wettbewerbs an sich und nicht nur zu einer Schädigung von Wettbewerber führe, was allerdings nicht durch die FTC nachgewiesen worden sei. Wenngleich die FTC bereits nicht ihrer Pflicht zum Nachweis eines wettbewerblichen Schadens nachgekommen ist, müsse – so das Berufungsgericht – zudem berücksichtigt werden, dass *Qualcomm* einen nachvollziehbaren und wettbewerbsfördernden Rechtfertigungsgrund (*procompetitive justification*) gegen eine Pflicht zur gleichzeitigen Lizenzvergabe auf OEM- und Komponenten- bzw. Chiphersteller-Ebene vorgebracht hatte. Eine mehrstufige Lizenzierungspflicht (*multi-level-licensing*) auf mehreren Marktstufen würde zu unternehmerischen Ineffizienzen und geringeren Gewinnen führen.[1286]

Abschließend betonte das Berufungsgericht explizit, dass es einer Anwendung von Sec. 2 Sherman Act in FRAND-Disputen, die eigentlich auf Basis des Vertragsrechts gelöst werden können, kritisch gegenüber steht.[1287] Entgegen den Bestrebungen der FTC, über die *Aspen*-Doktrin hinaus eine weitere Ausnahme von der Regel zu schaffen, bleibe es dabei, dass ein Unternehmen frei darin ist zu entscheiden, mit wem es, zu welchen Bedingungen Geschäfte abschließen will. Selbst unterstellt, dass *Qualcomm* infolge der Lizenzverweigerung gegen vertragliche FRAND-Lizenzpflichten verstoßen habe, stelle dies für sich jedenfalls kein wettbewerbswidriges Verhalten dar, das Sec. 2 Sherman Act zuwider laufe.[1288]

1285 FTC v. Qualcomm Inc., 969 F.3d 974, 995 (9th Cir. 2020).
1286 FTC v. Qualcomm Inc., 969 F.3d 974, 996 (9th Cir. 2020).
1287 FTC v. Qualcomm Inc., 969 F.3d 974, 997 (9th Cir. 2020).
1288 FTC v. Qualcomm Inc., 969 F.3d 974, 997 (9th Cir. 2020).

(cc) Einordnung und Analyse der Entscheidung

Die Auseinandersetzung zwischen der FTC und *Qualcomm* hat nicht nur deshalb große Beachtung gefunden, weil die *Antitrust Division* des DoJ während der Präsidentschaft von *Trump* und unter Leitung des ehemaligen AAG *Delrahim* auf Seiten von *Qualcomm* gegen die FTC als „Schwesterbehörde" für die Aufhebung des erstinstanzlichen Urteils und die fehlerhafte Anwendung der *Aspen*-Doktrin argumentiert hat[1289], was vielfach als Beleg der zunehmenden Spaltung zwischen den beiden Kartellbehörden aufgefasst wird[1290]. Die erst- und zweitinstanzliche Beurteilung der Frage, ob unter Heranziehung der *Aspen*-Doktrin eine kartellrechtliche Pflicht zur Lizenzierung von FRAND-unterworfenen SEPs gegenüber Wettbewerbern begründet werden kann, wurde auch in der Literatur kontrovers diskutiert.

i. Kritische Würdigung

Teile der US-Literatur haben die erstinstanzlich angenommene kartellrechtliche SEP-Lizenzpflicht kritisiert, weil es die Mahnung des *U.S. Supreme Court* in der *Trinko*-Entscheidung missachtet habe, Zurückhaltung bei der Annahme der *Aspen*-Ausnahmen walten zu lassen[1291] und die Doktrin in einem Fall angewendet habe, der weit außerhalb dessen liege, was von Sec. 2 Sherman Act erfasst werden kann, indem Lizenzpraktiken angeführt werden, die *Qualcomm* vor 20 Jahren betrieben und legitimer Weise in dem Bestreben nach höheren Lizenzgewinnen eingestellt hatte.[1292] Die Aufhebung der erstinstanzlichen Entscheidung durch das US-Berufungsgericht steht insoweit in Einklang mit dieser Kritik. Die FTC selbst hatte sogar im Berufungsverfahren zugestanden, dass die *Aspen*-Doktrin in diesem Fall keine Anwendung finden sollte.[1293]

1289 Siehe Stellungnahme der *Antitrust Division* des DoJ, Brief of the United States of America as Amicus Curiae in Support of Appellant and Vacatur, v. 30.08.2019, S. 20 ff., abrufbar unter: http://cdn.ca9.uscourts.gov/datastore/general/2019/11/20/19-16122%20-%20United%20States%20amicus%20brief.pdf (abgerufen am: 22.03.2021).

1290 Siehe dazu *Perlman*, DOJ Deepens Split with FTC in Qualcomm Antitrust Appeal, LAW360, v. 06.09.2019, (zugangsbeschränkt) abrufbar unter: https://www.law360.com/articles/1196490 (abgerufen am: 22.03.2021).

1291 *Epstein*, 98 Neb. L. Rev. 241, 257 (2019).

1292 *Edwards/Ginsburg/Wright*, 8 (2) J. Antitrust Enforc., 335, 342-344 (2020); *E. Hovenkamp/Simcoe*, 19 (4) The Antitrust Source, 1, 8, 9 (2020).

1293 FTC v. Qualcomm Inc., 969 F.3d 974, 997 (9th Cir. 2020) („*we are not persuaded by the FTC's argument that we should adopt an additional exception, beyond the Aspen Skiing exception that the <u>FTC concedes does not apply here</u>*").

Andere Vertreter aus der US-Literatur führen hingegen an, dass das erstinstanzliche Gericht jedenfalls einen anderen, besser geeigneten Ansatz zur Begründung einer kartellrechtlichen SEP-Lizenzpflicht auf Basis der *Aspen*-Doktrin hätte wählen können, der an dem FRAND-Lizenzversprechen selbst ansetzt.[1294] Dabei wird die FRAND-Lizenzzusage von *Qualcomm* als freiwillige und durch die Aussicht auf Lizenzgebühren gewinnbringende Bereitschaftserklärung zur Eingehung eines Lizenzverhältnisses - sprich zur Zusammenarbeit - verstanden.[1295] Durch die Nichteinhaltung dieses Lizenzversprechens werde diese freiwillig eingegangene und gewinnbringende Zusammenarbeit aufgekündigt. Ferner wird der von der ersten Instanz zugrunde gelegte und zweitinstanzlich bestätigte Sachverhalt als ausreichend für den Nachweis erachtet, dass *Qualcomm* durch die Lizenzverweigerung kurzfristig auf Lizenzgebühreneinnahmen verzichtet hat, um auf lange Sicht seine Wettbewerber zu benachteiligen und aus den relevanten Märkten zu drängen.[1296]

Ungeachtet dessen wird eine kartellrechtliche Lizenzpflicht gegenüber Wettbewerbern auch nicht in Widerspruch zu den generell geäußerten Bedenken gegen einen Kontrahierungszwang gesehen[1297], weil weder der Schutz von Investitionsanreize noch die Möglichkeit, die patentierten Technologie ausschließlich selbst zu nutzen, im FRAND-Kontext begründet sind. Zum einen komme in dem FRAND-Lizenzversprechen zum Ausdruck, dass eine nicht exklusive Nutzung, sondern eine uneingeschränkte Drittlizenzierung gewollt ist.[1298] Zum anderen wird im Standardisierungskontext das Risiko von kollusivem Verhalten zwischen Wettbewerber als gering eingeschätzt, weil die von einem Standard betroffenen Märkte von einer Vielzahl unterschiedlicher Unternehmen belegt werden, die Technologie einbringende Lizenzgeber oder einen Standard umsetzende Lizenznehmer sein können und deren wettbewerbliche Beziehungen zueinander horizontal, vertikal als auch komplementär sein können.[1299] Eine kartellrechtliche Lizenzpflicht wird im formellen Standardisierungskontext zudem für ausnahmsweise gerechtfertigt erachtet, weil ein Netzwerkmarkt betroffen sei, der

---

1294 *E. Hovenkamp/Simcoe*, 19 (4) The Antitrust Source, 1, 9 (2020).

1295 *E. Hovenkamp/Simcoe*, 19 (4) The Antitrust Source, 1, 9 (2020).

1296 *Hovenkamp*, 105 Cornell L. Rev. 101, 137 (2020).

1297 Zu den generell geäußerten Bedenken gegen eine kartellrechtliche Lizenzpflicht siehe am Ende von Abschnitt II. 4. a) aa), S. 259, 260.

1298 *E. Hovenkamp/Simcoe*, 19 (4) The Antitrust Source, 1, 9 (2020); *Hovenkamp*, 105 Cornell L. Rev. 101, 131 (2020).

1299 *Hovenkamp*, 105 Cornell L. Rev. 101, 133, 134 (2020).

sich unter Beteiligung mehrerer Unternehmen entwickelt hat und für dessen Funktionieren eine Zusammenarbeit sämtlicher Beteiligter erforderlich ist.[1300]

ii. Stellungnahme und Auswirkungen der Entscheidung auf das Vertragsrecht

Ungeachtet der unterschiedlichen Kritikpunkte hinsichtlich der Heranziehung der *Aspen*-Doktrin zur Begründung einer kartellrechtlichen SEP-Lizenzpflicht, die letztlich nur durch den *U.S. Supreme Court* geklärt werden kann, ist das Berufungsurteil in Sachen *Qualcomm* ein weiterer Beleg für den Trend, FRAND-Dispute und opportunistische Lizenzpraktiken marktbeherrschender SEP-Inhaber – hier in Form der selektiven, marktebenenabhängigen Lizenzverweigerung – nicht auf Basis des US-Kartellrechts aufzulösen. Darüber hinaus setzt das *Qualcomm*-Berufungsurteil die generelle Mahnung des *U.S. Supreme Court* in Sachen *Trinko* auch im SEP-Lizenzkontext um, indem es die Ausnahmevoraussetzungen der *Aspen*-Doktrin restriktiv anwendet und letztlich eine Zuwiderhandlung gegen Sec. 2 Sherman Act ablehnt. Dies entspricht auch dem Anwendungsansatz, der aus den Stellungnahmen des AAG der *Antitrust Division* des DoJ *Makan Delrahim* zu entnehmen ist, der SEP-Lizenzverweigerungen im FRAND-Kontext als *per se* kartellrechtskonform hält.[1301]

Wenngleich das Berufungsgericht zu erkennen gegeben hat, dass es FRAND-Auseinandersetzungen primär als vertragsrechtliche Dispute bewertet, hat es ausdrücklich offen gelassen, ob aus dem FRAND-Lizenzversprechen jedenfalls eine vertragliche SEP-Lizenzpflicht gegenüber Wettbewerbern auf einer bestimmten Marktstufe folgt.[1302] Über die Hintergründe, warum konkurrierende Chip-Hersteller gegenüber *Qualcomm* bislang nicht versucht haben eine FRAND-Lizenzpflicht auf vertragsrechtlicher Grundlage einzuklagen, kann nur spekuliert werden. *Hovenkamp* und *Simcoe* sehen eine mögliche Erklärung darin, dass ein mit einer Klage obsiegender Chip-Hersteller einerseits – entsprechend

---

1300 *Hovenkamp*, 105 Cornell L. Rev. 101, 135 (2020).

1301 *Delrahim*, The "New Madison" Approach to Antitrust and Intellectual Property Law, Vortrag v. 16.03.2018 in Philadelphia, S. 5; Take It to the Limit: Respecting Innovation Incentives in the Application of Antitrust Law, Vortrag v. 10.11.2017 an der USC Gould School of Law, S. 8.

1302 Erstinstanzlich eine vertragliche SEP-Lizenzpflicht zu FRAND-Bedingungen gegenüber Wettbewerbern – unabhängig der Marktstufe – bejahend, FTC v. Qualcomm Inc., 411 F.Supp.3d 658, 751, 752 (N.D. Cal. 2019), zweitinstanzlich offen gelassen, da vertragliche Lizenzansprüche nicht von der FTC geltend gemacht wurden, FTC v. Qualcomm Inc., 969 F.3d 974, 995 und Fn. 13 (9th Cir. 2020).

dem US-Grundsatz über die Verteilung der Prozesskosten[1303] – die Kosten des Rechtsstreits alleine zu tragen hätte, andererseits andere Chip-Hersteller von den Früchten dieses Erfolgs profitieren könnten, weil sie einen Anspruch auf einen SEP-Lizenz zu denselben, diskriminierungsfreien FRAND-Lizenzbedingungen geltend machen könnten. Ein anderer Erklärungsansatz wird darin gesehen, dass Konkurrenten von *Qualcomm* zwar Anreize haben können auf dieser Basis zu klagen, sich allerdings dann vergleichen, um den Prozessausgang im gegenseitigen Einvernehmen nicht der Öffentlichkeit zugänglich machen zu müssen.[1304] Eine Klageerhebung durch einen Konkurrenten kann insoweit eine Strategie zur Ausübung von Druck sein, mit der die Ernsthaftigkeit der Angelegenheit belegt werden soll, um in Vergleichsverhandlungen ein möglicherweise besseres Ergebnis für sich erzielen zu können.

Zwar hat die instanzgerichtliche Rechtsprechung bislang umfassende vertragliche Lizenzpflichten aus dem FRAND-Versprechen abgeleitet. Allerdings hat sich dabei bislang nie die Problematik einer Mehrfachlizenzierung innerhalb einer Vertriebskette gestellt. Es erscheint jedoch gerechtfertigt, die vom *U.S. Court of Appeals for the Ninth Circuit* festgehaltenen wettbewerblichen Rechtfertigungsgründe, die gegen eine Pflicht zum „*multi-level-licensing*" sprechen, auch auf den vertragsrechtlichen Kontext zu übertragen. Eine Pflicht des SEP-Inhabers zur Lizenzierung gegenüber sämtlichen Interessenten auf allen Marktebenen würde mit erheblichen Ineffizienzen und Kosten auf Seiten des SEP-Inhabers verbunden sein, weil damit höhere Transaktions- und Monitoring-Kosten verbunden sind, auf die nicht nur das Berufungsgericht hingewiesen hat[1305], sondern auf die auch Stimmen aus der Literatur hinweisen[1306]. So lange sich ein SEP-Inhaber innerhalb einer Vertriebskette verpflichtet, nicht gegen Komponentenhersteller vorzugehen, die seine essentielle Technologie verwenden und ihnen dadurch eine Nutzung faktisch lizenzlos erlaubt, begegnet dies mit Blick auf die Gefahr einer Blockade und Behinderung durch den Patentinhaber keinen Bedenken.[1307] Mit einer solchen Lizenzpolitik des „*no license, no problem*" wird Dritten der Zugang zum Standard und eine Tätigkeit auf einem Markt für standardkonforme Produktkomponenten ermöglich, ohne dass dafür

---

1303 Dazu bereits am Ende des Dritten Teil unter Abschnitt III. 3. a) aa), S. 80.

1304 *E. Hovenkamp/Simcoe*, 19 (4) The Antitrust Source, 1, 8 (2020).

1305 FTC v. Qualcomm Inc., 969 F.3d 974, 996 (9th Cir. 2020).

1306 *Sidak*, 3 Criterion J. on Innovation 1, 11-13 (2018); *Layne-Farrar/Stark*, 88 Geo. Wash. L. Rev. 1307, 1319 (2020).

1307 Vgl. *Layne-Farrar/Stark*, 88 Geo. Wash. L. Rev. 1307, 1333, 1341 (2020).

eine SEP-Lizenz notwendig ist und ohne dass „*patent hold up*" Risiken drohen. Dem SEP-Inhaber wiederum wird ein kostenerhöhendes und verwaltungsaufwändiges „*multi-level-licensing*" erspart, weil er eben nur Lizenzverhandlungen mit Unternehmen auf OEM-Ebene und nicht mehrfach auf jeder Ebene der Vertriebskette führen muss, und bleibt frei in der Entscheidung, auf welcher Vertriebsstufe er sein SEP lizenzieren und angemessene Lizenzgebühren erhebt. Die Entscheidung, auf welcher Vertriebsebene eine Lizenz angeboten wird und Gebühren erhoben werden, hat letztlich nur Auswirkungen darauf, wer in der Vertriebskette die vollen Lizenzgebühren erstmals zu entrichten bzw. zu tragen hat, ohne dass damit preiserhöhende Effekte für das Endprodukt einhergehen müssen.[1308] Wird eine erschöpfende Lizenz auf Ebene der Komponentenhersteller vergeben, müsste ein OEM einerseits zwar keine Lizenzgebühren mehr entrichten, andererseits aber einen höheren Preis für die bezogene Produktkomponente aufwenden, weil der Komponentenhersteller die seinerseits entrichtete SEP-Lizenzgebühr auf den Preis für seine Produktkomponente aufschlagen und an den OEM durchreichen wird. Ein OEM sieht sich demnach in Summe – Komponentenpreis plus Lizenzgebühr – unabhängig davon den gleichen Kosten ausgesetzt, auf welcher Ebene der SEP-Inhaber seine Lizenz anbietet und Gebühren erhebt.[1309]

Auch mit Blick auf die abgegebene FRAND-Erklärung selbst, die von SSO zu SSO abweichen kann und im jeweiligen Einzelfall analysiert werden muss, zeigt sich, dass der Ansatz, einem SEP-Inhaber die freie Wahl darüber zu belassen, auf welcher Ebene er sein SEP lizenzieren will, mit dem FRAND-Versprechen vereinbar ist, wenn er gegen lizenzlose Nutzer seines SEP auf anderen Marktstufen nicht patentrechtlich vorgeht. Exemplarisch wird dies nachfolgend anhand der FRAND-Erklärungen bei VITA und ETSI analysiert. Die FRAND-Erklärung bei VITA sieht ausdrücklich vor, dass ein SEP-Inhaber verpflichtet ist, einem Lizenzsucher entweder eine dauerhafte SEP-Lizenz einzuräumen oder aber entscheiden kann, ihm die Nutzung seiner standardessentiellen Technologie zu gestatten, wenn er mit einer „Nichtangriffserklärung" („*non-assertion covenant*") zusichert, nicht gegen die lizenzlose Nutzung des SEPs patentrechtlich vorzugehen.[1310] Nach der VITA-FRAND-Erklärung ist es einem Patentinhaber

---

1308 *Padilla/Wong-Ervin*, 62 (3) Antitrust Bull. 494, 505 (2017).

1309 *Padilla/Wong-Ervin*, 62 (3) Antitrust Bull. 494, 505 (2017).

1310 VITA Patent Policy, VSO Policies and Procedures (September 2015), Art. 10.3.1: „*Each WG* (working group) *Member agrees, on behalf of the VITA Member Company he or she represents, that it will grant to any WG Member, VITA Member Company, or*

daher gestattet, SEP-Lizenzen ausschließlich auf OEM-Ebene zu vergeben, dies gegenüber Lizenzsuchern auf anderen Marktebenen innerhalb der Vertriebskette zu verweigern und stattdessen ein „*non-assertion covenant*" vorzulegen.

Die FRAND-Erklärung bei ETSI ist dahingehend nicht so klar formuliert wie die FRAND-Erklärung bei VITA. Allerdings lassen sich auch dort Anhaltspunkte dafür finden, die gegen eine Pflicht zum „*multi level licensing*" sprechen.[1311] Die FRAND-Erklärung bei ETSI sieht zwar ihrem Wortlaut nach vor, dass ein SEP-Inhaber bereit sein muss, unwiderrufliche SEP-Lizenzen zu FRAND-Bedingungen zu vergeben[1312], ohne dass Anhaltspunkte für eine mögliche Differenzierung nach der Marktebene der Lizenzsucher bestehen. Andererseits ist darin aber auch nicht positiv formuliert, dass eine Pflicht zur Vergabe von FRAND-Lizenzen auf allen Ebenen innerhalb einer Vertriebskette besteht.[1313] Gegen die Annahme einer solchen Pflicht spricht zudem das in Art. 1.1 des ETSI „*Guide on IPRs*" formulierte Ziel, wonach verhindert werden soll, dass SEP-Inhaber unter Durchsetzung patentrechtlicher Ausschlussrechte die Umsetzung eines Standards blockieren können.[1314] Eine solche Blockade droht aber im Fall der Gestattung einer lizenzlosen Nutzung der standardessentiellen Technologie durch den SEP-Inhaber gerade nicht. Gegen eine marktebenenunabhängige FRAND-Lizenzpflicht spricht zudem, dass das vorherrschende Verständnis bei ETSI und die gängige Lizenzpraxis deren Mitglieder bisher dahingehend war, SEP-Lizenzen nur auf OEM-Ebene zu vergeben.[1315] Ungeachtet dieses Auslegungsergebnisses wäre es aber wünschenswert, dass die ETSI-FRAND-Erklärung

---

third party a (…) perpetual patent license (or equivalent non-assertion covenant) for its patent claims essential (…) on fair, reasonable and non-discriminatory terms (…)."

1311 So auch *Layne-Farrar* und *Stark*, die zu dem Ergebnis kommen, dass eine „*license to all*" Lizenzpflicht weder aus der FRAND-Erklärung bei ETSI noch der FRAND-Erklärung bei IEEE folgt, *Layne-Farrar/Stark*, 88 Geo. Wash. L. Rev. 1307, 1323-1331 (2020).

1312 ETSI Directive (Februar 2020), Rules of Procedure, Annex 6: ETSI IPR Policy (Dezember 2019), Art. 6.1: „*to give (…) an irrevocable undertaking in writing that it is prepared to grant irrevocable licences on fair, reasonable and non-discriminatory ("FRAND") terms (…).*"

1313 *Layne-Farrar/Stark*, 88 Geo. Wash. L. Rev. 1307, 1325 (2020).

1314 ETSI Directive (Februar 2020), Guide on IPRs (September 2013), Art. 1.1: „*The Policy is intended to ensure that IPRs are identified in sufficient time to avoid wasting effort on the elaboration of a Deliverable which could subsequently be blocked by an Essential IPR.*"; dazu auch *Layne-Farrar/Stark*, 88 Geo. Wash. L. Rev. 1307, 1323, 1324 (2020).

1315 Siehe dazu *Huber*, Why the ETSI IPR Policy Does Not and Has Never Required Compulsory 'License to All': A Rebuttal to Karl Heinz Rosenbrock (2017), S. 4-7.

dieses Ergebnis deutlicher in ihrem Wortlaut zum Ausdruck bringt, beispielsweise in Anlehnung an die Formulierung der Erklärung bei VITA.

Wenngleich im jeweiligen Einzelfall anhand der konkreten FRAND-Erklärung bestimmt werden muss, ob ein SEP-Inhaber zu einem *„license to all"* auf allen Ebenen innerhalb einer Vertriebskette verpflichtet ist, ist eine umfassende Lizenzpflicht mit Blick auf den Sinn und Zweck des FRAND-Versprechens, eine patentrechtliche Blockademöglichkeit durch den SEP-Inhaber zu verhindern, weder vertrags- noch kartellrechtlich erforderlich, wenn der Patentinhaber die lizenzlose Nutzung seines SEPs gestattet. Unter diesen Umständen ist es gerechtfertigt, dem SEP-Inhaber die freie Entscheidung darüber zu belassen, auf welcher Vertriebseben er sein SEP innerhalb einer Verwertungskette lizenzieren will, mit der Möglichkeit, dies gegenüber bestimmten Lizenzsuchern zu verweigern. Das FRAND-Versprechen sollte mithin nicht im Sinne eines *„license to all"*, sondern im Sinne eines *„access to all"* verstanden werden[1316], wonach jedem Standardanwender eben nur der Zugang zum Standard und die Nutzung der standardessentiellen Technologie gestatten werden muss, wofür allerdings nicht eine SEP-Lizenzinhaberschaft zwingend erforderlich ist[1317]. Ein Hersteller standardkonformer Produkte kann seine Produkte eben auch produzieren und vertreiben, wenn kein Lizenzinhaber ist. Selbst für den Fall, dass ein SEP-Inhaber eine Patentverletzungsklage erhebt, droht dem Hersteller wegen des FRAND-Versprechens schlimmstenfalls nur die Zahlung von FRAND-konformen Lizenzgebühren.[1318]

Es bleibt abzuwarten, ob sich der *U.S. Supreme Court* veranlasst sieht, diese Fragen höchstrichterlich zu klären. Nachdem die FTC mit einem *en banc*-Antrag gescheitert ist und sich die Berufungsrichter des *U.S. Court of Appeals for the Ninth Circuit* demnach nicht erneut mit dem *Qualcomm*-Fall befassen müssen, steht nur noch die Möglichkeit offen, den *U.S. Supreme Court* anzurufen.[1319]

1316 Unter der Bezeichnung *„FRAND as Access to All versus License to All"* wird dieselbe Diskussion auch im europäischen Kartellrecht geführt, dazu *Martinez*, GRUR Int. 2019, 633.

1317 So auch *Layne-Farrar/Stark*, 88 Geo. Wash. L. Rev. 1307, 1331 (2020).

1318 *Layne-Farrar/Stark*, 88 Geo. Wash. L. Rev. 1307, 1341 (2020).

1319 *Koenig*, Full 9th Circ. Won't Rethink FTC's Qualcomm Licensing Loss, LAW360, v. 28.10.2020, (zugangsbeschränkt) abrufbar unter: https://www.law360.com/articles/1323792?e_id=3149133b-6b69-41f2-aae3-1a148e8888ab&utm_source=engagement-alerts&utm_medium=email&utm_campaign=case_updates (abgerufen am: 22.03.2021).

(3) Zwischenergebnis

Weder die *„essential facility doctrine“* noch die *Aspen*-Doktrin versprechen Aussicht auf Erfolg für die Begründung einer kartellrechtlichen SEP-Lizenzpflicht zur Durchbrechung des Grundsatzes, wonach eine Lizenzverweigerung eines marktbeherrschenden SEP-Inhabers kein gegen Sec. 2 Sherman Act verstoßendes Verhalten ist. Ein SEP-Inhaber ist kartellrechtlich frei darin zu entscheiden, auf welcher Marktebene er sein SEP lizenzieren will und kann eine Lizenzvergabe gegenüber Lizenzsuchern auf anderen Marktebenen verweigern, so lange er ihnen die Nutzung seiner essentiellen Technologie und damit den Zugang zum Standard gestattet. Auch vertragsrechtlich folgt aus dem FRAND-Versprechen keine Pflicht zur Lizenzierung des SEP auf allen Marktstufen innerhalb einer Vertriebskette, es sei denn, dass die FRAND-Bedingungen dies im Einzelfall ausdrücklich vorsehen.

b) Kartellrechtliche Beurteilung nach Art. 102 AEUV und § 19 GWB

Die Frage, ob eine SEP-Lizenzverweigerung ein Verhalten sein kann, das gegen das europäische und deutsche Missbrauchsverbot verstößt, wurde zum Teil bereits in der deutschen Literatur umfassend diskutiert.[1320] Aus diesem Grund soll dies nur in dem gebotenen, für die rechtsvergleichende Bewertung erforderlichen Umfang dargelegt und auf neue Entwicklungen und Unterschiede hingewiesen werden. Neuentwicklungen betreffen insbesondere die Frage, ob ein SEP-Inhaber, der ein FRAND-Versprechen abgegeben hat, kartellrechtlich verpflichtet ist, Lizenzen gegenüber Lizenzsucher auf allen Marktstufen zu vergeben.

aa) Kartellrechtliche Patentlizenzpflicht nach Art. 102 AEUV

(1) Grundsatz: Kartellrechtliche Zulässigkeit einer Patentlizenzverweigerung und ausnahmsweise Missbräuchlichkeit unter „außergewöhnlichen Umständen“[1321]

Im europäischen Kartellrecht ist der Grundsatz anerkannt, dass auch ein marktbeherrschender Patentinhaber frei darin ist seine Lizenzpartner auszuwählen.[1322]

1320 Grundlegend zur SEP-Lizenzverweigerung u.a. *Lampert*, S. 86-119, S. 134-139; sowohl hinsichtlich Art. 102 AEUV als auch § 19 GWB, u.a *Brakhahn*, S.173-192, S. 205-207; dazu auch *Petrovčič*, S. 70-76.

1321 EuGH, Urteil v. 06.04.1995, Magill, Rs. C-241/91 P und C-242/91 P, ECLI:EU:C:1995:98, Rn. 50.

1322 *Borghetti/Nikolic/Petit*, FRAND Licensing Levels under EU Law (2020), S. 35.

Die Weigerung eines marktbeherrschenden Schutzrechtsinhabers, Dritten eine Lizenz für die Nutzung seines Schutzrechts zu erteilen, stellt grundsätzlich kein missbräuchliches Verhalten dar[1323], weil der Kerngehalt eines Immaterialgüterrechts gerade darin liegt, Dritte von der Nutzung auszuschließen. Allerding kann die Nutzung einer patentierten Technologie ebenso wie der Zugang zu einer physischen Einrichtung erforderlich sein, um Zugang zu einem darauf beruhenden nachgelagerten Markt zu erhalten, der andernfalls versperrt wäre.[1324] Der EuGH betonte erstmals in der *Magill*-Entscheidung[1325] und hält seit dem in ständiger Rechtsprechung daran fest, dass der Grundsatz der kartellrechtlichen Zulässigkeit einer Lizenzverweigerung nicht uneingeschränkt gilt, sondern unter „außergewöhnlichen Umständen" („*exceptional circumstances*") durchbrochen sein kann[1326]. Nach der mittlerweile etablierten Doktrin der „außergewöhnlichen Umstände"[1327] ist eine Lizenzverweigerung missbräuchlich und eine kartellrechtlicher Kontrahierungszwang anzunehmen, wenn die folgenden drei Merkmale kumulativ erfüllt sind. Erforderlich ist, dass

> (1.) der Zugang zu dem betroffenen Schutzrecht unerlässlich ist, um auf einem nachgelagerten Produktmarkt tätig zu sein, (2.) durch die Lizenzverweigerung ein neues Produkt verhindert wird, nach dem zumindest potenzielle Nachfrage besteht, und (3.) dadurch wirksamer Wettbewerb auf dem nachgelagerten Markt verhindert wird.[1328]

Eine Lizenzverweigerung durch den marktbeherrschenden Patentinhaber kann allerdings – wie bei jedem sonstigen missbräuchlichen Verhalten auch – durch

---

1323 EuGH, Urteil v. 29.04.2004, IMS Health, Rs. C-418/01, ECLI:EU:C:2004:257, Rn. 34; EuGH, Urteil v. 06.04.1995, Magill, Rs. C-241/91 P und C-242/91 P, ECLI:EU:C:1995:98, Rn. 49; EuG, Urteil v. 17.09.2007, Microsoft/Kommission, Rs. T-201/04, ECLI:EU:T:2007:289, Rn. 331; *Eilmansberger/Bien*, in: MüKo WettbR, Bd. I, Art. 102 AEUV, Rn. 475; *Arena/Bergmann/Himes*, 9 (3) E.C.J. 623, 625 (2013).

1324 *Eilmansberger/Bien*, in: MüKo WettbR, Bd. I, Art. 102 AEUV, Rn. 475.

1325 Erstmals „außergewöhnliche Umstände" und deren Voraussetzungen nennend, EuGH, Urteil v. 06.04.1995, Magill, Rs. C-241/91 P und C-242/91 P, ECLI:EU:C:1995:98, Rn. 50.

1326 Seit dem in ständiger Rechtsprechung, EuGH, Urteil v. 29.04.2004, IMS Health, Rs. C-418/01, ECLI:EU:C:2004:257, Rn. 35; EuGH, Urteil v. 16.07.2015, Huawei/ZTE, Rs. C-170/13, ECLI:EU:C:2015:477, Rn. 47.

1327 *Lampert* spricht insoweit von der „Doktrin außergewöhnlichen Umstände", *Lampert*, S. 87; *Petrovčič* bezeichnet dies als den „*exceptional circumstances test*", *Petrovčič*, S. 71; dazu auch Europäische Kommission, Durchsetzungsprioritäten, Rn. 78 Fn. 4.

1328 Siehe dazu EuG, Urteil v. 17.09.2007, Microsoft/Kommission, Rs. T-201/04, ECLI:EU:T:2007:289, Rn. 332.

sachliche und objektive Gründe gerechtfertigt sein.[1329] Obwohl die Unionsgerichte bislang noch nicht zu einer Patentlizenzverweigerung im formellen Standardisierungskontext entscheiden mussten, sondern jeweils andere Immaterialgüterrechte betroffen waren[1330], lassen sich die allgemeinen Wertungen daraus auch auf SEPs übertragen. Auf der einen Seite könnte gegen einen solchen Gleichschluss sprechen, dass unterschiedliche Immaterialgüterrechte verschiedene Eigenschaften unter anderem hinsichtlich ihrer Schutzdauer haben.[1331] Auf der anderen Seite ist der jeweilige immaterialgüterrechtliche Kerngehalt, der kartellrechtlich beschränkt werden soll und betroffen ist, derselbe, nämlich die Verleihung exklusiver Nutzungsrechte sowie umfassende Ausschlussrechte gegenüber Dritten. Darüber hinaus ist eine Differenzierung auch nicht den Urteilen der Unionsgerichte zu entnehmen, die es teilweise schlicht genügen lassen, dass es sich um Rechte des geistigen Eigentums handelt[1332], weshalb die Doktrin der „außergewöhnlichen Umstände“ auch auf ein Patentrecht übertragen werden kann.[1333] Eine andere Bewertung ergibt sich im vorliegenden Kontext auch nicht daraus, dass es sich um ein SEP und eben nicht nur um ein „normales“ Patentrecht handelt. Zwar beruht dessen Sonderstellung nicht alleine auf der ihm innewohnenden Innovationskraft, sondern auch auf dem Akt der Festsetzung des Standards in der SSO. Zum einen aber ist der patentrechtliche Schutzumfang unabhängig davon derselbe, welche Stellung und Bedeutung einem Patent zukommt. Zum anderen ist eine Differenzierung zwischen einem

---

1329 EuG, Urteil v. 17.09.2007, Microsoft/Kommission, Rs. T-201/04, ECLI:EU:T:2007:289, Rn. 333, 688.

1330 Außerhalb des formellen Standardisierungskontextes betreffend Geschmacksmusterrechte, EuGH, Urteil v. 05.10.1988, Volvo/Veng, Rs. C-238/87, ECLI:EU:C:1988:477; betreffend Urheberrechte, EuGH, Urteil v. 06.04.1995, Magill, Rs. C-241/91 P und C-242/91 P, ECLI:EU:C:1995:98 und EuGH, Urteil v. 29.04.2004, IMS Health, Rs. C-418/01, ECLI:EU:C:2004:257; betreffend Schnittstelleninformationen, wobei das EuG offen gelassen hat, ob diese Informationen patent- oder urheberrechtlich geschützt sind, EuG, Urteil v. 17.09.2007, Microsoft/Kommission, Rs. T-201/04, ECLI:EU:T:2007:289, Rn. 288, 289; dazu auch *Körber*, Standardessentielle Patente, FRAND-Verpflichtungen und Kartellrecht, S. 59.

1331 Vgl. dazu *Petrovčič*, der darauf hinweist, dass ein Patentgericht in UK diesen Gleichschluss abgelehnt hat, mit dem Argument, dass die unterschiedlichen Immaterialgüterrechte eine verschiedene Schutzdauer und anderen Verteidigungsmöglichkeiten und Ausnahmen aufweisen, *Petrovčič*, S. 74.

1332 EuG, Urteil v. 17.09.2007, Microsoft/Kommission, Rs. T-201/04, ECLI:EU:T:2007:289, Rn. 288, 289.

1333 So im Ergebnis auch *Petrovčič*, S. 74-76.

„normalen" und einem standardessentiellen Patent – wie dargestellt – auch nicht in der Rechtsprechung angezeigt, die schlicht genügen lässt, dass es sich um ein Recht des geistigen Eigentums handelt, worunter unterschiedslos sowohl ein nicht-standardessentielles als auch ein standardessentielles Patent fällt.

Dass es sich bei den „außergewöhnlichen Umstände" um kein starres oder abschließendes, nur Lizenzverweigerungen betreffendes Ausnahmekonzept handelt, sondern dies auch unter anderen Voraussetzungen zur Durchbrechung weiterer immaterialgüterrechtlicher Grundsätze herangezogen werden kann, zeigt sich auch in anderen Entscheidungen.[1334] Insbesondere hat der EuGH in der Entscheidung *Huawei/ZTE* für die gerichtliche Geltendmachung patentrechtlicher Unterlassungsansprüche aus einem FRAND-unterworfenen SEP ein anderes, vereinfachtes Konzept der „außergewöhnlichen Umstände" entwickelt.[1335] Die Wertungen dieser Entscheidung, die insbesondere FRAND-unterworfene SEPs betreffen, können allerdings auch auf SEP-Lizenzverweigerungen übertragen werden[1336], weil darin auch Merkmale angesprochen werden – beispielsweise die Unerlässlichkeit eines SEP zur Herstellung standardkonformer Produkte[1337], die – wie oben genannt – auch im Zusammenhang mit der Prüfung einer missbräuchlichen Lizenzverweigerung bzw. eines kartellrechtlichen Kontrahierungszwangs von Bedeutung sein können.

Lizenzverweigerungen werden teilweise als Anwendungsfall der aus dem US-Kartellrecht stammenden *„essential facility"* Doktrin gesehen[1338], deren dogmatische Verortung allerdings zum einen unklar ist, weil sie – anders als im deutschen Recht nach § 19 Abs. 2 Nr. 4 GWB – keine Entsprechung in einem Regelbeispiel von Art. 102 AEUV hat[1339], und zum anderen auch nie im

---

1334 *„Außergewöhnliche Umstände"* anerkennend für den Fall schikanöser Rechtsverfolgung, EuG, Urteil v. 17.07.1998, ITT Promedia/Kommission, Rs. T-111/96, ECLI:EU:T:1998:183, Rn. 60 und EuG, Urteil v. 13.09.2012, Protégé International, Rs. T-119/09, ECLI:EU:T:2012:421, Rn. 48; Näheres dazu in Abschnitt II. 6. b) aa), S. 353 ff.

1335 Näheres dazu in Abschnitt II. 6. b) bb), S. 356 ff.

1336 *Lampert*, S. 88.

1337 EuGH, Urteil v. 16.07.2015, Huawei/ZTE, Rs. C-170/13, ECLI:EU:C:2015:477, Rn. 49.

1338 Siehe *Wolf*, in: Schuster/Grützmacher, IT-Recht, Art. 102 AEUV, Rn. 37; *Eilmansberger/Bien*, in: MüKo WettbR, Bd. I, Art. 102 AEUV, Rn. 517; Kling/Thomas, Kartellrecht, § 6 Rn. 120; *Deselaers*, in: GHN, AEUV, Art. 102, Rn. 465, 466.

1339 Kling/Thomas, Kartellrecht, § 6 Rn. 115; *Brand*, in: FK, Bd. III, Art. 102 AEUV, D. Missbräuchliche Ausnutzung, Rn. 387.

Zusammenhang mit dem Konzept der „außergewöhnlichen Umstände" ausdrücklich von den Unionsgerichten erwähnt wurde[1340], weder in den deutsch- noch englischsprachigen Fassungen der genannten Leitentscheidungen. Mit Blick auf die von der Rechtsprechung entwickelten Anwendungsvoraussetzungen wird aber deutlich, dass die Doktrin der „außergewöhnlichen Umstände" an die US-kartellrechtliche „*essential facility doctrine*" angelehnt ist. Die Europäische Kommission sieht in einer Lizenzverweigerung einen Unterfall der allgemeinen Lieferverweigerung und trennt hiervon ausdrücklich den Fall der „*essential facility*" Doktrin.[1341] Ungeachtet dessen ist die zugrundeliegende wettbewerbliche Problematik dieselbe: durch die Verweigerung des Zugangs zu einer Lizenz für die Nutzung der patentgeschützten Technologie – in der Terminologie der „*essential facility*" Doktrin, der Verweigerung des Zugangs zu einer wesentlichen Einrichtung – kann ein Patentinhaber in missbräuchlicher Weise das Aufkommen von Wettbewerb auf einem nachgelagerten Produktmarkt verhindern.

(2) Missbräuchliche Lizenzverweigerung für ein FRAND-unterworfenes SEP

Lizenzverweigerungen können in zweifacher Form auftreten und anhand der dargestellten Voraussetzungen auf ihre Missbräuchlichkeit überprüft werden: Erstens, wenngleich eher theoretischer Natur, kann ein Patentinhaber die Lizenzierung seines SEP gänzlich und insgesamt gegenüber sämtlichen Lizenzsuchern verweigern. Die Konstellation ist insofern weniger praxisrelevant, weil ein SEP-Inhaber primär daran interessiert sein wird, seine Technologie zu lizenzieren, um damit möglichst hohe Lizenzrenditen zu erzielen. Zudem besteht bei einem solchen Verhalten das begründete Risiko, dass SSOs ein solches Mitglied aus der Organisation ausschließen werden.[1342] Zweitens und weitaus praxisrelevanter ist die Konstellation, in der ein SEP-Inhaber eine selektive, nach der Marktstellung innerhalb einer Verwertungskette orientierende Lizenzpraktik verfolgt und bestimmten Lizenzsuchern gegenüber die Vergabe einer SEP-Lizenz verweigert. Fraglich ist, ob und unter welchen Voraussetzungen eine generelle oder selektive Lizenzverweigerung missbräuchlich ist.

1340 So auch *Lampert*, S. 89 und *Hötte*, S. 53.

1341 Europäische Kommission, Durchsetzungsprioritäten, Rn. 78.

1342 *Borghetti/Nikolic/Petit*, FRAND Licensing Levels under EU Law (2020), S. 37.

(a) *Generelle SEP-Lizenzverweigerung*

Bei einer generellen Lizenzverweigerung erklärt der SEP-Inhaber nach Festsetzung des Standards, dass er zu einer Lizenzierung des SEP nicht bereit ist. Denkbar ist, dass er damit die Nutzung eines schon eingeführten Standards blockieren will.[1343] Es stellt sich die Frage, ob eine generelle SEP-Lizenzverweigerung[1344] unter den Voraussetzungen der Doktrin der „außergewöhnlichen Umständen“ als missbräuchlich einzustufen und ein kartellrechtlicher Lizenzierungszwang anzunehmen ist.

(aa) *Unerlässlichkeit einer SEP-Lizenz*

Das Merkmal der Unerlässlichkeit setzt voraus, dass für das begehrte Patent auch bei gehöriger Bemühung des lizenzsuchenden Unternehmens keine tatsächlichen oder potenziellen Alternativen zu dem begehrten Schutzrecht existieren, um auf einem nachgelagerten Produktmarkt tätig zu werden.[1345] Dabei ist zu berücksichtigen, inwiefern technische, rechtliche oder wirtschaftliche Hindernisse bestehen, die die Entwicklung einer alternativen Technologie unmöglich oder unzumutbar machen[1346], wofür allerdings nicht genügt, dass dies für das lizenzsuchende Unternehmen nur unrentabel ist[1347]. Auch die Europäische Kommission verfolgt einen ähnlichen Ansatz und fragt danach, ob der Zugang zu einem „Input“ objektiv notwendig ist, um auf einem nachgelagerten Markt konkurrieren zu können. Dies soll insbesondere der Fall sein, wenn für den begehrten „Input“ kein tatsächliches oder potenzielles Substitut existiert, das auch nicht in absehbarer Zeit effektiv dupliziert werden kann.[1348]

Das Kriterium der Unerlässlichkeit kann demnach in Fällen abzulehnen sein, wenn einem Lizenzsucher der Zugang zu einem alternativen, wenngleich

---

1343 *Picht*, GRUR In. 2014, 1, 11.

1344 Die Weigerung, eine Lizenzbeziehung erstmals aufzunehmen wird auch *de novo* Lizenzverweigerung genannt, siehe *Körber*, Standardessentielle Patente, FRAND-Verpflichtungen und Kartellrecht, S. 59; *Eckel*, NZKart 2017, 408, 410; Europäische Kommission, Durchsetzungsprioritäten, Rn. 84.

1345 EuG, Urteil v. 12.06.1997, Tiercé Ladbroke/Kommission, Rs. T-504/93, ECLI:EU:T:1997:84, Rn. 131; Kling/Thomas, Kartellrecht, § 20 Rn. 151.

1346 EuGH, Urteil v. 26.11.1998, Oscar Bronner/Mediaprint, Rs. C-7/97, ECLI:EU:C:1998:569, Rn. 44.

1347 EuGH, Urteil v. 26.11.1998, Oscar Bronner/Mediaprint, Rs. C-7/97, ECLI:EU:C:1998:569, Rn. 45; *Wolf*, in: Schuster/Grützmacher, IT-Recht, Art. 102 AEUV, Rn. 42.

1348 Europäische Kommission, Durchsetzungsprioritäten, Rn. 83.

weniger attraktiven Standard und dessen SEPs möglich ist. Dies setzt allerdings voraus, dass es sich bei dem alternativen Standard tatsächlich um ein Substitut handelt. Ist dies der Fall, stellt sich allerdings bereits die Frage, ob ein SEP-Inhaber überhaupt das zuvor zu prüfende Missbrauchskriterium der Marktbeherrschung erfüllt, bei dem dieselben Faktoren eine Rolle spielen.[1349] Aus diesem Grund wird angenommen, dass in der Regel ein Gleichlauf zwischen der Beantwortung der Frage besteht, ob ein SEP-Inhaber als Marktbeherrscher zu qualifizieren ist und ob seine standardessentielle Technologie unumgänglich ist, um ein standardkonformes Produkt auf einem nachgelagerten Markt anbieten zu können.[1350]

(bb) Verhinderung von neuen standardkonformen Produkten

Die Begründung einer kartellrechtlichen SEP-Lizenzpflicht setzt weiter voraus, dass durch die verweigerte Lizenzierung die Einführung eines neuen standardkonformen Produkts auf einem nachgelagerten Markt verhindert wird, nach dem zumindest potenzielle Nachfrage besteht. Ausreichend ist, wenn als benachbarter Markt ein potenzieller oder auch nur hypothetischer Markt bestimmt oder zwei unterschiedliche Produktionsstufen unterschieden werden können.[1351] Das Neuheitskriterium kann einerseits restriktiv in dem Sinne zu verstehen sein, dass die Einführung eines bislang noch nicht auf einem nachgelagerten Markt existierenden Produkts erforderlich ist. Dahingehend hat sich der EuGH in der Entscheidung in Sachen *IMS Health* geäußert, wonach sich ein Lizenzsucher für den Nachweis des Neuheitskriteriums nicht darauf beschränken darf, Produkte anbieten zu wollen, die auf einem nachgelagerten Markt von dem Schutzrechtsinhaber bereits selbst angeboten werden. Vielmehr muss er danach belegen, dass er beabsichtigt ein neues Produkt anzubieten, dass der Schutzrechtsinhaber noch nicht anbietet und für das potenzielle Verbrauchernachfrage besteht.[1352] Andererseits hat das EuG in seiner *Microsoft*-Entscheidung festgehalten, dass die Verhinderung eines neuen Produkts nicht der einzig dafür maßgebliche Parameter

---

1349 *Hötte*, S. 81.

1350 So auch *Petrovčič*, S. 137, 138 und *Lampert*, S. 92, wonach in der Regel ein Gleichlauf zwischen der Beurteilung der Marktbeherrschung und dem Unerlässlichkeitskriterium besteht, pauschale Schlussfolgerungen von dem einen Kriterium auf das andere allerdings unzutreffend sein können, S. 94 ff.

1351 EuGH, Urteil v. 29.04.2004, IMS Health, Rs. C-418/01, ECLI:EU:C:2004:257, Rn. 44; *Wolf*, in: Schuster/Grützmacher, IT-Recht, Art. 102 AEUV, Rn. 43.

1352 EuGH, Urteil v. 29.04.2004, IMS Health, Rs. C-418/01, ECLI:EU:C:2004:257, Rn. 49.

ist, sondern es genügt, wenn die Lizenzverweigerung dazu führt, dass technische Entwicklungen zum Nachteil der Verbraucher eingeschränkt werden.[1353] Erfasst ist damit sowohl der Fall, dass die SEP-Lizenzverweigerung einen Hersteller standardkonformer Produkte daran hindert, ein sich nur geringfügig unterscheidendes – aber mithin neues – Produkt auf den Markt zu bringen, als auch der Fall, dass die Zugangsverweigerung eine technische Fortentwicklungen oder neue Innovationsmöglichkeiten verhindert.[1354]

Im Zusammenhang mit standardkonformen Produkten ist eine weite Auslegung des Neuheitskriteriums aus mehreren Gründen gerechtfertigt. Hintergrund des Kriteriums ist, dass ein Schutzrechtsinhaber generell das Erstzugriffsrecht für die Kommerzialisierung und Produktumsetzung seiner geschützten Technologie haben soll. Damit soll gewährleistet werden, dass der Patentinhaber nicht um die „Früchte" seiner Innovationsforschung und -findung gebracht wird. Zugleich soll verhindert werden, dass Lizenzsucher durch bloße Duplikation eines bereits angebotenen Produkts Teile dieser Erträge kapern können.[1355] Die Tatsache, dass ein SEP-Inhaber durch die FRAND-Lizenzerklärung einer Lizenzierung freiwillig zugestimmt hat, spricht insoweit gegen ein Schutzbedürfnis für seine Innovationsleistung.[1356] Dies wird insbesondere dem Umstand gerecht, dass das gesteigerte Nachfrageverhalten nach seiner standardessentiellen Technologie nicht auf die Marktüberlegenheit seiner Erfindung zurückzuführen ist, sondern darauf beruht, dass der Patentinhaber den SEP-Status und den Einbezug seiner Technologie in den Standard nur im Gegenzug für seine FRAND-Lizenzzusage gegenüber der SSO erlangt hat.[1357]

(cc) Verhinderung wirksamen Wettbewerbs

Die Annahme „außergewöhnlicher Umstände" setzt als drittes Merkmal voraus, dass die Lizenzverweigerung zu einer Verhinderung des Wettbewerbs auf einem nachgelagerten Markt führt oder dies zumindest droht.[1358] Der von den Gerichten und der Europäischen Kommission angelegte Prüfungsmaßstab wird

---

1353 EuG, Urteil v. 17.09.2007, Microsoft/Kommission, Rs. T-201/04, ECLI:EU:T:2007:289, Rn. 647.

1354 *Burghartz*, S. 223; *Petrovčič*, S. 136.

1355 *Lampert*, S. 102.

1356 *Petrovčič*, S. 137.

1357 *Lampert*, S. 104, 105.

1358 Vgl. EuG, Urteil v. 17.09.2007, Microsoft/Kommission, Rs. T-201/04, ECLI:EU:T:2007:289, Rn. 563, 564.

unter verschiedenen Termini diskutiert: Der EuGH spricht insoweit davon, dass die Lizenzverweigerung „*jeden*" bzw. „*jeglicher*" Wettbewerb auf dem nachgelagerten Markt ausschließen muss[1359], während das EuG und die Europäische Kommission die Eignung fordern, „*jeglichen wirksamen*" bzw. „*den wirksamen*" Wettbewerb auszuschalten[1360]. Eine terminologische oder inhaltliche Differenzierung ist im Standardisierungskontext zum einen nicht angezeigt und zum anderen auch nicht erforderlich. In der Regel wird jeglicher wirksamer Wettbewerb auf einem nachgelagerten Markt verhindert, wenn das damit in engem Zusammenhang stehende Merkmal der Unerlässlichkeit eines SEP bejaht werden kann.[1361] *Burghartz* weist insofern zutreffend darauf hin, dass in dem Fall, in dem ein Patentinhaber eine Lizenzerteilung generell verweigert, eine Tätigkeit auf einem nachgelagerten Markt aber ohne die patentgeschützte Technologie nicht möglich ist, wirksamer Wettbewerb von vornherein ausgeschlossen wird.[1362] Auch die Europäische Kommission und andere Vertreter aus der Literatur folgen diesem Ansatz, wonach der Umstand, dass ein Schutzrecht für eine Tätigkeit auf einem nachgelagerten Markt objektiv notwendig – sprich unerlässlich – ist, zugleich indiziert, dass eine Lizenzverweigerung die Eignung hat, wirksamen Wettbewerb auf dem nachgelagerten Markt auszuschalten.[1363]

(dd) Einrichtungs-, patent- und petentenbezogene Rechtsfertigungsgründe

Einem SEP-Inhaber steht es zuletzt frei dazulegen, dass die SEP-Lizenzverweigerung objektiv gerechtfertigt ist. Der im Zusammenhang mit der „*essential facility*" Doktrin angeführte einrichtungsbezogene Rechtfertigungsgrund, wonach ein Inhaber einer wesentlichen Einrichtung aufgrund technischer Hindernisse oder nur begrenzter Kapazitäten den Zugang zur Einrichtung

---

1359 EuGH, Urteil v. 06.04.1995, Magill, Rs. C-241/91 P und C-242/91 P, ECLI:EU:C:1995:98, Rn. 56 („*jeden*"); EuGH, Urteil v. 29.04.2004, IMS Health, Rs. C-418/01, ECLI:EU:C:2004:257, Rn. 39 („*jeglicher*").

1360 EuG, Urteil v. 17.09.2007, Microsoft/Kommission, Rs. T-201/04, ECLI:EU:T:2007:289, Rn. 564 („*jeglichen wirksamen Wettbewerb*"); Europäische Kommission, Durchsetzungsprioritäten, Rn. 85 („*den wirksamen Wettbewerb*").

1361 *Eckel*, NZKart 2017, 408, 410; *Lampert*, S. 114, 115; *Burghartz*, S. 222.

1362 *Burghartz*, S. 222.

1363 Europäische Kommission, Durchsetzungsprioritäten, Rn. 85; *Lampert*, S. 115; *Hötte*, S. 89; vgl. *Körber*, Standardessentielle Patente, FRAND-Verpflichtungen und Kartellrecht, S. 128.

verweigern können soll[1364], hat im Lizenzkontext keine Bedeutung[1365]. Zum einen können SEP-Lizenzen – anders als der Zugang zu physischen Gütern – sowohl technisch als auch kapazitätsbezogen in unbeschränkter Anzahl vergeben werden.[1366] Zum anderen hat der SEP-Inhaber mit seinem FRAND-Lizenzversprechen seine Bereitschaft zu erkennen gegeben, nachfragenden Lizenzsuchern SEP-Lizenzen einräumen zu wollen. Eine Lizenzverweigerung lässt sich mithin auch nicht aus patentbezogenen Gründen des Schutzes von Innovationsanreizen rechtfertigen[1367], weil die Marktüberlegenheit der standardessentiellen Technologie nicht aus der Durchsetzung auf dem Markt folgt, sondern auf der konsensualen Festsetzung des Standards durch die SSO und deren Mitglieder beruht[1368], die den Einbezug einer potenziell essentiellen Technologie an die vorherige FRAND-Lizenzzusage knüpft.

Während einrichtungs- und patentbezogene Rechtfertigungsgründe damit grundsätzlich ausscheiden, verbleibt die Möglichkeit eine Lizenzverweigerung auf Gründe zu stützen, die an das FRAND-Lizenzversprechen selbst und an die Eigenschaften des Lizenzsuchers und dessen Verhalten anknüpfen.[1369] Damit kann nicht nur der Fall erfasst werden, in denen der Lizenzsucher die Entrichtung angemessener – FRAND entsprechender – Lizenzgebühren verweigert[1370], sondern auch sonstige Konstellationen, in denen sich der Lizenzsucher in unredlicher und treuwidriger Weise verhält[1371] oder versucht, den „*lock-in*“-Effekt auf Seiten des SEP-Inhabers ausnutzen, um für sich bessere, günstigere Lizenzbedingungen durchzusetzen, sprich in „*reverse hold-up*“ bzw. „*patent hold-out*“ Szenarien.

1364 *Eilmansberger/Bien*, in: MüKo WettbR, Bd. I, Art. 102 AEUV, Rn. 502, mit Verweis auf EuGH, Urteil v. 06.03.1974, Commercial Solvents, Rs. C-6/73, ECLI:EU:C:1974:18, Rn. 28; *Fuchs*, in: I/M, Bd. 1, AEUV, Art. 102, Rn. 338.

1365 *Lampert*, S. 116; *Hötte*, S. 91.

1366 *Hötte*, S. 91.

1367 Das EuG erkennt Innovationsanreize als Rechtfertigungsgrund grundsätzlich an, siehe EuG, Urteil v. 17.09.2007, Microsoft/Kommission, Rs. T-201/04, ECLI:EU:T:2007:289, Rn. 697; *Wolf*, in: Schuster/Grützmacher, IT-Recht, Art. 102 AEUV, Rn. 47.

1368 *Hötte*, S. 94; *Eckel*, NZKart 2017, 408, 410.

1369 *Lampert*, S. 117; *Eckel*, NZKart 2017, 408, 411.

1370 *Hötte*, S. 91; vgl. *Eilmansberger/Bien*, in: MüKo WettbR, Bd. I, Art. 102 AEUV, Rn. 502.

1371 *Eckel*, NZKart 2017, 408, 411.

(ee) Stellungnahme

Die Gewährleistung der Standardkonformität eines Produktes setzt voraus, dass die für die Einhaltung des Standards erforderlichen Technologien umgesetzt werden. Insoweit ist die Nutzung der essentiellen Technologien in der Tat unerlässlich für ein Tätigwerden auf einem nachgelagerten Markt. Teilweise wird angeführt, dass eine legale Teilnahme am Wettbewerb auf dem Produktmarkt eine SEP-Lizenzinhaberschaft erfordere.[1372] Andernfalls kann sich der Produkthersteller dem Vorwurf der Patentverletzung ausgesetzt sehen. Im Standardisierungskontext ist aber zum einen zur berücksichtigen, dass ein Zugang zum Standard und eine Markttätigkeit grundsätzlich auch ohne Lizenzinhaberschaft möglich sind, weil Produkte auch ohne Lizenz hergestellt und angeboten werden können.[1373] Insoweit unterscheidet sich diese Konstellation von den Fällen eines kartellrechtlichen Kontrahierungszwangs, in denen die Lieferung eines physischen Guts oder der Zugang zu einer natürlichen Einrichtung begehrt wird, die für ein Tätigwerden auf einem nachgelagerten Markt erforderlich sind. Durch die Festlegung und Veröffentlichung eines Standards sind den Standardanwender die technischen Spezifikationen bekannt, die sie einhalten und in ihren Produkten umsetzen müssen, um die Standardkonformität ihrer Produkte sicherzustellen. Ob ein während des Standardisierungsverfahrens offen gelegtes und als möglicherweise essentiell deklariertes Patentrechte letztlich essentiell ist, ist vielfach erst im Nachgang an die Implementierung des Standards festzustellen. Eine Patentlizenz ist als „Input" in dem Sinne für ein Tätigwerden nicht unerlässlich, sondern birgt allenfalls das Risiko einer illegalen, weil lizenzlosen Nutzung des SEP, gegen die ein SEP-Inhaber patentrechtlich auf Unterlassung vorgehen und damit den Zugang zum nachgelagerten Markt blockieren könnte. Diese Blockademöglichkeit hängt aber wiederum entscheidend davon ab, ob das Unterlassungsbegehren eines SEP-Inhabers, der ein FRAND-Lizenzversprechen abgegeben hat, begründet ist und erfolgreich durchgesetzt werden kann.[1374] Erhebt ein SEP-Inhaber Klage auf Unterlassung aus einem FRAND-unterworfenen SEP und hat er den SEP-Nutzer nicht zuvor auf die Verletzung hingewiesen und ein FRAND-Lizenzvertragsangebot unterbreitet, kann der SEP-Nutzer seinerseits als Mittel zur Rechtsverteidigung den aus der *Huawei*-Entscheidung des EuGH folgenden Einwand erheben, dass angesichts

---

1372 *Körber*, Standardessentielle Patente, FRAND-Verpflichtungen und Kartellrecht, S. 62; *Eckel*, NZKart 2017, 408, 410.

1373 *Borghetti/Nikolic/Petit*, FRAND Licensing Levels under EU Law (2020), S. 36.

1374 *Borghetti/Nikolic/Petit*, FRAND Licensing Levels under EU Law (2020), S. 36.

der durch das FRAND-Lizenzversprechen geweckten Erwartungen die gerichtliche Geltendmachung von Unterlassungsrechten missbräuchlich ist.[1375] Insoweit unterscheidet sich der Nutzungs- und Lizenzierungsmechanismus bei FRAND-unterworfenen SEPs von anderen Konstellationen, in denen ein Produkthersteller auf die Lizenzierung eines Immaterialgüterrechts angewiesen ist und keinen solchen Missbrauchseinwand gegen das Unterlassungsbegehren eines Patentinhabers zur Verfügung hat. Inwiefern sich aus der *Huawei*-Entscheidung selbst ein positiver, von einem Unterlassungsbegehren unabhängiger SEP-Lizenzanspruch ableiten lässt, wird im nachfolgenden Abschnitt untersucht.[1376]

Die Herleitung eines positiven kartellrechtlichen Lizenzierungszwangs außerhalb der Fälle, in denen der SEP-Inhaber mit Unterlassungsansprüchen droht, gegen die ein kartellrechtlicher FRAND-Lizenzeinwand erhoben werden kann, sprich unter Darlegung der oben genannten drei Voraussetzungen der Doktrin der „außergewöhnlichen Umstände", kommt allenfalls in folgender Ausnahmekonstellation in Betracht: Ein SEP-Inhaber verweigert eine Lizenzierung seines SEPs generell gegenüber jedem lizenzsuchenden Dritten und behält sich die Herstellung standardkonformer Produkte selbst vor, weshalb niemandem sonst eine legale, durch die Einräumung einer SEP-Lizenz berechtigte Nutzung der standardessentiellen Technologie möglich ist. In diesem eher theoretischen Ausnahmefall sind die drei Voraussetzungen der Doktrin der „außergewöhnlichen Umstände" *prima facie* erfüllt.[1377] Angesichts dessen, dass – erstens – eine generelle Lizenzverweigerung trotz FRAND-Lizenzversprechens das Risiko nach sich zieht, dass eine SSO ein solches Mitglied aus der Organisation ausschließen wird, zweitens – die Doktrin der „außergewöhnlichen Umstände" als Ausnahmedoktrin restriktiv anzuwenden ist und – drittens – mit den *Huawei*-Kriterien

---

1375 EuGH, Urteil v. 16.07.2015, Huawei/ZTE, Rs. C-170/13, ECLI:EU:C:2015:477, Rn. 54; *Lübbert/Schöner*, in: Wiedemann, KartellR-Hdb § 23 Rn. 171; *Wolf*, in: Schuster/Grützmacher, IT-Recht, Art. 102 AEUV, Rn. 49; Näheres zur missbräuchlichen Durchsetzung von Unterlassungsansprüchen nach den Grundsätzen der *Huawei*-Entscheidung, unter Abschnitt II. 6. b) bb) (1) (b), S. 360 ff.

1376 Die Diskussion um die *Huawei*-Entscheidung und einer daraus folgenden Pflicht zur Lizenzierung gegenüber jedem Lizenzsucher („*license to all*") oder der „bloßen" Pflicht, den Zugang zum Markt für standardkonforme Produkte zu gewährleisten („*access to all*"), wird vor allem im Zusammenhang mit der praxisrelevanteren selektiven SEP-Lizenzierung geführt, dazu *Borghetti/Nikolic/Petit*, FRAND Licensing Levels under EU Law (2020), S. 35 ff.; *Martinez*, GRUR Int. 2019, 633. Dazu sogleich.

1377 *Borghetti/Nikolic/Petit*, FRAND Licensing Levels under EU Law (2020), S. 37.

ein anderer Lizenzierungsmechanismus existiert, besteht auch kein Bedürfnis für eine andere kartellrechtliche Bewertung.

(b) Selektive SEP-Lizenzverweigerung innerhalb einer Verwertungskette

Die Lizenzpraktik eines SEP-Inhabers, innerhalb einer Verwertungskette selektiv nur Nutzern auf einer bestimmten Marktstufe eine Lizenz am SEP einzuräumen und dies gegenüber Lizenzsuchern auf anderen Marktebenen zu verweigern, hat nicht nur jüngst im US-Verfahren gegen *Qualcomm* eine entscheidende Rolle gespielt. Auch im deutschen und europäischen Kartellrecht wird dieselbe Diskussion geführt: Stellt es eine missbräuchliche Ausnutzung einer marktbeherrschenden Stellung nach Art. 102 S. 1 AEUV dar, wenn ein marktbeherrschender SEP-Inhaber die Lizenzierung seines SEP selektiv – insbesondere gegenüber Komponentenhersteller – verweigert und sich darauf beschränkt, SEP-Lizenzen auf der letzten Marktstufe an Endprodukthersteller zu vergeben? Anders formuliert stellt sich die Frage, ob ein SEP-Inhaber kartellrechtlich zu einem *„multi-level-licensing"* verpflichtet ist, sprich ob er SEP-Lizenzen auf allen Marktebenen gegenüber allen Lizenzinteressierten innerhalb einer Verwertungskette vergeben muss. In der deutschen Gerichtspraxis hat ein Anspruch auf Einräumung einer FRAND-Lizenz bislang vor allem als Einwand zur Rechtsverteidigung gegen eine von einem SEP-Inhaber angestrengte Patentunterlassungsklage Bedeutung gehabt, nicht hingegen in Form der aktiven Durchsetzung eines positiven SEP-Lizenzierungsanspruchs.[1378]

Die ausschließliche Lizenzierung gegenüber Endprodukteehersteller verstößt nach übereinstimmender Auffassung nicht gegen das Regelbeispiel des Diskriminierungsverbots in Art. 102 S. 2 lit. c) AEUV, weil die jeweiligen Marktakteure – die jeweiligen Komponenten- und Endprodukteehersteller – auf unterschiedlichen Marktebenen innerhalb der Verwertungskette tätig sind, nicht in einem dafür erforderlichen Wettbewerbsverhältnis zueinander stehen[1379] und eine ausschließliche Lizenzierung auf Ebene der Endprodukteehersteller daher keine wettbewerbsverzerrenden Wirkungen auf den anderen Marktebenen haben

1378 *Kühnen*, GRUR 2019, 665, 666, mit zivilprozessualen Überlegungen für eine klageweise Geltendmachung des SEP-Lizenzanspruchs (S. 666-669), insbesondere durch eine als geeignet erachtete Angebotsklage gegen den SEP-Inhaber auf Abgabe eines FRAND-Lizenzangebots (S. 667, 668).

1379 Zum Erfordernis eines Wettbewerbsverhältnisses, *Eilmansberger/Bien*, in: MüKo WettbR, Bd. I, Art. 102 AEUV, Rn. 415.

kann.[1380] Der Ausgangspunkt der Diskussion besteht darin, ob eine SEP-Lizenz für ein Tätigwerden „unerlässlich" ist und ob mit der *Huawei*-Entscheidung des EuGH eine kartellrechtliche Pflicht zur Lizenzierung von SEPs zu FRAND-Bedingungen gegenüber sämtlichen Lizenzsuchern aufgestellt wurde. Dies wird in der Literatur kontrovers diskutiert, wobei sich jüngst damit auch das LG München I[1381] befasst hat.

(aa) Befürworter einer SEP-Lizenzpflicht auf allen Marktstufen

Teile der Literatur sind der Auffassung, dass jedes lizenzsuchende Unternehmen einen Anspruch auf eine FRAND-Lizenz hat und zwar unabhängig davon, auf welcher Marktstufe innerhalb einer Verwertungskette es sich befindet, sprich ob es sich um einen Komponenten- oder Endprodukthersteller handelt.[1382] Weder sei eine Begrenzung aus dem FRAND-Versprechen selbst ersichtlich, noch sei dies den Horizontal-Leitlinien der Europäischen Kommission zu entnehmen, die die Zulässigkeit der Festlegung eines Standards durch eine SSO an die Verpflichtung knüpften, dass SSO-Mitglieder sich verpflichten, „*Dritten zu fairen, zumutbaren und diskriminierungsfreien Bedingungen Lizenzen*"[1383] zu erteilen.[1384] So sieht beispielsweise die FRAND-Erklärung bei ETSI – wie zuvor dargestellt[1385] – ihrem Wortlaut nach nur vor, dass ein SEP-Inhaber bereit sein muss, unwiderrufliche SEP-Lizenzen zu FRAND-Bedingungen zu vergeben[1386], ohne dass die Formulierung selbst Anhaltspunkte dafür liefert, dass eine Differenzierung nach der Marktebene der Lizenzsucher möglich sein soll. Zudem wird angeführt, dass der EuGH in seiner *Huawei*-Entscheidung keine derartige

---

1380 *Borghetti/Nikolic/Petit*, FRAND Licensing Levels under EU Law (2020), S. 38, 39; *Dornis* WRP 2020, 688, 693 Fn. 70; *Nazzini*, 40 (2) World Competition 213, 236-238 (2017).

1381 LG München I, Urteil v. 10.09.2020 – 7 O 8818/19, Rn. 262 ff. (zitiert nach juris).

1382 *Kühnen*, GRUR 2019, 665, 666; *Dornis*, WRP 2020, 688, 692; *Rosenbrock*, Why the ETSI IPR Policy Requires Licensing to All (2017), S. 4-12.

1383 Europäische Kommission, Horizontalleitlinien, Rn. 285; in der englischsprachigen Fassung ist von einem „FRAND commitment" gegenüber „*all third parties*" die Rede.

1384 *Dornis*, WRP 2020, 688, 692, 693; *Rosenbrock*, Why the ETSI IPR Policy Requires Licensing to All (2017), S. 5; *Nazzini*, 40 (2) World Competition 213, 225, 226 (2017)

1385 Siehe zuvor Abschnitt II. 4. a) bb) (2) (b) (cc) ii., S. 282-284.

1386 ETSI Directive (Februar 2020), Rules of Procedure, Annex 6: ETSI IPR Policy (Dezember 2019), Art. 6.1: „*to give (…) an irrevocable undertaking in writing that it is prepared to grant irrevocable licences on fair, reasonable and non-discriminatory ("FRAND") terms (…).*"

Einschränkung in Bezug auf den Kreis möglicher Lizenzberechtigter zu erkennen gegeben hat.[1387]

Die Befürworter einer umfassenden Lizenzpflicht führen ferner an, dass ohne Lizenzinhaberschaft ein Standardanwender für seine geschäftliche Tätigkeit auf das vertragskonforme Verhalten seiner Geschäftspartner innerhalb der nachgeordneten Verwertungskette angewiesen wäre und die Nachteile mit zu tragen hätte, die aus deren lizenzvertragswidrigen Verhalten für das Benutzungsrecht an dem SEP verbunden sind. Eine Abhängigkeit von der Vertragstreue dritter Lizenznehmer, auf die im Zweifel kein Einfluss genommen werden kann, lasse sich nur vermeiden, wenn jeder Lizenzsucher eine SEP-Lizenz auch erhält, unabhängig von davon, auf welcher Marktstufe er sich befinde.[1388] Zudem werde dadurch vermieden, dass Unternehmen auf einer niedrigeren Stufe der Wertschöpfung sich bei jedem weiteren Verkaufsgeschäft vergewissern müssten, ob seine Abnehmer lizenzberechtigt sind, um keinen patentrechtlichen Ausschlussansprüchen des SEP-Inhabers ausgesetzt zu sein. Mit der Lizenzinhaberschaft wäre sichergestellt, dass jede weitere Handlung rechtskonform ist.[1389]

Kühnen, der sich einerseits für einen SEP-Lizenzanspruch auf jeder Verwertungsstufe ausspricht, hält es auf der anderseits allerdings für gerechtfertigt, dass der SEP-Inhaber als angemessene Lizenzgebühr den vollen wirtschaftlichen Nutzen seiner Technologie für das Endprodukt (*entire market value rule*[1390]) gegenüber jedem Lizenzsucher innerhalb einer Vertriebskette erheben können soll.[1391] Die Höhe der Lizenzgebühr variiere nicht danach, auf welcher Vertriebsstufe das SEP lizenziert wird. In voller Höhe könne die Gebühr innerhalb einer Vertriebskette allerdings nur einmal und nicht nacheinander auf mehreren Ebenen eingestrichen werden.[1392] Diejenigen Nutzer der standardessentiellen Technologie, die sich auf einer dem ersten Lizenznehmer nachgelagerten Verwertungsstufe befinden, treffe infolge des patentrechtlichen Erschöpfungsgrundsatzes keine Lizenzpflicht mehr und können damit auch nicht patentrechtlich auf Unterlassung in Anspruch genommen werden. Derjenige, der Lizenznehmer und Vertragspartner des SEP-Inhabers ist, könne seinerseits die Lizenzgebührenlast auf

---

1387 *Dornis*, WRP 2020, 688, 693; *Nazzini*, 40 (2) World Competition 213, 227-230 (2017).

1388 *Kühnen*, GRUR 2019, 665, 666; *Dornis*, WRP 2020, 688, 693.

1389 *Kühnen*, GRUR 2019, 665, 666.

1390 Zur Diskussion um die Bezugsgröße für die Bemessung der FRAND-Lizenzgebühr, siehe bereits im Dritten Teil unter Abschnitt IV. 1. a) bb) (1), S. 93 ff.

1391 *Kühnen*, GRUR 2019, 665, 671, 672.

1392 *Kühnen*, GRUR 2019, 665, 673; Kühnen, Hdb. Patentverletzung, Kap E Rn. 487.

den Verkaufspreis für seine Produktkomponente aufschlagen und mithin bis zum Endgerätehersteller durchreichen, der die Gebührenlast dann final trägt.[1393]

Andere Vertreter innerhalb der Fürsprecher einer umfassenden SEP-Lizenzpflicht lehnen es im Unterschied zu *Kühnen* ab, dass eine angemessene Lizenzrendite am Wert des Endprodukts auszurichten sei, weil dies zu einer Über-Kompensation des SEP-Inhabers führe.[1394]

(bb) Kritiker einer „multi-level" SEP-Lizenzpflicht und Auflösung durch die Rechtsprechung

Andere Teile der Literatur[1395], der sich auch die 7. Kammer des LG München I angeschlossen hat[1396] – die dazu erstmals und bisher alleine entschieden hat, lehnen eine Pflicht zur Lizenzierung des SEP auf allen Marktebenen – d.h. ein „*license to all*" – ab und wollen dem SEP-Inhaber die freie Wahl belassen, auf welcher Ebene er sein SEP lizenziert. In dem besagten Fall, der dem LG München I vorlag, ging es um eine Unterlassungsklage, die von der SEP-Inhaberin *Sharp* gegen die Beklagte *Daimler* erhoben wurde. *Sharp* warf *Daimler* vor, in seinen hergestellten und vertriebenen PKWs und Nutzfahrzeugen SEPs von *Sharp*, die dem LTE-Standard zugrunde liegen, lizenzlos genutzt zu haben, weil die entsprechenden Fahrzeuge nach dem LTE-Standard kommunizieren können. FRAND-Lizenzverhandlungen waren bis dahin gescheitert.[1397] *Daimler* versuchte sich unter anderem mit dem Einwand gegen die Unterlassungsklage zu verteidigen, dass die Klägerin *Sharp* rechtsmissbräuchlich und diskriminierend handele, wenn sie zunächst nur mit der Beklagten als Herstellerin des Endprodukts einen Lizenzvertrag anstrebe, da sie entsprechend der Gepflogenheiten

1393 *Kühnen*, GRUR 2019, 665, 673.

1394 *Dornis*, WRP 2020, 688, 692.

1395 *Huber*, Why the ETSI IPR Policy Does Not and Has Never Required Compulsory 'License to All': A Rebuttal to Karl Heinz Rosenbrock (2017), S. 9 ff.; *Borghetti/Nikolic/Petit*, FRAND Licensing Levels under EU Law (2020), S. 35 ff.; *Martinez*, GRUR Int. 2019, 633, 640.

1396 LG München I, Urteil v. 10.09.2020 – 7 O 8818/19, Rn. 270 (zitiert nach juris); jüngst ausdrücklich offen gelassen durch die 21. Kammer des LG München I, Urteil v. 30.10.2020 – 21 O 11384/19, Rn. 366 (zitiert nach juris) und LG München I, Urteil v. 30.10.2020 – 21 O 3891/19, S. 70 (bislang nicht bei juris veröffentlicht), ebenso offen gelassen in LG Mannheim, Urteil v. 18.08.2020 – 2 O 34/19, Rn. 253 ff. (zitiert nach juris).

1397 LG München I, Urteil v. 10.09.2020 – 7 O 8818/19, Rn. 1-11 (zitiert nach juris).

in der Automobilbranche verpflichtet gewesen sei, Teilezulieferern eine SEP-Lizenz zu erteilen.[1398]

Diesbezüglich stellte die 7. Kammer des LG München I fest, dass eine Lizenzierungspraktik ausschließlich auf Ebene der Endprodukteherstellerzwar den bisherigen Gewohnheiten in der Automobilbranche widerspreche, die Klägerin allerdings nicht verpflichtet sei, sich auf diese Praxis einzulassen. Vor dem Hintergrund, dass sich die Produkte der Beklagten *Daimler* zunehmend vom Bereich des klassischen Automobilbaus weg und hin zum Bereich des Mobilfunks begebe, sei auch die in diesem Markt geltende Praxis zu respektieren. Wenn es im Mobilfunkbereich üblich sei, dass Endprodukteehersteller lizenziert werden, so müsse die Beklagte dies grundsätzlich gegen sich gelten lassen.[1399] Unabhängig davon, sei die Klägerin nicht verpflichtet gewesen, Zulieferern eine Lizenz zu erteilen, sondern müsse ihnen nur den Zugang zu den durch ihre SEPs betroffenen Standards gewähren.[1400] Eine Pflicht zur Lizenzierung auf allen Ebenen ergebe sich nicht aus dem EU-Kartellrecht und folge im Übrigen auch nicht aus dem Patentrecht oder Vertragsrecht in Verbindung mit der im Fall betroffenen ETSI FRAND-Lizenzerklärung.[1401] Auch unter Berücksichtigung des europäischen Kartellrechts dürfe sich ein Patentinhaber grundsätzlich die Lizenzierungsebene aussuchen.[1402] Der EuGH habe in seiner *Huawei*-Entscheidung zwar festgestellt, dass der Inhaber eines SEP den Marktzugang von Produkten verhindern und die FRAND-Erklärung die berechtigte Erwartung Dritter wecken könne, dass ihnen eine FRAND-Lizenz erteilt werde. Allerdings setze der Zugang eines Produkts zu einem Markt nicht notwendigerweise eine Lizenz zugunsten des Zulieferers voraus. Insoweit sei es ausreichend, wenn sich die legale Nutzungsmöglichkeit durch eine Lizenz innerhalb der Wertschöpfungskette ergebe, die eine Verwendungserlaubnis auch zugunsten von Zulieferern bzw. Komponentenherstellern vermittelt.[1403] Den Aspekt, auf welcher Ebene der Wertschöpfungskette eine berechtigte Erwartung für eine FRAND-Lizenz entsteht, habe – so ausdrücklich das LG München I – der EuGH „*bei seiner Entscheidung (schlicht und einfach) nicht im Blick*" gehabt.[1404]

1398 LG München I, Urteil v. 10.09.2020 – 7 O 8818/19, Rn. 262, 264 (zitiert nach juris).
1399 LG München I, Urteil v. 10.09.2020 – 7 O 8818/19, Rn. 265 (zitiert nach juris).
1400 LG München I, Urteil v. 10.09.2020 – 7 O 8818/19, Rn. 266 (zitiert nach juris).
1401 LG München I, Urteil v. 10.09.2020 – 7 O 8818/19, Rn. 270 (zitiert nach juris).
1402 LG München I, Urteil v. 10.09.2020 – 7 O 8818/19, Rn. 271, 272 (zitiert nach juris).
1403 LG München I, Urteil v. 10.09.2020 – 7 O 8818/19, Rn. 272 (zitiert nach juris).
1404 LG München I, Urteil v. 10.09.2020 – 7 O 8818/19, Rn. 273 (zitiert nach juris).

In Übereinstimmung damit sind auch Vertreter aus der Literatur der Ansicht, dass mit einem FRAND-Versprechen keine Pflicht zur Lizenzierung gegenüber allen Lizenzinteressierten auf allen Marktebenen einhergeht – im Sinne eines „*license to all*“, sondern den SEP-Inhaber nur dazu verpflichtet, den Zugang zu dem durch seine SEPs betroffenen Standard zu gewährleisten, im Sinne eines „*access to all*“.[1405] Eine Lizenzinhaberschaft auf Seiten der jeweiligen Komponentenherstellern sei weder für den Zugang zum Standard noch für den Vertrieb standardkonformer Produkte erforderlich.[1406] Eine Pflicht zur Lizenzierung auf allen Marktebenen führe zudem nicht nur zu Ineffizienzen und erhöhten Transaktionskosten[1407], sondern widerspreche auch der gängigen Branchenpraxis in der Mobilfunkindustrie[1408].

(cc) Stellungnahme

Der letztgenannten Auffassung, der sich auch die 7. Kammer des LG München I angeschlossen hat, ist zuzustimmen. Das Urteil der 7. Kammer des LG München I ist zwar bis dato die einzige Entscheidung eines deutschen Gerichts, die sich mit der vorliegenden Problematik befasst hat, weshalb nicht von einer gefestigten Rechtsprechung deutscher Gerichte gesprochen werden kann. Dennoch ist die „Neuland betretende“ Entscheidung inhaltlich zu begrüßen. Eine kartellrechtliche Pflicht zur Lizenzierung gegenüber jedem Interessenten auf jeder Markstufe, bei der ein SEP-Inhaber überdies nur eine an der jeweils betroffenen Produktkomponente ausgerichtete Lizenzgebühr erheben dürfte, ist unpraktikabel, führt zu höheren Kosten und beeinträchtigt die Lizenzierungstätigkeit von SEP-Inhaber in nicht gerechtfertigter Weise. Belegt eine standardessentielle Technologie mehrere Produktkomponenten oder betrifft sie deren Kompatibilität untereinander im Endprodukt, würden die Feststellungen, welcher Komponentenhersteller berechtigt ist, eine Lizenz für ein SEP in welchem Umfang

---

1405 *Borghetti/Nikolic/Petit*, FRAND Licensing Levels under EU Law (2020), S. 36, 37; *Martinez*, GRUR Int. 2019, 633, 640; *Huber*, Why the ETSI IPR Policy Does Not and Has Never Required Compulsory ‘License to All’: A Rebuttal to Karl Heinz Rosenbrock (2017), S. 7, 8.

1406 *Borghetti/Nikolic/Petit*, FRAND Licensing Levels under EU Law (2020), S. 36, 37.

1407 *Martinez*, GRUR Int. 2019, 633, 639, 640; *Huber*, Why the ETSI IPR Policy Does Not and Has Never Required Compulsory ‘License to All’: A Rebuttal to Karl Heinz Rosenbrock (2017), S. 9, 10.

1408 *Martinez*, GRUR Int. 633, 637; *Huber*, Why the ETSI IPR Policy Does Not and Has Never Required Compulsory ‘License to All’: A Rebuttal to Karl Heinz Rosenbrock (2017), S. 4-7.

zu fordern, mit erheblichem Aufwand verbunden sein. Lizenzverhandlungen würden nicht nur komplexer, sondern vor allem zeitaufwendiger werden und insgesamt zu höheren Transaktionskosten führen.[1409] Abgesehen von diesen Ineffizienzen sind auch keine zwingenden Gründe ersichtlich, warum ein Komponentenhersteller, der eine standardessentielle Technologie für seine Produktkomponente nutzen darf, dafür „unerlässlich" auf eine SEP-Lizenz angewiesen ist, wenn der SEP-Inhaber gegen die lizenzlose Nutzung nicht vorgeht. Insoweit ist für eine Markttätigkeit ausreichend, dass der Zugang zum Standard sichergestellt ist, im Sinne eines *„access to all"*.[1410] Dieser Ansatz ist nicht nur einfacher in seiner Durchführung, sondern führt auch zu effizienteren Ergebnissen, weil er ein zeit- und kostenintensives *„multi-level-licensing"* vermeidet.[1411]

Dieses Ergebnis ist überdies auch in Einklang mit der Rechtsprechung des EuGH und den Anforderungen, die von der Europäischen Kommission in den Horizontal-Leitlinien für die Tätigkeit einer SSO mit Blick auf das FRAND-Lizenzversprechen aufgestellt wurden. Die *Huawei*-Entscheidung des EuGH befasst sich mit den Voraussetzungen, wann ein SEP-Inhaber gegen einen Patentnutzer Unterlassungs- und Ausschlussansprüche geltend machen können soll, ohne sich dadurch zugleich dem Vorwurf der missbräuchlichen Ausübung seiner Marktmacht nach Art. 102 AEUV ausgesetzt zu sehen. Außerhalb der Fälle der Erhebung einer Patentverletzungsklage enthält die benannte Rechtsprechung des EuGH nichts hinsichtlich einer etwaigen Lizenzpflicht gegenüber sämtlichen Lizenzsuchern oder insbesondere Komponentenherstellern.[1412] Der EuGH warnt in Rn. 52 seiner Entscheidung davor, dass ein SEP-Inhaber durch die Geltendmachung patentrechtlicher Unterlassungsansprüche verhindern könne, dass standardkonforme Produkte, die das SEP nutzen, auf den Markt gelangen oder dort verbleiben können.[1413] Im darauf folgenden Absatz, der insoweit systematisch zusammen betrachtet werden muss, führt das Gericht

---

1409 *Huber*, Why the ETSI IPR Policy Does Not and Has Never Required Compulsory 'License to All': A Rebuttal to Karl Heinz Rosenbrock (2017), S. 10, 11.

1410 *Huber*, Why the ETSI IPR Policy Does Not and Has Never Required Compulsory 'License to All': A Rebuttal to Karl Heinz Rosenbrock (2017), S. 7-9; *Borghetti/Nikolic/Petit*, FRAND Licensing Levels under EU Law (2020), S. 36, 37.

1411 *Martinez*, GRUR Int. 2019, 633, 640.

1412 *Borghetti/Nikolic/Petit*, FRAND Licensing Levels under EU Law (2020), S. 37, 38; Näheres zur Analyse und Bewertung der Entscheidung unter Abschnitt II. 6. b) bb) (1) (b), S. 360 ff.

1413 EuGH, Urteil v. 16.07.2015, Huawei/ZTE, Rs. C-170/13, ECLI:EU:C:2015:477, Rn. 52.

weiter aus, dass „[u]*nter diesen Umständen*" eine SEP-Lizenzverweigerung nach Art. 102 AEUV missbräuchlich sein könne. Dieser Umstand, d.h. die Gefahr dass der SEP-Inhaber den Marktzugang für ein standardkonformes Produkt blockiert, droht aber nicht in den Fällen, in denen ein SEP-Inhaber lediglich seine Lizenz auf Ebene der Endproduktehersteller vergibt und eben nicht patentrechtlich gegen Komponentenhersteller vorgeht, die das SEP lizenzlos nutzen. Eben davor soll auch das FRAND-Lizenzversprechen schützen, nämlich dass ein SEP-Inhaber patentrechtliche Unterlassungsansprüche geltend macht und damit den Marktzugang für ein Produkt versperrt. Dieselbe Wertung ist auch aus den Horizontal-Leitlinien der Europäischen Kommission zu entnehmen, wonach die „*Gewährung eines tatsächlichen Zugangs zu der Norm*"[1414] gewährleistet werden muss, die durch das FRAND-Lizenzversprechen abgesichert wird.[1415]

Insgesamt ist es auch in den Fällen einer selektiven Lizenzverweigerung, die von der Marktebene des Lizenzsuchers abhängig ist, und einer ausschließlichen Lizenzierung auf Ebene der Endproduktehersteller nicht angezeigt, die Doktrin der „außergewöhnlichen Umstände" zu erweitern, weil eine SEP-Lizenzinhaberschaft für den Zugang zum Standard und für eine Markttätigkeit eben nicht „unerlässlich" ist. Ob sich der EuGH auch gegen eine Lizenzpflicht auf allen Marktebenen aussprechen wird, bleibt abzuwarten. Das LG Düsseldorf hatte im Zusammenhang mit den „*connected cars*" Auseinandersetzungen zwar eine Vorlage an den EuGH beschlossen, mit der unter anderem diese Frage geklärt werden sollte.[1416] Nachdem sich die Parteien außergerichtlich einigen konnten,[1417] hat das LG Düsseldorf sein Vorabentscheidungsersuchen zurückgenommen.[1418]

1414 Europäische Kommission, Horizontalleitlinien, Rn. 285.

1415 So auch *Huber*, Why the ETSI IPR Policy Does Not and Has Never Required Compulsory 'License to All': A Rebuttal to Karl Heinz Rosenbrock (2017), S. 8, 9.

1416 LG Düsseldorf, Pressemitteilung v. 26.11.2020, Vorlagebeschluss an den EuGH in der patentrechtlichen Verletzungsklage Nokia./.Daimler, unter A., abrufbar unter: https://www.lg-duesseldorf.nrw.de/behoerde/presse/pressearchiv/pressemitteilungen_2020/22-20.pdf (abgerufen am: 22.03.2021).

1417 Dazu https://www.juve-patent.com/news-and-stories/cases/nokia-and-daimler-settle-all-global-litigation-in-connected-cars-dispute/ (abgerufen am: 01.06.2021).

1418 EuGH, Beschluss v. 24.06.2021, Nokia/Daimler, Rs. C-182/21, ECLI:EU:C:2021:575, Rn. 1.

(3) Zwischenergebnis

Verweigert ein marktbeherrschender SEP-Inhaber generell die Lizenzierung seines SEP gegenüber jedem lizenzsuchenden Dritten, kann dies unter den engen Voraussetzungen der Doktrin der „außergewöhnlichen Umstände“ ein missbräuchliches und gegen Art. 102 AEUV verstoßendes Verhalten sein, das eine kartellrechtliche SEP-Lizenzpflicht auslöst. Außerhalb dieser eher theoretischen Konstellation einer generellen Lizenzverweigerung handelt ein SEP-Inhaber nicht missbräuchlich, wenn er seine Technologie innerhalb einer vertikalen Verwertungskette, in der unterschiedliche Komponentenhersteller das SEP nutzen, nur auf Ebene der Endproduktehersteller lizenziert. Ein SEP-Inhaber unterliegt nach vorzugswürdiger Auffassung keiner kartellrechtlichen Pflicht zur Lizenzierung auf allen Marktebenen, sondern kann sich die Marktebene selbst aussuchen, auf der er SEP-Lizenzen zu FRAND-Bedingungen vergibt.

bb) Kartellrechtliche SEP-Lizenzpflicht auf Grundlage des deutschen GWB

Auf Ebene des nationalen Rechts sind mehrere Ansatzpunkte denkbar, mit denen eine kartellrechtliche SEP-Lizenzpflicht begründet werden kann. Dies erscheint sowohl mit Blick auf das in § 19 Abs. 2 Nr. 4 GWB normierte Regelbeispiel denkbar, als auch auf Grundlage der Generalklausel in § 19 Abs. 1 GWB.

(1) § 19 Abs. 2 Nr. 4 GWB

Das im deutschen Kartellrecht in § 19 Abs. 2 Nr. 4 GWB genannte Regelbeispiel, das an die *„essential facility doctrine“* angelehnt ist[1419], könnte als Ansatzpunkt zur Begründung einer kartellrechtlichen SEP-Lizenzpflicht herangezogen werden, wenn eine SEP-Lizenz als Zugangsobjekt im Sinne der Norm qualifiziert werden könnte. In dem Regelbeispiel selbst ist seit seiner Neufassung im Zuge der 10. GWB-Novelle vom Zugang zu „Daten“, „Netzen“ oder „anderen Infrastruktureinrichtungen“ die Rede. Letztere waren nach dem Willen des Gesetzgebers bislang als Oberbegriff zu verstehen.[1420] Ob ein Patentrecht überhaupt eine „Einrichtung“ in dem Sinne sein kann, wurde bisher uneinheitlich bewertet.

1419 *Fuchs*, in: I/M, Bd. 2, GWB, § 19 Rn. 253; Kling/Thomas, Kartellrecht, § 20, Rn. 201, 202.

1420 *Loewenheim*, in: Loewenheim/Meessen/Riesenkampff/Kersting/Meyer-Lindemann, § 19 GWB, Rn. 87; Bechtold/Bosch, GWB, § 19 Rn. 69.

(a) Bisheriger Meinungsstand in der Literatur und Rechtsprechung vor der 10. GWB-Novelle

Während vereinzelt Stimmen bislang dafür plädiert haben, dass der Einrichtungsbegriff auch Immaterialgüterrechte erfassen soll[1421], wurde dies in der Vergangenheit sowohl von der Rechtsprechung[1422] als auch von den überwiegenden Teilen in der Literatur[1423] abgelehnt. Die Vertreter eines weiten, gewerbliche Schutzrechte mitumfassenden Einrichtungsbegriffs haben hierfür angeführt, dass unter dem gesetzgeberisch geforderten natürlichen Monopolcharakter der Einrichtung nicht ausschließlich physische Einrichtungen und Netze zu verstehen seien.[1424] Es wurde für unbeachtlich gehalten, ob ein durch eine Infrastruktureinrichtung abgrenzbarer Markt faktisch oder durch ein rechtliches Mittel bewirkt wird.[1425] Auch Kritiker des letztgenannten Ansatzes haben teilweise zugestanden, dass der Wortlaut des § 19 Abs. 2 Nr. 4 GWB aF eine Subsumtion von Immaterialgüterrechten unter den Begriff der Infrastruktureinrichtung nicht zwingenderweise ausschließe.[1426] Die überwiegenden Gegenstimmen haben hingegen ausschließlich physisch fassbare Einrichtungen als mit dem Wortlaut vereinbar gesehen, weil nur dies dem Willen des historischen Gesetzgebers entspreche. Der Gesetzgeber hatte bei Einführung der Norm ausdrücklich festgehalten:

> *„Durch die Begrenzung auf Infrastruktureinrichtungen wird insbesondere deutlicher zum Ausdruck gebracht, daß der Tatbestand nicht darauf abzielt, Ansprüche auf Nutzung fremder gewerblicher Schutzrechte zu begründen.“*[1427]

1421 *v. Bechtolsheim/Bruder*, WRP 2002, 55, 60, 63; *Maaßen*, S. 235 ff., 238.

1422 LG Düsseldorf, Urteil v. 30.11.2006 – 4b O 508/05, Rn. 115 (zitiert nach juris); *Casper* weist auf ein weiteres dahingehendes, aber nicht veröffentlichtes Urteil des OLG Frankfurt hin, *Casper*, ZHR 166 (2002), 685, 692 mit Verweis auf OLG Frankfurt, Urteil v. 19.06.2001, 11 U 66/2000, S. 12 ff.

1423 Grundlegend *Brakhahn*, S. 206, 207; *Loewenheim*, in: Loewenheim/Meessen/Riesenkampff/Kersting/Meyer-Lindemann, § 19 GWB, Rn. 87; *Fuchs*, in: I/M, Bd. 2, GWB, § 19 Rn. 275, 304; *Wolf*, in: Schuster/Grützmacher, IT-Recht, § 19 GWB, Rn. 30; Bechtold/Bosch, GWB, § 19 Rn. 69; Kling/Thomas, Kartellrecht, § 20 Rn. 149, 207; *Casper*, ZHR 166 (2002), 685, 704; *Eckel*, NZKart 2017, 408, 412; *Höppner*, ZWeR 2010, 395, 412; *Nägele/Jacobs*, WRP 2009, 1062, 1064.

1424 *v. Bechtolsheim/Bruder*, WRP 2002, 55, 60.

1425 *v. Bechtolsheim/Bruder*, WRP 2002, 55, 60.

1426 *Casper*, ZHR 166 (2002), 685, 704.

1427 Stellungnahme der Bundesregierung, BT-Drucksache 13/9720, S. 79, 80, mit Bezug auf die Stellungnahme des Bundesrates, BT-Drucksache 13/9720, S. 73.

Diese Einschränkung wurde für gerechtfertigt gehalten, weil solchen Rechten gerade der Zweck eigentümlich sei, andere von der Benutzung auszuschließen[1428] und dies auch dem Schutz von Innovationsanreizen diene, die im Falle einer kartellrechtlichen Lizenzpflicht gefährdet wären[1429].

Im Standardisierungskontext wurde vor der Neufassung des § 19 Abs. 2 Nr. 4 GWB vereinzelt dafür plädiert, die Norm auch auf Fälle anzuwenden, in denen ein Immaterialgüterrecht dazu eingesetzt wird, den Zugang zu einem Standard zu versperren, der als virtuelles „Netz" eingeordnet werden könne.[1430] Der Gleichschluss eines Standards mit einem „Netz" war aber auch nach der Altfassung der Norm bedenklich, als ein technischer Standard letztlich nichts anderes ist, als ein festgeschriebenes Regelwerk, dem ein umfassendes Bündel einzelner patentgeschützter Technologien zugrunde liegt, deren Einhaltung und Umsetzung zwingend erforderlich ist, um die Standardkonformität eines Produkts sicherzustellen. Der letztgenannte Ansatz vermochte auch nach der Altfassung der Norm nicht zu erklären, warum ein einzelnes SEP keine „Einrichtung", ein Bündel an SEPs hingegen einem „Netz" darstellen kann. Eine solche Einordnung stand zudem in Widerspruch zu dem Über- und Unterordnungsbegriffsverhältnis der jeweiligen Anknüpfungsobjekte in der Altfassung der Norm: Der Begriff der „anderen Infrastruktureinrichtung" war nach dem Willen des Gesetzgebers als Oberbegriff zu verstehen[1431], so dass auch der Unterfall des „Netzes" danach auszulegen war und mithin keine nicht-physischen Netze erfassen konnte.

(b) Subsumtion unter Einbezug der Neufassung des § 19 Abs. 2 Nr. 4 GWB

Die Diskussion um den Einbezug von Immaterialgüterrechten in den Tatbestand der Norm dürfte mit der Umsetzung der 10. GWB-Novelle der Boden entzogen sein. Der Gesetzgeber hat nunmehr seine Absicht in die Tat umgesetzt, § 19 Abs. 2 Nr. 4 GWB einen offeneren und nicht mehr auf physische Einrichtungen beschränkten Anwendungsbereich zu geben.[1432] Damit soll der Praxis

1428 *Loewenheim*, in: Loewenheim/Meessen/Riesenkampff/Kersting/Meyer-Lindemann, § 19 GWB, Rn. 87

1429 *Nägele/Jacobs*, WRP 2009, 1062, 1064; *Fuchs*, in: I/M, Bd. 2, GWB, § 19 Rn. 304.

1430 *Hartmann*, S. 319.

1431 *Loewenheim*, in: Loewenheim/Meessen/Riesenkampff/Kersting/Meyer-Lindemann, § 19 GWB, Rn. 87; Bechtold/Bosch, GWB, § 19 Rn. 69.

1432 BT-Drucksache 19/23492, S. 72; vgl. Sonderbeilage „Konsolidierte Fassung des GWB nach der 10. GWB-Novelle mit den wesentlichen Teilen der amtlichen Begründungen", zu NZKart 2/2021, S. 57.

der europäischen Kommission und der Rechtsprechung der Unionsgerichte zu Art. 102 AEUV Rechnung getragen werden und unter anderem dessen neuer Anwendungsbereich Immaterialgüterrechte erfassen.[1433] Ob diese Intention nunmehr auch hinreichend klar im Normtext des neuen § 19 Abs. 2 Nr. 4 GWB zum Ausdruck kommt, der explizit nur den Zugang zu „Daten" nennt, wird zu Recht teilweise angezweifelt.[1434] Auch wenn eine deutlichere Formulierung wünschenswert gewesen wäre, ist der dahingehende gesetzgeberische Wille nunmehr eindeutig dokumentiert.

Aus dem neu gefassten § 19 Abs. 2 Nr. 4 GWB ergeben sich im Zusammenhang mit Lizenzansprüchen für FRAND-unterworfenen SEPs allerdings keine Wertungswidersprüche. Verweigert es ein SEP-Inhaber generell gegenüber jedem lizenzsuchenden Unternehmen eine Patentlizenz zu vergeben, erscheint es – in Übereinstimmung mit den Wertungen der Doktrin der „außergewöhnlichen Umstände"[1435] – gerechtfertigt, einen kartellrechtliche Lizenzanspruch auf dieser Basis anzunehmen. Lizenziert der Pateninhaber sein SEP innerhalb einer Verwertungskette nur auf einer bestimmten Marktstufe, ist zum einen dem Umstand Rechnung zu tragen, dass sich der SEP-Inhaber die Lizenzierungsebene aussuchen darf und eine Lizenzverweigerung gegenüber lizenzsuchenden Unternehmen auf anderen Marktebenen jedenfalls dann sachlich gerechtfertigt wäre, wenn er eine Nutzung seines SEPs lizenzlos gestattet. Zum anderen genügt es, wenn eine legale Nutzungsmöglichkeit durch die Existenz einer Lizenz innerhalb der Wertschöpfungskette gewährleistet ist, die eine Nutzungserlaubnis auch zugunsten von Komponentenhersteller oberhalb der Endproduktebene vermittelt.[1436] Wird aus einem SEP auf Unterlassung geklagt, kann ein Standardanwender zur Rechtsverteidigung zudem den Einwand erheben, dass angesichts der durch das FRAND-Lizenzversprechen geweckten Erwartungen die Geltendmachung von Unterlassungsrechten missbräuchlich ist. Insoweit setzt der Zugang

---

1433 BT-Drucksache 19/23492, S. 72, die Neufassung soll „*mit ihrer offeneren Formulierung klarstellen, dass auch eine Verweigerung des Zugangs zu Plattformen oder Schnittstellen missbräuchlich sein kann, ebenso die Verweigerung der Lizensierung von Immaterialgüterrechten.*"; vgl. Sonderbeilage „Konsolidierte Fassung des GWB nach der 10. GWB-Novelle mit den wesentlichen Teilen der amtlichen Begründungen", zu NZKart 2/2021, S. 57; vgl. *Steinberg/Wirtz*, WuW 2019, 606, 607.

1434 Kritisch dazu, *Wirtz*, in: *Steinberg/Wirtz*, WuW 2019, 606, 608; *Höppner/Weber*, K&R 2020, 24, 45

1435 Siehe oben unter Abschnitt II. 4. b) aa) (2) (a) (ee), S. 295-297.

1436 Siehe oben unter Abschnitt II. 4. b) aa) (2) (b) (bb), S. 300 ff. und Abschnitt II. 4. b) aa) (2) (b) (cc), S. 302 ff.

zu einem vor- oder nachgelagerten Markt für standardkonforme Produkte im Sinne von § 19 Abs. 2 Nr. 4 GWB nicht zwingenderweise die Inhaberschaft einer SEP-Lizenz voraus.

(2) § 19 Abs. 1 GWB

Ein kartellrechtlicher Anspruch auf Einräumung einer Patentlizenz kann zwar grundsätzlich ebenso ein Anwendungsfall von § 19 Abs. 1 GWB sein[1437], was so auch instanzgerichtlich anerkannt wird[1438]. Unter anderem hat das LG Düsseldorf sich mit dem „denkbaren" Fall auseinandergesetzt, ob ein Patentinhaber gegen „*Art. 82 EG, §§ 19, 20 GWB*" verstößt, wenn er sich unter Berufung auf sein Ausschließlichkeitsrecht generell weigert, Dritten eine Lizenz – egal zu welchen Bedingungen – zu erteilen.[1439] Unter ausdrücklicher Anwendung der vom EuGH in der *IMS Health*-Entscheidung entwickelten Kriterien hat das Gericht betont, dass unter diesen Voraussetzungen grundsätzlich eine kartellrechtliche Patentlizenzpflicht anzunehmen sein kann[1440], wenngleich es eine Prüfung letztlich offen gelassen hat, weil eine generelle Lizenzverweigerung in dem besagten Fall nicht streitgegenständlich war[1441]. Auch in anderen Entscheidungen hat das LG Düsseldorf bestätigt, dass eine generelle Lizenzverweigerung missbräuchlich und eine kartellrechtliche Lizenzpflicht anzunehmen sein kann, wenn die vom EuGH aufgestellten Kriterien der Doktrin der „außergewöhnlichen Umstände" erfüllt sind.[1442] Insoweit besteht ein Gleichlauf zwischen § 19 Abs. 1 GWB und Art. 102 AEUV hinsichtlich der Annahme einer kartellrechtlichen Patentlizenzpflicht, wenn ausnahmsweise die Voraussetzungen der Doktrin erfüllt sind, weshalb das oben Gesagte hier entsprechend gilt.

1437 *Burghartz*, S. 218, 219; Kling/Thomas, Kartellrecht, § 20 Rn. 207; *Fuchs*, in: I/M, Bd. 2, GWB, § 19 Rn. 304.

1438 Dazu LG Düsseldorf, Urteil v. 30.11.2006 – 4b O 508/05, Rn. 109, 110 (zitiert nach juris).

1439 LG Düsseldorf, Urteil v. 30.11.2006 – 4b O 508/05, Rn. 109, 110 (zitiert nach juris).

1440 LG Düsseldorf, Urteil v. 30.11.2006 – 4b O 508/05, Rn. 110-114 (zitiert nach juris).

1441 LG Düsseldorf, Urteil v. 30.11.2006 – 4b O 508/05, Rn. 116 (zitiert nach juris).

1442 LG Düsseldorf, Urteil v. 17.04.2007 – 4b O 287/06, Rn. 99-103 (zitiert nach juris); LG Düsseldorf, Urteil v. 30.11.2006 – 4b O 508/05, Rn. 110-114 (zitiert nach juris); dazu auch *Hötte*, S. 58, 59.

(3) Zwischenergebnis

Mit der Neufassung des § 19 Abs. 2 Nr. 4 GWB sind kartellrechtliche Zugangsansprüche zwar nun nicht mehr nur auf physische Einrichtungen beschränkt, sondern können auch den Zugang zu Immaterialgüterrechten erfassen. Ein kartellrechtlicher Anspruch bzw. eine Pflicht zur Lizenzierung eines FRAND-unterworfenen SEP ergibt sich daraus jedoch nicht, in Übereinstimmung mit der kartellrechtlichen Bewertung nach Art. 102 AEUV. Dasselbe gilt auch für § 19 Abs. 1 GWB.

c) Hintergründe für die unterschiedliche Rechtsentwicklung im US-amerikanischen, europäischen und deutschen Kartellrecht

Die Hintergründe, warum Sec. 2 Sherman Act im Zusammenhang mit Lizenzverweigerungspraktiken insgesamt restriktiver angewendet wird als sein europäisches bzw. deutsches Pendant in Art. 102 AEUV und § 19 GWB, sind mehrschichtiger Natur. Der *U.S. Supreme Court* hat in seiner *Trinko*-Entscheidung betont, dass er Investitionsanreize gefährdet sieht, wenn ein Monopolist einem kartellrechtlichen Kontrahierungszwang unterliegt. Ein weiterer Grund für die zurückhaltende Anwendung von Sec. 2 Sherman Act scheint darin zu liegen, dass im europäischen Kartellrecht die Europäische Kommission bzw. die mitgliedstaatlichen Kartellbehörden vielfach das Erstzugriffsrecht („*first-mover advantage*“) bei der kartellrechtlichen Beurteilung vermeintlicher Missbrauchspraktiken haben, eine ausgewogene Bewertung vornehmen und diese vor ein Gericht bringen können. Erst daran schließt sich in der Regel die private Rechtsdurchsetzung an, bei der auch keine den „*treble damages*“ vergleichbare Schadensersatzhaftung im Raum steht.

Die US-kartellrechtlichen Entwicklungen folgen hingegen eher dem umgekehrten Ansatz. Nicht nur historisch bedingt hat sich „*private enforcement*“ vor dem „*public enforcement*“ entwickelt.[1443] Insbesondere die Aussicht auf „*treble damages*“ schafft starke Anreize zur Erhebung privater Klagen, in denen ein vermeintlicher Verstoß gegen kartellrechtliche Normen behauptet wird. Die Besorgnis über die zwingende Folge des dreifachen Schadensersatz wird von manchen Stimmen in der US-Literatur als einer der maßgeblichen Gründe dafür gesehen, warum der *U.S. Supreme Court* in seine *Trinko*-Entscheidung betont hat, dass Sec. 2 Sherman Act bei Geschäftsverweigerungspraktiken eines Monopolisten

1443 *Briggs*, in: Charbit u.a., Ginsburg – Liber Amicorum, 291, 301; siehe Vierter Teil unter Abschnitt V. 3. b), S. 168 ff.

nur einen äußerst engen Anwendungsbereich haben soll.[1444] Dieser Grundsatz wurde nunmehr auch vom *U.S. Court of Appeals for the Ninth Circuit* hinsichtlich FRAND-unterworfener SEPs bestätigt und weiterentwickelt. Vor dem Hintergrund der zunehmend restriktiven Anwendung von Sec. 2 Sherman Act auf der einen Seite scheinen die Tendenzen nachvollziehbar, warum die US-Rechtsprechung auf der anderen Seite immer mehr dazu übergeht, FRAND-Dispute primär auf vertragsrechtlicher Basis lösen zu wollen.

Zuletzt dürfte auch in diesem Zusammenhang von Bedeutung sein, dass das Konzept einer offenen und sozialen Marktwirtschaft, das den Art. 102 AEUV und § 19 GWB zugrunde liegt[1445], anders als das liberale US-amerikanische Verständnis von Wettbewerb und Vertragsfreiheit[1446], einem beherrschenden Unternehmen eine besondere Verantwortung für die Aufrechterhaltung des Restwettbewerbs im Markt auferlegt[1447] und sozialschädliche Verhaltensweisen gegenüber Marktpartnern und Konkurrenten verhindern will[1448], was auch die Annahme eines kartellrechtlichen Kontrahierungszwangs rechtfertigen kann. Der Erfolg des Einzelnen ist in einer offenen und sozialen Marktwirtschaft eben nicht so wichtig und schützenswert, wie in einer liberalen Marktwirtschaft, wie in den USA.

1444 *Arena/Bergmann/Himes*, 9 (3) E.C.J. 623, 673 (2013); instruktiv dazu *Kovacic*, Competition Policy in the European Union and the United States: Convergence or Divergence?, Vortrag v. 02.06.2008 bei der Fifth Annual Antitrust Conference, Washington D.C., S. 14 („*judicial fears that the US style of private rights of action – with mandatory treble damages, asymmetric shifting of costs, broad rights of discovery, class actions, and jury trials – excessively deter legitimate conduct have spurred a dramatic retrenchment of antitrust liability standards. This is most evident in the progression toward more lenient treatment of dominant firm conduct.*“).

1445 Vgl. Kling/Thomas, Kartellrecht, § 2 Rn. 48-50.

1446 Zur Kritik an der *Aspen*-Entscheidung wegen der Annahme eines kartellrechtlichen Kontrahierungszwangs entgegen den traditionellen US-amerikanischen Vorstellungen von Wettbewerb und Vertragsfreiheit, siehe Layne-*Farrar/Stark*, 88 Geo. Wash. L. Rev. 1307, 1340 (2020). Dazu bereits oben unter Abschnitt II. 4. a) bb) (2) (a) (cc), S. 269 ff.

1447 *Jung*, in: GHN, AEUV, Art. 102, Rn. 129, 130; *Arena/Bergmann/Himes*, 9 (3) E.C.J. 623, 624 (2013).

1448 Kling/Thomas, Kartellrecht, § 2 Rn. 50.

d) *Rechtsvergleichende Würdigung und Zusammenfassung der Ergebnisse*

Sowohl im US-amerikanischen als auch europäischen und deutschen Kartellrecht gilt der Grundsatz, dass ein marktbeherrschender Patentinhaber berechtigt ist, eine Lizenzierung zu verweigern. In jeder der genannten Rechtsordnungen ist zudem anerkannt, dass es Ausnahmen von diesem Grundsatz gibt, mit denen eine kartellrechtliche Lizenzpflicht begründet werden kann: Im US-Kartellrecht ist insoweit von „*certain*" bzw. „*exceptional circumstances*" und im europäischen Kartellrecht von „außergewöhnlichen Umständen" („*exceptional circumstances*") die Rede. Im Unterschied zum US-Kartellrecht, in dem generell eine Geschäftsverweigerung nur in seltenen Ausnahmefällen gegen Sec. 2 Sherman Act verstößt und die Annahme einer kartellrechtliche „*duty to license*" ebenso unwahrscheinlich ist, sind im europäischen Kartellrecht die tatbestandlichen Voraussetzungen der Doktrin der „außergewöhnlichen Umstände" grundsätzlich anerkannt und werden auch angewendet.

Im US-Kartellrecht existieren mit der „*essential facility doctrine*" und der *Aspen*-Doktrin grundsätzlich zwei Ausnahmekonzepte, die einen kartellrechtlichen Kontrahierungszwang theoretisch begründen können. Die beiden Konzepte sind allerdings nur unter äußerst engen Voraussetzungen erfüllt, die in der Praxis selten vorliegen werden. Bei der „*essential facility doctrine*" ist zum einen nicht einmal klar, ob diese durch den *U.S. Supreme Court* überhaupt anerkannt wird. Zum anderen wurde es bislang instanzgerichtlich abgelehnt, ein Patentrecht als „*essential facility*" einzuordnen. Eine kartellrechtliche Lizenzpflicht erscheint auch unter Zuhilfenahme der *Aspen*-Doktrin nicht erfolgsversprechend, als dies erst jüngst im Zusammenhang mit einem FRAND-unterworfenen SEP abgelehnt wurde. Der *U.S. Court of Appeals for the Ninth Circuit* hat in seiner *Qualcomm*-Entscheidung erstmals im SEP-Kontext festgehalten, dass eine Lizenzverweigerung eines marktbeherrschenden SEP-Inhabers gegenüber einem konkurrierenden Komponentenhersteller kein gegen Sec. 2 Sherman Act verstoßendes Verhalten ist. Darüber hinaus hat das Berufungsgericht es für zulässig erachtet, wenn ein Patentinhaber seine SEPs selektiv ausschließlich auf Ebene der Endproduktehersteller lizenziert. Darin ist insoweit die patentspezifische Fortführung des vom *U.S. Supreme Court* in der *Trinko*-Entscheidung aufgestellten Grundsatz zu erkennen, wonach ein Monopolist kartellrechtlich nicht verpflichtet ist, Geschäfte mit Dritten abzuschließen. Auf der einen Seite ist darin der zunehmende Trend im US-Kartellrecht zu erkennen, das Monopolisierungsverbot bei Auseinandersetzungen um FRAND-Lizenzen restriktiv anzuwenden. Auf der anderen Seite wurde in der *Qualcomm*-Entscheidung erneut betont, dass vertragsrechtliche Instrumente als geeigneter erachtet werden, FRAND-Dispute aufzulösen. Dies deckt sich insoweit auch mit der Positionierung der *Antitrust Division* des DoJ, die für einen zurückhaltenden Ansatz bei der kartellbehördlichen Verfolgung und Anwendung von Sec. 2 Sherman Act in FRAND-Auseinandersetzungen plädiert.

Anders als im US-Kartellrecht, dem eine kartellrechtliche Lizenzpflicht nicht nur generell, sondern insbesondere auch im SEP-Kontext weitgehend unbekannt ist, ist im deutschen und europäischen Kartellrecht das Ausnahmekonzept der „außergewöhnlichen Umstände" grundsätzlich anerkannt. In Anlehnung an die Grundsätze der US-amerikanischen *„essential facility doctrine"* wird eine kartellrechtliche Patentlizenzpflicht unter „außergewöhnlichen Umständen" bejaht, wenn eine Patentlizenz für ein Tätigwerden auf einem nachgelagerten Markt unerlässlich ist, die Lizenzverweigerung das Auftreten neuer oder technische weiterentwickelter Produkte verhindert, wirksamer Wettbewerb auf einem dem Lizenzmarkt nachgelagerten Markt dadurch verhindert wird und die Lizenzverweigerung nicht aus sachlichen Gründen gerechtfertigt ist. Sofern eine Lizenzierung des SEP generell gegenüber sämtlichen lizenzsuchenden Unternehmen verweigert wird und sich der SEP-Inhaber damit die legale Herstellung standardkonformer Produkte selbst vorbehalten will, kann dies ausnahmsweise als missbräuchliche Lizenzverweigerung nach Art. 102 S. 1 AEUV eingeordnet werden, die eine kartellrechtliche SEP-Lizenzpflicht auslöst.

Übereinstimmungen in der Rechtsentwicklung hin zum US-Kartellrecht zeigen sich hingegen in den Fällen, in denen ein SEP-Inhaber innerhalb einer Verwertungskette Lizenzen ausschließlich auf Ebene der Endproduktehersteller vergibt und dies gegenüber Komponentenhersteller verweigert. Rechtsordnungsübergreifend wird eine Pflicht zum *„multi-level-licensing"* als ineffizient und mit erheblichen Transaktionskosten verbunden eingestuft. Ein SEP-Inhaber unterliegt insofern keiner kartellrechtlichen Pflicht zur Lizenzierung gegenüber sämtlichen Lizenzsuchern auf allen Marktebenen, sondern kann sich die Marktebene aussuchen, auf der er Lizenzen zu FRAND-Bedingungen vergeben will. Solange ein patentrechtliches Vorgehen aus dem SEP gegen lizenzlose Nutzer der essentiellen Technologie innerhalb der Verwertungskette unterbleibt oder Endproduktehestellern eine Rücklizenzierung innerhalb der Vertriebskette gestattet wird und insgesamt damit der Zugang zum Standard und zum Produktmarkt gewährleistet wird, begegnet eine ausschließliche Lizenzierung gegenüber Endproduktehestellern keinen kartellrechtlichen Bedenken.

Im Übrigen erscheint es insgesamt wahrscheinlicher, dass dieselbe Lizenzverweigerungspraktik eines marktbeherrschenden Patentinhaber eher gegen das Missbrauchsverbot in Art. 102 AEUV bzw. § 19 GWB als gegen Sec. 2 Sherman

Act verstößt, weil die dafür im europäischen und deutschen Kartellrecht geltenden Grundsätze etabliert sind und auch angewendet werden.

5. Missbräuchliche Koppelungspraktiken mit SEPs

Ein SEP-Inhaber kann eine Lizenzierungspraktik betreiben, bei der er die Einräumung von SEP-Lizenzen zwar nicht generell – d.h. unbedingt – verweigert, aber von der Erfüllung bestimmter Bedingungen abhängig macht, die wettbewerbsschädigende Auswirkungen haben.[1449] Eine solche Bedingung kann insbesondere darin liegen, dass die Lizenzierung des begehrten SEPs davon abhängig gemacht bzw. daran gekoppelt wird, dass noch weitere, für die Ausübung des Standards nicht-essentielle Patentrechte im Paket mitlizenziert oder weitere Produkte bezogen werden müssen. Solche Koppelungspraktiken (*tying practices*) können unter bestimmten Voraussetzungen gegen das US-kartellrechtliche Monopolisierungsverbot sowie das europäische und deutsche Missbrauchsverbot verstoßen.

a) Kartellrechtliche Beurteilung nach Sec. 2 Sherman Act

aa) Grundsätzliches

Macht ein SEP-Inhaber die Vergabe der ersuchten SEP-Lizenz davon abhängig, dass andere Patentrechte mitlizenziert oder weitere Produkte abgenommen werden müssen, kann dies eine missbräuchliche Koppelungs- bzw. Bündelungspraktik darstellen, die gegen das Monopolisierungsverbot in Sec. 2 Sherman Act verstößt. Unter einem „*mixed bundling*“ wird eine Praktik verstanden, in der das betroffene Unternehmen die gebündelten Produkte nicht nur im Bündeln sondern auch separat verkauft, beispielsweise wenn SEPs und nicht-SEPs sowohl im Bündel als auch separat lizenziert werden. Eine Koppelung kennzeichnet sich hingegen dadurch aus, dass ein Zwang zur Abnahme der gekoppelten Produkte besteht, sprich dass ein Abnehmer gerade nicht frei darin ist zu entscheiden, nur eines der gekoppelten Produkte abzunehmen.[1450] Der *U.S. Supreme Court* definiert einen Koppelungsverkauf (sog. „*tying*“, „*tie-in*“ oder „*tied sale*“) als eine Geschäftspraktik, bei der der Verkäufer das begehrte Hauptprodukt („*tying product*“) nur unter der Bedingung verkauft, dass der Käufer noch ein weiteres, an das Hauptprodukt gekoppeltes Produkt („*tied product*“)

1449 DoJ/FTC, Antitrust and IP-Report (2007), S. 6; *Hovenkamp*, 105 Cornell L. Rev. 101, 119 (2020).

1450 *Wong-Ervin/Hicks/Slonim*, 24 Geo. Mason L. Rev. 1091, 1099 (2017).

kauft.[1451] Die Begriffe „*tying*" und „*bundling*" werden im US-Kartellrecht teilweise synonym verwendet.[1452]

Im patentrechtlichen Kontext ist eine Koppelung in zweifacher Hinsicht denkbar: Ein Patentinhaber kann eine Lizenzpraktik verfolgen, bei der er mehrere Patente nur in einem Patentpaket lizenziert, d.h. die Lizenzierung des begehrten Patentrechts an die Lizenznahme weiterer Patentrechte gekoppelt ist (sog. *package licensing*)[1453] oder die Einräumung der begehrten Patentlizenz an den Bezug weiterer Produkte koppelt[1454]. Bevor auf die kartellrechtlichen Rahmenbedingungen eingegangen wird, die bei Sec. 2 Sherman Act und „*tying practices*" gelten, werden zunächst die ambivalenten – positiven wie negativen – wettbewerblichen Effekte dargestellt, die eine Koppelung bewirken kann.

(1) Wettbewerblichen Effekte von Produktkoppelungen

Produktkoppelungen werden traditionell für wettbewerblich bedenklich erachtet, weil sie bewirken können, dass die Monopolstellung auf dem Markt für das begehrte – koppelnde – Produkt („*tying product*") auf den Markt für das nicht vom Abnehmer gewünschte – angekoppelte – Produkt („*tied product*") ausgedehnt wird (sog. *leveraging theory*).[1455] Vereinfacht ausgedrückt setzt diese Schadenstheorie daran an, dass ein Monopolist seine Position als unumgänglicher Handelspartner für ein Produkt als Hebel dafür einsetzen kann, seine Monopolstellung auf einen weiteren, benachbarten Markt auszudehnen. Eine Koppelung kann bewirken, dass Wettbewerber auf dem benachbarten Markt für das gekoppelte Produkt verdrängt werden oder der Markt zugunsten des produktkoppelnden Unternehmens abgeschottet wird, weil tatsächliche oder potenzielle Wettbewerber der Zugang zu den durch die Koppelung gebundenen Abnehmern versperrt wird.[1456] Auf der anderen Seite werden die nachfragenden Unternehmen infolge der Koppelung in ihrer Auswahlfreiheit beschränkt, die

---

1451 Siehe dazu Eastman Kodak Co. v. Image Technical Services, Inc., 504 U.S. 451, 461 (1992).

1452 *Abbott/Wright*, in: Hylton, Antitrust Law and Economics, S. 183.

1453 DoJ/FTC, IP-Antitrust Guidelines (2017), S. 29; *Sullivan/Hovenkamp/Shelanski/Leslie*, Antitrust Law, Policy, and Procedure, S. 516; *Patterson*, in: FK, Bd. VI, Auslandsrechte, A. U.S.-Antitrust-Recht, Rn. 136.

1454 DoJ/FTC, IP-Antitrust Guidelines (2017), S. 28.

1455 Posner, Antitrust Law, S. 197; *Wong-Ervin/Hicks/Slonim*, 24 Geo. Mason L. Rev. 1091, 1108 (2017); *E. Hovenkamp*, 19 (1) Colum. Sci. & Tech. L. Rev. 79, 100 (2017).

1456 *Sullivan/Hovenkamp/Shelanski/Leslie*, Antitrust Law, Policy, and Procedure, S. 516, 517; *Wong-Ervin/Hicks/Slonim*, 24 Geo. Mason L. Rev. 1091, 1108 (2017).

Bezugsquellen für ihre Produkte frei zu bestimmen.[1457] Neben der primär in dem Zusammenhang genannten *„leveraging theory"* kann eine Koppelungspraktik auch bewirken, dass eine unsichere Monopolstellung auf dem Markt für das koppelnde Produkt geschützt wird (sog. *„monopoly maintenance"*).[1458] Wird ein gekoppeltes Produkt zu einem niedrigen Preis im Bündel mit dem koppelnden Produkt – für das eine Monopolstellung besteht – angeboten, kann dies bewirken, dass ein konkurrierender Hersteller für das gekoppelte Produkt nicht einen so hohen Absatz erzielen kann, um in Versuchung zu kommen, in den Monopolmarkt für das koppelnde Produkt einzutreten.[1459]

Koppelungen können allerdings auch erhebliche effizienzfördernde Auswirkungen haben[1460], deren generelles Überwiegen teilweise sogar für wahrscheinlicher gehalten wird[1461]. Die Tatsache, dass Koppelungspraktiken nicht nur in der unternehmerischen Praxis omnipräsent sind, sondern auch auf Märkten stattfinden, in denen kein Marktteilnehmer über erhebliche Marktmacht verfügt, wird als Indiz dafür gesehen, dass solche Praktiken nicht zwingend wettbewerbsschädigende Effekte haben müssen, sondern auch mit Effizienzgewinne verbunden sein können.[1462] Denkbare positive Effekte sind unter anderem, dass mit einer Koppelung Einsparungen bei den Produktionskosten realisiert oder Transaktions- und Informationskosten reduziert werden können, die dem Verkäufer, dem Käufer oder sogar beiden zugutekommen können.[1463] Insbesondere auch im Zusammenhang mit der Lizenzierung eines Pakets an Patenten in einem Patentlizenzportfolio sind effizienzsteigernde Effekte mit Blick auf Transaktions-, Verwaltungs- und Überwachungs-Kosten denkbar, die nachfolgend spezifisch im SEP-Kontext erläutert werden sollen.

1457 *Sullivan/Hovenkamp/Shelanski/Leslie*, Antitrust Law, Policy, and Procedure, S. 516, 517.

1458 *Abbott/Wright*, in: Hylton, Antitrust Law and Economics, S. 188; *Wong-Ervin/Hicks/Slonim*, 24 Geo. Mason L. Rev. 1091, 1113 (2017); vgl. Posner, Antitrust Law, S. 202

1459 *Abbott/Wright*, in: Hylton, Antitrust Law and Economics, S. 188; *Wong-Ervin/Hicks/Slonim*, 24 Geo. Mason L. Rev. 1091, 1113, 1114 (2017), jeweils mit Verweis auf diese Konstellation in U.S. v. Microsoft Corp., 253 F.3d 34, 60 (D.C. Cir. 2001).

1460 DoJ/FTC, IP-Antitrust Guidelines (2017), S. 28.

1461 *Abbott/Wright*, in: Hylton, Antitrust Law and Economics, S. 187.

1462 *Wong-Ervin/Hicks/Slonim*, 24 Geo. Mason L. Rev. 1091, 1106 (2017).

1463 *Wong-Ervin/Hicks/Slonim*, 24 Geo. Mason L. Rev. 1091, 1106 (2017); *Abbott/Wright*, in: Hylton, Antitrust Law and Economics, S. 189, 190.

(2) Kartellrechtliche Beurteilung von Koppelungspraktiken

„*Tying practices*" können im US-Kartellrecht nicht nur als wettbewerbsschädigende Verdrängungspraktik eines Monopolisten vom Monopolisierungsverbot in Sec. 2 Sherman Act erfasst sein. Je nach konkreter Umsetzung kann eine Koppelung auch gegen Sec. 1 Sherman Act oder Sec. 3 Clayton Act verstoßen, wenn die Einvernehmlichkeit zwischen den Vertragsparteien im Vordergrund steht.[1464] Die beiden letztgenannten Normen sind allerdings nicht in Fallkonstellationen anwendbar, in denen die Koppelung nicht vom Lizenzsucher gewollt ist, sondern einseitig vom Patentinhaber aufgezwungen wird.[1465] Vergleichbare Grundsätze gelten jedoch auch im Rahmen von Sec. 2 Sherman Act, der auf der einen Seite zwar strengere Anforderungen hinsichtlich des Kriteriums der Monopolstellung hat, auf der anderen Seite tatbestandlich offener sämtliche wettbewerbswidrigen Verhaltensweisen erfassen kann, mit denen eine Monopolstellung begründet, aufrechterhalten oder dies jedenfalls versucht wird.[1466]

US-Gerichte haben zu Beginn des 20. Jahrhunderts Koppelungspraktiken unter Anführung der „*leverage theory*" als *per se* wettbewerbsschädigend eingestuft, ohne dass im Einzelfall wettbewerbliche Effekte untersucht werden mussten, weil der inhärente Effekt solcher Praktiken darin gesehen wurde, den Wettbewerb zu unterdrücken und Monopolmacht von einem Markt auf einen anderen Markt zu transferieren.[1467] Mit den zunehmenden Erfahrungen über die wettbewerblichen Effekte von Produktkoppelungen ist die Rechtsprechung allerdings immer mehr davon abgekommen und hat anerkannt, dass diese vielfach wettbewerblich unbedenklich sind oder sogar wettbewerbsfördernde Auswirkungen haben.[1468] Mittlerweile wird sowohl von US-Gerichten als auch

---

1464 *Wong-Ervin/Hicks/Slonim*, 24 Geo. Mason L. Rev. 1091, 1099 (2017); *Melamed/Shapiro*, 127 (7) Yale L.J. 2110, 2127 (2018); *Sullivan/Hovenkamp/Shelanski/Leslie*, Antitrust Law, Policy, and Procedure, S. 808.

1465 *Sullivan/Hovenkamp/Shelanski/Leslie*, Antitrust Law, Policy, and Procedure, S. 808; der Anwendungsbereich von Sec. 3 Clayton Act ist zudem auf Handelswaren beschränkt und umfasst keine Koppelungen mit Patentlizenzen, siehe dazu bereits oben im Vierten Teil unter Abschnitt IV. 2., S. 150, 151.

1466 *Hovenkamp*, 105 Cornell L. Rev. 101, 116 (2020); *E. Hovenkamp*, 19 (1) Colum. Sci. & Tech. L. Rev. 79, 121 Fn. 150 (2017); *Sullivan/Hovenkamp/Shelanski/Leslie*, Antitrust Law, Policy, and Procedure, S. 808, 809.

1467 Jeweils betreffend Sec. 1 Sherman Act und Sec. 3 Clayton Act, Standard Oil Co. v. United States, 337 U.S. 293, 305 (1949); International Salt Co., Inc. v. United States, 332 U.S. 392, 396 (1947).

1468 U.a. betreffend „*tying*" und „*monopolization*" nach Sec. 2 Sherman Act, Illinois Tool Works Inc. v. Independent Ink, Inc., 547 U.S. 28, 45 (2006) („*Many tying*

US-Kartellbehörden ein *„rule of reason“* Ansatz befürwortet, bei dem die Analyse der wettbewerbsschädigenden und effizienzfördernden Effekte einer Koppelung im jeweiligen Einzelfall im Fokus steht.[1469] Das DoJ und die FTC prüfen bei Koppelungspraktiken, ob

> (1.) der Verkäufer auf dem Markt für das *koppelnde* Produkt (*„tying product“*) über eine Monopolstellung verfügt, (2.) die Koppelung wettbewerbsschädigende Auswirkungen auf dem Markt für das *koppelnde* (*„tying product“*) oder *gekoppelte* Produkt (*„tied product“*) hat und (3.) ob wettbewerbsfördernde Rechtfertigungsgründe ersichtlich sind, die die nachteiligen Effekte überwiegen.[1470]

Übertragen auf Koppelungen im Zusammenhang mit Patentrechten bedeutet dies, das zu untersuchen ist, ob ein Patentinhaber und Lizenzgeber auf dem Lizenzmarkt für die begehrte – koppelnde – Patentlizenz über eine Monopolstellung verfügt, die Koppelung wettbewerbsschädigende Auswirkungen auf diesem Lizenzmarkt oder dem separaten Markt für das *gekoppelte* Produkt bzw. die *gekoppelte* Patentlizenz hat und ob effizienzfördernde Rechtfertigungsgründe ersichtlich sind, die die nachteiligen Effekte überwiegen. Hinsichtlich des ersten Kriteriums gilt, dass ein Patentinhaber zumindest eine Monopolstellung auf dem Markt für das zur Koppelung herangezogene Patentrecht (*„tying product“*) haben muss, weil es andernfalls an dem erforderlichen Hebel zur Monopolisierung eines weiteren Markts fehlt. Ein SEP-Inhaber verfügt in der Regel über eine Monopolstellung auf dem betreffenden SEP-Lizenzmarkt.[1471] Der Schwerpunkt der kartellrechtlichen Bewertung einer Koppelungspraktik liegt mithin auf der Analyse der wettbewerblichen – positiven wie negativen – Effekte im jeweiligen Einzelfall.

---

arrangements, even those involving patents (…) are fully consistent with a free, competitive market.“); Princo Corp. v. International Trade Com'n, 563 F.3d 1301, 1308 (Fed. Cir. 2009); *Abbott/Wright*, in: Hylton, Antitrust Law and Economics, S. 184, 185.

1469 Siehe dazu U.S. v. Microsoft Corp., 253 F.3d 34, 95, 96 (D.C. Cir. 2001) und DoJ/FTC, Antitrust and IP-Report (2007), S. 114; *Wong-Ervin/Hicks/Slonim*, 24 Geo. Mason L. Rev. 1091, 1100 (2017); *Abbott/Wright*, in: Hylton, Antitrust Law and Economics, S. 186; *Patterson*, in: FK, Bd. VI, Auslandsrechte, A. U.S.-Antitrust-Recht, Rn. 136.

1470 DoJ/FTC, IP-Antitrust Guidelines (2017), S. 28 (*„The Agencies would be likely to challenge a tying arrangement if: (1) the seller has market power in the tying product, (2) the arrangement has an adverse effect on competition in the relevant market for the tying product or the tied product, and (3) efficiency justifications for the arrangement do not outweigh the anticompetitive effects.“*).

1471 Siehe dazu in diesem Teil unter Abschnitt I. 2. b), S. 192-194.

bb) Marktmonopolisierende Koppelungspraktiken mit SEPs

SEPs können in unterschiedlicher und getrennt zu beurteilender Form Bestandteil einer Koppelungspraktik sein. Eine Paketlizenzierung von SEPs und nicht-SEPs („*package licensing*“) kann eine wettbewerbswidrige Koppelung darstellen, mit der eine Monopolisierung des Lizenzmarkts für die nicht-SEPs bewirkt wird oder mit der das FRAND-Lizenzversprechen umgangen und unangemessen hohe Lizenzgebühren für das Lizenzpaket erhoben werden. Im Zusammenhang mit vertikal integrierten SEP-Inhaber kann zudem eine *de facto* Koppelungspraktik in Betracht kommen, bei der die Vergabe einer SEP-Lizenz faktisch an die Abnahme standardkonformer Produkte gekoppelt wird.

(1) Paketlizenzierung von SEPs und nicht-SEPs

(a) Paketlizenzierung zur Monopolisierung von nicht-SEP-Märkten

Eine Paketlizenzierung kann eine wettbewerbswidrige Koppelungspraktik darstellen, wenn ein monopolistischer SEP-Inhaber die Einräumung der ersuchten SEP-Lizenz an die zwingende Bedingung knüpft, dass noch weitere nicht-SEPs im Paket mitlizenziert werden müssen, für die eine separate Nachfrage besteht und die anderen Lizenzmärkten angehören.[1472] Wird dadurch bewirkt, dass der Wettbewerb auf den Lizenzmärkten für die nicht-SEPs beeinträchtigt und Wettbewerber von diesen Märkten verdrängt werden, ist zu prüfen, ob die nachteiligen Auswirkungen durch wettbewerbsfördernde Effekte überwogen werden.[1473]

SEPs und nicht-SEPs sind grundsätzlich separaten Lizenzmärkten zuzuordnen, weil für die jeweilige patentgeschützte Technologie eine unterschiedliche Nachfrage besteht.[1474] Andernfalls würde es sich bei einem SEP gerade nicht um ein essentielles und nicht substituierbares Patentrecht handeln, worin gerade die Besonderheit des SEP liegt. Des Weiteren ist erforderlich, dass die Lizenzvergabe für das gewünschte SEP daran gekoppelt ist, dass weitere nicht-SEPs in einem Patentpaket mitlizenziert werden müssen, sprich dass der Lizenzsucher gezwungen ist, Lizenzen auch für die nicht erwünschten Patente abzunehmen.[1475]

1472 Vgl. DoJ/FTC, IP-Antitrust Guidelines (2017), S. 29.

1473 Holmes, Intellectual Property and Antitrust Law, § 22:2, S. 4; DoJ/FTC, IP-Antitrust Guidelines (2017), S. 28, 29; *Wong-Ervin/Hicks/Slonim*, 24 Geo. Mason L. Rev. 1091, 1111, 1112 (2017).

1474 *Melamed/Shapiro*, 127 (7) Yale L.J. 2110, 2127 (2018); siehe dazu bereits unter Abschnitt I. 1. a) cc), S. 179 ff.

1475 Holmes, Intellectual Property and Antitrust Law, § 22:2, S. 1, 2; vgl. *Riziotis*, GRUR Int. 2004, 367, 370.

Eine Paketlizenzierung ist wettbewerbsschädigend, wenn im Sinne der „*leveraging theory*“ marktverschließende oder Wettbewerber verdrängende Effekte auf dem Markt für das nicht-SEP nachgewiesen werden können.[1476] Wie auch die US-Kartellbehörden grundsätzlich anerkennen, kann eine Paketlizenzierung effizienzsteigernde Effekte haben, insbesondere für den Fall, dass mehrere Patentlizenzen von einem Inhaber benötigt werden, um eine einheitliche, mit mehreren Patenten belegte Technologie oder einen technologischen Prozess nutzen zu können.[1477] Eine Paketlizenzierung kann im Vergleich zu einer individuellen oder selektiven Lizenzvergabe zum einen kosteneinsparende Effekte haben. Diese bestehen vor allem in verminderten Transaktions-, Verwaltungs- und Monitoring-Kosten auf Seiten des Patentinhabers, weil nicht jedes einzelne Patentrecht gesondert identifiziert, separat bepreist, dazu verhandelt und eine mögliche lizenzlose Nutzung – sprich Patentverletzung – überwacht werden muss.[1478] Auf der anderen Seite müssen sich auch Lizenzsucher nicht darum bemühen, jede einzelne patentgeschützte Lehre zu identifizieren, deren Nutzung begehrt und für die eine Lizenz benötigt wird, was eine Reduktion von Suchkosten bewirken kann. Zudem wird durch die Lizenzierung eines Patentpakets sichergestellt, dass keine der patentierten Technologien des Patentinhabers lizenzlos genutzt wird, sodass sich ein Nutzer auch keinem Patentverletzungsvorwurf ausgesetzt sieht.

Dass eine gekoppelte Lizenzvergabe für SEPs und nicht-SEPs in einem Patentpaket nicht zwingend wettbewerbsschädigende Effekte auf dem Markt für die nicht-SEPs haben muss, belegt auch der Fall *U.S. Philips Corp. v. International Trade Com'n*. *Philips* war Inhaber mehrerer Patentrechte, die teilweise dem *Orange Book Standard* zur Herstellung standardkonformer CDs zugrunde lagen. Diese Patentrechte wurden nicht einzeln, sondern nur in einem Patentpaket lizenziert, das sowohl für den Standard essentielle als auch nicht-essentielle Patentrechte umfasst hatte. *Philips* erhob für das Lizenzpaket nur eine einheitliche Lizenzgebühr, die sich danach richtete, wie viele CDs produziert wurden und zwar unabhängig davon, ob und welche der patentierten und mitlizenzierten Technologien

---

1476 *Wong-Ervin/Hicks/Slonim*, 24 Geo. Mason L. Rev. 1091, 1111, 1112 (2017).

1477 DoJ/FTC, IP-Antitrust Guidelines (2017), S. 29; dazu auch *Patterson*, in: FK, Bd. VI, Auslandsrechte, A. U.S.-Antitrust-Recht, Rn. 136.

1478 *Wong-Ervin/Hicks/Slonim*, 24 Geo. Mason L. Rev. 1091, 1112 (2017); *Layne-Farrar/Salinger*, 45 Res. Policy 1155, 1157 (2016); so auch Ausführungen in U.S. Philips Corp. v. International Trade Com'n, 424 F.3d 1179, 1192, 1193 (Fed. Cir. 2005), dazu sogleich.

letztlich genutzt wurden. Nachdem mehrere Lizenznehmer die Zahlung von Lizenzgebühren eingestellt hatten, erhob *Philips* Klage bei der ITC mit dem Vorwurf, dass diese Unternehmen CDs in die Vereinigten Staaten importieren würden, die patentgeschützte Technologien von *Philips* verletzen. Diese Unternehmen wiederum erhoben dagegen den „*patent misuse*" Einwand mit dem Vorwurf, dass *Philips* eine wettbewerbswidrige Lizenzkoppelung betreibe, weil sie gezwungen waren neben den ersuchten SEPs auch solche Patentrechte mit zu lizenzieren, die für die Herstellung standardkonformer CDs nicht notwendig waren. Während der ALJ der ITC unter anderem zu dem Ergebnis kam, dass der „*patent misuse*" Einwand begründet sei, weil die Koppelungspraktik hinsichtlich der Paketlizenzierung von SEPs und nicht-SEPs gegen US-kartellrechtliche Grundsätze verstoße[1479], legte *Philips* dagegen erfolgreich Berufung ein.

Der *Federal Circuit* kam zu dem Ergebnis, dass die Paketlizenzierung von *Philips* weder *per se*[1480] noch nach einer *rule of reason* Prüfung als wettbewerbswidrig einzustufen ist[1481]. Eine Paketlizenzierung die SEPs und nicht-SEPs umfasse und für die eine einheitliche Lizenzgebühr für alle im Paket enthaltenen Patente erhoben wird, zwinge einen Lizenznehmer zum einen nicht dazu, sämtliche im Paket enthaltenen patentierten Technologien letztlich auch zu nutzen und hindere ihn zum anderen auch nicht daran, für die nicht-SEPs von *Philips* alternative Technologien von anderen Wettbewerbern zu nutzen und zu lizenzieren.[1482] Das Gericht betonte zudem, dass eine Paketlizenzierung auch nicht zwingend dazu führe, dass höhere Lizenzgebühren im Vergleich zu einer Einzellizenzierung anfallen. Der Wert eines Patentpakets bestimme sich entscheidend danach, welchen Wert die SEPs haben, die für die Ausübung des fraglichen Standards maßgeblich sind. Ein Patent das nicht essentiell für einen Standard ist, weil es vollständig durch alternative Technologien ersetzt werden kann und möglicherweise sogar kostenlos zugänglich ist, habe keinen Gegenwert bzw. sei in seinem Wert auf den Wert einer Alternativtechnologie begrenzt.[1483] Der *Federal Circuit* betonte zudem die positiven Effekte, die mit einer Paketlizenzierung verbunden

---

1479 U.S. Philips Corp. v. International Trade Com'n, 424 F.3d 1179, 1182, 1183 (Fed. Cir. 2005).
1480 U.S. Philips Corp. v. International Trade Com'n, 424 F.3d 1179, 1193 (Fed. Cir. 2005).
1481 U.S. Philips Corp. v. International Trade Com'n, 424 F.3d 1179, 1198 (Fed. Cir. 2005).
1482 U.S. Philips Corp. v. International Trade Com'n, 424 F.3d 1179, 1190 (Fed. Cir. 2005).
1483 U.S. Philips Corp. v. International Trade Com'n, 424 F.3d 1179, 1191 (Fed. Cir. 2005).

sein können, nämlich die Verringerung von Transaktion-, Verwaltungs- und Überwachungskosten.[1484]

Ungeachtet dieser positiven Effekte verneinte das Gericht allerdings bereits die Wettbewerbsschädlichkeit der streitbetroffenen Paketlizenzierung. Es sah es als nicht erwiesen an, dass die Paketlizenzierung negative Auswirkungen auf nicht-SEP-Lizenzmärkte zur Folge hatte, da die Lizenznehmer schlicht nicht belegt hatten, ob und welche vermeintlichen Alternativtechnologien für die nicht-SEPs von *Philips* überhaupt existierten. Fehle es bereits an dem Nachweis von Alternativtechnologien könne eine Paketlizenzierung von SEPs und nicht-SEPs denklogisch schon keine wettbewerbsschädigenden Effekte haben, weil es an Wettbewerbern fehle, die infolge der Koppelung vom Markt ausgeschlossen werden.[1485] Insgesamt kam der *Federal Circuit* zu dem Ergebnis, dass die Paketlizenzierung von SEPs und nicht-SEPs unter diesen Umständen nicht den Vorwurf einer wettbewerbswidrigen Koppelung und den *misuse*-Einwand rechtfertige.

Auch in einer darauf folgenden Entscheidung, in der unter anderem erneut die Paketlizenzierung von *Philips* streitgegenständlich war und gegen die sich der Lizenznehmer *Princo* zu wehren versuchte, bestätigte der *Federal Circuit* seine vormals aufgestellten Grundsätze. Das Gericht stellte einerseits fest, dass die Bündelung von SEPs und nicht-SEPs in einem Lizenzpaket zwar grundsätzlich wettbewerbsbeschränkende Auswirkung haben könne.[1486] Andererseits darin aber das Potenzial erheblicher wettbewerbsfördernder Effekte liege. Letztere wurden als überwiegend angesehen, weil durch die Paketlizenzierung Unklarheiten über die Standardessentialität einzelner Patente für den *Orange Book Standard* beseitig und ein zur Klärung notwendiger und kostenintensiver Rechtsstreit vermieden werde.[1487] Der *Federal Circuit* bestätigte insoweit die vorinstanzlich damit befasste ITC, die den *misuse*-Einwand wegen der Koppelung der SEPs und nicht-SEPs bereits zurückgewiesen hatte.[1488]

Wenngleich die genannten Entscheidungen den defensiven patentrechtlichen *misuse*-Einwand eines vermeintlichen Patentverletzer und nicht (offensiv) eine

---

1484 U.S. Philips Corp. v. International Trade Com'n, 424 F.3d 1179, 1192, 1193 (Fed. Cir. 2005).

1485 U.S. Philips Corp. v. International Trade Com'n, 424 F.3d 1179, 1194, 1195 (Fed. Cir. 2005).

1486 Princo Corp. v. International Trade Com'n, 563 F.3d 1301, 1307, 1308 (Fed. Cir. 2009).

1487 Princo Corp. v. International Trade Com'n, 563 F.3d 1301, 1310-1312 (Fed. Cir. 2009).

1488 Princo Corp. v. International Trade Com'n, 563 F.3d 1301, 1312 (Fed. Cir. 2009); dazu auch *zu Waldeck und Pyrmont*, GRUR Int. 2010, 1113, 1114.

Marktmonopolisierungsvorwurf betreffen, ist die dahinter stehende wettbewerbliche Analyse dieselbe – wie auch der *Federal Circuit* selbst zu verstehen gegeben hat[1489], die deshalb auch im Rahmen von Sec. 2 Sherman Act herangezogen werden kann[1490]. Ein Unterschied bei den anzuwendenden Kriterien für die Annahme eines „*patent misuse*" im Vergleich zu den Kriterien, die im *U.S. Antitrust Law* hinsichtlich unzulässiger Monopolausdehnungen gelten, wird jedenfalls für nicht sinnvoll erachtet, sondern ein Gleichlauf befürwortet.[1491] Festzuhalten bleibt, dass eine Koppelung und Paketlizenzierung von SEPs und nicht-SEPs wettbewerblich für eher unbedenklich gehalten wird, wenn kein Zwang zur Nutzung der nicht essentiellen Technologie besteht, sprich Alternativtechnologien von Wettbewerbern lizenziert und genutzt werden können.[1492] Eine Paketlizenzierung kann zudem keine Wettbewerber verdrängenden Effekte haben, wenn es schlicht an Alternativtechnologien für die nicht-SEPs fehlt oder solche jedenfalls nicht nachgewiesen werden können.[1493]

(b) Paketlizenzierung zur Umgehung der FRAND-Lizenzbeschränkung

Denkbar ist, dass die Koppelung eines FRAND-unterworfenen SEP mit einem nicht-SEPs dazu führt, dass das FRAND-Lizenzversprechen umgangen und höhere Lizenzgebühren erhoben werden, als dies bei einer Einzellizenzierung des SEP der Fall wäre.[1494] Anders ausgedrückt kann die Koppelung eines preisunregulierten „normalen" Patentrechts mit einem FRAND-regulierten SEP dazu führen, dass die durch das FRAND-Versprechen auferlegte Gebührenbeschränkung umgangen und eine überhöhte Lizenzgebühr erhoben wird. In der US-Rechtsprechung wurde diese Fallkonstellation bislang noch nicht behandelt.

Auf der einen Seite begründet die Koppelung eines FRAND-unterworfenen SEP mit einem nicht-SEP in einem Paket grundsätzlich die Gefahr, dass die durch das FRAND-Versprechen geschaffene Lizenzbeschränkung umgangen wird. Ökonomischen Erkenntnissen zur Folge begegnet eine solche Paketlizenzierung aber keinen Bedenken, so lange die Paketlizenzgebühr den FRAND-Vorgaben

1489 U.S. Philips Corp. v. International Trade Com'n, 424 F.3d 1179, 1185 (Fed. Cir. 2005).

1490 So auch Holmes, Intellectual Property and Antitrust Law, § 22:2, S. 3, 4.

1491 *Turner*, 53 (3) Antitrust L.J. 485, 487 (1984); dazu auch *Riziotis*, GRUR Int. 2004, 369, 371.

1492 *Wong-Ervin/Hicks/Slonim*, 24 Geo. Mason L. Rev. 1091, 1101 (2017).

1493 Holmes, Intellectual Property and Antitrust Law, § 22:2, S. 2.

1494 *Layne-Farrar/Salinger*, 45 Res. Policy 1155, 1156, 1163 (2016); *Wong-Ervin/Hicks/Slonim*, 24 Geo. Mason L. Rev. 1091, 1104 (2017).

entspricht, die alleine für das SEP gelten.[1495] In dem Fall werde der SEP-Inhaber seinem FRAND-Versprechen für das SEP gerecht, auch wenn er es nur als Teil eines Patentpakets mit anderen nicht-SEPs lizenziert.[1496] Zudem wird betont, dass eine Paketlizenzierung auch positive ökonomische Effekte bewirken kann, wie verringerte Transaktions- und Gerichtskosten.[1497] Allerdings gilt selbst für den Fall, dass eine Umgehung der FRAND-Beschränkung und die Erhebung unangemessen hoher Paketlizenzgebühren nachzuweisen wären, eine solche Koppelung nur dann gegen Sec. 2 Sherman Act verstoßen würde, wenn sie wettbewerbsschädigende Effekte auf dem Markt für das gekoppelte Produkt hat.[1498] Die Ausbeutung einer Monopolstellung zur Erzielung maximaler Monopolrenditen stellt aber kein Wettbewerber verdrängendes Verhalten dar, das von Sec. 2 Sherman Act verboten ist, sondern wettbewerblich sogar erwünscht ist.[1499] Dies gilt selbst dann, wenn monopolistische Preise für ein eigentlich preisreguliertes Produkt erhoben werden und das preissteigernde Verhalten mit Betrugs- oder Täuschungselemente einhergeht, wie der *U.S. Supreme Court* in seiner *NYNEX*-Entscheidung betont hat.[1500] Der Entscheidung lag der Sachverhalt zugrunde, dass eine Regulierungsbehörde von dem Telefondienstleister und Monopolisten *New York Telephone* in einer Form getäuscht wurde, die es dem Unternehmen ermöglicht hatte, Telefontarifregelungen zu umgehen und höhere Telefongebühren zu erheben. Der *U.S. Supreme Court* hob in seiner Entscheidung hervor, dass die Umgehung einer Preisregulierung durch Täuschung zwar Endverbrauchern schade, die höhere Gebühren zu entrichten haben. Diese Verbrauchernachteile sind, so der *U.S. Supreme Court,* aber keine Folge eines verringerten Wettbewerbs oder einer Schädigung des Wettbewerbsprozesses an sich, sondern resultieren aus der zulässigen Ausnutzung einer rechtmäßig begründeten Monopolstellung.[1501]

Führt eine Paketlizenzierung von SEPs und nicht-SEPs dazu, dass das FRAND-Lizenzversprechen für das SEP umgangen und insgesamt überhöhte

---

1495 *Layne-Farrar/Salinger*, 45 Res. Policy 1155, 1163 (2016); *Wong-Ervin/Hicks/Slonim*, 24 Geo. Mason L. Rev. 1091, 1104 (2017).

1496 *Layne-Farrar/Salinger*, 45 Res. Policy 1155, 1163 (2016); *Wong-Ervin/Hicks/Slonim*, 24 Geo. Mason L. Rev. 1091, 1104 (2017); vgl. *Hovenkamp*, 105 Cornell L. Rev. 101, 145 (2020).

1497 *Layne-Farrar/Salinger*, 45 Res. Policy 1155, 1163 (2016).

1498 *Hovenkamp*, 105 Cornell L. Rev. 101, 145 (2020).

1499 Siehe dazu bereits oben in diesem Teil unter Abschnitt II. 2. a) aa), S. 220 ff.

1500 *Wong-Ervin/Hicks/Slonim*, 24 Geo. Mason L. Rev. 1091, 1102, 1103 (2017).

1501 NYNEX Corp. v. Discon, Inc., 525 U.S. 128, 136 (1998).

Lizenzgebühren erhoben werden, kann dies zwar mit vertragsrechtlichen Mitteln geahndet werden.[1502] Weder aber begründet der FRAND-Verstoß alleine noch die Forderung von Monopolrenditen für sich einen Verstoß gegen Sec. 2 Sherman Act.

(c) Zwischenergebnis

Die Koppelung von SEPs und nicht-SEPs in einem Patentlizenzpaket kann zu einer Monopolisierung des Markts für die gekoppelten nicht-SEPs führen und gegen Sec. 2 Sherman Act verstoßen, wenn ein Zwang zur Nutzung der nicht essentiellen Technologien besteht oder sonst nachgewiesen werden kann, dass Wettbewerber, die Alternativtechnologien für die nicht-SEPs anbieten, infolge der Koppelung vom Markt gedrängt werden. Wegen der ambivalenten Effekte die mit einer Paketlizenzierung verbunden sind, gilt es diese im jeweiligen Einzelfall zu berücksichtigen. Eine Paketlizenzpraktik bei der ein FRAND-beschränktes SEP und nicht-SEPs nur gemeinsam lizenziert werden und dergestalt bewirkt wird, dass die FRAND-Beschränkung umgangen und eine unangemessen hohe Paketlizenzgebühr erhoben wird, verstößt nicht gegen Sec. 2 Sherman Act.

(2) De facto Koppelung von SEPs und Endproduktkomponenten

Eine jüngst durch das *Qualcomm*-Verfahren in den Fokus gerückte Theorie über eine *de facto* Koppelung betrifft einen vertikal integrierten SEP-Inhaber, der seine SEPs ausschließlich auf OEM-Ebene lizenzieren, dies auf Ebene der Komponentenhersteller ablehnt und darüber hinaus an lizenznehmende OEMs eigene Endproduktkomponenten verkauft, beispielsweise Chipsätze. Darin wird zum Teil die Gefahr einer wettbewerbswidrigen faktischen Koppelung der Vergabe von SEP-Lizenzen an die Abnahme von Produktkomponenten gesehen, mit der der Markt für die Produktkomponente monopolisiert werden kann (sog. „*de facto tying/bundling*“[1503] oder „*exclusionary bundling*“[1504]). Charakteristisch für eine *de facto* Koppelung ist, dass im Gegensatz zu einer Zwangskoppelung Lizenzen für das SEP grundsätzlich auch separat, ohne gleichzeitigen Bezug von weiteren Produkte vergeben werden. Die Koppelungswirkung wird allerdings durch Preisanreize für eine Gesamtabnahme beider „Produkte“ im Paket bewirkt. Ist der implizit oder explizit in Aussicht gestellte Paketrabatt für eine Gesamtabnahme groß genug, kann dies dazu führen, dass Endproduktehersteller die

---

1502 *Wong-Ervin/Hicks/Slonim*, 24 Geo. Mason L. Rev. 1091, 1104 (2017).
1503 *Wong-Ervin/Hicks/Slonim*, 24 Geo. Mason L. Rev. 1091, 1114 (2017).
1504 *Padilla/Wong-Ervin*, 62 (3) Antitrust Bull. 494, 497 (2017).

benötigten Produktkomponenten ausschließlich beim vertikal integrierten SEP-Inhaber beziehen, sodass Wettbewerber aus dem Produktmarkt gedrängt werden und der vertikal integrierte SEP-Inhaber eine Monopolstellung auf diesen Produktmarkt ausdehnen – sprich begründen – oder eine solche Stellung aufrechterhalten kann.[1505]

Im Fall *Qualcomm* lag jedenfalls der Vorwurf im Raum, dass das Unternehmen gegenüber OEMs wie *Apple* Rabattgewährungen und Rückerstattungen in Aussicht gestellt hatte, wenn diese ein bestimmtes Kontingent oder exklusiv sämtliche CDMA- und LTE-Chipsätze von *Qualcomm* bezogen haben.[1506] Das Berufungsgericht hat in seiner Entscheidung die Lizenzstrategie von *Qualcomm*, SEPs ausschließlich auf OEM-Ebene zu lizenzieren, nicht nur unter dem Aspekt einer kartellrechtlichen Lizenzpflicht auf Grundlage der *Aspen*-Doktrin bewertet, sondern auch zu den denkbaren Verdrängungseffekten gegenüber konkurrierenden Chip-Herstellern Stellung genommen. Bevor auf die rechtliche Würdigung im Einzelnen eingegangen wird, soll zunächst dargestellt werden, welche Erkenntnisse die Ökonomie dazu liefert.

(a) Berücksichtigung ökonomischer Erkenntnisse

In der ökonomischen Literatur wurde bereits vor dem *Qualcomm*-Verfahren diskutiert, unter welchen Voraussetzungen die Lizenzstrategie eines vertikal integrierten SEP-Inhabers, der seine SEPs ausschließlich auf OEM-Ebene lizenziert und zugleich Produktkomponenten gegenüber OEMs vertreibt, marktverschließende oder Wettbewerber verdrängende bzw. monopolisierende Effekte auf dem relevanten Produktmarkt haben kann.[1507] Eine Abschottung des Produktmarkts zugunsten des vertikal integrierten SEP-Inhabers wird unter den Voraussetzungen abgelehnt, dass (1.) der SEP-Inhaber Rechte aus seinem Patent nicht gegenüber konkurrierenden Komponentenhersteller geltend macht, die auf die Nutzung der standardessentiellen Technologie angewiesen sind und (2.) die SEP-Lizenzierung auf OEM-Ebene FRAND-Bedingungen entspricht und unabhängig davon ist und nicht danach variiert, von welchem Komponentenhersteller der OEM die benötigten Produktkomponenten für sein Endprodukt letztlich bezieht, sprich vom vertikal integrierten SEP-Inhaber oder dessen Wettbewerbern.[1508] Dadurch werde gewährleistet, dass eine SEP-Lizenzierung

1505 *Padilla/Wong-Ervin*, 62 (3) Antitrust Bull. 494, 505 (2017); *E. Hovenkamp*, 19 (1) Colum. Sci. & Tech. L. Rev. 79, 107, 108 (2017).

1506 FTC v. Qualcomm Inc., 969 F.3d 974, 986 (9th Cir. 2020).

1507 Siehe *Padilla/Wong-Ervin*, 62 (3) Antitrust Bull. 494, 505 (2017).

1508 *Padilla/Wong-Ervin*, 62 (3) Antitrust Bull. 494, 505 (2017).

unabhängig davon dieselbe ist, von welchem Hersteller der OEM letztlich seine Produktkomponenten bezieht. Ein mögliches Produktpaket aus SEP-Lizenz und Produktkomponente, das von dem vertikal integrierten SEP-Inhaber angeboten wird, hat dergestalt auch keine marktverdrängenden Wirkungen gegenüber konkurrierenden Komponentenhersteller, weil der Endprodukthersteller frei darin ist zu entscheiden, ob er ein gebündeltes Paket des vertikal integrierten SEP-Inhabers wählt oder ein maßgeschneidertes Paket selbst zusammenstellt, das aus der SEP-Lizenz und der Produktkomponente eines Wettbewerbers besteht.[1509] Marktverdrängende Effekte scheiden bei einer gleichzeitigen Vergabe einer SEP-Lizenz und der Abnahme einer Produktkomponente von einem vertikal integrierten SEP-Inhaber daher aus, solange die Bedingungen für die Lizenzierung des SEP unabhängig davon sind und nicht danach variieren, ob ein OEM benötigte Produktkomponenten vom vertikal integrierten SEP-Inhaber oder dessen Wettbewerber bezieht.

(b) Rechtliche Würdigung durch den U.S. Court of Appeals for the Ninth Circuit

In Übereinstimmung mit den dargestellten ökonomischen Erkenntnissen hat der *U.S. Court of Appeals for the Ninth Circuit* die SEP-Lizenzpraxis von *Qualcomm* als kartellrechtlich zulässig eingestuft. Das Gericht stellte zunächst fest, dass sich die Lizenzpraktik von *Qualcomm* dadurch auszeichne, dass gegen konkurrierende Chiphersteller, die ihrerseits auf die Nutzung der standardessentiellen Technologie angewiesen sind, nicht auf patentrechtlicher Grundlage vorgegangen wird.[1510] Das Gericht betonte, dass wettbewerbliche Bedenken nach Sec. 2 Sherman Act angezeigt wären, wenn *Qualcomm* die Vergabe von SEP-Lizenzen davon abhängig gemacht – sprich daran gekoppelt – hätte, dass zugleich eigene Chipsätze von den OEMs hätten bezogen werden müssen.[1511] Während eine solche hypothetische Lizenzpraktik – im Sinne eines „*no chips, no license*" – marktverdrängende Effekte gegenüber konkurrierenden Chiphersteller gehabt hätte, entsprach dies allerdings gerade nicht dem Lizenzverhalten von *Qualcomm*. Die von *Qualcomm* verfolgte Lizenzstrategie des „*no license, no chips*" sei gerade herstellerneutral gewesen: die Vergabe von SEP-Lizenzen an

1509 *Padilla/Wong-Ervin*, 62 (3) Antitrust Bull. 494, 505, 506 (2017).
1510 FTC v. Qualcomm Inc., 969 F.3d 974, 984 (9th Cir. 2020).
1511 FTC v. Qualcomm Inc., 969 F.3d 974, 1002 (9th Cir. 2020).

OEMs habe sich nicht danach unterschieden, ob ein OEM benötigte Chipsätze von *Qualcomm* oder einem Wettbewerber bezogen hatte.[1512]

Zuletzt nahm das Berufungsgericht noch zu den erhobenen Vorwürfen Stellung, dass das Unternehmen gegenüber OEMs Rabattgewährungen und Rückerstattungen in Aussicht gestellt habe, wenn diese ein bestimmtes Kontingent oder exklusiv sämtliche CDMA- und LTE-Chipsätze bei *Qualcomm* bezogen hätten.[1513] Teilweise wurde in der Literatur argumentiert, dass die Implementierung von Exklusivitäts- und Rabattklauseln in den Chip-Liefervereinbarungen von *Qualcomm* Teil einer Koppelungsstrategie gewesen sei, bei der faktisch ein Lizenzgebührenerlass für die SEP-Lizenznahme in Aussicht gestellt worden sei, wenn ein Exklusivbezug von *Qualcomm* eigenen Chips zugesichert wurde[1514], d.h. im Fall einer SEP-Lizenznahme einschließlich dem exklusiven Bezug der Produktkomponente. Dies habe den Effekt gehabt, dass OEMs in Summe höhere SEP-Lizenzgebühren entrichten mussten, wenn sie Chips von Konkurrenten bezogen hatten, weil ihnen dadurch die entsprechende Rabattanrechnung auf die SEP-Lizenzgebühr entgangen sei, was letztlich Wettbewerber aus dem relevanten Produktmarkt gedrängt habe.[1515] Eine Paketrabattierung für eine Gesamtabnahme, die sich reduzierend auf die Lizenzgebühr auswirkt, kann in der Tat einen Koppelungseffekt bewirken, der den oben genannten Kriterien aus der Ökonomie und Rechtsprechung zuwiderläuft: Reduziert sich die SEP-Lizenzgebühr danach, ob ein OEM benötigte Produktkomponenten zugleich vom SEP-Inhaber bezieht, ist das postulierte Kriterium einer herstellerneutralen Lizenzierung eben nicht mehr gewahrt.

Allerdings hat weder das erst- noch das zweitinstanzliche Gericht im *Qualcomm*-Verfahren eine solche, durch eine Paketrabattierung bewirkte faktische Koppelung festgestellt, sondern die Rabattgewährungen und Rückerstattungen alleine unter dem Aspekt einer Alleinbezugsverpflichtung für *Qualcomm* eigene Chipsätze („*exclusive dealing*“) geprüft und dabei festgehalten, dass diese ebenso marktverschließende Effekte für Wettbewerber haben können, weil infolge der exklusiven Bindung des Abnehmers an einen Chiplieferanten Wettbewerber ihre Produkte nicht mehr an den exklusiv gebundenen Abnehmer absetzen können.[1516] Bei genauerer Betrachtung handelt es sich dabei allerdings

1512 FTC v. Qualcomm Inc., 969 F.3d 974, 1002, 1003 (9th Cir. 2020).
1513 FTC v. Qualcomm Inc., 969 F.3d 974, 986 (9th Cir. 2020).
1514 *E. Hovenkamp/Simcoe*, 19 (4) The Antitrust Source, 1, 2 (2020).
1515 *E. Hovenkamp/Simcoe*, 19 (4) The Antitrust Source, 1, 2 (2020).
1516 FTC v. Qualcomm Inc., 969 F.3d 974, 1003 (9th Cir. 2020).

nicht um eine missbräuchliche Lizenzpraktik, die aus der durch das SEP verliehenen Monopolstellung resultiert und die im Fokus dieser Arbeit steht, sondern um eine missbräuchliche Ausnutzung der Monopolstellung, über die *Qualcomm* zusätzlich auf den Produktmärkten für CDMA- und LTE-Chipsätze verfügt.[1517] Dennoch soll kurz dazu Stellung genommen werden. Das Berufungsgericht bestätigte die Feststellungen der Erstinstanz, wonach Anreizzahlungen und Rabattgewährungen gegenüber dem OEM *Apple* keine zulässigen Mengenrabatte waren, sondern faktisch eher den Effekt einer Alleinbezugsverpflichtung („*de facto exclusive dealing*") gehabt hatten, weil *Apple* faktische gezwungen gewesen war, eine beträchtliche Menge seines Bedarfs an Modem-Chips exklusiv bei *Qualcomm* zu beziehen.[1518] Allerdings hat weder die erste noch zweite Instanz festgestellt, dass eine Verbindung zwischen den Anreizzahlungen oder Rabattgewährungen für den faktisch exklusiven Bezug von *Qualcomm*-Chipsätze und einer vermeintlichen Reduzierung der SEP-Lizenzgebühr im Sinne eines Paketrabatts besteht. Letztlich hat das Berufungsgericht der faktischen Alleinbezugspflicht auch keinen marktverschließenden oder -abschottenden Effekte beigemessen, da diese in dem relevanten Zeitraum keine negativen Auswirkungen auf den einzig konkurrierenden Chip-Hersteller *Intel* gehabt hatte.[1519]

(c) Zwischenergebnis

Für die Fallkonstellation, in der ein SEP-Inhaber als vertikal integriertes Unternehmen über eine Monopolstellung auf dem SEP-Lizenzmarkt verfügt, seine SEPs nur auf OEM-Ebene lizenziert und zugleich auf nachgelagerten Produktmärkten tätig ist und OEMs beliefert, ist nicht nur ökonomisch sondern nun auch in der US-Rechtsprechung bestätigt, dass eine faktische Koppelung mit marktmonopolisierenden Auswirkungen auf dem Produktmarkt ausscheidet, wenn zwei Voraussetzungen erfüllt sind: erstens, der SEP-Inhaber darf Rechte aus seinem Patent nicht gegenüber konkurrierenden Komponentenhersteller geltend machen, die auf die Nutzung der standardessentiellen Technologie angewiesen sind und zweitens, die SEP-Lizenzierung auf OEM-Ebene muss FRAND-Bedingungen entsprechen und darf nicht danach variieren, ob ein OEM benötigte Produktkomponenten für sein Endprodukt beim vertikal integrierten SEP-Inhaber oder dessen Wettbewerbern bezieht. Letzteres Kriterium ist nicht erfüllt, wenn der SEP-Inhaber einen Lizenzgebühren vermindernden

1517 FTC v. Qualcomm Inc., 969 F.3d 974, 983, 984 (9th Cir. 2020).
1518 FTC v. Qualcomm Inc., 969 F.3d 974, 983, 1004 (9th Cir. 2020).
1519 FTC v. Qualcomm Inc., 969 F.3d 974, 1004, 1005 (9th Cir. 2020).

Paketrabatt dafür vergibt, dass ein OEM neben der SEP-Lizenz auch Produktkomponenten abnimmt.

b) Kartellrechtliche Beurteilung nach Art. 102 S. 2 lit. d) AEUV und § 19 Abs. 2 Nr. 1 Alt. 1 GWB

aa) Grundsätzliches

Eine Koppelungspraktik bei der die Lizenzierung eines SEPs – als koppelndes Produkt – von dem Bezug weiterer Produkte oder der Lizenznahme für weitere Patente – als gekoppeltes Produkt – abhängig gemacht wird, kann sowohl nach dem Regelbeispiel in Art. 102 S. 2 lit. d) AEUV als auch als Unterfall eines Behinderungsmissbrauchs nach § 19 Abs. 2 Nr. 1 Alt. 1 GWB missbräuchlich sein.[1520] Von einem Koppelungsgeschäft zu unterscheiden sind die Fälle der Produktbündelung, die sich allerdings nur in der Art und Weise unterscheiden, wie ein marktbeherrschendes Unternehmen seine Leistungen koppelt. Bei einer reinen Bündelung („*pure bundling*") vertreibt der Marktbeherrscher seine Produkte ausschließlich im Bündel. Unter einer gemischten Bündelung – entsprechend dem „*mixed bundling*" im US-Kartellrecht – wird eine Praktik verstanden, bei der Produkte sowohl im Bündel als auch separat angeboten werden.[1521] Ist die Summe der Einzelpreise höher als der gebündelte Paketpreis, sprich im Fall einer Rabattierung für einer Gesamtabnahme, bezeichnet dies die Europäische Kommission auch als Bündel- oder Paketrabatt[1522], während andere Stimmen aus der Literatur von einer (preis)anreizbasierten Koppelung sprechen[1523].

Art. 102 S. 2 lit. d) AEUV hat einen zweigeteilten Schutzzweck: zum einen dient er dem Schutz des Handelspartners vor einer Beeinträchtigungen seiner Handlungsfreiheit, die infolge einer Koppelung tangiert ist; zum anderen dient die Norm dem Schutz vor Wettbewerbsverfälschungen auf dem Markt des

---

1520 *Müller*, GRUR 2012, 686, 689; mangels greifbarer Wertungsunterschiede zwischen den beiden Missbrauchstatbeständen gelten auch hier die jeweiligen Ausführungen entsprechend, *Bulst*, in: Langen/Bunte, Bd. 2, Art. 102 AEUV, Rn. 3; *Wiedemann*, in: Wiedemann, KartellR-Hdb § 23 Rn. 282.

1521 Europäische Kommission, Durchsetzungsprioritäten, Rn. 48; *Brand*, in: FK, Bd. III, Art. 102 AEUV, D. Missbräuchliche Ausnutzung, Rn. 541, 542.

1522 Europäische Kommission, Durchsetzungsprioritäten, Rn. 48.

1523 *Fuchs*, in: I/M, Bd. 1, AEUV, Art. 102, Rn. 285, 295; zu Koppelungen durch Preisanreize für Gesamtabnahmen nach § 19 Abs. 2 Nr. 1 GWB, Kling/Thomas, Kartellrecht, § 20 Rn. 138.

gekoppelten oder koppelnden Produkts.[1524] Wettbewerblich bedenkliche Effekte betreffen in erster Linie den Markt für das gekoppelte Produkt, weil ein marktbeherrschendes Unternehmen die mit seiner Machtstellung verbundene Hebelkraft dazu einsetzen kann, diese Stellung auf den noch unbeherrschten Markt für das gekoppelte Produkt zu transferieren („*leveraging*").[1525] Indem der Marktbeherrscher seine Vertragspartner dazu zwingt, zusätzlich das gekoppelte Produkt abzunehmen, behindert und verdrängt er zugleich seine auf diesem Produktmarkt tätigen Wettbewerber. Eine Koppelung kann zudem bewirken, dass der Restwettbewerb auf dem Markt für das koppelnde Produkt beseitigt und die marktbeherrschende Stellung dort verfestigt und geschützt wird.[1526] Auf der anderen Seite ist ebenso anerkannt, dass mit Koppelungen und Bündelungen die bereits dargestellten Effizienzvorteile einhergehen können, die es im Einzelfall zu berücksichtigen gilt.[1527]

Eine Koppelung ist nach der Rechtsprechung des EuG missbräuchlich, wenn das betreffende Unternehmen (1.) eine marktbeherrschende Stellung auf dem Markt für das koppelnde Produkt hat, (2.) es sich bei dem koppelnden und dem gekoppelten Produkt um zwei gesonderte Produkte handeln, (3.) wobei das Koppelungsprodukt nicht ohne das daran gekoppelte Produkt bezogen werden kann und (4.) dadurch der Wettbewerb eingeschränkt wird, ohne dass (5.) objektive Gründe die Koppelung rechtfertigen können.[1528] Diese Voraussetzungen entsprechen im Wesentlichen auch denen, die die Europäische Kommission für ein Vorgehen für erforderlich hält.[1529] Das erste und zweite Tatbestandsmerkmal ist bei Koppelungspraktiken erfüllt, bei denen die Erteilung einer SEP-Lizenz an die Abnahme eines weiteren Produkts oder die Lizenznahme für ein weiteres nicht-SEP gekoppelt wird. Ein SEP verleiht seinem Inhaber in der Regel eine beherrschende Stellung auf dem jeweiligen SEP-Lizenzmarkt und unterscheidet

---

1524 *Eilmansberger/Bien*, in: MüKo WettbR, Bd. I, Art. 102 AEUV, Rn. 600; *Bulst*, in: Langen/Bunte, Bd. 2, Art. 102 AEUV, Rn. 223.

1525 *Eilmansberger/Bien*, in: MüKo WettbR, Bd. I, Art. 102 AEUV, Rn. 601; *Müller*, GRUR 2012, 686, 689.

1526 *Fuchs*, in: I/M, Bd. 1, AEUV, Art. 102, Rn. 274.

1527 Europäische Kommission, Durchsetzungsprioritäten, Rn. 62; siehe dazu oben unter Abschnitt II. 5. a) aa) (1), S. 315, 316.

1528 EuG, Urteil v. 17.09.2007, Microsoft/Kommission, Rs. T-201/04, ECLI:EU:T:2007:289, Rn. 842, 843, 850-859.

1529 Europäische Kommission, Durchsetzungsprioritäten, Rn. 50-58, 62; so auch Europäische Kommission, Entscheidung v. 18.07.2018, COMP/40.099, Rn. 741, 742 – Google Android; *Bulst*, in: Langen/Bunte, Bd. 2, Art. 102 AEUV, Rn. 226.

sich aus Sicht der nachfragenden Standardanwender sowohl funktionell als auch technologisch von einem nicht-SEP, weil mit diesen gerade nicht die begehrte Standardkonformität erreicht werden kann. Ob eine Koppelung im Zusammenhang mit der Vergabe einer SEP-Lizenz missbräuchlich ist, bestimmt sich mithin maßgeblich danach, welche wettbewerblichen Effekte damit einhergehen.

In der unionsgerichtlichen Rechtsprechung wird nicht einheitlich gehandhabt, ob eine Koppelung tatbestandlich den Nachweis einer Verdrängungswirkung voraussetzt. In älteren Entscheidungen wurde eine Koppelung für missbräuchlich erachtet, ohne dass tatbestandlich der Nachweis erbracht werden musste, dass eine Koppelung konkrete Wettbewerber verdrängende Auswirkungen hat.[1530] Die Europäische Kommission hingegen verfolgt entsprechend den Leitlinien in den Durchsetzungsprioritäten eine Ahndungspraxis, bei der für die Feststellung eines Koppelungs- oder Bündelungsmissbrauchs nachgewiesen werden muss, dass eine wettbewerbswidrige Marktverschließung wahrscheinlich ist oder tatsächlich vorliegt.[1531] Insbesondere in dem Verfahren gegen *Microsoft*, bei dem es um die Koppelung des *Windows Media Player* – als gekoppeltes Produkt – an das Betriebssystem *Windows* – als Koppelungsprodukt – ging, hat die Europäische Kommission diesen Ansatz konkret umgesetzt, die Verdrängungswirkungen vertieft geprüft und in dem Fall angenommen.[1532] Das EuG, das über die Anfechtung der Kommissionsentscheidung zu entscheiden hatte, bestätigte diese Feststellungen zwar[1533], gab allerdings nicht zu erkennen, ob die von der Kommission vorgenommene Prüfung der Verdrängungswirkungen tatbestandlich erforderlich ist oder nicht[1534]. Aus der Rechtsprechung der Unionsgerichte zu Rabattsystemen, die eine vergleichbare Verdrängungswirkung gegenüber Wettbewerbern des rabattierenden Marktbeherrscher haben können und bei denen kein konkreter Nachweis einer verdrängenden Wirkung erforderlich

---

1530 EuG, Urteil v. 06.10.1994, Tetra Pak, Rs. T-83/91, ECLI:EU:T:1994:246, Rn. 137, bestätigt in EuGH, Urteil v. 14.11.1996, Tetra Pak, Rs. C-333/94 P, ECLI:EU:C:1996:436, Rn. 37; *Bulst*, in: Langen/Bunte, Bd. 2, Art. 102 AEUV, Rn. 233.

1531 Europäische Kommission, Durchsetzungsprioritäten, Rn. 52.

1532 Europäische Kommission, Entscheidung v. 24.03.2004, COMP/C-3/37.792, Rn. 841-954 – Microsoft; dazu auch *Bulst*, in: Langen/Bunte, Bd. 2, Art. 102 AEUV, Rn. 233.

1533 EuG, Urteil v. 17.09.2007, Microsoft/Kommission, Rs. T-201/04, ECLI:EU:T:2007:289, Rn. 1031-1090.

1534 EuG, Urteil v. 17.09.2007, Microsoft/Kommission, Rs. T-201/04, ECLI:EU:T:2007:289, Rn. 1088; dazu auch *Bulst*, in: Langen/Bunte, Bd. 2, Art. 102 AEUV, Rn. 234; *Wolf*, in: Schuster/Grützmacher, IT-Recht, Art. 102 AEUV, Rn. 59.

ist, sondern eine Eignung zur Beschränkung des Wettbewerbs genügt[1535], lässt sich jedenfalls schließen, dass auch für Koppelungen im Zweifel kein strengerer Maßstab gilt[1536].

bb) Missbräuchliche Koppelungspraktiken mit SEPs

Missbräuchliche Koppelungen mit SEPs sind insbesondere in zweierlei Hinsicht von Bedeutung: erstens, die Paketlizenzierung von SEPs und nicht-SEPs, bei der die Gefahr eines Marktmachtransfers auf den Markt für das nicht-SEP besteht; zweitens, die Koppelung von SEPs und nicht-SEPs die dazu führt, dass die Marktgegenseite ausgebeutet wird, indem die FRAND-Beschränkung für das SEP umgangen und eine unangemessen hohe Lizenzgebühr erhoben wird. Ferner soll auf die im US-Kartellrecht diskutierte Sonderkonstellation eines vertikal integrierten SEP-Inhabers eingegangen werden, der seine SEPs ausschließlich auf OEM-Ebene lizenziert und darüber hinaus Produktkomponenten an OEMs vertreibt.

(1) Paketlizenzierung von SEPs und nicht-SEPs

(a) Paketlizenzierung als behinderungsmissbräuchlicher Marktmachttransfer

Die Koppelung von SEPs und nicht-SEPs in einem Patentpaket, das nur als Portfolio lizenziert wird, kann dazu führen, dass Wettbewerber, die über alternative Technologien zu den nicht-SEPs verfügen, behindert und von einem gemeinsamen Lizenzmarkt verdrängt werden. Teilweise wird in der Literatur[1537] darauf hingewiesen, dass eine nicht preiserhöhende Hinzufügung eines gekoppelten Produkts nicht vom Normzweck des Art. 102 S. 2 lit. d) AEUV erfasst sei. Entsprechend dem Schutzweck des Koppelungstatbestands bestehe zum einen weder die Gefahr, dass ein Zweitmarkt erobert oder dergestalt eine zusätzliche Verdienstquelle für den Marktbeherrscher geschaffen wird. Zum anderen sei eine Ausbeutung von Abnehmer ausgeschlossen, da bei diesen keine zusätzlichen Kosten anfallen und auch kein Zwang zur Benutzung des gekoppelten Produkts bestehe, sondern vielmehr Konkurrenzprodukte genutzt werden können.[1538] Dieser Argumentationsansatz, der dem des *Federal Circuits* in der

---

1535 EuGH, Urteil v. 15.03.2007, British Airways, Rs. C-95/04 P, ECLI:EU:C:2007:166, Rn. 68, 120 ff.; EuGH, Urteil v. 06.10.2015, Post Danmark II, Rs. C-23/14, ECLI:EU:C:2015:651, Rn. 31.

1536 *Wolf*, in: Schuster/Grützmacher, IT-Recht, Art. 102 AEUV, Rn. 59.

1537 *Eilmansberger/Bien*, in: MüKo WettbR, Bd. I, Art. 102 AEUV, Rn. 630.

1538 *Eilmansberger/Bien*, in: MüKo WettbR, Bd. I, Art. 102 AEUV, Rn. 630.

Philips-Entscheidung bezüglich der Paketlizenzierung von SEPs und nicht-SEPs entspricht[1539], wird nicht nur in der Literatur kritisiert[1540], sondern hat bislang auch keinen Anklang in der Rechtsprechung und Kommissionspraxis gefunden. Sowohl das EuG als auch die Europäische Kommission halten es bei der Bewertung einer Koppelung nach Art. 102 S. 2 lit. d) AEUV für unerheblich, ob das gekoppelte Produkt unentgeltlich bezogen werden kann.[1541] Für irrelevant wird ebenso gehalten, ob eine Nutzungspflicht für das Koppelungsprodukt besteht oder ob alternative Produkte genutzt werden können.[1542] Danach genügt es, dass Abnehmer gezwungen sind, die gekoppelten Produkte gemeinsam zu erwerben.[1543] Überträgt man diese Grundsätze auf die Lizenzierung eines Patentpakets folgt daraus, dass es für die kartellrechtliche Bewertung unerheblich ist, ob die Mitlizenzierung der nicht-SEPs gebührenfrei ist oder sich diese nicht gebührenerhöhend auswirkt. Irrelevant ist danach ebenso, ob ein Lizenznehmer frei darin ist zu entscheiden, ob er alternative Technologien zu den nicht-SEPs nutzt.

In einer erstinstanzlichen deutschen Entscheidung wurde zu Paketlizenzierungen festgehalten, dass ein in seiner Vertragsabschlussfreiheit beschränkter SEP-Inhaber es gegenüber einem SEP-Lizenzsucher nicht zur Bedingung machen könne, eine Lizenz nur für ein Patentportfolio erteilen zu wollen.[1544] Dabei wurde betont, dass insbesondere die wirtschaftliche Dispositionsfreiheit des Lizenzsuchers in Bezug auf die Lizenzierung der nicht-SEPs und die auf die Sicherung der Wettbewerbsstrukturen gerichtete Zielsetzung des Kartellrechts durch eine Paketlizenz beeinträchtigt werden.[1545] Eine Paketlizenz bestehend

---

1539 Siehe oben in unter Abschnitt II. 5. a) bb) (1), S. 319 ff.

1540 *Brand*, in: FK, Bd. III, Art. 102 AEUV, D. Missbräuchliche Ausnutzung, Rn. 545.

1541 EuG, Urteil v. 17.09.2007, Microsoft/Kommission, Rs. T-201/04, ECLI:EU:T:2007:289, Rn. 967-969; Europäische Kommission, Entscheidung v. 18.07.2018, COMP/40.099, Rn. 747 – Google Android.

1542 EuG, Urteil v. 17.09.2007, Microsoft/Kommission, Rs. T-201/04, ECLI:EU:T:2007:289, Rn. 970; Europäische Kommission, Entscheidung v. 18.07.2018, COMP/40.099, Rn. 748 – Google Android.

1543 EuG, Urteil v. 17.09.2007, Microsoft/Kommission, Rs. T-201/04, ECLI:EU:T:2007:289, Rn. 974; *Brand*, in: FK, Bd. III, Art. 102 AEUV, D. Missbräuchliche Ausnutzung, Rn. 545; im Ergebnis zustimmend auch *Eilmansberger/Bien*, in: MüKo WettbR, Bd. I, Art. 102 AEUV, Rn. 632, 633.

1544 LG Mannheim, Beschluss v. 27.05.2011, 7 O 65/10, unter II. 1. c) bb) (1) (bei BeckRS 2012, 2785).

1545 LG Mannheim, Beschluss v. 27.05.2011, 7 O 65/10, unter II. 1. c) bb) (1) (bei BeckRS 2012, 2785).

aus einem SEP und einem nicht-SEP wird allerdings ausnahmsweise für zulässig erachtet, wenn das auf eine Einzellizenz am SEP abzielende Begehren des Lizenzsuchers missbräuchlich ist.[1546] Dies kann insbesondere dann der Fall sein, wenn darin die Absicht zum Ausdruck kommt, sich im Übrigen gegenüber dem Patentinhaber nicht rechtstreu verhalten sondern dessen sonstige nicht-SEPs verletzten zu wollen, bis der Lizenzsucher jeweils wegen Patentverletzung vom Patentinhaber in Anspruch genommen wird.[1547] Abgesehen von dieser Ausnahmekonstellation hat eine Paketlizenzierung von SEPs und nicht-SEPs wettbewerbsbeschränkende Auswirkungen auf den Technologiemärkten, auf denen die nicht-SEPs mit anderen technischen Lehren in Wettbewerb stehen.[1548] Im freien Wettbewerb, sprich ohne die durch das SEP vermittelte Machtposition, kann die Erteilung einer Lizenz für das SEP jedenfalls nicht an die Lizenzierung anderer Patentrechte gekoppelt werden, die für den Standard nicht essentiell sind.[1549] Ein zur Paketlizenzierung verpflichteter Patentnutzer hat zudem keine Möglichkeit, die Werthaltigkeit und den Nutzen des Patentpakets zu überprüfen, sprich ob und in welchen Umfang eine Lizenzierung aller Patente für die geplante Anwendung überhaupt erforderlich ist.[1550]

Die Koppelung mehrerer Patentlizenzen in einem Patentpaket kann jedoch gerechtfertigt sein, wenn eine gemeinsame Lizenzierung unerlässlich ist, um eine technische einwandfreie Nutzung der Erfindung zu ermöglichen, wobei eine entsprechende Begründung nicht vorgeschoben sein darf.[1551] Im Fall einer Koppelung von SEPs und nicht-SEPs dürfte eine Unerlässlichkeit allerdings in der Regel zu verneinen sein, weil die nicht-SEPs keinen Beitrag dazu leisten, die vom Lizenzsucher begehrte Standardkonformität herzustellen und das SEP zudem auch separat lizenziert werden kann. Inwiefern mit der Koppelung überwiegende Effizienzvorteile einhergehen, die grundsätzlich auch in Form der Kosteneinsparung bei dem Vertrieb, der Verwaltung und der Überwachung denkbar

---

1546 LG Mannheim, Beschluss v. 27.05.2011, 7 O 65/10, unter II. 1. c) bb) (1) (bei BeckRS 2012, 2785).

1547 LG Mannheim, Beschluss v. 27.05.2011, 7 O 65/10, unter II. 1. c) bb) (1) (bei BeckRS 2012, 2785); dazu auch *Körber*, NZKart 2013, 87, 91.

1548 *Körber*, NZKart 2013, 87, 92; *Hauck/Kamlah*, GRUR Int. 2016, 420, 424; *Müller*, GRUR 2012, 686, 689.

1549 *Müller*, GRUR 2012, 686, 689.

1550 *Pregartbauer*, S. 111.

1551 *Fuchs*, in: I/M, Bd. 1, AEUV, Art. 102, Rn. 198; *Hauck/Kamlah*, GRUR Int. 2016, 420, 423.

sind, allerdings den Abnehmern zugutekommen müssen[1552], ist im jeweiligen Einzelfall zu untersuchen.

(b) Paketlizenzierung als ausbeutungsmissbräuchliche Umgehung der FRAND-Lizenzbeschränkung

Die Lizenzierung eines SEP unter der Bedingung, dass weitere Patentrechte lizenziert werden müssen, kann den Tatbestand des Missbrauchs einer marktbeherrschenden Stellung nicht nur in Gestalt einer Verdrängung oder Behinderung von Wettbewerbern – d.h. als Behinderungsmissbrauch – erfüllen, sondern auch in Form eines Ausbeutungsmissbrauchs. Eine missbräuchliche Ausbeutung der Marktgegenseite wird insbesondere angenommen, wenn die Koppelung zu einer unangemessenen Verteuerung der Gesamtleistung führt, wobei Parallelen zum Tatbestand des Preishöhenmissbrauchs in Art. 102 S. 2 lit. a) AEUV bestehen.[1553] Im Zusammenhang mit FRAND-unterworfenen SEPs geht es dabei um Fälle, in denen mit der Paketlizenzierung die FRAND-Lizenzbeschränkung umgangen wird und das Gesamtpaket zu einer unangemessen hohen Paketlizenzgebühren angeboten wird.

Nach den Durchsetzungsprioritäten der Europäischen Kommission kann eine Koppelung auch unter dem Aspekt der Umgehung einer Preisregulierung wettbewerbswidrig sein.[1554] Sind die Preise für das Koppelungsprodukt reguliert und erhöht das beherrschende Unternehmen die Preise für das gekoppelte Produkt, kann dergestalt bewirkt werden, die infolge der Preisregulierung verursachten Mindereinnahmen auszugleichen.[1555] Funktionell betrachtet handelt es sich bei einem FRAND-Lizenzversprechen um nichts anderes als eine freiwillig zugesagte Beschränkung – sprich Regulierung – der Lizenzierungsfreiheit des SEP-Inhabers, der seine essentielle Technologie nur zu fairen und angemessenen Gebühren lizenzieren darf. Die Anwendung von Art. 102 S. 2 lit. d) AEUV auf Fälle des Ausbeutungsmissbrauchs bietet auf der einen Seite zwar den Vorteil, dass es anders als beim Tatbestand des Preishöhenmissbrauchs genügt, die als missbräuchlich identifizierte Koppelungspraktik als solche zu untersagen, ohne dass das angemessene Preisniveau bestimmt werden muss. Nichtsdestotrotz bleibt offen, nach welchen Kriterien sich die Unangemessenheit eines

---

1552 Europäische Kommission, Durchsetzungsprioritäten, Rn. 62.

1553 *Hauck/Kamlah*, GRUR Int. 2016, 420, 423; *Eilmansberger/Bien*, in: MüKo WettbR, Bd. I, Art. 102 AEUV, Rn. 437.

1554 Europäische Kommission, Durchsetzungsprioritäten, Rn. 57.

1555 Europäische Kommission, Durchsetzungsprioritäten, Rn. 57.

Kopplungsangebots dann bemessen lassen soll[1556], sprich vorliegend, wann für ein Patentpaket aus FRAND-unterworfenen SEPs und nicht-SEPs eine in Summe unangemessen hohe Paketlizenzgebühr erhoben wird. Im Patentlizenzkontext fehlt es jedenfalls an Rechtsprechung, die sich mit einem Ausbeutungsmissbrauch durch eine Paketlizenzierung befasst.[1557]

Allerdings können auch hier die bereits oben genannten Erkenntnisse aus der Ökonomie herangezogen werden. Danach ist eine Paketlizenzierung wettbewerblich unbedenklich, so lange die Lizenzgebühr für das Patentpaket dem entspricht, was der SEP-Inhaber im Falle einer Einzellizenzierung für sein SEP FRAND-konform hätte erheben können.[1558] Damit ist eine Paketlizenzierung unter dem Gesichtspunkt eines Ausbeutungsmissbrauchs nicht missbräuchlich, wenn der Patentinhaber bereit ist, nicht-SEPs gebührenfrei in das Patentpaket mitaufzunehmen, so dass die Lizenzgebühr für das Patentpaket mit oder ohne die Aufnahme der nicht-SEPs dieselbe ist.[1559] Dergestalt ist gewährleistet, dass die Gebührenbeschränkung für das FRAND-unterworfene SEP nicht infolge der Koppelung mit weiteren Patentrechten in einem Patentpaket umgangen wird. Eine Verteuerung der Lizenzgebühr infolge der Paketierung scheidet dann aus. Wie außerhalb dieser Konstallation ermittelt werden kann, ob die Lizenzierung von SEPs und nicht-SEPs in einem Patentpaket zu einer unangemessenen Verteuerung der Gesamtlizenzgebühr führt, kann an dieser Stelle nicht aufgelöst werden und bleibt der Ökonomie vorbehalten. Ein denkbarer Ansatzpunkt wäre, die einzelnen Patente aus dem Patentpaket zu identifizieren, ein angemessenes Gebührenniveau jeweils zu bestimmen und sodann zu prüfen, ob die Summe der einzelnen, als angemessenen bestimmten Lizenzgebühren die Paketlizenzgebühr übersteigt. Angesichts der erheblichen Schwierigkeiten, die bereits bei der Bestimmung der angemessenen Lizenzgebühr für ein SEP bestehen, erscheint dies noch viel weniger praktikabel im Fall eines Patentpakets.

Festzuhalten bleibt, dass die Koppelung von SEPs und nicht-SEPs in einem Patentpaket, für das eine unangemessene nicht FRAND-entsprechende Paketlizenzgebühr erhoben wird, den Tatbestand des Ausbeutungsmissbrauchs nach

---

1556 *Eilmansberger/Bien*, in: MüKo WettbR, Bd. I, Art. 102 AEUV, Rn. 437.

1557 Zu der kaum vorhandenen Rechtsprechung bereits außerhalb patentrechtlicher Konstellationen, siehe *Eilmansberger/Bien*, in: MüKo WettbR, Bd. I, Art. 102 AEUV, Rn. 440.

1558 *Layne-Farrar/Salinger*, 45 Res. Policy 1155, 1163 (2016); *Wong-Ervin/Hicks/Slonim*, 24 Geo. Mason L. Rev. 1091, 1104 (2017), siehe dazu bereits oben unter Abschnitt II. 5. a) bb) (1) (b), S. 323-325.

1559 *Layne-Farrar/Salinger*, 45 Res. Policy 1155, 1163 (2016).

Art. 102 S. 2 lit. d) AEUV erfüllen kann. Wenngleich erhebliche Anwendungsschwierigkeiten bestehen die Unangemessenheit der Paketlizenzgebühr zu bestimmen, resultieren daraus keine Schutzlücken. Eine Paketlizenzierung kann jedenfalls unter dem zuvor dargestellten Aspekt des Behinderungsmissbrauchs nach Art. 102 S. 2 lit. d) AEUV erfasst werden[1560], ohne dass es darauf ankommt, ob die gekoppelten nicht-SEPs lizenzgebührenfrei im Paket enthalten sind.

(2) De facto Koppelung von SEPs und Endproduktkomponenten

Die im US-Kartellrecht diskutierte Sonderkonstellation einer *de facto* Koppelung, die einen vertikal integrierten SEP-Inhaber betrifft, der seine SEPs ausschließlich auf OEM-Ebene lizenziert und ebenso als Hersteller von standardkonformen Produktkomponenten diese an OEMs vertreibt, lässt sich auch sachgerecht von den Tatbeständen in Art. 102 S. 2 lit. d) AEUV und § 19 Abs. 1 Alt. 1 GWB erfassen. Fälle dazu fehlen bislang in der deutschen und europäischen Rechtsprechung.

Wie auch im US-Kartellrecht kann eine Koppelung nicht nur mittels vertraglichem Zwang sondern auch durch finanzielle Anreize für eine Gesamtabnahme des koppelnden und gekoppelten Produktes bei einem Unternehmen bewirkt werden.[1561] Eine gemischte Bündelungspraktik („*mixed bundling*") eines vertikal integrierten SEP-Inhabers, der zum einen sein SEP separat, aber ausschließlich auf Ebene der Endprodukteherstellerlizenziert, zum anderen aber auch ein Paket aus SEP-Lizenz und Produktkomponente in einem Bündel anbietet, ist wettbewerblich bedenklich, wenn ein Gesamtrabatt für die Lizenzierung des SEP und die Abnahme der Produktkomponente in Aussicht gestellt wird. Damit kann die für den Koppelungstatbestand erforderliche Zwangswirkung begründet werden, die einerseits Sogwirkung hin zugunsten des Absatzes der Produktkomponenten des vertikal integrierten SEP-Inhabers und andererseits einen verdrängenden Effekt gegenüber konkurrierenden Komponentenhersteller haben kann, indem die gebundenen Endprodukteersteller als mögliche Absatzkanäle versperrt werden.

Außerhalb der Fälle eines Bündel- oder Paketrabatts begegnet eine gemischte Bündelungspraktik eines vertikal integrierten SEP-Inhabers keinen

1560 Siehe zuvor unter Abschnitt II. 5. b) bb) (1) (a), S. 333 ff.

1561 Europäische Kommission, Durchsetzungsprioritäten, Rn. 48; *Bulst*, in: Langen/Bunte, Bd. 2, Art. 102 AEUV, Rn. 228; *Eilmansberger/Bien*, in: MüKo WettbR, Bd. I, Art. 102 AEUV, Rn. 613; zum deutschen Kartellrecht, Kling/Thomas, Kartellrecht, § 20 Rn. 138.

wettbewerblichen Bedenken, wenn sie sich im Rahmen der Kriterien hält, die in der Ökonomie aufgestellt und so auch von der US-Rechtsprechung bestätigt wurden. Erachtet man es mit der deutschen Rechtsprechung und Teilen der Literatur für zulässig, dass ein Patentinhaber sein SEP ausschließlich auf Ebene der Endproduktehersteller lizenziert[1562], hat ein darüber hinausgehender Vertrieb von Produktkomponenten gegenüber Endproduktehersteller keine marktverschließenden und Wettbewerber verdrängenden Effekte auf dem relevanten Produktmarkt, wenn die folgenden Kriterien gewahrt sind: (1.) Der Patentinhaber darf keine Ausschlussrechte aus seinem SEP gegenüber konkurrierenden Komponentenhersteller geltend machen, die die standardessentielle Technologie nutzen und (2.) die Lizenzierung des SEP gegenüber Endprodukteherstellern muss FRAND-Bedingungen entsprechen und darf nicht danach variiert, von welchem Wettbewerber der Endprodukthersteller die benötigten Produktkomponenten letztlich bezieht.

c) *Rechtsvergleichende Würdigung und Zusammenfassung der Ergebnisse*

Im US-amerikanischen, europäischen und deutschen Kartellrecht besteht Übereinstimmung hinsichtlich der generellen wettbewerblichen Bedenken, die mit Koppelungspraktiken durch marktbeherrschende Unternehmen verbunden sein können, nämlich: Die Beschränkung der Handelsfreiheit der Abnehmer, die Gefahr eines Marktmachtransfers (*leveraging*) sowie die Verfestigung der bestehenden Monopolstellung (*monopoly maintenance*). Ebenso werden rechtsordnungsübergreifend die wettbewerbsfördernden und effizienzsteigernden Effekte anerkannt, die mit Koppelungen grundsätzlich verbunden sein können.

Im US-Kartellrecht wird Sec. 2 Sherman Act nur zurückhaltend auf Koppelungspraktiken im Zusammenhang mit Patentlizenzen angewendet. Dies wird nicht nur anhand der Entwicklung in der US-Rechtsprechung deutlich, die die wettbewerbsfördernden Aspekte im Fokus hat und dies anhand einer *„rule of reason"* Prüfung im jeweiligen Einzelfall analysiert. Auch vor dem Hintergrund der Erkenntnisse aus der Ökonomie über die ambivalenten Effekte von Koppelungspraktiken und der damit verbundenen Abgrenzungsschwierigkeiten, ist diese Zurückhaltung nachvollziehbar. Ein zu interventionistischer Ansatz birgt nicht nur die Gefahr, dass ein eigentlich gewünschtes, wettbewerblich neutrales oder sogar positives Verhalten untersagt wird, sondern eine Übersanktionierung

---

1562 Siehe dazu oben in diesem Teil unter Abschnitt II. 4. b) aa) (2) (b) (bb), S. 300 ff.

infolge einer kartellrechtlichen Haftung auf den dreifachen Schadensbetrag droht. Lizenziert ein Patentinhaber sein FRAND-unterworfenes SEP nur unter der Bedingung, dass ein Lizenzsucher darüber hinaus andere Produkte abnimmt oder weitere Patentrechte mitlizenziert, kann dies jedenfalls als vertragswidriges, gegen die FRAND-Lizenzpflicht verstoßendes Verhalten geahndet werden.[1563] Ob eine solche Koppelungspraktik zugleich eine unzulässige Marktmonopolisierung nach Sec. 2 Sherman Act darstellt, hängt neben der monopolistischen Marktstellung des SEP-Inhaber insbesondere davon ab, ob die Koppelung marktabschottende oder Wettbewerber verdrängende Effekte hat, die nicht durch wettbewerbsfördernde Effekte überwogen werden.

Eine Paketlizenzierung, bei der ein lizenzsuchendes Unternehmen neben dem begehrten SEP noch andere Patente mitlizenzieren muss, kann zu einer wettbewerbswidrigen Monopolisierung des Markts für die nicht-SEPs führen. Allerdings sind Tendenzen in der US-Rechtsprechung zu erkennen, wonach keine Wettbewerber verdrängenden Effekte anzunehmen sind, wenn kein Zwang zur Nutzung der nicht essentiellen Technologie besteht, sondern Lizenznehmer frei darin sind, Alternativtechnologien von Konkurrenten zu nutzen. In jedem Fall muss eine Verdrängungswirkung konkret nachgewiesen werden, was voraussetzt, dass alternative Technologien zu den nicht-SEPs überhaupt existieren. Wegen der vielfach effizienzfördernden und kostensenkenden Auswirkungen einer Paketlizenzierung, die allen Lizenzparteien zugutekommen kann, gilt es diese Effekte im jeweiligen Einzelfall zu berücksichtigen. Führt eine Paketlizenzierung dazu, dass das FRAND-Versprechen umgangen und eine überhöhte – nicht FRAND konforme – Lizenzgebühr für das Patentpaket erhoben wird, verstößt dies zwar gegen vertragliche Pflichten aus dem FRAND-Lizenzversprechen, nicht allerdings gegen Sec. 2 Sherman Act, dem ein Preishöhenmissbrauch unbekannt ist. Für den Fall, dass ein Patentinhaber seine SEPs nur auf OEM-Ebene lizenziert, als vertikal integriertes Unternehmen zugleich auf nachgelagerten Produktmärkten tätig ist und dabei OEMs beliefert, begegnet diese Lizenzpraktik keinen wettbewerblichen Bedenken, wenn zwei Voraussetzungen erfüllt sind: erstens, der SEP-Inhaber darf Rechte aus seinem Patent nicht gegenüber konkurrierenden Komponentenhersteller geltend machen, die auf die Nutzung der standardessentiellen Technologie angewiesen sind und zweitens, die SEP-Lizenzierung auf OEM-Ebene muss FRAND-Bedingungen entsprechen und darf nicht danach variieren, ob ein OEM die benötigten Produktkomponenten für sein Endprodukt beim vertikal integrierten SEP-Inhaber

1563 *Hovenkamp*, 105 Cornell L. Rev. 101, 145 (2020).

oder seinen Konkurrenten bezieht. Das zweite Kriterium ist nicht erfüllt, wenn der SEP-Inhaber einen Lizenzgebühren vermindernden Paketrabatt dafür vergibt, dass ein OEM neben der SEP-Lizenz auch Produktkomponenten abnimmt.

Während im deutschen und europäischen Kartellrecht ein Koppelungsgeschäft unter vergleichbaren Voraussetzungen auf seine Missbräuchlichkeit geprüft wird, besteht tatbestandlich der größte Unterschied zum US-Kartellrecht darin, dass es ausreichend ist, wenn eine Koppelung eine Eignung zur Beeinträchtigung des Wettbewerbs hat. Wenngleich Tendenzen in der jüngeren Rechtsprechung und der Kommissionspraxis zu erkennen sind, wonach die verdrängenden Wettbewerbseffekte im Einzelfall untersucht und nachgewiesen worden sind, ist ein Nachweis konkreter Verdrängungseffekte bislang keine tatbestandliche Voraussetzung. Insofern gelten geringere Anforderungen als im US-Kartellrecht.

Eine Paketlizenzierung von SEPs und nicht-SEPs kann im europäischen und deutschen Missbrauchsrecht sowohl unter dem Aspekt der Behinderung von Wettbewerbern als auch –anders als nach Sec. 2 Sherman Act – als Fall eines Ausbeutungsmissbrauchs erfasst werden. Die Eignung zur Beeinträchtigung des Wettbewerbs infolge der Koppelung ist nach der Rechtsprechung und Kommissionspraxis unabhängig davon, ob der Einbezug der nicht-SEPs in das Patentpaket keine lizenzgebührenerhöhenden Effekte hat, sprich ob die gekoppelten nicht-SEPs gebührenfreie Bestandteile des Patentpakets sind. Ebenso ist irrelevant, ob für einen Paketlizenznehmer ein Nutzungszwang für die nicht-essentiellen Technologien besteht oder ob er die Freiheit hat, alternative Technologien zu den nicht-SEPs von Wettbewerbern zu nutzen. Insoweit genügt, dass ein Lizenznehmer gezwungen ist, die gekoppelten Patente in einem Patentpaket mit zu lizenzieren. Eine Paketlizenzierung, bei der das FRAND-Versprechen für das SEP umgangen und eine unangemessen hohe Paketlizenzgebühr erhoben wird, kann tatbestandlich als Ausbeutungsmissbrauch erfasst werden, wenngleich die eigentliche Schwierigkeit darin besteht, die Unangemessenheit der Lizenzgebühr zu bestimmen. Die aus der US-Praxis stammende Sonderkonstellation eines vertikal integrierten SEP-Inhaber, der seine SEP ausschließlich auf Ebene der Endgerätehersteller lizenziert und zudem an diese Produktkomponenten vertreibt, kann auch im europäischen und deutschen Missbrauchsrecht unter denselben Voraussetzungen erfasst werden. Wettbewerblichen Bedenken sind nicht angezeigt, wenn gewährleistet ist, dass die Lizenzbedingungen für das SEP unabhängig davon dieselben sind und nicht danach variieren, von wem der Endprodukthersteller seine Produktkomponenten bezieht. Insgesamt erscheint es wahrscheinlicher, dass eine Koppelungspraktik im Zusammenhang mit FRAND-unterworfenen SEPs im europäischen und deutschen Kartellrecht als missbräuchlich eingestuft wird, während bei Sec. 2 Sherman Act die diesbezüglichen Anforderungen höher sind.

6. Durchsetzung von Unterlassungsansprüchen aus FRAND-unterworfenen SEPs

Eine der weltweit am meisten diskutierten Fragen im FRAND-Kontext dreht sich darum, ob ein marktbeherrschender SEP-Inhaber gegen das kartellrechtliche Monopolisierungs- bzw. Missbrauchsverbot verstößt, wenn er trotz seines FRAND-Lizenzversprechens patentrechtliche Unterlassungsansprüche gegen Standardanwender klageweise geltend macht.[1564] Anknüpfungspunkt für das zu bewertende Missbrauchsverhalten ist dabei die Ausübung und gerichtliche Durchsetzung von patentrechtlichen Unterlassungsrechten, die dazu führen kann, dass Anbietern von standardkonformen Produkten die Nutzung der essentiellen Technologie untersagt wird, mit der Folge, dass ihnen eine Markttätigkeit versperrt wird. Die Androhung oder Geltendmachung von Unterlassungsrechten kann zudem als Druckmittel zur Umgehung des FRAND-Versprechens eingesetzt werden, um nicht FRAND-konforme Lizenzgebühren und -bedingungen durchsetzen zu können.[1565] Auf der anderen Seite gehört es zu den immanenten, durch das Patent verliehenen Rechten, Dritte von der Nutzung der patentgeschützten Technologie ausschließen zu können. Rechtsordnungsübergreifend existieren unterschiedliche Ansätze für die kartellrechtliche Bewertung dieser Fragen.

a) *Kartellrechtliche Beurteilung nach Sec. 2 Sherman Act*

Ein marktbeherrschender Patentinhaber ist grundsätzlich wie jeder sonstige Patentinhaber auch frei darin, von seinem patentimmanenten Unterlassungsrecht nach 35 U.S.C. § 283 Gebrauch zu machen und dieses gerichtlich durchzusetzen, ohne zugleich gegen das kartellrechtliche Monopolisierungsverbot zu verstoßen.[1566] Unabhängig von der Frage, ob bei einem FRAND-unterworfenen SEP die materiell-rechtlichen Voraussetzungen für ein

1564 *Ginsburg/Wong-Ervin/Wright*, 10 (1) CPI Antitrust Chronicles 1, 2-4 (2015), m.w.N. zur kartellrechtlichen Sanktionierung der klageweisen Geltendmachung von Unterlassungsansprüchen aus einem FRAND-unterworfenen SEP u.a. nach Süd-Koreanischem, Kanadischem und Japanischem Kartellrecht.

1565 *Petrovčič*, S. 152, 153.

1566 *Hovenkamp*, 105 Cornell L. Rev. 101, 161 (2020); *Gates*, in Scher/Scott, Antitrust Adviser, § 6:44, S. 1.

begründetes Unterlassungsbegehren nach 35 U.S.C. § 283 in Verbindung mit den maßgeblichen *eBay*-Kriterien erfüllt sind[1567], genießt der Akt der Anrufung eines Gerichts oder einer Behörde zur Durchsetzung von Patentunterlassungsrechten nach dem „*First Amendment*" der „*U.S. Constitution*"[1568] in Verbindung mit der sog. „*Noerr-Pennington doctrine*" grundsätzlich kartellrechtliche Immunität.[1569] Diese kartellrechtliche Immunität kann allerdings ausnahmsweise durchbrochen sein. Anerkannt ist, dass ein beklagter Patentnutzer einwenden kann, dass die Erhebung der Unterlassungsklage kartellrechtswidrig ist, weil sie offensichtlich unbegründet ist und nur zum „Schein" erhoben wird, um den vermeintlichen Patentverletzer an einer Markttätigkeit zu hindern oder aus einem Markt zu drängen (sog. *sham exception*).[1570] Ob ein SEP-Inhaber darüber hinaus kartellrechtswidrig handelt, wenn er aus einem FRAND-unterworfenen SEP auf Unterlassung klagt, wird nachfolgend dargestellt.

aa) Offensichtlich unbegründete – schikanöse – Patentunterlassungsklagen

Die gerichtliche Geltendmachung von Patentunterlassungsrechten aus einem FRAND-unterworfenen SEP kann als wettbewerbswidriges Verhalten eines marktbeherrschenden SEP-Inhabers einzuordnen sein und gegen Sec. 2 Sherman Act verstoßen, wenn kein vernünftiger Kläger eine entsprechende Klage in der Erwartung eines erfolgreichen Ausgangs eingereicht hätte, sondern die „scheinbar" begründete Klage vielmehr Ausdruck dessen ist, die beklagte Partei in einen vermögensgefährdenden Patentprozess hineinzuziehen, einen Markteintritt zu

---

1567 Zu den materiell-rechtlichen Voraussetzungen eines begründeten Unterlassungsanspruchs, siehe oben im Vierten Teil unter Abschnitt I. 2. b), S. 128 ff.

1568 U.S. Const. amend. I: „the right of the people (…) to petition the Government for a redress of grievances."

1569 Apple, Inc. v. Motorola Mobility, Inc., 886 F.Supp.2d 1061, 1075 (W.D. Wis. 2012) („*Under the Noerr-Pennington doctrine, a party that exercises its First Amendment right to petition the government for redress generally is immune from antitrust liability premised on the petition.*"); A.D. Bedell Wholesale Co. v. Philip Morris Inc., 263 F.3d 239, 250, 251 (3d Cir. 2001); Cal. Motor Transp. Co. v. Trucking Unlimited, 404 U.S. 508, 510 (1972); *Cotter*, 22 Tex. Intell. Prop. L.J. 311, 336 (2014); *Hesse/Marshall*, in: Contreras, The Cambridge Handbook of Technical Standardization Law, S. 284, 285.

1570 Diese Ausnahme ist anerkannt seit Eastern R.R. Presidents Conf. V. Noerr Motor Freight, Inc., 365 U.S. 127, 144 (1961); so auch Apple, Inc. v. Motorola Mobility, Inc., 886 F.Supp.2d 1061, 1075 (W.D. Wis. 2012).

verzögern oder eine Markttätigkeit zu verhindern.[1571] Die Erhebung einer solchen Patentunterlassungsklage genießt weder verfassungsrechtlichen Schutz noch kartellrechtliche Immunität nach der *Noerr-Pennington doctrine*.[1572]

Als Leitentscheidung für die missbräuchliche Erhebung einer Patentverletzungsklage in Zuwiderhandlung gegen Sec. 2 Sherman Act gilt die Entscheidung des *U.S. Supreme Court* in Sachen Walker Process Equip., Inc. v. Food Mach. & Chem. Corp.[1573].[1574] Wenngleich die Entscheidung weder ein SEP noch ein *„patent hold-up"* Szenario betroffen hat, sondern nur eine Patentverletzungsklage aus einem „normalen" Patent streitgegenständlich war, lassen sich die darin aufgestellten Wertungen auf ein SEP übertragen. Der Entscheidung lag folgender Sachverhalt zugrunde: Das Unternehmen *Food Machinery & Chemical. Corp.* war Inhaberin eines durch vorsätzliche Falschangaben gegenüber dem US-Patentamt PTO erlangten, unwirksamen Patentrechts. Trotzt gegenteiliger Kenntnis hatte es das Unternehmen im Rahmen des Patentprüfverfahrens verschwiegen, dass eine neuheitsschädliche Vorbenutzung für das beantragte Patentrecht in den USA bereits vorlag. Aus diesem Patentrecht ging die vermeintliche Patentinhaberin gegen die Beklagte *Walker Process Inc.* vor und erhob eine Patentverletzungsklage. Dagegen erwehrte sich die Beklagte durch Erhebung einer Widerklage und der Forderung von *„treble damages"*, die damit begründet wurde, dass die Klägerin und Widerbeklagte in unzulässiger Weise den durch das Patent betroffenen Markt monopolisiert und gegen Sec. 2 Sherman Act verstoßen habe, in dem sie durch Betrug und Täuschung in böser Absicht ein Patentrecht erlangt habe und dieses nunmehr durchzusetzen versuche. Die Widerklägerin behauptete, dass ihr aufgrund der Durchsetzung des vermeintlich wirksamen Patentrechts Geschäfte vorenthalten wurden, die ihr andernfalls zugutegekommen wären.[1575] Der *U.S. Supreme Court* entschied, dass die gerichtliche Durchsetzung eines durch Betrug (*fraud*) gegenüber dem PTO erlangten Patentrechts ein monopolistisches Verhalten sein kann, das den Tatbestand der erfolgreichen oder versuchten Marktmonopolisierung nach Sec. 2 Sherman Act erfüllt, wenn die weiteren Tatbestandsvoraussetzungen vorliegen.

1571 *Hovenkamp*, 105 Cornell L. Rev. 101, 161 (2020).

1572 *Sullivan/Hovenkamp/Shelanski/Leslie*, Antitrust Law, Policy, and Procedure, S. 707.

1573 Walker Process Equip., Inc. v. Food Mach. & Chem. Corp., 382 U.S. 172 (1965).

1574 *Hovenkamp*, 105 Cornell L. Rev. 101, 161 (2020); *Werden/Froeb*, 27 (1) Tex. Intell. Prop. L.J. 1, 16 (2019); dazu auch Mayer/Butler/Molnia, US-Patent, Rn. 1517, 1518.

1575 Walker Process Equip., Inc. v. Food Mach. & Chem. Corp., 382 U.S. 172, 173, 174 (1965).

Dies erfordere unter anderem der Beurteilung der Verdrängungswirkung, die mit der Geltendmachung des unwirksamen Patentrechts auf dem relevanten Produktmarkt verbunden ist.[1576]

In einer darauf folgenden Entscheidung konkretisierte der *U.S. Supreme Court* die Anforderungen, die für eine kartellrechtswidrige *„sham litigation"* erfüllt sein müssen. Danach muss eine Klage (1.) objektiv unbegründet und (2.) subjektiv durch das Streben motiviert sein, dem Beklagten einen wettbewerblichen Schaden zuzufügen, anstatt gerichtlichen Rechtsschutz zu erlangen.[1577] Eine Klage ist objektiv unbegründet, wenn kein vernünftiger Kläger einen Erfolg in der Sache erwarten kann.[1578] Wie sich aus der *Walker Process*-Entscheidung ergibt, kann dies der Fall sein, wenn ein Patentinhaber wissentlich aus einem unwirksamen, durch Betrug oder Falschangaben gegenüber dem PTO erlangten Patentrecht vorgeht. Außerhalb dieser Fälle ist oftmals alles andere als klar, ob ein vernünftiger Kläger keine Rechte aus einem Patentrecht geltend machen würde.[1579] Bestehen berechtigte Anhaltspunkte für ein Obsiegen, ist das erstgenannte Merkmal nicht erfüllt.[1580] Andernfalls ist in einem weiteren Schritt zu untersuchen, ob die klagende Partei die Motivation verfolgt, eher die Klage an sich, als deren Ausgang, als wettbewerbswidrige „Waffe" gegen den Beklagten einzusetzen.[1581]

Es erscheint zwar grundsätzlich denkbar, dass ein gerichtlichen Vorgehen aus einem FRAND-unterworfenen SEP unter den genannten Voraussetzungen ein Fall der *„sham litigation"* sein kann und gegen Sec. 2 Sherman Act verstößt.[1582] Dafür ist allerdings erforderlich, dass eine Klage aus dem SEP objektiv unbegründet ist, sprich keine realistische Aussicht auf Erfolg hat, und subjektiv darin die Motivation zum Ausdruck kommt, dem Nutzer der standardessentiellen Technologie einen wettbewerblichen Schaden zuzufügen. Die Anforderungen

1576 Walker Process Equip., Inc. v. Food Mach. & Chem. Corp., 382 U.S. 172, 174 (1965).

1577 Prof'l Real Estate Investors, Inc. v. Columbia Pictures Indus., Inc., 508 U.S. 49, 60, 61 (1993); dazu auch Apple, Inc. v. Motorola Mobility, Inc., 886 F.Supp.2d 1061, 1075 (W.D. Wis. 2012).

1578 Prof'l Real Estate Investors, Inc. v. Columbia Pictures Indus., Inc., 508 U.S. 49, 60 (1993).

1579 *Bohannan/Hovenkamp*, 51 B.C.L. Rev. 905, 928, 929 (2010).

1580 Prof'l Real Estate Investors, Inc. v. Columbia Pictures Indus., Inc., 508 U.S. 49, 60 (1993).

1581 Prof'l Real Estate Investors, Inc. v. Columbia Pictures Indus., Inc., 508 U.S. 49, 60, 61 (1993).

1582 *Hovenkamp*, 105 Cornell L. Rev. 101, 162 (2020).

für den erfolgreichen Nachweis dieser beiden Voraussetzungen sind als hoch einzustufen. Das Merkmal einer objektiv unbegründeten Klage ist schon nicht erfüllt, wenn es an einer ständigen, gefestigten Rechtsprechung fehlt, instanzgerichtlich verschiedene Auffassungen vertreten werden oder der Ausgang einer rechtlichen Bewertung offen ist. Würde beispielsweise höchstrichterlich geklärt werden, dass ein Patentinhaber unter bestimmten Umständen aus einem FRAND-unterworfenen SEP keine patentrechtlichen Unterlassungsrechte gerichtlich geltend machen kann, müsste jedem vernünftig denkenden SEP-Inhaber einleuchten, dass eine solche Klage keine Aussicht auf Erfolg hat und bei einer entsprechenden Motivation eine kartellrechtliche Haftung auslösen kann.[1583]

Selbst wenn das Verhaltenselement („*monopoly conduct*") des Sec. 2 Sherman Act erfüllt wäre, weil die gerichtliche Durchsetzung von Rechten aus dem SEP als „*sham litigation*" eingestuft werden könnte, müssen darüber hinaus noch die anderen Voraussetzungen des Monopolisierungstatbestands erfüllt sein, sprich dass das Verhalten wettbewerbsschädigende Effekte hat und der Begründung oder Erhaltung einer Monopolstellung dient.[1584] Insgesamt erscheint es zwar möglich, dass die Erhebung einer Patentunterlassungsklage aus einem FRAND-unterworfenen SEP eine unzulässige „*sham litigation*" darstellt. Angesichts des bereits schwierigen Nachweises, dass die Unterlassungsklage objektiv und offensichtlich unbegründet ist, wobei Zweifel bei der rechtlichen Bewertung zugunsten des Klägers gehen, erscheint ein Verstoß gegen Sec. 2 Sherman Act dennoch eher unwahrscheinlich.

bb) Durchsetzung von Unterlassungsansprüchen aus einem FRAND-unterworfenen SEP als an sich kartellrechtswidriges Verhalten

US-Gerichte haben bislang nicht geklärt, ob die Androhung oder gerichtliche Geltendmachung von Unterlassungsansprüchen aus einem FRAND-unterworfenen SEP bereits ein an sich kartellrechtswidriges Verhalten sein kann, das gegen Sec. 2 Sherman Act verstößt. Ausgangspunkt wettbewerblicher Bedenken ist die Überlegung, dass ein Unterlassungsbegehren eines monopolistischen SEP-Inhabers gegen einen Hersteller standardkonformer Produkte dazu führen kann, dass der Hersteller von der Teilnahme am Markt ausgeschlossen oder eine beabsichtige Markttätigkeit blockieren wird. Während die Begründetheit solcher

---

1583 *Hovenkamp*, 105 Cornell L. Rev. 101, 162 (2020).

1584 *Hovenkamp*, 105 Cornell L. Rev. 101, 162 (2020); *Sullivan/Hovenkamp/Shelanski/Leslie*, Antitrust Law, Policy, and Procedure, S. 707.

Ansprüche bislang unter Berücksichtigung von vertrags- und patentrechtlichen Grundsätzen beurteilt wurde, hat soweit ersichtlich noch kein US-Gericht ein Unterlassungsbegehren als ein an sich kartellrechtwidriges Verhalten nach Sec. 2 Sherman Act eingestuft.[1585] Auch die US-Kartellbehörden DoJ und FTC sind bislang nicht wegen vermeintlicher Verstöße gegen das Monopolisierungsverbot gegen SEP-Inhaber eingeschritten. Die FTC hat zwar Verfahren gegen SEP-Inhaber angestrengt, die gegenüber Standardnutzern Unterlassungsrechte trotz eines FRAND-Lizenzversprechens angedroht hatten oder durchsetzen wollten. In keinem der Verfahren wurde allerdings der Vorwurf eines Verstoßes gegen Sec. 2 Sherman Act erhoben, sondern ausschließlich auf *„standalone basis"* der lauterkeitsrechtlichen Regelung des Sec. 5 (a) FTC Act, sprich als unfaire Wettbewerbshandlung, ohne zugleich eine Zuwiderhandlung gegen Sec. 2 Sherman Act geltend zu machen.[1586] Angesichts dessen, dass sich das DoJ in seinem *„2019 Policy Statement"* zum einen dafür ausgesprochen hat, dass Patentunterlassungsansprüche bei FRAND-unterworfenen SEP nicht von vornherein versagt, sondern dies auf patentrechtlicher Grundlage anhand der *eBay*-Kriterien geprüft werden soll, um auch *„patent hold-out"* angemessen berücksichtigen zu können, und zum anderen generell für eine zurückhaltende Anwendung von Sec. 2 Sherman Act im SEP-Kontext plädiert hat, erscheint es unwahrscheinlich, dass das DoJ auf dieser Basis kartellbehördlich vorgehen wird.[1587]

Ungeachtet dessen, dass US-Gerichte und Kartellbehörden die Geltendmachung von Unterlassungsansprüchen aus einem FRAND-unterworfenen SEP bislang nicht als gegen Sec. 2 Sherman Act verstoßendes Verhalten eingeordnet haben, sprechen sich auch Stimmen aus der US-Literatur mit guten Gründen dagegen aus.[1588]

1585 Dazu auch *Ginsburg/Wong-Ervin/Wright*, 10 (1) CPI Antitrust Chronicles 1, 6 (2015) (*„no United States court has held that seeking injunctive relief on a FRAND encumbered SEP violates the antitrust laws."*); *Fu*, Do SEP Holders Seeking Injunctions Violate Section 2?, LAW360, v. 21.03.2013, (zugangsbeschränkt) abrufbar unter: http://www.law360.com/articles/425011/do-sepholders-seeking-injunctions-violate-section-2 (abgerufen am: 22.03.2021).

1586 Zu den einzelnen Verfahren ausschließlich auf Basis von Sec. 5 FTC Act *Petrovčič*, S. 159-162; dazu auch *Ramirez*, 4 (1) Ital. Antitrust Rev. 41, 50-52 (2017) und *Hesse/Marshall*, in: Contreras, The Cambridge Handbook of Technical Standardization Law, S. 278-285.

1587 Siehe dazu oben im Vierten Teil unter Abschnitt V. 1. a) bb) (3), S. 160 ff.

1588 *Ginsburg/Owings/Wright*, 14 (1) The Antitrust Source, 1, 2 ff. (2014).

(1) Fehlende Notwendigkeit einer kartellrechtlichen Sanktionierung

Ob die wettbewerblich geäußerten Bedenken, dass die Androhung oder Geltendmachung von Unterlassungsansprüchen aus einem SEP als Hebel zur Durchsetzung höherer Forderungen eingesetzt wird und eine Marktverdrängung von Standardanwendern bewirken kann[1589], tatsächlich berechtigt sind und mit solchen Effekten zu rechnen ist, hängt entscheidend davon ab, wie wahrscheinlich es ist, dass sich ein Unterlassungsbegehren gerichtlich überhaupt durchsetzen lässt.[1590] Die Durchsetzbarkeit hängt wiederum davon ab, ob nach 35 U.S.C. § 283 die dafür maßgeblichen *eBay*-Kriterien erfüllt sind. Eine Patentverletzung führt im US-Patentrecht nicht automatisch zu Unterlassungsansprüchen zugunsten eines Patentinhabers. Nach den vom *U.S. Supreme Court* aufgestellten *eBay*-Kriterien[1591] setzt dies unter anderem voraus, dass dem Patentinhaber ein irreparabler Schaden entstanden ist, eine monetäre Kompensation nicht genügt und öffentliche Belange durch den Unterlassungsanspruch nicht beeinträchtigt werden. Hat ein SEP-Inhaber ein FRAND-Lizenzversprechen abgegeben und damit seine generelle Lizenzbereitschaft gegenüber lizenzwilligen Standardanwendern zum Ausdruck gebracht, sind diese Voraussetzungen in aller Regel gerade nicht erfüllt.

Das FRAND-Lizenzversprechen wurde von US-Gerichten bislang als Indiz dafür gesehen, dass es entweder an dem ersten Merkmal des irreparablen Schadens fehlt[1592] oder das zweite Kriterium nicht erfüllt wird, da monetärer – FRAND entsprechender – Ersatz eben ausreichend ist, weil ein SEP-Inhaber einer Lizenzvergabe im Gegenzug für ein angemessenes Entgelt gerade zugestimmt hat[1593]. Im Rahmen der Beurteilung des vierten Faktors steht es einem Gericht insbesondere frei, die negativen Effekte zu beurteilen, die ein

---

1589 *Petrovčič*, S. 152 153.

1590 *Ginsburg/Owings/Wright*, 14 (1) The Antitrust Source, 1, 2 (2014).

1591 eBay Inc. V. MercExchange, L.L.C., 547 U.S. 388, 391 (2006), siehe Vierter Teil unter Abschnitt I. 2. b), S. 128 ff.

1592 Apple Inc. v. Motorola, Inc., 757 F.3d 1286, 1332 (Fed. Cir. 2014) („*A patentee subject to FRAND commitments may have difficulty establishing irreparable harm.*“).

1593 Apple, Inc. v. Motorola, Inc., 869 F. Supp. 2d 901, 913, 914 (N.D. Ill. 2012), bestätigt in Apple Inc. v. Motorola, Inc., 757 F.3d 1286, 1331, 1332 (Fed. Cir. 2014) („*By committing to license its patents on FRAND terms, Motorola committed to license the '898* [patent] *to anyone willing to pay a FRAND royalty and thus implicitly acknowledged that a royalty is adequate compensation for a license to use that patent.*“); so auch Realtek Semiconductor Corp. v. LSI Corp., 946 F.Supp.2d 998, 1006, 1007 (N.D. Ca. 2013); Microsoft Corp. v. Motorola, Inc., 696 F.3d 872, 877 (9th Cir. 2012).

erfolgreicher Unterlassungsanspruch für Verbraucher nach sich ziehen würde, wenn bestimmte Endprodukte dadurch vom Markt genommen werden müssten.[1594] Mit den Ansätzen der Rechtsprechung übereinstimmend haben sich auch Teile der US-Literatur dafür ausgesprochen, dass SEP-Inhaber, die ein FRAND-Lizenzversprechen abgegeben haben, generell keine Unterlassungsrechte zustehen sollen.[1595] Kritiker hingegen, die vor allem dem Lager angehören, die *„patent hold-up"* für ein theoretisches Konstrukt halten und im *„patent hold-out"* die größere wettbewerbliche Gefahr sehen, plädierten gegen einen zu sehr Standardanwender zentrierten Ansatz und wollen einem SEP-Inhaber patentrechtliche Unterlassungsansprüche grundsätzlich zugestehen.[1596] Ein US-Gericht hat jedenfalls der Forderung nach einer *per se* Regel eine Absage erteilt, wonach ein Unterlassungsanspruch bei einem FRAND-unterworfenen SEP nie begründet sein soll.[1597] Solche Ansprüche können danach insbesondere in Fällen gerechtfertigt sein, in denen ein SEP-Nutzer sich weigert, angemessene Lizenzgebühren zu bezahlen oder Lizenzverhandlungen in treuwidriger Weise verzögert[1598], sprich in *„patent hold-out"* Szenarien. Außerhalb der letztgenannten Fälle, in denen es an einem lizenzwilligen Standardanwender fehlt, ist die Geltendmachung von Unterlassungsansprüchen aus einem FRAND-unterworfenen SEP in der Regel nicht begründet.[1599] Solche Ansprüche sind erst Recht zu versagen, wenn der SEP-Inhaber selbst seinen FRAND-Lizenzpflichten nicht nachkommt, beispielsweise in dem er Lizenzverhandlungen nicht nach Treu und Glauben führt.

Teilweise wird kritisiert, dass einem SEP-Inhaber zur Durchsetzung von Unterlassungsrechten neben dem Weg über staatliche Gerichte noch ein weiteres Forum offen stehe, nämlich die Beantragung einer Ausschlussverfügung (sog.

1594 *Ginsburg/Owings/Wright*, 14 (1) The Antitrust Source, 1, 3 (2014).

1595 *E. Hovenkamp*, 19 (1) Colum. Sci. & Tech. L. Rev. 79, 84 (2017).

1596 *Epstein/Noroozi*, 32 Berkeley Tech. L.J. 1381 (2017); dazu auch *Arena/Bergmann/Himes*, 9 (3) E.C.J. 623, 665, 666 (2013); zu den Kritikern des *„patent hold-up"* siehe Zweiter Teil unter Abschnitt III. 2. a) bb), S. 61 ff.

1597 Apple Inc. v. Motorola, Inc., 757 F.3d 1286, 1331, 1332 (Fed. Cir. 2014).

1598 Apple Inc. v. Motorola, Inc., 757 F.3d 1286, 1332 (Fed. Cir. 2014); dazu auch Realtek Semiconductor Corp. v. LSI Corp., 946 F.Supp.2d 998, 1007 (N.D. Ca. 2013).

1599 *Shapiro/Lemley*, 168 Univ. Pa. Law. Rev. 1, 29 (2020); *Ginsburg/Owings/Wright*, 14 (1) The Antitrust Source, 1, 3 (2014); *Hesse/Marshall*, in: Contreras, The Cambridge Handbook of Technical Standardization Law, S. 286; *Cotter*, 22 Tex. Intell. Prop. L.J. 311, 320, 321 (2014).

„*exclusion order*") bei der ITC[1600], die nicht an die Einhaltung der *eBay*-Kriterien gebunden ist.[1601] Eine Ausschlussverfügung hat dieselben Effekte wie eine Unterlassungsanordnung, weil mit ihr der Import und Verkauf von patentverletzenden Produkten in den USA untersagt werden kann.[1602] Vor Erlass einer „*exclusion order*" prüft die ITC, ob eine entsprechende Verfügung mit öffentlichen Interessen vereinbar ist. Konkret hat die ITC zu berücksichtigen, welche Auswirkungen sich daraus für die Gesundheitsversorgung und Wohlfahrt, die Wettbewerbsbedingungen in der US-Wirtschaft sowie für US-Verbraucher ergeben und ob vergleichbare Produkte jedenfalls in den USA hergestellt werden können.[1603] Im Zusammenhang mit SEPs wurde insbesondere die Frage aufgeworfen, ob dem öffentlichen Interesse gedient ist, wenn Produkte mit einer „*exclusion order*" belegt werden, die SEPs verletzen, für die aber ein FRAND-Lizenzversprechen abgegeben wurde. Bekanntheit hat insoweit die Auseinandersetzung vor der ITC zwischen dem US-Unternehmen *Apple* und dem süd-koreanischen Unternehmen *Samsung* erlangt.[1604] *Samsung* war Inhaberin eines US-Patents für eine standardessentielle Technologie, für das ein FRAND-Lizenzversprechen abgegeben und die von *Apple* in bestimmten *iPhone* und *iPad* Modellen genutzt wurde. Wegen der Verletzung seiner US-Patente beantragte *Samsung* erfolgreich bei der ITC eine „*exclusion order*" und eine „*cease and desist order*" gegen *Apple*, mit denen ein US-Importverbot für die entsprechenden *iPhone* und *iPad* Modelle

---

1600 Die ITC ist eine US-Bundesbehörde, die sich mit Beschwerden nach Sec. 337 Tariff Act von 1930 (19 U.S.C. § 1337) befasst, wonach es u.a. unzulässig ist, wenn Gegenstände in die USA importiert oder nach dem Import dort verkauft werden, die ein wirksames und durchsetzbares US-Patentrecht verletzen (19 U.S.C. § 1337 (a) (1) (B)). Die der ITC zustehenden Abhilfemaßnahmen beschränken sich auf Ausschluss- (*exclusion orders*) und Unterlassungsverfügungen (*cease-and-desist orders*), ohne monetären Schadensersatz verhängen zu können; dazu *Cotter*, 22 Tex. Intell. Prop. L.J. 311, 321 (2014).

1601 *Shapiro/Lemley*, 168 Univ. Pa. Law. Rev. 1, 30 (2020); zur fehlenden Gebundenheit der ITC an die *eBay*-Kriterien, Spansion, Inc. v. ITC, 629 F.3d 1331, 1359 (Fed. Cir. 2010); *Cotter*, 22 Tex. Intell. Prop. L.J. 311, 321 (2014).

1602 19 U.S.C. § 1337 (d); *Ramirez*, 4 (1) Ital. Antitrust Rev. 41, 51 Fn. 28 (2017).

1603 Zu den einzelnen Faktoren 19 U.S.C. § 1337 (d): „(…) after considering the effect of such exclusion upon the public health and welfare, competitive conditions in the United States economy, the production of like or directly competitive articles in the United States, and United States consumers (….)."

1604 ITC, Notice of the Commission's Final Determination finding a Violation of Section 337, In the Matter of Certain Electronic Devices, Inv. No. 337-TA-794 (June 4, 2013); dazu auch *Cotter*, 22 Tex. Intell. Prop. L.J. 311, 321, 322 (2014) und *Petrovčič*, S. 227.

verhängt wurde. Die ITC wies insbesondere die von *Apple* vorgebrachten Einwände zurück, dass der Erlass einer „*exclusion order*" öffentlichen Interessen zuwiderlaufe, weil *Samsung* ein FRAND-Lizenzversprechen abgegeben habe, das es nun pflichtwidrig nicht einhalte.[1605] Allerdings hatte die Verfügung letztlich keinen Bestand, weil die damalige US-Regierung unter der Administration des Präsidenten *Obama* von ihrem generellen Veto-Recht Gebrauch gemacht hatte[1606], innerhalb von 60 Tagen nach Erlass einer „*exclusion order*" der ITC eine entsprechende Verfügung aufheben zu können.[1607] Das Veto wurde unter anderem damit begründet, dass öffentliche Belange sowie wettbewerbliche Bedenken im Zusammenhang mit den Gefahren eines „*patent hold-up*" gegen den Erlass einer Unterlassungsverfügung sprechen, wenn ein FRAND-unterworfenes SEP betroffen ist.[1608]

Angesichts dessen, dass weder eine Geltendmachung von Unterlassungsansprüchen aus einem FRAND-unterworfenen SEP nach den *eBay*-Kriterien tatsächlich Aussicht auf Erfolg verspricht, noch dies bei einem Antrag auf eine „*exclusion order*" bei der ITC wahrscheinlich ist, und erfolgreiche Fälle dazu auch nicht bekannt sind[1609], wird das wettbewerbliche Schädigungspotenzial von Unterlassungsbegehren zu Recht verneint. Eine kartellrechtliche Ahndung mit Mitteln des Sec. 2 Sherman Act ist aus diesem Grund auch nicht erforderlich. Wie eingangs dargestellt, stimmt dies insoweit auch mit der bisherigen Praxis von US-Gerichten und Kartellbehörden überein, die in der Geltendmachung

---

1605 ITC, Notice of the Commission's Final Determination finding a Violation of Section 337, In the Matter of Certain Electronic Devices, Inv. No. 337-TA-794 (June 4, 2013), S. 2, 3.

1606 Zur Ausübung des Veto-Rechts, siehe *Froman*, Letter to Hon. Irving A. Williamson, Chairman, U.S. Int'l Trade Comm'n (August 3, 2013); dazu auch *Cotter*, 22 Tex. Intell. Prop. L.J. 311, 322 (2014).

1607 19 U.S.C. § 1337 (j) (2).

1608 *Froman*, Letter to Hon. Irving A. Williamson, Chairman, U.S. Int'l Trade Comm'n (August 3, 2013), S. 2, 3; dazu auch *Cotter*, 22 Tex. Intell. Prop. L.J. 311, 322 (2014) und *Hesse/Marshall*, in: Contreras, The Cambridge Handbook of Technical Standardization Law, S. 286, 287.

1609 *Ginsburg/Owings/Wright*, 14 (1) The Antitrust Source, 1, 4 (2014) mit Verweis auf eine Studie aus dem Smartphone-Bereich, wonach seit dem Jahr 2000 im Zusammenhang mit den „*smart phone wars*" kein Fall bekannt sei, wonach ein gerichtliches Unterlassungsbegehren oder eine „*exclusion order*" der ITC für ein SEP erfolgreich durchgesetzt werden konnte.

von Unterlassungsrechten aus einem FRAND-unterworfenen SEP bislang kein gegen Sec. 2 Sherman Act verstoßendes Verhalten gesehen haben.

(2) Wettbewerbsschädlichkeit einer kartellrechtlichen „über"-Sanktionierung

Nicht nur ist eine kartellrechtliche Sanktionierung eines Unterlassungsbegehrens aus einem FRAND-unterworfenen SEP nach Sec. 2 Sherman Act nicht erforderlich, weil auf patentrechtlicher Grundlage mit den *eBay*-Kriterien missbräuchlichem Verhalten hinreichend vorgebeugt werden kann und das wettbewerbliche Schädigungspotenzial mangels Aussicht auf eine erfolgreiche Durchsetzung als gering einzustufen ist. Auch droht dergestalt keine kartellrechtliche Haftung eines SEP-Inhabers auf den dreifachen Schadensbetrag (*treble damages*), die – wie dargestellt[1610] – auch dann im Raum stünde, wenn ein SEP-Inhaber offen und nicht heimlich agiert, indem er Unterlassungsansprüche gerichtlich geltend macht oder eine „*exclusion order*" bei der ITC beantragt. Alles andere würde einen SEP-Inhaber davon abhalten, selbst bei einer aussichtsreichen Rechtsposition von der Durchsetzung von Unterlassungsrechten abzusehen, um dem Risiko einer kartellrechtlichen Haftung zu entgehen. Dies würde nicht nur eine Schmälerung patentimmanenter Rechte bedeuten, sondern könnte Patentinhaber davon abhalten, ihre Technologien in einen Standard einzubringen.[1611] Auf der anderen Seite könnte ein Standardanwender das beim SEP-Inhaber bestehende Risiko einer kartellrechtlichen Haftung in Lizenzverhandlungen zu seinen Gunsten ausnutzen, in dem Wissen, dass er maximal FRAND-konforme Lizenzgebühren zu entrichten hat, für den SEP-Inhaber im Fall der Geltendmachung von Unterlassungsansprüchen aber eine Haftung auf den dreifachen Schadensbetrag im Raum steht, was letztlich zu einem Verhandlungsungleichgewicht führen würde.[1612] Aus Gesichtspunkten des Rechtsschutzes von Standardanwendern drohen insbesondere auch keine Schutzlücken. Die unberechtigte Geltendmachung von Unterlassungsrechten bei einem US-Gericht oder der ITC, bevor der SEP-Inhaber ein FRAND-konformes Lizenzangebot abgegeben hat, stellt jedenfalls ein vertragswidriges Verhalten dar, das gegen die FRAND-Lizenzpflicht verstößt.[1613]

1610 Siehe dazu oben im Vierten Teil unter Abschnitt V. 3. c), S. 170 ff.

1611 Dazu *Ginsburg/Owings/Wright*, 14 (1) The Antitrust Source, 1, 5, 6 (2014); *Ginsburg/Wong-Ervin/Wright*, 10 (1) CPI Antitrust Chronicles 1, 7 (2015).

1612 *Ginsburg/Wong-Ervin/Wright*, 10 (1) CPI Antitrust Chronicles 1, 7 (2015).

1613 So in den Fällen Realtek Semiconductor, Corporation v. LSI Corporation, 2014 WL 2738226, 4 (N.D. Cal. 2014); Realtek Semiconductor Corp. v. LSI Corp., 946

cc) Zwischenergebnis

Die gerichtliche Geltendmachung von Unterlassungsansprüchen aus einem FRAND-unterworfenen SEP stellt nur unter engen Voraussetzungen ein gegen Sec. 2 Sherman Act verstoßendes Verhalten dar. Dies kann der Fall sein, wenn das zugrundeliegende Patentrecht, aus dem vorgegangen wird, durch Betrug oder Falschangaben gegenüber dem PTO erlangt wurde oder eine offensichtlich unbegründete Unterlassungsklage erhoben wird, in der Motivation, dem Beklagten einen wettbewerblichen Schaden zuzufügen. Außerhalb solcher Fälle stellt ein gerichtliches Unterlassungsbegehren oder die Beantragung einer *„exclusion order"* bei der ITC durch einen SEP-Inhaber, der ein FRAND-Lizenzversprechen abgegeben hat, kein an sich kartellrechtswidriges Verhalten dar, das gegen Sec. 2 Sherman Act verstößt. In der US-Rechtsprechung, der kartellbehördlichen Praxis und in der überwiegenden Literatur sind insoweit klare Tendenzen zu erkennen, die sich gegen eine Anwendung von Sec. 2 Sherman Act aussprechen und Unterlassungsbegehren auf Basis der etablierten *eBay*-Kriterien auflösen wollen, sprich durch das Patentrecht selbst.

b) Kartellrechtliche Beurteilung nach Art. 102 AEUV und § 19 Abs. 1 GWB

Die gerichtliche Geltendmachung von patentrechtlichen Unterlassungsansprüchen nach § 139 Abs. 1 PatG gehört zu den patentimmanenten Rechten eines Patentinhabers und stellt grundsätzlich kein missbräuchliches Verhalten dar, auch wenn der Patentinhaber ein Marktbeherrscher ist.[1614] Die Unionsgerichte haben allerdings mehrfach festgehalten, dass die Erhebung einer Patentverletzungsklage unter (ganz) außergewöhnlichen Umständen ein missbräuchliches Verhalten nach Art. 102 AEUV sein kann.[1615] Dabei sind insbesondere zwei Fallkonstellationen von Bedeutung, in denen die Erhebung einer Patentunterlassungsklage gegen das kartellrechtliche Missbrauchsverbot verstoßen

---

F.Supp.2d 998, 1006 (N.D. Ca. 2013); dazu *Bosworth/Mangum III, Matolo*, in: Bharadwaj/Devaiah/Gupta, Complications and Quandaries in the ICT Sector, S. 28.

1614 Vgl. *M. Scholz*, in: Wiedemann, KartellR-Hdb § 22 Rn. 167.

1615 EuGH, Urteil v. 16.07.2015, Huawei/ZTE, Rs. C-170/13, ECLI:EU:C:2015:477, Rn. 46, 47; von *„ganz außergewöhnlichen Umständen"* sprechend EuG, Urteil v. 17.07.1998, ITT Promedia/Kommission, Rs. T-111/96, ECLI:EU:T:1998:183, Rn. 60 und EuG, Urteil v. 13.09.2012, Protégé International, Rs. T-119/09, ECLI:EU:T:2012:421, Rn. 48, nur französischer Urteilsfassung zugänglich (*„circonstances tout à fait exceptionnelles"*), mit Verweis auf ITT Promedia.

kann: erstens, eine Unterlassungsklage aus einem SEP kann Ausdruck einer schikanöse Rechtsverfolgung zur Behinderung eines Beklagten sein; zweitens, ein klageweises Unterlassungsbegehren aus einem FRAND-unterworfenen SEP kann ein an sich missbräuchliches Verhalten sein, da der SEP-Inhaber mit dem FRAND-Lizenzversprechen eine Lizenzvergabe zugesichert hat.

aa) SEP-Unterlassungsklage als missbräuchliche Rechtsverfolgung

Die Erhebung einer Unterlassungsklage aus einem FRAND-unterworfenen SEP kann wie jede formale Geltendmachung einer Rechtsposition eine missbräuchliche Rechtsverfolgung nach Art. 102 S. 1 AEUV darstellen, wenn es der Schikane dient und zu einer Beseitigung des Wettbewerbs führt (sog. *vexatious litigation*).[1616] Hersteller standardkonformer Produkte, die auf die Nutzung des SEP zur Gewährleistung der Standardkonformität ihrer Produkte angewiesen sind, können durch solche Klagen am Zugang zum Standard und an einer Markttätigkeit gehindert werden. Ausgangspunkt ist – wie auch im US-Kartellrecht betont wird – der Grundsatz, dass der Akt der Anrufung eines Gerichts für sich „*nur unter ganz außergewöhnlichen Umständen*" ein missbräuchliches Verhalten sein kann, weil es zu den fundamentalen Prinzipien der Rechtsordnung gehört, dass Gerichte zur Wahrung eigener Rechtspositionen angerufen werden können.[1617] Die in diesem Zusammenhang genannten „außergewöhnlichen Umstände" betreffen eine missbräuchliche Rechtsverfolgung und sind von anderen außergewöhnlichen Umständen zu unterscheiden, die beispielsweise eine Lizenzverweigerung ausnahmsweise missbräuchlich werden lassen.[1618] Wie das EuG in der Leitentscheidung *ITT Promedia* festgehalten hat, endet die Schutzwürdigkeit des Ersuchens einer gerichtlichen Entscheidung dort, wo eine missbräuchliche Rechtsverfolgung beginnt, wobei die dafür erforderlichen Voraussetzungen hoch sind.[1619] Die Erhebung einer Klage kann ausnahmsweise missbräuchlich sein, wenn sie – erstens – „*vernünftigerweise nicht als Geltendmachung der Rechte des betreffenden Unternehmens*" angesehen werden kann und mithin nur dazu dient, einen Gegner zu belästigen, sowie – zweitens – Teil eines Plans ist, den

---

1616 *Heyers*, WRP 2014, 1253, 1257; *Bulst*, in: Langen/Bunte, Bd. 2, Art. 102 AEUV, Rn. 371; *Fuchs*, in: I/M, Bd. 1, AEUV, Art. 102, Rn. 356c.

1617 EuG, Urteil v. 17.07.1998, ITT Promedia/Kommission, Rs. T-111/96, ECLI:EU:T:1998:183, Rn. 60.

1618 Kling/Thomas, § 20 Rn. 157; dazu bereits oben unter Abschnitt II. 4. b) aa) (1), S. 285 ff.

1619 *Fuchs*, in: I/M, Bd. 1, AEUV, Art. 102, Rn. 356c.

Wettbewerb zu beseitigen.[1620] Das erste der beiden Merkmale ist erfüllt, wenn die Klage zum Zeitpunkt der Erhebung *„objektiv betrachtet völlig unbegründet“* ist[1621], d.h. das klagende Unternehmen etwas geltend macht, was es zu diesem Zeitpunkt vernünftigerweise nicht als Teil seiner Rechte ansehen konnte[1622]. Für das zweite Merkmal ist der Nachweis erforderlich, dass die Klage planmäßig auf die Beseitigung des Wettbewerbs abzielt.[1623] Da mit den genannten Kriterien der Akt des Zugangs zu einem Gericht als missbräuchliches Verhalten deklariert wird, müssen die beiden Merkmale – so auch das EuG – eng ausgelegt und angewendet werden.[1624]

Wenngleich nicht ausgeschlossen ist, dass eine Patentunterlassungsklage eines SEP-Inhabers die genannten Voraussetzungen erfüllen kann, dürfte dies im europäischen Kartellrecht – wie auch im US-Kartellrecht – die Ausnahme sein. Nicht jedes Unterlassungsbegehren eines SEP-Inhabers, der ein FRAND-Lizenzversprechen abgegeben hat, ist von vornherein als offensichtlich unbegründet einzustufen. Ganz im Gegenteil gilt, dass wenn eine standardessentielle Technologie von einem Hersteller standardkonformer Produkte lizenzlos genutzt wird, objektiv betrachtet eine Patentverletzung vorliegt, die einen Unterlassungsanspruch nach § 139 Abs. 1 PatG begründen und eine klageweise Durchsetzung grundsätzlich rechtfertigen kann. Die Annahme einer schikanösen, weil offensichtlich unbegründeten Klage liegt deshalb besonders fern, weil mit der Nutzung der essentiellen Technologie faktisch in den Schutzbereich des SEP und in eine Rechtsposition des SEP-Inhabers eingegriffen wird. Der Annahme eines auf Ausschaltung des Wettbewerbs gerichteten Plans steht insbesondere entgegen, dass ein SEP-Inhaber in der Regel genau am Gegenteil interessiert sein wird, nämlich der möglichst weiten Verbreitung des Standards und der vielfachen Nutzung seiner Technologie, um möglichst hohe Lizenzeinnahmen generieren zu können. Die Motivation für die Erhebung einer Unterlassungsklage wird oft darin liegen, dass ein Patentnutzer entweder nicht bereit ist FRAND-Lizenzgebühren

1620 EuG, Urteil v. 17.07.1998, ITT Promedia/Kommission, Rs. T-111/96, ECLI:EU:T:1998:183, Rn. 55.

1621 EuG, Urteil v. 17.07.1998, ITT Promedia/Kommission, Rs. T-111/96, ECLI:EU:T:1998:183, Rn. 56, 72.

1622 EuG, Urteil v. 17.07.1998, ITT Promedia/Kommission, Rs. T-111/96, ECLI:EU:T:1998:183, Rn. 73.

1623 EuG, Urteil v. 17.07.1998, ITT Promedia/Kommission, Rs. T-111/96, ECLI:EU:T:1998:183, Rn. 56.

1624 EuG, Urteil v. 17.07.1998, ITT Promedia/Kommission, Rs. T-111/96, ECLI:EU:T:1998:183, Rn. 61.

zu entrichten oder weil er Verhandlungen darüber treuwidrig verzögert. Eine Absicht zur Ausschaltung des Wettbewerbs liegt näher in Fallkonstellationen, in denen ein vertikal integrierter SEP-Inhaber neben seiner Lizenzierungstätigkeit noch auf einem nachgelagerten Produktmarkt tätig ist und daran interessiert sein kann, Wettbewerb durch konkurrierende Produkthersteller zu unterbinden. Angesichts dessen, dass der Akt der Anrufung eines Gerichts nur unter ganz außergewöhnlichen Umständen ein missbräuchliches Verhalten sein kann und – entsprechend den Hinweisen des EuG – die Voraussetzungen dafür eng auszulegen und restriktiv anzuwenden sind, stellt die Erhebung einer Patentunterlassungsklage aus einem FRAND-unterworfenen SEP in aller Regel keine missbräuchliche Rechtsverfolgung nach Art. 102 S. 1 AEUV oder § 19 Abs. 1 GWB dar.[1625]

bb) Durchsetzung von Unterlassungsansprüchen aus einem FRAND-unterworfenen SEP als eigenständiges Missbrauchsverhalten

Anders als im US-Kartellrecht, bei dem die gerichtliche Geltendmachung von Unterlassungsansprüchen aus einem FRAND-unterworfenen SEP nicht als gegen Sec. 2 Sherman Act verstoßendes Verhalten bewertet wird, ist die Durchsetzung solcher Ansprüche als eigene Fallgruppe des Missbrauch einer beherrschenden Stellung im europäischen und deutschen Kartellrecht anerkannt. Wie sowohl der EuGH[1626] als auch jüngst der BGH[1627] festgehalten haben, kann die Klage eines marktbeherrschenden SEP-Inhabers, der sich gegenüber einer SSO zur Lizenzvergabe zu FRAND-Bedingungen verpflichtet hat, ein marktmissbräuchliches Verhalten darstellen, wenn und soweit die Klage geeignet ist zu verhindern, dass standardkonforme Produkte auf den Markt gelangen oder dort verbleiben. Missbräuchlich können daher Klageanträge sein, die auf Unterlassung, Rückruf oder Entfernung von standardkonformen Produkten gerichtet sind.[1628]

1625 Im Ergebnis so auch *Yao*, S. 138, 139.

1626 EuGH, Urteil v. 16.07.2015, Huawei/ZTE, Rs. C-170/13, ECLI:EU:C:2015:477, Rn. 54 ff.

1627 BGH, Urteil v. 05.05.2020, KZR 36/17, FRAND-Einwand, BGHZ 225, 269, 280, 281; BGH, Urteil v. 24.11.2020, KZR 35/17, FRAND-Einwand II, NZKart 2021, 178, 179, Rn. 53.

1628 EuGH, Urteil v. 16.07.2015, Huawei/ZTE, Rs. C-170/13, ECLI:EU:C:2015:477, Rn. 54; BGH, Urteil v. 05.05.2020, KZR 36/17, FRAND-Einwand, BGHZ 225, 280, 281; BGH, Urteil v. 24.11.2020, KZR 35/17, FRAND-Einwand II, NZKart 2021, 178, 179, Rn. 53.

Die Kriterien zur Beurteilung und Abgrenzung, wann die Erhebung einer Patentverletzungsklage unter Umständen ein marktmissbräuchliches Verhalten und wann dies ein zulässiges Verhalten des SEP-Inhabers ist, hat der EuGH in seiner *Huawei*-Entscheidung festgehalten. Von der klageweisen Durchsetzung von Patentausschlussrechten als eigenständiges und gegen Art. 102 AEUV verstoßendes Missbrauchsverhalten, wobei dieselben Grundsätze auch für § 19 GWB maßgeblich sind[1629], ist der folgende Verteidigungseinwand eines Beklagten in einem Patentverletzungsprozess zu unterscheiden: die Erhebung eines kartellrechtlichen Zwangslizenzeinwands.[1630] Letzterer ist ein durch die deutsche Rechtsprechung auch im Patentlizenzkontext anerkannter Verteidigungseinwand[1631], der dogmatisch auf den Grundsätzen der *dolo agit*-Einrede beruht, die gewohnheitsrechtlich im deutschen Zivilrecht anerkannt ist und als in § 242 BGB verankert angesehen wird[1632]. Danach handelt derjenige treuwidrig, der unter Berufung auf eine formale Rechtsposition eine Leistung verweigert, die er alsbald ohnehin erbringen müsste.[1633] Ein Patentverletzer kann daher gegen einen gerichtlich geltend gemachten Unterlassungsanspruch den Verteidigungseinwand erheben, dass es gegen Treu und Glauben verstößt, dem Patentinhaber einen solchen Anspruch zuzusprechen, wenn dieser ohnehin kartellrechtlich zu einer Lizenzierung verpflichtet ist.[1634] Wenngleich letzteres ein Verteidigungseinwand ist, besteht zwischen den beiden Konzepten folgender Gleichlauf: Die gerichtliche Geltendmachung von Patentausschlussrechten ist nur dann als unzulässige Rechtsausübung nach § 242 BGB einzustufen und der

---

1629 Vgl. Kling/Thomas, § 20 Rn. 160.

1630 *Augsburger*, S. 69, 70; *Lampert*, S. 130, 131; Kling/Thomas, § 20 Rn. 155.

1631 Anerkannt seit BGH, Urteil v. 06.05.2009, KZR 39/06, Orange Book Standard, BGHZ 180, 312, wobei die Entscheidung einen *de facto* Standard betroffen hat. Ein kartellrechtlicher Zwangslizenzeinwand ist nunmehr auch im Zusammenhang mit formellen Standards und FRAND-unterworfenen SEPs anerkannt, siehe BGH, Urteil v. 05.05.2020, KZR 36/17, FRAND-Einwand, BGHZ 225, 269 und BGH, Urteil v. 24.11.2020, KZR 35/17, FRAND-Einwand II, NZKart 2021, 178, 179, Rn. 44.

1632 Jüngst dazu BGH, Urteil v. 22.02.2019, V ZR 244/17, BGHZ 221, 229, 237, 238; BGH, Urteil v. 29.09.1989, V ZR 1/88, BGHZ 108, 380, 385; vgl. dazu auch Palandt/*Grünberg*, BGB, § 242 Rn. 52.

1633 BGH, Urteil v. 22.02.2019, V ZR 244/17, BGHZ 221, 229, 237, 238.

1634 Kling/Thomas, § 20 Rn. 155; *Lampert*, S. 131; grundlegend zum kartellrechtlichen Zwangslizenzeinwand nach § 242 BGB und dem Verhältnis zu den kartellrechtlichen Missbrauchstatbeständen, grundlegend *Augsburger*, S. 63 ff. und S. 69 ff.; *Hötte*, S. 177 ff.

kartellrechtliche Zwangslizenzeinwand begründet, wenn der Patentinhaber seinerseits mit der Geltendmachung gegen das kartellrechtliche Missbrauchsverbot verstößt und mithin kartellrechtswidrig handelt.[1635] Wann eine Klageerhebung aus einem FRAND-unterworfenen SEP als Missbrauch einer marktbeherrschenden Stellung einzuordnen ist, wird nachfolgend dargestellt.

(1) Bisherige Entscheidungspraxis

Bevor eine Einordnung und Beurteilung der Rechtslage vorgenommen werden kann, sollen zunächst die maßgeblichen kartellbehördlichen Entscheidungen dargestellt werden und sodann auf die Entscheidung des EuGH in Sachen *Huawei* und die jüngsten BGH-Entscheidungen „FRAND-Einwand" und „FRAND-Einwand II" eingegangen werden.

(a) Kartellbehördliche Entscheidungen der Europäischen Kommission

Die Europäische Kommission hat sich bislang in zwei Verfahren mit der Frage befasst, ob die gerichtliche Geltendmachung von Unterlassungsansprüchen aus einem FRAND-unterworfenen SEP dem kartellrechtlichen Missbrauchsverbot in Art. 102 AEUV zuwiderläuft. Betroffen war in einem ersten Verfahren das Unternehmen *Motorola Mobility*, während in einem zweiten Verfahren das Unterlassungsbegehren von *Samsung* streitgegenständlich war.[1636] Gegenüber *Motorola Mobility* lag der Vorwurf im Raum, dass das Unternehmen trotz des gegenüber ETSI abgegebenen FRAND-Lizenzversprechens für seine dem 2G- und 3G-Mobilfunkstandard zugrundeliegenden SEPs, patentrechtliche Unterlassungsansprüche gegenüber lizenzwilligen Standardanwendern – insbesondere dem Unternehmen *Apple* – androhte und gerichtlich durchzusetzen versuchte.[1637] Auch das Verfahren gegen *Samsung*, die Inhaberin von SEPs für

1635 *Augsburger*, S. 71.

1636 Europäische Kommission, Beschluss v. 29.04.2014, Rs. C (2014) 2892, COMP/39.985 – Motorola, das mit einer Abstellungsverfügung nach Art. 7 Abs. 1 VO 1/2004 beendet wurde; Europäische Kommission, Beschluss v. 29. 04. 2014, Rs. C (2014) 2891, COMP/39.939 – Samsung, das nach Art. 9 Abs. 1 VO 1/2003 durch Verpflichtungszusagen beendet wurde; dazu auch *Lampert*, S. 131 ff.

1637 Europäische Kommission, Beschluss v. 29.04.2014, Rs. C (2014) 2892, COMP/39.985, Rn. 110 ff. – Motorola.

den UMTS-Standard war, betraf den Vorwurf der missbräuchlichen Geltendmachung von Unterlassungsansprüchen aus einem FRAND-unterworfenen SEP.[1638]

In beiden Verfahren hatte die Europäische Kommission festgehalten, dass auch ein marktbeherrschender Patentinhaber generell berechtigt ist, Unterlassungsansprüche durchzusetzen, ohne sich zugleich einem Missbrauchsvorwurf ausgesetzt zu sehen. Eine Missbräuchlichkeit könne allerdings ausnahmsweise anzunehmen sein, wenn „außergewöhnliche Umstände“ vorliegen, für die allerdings keine abschließende Auflistung möglich sei, und Rechtfertigungsgründe fehlen.[1639] „Außergewöhnlichen Umstände“ seien insbesondere darin zu sehen, dass – erstens – das betroffene Patentrecht Teil eines formellen, durch eine SSO festgelegten Standards sei, auf dessen Nutzung Standardanwender unumgänglich angewiesen sind[1640], und – zweitens – der SEP-Inhaber eine FRAND-Lizenzerklärung abgegeben habe[1641]. Das FRAND-Lizenzversprechen sei Ausdruck davon, dass ein SEP-Inhaber sich für die Monetarisierung seiner Technologie zu diesen Bedingungen entschieden habe und im Gegenzug patentrechtliche Ausschlussrechte nicht gegen Standardanwender geltend machen wird.[1642] Diese beiden Merkmale – der formelle Standardisierungskontext und das FRAND-Lizenzversprechen – rechtfertigten nach Auffassung der Kommission die Annahme „außergewöhnlicher Umstände“, in Abgrenzung zu Fallkonstellationen, in denen ein Patentinhaber aus einem nicht-SEP und nicht FRAND-unterworfenen Patentrecht gegen Dritte vorgeht.[1643]

1638 Europäische Kommission, Beschluss v. 29. 04. 2014, Rs. C (2014) 2891, COMP/39.939, Rn. 52 ff. – Samsung.

1639 Europäische Kommission, Beschluss v. 29.04.2014, Rs. C (2014) 2892, COMP/39.985, Rn. 278 – Motorola; Europäische Kommission, Beschluss v. 29. 04. 2014, Rs. C (2014) 2891, COMP/39.939, Rn. 55, 56 – Samsung.

1640 Europäische Kommission, Beschluss v. 29.04.2014, Rs. C (2014) 2892, COMP/39.985, Rn. 285 ff. – Motorola; Europäische Kommission, Beschluss v. 29. 04. 2014, Rs. C (2014) 2891, COMP/39.939, Rn. 57, 58 – Samsung.

1641 Europäische Kommission, Beschluss v. 29.04.2014, Rs. C (2014) 2892, COMP/39.985, Rn. 290 ff. – Motorola; Europäische Kommission, Beschluss v. 29. 04. 2014, Rs. C (2014) 2891, COMP/39.939, Rn. 59 ff. – Samsung.

1642 Europäische Kommission, Beschluss v. 29.04.2014, Rs. C (2014) 2892, COMP/39.985, Rn. 294 – Motorola; Europäische Kommission, Beschluss v. 29. 04. 2014, Rs. C (2014) 2891, COMP/39.939, Rn. 61 – Samsung.

1643 Europäische Kommission, Beschluss v. 29.04.2014, Rs. C (2014) 2892, COMP/39.985, Rn. 300 – Motorola.

Einem SEP-Inhaber, der ein FRAND-Versprechen abgegeben hat, sei allerdings – so die Kommission – die Geltendmachung von Unterlassungsansprüchen nicht schlechterdings zu versagen. Ein solches Vorgehen könne objektiv gerechtfertigt sein, wobei die Kommission hierfür drei Beispiele nennt: Erstens, ein potenzieller Lizenznehmer ist zahlungsunfähig; zweitens, die Vermögenswerte des potenziellen Lizenznehmers befinden sich in Ländern, deren Jurisdiktionen keine angemessene Vollstreckung von Schadensersatzansprüchen gegen diese Vermögenswerte zulassen; und drittens, ein potenzieller Lizenznehmer ist nicht bereit, einer Lizenzvereinbarung zu FRAND-Bedingungen zuzustimmen.[1644] Unter diesen Umständen erachtet die Kommission die Geltendmachung von Unterlassungsansprüchen für zulässig.

(b) Auflösung durch den EuGH in Sachen Huawei/ZTE

In der viel beachteten *Huawei/ZTE*-Entscheidung nahm sich der EuGH erstmals der Frage an, unter welchen Voraussetzungen eine auf Unterlassung gerichtete Patentverletzungsklage aus einem FRAND-unterworfenen SEP als Missbrauch einer marktbeherrschenden Stellung nach Art. 102 AEUV einzuordnen ist.[1645] Streitgegenständlich war ein Patentverletzungsverfahren zwischen *Huawei*, die Inhaberin eines SEPs war, das dem LTE-Standard zugrunde lag, und der angeblichen Patentverletzerin *ZTE*.[1646] Der EuGH wies einerseits darauf hin, dass die Erhebung einer Patentverletzungsklage zu den immanenten Rechten eines Schutzrechtsinhabers auch dann gehöre, wenn er marktbeherrschend ist.[1647] Andererseits könne die Ausübung eines geistigen Eigentumsrechts unter „außergewöhnlichen Umständen" missbräuchlich sein und gegen Art. 102 AEUV verstoßen.[1648] In Abgrenzung zu den bisherigen Fällen, in denen „außergewöhnliche Umstände" im Zusammenhang mit Geschäfts- und Lizenzverweigerungen

1644 Europäische Kommission, Beschluss v. 29.04.2014, Rs. C (2014) 2892, COMP/39.985, Rn. 427 – Motorola; Europäische Kommission, Beschluss v. 29. 04. 2014, Rs. C (2014) 2891, COMP/39.939, Rn. 67 – Samsung.

1645 EuGH, Urteil v. 16.07.2015, Huawei/ZTE, Rs. C-170/13, ECLI:EU:C:2015:477, Rn. 41.

1646 EuGH, Urteil v. 16.07.2015, Huawei/ZTE, Rs. C-170/13, ECLI:EU:C:2015:477, Rn. 40, 41.

1647 EuGH, Urteil v. 16.07.2015, Huawei/ZTE, Rs. C-170/13, ECLI:EU:C:2015:477, Rn. 46.

1648 EuGH, Urteil v. 16.07.2015, Huawei/ZTE, Rs. C-170/13, ECLI:EU:C:2015:477, Rn. 47.

angenommen wurden[1649], hob der EuGH die beiden Besonderheiten des vorliegenden Falls hervor, die eine Annahme von anderen – neuen – „außergewöhnlichen Umständen“ rechtfertigen würde. Der erste besondere Umstand wurde darin gesehen, dass das streitgegenständliche Patent für einen von einer SSO festgelegten Standard essenziell ist und seine Benutzung – im Unterschied zu nicht essentiellen Patentrechten – unerlässlich ist, um standardkonforme Produkte herzustellen.[1650] Der zweite besondere Umstand wurde darin gesehen, dass der Patentinhaber den SEP-Status nur im Gegenzug zu einer unwiderruflichen FRAND-Verpflichtungszusage gegenüber der SSO erlangt hat.[1651] Infolge der Standardessentialität und dem aus einem Patent folgenden Recht, Ansprüche auf Unterlassung oder Rückruf von Produkten gerichtlich geltend zu machen, könne – so der EuGH – ein SEP-Inhaber verhindern, dass standardkonforme Produkte von Wettbewerbern hergestellt werden, auf dem Markt gelangen oder dort verbleiben, und sich eine Herstellung damit selbst vorbehalten.[1652] „*Unter diesen Umständen*“ – sprich im Hinblick auf die Gefahr der Verhinderung einer Markttätigkeit von Herstellern standardkonformer Produkte durch die Geltendmachung patentrechtlicher Ausschlussrechte durch den SEP-Inhaber – und in Anbetracht dessen, dass eine FRAND-Lizenzzusage erteilt wurde, die bei Dritten die berechtigte Erwartung („*legitimate expectations*“) einer Lizenzierung zu diesen Bedingungen wecken könne, sei eine Lizenzverweigerung eines SEP-Inhabers grundsätzlich als missbräuchliches Verhalten nach Art. 102 AEUV einzuordnen.[1653] Eine Klage auf Unterlassung oder Rückruf müsse deshalb auch der

1649 EuGH, Urteil v. 16.07.2015, Huawei/ZTE, Rs. C-170/13, ECLI:EU:C:2015:477, Rn. 48, mit Verweis auf die Entscheidungen EuGH, Urteil v. 29.04.2004, IMS Health, Rs. C-418/01, ECLI:EU:C:2004:257; EuGH, Urteil v. 06.04.1995, Magill, Rs. C-241/91 P und C-242/91 P, ECLI:EU:C:1995:98; EuGH, Urteil v. 05.10.1988, Volvo/Veng, Rs. C-238/87, ECLI:EU:C:1988:477.

1650 EuGH, Urteil v. 16.07.2015, Huawei/ZTE, Rs. C-170/13, ECLI:EU:C:2015:477, Rn. 49, 50.

1651 EuGH, Urteil v. 16.07.2015, Huawei/ZTE, Rs. C-170/13, ECLI:EU:C:2015:477, Rn. 51.

1652 EuGH, Urteil v. 16.07.2015, Huawei/ZTE, Rs. C-170/13, ECLI:EU:C:2015:477, Rn. 52.

1653 EuGH, Urteil v. 16.07.2015, Huawei/ZTE, Rs. C-170/13, ECLI:EU:C:2015:477, Rn. 53; in der englischsprachigen Fassung des Urteils ist von „*legitimate expectations*“ die Rede.

missbräuchliche Charakter einer solchen Weigerung entgegengehalten werden können.[1654]

Liegen die beiden vorgenannten besonderen Umstände vor, müsse ein SEP-Inhaber, damit seine Klage auf Unterlassung oder Rückruf nicht missbräuchlich ist, seinerseits Bedingungen erfüllen, durch die ein gerechter Ausgleich der jeweils betroffenen Interessen sichergestellt wird.[1655] Dem in Art. 17 Abs. 2 EU-Grundrechte-Charta verbürgten Schutz der Rechte des geistigen Eigentums, als auch das in Art. 47 der EU-Grundrechte-Charta garantierte Recht auf effektiven Rechtsschutz, stünden zwar dem entgegen, einem Patentinhaber generell die Möglichkeit zu nehmen, ausschließliche Rechte geltend zu machen und gerichtlich durchzusetzen.[1656] Die Abgabe einer unwiderruflichen FRAND-Lizenzzusage rechtfertige es aber, den Patentinhaber zu verpflichten, bei der gerichtlichen Geltendmachung von Ansprüchen auf Unterlassung oder Rückruf besondere Anforderungen zu beachten.[1657] Trotz Abgabe der FRAND-Erklärung und dem Bestehen einer Lizenzierungspflicht könne eine Unterlassungsklage ausnahmsweise zulässig sein und stelle kein missbräuchliches Verhalten dar, wenn der SEP-Inhaber zum einen vor einer gerichtlichen Geltendmachung den angeblichen Verletzer auf die konkrete Patentverletzung – das betroffene SEP und die Art und Weise der Verletzung – hingewiesen und dazu angehört hat[1658]; zum anderen der SEP-Inhaber seiner Pflicht nachgekommen ist, einem lizenzwilligen Patentverletzer ein konkretes schriftliches FRAND-Lizenzangebot zu unterbreiten, in dem insbesondere die Lizenzgebühr sowie deren Berechnungsgrundlage angegeben ist.[1659] Dem vermeintlichen Patentverletzer obliege es dann seinerseits, auf das Angebot mit Sorgfalt, entsprechend den im jeweiligen Bereich anerkannten geschäftlichen Gepflogenheiten und

---

1654 EuGH, Urteil v. 16.07.2015, Huawei/ZTE, Rs. C-170/13, ECLI:EU:C:2015:477, Rn. 54.

1655 EuGH, Urteil v. 16.07.2015, Huawei/ZTE, Rs. C-170/13, ECLI:EU:C:2015:477, Rn. 55.

1656 EuGH, Urteil v. 16.07.2015, Huawei/ZTE, Rs. C-170/13, ECLI:EU:C:2015:477, Rn. 57-59.

1657 EuGH, Urteil v. 16.07.2015, Huawei/ZTE, Rs. C-170/13, ECLI:EU:C:2015:477, Rn. 59.

1658 EuGH, Urteil v. 16.07.2015, Huawei/ZTE, Rs. C-170/13, ECLI:EU:C:2015:477, Rn. 60, 61.

1659 EuGH, Urteil v. 16.07.2015, Huawei/ZTE, Rs. C-170/13, ECLI:EU:C:2015:477, Rn. 63.

nach Treu und Glauben, ohne Verzögerungstaktik zu reagieren.[1660] Will ein vermeintlicher Patentverletzer das Angebot ausschlagen, kann er sich nur dann auf den missbräuchlichen Charakter einer Patentverletzungsklage berufen, wenn er seinerseits dem SEP-Inhaber innerhalb einer kurzen Frist schriftlich ein konkretes FRAND-Gegenangebot unterbreitet hat.[1661] Der EuGH verlangt darüber hinaus, dass ein Patentverletzer, der vor Abschluss eines Lizenzvertrags das SEP bereits nutzt, in angemessener Höhe eine nachvollziehbare Sicherheitsleistung für die Nutzung zu erbringen hat.[1662] Allerdings darf es sich ein Verletzer trotz Lizenzverhandlungen vorbehalten, die Rechtsbeständigkeit des Patents und dessen Essentialität für den Standard anzufechten.[1663]

(c) Erstmalige Auseinandersetzung des BGH mit der Huawei-Entscheidung in Sachen Sisvel/Haier („FRAND-Einwand I")

Rund fünf Jahre nach der Leitentscheidung des EuGH in Sachen *Huawei* hatte der BGH erstmals Mitte des Jahres 2020 in Sachen *Sisvel/Haier* Gelegenheit dazu, sich mit der Durchsetzung von patentrechtlichen Ausschlussrechten aus einem FRAND-unterworfenen SEP und den vom EuGH aufgestellten Voraussetzungen zu befassen.[1664]

Der dabei der Entscheidung zugrundeliegende Sachverhalt betrifft die Klägerin *Sisvel*, der Inhaberin des streitbetroffenen SEP, dessen Nutzung für die Einhaltung des GPRS-Standards erforderlich ist und für das gegenüber der SSO ETSI eine FRAND-Lizenzerklärung abgegeben wurde. Das beklagte Unternehmen *Haier* vertreibt Mobiltelefone und Tablet-Computer, die unter anderem den GRPS-Standard nutzen.[1665] *Sisvel* wies erstmals mit Schreiben vom 10.12.2012 und auch danach mehrmals per Schreiben darauf hin, dass die Beklagte *Haier* durch den Vertrieb ihrer Mobiltelefone und Tablets ein zur Praktizierung des GRPS-Standards erforderliches SEP der Klägerin verletze und bot eine Lizenzierung an. Erst am 17.02.2014 – mehr als ein Jahr später nach dem ersten

---

1660 EuGH, Urteil v. 16.07.2015, Huawei/ZTE, Rs. C-170/13, ECLI:EU:C:2015:477, Rn. 65.

1661 EuGH, Urteil v. 16.07.2015, Huawei/ZTE, Rs. C-170/13, ECLI:EU:C:2015:477, Rn. 66.

1662 EuGH, Urteil v. 16.07.2015, Huawei/ZTE, Rs. C-170/13, ECLI:EU:C:2015:477, Rn. 67.

1663 EuGH, Urteil v. 16.07.2015, Huawei/ZTE, Rs. C-170/13, ECLI:EU:C:2015:477, Rn. 69.

1664 Dazu *Ehlenz*, NZKart 2020, 470 ff. und *Kellenter*, WuW 2020,478 ff.

1665 LG Düsseldorf, Urteil v. 03.11.2015 – 4a O 93/14, Rn. 13-17 (zitiert nach juris).

Schreiben – kam es zu Gesprächen zwischen den Parteien, die allerding ergebnislos endete. Auch weitere Lizenzangebote der Klägerin wurden gegenvorschlagslos abgelehnt. Erst mit Schreiben vom 12.08.2015 erfolgte von Seiten der Beklagten zum ersten Mal ein Lizenzangebot, das wiederum von Seiten der Klägerin abgelehnt wurde, ebenso wie ein weiteres von der Beklagten formuliertes Lizenzangebot.[1666] *Sisvel* erhob daraufhin Klage beim LG Düsseldorf gegen die Beklagte, unter anderem mit dem Klageantrag auf Unterlassung der Patentverletzung sowie Vernichtung und Rückruf entsprechender patentverletzender Produkte. Das LG Düsseldorf verurteilte die Beklagte antragsgemäß. Das Landgericht sah insbesondere die Voraussetzungen für die Annahme eines kartellrechtlichen Zwangslizenzeinwands als nicht erfüllt an, da die Beklagte nicht hinreichend auf die Lizenzangebote reagiert, sondern nur mit zeitlicher Verzögerung Gegenangebote abgegeben und auch keine Sicherheit geleistet habe.[1667]

Das OLG Düsseldorf gab dem Antrag von *Haier* auf einstweilige Einstellung der von *Sisvel* eingeleiteten Zwangsvollstreckung statt, da das erstinstanzliche Gericht nicht hinreichend geprüft habe, ob *Sisvel* ihrerseits den ihr obliegenden in der *Huawei*-Entscheidung aufgestellten Verhaltenspflichten nachgekommen sei.[1668] In seiner Hauptsacheentscheidung wies das OLG Düsseldorf schließlich die von *Sisvel* geltend gemachten Ansprüche auf Unterlassung und Rückruf ab, da die Klägerin trotz der von der Beklagten zum Ausdruck gebrachten Lizenzwilligkeit ihrerseits kein FRAND-konformes, sondern diskriminierendes Lizenzangebot unterbreitet habe, weil es insofern anderen Unternehmen deutlich günstigere Lizenzbedingungen angeboten habe.[1669] Auf die von der Klägerin erhobene Revision zum BGH hob dieser das Berufungsurteil auf, soweit darin zu ihrem Nachteil entschieden wurde.

Der BGH bestätigte dabei zunächst die instanzgerichtliche Feststellung, dass die von der Beklagten vertriebenen mobilfunkfähigen Geräte das Klagepatent verletzen.[1670] Entgegen dem Berufungsgericht bewertete der BGH die Geltendmachung von Unterlassungsansprüchen aus dem SEP nicht als Missbrauch einer marktbeherrschenden Stellung nach Art. 102 AEUV, weil es den

---

1666 LG Düsseldorf, Urteil v. 03.11.2015 – 4a O 93/14, Rn. 18, 19 (zitiert nach juris).

1667 LG Düsseldorf, Urteil v. 03.11.2015 – 4a O 93/14, Rn. 125-140 (zitiert nach juris).

1668 OLG Düsseldorf, Beschluss v. 13.01.2016 – I-15 U 66/15, Rn. 24 ff. (zitiert nach juris) und Beschluss v. 13.01.2016 – I-15 U 65/15, Rn. 27 ff. (zitiert nach juris).

1669 OLG Düsseldorf, Urteil v. 30.03.2017 – I-15 U 66/15, Rn. 199 ff. (zitiert nach juris).

1670 BGH, Urteil v. 05.05.2020, KZR 36/17, FRAND-Einwand, Rn. 9 ff. (zitiert nach juris), Angaben zum Sachverhalt fehlen in der Entscheidungssammlung, siehe BGHZ 225, 269, 272.

kartellrechtlichen Zwangslizenzeinwand der Beklagten für nicht begründet erachtet hatte. Der BGH stellte fest, dass die Klägerin zwar über die für die Anwendung des Art. 102 AEUV erforderliche marktbeherrschende Stellung verfüge, da sie Inhaberin eines für die Praktizierung des GRPS-Standards unumgänglichen SEP ist[1671], sah es aber nicht als erwiesen an, dass die Klägerin diese marktbeherrschende Stellung missbraucht hatte. Eine auf Unterlassung, Rückruf oder Entfernung von Produkten gerichtete Klage eines marktbeherrschenden Patentinhabers, welcher eine FRAND-Lizenzerklärung abgegeben hat, könne ein Missbrauch einer beherrschenden Stellung darstellen, soweit die Klage geeignet ist zu verhindern, dass standardkonforme Produkte auf den Markt gelangen oder dort verbleiben.[1672] Der BGH führte weiter aus, das einem SEP-Inhaber die Durchsetzung entsprechender Ansprüche nicht schlechthin versagt werden kann, da er eine Nutzung seines Patents nur in dem Umfang dulden muss, in dem er dies gestattet hat oder bei Beachtung seiner Pflicht, seine Marktmacht nicht zu missbrauchen, zumindest gestatten muss.[1673] Für missbräuchlich wird es deshalb gehalten, wenn ein SEP-Inhaber patentrechtliche Ausschlussrechte geltend macht, obwohl der Verletzer ein unbedingtes Angebot auf Abschluss eines Lizenzvertrags gemacht hat, das der SEP-Inhaber nicht ablehnen kann, ohne zugleich gegen das Missbrauchs- oder Diskriminierungsverbot zu verstoßen[1674], oder aber dem SEP-Inhaber selbst anzulasten ist, dass er sich seinerseits nicht hinreichend darum bemüht hat, einem lizenzwilligen Verletzer den Abschluss eines Lizenzvertrags zu angemessenen Bedingungen zu ermöglichen[1675]. Letzteres folge aus der besonderen Verantwortung eines Marktbeherrschers für den Wettbewerb.[1676]

Der BGH setzt sich anschließend mit dem in der *Huawei*-Entscheidung des EuGH aufgestellten Verhandlungsprocedere und den jeweiligen Pflichten der beteiligten Lizenzparteien auseinander. Die Ermöglichung des Abschlusses eines Lizenzvertrags durch den SEP-Inhaber setzt danach in einem ersten Schritt voraus, dass der Verletzer konkret darauf hingewiesen wird, welches das betroffene SEP ist und durch welche Handlung dieses verletzt wird.[1677] Habe der Verletzer

---

1671 BGH, Urteil v. 05.05.2020, KZR 36/17, FRAND-Einwand, BGHZ 225, 269, 275 ff.
1672 BGH, Urteil v. 05.05.2020, KZR 36/17, FRAND-Einwand, BGHZ 225, 269, 280.
1673 BGH, Urteil v. 05.05.2020, KZR 36/17, FRAND-Einwand, BGHZ 225, 269, 281.
1674 BGH, Urteil v. 05.05.2020, KZR 36/17, FRAND-Einwand, BGHZ 225, 269, 281.
1675 BGH, Urteil v. 05.05.2020, KZR 36/17, FRAND-Einwand, BGHZ 225, 269, 281, 282.
1676 BGH, Urteil v. 05.05.2020, KZR 36/17, FRAND-Einwand, BGHZ 225, 269, 282.
1677 BGH, Urteil v. 05.05.2020, KZR 36/17, FRAND-Einwand, BGHZ 225, 269, 282.

seinerseits die Bereitschaft zum Abschluss eines FRAND-Lizenzvertrags hinreichend zum Ausdruck gebracht, ohne allerdings in der Lage zu sein, von sich aus entsprechende Lizenzbedingungen formulieren zu können, treffe den SEP-Inhaber wiederum in einem weiteren Schritt die Pflicht, dem Lizenzwilligen ein zur Überprüfung fähiges Lizenzangebot vorzulegen. Der SEP-Inhaber muss insofern im Einzelnen begründen und erläutern, warum seine Lizenzbedingungen FRAND-konform sind.[1678] In welchem Umfang, Detailierungsgrad und zu welchem Zeitpunkt die von dem SEP-Inhaber zu fordernden Informationen offen zu legen sind, hänge vom jeweiligen Einzelfall und insbesondere der Reaktion des Verletzer ab.[1679] Mit den dem SEP-Inhaber auferlegten besonderen Verhaltenspflichten soll es einem Verletzer ermöglicht werden, durch den Abschluss eines FRAND-konformen Lizenzvertrags das SEP rechtmäßig benutzen und die Geltendmachung von Unterlassungsansprüchen abwenden zu können. Was im Einzelfall angemessene und nicht-diskriminierende FRAND-Lizenzbedingungen sind, nennt der BGH nicht, sondern verweist nur darauf, dass dies in der Regel von eine Vielzahl von Umständen abhängt. Der BGH betont aber, dass die kartellrechtliche Bindung und Eingrenzung des Verhaltensspielraums eines SEP-Inhabers darauf abzielt, Verhandlungsergebnisse zu ermöglichen, die von der Marktbeherrschung unbeeinflusst und dem Interesse der beiden Lizenzvertragsparteien in ausgewogenem Ausmaß Rechnung tragen. Da angemessene Bedingungen regelmäßig nicht objektiv feststehen, sondern nur als Ergebnis ausgehandelter Markprozesse erfassbar sind, komme – so der BGH – einer ernsthaften und zielgerichteten Mitwirkung eines lizenzwilligen Unternehmens an der Aushandlung angemessener Bedingungen eine entscheidende Bedeutung zu.[1680]

Das Verhalten und die Mitwirkung des lizenzwilligen Unternehmens werden insbesondere für entscheidend für die Beurteilung der Frage gehalten, ob der klageweise in Anspruch genommene Verletzer sich darauf berufen kann, dass der SEP-Inhaber seinerseits keine Lizenzierung zu FRAND-Bedingungen ermöglicht hat. Der BGH weist darauf hin, dass aus dem Umstand, dass die patentierte Technologie bereits lizenzlos genutzt wird, das Interesse des Verletzers darauf ausgerichtet sein kann, einen SEP-Inhaber bis zum Ablauf der Schutzdauer seines Patents hinzuhalten, um einer Verurteilung zur Unterlassung zu entgehen.[1681] Auf der einen Seite betont der BGH, dass die den SEP-Inhaber

1678 BGH, Urteil v. 05.05.2020, KZR 36/17, FRAND-Einwand, BGHZ 225, 269, 283, 284.
1679 BGH, Urteil v. 05.05.2020, KZR 36/17, FRAND-Einwand, BGHZ 225, 269, 284, 285.
1680 BGH, Urteil v. 05.05.2020, KZR 36/17, FRAND-Einwand, BGHZ 225, 269, 285, 286.
1681 BGH, Urteil v. 05.05.2020, KZR 36/17, FRAND-Einwand, BGHZ 225, 269, 286.

treffenden Pflichten zum Verletzungshinweis und der Formulierung eines FRAND-konformen Lizenzangebots keinen Selbstzweck verfolgen, sondern der zielgerichteten Durchführung von Lizenzverhandlungen dienen sollen. Auf der anderen Seite sollen einen SEP-Inhaber dann aber keine weiteren, über den ersten Verletzungshinweis hinausgehenden Verhaltenspflichten treffen, wenn sich der Verletzer daraufhin nur bereit erklärt, den Abschluss eines Lizenzvertrags zu erwägen oder in Verhandlungen darüber einzutreten, ob und unter welchen Voraussetzungen er zu einem Vertragsabschluss bereit wäre. Einen Verletzer – so der BGH – treffe insofern vielmehr die Pflicht, sich seinerseits klar und eindeutig bereit zu erklären, mit dem SEP-Inhaber einen Lizenzvertrag zu FRAND-Bedingungen abschließen zu wollen und in der Folge auch zielgerichtet an Lizenzvertragsverhandlungen mitzuwirken.[1682] Unter Verweis auf eine Entscheidung des *High Court* von England und Wales würden die einem Verletzer obliegenden Pflichten treffend in der Formulierung ausgedrückt werden, dass „*a willing licensee must be one willing to take a FRAND license on whatever terms are in fact FRAND*".[1683]

Unter Anwendung der genannten Grundsätze auf den zugrunde liegenden Sachverhalt kam der BGH zu dem Ergebnis, dass die Klägerin *Sisvel* durch die klageweise Geltendmachung des Unterlassungsanspruchs sowie der Ansprüche auf Vernichtung und Rückruf der patentverletzenden Produkte ihre marktbeherrschende Stellung nicht missbraucht hat und wies den kartellrechtlichen Zwangslizenzeinwand entgegen der Vorinstanz ab. Zwar habe das OLG Düsseldorf rechtsfehlerfrei geprüft und angenommen, dass der SEP-Inhaber seinen Hinweispflichten bezüglich der Patentverletzung genügt habe.[1684] Allerdings sei die Beklagte nicht ihrer Pflicht nachgekommen, sich zum Abschluss eines Lizenzvertrags zu FRAND-Bedingungen hinreichend bereit zu erklären. Der BGH sah es als entscheidend an, dass die Beklagte erst ein Jahr nach Erhalt des ersten klägerischen Hinweisschreibens und zudem mehrmals in nur unverbindlicher Art und Weise dazu Stellung nahm, ohne hinreichend erkennbaren Willen zum Abschluss eines Lizenzvertrags. Dies genüge weder in zeitlicher Hinsicht den Anforderungen, die an einen lizenzwilligen Verletzer zu stellen sind[1685],

---

1682 BGH, Urteil v. 05.05.2020, KZR 36/17, FRAND-Einwand, BGHZ 225, 269, 287.

1683 BGH, Urteil v. 05.05.2020, KZR 36/17, FRAND-Einwand, BGHZ 225, 269, 287 mit Verweis auf EWHC, Urteil v. 05.04.2017, [2017] EWHC 711 (Pat) Rn. 708 – Unwired Planet v Huawei.

1684 BGH, Urteil v. 05.05.2020, KZR 36/17, FRAND-Einwand, BGHZ 225, 269, 287, 288.

1685 BGH, Urteil v. 05.05.2020, KZR 36/17, FRAND-Einwand, BGHZ 225, 269, 289.

noch dem Erfordernis, dass eine ernsthafte und vorbehaltlose Bereitschaft zur Lizenznahme unter FRAND-Bedingungen signalisiert werden muss[1686]. Insgesamt kam der BGH damit zu dem Ergebnis, dass bereits die erste dem Patentverletzer obliegende Pflicht im Sinne der *Huawei*-Kriterien – die hinreichende Kundgabe seiner Lizenzbereitschaft – nicht erfüllt war, weshalb die klägerisch beantragten Ausschlussansprüche zugesprochen werden konnten.[1687]

(d) Konkretisierung der Rechtsprechung in Sachen „FRAND-Einwand I" durch die jüngste „FRAND-Einwand II" Entscheidung des BGH

Mit Urteil vom 24.11.2020, veröffentlicht am 22.02.2021, hatte der BGH innerhalb kürzester Zeit erneut Gelegenheit, zu seiner „FRAND-Einwand I" Rechtsprechung Stellung zu nehmen. Dabei konkretisierte der BGH seine im Urteil „FRAND-Einwand I" begründete Rechtsprechung zur Lizenzpflicht bei FRAND-unterworfenen SEPs vor allem hinsichtlich der Anforderungen an die den Missbrauch des SEP-Inhabers ausschließende Lizenzbereitschaft des Patentnutzers.[1688] Prozessparteien waren erneut – wie schon im Parallelverfahren vor dem BGH – die Klägerin *Sisvel* und die Beklagte, die dem *Haier*-Konzern angehört. Streitgegenständlich war allerdings ein anderes SEP als Klagepatent, für das *Sisvel* den deutschen Teil eines europäischen Patents hält, und das von der Beklagten in unterschiedlichen Mobiltelefone und Tablet-Computern benutzt wird.[1689] Erstmals mit Schreiben vom 20.12.2012 informierte die Klägerin die Beklagte darüber, dass sie eine Lizenzierung ihrer SEPs zu FRAND-Bedingungen anbiete, die für verschiedene Telekommunikationsstandards – u.a. den UMTS-Standard – essentiell seien und von mehreren, von der Beklagten hergestellten Mobilfunkgeräten benutzt würden. Die Klägerin hatte gegenüber ETSI, die den betroffenen Standard verantwortet, ein FRAND-Lizenzversprechen abgegeben. Die Beklagte reagierte auf diesen Verletzerhinweis wie im Parallelverfahren erst mit Schreiben vom 17.12.2013, fast ein Jahr nach dem ersten Hinweis seitens der Klägerin vom 20.12.2012.[1690] Trotz Gesprächen in der Folgezeit zwischen den

1686 BGH, Urteil v. 05.05.2020, KZR 36/17, FRAND-Einwand, BGHZ 225, 269, 289-293.
1687 BGH, Urteil v. 05.05.2020, KZR 36/17, FRAND-Einwand, BGHZ 225, 269, 294 ff.
1688 BGH, Urteil v. 24.11.2020, KZR 35/17, FRAND-Einwand II, NZKart 2021, 178, 179.
1689 BGH, Urteil v. 24.11.2020, KZR 35/17, FRAND-Einwand II, NZKart 2021, 178, 179.
1690 BGH, Urteil v. 24.11.2020, KZR 35/17, FRAND-Einwand II, Rn. 87 (zitiert nach juris), Angaben dazu fehlen in der Urteilsbesprechung in NZKart 2021, 178.

Parteien, konnten sich die Parteien nicht über den Abschluss eines Lizenzvertrags einigen.[1691]

Der BGH kam zu dem Ergebnis, dass – erstens – das streitgegenständliche SEP durch die Beklagte genutzt und verletzt wird[1692] und – zweitens – der kartellrechtliche Zwangslizenzeinwand der Beklagten nicht durchgreife[1693]. Unter Verweis auf die Grundsätze, die der BGH in seiner „FRAND-Einwand I" Entscheidung aufgestellt hat[1694], bejahte der BGH die Normadressateneigenschaft der Klägerin nach Art. 102 AEUV, da die Benutzung des Klagepatents für die Umsetzung der Vorgaben des Standards unumgänglich sei.[1695] Dies genüge für die Annahme eines eigenständigen Lizenzmarktes, weil ein Endgerät, das die technische Lehre des streitgegenständlichen SEP nicht umsetzt, nicht wettbewerbsfähig sei.[1696]

Allerdings habe die Klägerin diese marktbeherrschende Stellung nicht nach Art. 102 AEUV missbraucht.[1697] Der BGH befasst sich sodann erneut umfassend mit der Frage, wann ein missbräuchliches und gegen Art. 102 AEUV verstoßendes Verhalten eines SEP-Inhabers vorliegt. Ein marktbeherrschender SEP-Inhaber, der ein FRAND-Lizenzversprechen abgegeben hat, könne seine Marktmacht nicht nur dadurch missbräuchlich ausnutzen, indem er einem lizenzwilligen Patentnutzer den Abschluss eines FRAND-Lizenzvertrages verweigere und ihn mit einer patentrechtlichen Verletzungsklage in Anspruch nimmt.[1698] Ein Missbrauch könne auch daraus folgen, wenn dem SEP-Inhaber anzulasten ist, dass er sich nicht hinreichend darum bemüht hat, seiner besonderen,

1691 BGH, Urteil v. 24.11.2020, KZR 35/17, FRAND-Einwand II, Rn. 4, 5 (zitiert nach juris), weitergehende Angaben zum Sachverhalt fehlen in der Urteilsbesprechung in NZKart 2021, 178, 179.

1692 BGH, Urteil v. 24.11.2020, KZR 35/17, FRAND-Einwand II, NZKart 2021, 178, 179, Rn. 10.

1693 BGH, Urteil v. 24.11.2020, KZR 35/17, FRAND-Einwand II, NZKart 2021, 178, 179, Rn. 44.

1694 BGH, Urteil v. 24.11.2020, KZR 35/17, FRAND-Einwand II, NZKart 2021, 178, 179 Rn. 49.

1695 BGH, Urteil v. 24.11.2020, KZR 35/17, FRAND-Einwand II, Rn. 50 (zitiert nach juris), Angaben dazu fehlen in der Urteilsbesprechung in NZKart 2021, 178, 179.

1696 BGH, Urteil v. 24.11.2020, KZR 35/17, FRAND-Einwand II, Rn. 50 (zitiert nach juris), Angaben dazu fehlen in der Urteilsbesprechung in NZKart 2021, 178, 179.

1697 BGH, Urteil v. 24.11.2020, KZR 35/17, FRAND-Einwand II, NZKart 2021, 178, 179 Rn. 52.

1698 BGH, Urteil v. 24.11.2020, KZR 35/17, FRAND-Einwand II, NZKart 2021, 178, 179 Rn. 53.

aus seiner Marktstellung folgenden Verantwortung gerecht zu werden, einem lizenzwilligen Patentverletzer den Abschluss eines Lizenzvertrages zu FRAND-Bedingungen möglich zu machen.[1699] Ein Missbrauch sei mithin anzunehmen, wenn der nachgefragte Zugang zu der Erfindung schlechthin verweigert wird oder sich daraus ergibt, dass der SEP-Inhaber den Zugang von unangemessenen Bedingungen abhängig macht, von denen er auch am Ende von Lizenzverhandlungen nicht abzurücken bereit ist.[1700]

Aus der Pflicht des SEP-Inhabers einen solchen Missbrauch zu unterlassen und seiner besonderen Verantwortung gerecht zu werden, folge, dass er den Patentverletzer zunächst auf die Verletzung hinzuweisen hat.[1701] Weitere Verhaltenspflichten des SEP-Inhabers ergeben sich allerdings erst und nur dann, wenn der Patentverletzer seinerseits seine FRAND-Lizenzbereitschaft hinreichend zum Ausdruck gebracht hat.[1702] Der BGH betont erneut, dass es hierfür grundsätzlich nicht genügt, wenn sich der Verletzer auf den Verletzungshinweis hin nur bereit zeigt, den Abschluss eines Lizenzvertrags zu erwägen oder in Verhandlungen darüber einzutreten, ob und unter welchen Voraussetzungen ein Vertragsschluss für ihn in Betracht kommt.[1703] Vielmehr wird für erforderlich gehalten, dass sich der Patentverletzer klar und eindeutig bereit erklären muss, mit dem Patentinhaber einen Lizenzvertrag zu FRAND-Bedingungen abzuschließen, weshalb er in der Folge zielgerichtet an Lizenzverhandlungen mitwirken muss.[1704] In dieser Mitwirkungspflicht sieht der BGH das unerlässliche Gegenstück dazu, dass dem Patentinhaber abverlangt wird, die Verletzung seines Patents so lange hinzunehmen, wie der Verletzer seinerseits die nach der gegebenen Sachlage gebotenen und ihm möglichen und zumutbaren Bemühungen unternimmt, einen Lizenzvertrag zu FRAND-Bedingungen abzuschließen, um auf dieser Grundlage die patentgemäße Lehre weiterhin benutzen zu

---

1699 BGH, Urteil v. 24.11.2020, KZR 35/17, FRAND-Einwand II, NZKart 2021, 178, 179 Rn. 53.

1700 BGH, Urteil v. 24.11.2020, KZR 35/17, FRAND-Einwand II, NZKart 2021, 178, 180 Rn. 54.

1701 BGH, Urteil v. 24.11.2020, KZR 35/17, FRAND-Einwand II, NZKart 2021, 178, 180 Rn. 55.

1702 BGH, Urteil v. 24.11.2020, KZR 35/17, FRAND-Einwand II, NZKart 2021, 178, 180 Rn. 56.

1703 BGH, Urteil v. 24.11.2020, KZR 35/17, FRAND-Einwand II, NZKart 2021, 178, 180 Rn. 57.

1704 BGH, Urteil v. 24.11.2020, KZR 35/17, FRAND-Einwand II, NZKart 2021, 178, 180 Rn. 57.

können.[1705] Eine hinreichend zum Ausdruck kommende Lizenzbereitschaft des Patentverletzer sei zum einen deshalb von Bedeutung, weil ein SEP-Inhaber eine FRAND-Lizenz nur an einen hierzu bereiten Patentnutzer vergeben muss; zum anderen, weil ein die gegenläufigen beiderseitigen Interessen ausbalancierendes und angemessenes Ergebnis sich in der Regel erst durch einen wechselseitigen Verhandlungsprozess einstellt, in dem diese Interessen artikuliert und diskutiert werden.[1706]

Der BGH führt weiter aus, dass das Versäumnis einer Partei an der gebotenen Mitwirkung grundsätzlich zu deren Last geht und die säumige Partei deshalb gehalten ist, diese Versäumnisse weitest möglich zu kompensieren. Dies entspreche den üblichen Gepflogenheiten einer an einem Vertragsschluss interessierten Person, welche bei einer verzögerten Reaktion auf ein Angebot damit rechnen muss, dass die Gegenseite kein Interesse mehr an einem Vertragsabschluss hat.[1707] Insbesondere dürfe sich ein Patentverletzer nicht den strukturellen Vorteil zunutze machen, dass einem SEP-Inhaber die klageweise Durchsetzung seines Patentrechts nur eingeschränkter zur Verfügung steht und dieser wirtschaftlich auf den Abschluss von Lizenzverträgen angewiesen ist.[1708] Ein Patentnutzer würde sich dem Vorwurf des unredlichen Verhaltens aussetzen, wenn er dies zu Zwecken des „patent hold-out“ zu seinen Gunsten ausnutzen würde, auch im Vergleich zu all jenen Wettbewerbern, die sich in redlicher Weise beim SEP-Inhaber um eine SEP-Lizenz bemüht haben und angemessene Lizenzentgelte leisten müssen.[1709] Ein Patentverletzer, der es über einen längeren Zeitraum versäumt hat, seine Lizenzbereitschaft hinreichend zu bekunden, müsse daher zusätzliche Anstrengungen unternehmen, sodass ungeachtet seiner Säumnis so bald wie möglich ein Lizenzvertrag abgeschlossen werden kann.[1710]

1705 BGH, Urteil v. 24.11.2020, KZR 35/17, FRAND-Einwand II, NZKart 2021, 178, 180 Rn. 58.

1706 BGH, Urteil v. 24.11.2020, KZR 35/17, FRAND-Einwand II, NZKart 2021, 178, 180 Rn. 59.

1707 BGH, Urteil v. 24.11.2020, KZR 35/17, FRAND-Einwand II, NZKart 2021, 178, 180 Rn. 60.

1708 BGH, Urteil v. 24.11.2020, KZR 35/17, FRAND-Einwand II, NZKart 2021, 178, 180 Rn. 61.

1709 BGH, Urteil v. 24.11.2020, KZR 35/17, FRAND-Einwand II, NZKart 2021, 178, 180 Rn. 61.

1710 BGH, Urteil v. 24.11.2020, KZR 35/17, FRAND-Einwand II, NZKart 2021, 178, 181 Rn. 62.

Der BGH wiederlegt anschließend dezidiert den Einwand der Beklagten, wonach die aufgestellten Anforderungen an die Lizenzbereitschaft des Patentverletzers nicht mit Art. 102 AEUV und der Rechtsprechung der EuGH in Sachen *Huawei/ZTE* vereinbar seien.[1711] Der BGH hält dazu fest, dass es sich bei der Lizenzbereitschaftserklärung auch nach der Rechtsprechung des EuGH nicht nur um ein „bloßes Einfallstor“ für den Beginn der eigentlichen Verhandlungen handele; vielmehr sei die fortlaufende Lizenzbereitschaft des Patentverletzers eine unabdingbare Voraussetzung für erfolgreiche Lizenzverhandlungen, und damit auch für den Vorwurf eines Missbrauchs von Marktmacht gegenüber dem Patentinhaber bei deren Scheitern.[1712] Eine so verstandene Lizenzbereitschaft behalte auch dann ihre Bedeutung, wenn der Patentinhaber dem Verletzer ein Lizenzangebot unterbreitet hat[1713], weil dies erst der Beginn und Ausgangspunkt für Lizenzverhandlungen sei[1714]. Bei komplexen Sachverhalten, die typischerweise bei der Lizenzierung von SEPs anzunehmen seien und bei denen nicht von vornherein offensichtlich ist, welche Vertragsbedingungen FRAND-konform sind[1715], wird es gerade als Aufgabe des Verhandlungsprozesses an sich gesehen, ein faires und angemessenes Ergebnis hervorzubringen[1716]. Es obliege deshalb auch einem Patentverletzer, das Angebot des Patentinhabers daraufhin zu überprüfen, ob die dazu offen gelegte Informationsgrundlage ausreichend und das Angebot aus seiner Sicht FRAND-konform ist, gegebenenfalls verbunden mit dem Erfordernis, ein Gegenangebot abzugeben.[1717] Im Fall eines offensichtlich nicht FRAND-konformen Lizenzangebots, das aus objektiven Gesichtspunkten als nicht ernst gemeint und mithin als Lizenzverweigerung einzuordnen ist, könne als Reaktion eines ernsthaft um eine Lizenz nachsuchenden

---

1711 BGH, Urteil v. 24.11.2020, KZR 35/17, FRAND-Einwand II, NZKart 2021, 178, 181 Rn. 63-67.

1712 BGH, Urteil v. 24.11.2020, KZR 35/17, FRAND-Einwand II, NZKart 2021, 178, 181 Rn. 68.

1713 BGH, Urteil v. 24.11.2020, KZR 35/17, FRAND-Einwand II, NZKart 2021, 178, 182 Rn. 69.

1714 BGH, Urteil v. 24.11.2020, KZR 35/17, FRAND-Einwand II, NZKart 2021, 178, 182 Rn. 70.

1715 BGH, Urteil v. 24.11.2020, KZR 35/17, FRAND-Einwand II, NZKart 2021, 178, 182 Rn. 70.

1716 BGH, Urteil v. 24.11.2020, KZR 35/17, FRAND-Einwand II, NZKart 2021, 178, 182 Rn. 71.

1717 BGH, Urteil v. 24.11.2020, KZR 35/17, FRAND-Einwand II, NZKart 2021, 178, 182 Rn. 71.

Patentverletzers jedenfalls erwartet werden darzulegen, aus welchem Grund er zu der Annahme gelangt ist, dass ein offensichtlich nicht FRAND-konformes Lizenzangebot vorliegt.[1718] Maßgeblich sei, von welcher Reaktion ein Patentverletzer annehmen darf, dass mit ihr der Abschluss eines FRAND-konformen Lizenzvertrags sachgerecht gefördert wird, was aber eine entsprechende Lizenzbereitschaft des Patentinhabers voraussetze.[1719]

Hat ein Patentinhaber ein Lizenzangebot unterbreitet, obwohl eine Lizenzbereitschaft des Patentverletzers nicht zu erkennen ist, muss sich letzterer mit dem Angebot in einer Weise auseinandersetzen, die erkennen lässt, dass er jedenfalls nunmehr das Ziel verfolgt, alsbald zu einem beiderseits interessengerechten Ergebnis zu gelangen.[1720] Dafür kommt es nicht darauf an, ob das initial vom Patentinhaber abgegebene Angebot in jeder Hinsicht FRAND-Bedingungen entspricht[1721], da ein solches Erfordernis andernfalls dazu führen würde, dass Lizenzverhandlungen und ein Gegenangebot letztlich nicht erforderlich wären, wenn stets ein FRAND-konformes erstes Angebot gefordert werden würde[1722]. Der BGH betont, dass es nicht das nicht-FRAND-konforme Angebot als solches sei, aus dem sich ein Missbrauch einer marktbeherrschenden Stellung des Patentinhabers ergebe; der Missbrauch liege vielmehr darin, einem lizenzwilligen Patentverletzer die Verhandlung und den Abschluss eines interessengerechten Lizenzvertrags zu verweigern oder unmöglich zu machen, und statt dessen Rechte aus dem Patent klageweise durchzusetzen.[1723] Diese Anforderungen sieht der BGH in Einklang mit den Erfordernissen, die der EuGH in seiner *Huawei/ZTE* Entscheidung aufgestellt hat, wonach anhand objektiver Gesichtspunkte beurteilt werden muss, ob ein Patentverletzer eine Verzögerungsstrategie verfolge.[1724] Dies lasse sich anhand der Reaktion des Patentverletzers auf ein

---

1718 BGH, Urteil v. 24.11.2020, KZR 35/17, FRAND-Einwand II, NZKart 2021, 178, 182 Rn. 71.

1719 BGH, Urteil v. 24.11.2020, KZR 35/17, FRAND-Einwand II, NZKart 2021, 178, 182 Rn. 71.

1720 BGH, Urteil v. 24.11.2020, KZR 35/17, FRAND-Einwand II, NZKart 2021, 178, 182 Rn. 72.

1721 BGH, Urteil v. 24.11.2020, KZR 35/17, FRAND-Einwand II, NZKart 2021, 178, 182 Rn. 72.

1722 BGH, Urteil v. 24.11.2020, KZR 35/17, FRAND-Einwand II, NZKart 2021, 178, 182 Rn. 73.

1723 BGH, Urteil v. 24.11.2020, KZR 35/17, FRAND-Einwand II, NZKart 2021, 178, 183 Rn. 76.

1724 BGH, Urteil v. 24.11.2020, KZR 35/17, FRAND-Einwand II, NZKart 2021, 178, 183 Rn. 77.

Lizenzangebot beurteilten, die sich zum einen nicht nur auf die Erklärung eines Lizenzierungswunsches an sich begrenzen darf und zum anderen auch erfordert, dass der Patentverletzer innerhalb einer angemessenen Frist reagiert.[1725] Dies sei der Grund, weshalb sich ein Patentverletzer – wie der EuGH auch festgestellt habe – nicht auf den missbräuchlichen Charakter einer Unterlassungs- oder Rückrufklage berufen könne, und dass Entsprechendes auch gilt, wenn der Verletzer trotz Ablehnung seines Gegenangebots das Patent weiter nutzt, ohne eine angemessene Sicherheit zu hinterlegen.[1726] Unter welchen Umständen eine fehlende Lizenzbereitschaft des Patentverletzers anzunehmen ist, müsse tatrichterlich anhand des jeweiligen konkreten Einzelfalls ermittelt werden.[1727]

Ob nach diesen Maßstäben eine Klageerhebung missbräuchlich ist, kann – so der BGH – für unterschiedliche Zeitpunkte unterschiedlich zu beurteilen sein.[1728] Fehlt es zum Zeitpunkt der Klageerhebung schon an der Lizenzbereitschaft des Patentverletzers, kommt es nicht auf die konkreten Bedingungen an, die der Patentinhaber seinerseits zu diesem Zeitpunkt für einen Lizenzvertrag anbietet.[1729] Ist die Klageerhebung in dem Fall nicht missbräuchlich, kann gleichwohl die Aufrechterhaltung der Klageansprüche über mehrere Gerichtsinstanzen missbräuchlich sein[1730], wenn der Patentverletzter nachträglich seine Lizenzbereitschaft hinreichend erklärt, was der sorgfältigen Prüfung im jeweiligen Einzelfall bedarf[1731]. Je länger ein Patentverletzer damit zugewartet hat, seine Lizenzbereitschaft zum Ausdruck zu bringen, desto höhere Anforderungen sind an seine Mitwirkung zur Herbeiführung des FRAND-Lizenzvertrags zu stellen.[1732]

1725 BGH, Urteil v. 24.11.2020, KZR 35/17, FRAND-Einwand II, NZKart 2021, 178, 183 Rn. 77.

1726 BGH, Urteil v. 24.11.2020, KZR 35/17, FRAND-Einwand II, NZKart 2021, 178, 183 Rn. 77.

1727 BGH, Urteil v. 24.11.2020, KZR 35/17, FRAND-Einwand II, NZKart 2021, 178, 183 Rn. 78.

1728 BGH, Urteil v. 24.11.2020, KZR 35/17, FRAND-Einwand II, NZKart 2021, 178, 183 Rn. 79.

1729 BGH, Urteil v. 24.11.2020, KZR 35/17, FRAND-Einwand II, NZKart 2021, 178, 183 Rn. 80.

1730 BGH, Urteil v. 24.11.2020, KZR 35/17, FRAND-Einwand II, NZKart 2021, 178, 183 Rn. 81.

1731 BGH, Urteil v. 24.11.2020, KZR 35/17, FRAND-Einwand II, NZKart 2021, 178, 184 Rn. 82, 83.

1732 BGH, Urteil v. 24.11.2020, KZR 35/17, FRAND-Einwand II, NZKart 2021, 178, 184 Rn. 83.

Im Anschluss an die umfangreiche rechtliche Würdigung nimmt sich der BGH einer detaillierten Prüfung der Korrespondenz zwischen den Beteiligten an. Insbesondere bestätigte der BGH die Feststellungen des Berufungsgerichts, dass die Korrespondenz der Beklagten *Haier* vom 17.12.2013, fast ein Jahr nach dem ersten Verletzungshinweis seitens der Klägerin vom 20.12.2012, schon in zeitlicher Hinsicht nicht den Anforderungen an einen lizenzwilligen Verletzer genüge.[1733] Ein Verletzer, der mehrere Monate auf einen Verletzungshinweise schweigt, gebe damit regelmäßig zu erkennen, dass ihm an einer Lizenznahme nicht gelegen sei.[1734] Auch aus den im weiteren zeitlichen Verlauf zwischen den Beteiligten erfolgten Gespräche und der jeweiligen Korrespondenz habe sich eine ernsthafte Lizenzbereitschaft der Beklagten nicht ergeben.[1735] Aus diesen Gründen wird die klageweise Durchsetzung von Patentrechten nicht als missbräuchliches Verhalten eingestuft und der kartellrechtliche Zwangslizenzeinwand der Beklagten als unbegründet zurückgewiesen.[1736]

(2) Bewertung und Einordnung der Entscheidungen

Sowohl die EuGH-Entscheidung in Sachen *Huawei* als auch die jeweils *Sisvel/Haier* betreffenden BGH-Entscheidungen „FRAND-Einwand I" und „FRAND-Einwand II" erfassen ein typisches Klageszenario im Standardkontext: Ein SEP-Inhaber verklagt einen Patentverletzer, der die standardessentielle Technologie lizenzlos in seinen Produkten verwendet und verlangt Unterlassung der Nutzung des SEP.[1737] Hat der SEP-Inhaber seinerseits gegenüber einer SSO ein FRAND-Lizenzversprechen abgegeben, die ihn zu einer Lizenzierung gegenüber interessierten Lizenzsuchern verpflichtet, kann ein vermeintlicher Verletzer zur Rechtsverteidigung gegen eine Unterlassungs- oder Rückrufklage – bei Wahrung der ihm obliegenden Verhaltenspflichten – den Einwand erheben, dass die Ausübung patentrechtlicher Ausschließlichkeitsrechte einen kartellrechtlichen Missbrauch nach Art. 102 AEUV darstellt.[1738]

1733 BGH, Urteil v. 24.11.2020, KZR 35/17, FRAND-Einwand II, Rn. 87 (zitiert nach juris), Angaben dazu fehlen in der Urteilsbesprechung in NZKart 2021, 178, 184.

1734 BGH, Urteil v. 24.11.2020, KZR 35/17, FRAND-Einwand II, Rn. 87 (zitiert nach juris), Angaben dazu fehlen in der Urteilsbesprechung in NZKart 2021, 178, 184.

1735 BGH, Urteil v. 24.11.2020, KZR 35/17, FRAND-Einwand II, NZKart 2021, 178, 184 Rn. 103.

1736 BGH, Urteil v. 24.11.2020, KZR 35/17, FRAND-Einwand II, NZKart 2021, 178, 179, Rn. 44.

1737 *Ehlenz*, NZKart 2020, 470.

1738 *Eckel*, NZKart 2017, 408, 411.

In Übereinstimmung mit dem Ansatz der Europäischen Kommission in Sachen *Motorola* und *Samsung*, hat der EuGH in seiner *Huawei*-Entscheidung ein neues – substanziell vereinfachtes[1739] – Konzept der „außergewöhnlichen Umstände“ entwickelt, das sich sowohl – worauf das Gericht selbst hinweist – von der Doktrin der „außergewöhnlichen Umstände“ im Zusammenhang mit Lizenzverweigerungen, als auch von den „außergewöhnlicher Umstände“ bei einer missbräuchlichen Rechtsverfolgung unterscheidet. Die besonderen „außergewöhnlichen Umstände“, die sowohl die Erhebung einer patentrechtlichen Verletzungsklage[1740] als auch die Ausübung eines mit einem Recht des geistigen Eigentum verbundenen ausschließlichen Rechts[1741] ausnahmsweise als Missbrauch einer marktbeherrschenden Stellung nach Art. 102 AEUV erscheinen lassen, sieht der EuGH wie auch die Europäische Kommission zum einen darin, dass es sich bei dem Patentrecht, aus dem vorgegangen wird, um ein SEP handelt, das einem von einer SSO festgelegten Standard zugrunde liegt und dessen Nutzung unumgänglich ist für Unternehmen, die standardkonforme Produkte herstellen und vertreiben wollen. Zum anderen hat ein Patentinhaber den SEP-Status nur im Gegenzug für eine unwiderrufliche FRAND-Verpflichtungszusage gegenüber der SSO erlangt, durch die er berechtigte Lizenzerwartungen („*legitimate expectations*“) bei Dritten geschaffen hat.

Um dem entgegenzuwirken, dass ein SEP-Inhaber durch die Geltendmachung von patentrechtlichen Ausschlussrechten verhindern kann, dass die von Wettbewerbern hergestellten standardkonforme Produkte auf dem Markt gelangen oder verbleiben können[1742] und angesichts seiner FRAND-Lizenzzusage, soll einem SEP-Inhaber im Falle der Erhebung einer Patentverletzungsklage die Missbräuchlichkeit der Lizenzverweigerung entgegengehalten werden können[1743]. Der Vorwurf der missbräuchlichen Lizenzverweigerung, sofern er begründet ist, infiziert dann gleichsam die Erhebung der Verletzungsklage, die dann ebenfalls ein missbräuchliches Verhalten darstellt.[1744] Das vom EuGH aufgestellte und

1739 *Palzer*, EuZW 2015, 702, 705.

1740 EuGH, Urteil v. 16.07.2015, Huawei/ZTE, Rs. C-170/13, ECLI:EU:C:2015:477, Rn. 46.

1741 EuGH, Urteil v. 16.07.2015, Huawei/ZTE, Rs. C-170/13, ECLI:EU:C:2015:477, Rn. 47.

1742 EuGH, Urteil v. 16.07.2015, Huawei/ZTE, Rs. C-170/13, ECLI:EU:C:2015:477, Rn. 52.

1743 EuGH, Urteil v. 16.07.2015, Huawei/ZTE, Rs. C-170/13, ECLI:EU:C:2015:477, Rn. 53, 54.

1744 *Palzer*, EuZW 2015, 702, 705.

einzuhaltende Verhandlungsprogramm ist daher zwingend in dem Kontext zu sehen, dass ein SEP-Inhaber gerichtliche Ausschlussrechte gegen einen Nutzer der standardessentiellen Technologie geltend macht. Außerhalb dieses Zusammenhangs kann ein Unternehmen – wie oben bereits dargestellt[1745] – keinen Lizenzanspruch auf Grundlage der *Huawei*-Entscheidung herleiten.

Einen gerechten Interessenausgleich sowohl für SEP-Inhaber, denen die gerichtliche Geltendmachung von Ausschlussrechten nicht schlechthin versagt werden darf, als auch für Hersteller standardkonformer Produkte, die auf die FRAND-Lizenzzusage berechtigterweise vertrauen dürfen, versucht der EuGH im Wege einer strukturierten Verhandlungslösung sicherzustellen[1746], die nunmehr auch durch den BGH in den „FRAND-Einwand I und II" Entscheidungen anerkannt und weitgehend konkretisiert wurde. Erforderlich ist, dass der SEP-Inhaber und der Patentbenutzer wechselseitig das formulierte, mehrere Schritte umfassende Verhandlungsprocedere durchlaufen. Die Erfüllung der Pflichten in einem ersten Schritt lösen dann neue Pflichten im nächsten Schritt aus und so weiter. Dieses System wechselseitiger Schritte zielt darauf ab, Lizenzverhandlungen zu ermöglichen, die unbeeinflusst von der marktbeherrschenden Stellung des SEP-Inhabers sein sollen und den beidseitigen Interessen ausgewogen Rechnung tragen. Im ersten Schritt wird primär der SEP-Inhaber in die Pflicht genommen, indem er nicht nur hinreichend konkret auf eine Patentverletzung hinweisen, sondern darüber hinaus FRAND-Lizenzbedingungen erörtern und nachprüfbar begründen muss. Angesichts des Informationsvorsprungs, den der SEP-Inhaber hat, weil er schlicht an den für die FRAND-Bestimmung erforderlichen Informationen „näher dran" ist, ist es gerechtfertigt, ihm primär Verhaltenspflichten aufzuerlegen.[1747] Die Schwächung der Position des SEP-Inhabers, der infolge der FRAND-Lizenzzusage patentrechtliche Ausschlussrechte nur beschränkt durchsetzen kann, wird dadurch Rechnung getragen, dass dem Nutzer der standardessentiellen Technologie ebenfalls Mitwirkungspflichten auferlegt werden.

Während der EuGH verlangt, dass der Verletzer auf den Verletzungshinweis hin – in einem zweiten Schritt – seinen Willen zum Ausdruck bringen muss, einen FRAND-Lizenzvertrag abzuschließen[1748], stellt der BGH höhere

---

1745 Siehe oben unter Abschnitt II. 4. b) aa) (2) (b) (cc), S. 302-304.

1746 *Dornis*, WRP 2020, 540, 545; *Palzer*, EuZW 2015, 702, 705, spricht von „*verfahrensrechtlicher Lösung*".

1747 So auch *Ehlenz*, NZKart 2020, 470, 472 und *Dornis*, WRP 2020, 540, 546.

1748 EuGH, Urteil v. 16.07.2015, Huawei/ZTE, Rs. C-170/13, ECLI:EU:C:2015:477, Rn. 63.

Anforderungen an die Signalisierung der Lizenzbereitschaft. Der Verletzer muss danach seine Bereitschaft zum Abschluss eines FRAND-Lizenzvertrags ernsthaft und vorbehaltlos zum Ausdruck bringen und darüber hinaus zielgerichtet in Lizenzverhandlungen mit dem SEP-Inhaber eintreten.[1749] Insbesondere misst der BGH dem zeitlichen Ablauf von Lizenzverhandlungen auch für die Bewertung der Lizenzwilligkeit des Verletzers eine wichtige Bedeutung zu.[1750] Verzögerungstaktiken und pauschale Lippenbekenntnisse, einen Lizenzvertrag abschließen zu wollen, ohne dies ernsthaft zu verfolgen, lassen die Annahme einer Lizenzbereitschaft mithin entfallen.[1751]

Im Vergleich zur „FRAND-Einwand I“ Entscheidung kommt in der jüngsten „FRAND-Einwand II“ Entscheidung des BGH deutlicher zum Ausdruck, dass das FRAND-Konzept als Verhandlungsprozess verstanden wird, bei dem im Wege ernsthaft geführter Diskussionen und der Artikulation der jeweiligen Interessen, ein beiderseitig faires und ausbalanciertes Ergebnis – ein FRAND-konformer Lizenzvertrag – erzielt werden soll.[1752] Vereinfacht formuliert: Es ist der aufgestellte Lizenzverhandlungsprozess, der als Mittel und Weg der Förderung und Findung eines FRAND entsprechenden Lizenzvertrags dienen soll. Aus diesem Grund erscheint es auch übereinstimmend mit den Ausführungen des BGH gerechtfertigt, einem SEP-Inhaber nicht die Pflicht aufzuerlegen, von vornherein ein FRAND-konformes Lizenzangebot abgeben zu müssen und es genügen zu lassen, wenn sich dies erst aus dem Verhandlungsprozess ergibt.[1753] Insgesamt sind die jüngsten Konkretisierungen des FRAND-Konzepts durch den BGH zu begrüßen, die mit Sicherheit in der Praxis zu mehr Rechtssicherheit führen werden.

Sowohl mit Blick auf die vom EuGH entwickelte Verhandlungslösung als auch dessen Umsetzung durch den BGH, der daran angelehnt ein fein gegliedertes, stufenweises Konzept entwickelt hat, stellt sich die Frage, auf welcher dogmatischen Grundlage dies fußt. Der EuGH begründet sein Konzept unter anderem

---

1749 BGH, Urteil v. 05.05.2020, KZR 36/17, FRAND-Einwand, BGHZ 225, 269, 287; BGH, Urteil v. 24.11.2020, KZR 35/17, FRAND-Einwand II, NZKart 2021, 178, 180 Rn. 56, 57.

1750 BGH, Urteil v. 05.05.2020, KZR 36/17, FRAND-Einwand, BGHZ 225, 269, 289; BGH, Urteil v. 24.11.2020, KZR 35/17, FRAND-Einwand II, NZKart 2021, 178, 183 Rn. 77.

1751 *Kellenter*, WuW 2020, 478, 486; *Dornis*, WRP 2020, 540, 546.

1752 BGH, Urteil v. 24.11.2020, KZR 35/17, FRAND-Einwand II, NZKart 2021, 178, 180 Rn. 59.

1753 BGH, Urteil v. 24.11.2020, KZR 35/17, FRAND-Einwand II, NZKart 2021, 178, 182 Rn. 72, 73.

damit, dass angesichts der mit dem FRAND-Versprechen geweckten berechtigten Erwartungen einer Klage auf Unterlassung grundsätzlich der missbräuchliche Charakter einer Lizenzverweigerung entgegengehalten werden kann[1754], wenn ein SEP-Inhaber nicht die ihm obliegenden FRAND-Verhandlungspflichten erfüllt hat. Dieser Missbrauchseinwand und die daran gekoppelten Voraussetzungen weichen aber deutlich von den Grundsätzen ab, die der EuG in der *ITT Promedia* Entscheidung für die rechtsmissbräuchliche Durchsetzung von patentrechtlichen Unterlassungsansprüchen aufgestellt hat.[1755] Auch das vom BGH anerkannte Verhandlungskonzept und der damit korrespondierende kartellrechtliche Zwangslizenzeinwand gegen eine Unterlassungsklage weichen deutlich von der Dogmatik der *dolo agit*-Einrede ab, auf dem dieser Zwangslizenzeinwand beruht.[1756] Die *dolo agit*-Einrede besagt nur, dass derjenige treuwidrig handelt, der unter Berufung auf eine formale Rechtsposition eine Leistung verweigert, die er ohnehin erbringen müsste.[1757] Dogmatisch betrachtet dürfte es sich bei dem aufgestellten FRAND-Lizenzverhandlungsprocedere und der korrespondierenden Missbrauchseinrede des Patentverletzers insgesamt, d.h. sowohl für die europäische kartellrechtliche Rechtsmissbrauchseinrede als auch die deutsche *dolo agit*-Missbrauchseinrede, um eine spezielle Rechtsfortbildung für ein konkretes Problem im SEP-FRAND-Kontext handeln. Wie auch der BGH grundsätzlich zu einer gesetzesübersteigenden Rechtsfortbildung befugt ist, wenn die Bedürfnisse des Rechtsverkehrs dies erfordern[1758] – d.h. im vorliegenden Kontext, wenn eine speziellen Weiterentwicklung der auf § 242 BGB gestützten *dolo agit*-Einrede im FRAND-Lizenzkontext angezeigt ist, ist auch der der EuGH grundsätzlich zur Rechtsfortbildung legitimiert[1759], der nach Art. 19 Abs. 1 S. 2 EUV die „Wahrung des Rechts bei der Auslegung und Anwendung der Verträge“ sicherstellt und damit eine primärrechtskonforme Rechtsfortbildung[1760] für spezielle Probleme vornehmen kann.

Ungeachtet der dogmatischen „Einbettung“ des FRAND-Lizenzverhandlungskonzepts und des Missbrauchseinwands wird mit der Auferlegung höherer Mitwirkungspflichten auf Seiten des Patentverletzers insofern

---

1754 EuGH, Urteil v. 16.07.2015, Huawei/ZTE, Rs. C-170/13, ECLI:EU:C:2015:477, Rn. 53, 54.

1755 Siehe dazu zuvor unter Abschnitt II. 6. b) aa), S. 354 ff.

1756 Siehe dazu eingangs unter Abschnitt II. 6. b) bb), S. 356-358.

1757 Siehe dazu BGH, Urteil v. 22.02.2019, V ZR 244/17, BGHZ 221, 229, 237, 238.

1758 Grundlegend dazu Larenz/Canaris, Methodenlehre, S. 232-236.

1759 *Neuner*, in: Riesenhuber, Europäische Methodenlehre, § 12 Rn. 7, 8.

1760 Vgl. dazu *Neuner*, in: Riesenhuber, Europäische Methodenlehre, § 12 Rn. 38.

auch die Tendenz jedenfalls in der deutschen Rechtsprechung deutlich, Verzögerungs- oder Hinhaltetaktiken – sprich *„patent hold-out"* Szenarien – stärker entgegenzutreten. So existieren mit den „FRAND-Einwand I und II" Entscheidungen des BGH nunmehr nicht nur höchstrichterlich geklärte Fälle aus der berühmt-berüchtigten Branche der Mobiltelefone und Tablets – Stichwort *„mobile devices patent wars"*, bei der ein SEP-Inhaber trotz FRAND-Lizenzzusage erfolgreich patentrechtliche Ausschlussrechte klageweise durchsetzen konnte, weil sich ein Patentbenutzer lizenzunwillig verhalten hat. Jüngst haben sich insbesondere auch Fälle aus dem Automobilbereich gehäuft – Stichwort *„connected cars"*, in denen Hersteller mobilfunkfähiger Automobile SEPs genutzt und der ihnen obliegenden Pflicht nicht nachgekommen sind, ernsthaft und vorbehaltlos ihre Lizenzbereitschaft zum Ausdruck zu bringen und zielgerichtet in Lizenzverhandlungen mit SEP-Inhabern einzutreten. Dies erfolgte insbesondere vor dem Hintergrund, dass patentbenutzende Automobilhersteller hinsichtlich der Lizenznahme auf die jeweiligen Zulieferer – sprich Komponentenhersteller – als den „eigentlichen" Lizenzpartnern verwiesen hatten[1761], mit dem Ergebnis, dass mehrere Unterlassungsklagen aus FRAND-unterworfenen SEPs unter Hinweis auf die jüngste BGH-Rechtsprechung „FRAND-Einwand I" von den jeweiligen SEP-Inhabern erfolgreich durchgesetzt werden konnten.[1762] Auch daran wird deutlich, dass die Mitwirkungspflichten und das Verhalten vermeintlicher Patentverletzer zunehmend in den Fokus rücken. Das LG Düsseldorf hatte zwar eine Vorlage zum EuGH beschlossen, mit der insbesondere die Auslegung des Merkmals der Lizenzbereitschaft geklärt werden sollte.[1763] Das Vorabentscheidungsersuchen wurde mittlerweile aber wieder zurückgenommen.[1764]

1761 Zu dieser Problematik siehe bereits oben unter Abschnitt II. 4. b) aa) (2) (b), S. 297 ff.

1762 LG Mannheim, Urteil v. 18.08.2020 – 2 O 34/19, Rn. 150, 157 ff. (zitiert nach juris), wonach der Missbrauchseinwand nach Art. 102 AEUV mangels Lizenzwilligkeit der Beklagten nicht begründet sei, weil sie stets hinsichtlich des „ob" und des „wie" der Lizenznahme auf ihre Zulieferer verweise; so auch LG München I, Urteil v. 10.09.2020 – 7 O 8818/19, Rn. 191, Rn. 222 ff. (zitiert nach juris); LG München I, Urteil v. 30.10.2020 – 21 O 11384/19, Rn. 310 ff. (zitiert nach juris); LG München I, Urteil v. 30.10.2020 – 21 O 3891/19, S. 61 ff. (bislang nicht bei juris veröffentlicht).

1763 LG Düsseldorf, Pressemitteilung v. 26.11.2020, Vorlagebeschluss an den EuGH in der patentrechtlichen Verletzungsklage Nokia./.Daimler, unter B., abrufbar unter: https://www.lg-duesseldorf.nrw.de/behoerde/presse/pressearchiv/pressemitteilungen_2020/22-20.pdf (abgerufen am: 22.03.2021).

1764 EuGH, Beschluss v. 24.06.2021, Nokia/Daimler, Rs. C-182/21, ECLI:EU:C:2021:575, Rn. 1.

c) *Rechtsvergleichende Würdigung und Zusammenfassung der Ergebnisse*

Rechtsordnungsübergreifend kann die Erhebung einer Patentunterlassungsklage ein missbräuchliches Verhalten sein, das gegen Sec. 2 Sherman Act und Art. 102 S. 1 AEUV bzw. § 19 Abs. 1 GWB verstößt, wenn die Klageerhebung als rechtsmissbräuchlich einzustufen ist. Die dafür erforderlich Voraussetzungen stimmen weitestgehend überein. Eine gegen Sec. 2 Sherman Act verstoßende „*sham litigation*" setzt voraus, dass ein Patentinhaber mit einer Klage eine objektiv offensichtlich unbegründete Rechtsposition durchsetzen will, mit der eine Markttätigkeit des Beklagten verhindert oder ein Markteintritt verzögert werden soll. Subjektiv muss die Klageerhebung die Motivation verfolgen, dem Beklagten einen wettbewerblichen Schaden zuzufügen. Ferner ist erforderlich, die missbräuchliche Klageerhebung wettbewerbsverschließenden Effekte hat, mit der eine Monopolstellung des Klägers begründet, erhalten oder dies jeweils versucht wird. Auch im europäischen und deutschen Kartellrecht kann die gerichtliche Durchsetzung einer Rechtsposition durch einen Marktbeherrscher unter engen Voraussetzungen eine missbräuchliche Rechtsverfolgung – „*vexatious litigation*" – darstellen. Dies setzt voraus, dass eine objektiv offensichtlich unbegründete Rechtsposition klageweise durchgesetzt wird und der Zweck der Klage nur darin gesehen werden kann, den Beklagten zu schikanieren, um damit planmäßig den Wettbewerb zu beeinträchtigen. Die gerichtliche Geltendmachung von Unterlassungsrechten aus einem FRAND-unterworfenen SEP kann zwar theoretisch die Voraussetzungen einer missbräuchlichen Rechtsverfolgung nach Sec. 2 Sherman Act und Art. 102 S. 1 AEUV bzw. § 19 Abs. 1 GWB erfüllen. In der Praxis dürfte dies jedoch kaum vorkommen, da hohe Hürden für den Nachweis der jeweiligen Voraussetzungen bestehen.

Deutlich praxisrelevanter hingegen ist die Frage, ob die Geltendmachung von Unterlassungsansprüchen aus einem FRAND-unterworfenen SEP ein an sich marktmissbräuchliches und kartellrechtswidriges Verhalten sein kann, weil damit – und entgegen dem FRAND-Lizenzversprechen – Herstellern von standardkonformen Produkten die unumgängliche Nutzung der essentiellen Technologie untersagt und der Zugang zum Markt blockiert wird. Die kartellrechtliche Beurteilung solcher Unterlassungsbegehren unterscheidet sich im US-Kartellrecht mit Sec. 2 Sherman Act deutlich vom europäischen und deutschen Missbrauchsverbot in Art. 102 AEUV und § 19 GWB.

Bislang hat weder ein US-Gericht noch eine der US-Kartellbehörden die gerichtliche Geltendmachung von Unterlassungsrechten oder die Beantragung einer „*exclusion order*" bei der ITC als kartellrechtswidriges und gegen Sec. 2

Sherman Act verstoßendes Verhalten eingestuft. Ob patentrechtliche Unterlassungsansprüche begründet sind, bestimmt sich alleine anhand der etablierten *eBay*-Kriterien, sprich durch das Patentrecht selbst. Im US-Patentrecht stehen einem Patentinhaber – im Gegensatz zum deutschen Patentrecht nach § 139 Abs. 1 PatG – bei einer Patentverletzung nicht automatisch Unterlassungsansprüche zu. Anders als im deutschen und europäischen Kartellrecht existiert im US-Recht kein formales Verfahren oder ein strukturiertes Lizenzverhandlungsprocedere, das ein SEP-Inhaber durchlaufen haben muss, bevor er Unterlassungsansprüche geltend machen kann. Unter Anwendung der dafür maßgeblichen *eBay*-Kriterien kann dem Umstand Rechnung getragen werden, dass ein SEP-Inhaber ein FRAND-Lizenzversprechen abgegeben hat, was bislang dazu geführt hat, dass Unterlassungsansprüche faktisch – wenngleich nicht *per se* – zumeist als unbegründet abgelehnt wurden. Fälle, in denen ein SEP-Inhaber trotz FRAND-Versprechens erfolgreich Unterlassungsansprüche oder eine „*exclusion order*" bei der ITC durchsetzen konnte, fehlen bislang. Mit den *eBay*-Kriterien kann auf der einen Seite missbräuchlichem Verhalten des SEP-Inhaber hinreichend Rechnung getragen werden, weil die Androhung oder Geltendmachung von Unterlassungsrechten als Hebel zur Durchsetzung höherer Lizenzgebührenforderungen – sprich „*patent hold-up*" – keine Aussicht auf Erfolg verspricht. Auf der anderen Seite können auch treuwidrige Verzögerungs- oder Lizenzverweigerungspraktiken von SEP-Nutzern – sprich „*patent hold-out*" – hinreichend berücksichtigt werden, die die Gewährung eines solchen Anspruchs ausnahmsweise rechtfertigen können. Damit gilt insgesamt, dass die Geltendmachung von Unterlassungsansprüchen aus einem FRAND-unterworfenen SEP auch für sich kein gegen Sec. 2 Sherman Act verstoßendes Verhalten ist.

Im Gegensatz dazu ist im europäischen und deutschen Kartellrecht anerkannt, dass eine Unterlassungsklage eines marktbeherrschenden SEP-Inhabers, der ein FRAND-Lizenzversprechen abgegeben hat, ein Missbrauch seiner beherrschenden Stellung darstellen kann, wenn er seinerseits nicht die ihm obliegenden Pflichten erfüllt, die der EuGH in der *Huawei*-Entscheidung aufgestellt hat und die den Ablauf von FRAND-Lizenzverhandlungen betreffen. Eine Patentunterlassungsklage aus einem FRAND-unterworfenen SEP ist danach in Einklang mit dem kartellrechtlichen Missbrauchsverbot, wenn (1.) der SEP-Inhaber vor Erhebung der Klage den Patentverletzer auf die konkrete Verletzungshandlung hingewiesen hat, (2.) der SEP-Inhaber – auf die vom Patentverletzer ernsthaft zum Ausdruck gebrachte Bereitschaft zum Abschluss eines FRAND-Lizenzvertrags – ein schriftliches und begründetes FRAND-Lizenzangebot unterbreitet hat und (3.) der Patentverletzer nicht nach Treu und Glauben innerhalb einer angemessenen Zeit reagiert oder aber das Angebot ablehnt, ohne seinerseits ein FRAND-konformes Gegenangebot anzubieten. Insbesondere in der deutschen Rechtsprechung sind mit den BGH-Entscheidungen „FRAND-Einwand I und II“ Tendenzen zu erkennen, höhere Anforderungen an die Lizenzwilligkeit des Patentverletzers zu stellen, der seine Lizenzbereitschaft ernsthaft zum Ausdruck bringen und zielgerichtet in Lizenzverhandlungen auch umsetzen muss. Verzögerungs- oder sonstige Lizenzverweigerungstaktiken von Seiten der Patentnutzer – sprich „*patent hold-out*“ Szenarien – lassen das Merkmal der Lizenzwilligkeit entfallen und führen dazu, dass eine Unterlassungsklage aus einem SEP begründet und insbesondere nicht missbräuchlich ist. Der in der BGH-Entscheidung „FRAND-Einwand I“ zum Ausdruck gekommene Fokus auf die Lizenzbereitschaft von SEP-Nutzern, wurde auch in den USA zur Kenntnis genommen und von Seiten des früheren AAG *Delrahim* begrüßt.[1765]

Die Hintergründe für die divergierenden Entwicklungen hinsichtlich der kartellrechtlichen Bewertung sind insbesondere darin zu sehen, dass im US-Kartellrecht generell eine zurückhaltende Anwendung von Sec. 2 Sherman Act befürwortet wird, insbesondere um das gravierende Haftungsrisiko auf den dreifachen Schadensersatz zu vermeiden, was in Lizenzverhandlungen ein Verhandlungsungleichgewicht zu Lasten von SEP-Inhabern bewirken könnte. Auf der anderen Seite kann mit dem US-Patent- und Vertragsrecht einem missbräuchlichen Lizenzverhalten hinreichend Rechnung getragen werden, weshalb die Anwendung des US-Kartellrechts aus Gesichtspunkten des Rechtsschutzes nicht erforderlich ist.

1765 Zur "FRAND-Einwand I" Entscheidung des BGH, *Delrahim*, Broke … but Not No More: Opening Remarks – Innovation Policy and the Role of Standards, IP, and Antitrust, Vortrag v. 10.09.2020 in Washington, DC, S. 6, 7.

Sechster Teil – Ergebnisse und Ausblick

I. Zusammenfassung der Ergebnisse

Die vorliegende Arbeit hat sich die rechtsvergleichende Untersuchung zum Ziel gesetzt, inwiefern missbräuchliche Lizenzpraktiken eines SEP-Inhabers, der ein FRAND-Lizenzversprechen abgegeben hat, gegen das US-kartellrechtliche Monopolisierungsverbot in Sec. 2 Sherman Act verstoßen können und wie dasselbe Verhalten nach den Missbrauchstatbeständen im deutschen und europäischen Kartellrecht bewertet wird. Ebenso wurde berücksichtigt, wie die unterschiedlichen Rechtsordnungen die FRAND-Lizenzerklärung vertragsrechtlich würdigen und welche Haftungsfolgen sich daraus für die Lizenzpraxis eines SEP-Inhabers ergeben können.

1.) Die ökonomischen Effekte die mit formeller Standardisierung einhergehen sind vielfältiger Natur, wobei deren überwiegend positiver Nutzen für die Gesamtwohlfahrt hervorgehoben wird.[1766] Zur Verhinderung des Missbrauchspotenzials, das mit einem SEP und der damit einhergehenden Machtposition verbunden sein kann[1767], verpflichten sich patenthaltende SSO-Mitglieder vor Festlegung des Standards, im Falle der Standardessentialität ihres Patentrechts, dieses zu FRAND-Bedingungen zu lizenzieren. Die FRAND-Lizenzerklärung begründet im US-Vertragsrecht ein Vertragsverhältnis zwischen dem SEP-Inhaber und der SSO zugunsten lizenzsuchender Dritter. Ein SEP-Inhaber ist danach verpflichtet, drittbegünstigten Lizenzsuchern einen verbindlichen Lizenzvertrag zu FRAND-Bedingungen anzubieten. Hat ein Angebotsempfänger auf das Angebot hinreichend reagiert und seine ernsthafte Lizenzbereitschaft zum Ausdruck gebracht, trifft beide Parteien die Pflicht, Lizenzverhandlungen nach Treu und Glauben zu führen, wobei hierfür im US-Recht kein formales oder strukturiertes Verhandlungsprocedere gilt, das einzuhalten ist.[1768] Ein SEP-Inhaber verstößt gegen seine vertragliche FRAND-Lizenzpflicht, wenn er eine nicht-FRAND konforme Lizenznahme anbietet, sprich unangemessen hohe Lizenzgebühren erhebt oder eine diskriminierende Lizenzierung betreibt, eine Lizenznahme

1766 Siehe Zweiter Teil unter II. 1., S. 49 ff.

1767 Siehe Zweiter Teil unter II. 2. und III., S. 53 ff.

1768 Siehe Dritter Teil unter IV. 3. a) aa), S. 105 ff.

bedingungslos verweigert oder von der Erfüllung bestimmter Bedingungen abhängig macht, insbesondere der Abnahme weiterer Produkte. Während deutsche Gerichte und Teile der Literatur eine FRAND-Erklärung nur als unverbindliche Selbstverpflichtung bewerten, kann eine FRAND-Erklärung nach der hier vertretenen Auffassung als echter Vertrag zugunsten lizenzsuchender Dritter nach § 328 BGB eingeordnet werden, der den SEP-Inhaber dazu verpflichtet, mit Standardanwendern und Lizenzsuchern über den Abschluss eines FRAND-Lizenzvertrags in qualifizierter und zielgerichteter Weise zu verhandeln.[1769]

2.) Für die Bestimmung einer angemessen – FRAND-konformen – Lizenzgebühr werden rechtsordnungsübergreifend unterschiedliche Berechnungsmethoden vorgeschlagen und angewendet. Als Ausgangspunkt gilt sowohl nach der US-[1770] als auch deutschen Rechtsprechung[1771], dass sich die FRAND-Lizenzgebühr nicht zwingend an dem Wert oder Verkaufspreis der kleinsten, die standardessentielle Technologie nutzenden Komponente (*smallest saleable patent-practicing unit*) sondern auch am Verkaufspreises des Endprodukts (*entire market value rule*) orientieren darf. Die Ermittlung einer angemessenen Lizenzgebühr erfolgt im US-Recht anhand eines hypothetischen Lizenzverhandlungs-Szenarios zwischen den Lizenzparteien, unter Annahme eines hypothetischen Verhandlungszeitpunkts vor Festsetzung des Standards, d.h. unter Ausklammerung des Normungslohn und der standardbezogenen Investitionen des Patentverletzer. Für die Bestimmung des Ausgangs einer solchen Lizenzverhandlung werden die von der Rechtsprechung entwickelten und im FRAND-Kontext in modifizierter Form anzuwendenden *Georgia-Pacific*-Bemessungsfaktoren herangezogen, wofür insbesondere vergleichbare Lizenzvereinbarungen mit Dritten berücksichtigt werden.[1772] Derselbe Ansatz, die Heranziehung im In- oder Ausland bereits abgeschlossener Lizenzvereinbarungen, wird auch in der deutschen Rechtspraxis als praktikable und zuverlässige Lösung erachtet.[1773] Zwar gewinnt der „*top down*" Berechnungsansatz rechtsordnungsübergreifend zunehmend an Bedeutung. Angesicht der Schwierigkeiten, eine maximale Lizenzgebührenbelastung zu bestimmen, alle für einen Standard tatsächlich essentiellen Patentrechte zu ermitteln und die qualitativen

1769 Siehe Dritter Teil unter IV. 3. b) cc), S. 119-121.
1770 Siehe Dritter Teil unter IV. 1. a) aa) (2), S. 89, 90.
1771 Siehe Dritter Teil unter IV. 1. a) bb) (1), S. 93-96.
1772 Siehe Dritter Teil unter IV. 1. a) aa) (2), S. 89-91.
1773 Siehe Dritter Teil unter IV. 1. a) bb) (2) (b), S. 98-100.

Wertaspekte einzelner SEPs mit in die Berechnung einfließen zu lassen, erscheint dieser Ansatz nur schwer umsetzbar.[1774]

3.) Missbräuchliche Lizenzpraktiken eines SEP-Inhabers können nicht nur – jedenfalls im US-Recht – vertragsrechtlichen Pflichten zuwiderlaufen, sondern auch gegen das US-kartellrechtliche Monopolisierungsverbot in Sec. 2 Sherman Act bzw. die Missbrauchstatbestände in 102 AEUV und § 19 Abs. 1, 2 GWB verstoßen. Tatbestandlich kann Sec. 2 Sherman Act wettbewerbsschädigende Verhaltensweisen erfassen, mit denen eine Monopolstellung erst begründet wird oder die der Erhaltung der Monopolstellung dienen, ebenso wie der jeweilige Versuch dazu.[1775] Die in Sec. 2 (a) Clayton Act und Sec. 3 Clayton Act enthaltenen Missbrauchstatbestände zur Erfassung von Preisdiskriminierungen und Koppelungspraktiken sind im Patentlizenzkontext nicht anwendbar. Dasselbe Verhalten kann allerdings unter Rückgriff auf Sec. 2 Sherman Act kartellrechtlich beurteilt werden.[1776]

4.) Verstöße gegen Sec. 2 Sherman Act können in zweifacher Weise geahndet werden. Erstens, im Wege des *public enforcement* durch die allein zur unmittelbaren Durchsetzung des Sherman Acts zuständige *Antitrust Division* des DoJ und sowie indirekt durch die FTC, da Zuwiderhandlungen gegen Sec. 2 Sherman Act immer auch eine unfaire Wettbewerbshandlung darstellen und damit zugleich gegen Sec. 5 (a) (1) FTC Act verstoßen. Neben dem *public enforcement* besteht zweitens die Möglichkeit, dass Zuwiderhandlungen gegen Sec. 2 Sherman Act durch private Marktakteure geltend gemacht werden – sprich im Wege des *private enforcement*. Das DoJ hat sich hinsichtlich seiner kartellbehördlichen Verfolgungspraxis zuletzt dahingehend positioniert, dass es FRAND-Lizenzdispute zwischen SEP-Inhabern und Lizenzsuchern nicht als kartellrechtliches, mit Sec. 2 Sherman Act zu ahndendes Problem erachtet, sondern eine Auflösung auf vertrags- oder patentrechtlicher Grundlage befürwortet.[1777]

5.) Unterstellt, dass die Lizenzpraktik eines SEP-Inhabers gegen Sec. 2 Sherman Act verstößt, sieht das US-Kartellrecht eine zwingende und nicht im Ermessen stehende Haftung auf den dreifachen Schadensbetrag (*treble damages*) gegenüber Geschädigten vor, die einen kartellbedingten kausalen Schaden

1774 Siehe Dritter Teil unter IV. 1. a) cc), S. 101-104.
1775 Siehe Vierter Teil unter IV. 1., S. 141 ff.
1776 Siehe Vierter Teil unter IV. 2., S. 150, 151.
1777 Siehe Vierter Teil unter V. 1 a) bb) (2) und (3), S. 158-162.

nachweisen können. Diese gravierende Haftungsfolge ist eine Besonderheit des US-Kartellrechts, die keine Entsprechung im europäischen und deutschen Kartellrecht hat. Trotz dessen, dass historisch betrachtet und nach dem Sinn und Zweck der Haftungsnorm eine zwingende Schadensverdreifachung nicht in Fällen angezeigt ist, in denen einseitige und offene, nicht geheime Lizenzpraktiken eines SEP-Inhabers streitgegenständlich sind, führt *de lege lata* eine Zuwiderhandlung gegen Sec. 2 Sherman Act unumgänglich zu dieser Haftungsfolge.[1778]

6.) Die kartellrechtliche Beurteilung einseitiger Lizenzpraktiken eines SEP-Inhabers sowohl anhand von Sec. 2 Sherman Act als auch nach Art. 102 AEUV bzw. § 19 GWB setzt in einem ersten Schritt voraus, dass dieser eine marktbeherrschende Stellung auf dem relevanten Markt innehat. Die dafür zunächst erforderliche sachliche und räumliche Marktabgrenzung folgt rechtsordnungsübergreifend vergleichbaren Grundsätzen.[1779] Im Rahmen der sachlichen Marktabgrenzung ist zwischen dem vorgelagerten Innovationsforschungsmarkt, dem von der SEP-Lizenzierung betroffenen Lizenzmarkt und dem nachgelagerten Produktmarkt zu unterscheiden.[1780] Ein SEP kann jeweils einen eigenen sachlichen Lizenzmarkt abbildet, muss dies aber nicht zwingend, weshalb eine Prüfung im jeweiligen Einzelfall angezeigt ist.[1781] Räumlich kann vielfach von einem weltweiten SEP-Lizenzmarkt ausgegangen werden.[1782] Die Inhaberschaft eines SEP begründet nach keinem der untersuchten Kartellrechtsregimen eine Vermutung für eine marktbeherrschende Stellung, was zwar ebenso im jeweiligen Einzelfall zu untersuchen ist, in der Praxis bislang allerdings kaum eine Rolle gespielt hat.[1783]

7.) Große Unterschiede zwischen den jeweiligen Kartellrechtsordnungen zeigen sich hingegen bei der Beurteilung einzelner Praktiken eines marktbeherrschenden SEP-Inhabers während des Standardisierungsverfahrens und danach. Einen Sonderfall stellt dabei die bewusste Nicht-Offenlegung von möglicherweise standardwesentlichen Patenten während des Standardisierungsprozess dar, um anschließend, nach Aufnahme der verheimlichten Technologie in den Standard, dieses aufzudecken und Standardanwender unter Androhung von patentrechtlichen Ausschlussrechten mit Lizenzforderungen zu konfrontieren

1778 Siehe Vierter Teil unter V. 3. c), S. 170-173.
1779 Siehe Fünfter Teil unter I. 1., S. 176 ff.
1780 Siehe Fünfter Teil unter I. 1. a) bb), S. 178, 179.
1781 Siehe Fünfter Teil unter I. 1. a) cc), S. 179-182.
1782 Siehe Fünfter Teil unter I. 1. b), S. 183, 184.
1783 Siehe Fünfter Teil unter I. 2. b), S. 192-194.

(*patent ambush by nondisclosure*). Die Besonderheit und kartellrechtliche Bedenklichkeit dieser Fallkonstellation liegt in der Art und Weise der Erlangung des SEP-Status und der dadurch vermittelten Monopolstellung durch die unterlassene Offenlegung. Verhaltensweisen eines Patentinhabers mit denen eine marktbeherrschende Stellung erst begründet wird, können weder von Art. 102 AEUV noch § 19 GWB erfasst werden, weil deren Tatbestände das Vorhandensein einer solchen Stellung voraussetzen. Ein Patentinhaber hat vor Festsetzung des Standards und Erlangung des SEP-Status allerdings vielfach keine marktbeherrschende Stellung. Der dem zugrunde liegende Grundsatz der Simultanität von Marktmacht und Missbrauchsverhalten kann auch nicht anderweitig durchbrochen werden.[1784] Sec. 2 Sherman Act hingegen kann tatbestandlich auch wettbewerbsschädigendes Täuschungsverhalten (*deceptive conduct*) erfassen, mit dem eine Monopolstellung erst begründet wird, sprich den Markmonopolisierungsvorgang an sich. Dafür ist allerdings ein strenger Kausalitätsnachweis erforderlich, dass die nicht offengelegte Technologie im Fall ihrer Offenlegung keinen Eingang in den Standard gefunden hätte.[1785]

8.) Erhebliche Unterschiede zwischen den Kartellrechtsordnungen – allerdings in umgekehrter Richtung – zeigen sich bei der kartellrechtlichen Bewertung einzelner missbräuchlicher Lizenzpraktiken des SEP-Inhabers nach Festsetzung des Standards. Erhebt ein marktbeherrschender SEP-Inhaber unangemessen hohe, nicht FRAND-konforme Lizenzgebühren, kann dies den Tatbestand des Preishöhenmissbrauchs in Art. 102 S. 2 lit. a) AEUV und § 19 Abs. 2 Nr. 2 GWB erfüllen, wenngleich die größte praktische Schwierigkeit darin liegt, die Grenze der Unangemessenheit zu bestimmen.[1786] Sec. 2 Sherman Act hingegen verbietet es im Grundsatz nicht, eine Monopolstellung zur Erhebung unangemessen hoher Lizenzgebühren auszubeuten. Die sich aus der Inhaberschaft einer Monopolstellung ergebende Möglichkeit, unbegrenzt hohe Monopolpreise verlangen zu können, wird als wettbewerbsbelebendes Element des freien Marktsystems erachtet, weil damit zum einen unternehmerischer Geschäftssinn und Innovationsbemühungen entlohnt und gefördert werden und zum anderen die Aussicht auf Monopolrenditen potenzielle Wettbewerber in den Markt lockt.[1787] Ausnahmen von diesem Grundsatz sind nur unter engen Voraussetzungen anzunehmen.

1784 Siehe Fünfter Teil unter II. 1. c) aa) (2), S. 215-218.
1785 Siehe Fünfter Teil unter II. 1. b) bb) (3), S. 207-209.
1786 Siehe Fünfter Teil unter II. 2. b) cc), S. 239.
1787 Siehe Fünfter Teil unter II. 2. a) aa), S. 220-223.

Gibt ein Patentinhaber während des Standardisierungsverfahrens ein FRAND-Lizenzversprechen in der Absicht ab, sich später daran nicht halten zu wollen, und hat die SSO bei Festsetzung des Standards und dem Einbezug seiner Technologie darauf vertraut, kann das Abrücken von diesem Lizenzversprechen und die Erhebung nicht FRAND-konformer Lizenzgebühren ein gegen Sec. 2 Sherman Act verstoßendes Täuschungsverhalten sein (*patent hold-up with deception*).[1788] Außerhalb dieser Konstellation bestehen keine weiteren Ausnahmen von dem genannten Grundsatz. Insbesondere ist eine vertragswidrige Erhebung überhöhter, nicht FRAND konformer Lizenzgebühren nicht zugleich ein kartellrechtswidriges Verhalten, das gegen Sec. 2 Sherman Act verstößt.[1789]

9.) Sowohl Sec. 2 Sherman Act als auch Art. 102 S. 2 lit. c) AEUV und § 19 Abs. 2 Nr. 1 Alt. 2 GWB können grundsätzlich diskriminierende Lizenzpraktiken erfassen, bei denen ein SEP-Inhaber in nicht gerechtfertigter Weise unterschiedliche Lizenzkonditionen oder Lizenzgebühren von gleichgelagerten Lizenznehmer fordert. Den Diskriminierungstatbeständen im europäischen und deutschen Kartellrecht liegt das Konzept zugrunde, dass der Wettbewerb zwischen den Marktakteuren auf nachgelagerten Marktstufen nicht willkürlich durch den SEP-Inhaber verzerrt werden darf. Vermeintlich diskriminierende Lizenzpraktiken können insbesondere im Zusammenhang mit vertikal integrierten SEP-Inhaber einer genauen Überprüfung zu unterziehen sein, weil diese ein Interesse daran haben können, Konkurrenten auf nachgelagerten Produktmärkten in ihrer Wettbewerbsfähigkeit zu beeinträchtigen. Für das US-Kartellrecht hat sich gezeigt, dass Sec. 2 Sherman Act allenfalls bei der diskriminierenden Vergabe von Lizenzen in unterschiedlicher Gebührenhöhe eine Rolle spielt, allerdings auch dort, angesichts Jahrzehnte alter Fälle, kaum von Bedeutung ist und nur zurückhaltend bejaht wurde. Zum einen haben US-Gerichte Zuwiderhandlungen gegen Sec. 2 Sherman Act vielfach abgelehnt, weil nicht nachgewiesen werden konnte, dass eine diskriminierende Lizenzpraxis zu erheblichen wettbewerbsschädigenden Effekten auf dem betroffenen Markt geführt hat. Zum anderen wird es vielfach nicht als ausreichend erachtet, wenn eine diskriminierende Lizenzgebührenpraxis nur dazu führt, dass die Wettbewerbsfähigkeit der

1788 Siehe Fünfter Teil unter II. 2. a) bb) (2), S. 227-229.
1789 Siehe Fünfter Teil unter II. 2. a) cc) (2) und (3), S. 231-233.

Diskriminierten im Vergleich zu ihren nicht diskriminierten Konkurrenten beeinträchtigt wird.[1790] Etwas anderes kann anzunehmen sein, wenn ein vertikal integrierter SEP-Inhaber preislich diskriminiert, mit der möglichen Folge, dass seine Wettbewerber aus dem nachgelagerten Produktmarkt verdrängt werden und dadurch eine weitere Monopolstellung begründet oder erhalten wird, sprich in Fällen des „*monopoly leveraging*".[1791]

10.) Kartellrechtlich ist es einem Marktbeherrscher sowohl nach Sec. 2 Sherman Act als auch Art. 102 AEUV und § 19 GWB grundsätzlich gestattet, eine Lizenzierung seines Patentrechts zu verweigern. Im US-Kartellrecht wird eine Patentlizenzverweigerung teilweise als *per se* kartellrechtskonform erachtet. Andere Teile befürworten jedenfalls eine widerlegbare Vermutung dahingehend.[1792] Ausnahmen können unter „*exceptional circumstances*" anzunehmen sein, wenn ein kartellrechtlicher Lizenzzwang anzunehmen ist. Mögliche Ansatzpunkte zur Begründung eines kartellrechtlichen Lizenzzwangs sind die einrichtungsbezogene „*essential facility doctrine*" und die verhaltensbezogene *Aspen*-Doktrin. Allerdings versprechen beide Ansätze im Fall eines FRAND-unterworfenen SEP kaum Aussicht auf Erfolg. Für die „*essential facility doctrine*" ist zum einen deren höchstrichterliche Anerkennung schon ungeklärt. Zum anderen wurde die Einordnung eines Patentrechts als „*facility*" bislang instanzgerichtlich abgelehnt.[1793] Etwas anderes ergibt sich auch nicht aus dem Umstand, dass ein FRAND-unterworfenes SEP betroffen ist.[1794] Die Begründung einer Lizenzpflicht unter Anwendung der *Aspen*-Doktrin, wonach ein kartellrechtlicher Kontrahierungszwang mit einem Wettbewerber ausnahmsweise anzunehmen sein kann, wenn eine vorangegangene Geschäftsbeziehung trotz Profitabilität vom Monopolisten aufgekündigt wird, um den Markt zu monopolisieren, verspricht ebenso wenig Aussicht auf Erfolg. Zum einen, wie auch der *U.S. Supreme Court* bestätigt hat, ist die *Aspen*-Doktrin als äußerste Grenze einer möglichen Haftung nach Sec. 2 Sherman Act für Geschäftsverweigerungspraktiken eines Monopolisten anzusehen und daher restriktiv anzuwenden. Zum anderen wurde nunmehr auch im

---

1790 Siehe Fünfter Teil unter II. 3. a) aa), S. 241 ff.

1791 Siehe Fünfter Teil unter II. 3. a) bb), S. 246-248.

1792 Siehe Fünfter Teil unter II. 4. a) aa), S. 256-260.

1793 Siehe Fünfter Teil unter II. 4. a) bb) (1) (a), S. 260-263.

1794 Siehe Fünfter Teil unter II. 4. a) bb) (1) (b), S. 265, 266.

Zusammenhang mit der Lizenzierung von FRAND-unterworfenen SEPs gerichtlich bestätigt, dass weder nach der *Aspen*-Doktrin noch sonst aus Sec. 2 Sherman Act eine kartellrechtliche Pflicht zur Lizenzierung gegenüber sämtlichen Lizenzsuchern auf allen Marktebenen folgt.[1795]
Im europäischen Kartellrecht ist anerkannt, dass eine generelle Lizenzverweigerung unter „außergewöhnlichen Umständen" missbräuchlich und ein kartellrechtlicher Kontrahierungszwang anzunehmen sein kann. Ausnahmsweise kann dies der Fall sein, wenn ein SEP-Inhaber eine Lizenzierung generell gegenüber sämtlichen lizenzsuchenden Dritten verweigert und sich die Herstellung standardkonformer Produkte selbst vorbehalten will.[1796] Abgesehen von dieser Konstellation handelt ein SEP-Inhaber nicht missbräuchlich, wenn er Lizenzen innerhalb einer Verwertungskette selektiv nur auf Ebene der Endgerätehersteller vergibt. Nach vorzugswürdiger Ansicht unterliegt ein SEP-Inhaber – wie auch im US-Kartellrecht – keiner kartellrechtlichen Pflicht zur Lizenzierung auf allen Marktebenen, sondern kann sich die Lizenzierungsebene aussuchen. Der Zugang zum Standard und eine Tätigkeit auf einem nachgelagerten Markt sind insofern nicht von der Inhaberschaft einer SEP-Lizenz abhängig.[1797] Nichts anderes gilt auch nach § 19 Abs. 1 GWB und infolge der Neufassung des § 19 Abs. 2 Nr. 4 GWB im Zuge der 10. GWB-Novelle.[1798]

11.) Wird die Einräumung einer SEP-Lizenz an die Bedingung geknüpft, dass noch weitere Produkte abgenommen oder andere Patentrechte mit lizenziert werden müssen, kann dies sowohl nach Sec. 2 Sherman Act als auch nach Art. 102 S. 2 lit. d) AEUV und § 19 Abs. 2 Nr. 1 Alt. 1 GWB eine missbräuchliche Koppelungspraktik darstellen. Während im US-Kartellrecht dabei die Beurteilung der konkreten durch die Koppelung bewirkten Effekte im Vordergrund steht[1799], ist ein Nachweis konkreter Verdrängungswirkungen keine tatbestandliche Voraussetzung einer missbräuchlichen Koppelung nach Art. 102 S. 2 lit. d) AEUV[1800]. Unterschiede bestehen teilweise auch bei der Beurteilung einzelner Koppelungspraktiken. US-Gerichte haben bei einer Paketlizenzierung von SEPs und nicht-SEPs zum einen die

1795 Siehe Fünfter Teil unter II. 4. a) bb) (2) (b), S. 239 ff.
1796 Siehe Fünfter Teil unter II. 4. b) aa) (2) (a) (ee), S. 262-264.
1797 Siehe Fünfter Teil unter II. 4. b) aa) (2) (b) (cc), S. 269-271.
1798 Siehe Fünfter Teil unter II. 4. b) bb) (1) (b) und (2), S. 274, 275.
1799 Siehe Fünfter Teil unter II. 5. a) aa), S. 281-285.
1800 Siehe Fünfter Teil unter II. 5. b) aa), S. 298, 299.

generellen effizienzsteigernden Effekte betont, zum anderen wettbewerbsschädigende und marktmonopolisierende Effekte eher verneint, wenn die Mitlizenzierung der nicht-SEPs gebührenfrei erfolgt und auch kein Zwang zur Nutzung der nicht essentiellen Technologien besteht, sprich Alternativtechnologien von Wettbewerbern lizenziert und auch genutzt werden können.[1801] Bei der Beurteilung einer Paketlizenzierung nach Art. 102 S. 2 lit. d) AEUV und § 19 Abs. 2 Nr. 1 Alt. 1 GWB hat sich hingegen gezeigt, dass es dabei für irrelevant gehalten wird, ob die Mitlizenzierung der nicht-SEPs gebührenfrei ist und ob ein Lizenznehmer die Freiheit hat, alternative Technologien zu den nicht-SEPs zu nutzen.[1802] Eine Paketlizenzierung von SEPs und nicht-SEPs verstößt mithin eher gegen Art. 102 S. 2 lit. d) AEUV und § 19 Abs. 2 Nr. 1 Alt. 1 GWB als gegen Sec. 2 Sherman Act. Dieselbe Haftungswahrscheinlichkeit hat sich auch für den Fall gezeigt, wenn mit einer Paketlizenzierung die FRAND-Beschränkung für das SEP umgangen und eine insgesamt unangemessen hohe, nicht FRAND-konforme Paketlizenzgebühr erhoben wird. Während Sec. 2 Sherman Act auch in der Form keinen Preishöhenmissbrauch erfasst[1803], kann Art. 102 S. 2 lit. d) AEUV auch solche missbräuchliche Koppelungspraktiken zur Ausbeutung von Lizenznehmern erfassen[1804]. Die aus der US-Praxis stammende Sonderkonstellation eines vertikal integrierten SEP-Inhabers, der seine SEPs ausschließlich auf Ebene der Endgerätehersteller lizenziert und zudem diesen gegenüber seine Produktkomponenten vertreibt, begegnet rechtsordnungsübergreifend unter dem Aspekt einer preisanreizbezogenen Koppelungspraxis keinen Bedenken, wenn die Lizenzbedingungen für das SEP unabhängig davon dieselben sind bzw. nicht danach variieren, von welchem Wettbewerber der Endprodukthersteller seine Produktkomponenten letztlich bezieht.[1805]

12.) Die Erhebung einer Patentunterlassungsklage aus einem FRAND-unterworfenen SEP kann ein missbräuchliches Verhalten nach Sec. 2 Sherman Act und Art. 102 S. 1 AEUV bzw. § 19 Abs. 1 darstellen, wenn die Klageerhebung als rechtsmissbräuchlich einzustufen ist. Dies ist

---

1801 Siehe Fünfter Teil unter II. 5. a) bb) (1) (a), S. 319-323.
1802 Siehe Fünfter Teil unter II. 5. b) bb) (1) (a), S. 333, 335.
1803 Siehe Fünfter Teil unter II. 5. a) bb) (1) (b), S. 323, 325.
1804 Siehe Fünfter Teil unter II. 5. b) bb) (1) (b), S. 336-338.
1805 Siehe Fünfter Teil unter II. 5. a) bb) (2), S. 325-329 und Fünfter Teil unter II. 5. b) bb) (2), S. 338, 339.

rechtsordnungsübergreifend der Fall, wenn ein SEP-Inhaber eine objektiv offensichtlich unbegründete Rechtsposition durchsetzen will, mit der eine Markttätigkeit des Beklagten verhindert werden soll. Angesichts der hohen Hürden für den Nachweis einer rechtsmissbräuchlichen Unterlassungsklage erscheint es insgesamt aber wahrscheinlich, dass diese Voraussetzungen im SEP-Kontext nur selten erfüllt sein werden.[1806]
Deutlich praxisrelevanter – aber kartellrechtlich unterschiedlich bewertet – ist die Frage, ob die Geltendmachung von Unterlassungsansprüchen aus einem FRAND-unterworfenen SEP bereits ein an sich missbräuchliches Verhalten darstellt. Bislang haben weder US-Gerichte noch eine der US-Kartellbehörden die gerichtliche Geltendmachung von Unterlassungsrechten als ein gegen Sec. 2 Sherman Act verstoßendes Verhalten eingeordnet. Die Begründetheit von Unterlassungsansprüchen wird im US-Recht auch bei einem Vorgehen aus einem FRAND-unterworfenen SEP alleine anhand der patentrechtlichen *eBay*-Kriterien beurteilt. Der Nachweis einer FRAND-Lizenzerklärung hat bislang dazu geführt, dass Unterlassungsansprüche faktisch als unbegründet abgelehnt wurden, weil entweder das eine Unterlassung rechtfertigende Element des irreparablen Schaden verneint oder eine monetäre – FRAND entsprechende – Ersatzzahlung zur Schadenswiedergutmachung als ausreichend erachtet wurde. Bei der Anwendung der *eBay*-Kriterien kann insbesondere berücksichtigt werden, ob ein SEP-Inhaber seiner vertraglichen Pflicht nachgekommen ist, FRAND-Lizenzverhandlungen nach Treu und Glauben zu führen, wobei hierfür kein einzuhaltendes striktes Lizenzverhandlungsprocedere gilt, und ob der SEP-Nutzer sich seinerseits lizenzwillig gezeigt und Verzögerungs- oder Lizenzverweigerungspraktiken unterlassen hat.[1807]
Im Unterschied dazu ist es im europäischen und deutschen Kartellrecht anerkannt, dass die Durchsetzung von Unterlassungsansprüchen aus einem FRAND-unterworfenen SEP ein missbräuchliches Verhalten darstellt, wenn der SEP-Inhaber nicht die ihm obliegenden Pflichten innerhalb des vom EuGH entwickelten und vom BGH konkretisierten Verhandlungsprocedere eingehalten hat, das einen strukturierten und wechselseitigen Verhandlungsablauf vorsieht.[1808] Einen SEP-Nutzer trifft dabei insbesondere

1806 Siehe Fünfter Teil unter II. 6. a) aa), S. 343-346 und Fünfter Teil unter II. 6. b) aa), S. 354-356.
1807 Siehe Fünfter Teil unter II. 6. a) bb), S. 346-352.
1808 Siehe Fünfter Teil unter II. 6. b) bb) (1) (b), (c) und (d), S. 360 ff.

die Pflicht, seine Lizenzbereitschaft ernsthaft zum Ausdruck bringen und zielgerichtet mit dem SEP-Inhaber in Lizenzverhandlungen einzutreten. Verzögerungs- oder sonstige Lizenzverweigerungstaktiken von Seiten des Patentnutzers, die zunehmend in den Fokus deutscher Gerichte gekommen sind, können dazu führen, dass die Lizenzwilligkeit zu verneinen ist und ein Unterlassungsanspruch des SEP-Inhabers mithin begründet und kartellrechtlich zulässig ist.[1809]

II. „Take aways" aus dem US-Kartellrecht und Ausblick

Die vorliegende Arbeit hat gezeigt, dass Sec. 2 Sherman Act nur einen begrenzten Anwendungsbereich zur Erfassung missbräuchlicher Lizenzpraktiken eines SEP-Inhabers hat, der ein FRAND-Lizenzversprechen abgeben hat und dem zuwiderhandelt. Verstöße gegen Sec. 2 Sherman Act haben bislang vor allem in Fällen eine Rolle gespielt, in denen ein Täuschungsverhalten des Patentinhaber (*deceptive conduct*) während des Standardisierungserfahrens vorlag, entweder in Form einer vorsätzlich unterlassenen Offenlegung standardessentieller Patentrechte oder der anfänglichen Täuschung über die FRAND-Lizenzbereitschaft, die dazu geführt haben, dass der SEP-Inhaber eine Monopolstellung erlangen konnte. Die Ausbeutung einer rechtmäßig erlangten Monopolstellung hingegen stellt grundsätzlich kein Verhalten dar, das gegen Sec. 2 Sherman Act verstößt. Sowohl von Seiten der US-Kartellbehörden als auch aus der US-Rechtsprechung ist eine deutliche Tendenz wahrzunehmen, dass missbräuchliche Lizenzpraktiken im Zusammenhang mit FRAND-unterworfenen SEPs nicht auf kartellrechtlicher, sondern vertragsrechtlicher Basis aufgelöst werden sollen. Dies hat den Vorteil, dass keine kartellrechtlichen Haftungsrisiken drohen und eine Marktabgrenzung und Marktmachtbewertung damit hinfällig wird. Die Geltendmachung patentrechtlicher Ausschlussrechte durch einen SEP-Inhaber soll ebenfalls nicht auf kartellrechtlicher, sondern patentrechtlicher Grundlage beurteilt werden. Eine Abkehr davon und ein Trendwechsel hin zu einem kartellrechtlich interventionistischeren Ansatz, wird auch in Zukunft eher nicht zu erwarten sein, wie auch jüngste US-Gerichtsentscheidungen belegen.

Die Gründe für diese Entwicklung liegen zum einen darin, dass die Abgrenzung zwischen wettbewerbsfördernden und wettbewerbsbeschränkenden Lizenzpraktiken nicht einfach ist, da weder für SEP-Inhaber noch für die damit befassten Gerichte klare Grundsätze existieren, wann ein SEP-Inhaber eine

1809 Siehe Fünfter Teil unter II. 6. b) bb) (2), S. 375-380.

FRAND-konforme Lizenzierung betreibt. Dies wird bereits daran deutlich, dass für die zentrale Frage der Ermittlung einer angemessenen FRAND-Lizenzgebühr keine einheitlichen Leitlinien existieren. Zum anderen spiegeln sich auch im FRAND-Kontext die generellen Bedenken wieder, die US-Gerichte bis in die höchste Instanz zu einer restriktiven Handhabung von Sec. 2 Sherman Act veranlasst haben: Die gravierende Haftungsfolge der *treble damages* in Verbindung mit den Besonderheiten des US-zivilprozessualen Klagesystems, bei dem sich insbesondere *Class Actions* im Anschluss an ein kartellbehördliches Verfahren für *follow-on* Klagen formieren sowie die asymmetrische, Kartellkläger begünstigende Kostenverteilungsregel. Ein kartellrechtliches *over-enforcement* birgt das Risiko, dass wettbewerblich ambivalentes Verhalten durch innovationsforschende und patenthaltende Unternehmen übersanktioniert wird und diese dazu veranlassen kann, ihre Technologien nicht mehr in Standards einzubringen, was letztlich zu Lasten der Gesamtwohlfahrt ginge. Zudem existieren im Vertrags- und Patentrecht alternative und hinreichende Mittel, missbräuchliche Lizenzpraktiken eines SEP-Inhabers zu erfassen.

Im europäischen und deutschen Kartellrecht können missbräuchliche Lizenzpraktiken eines SEP-Inhabers entgegen seinem FRAND-Lizenzversprechen weitestgehend auf Grundlage des kartellrechtlichen Missbrauchsverbots erfasst werden. Rechtsvergleichend kann festgehalten werden, dass sich die jeweiligen Kartellrechtsregime insoweit in unterschiedliche Richtungen entwickelt haben und eine kartellrechtliche Haftung bei missbräuchlichen Lizenzpraktiken entgegen dem FRAND-Lizenzversprechen im europäischen und deutschen Kartellrecht wahrscheinlicher ist. Rechtsordnungsübergreifende zeigen sich hingegen Übereinstimmungen, wenngleich unter anderen rechtlichen Vorzeichen, bei der Beurteilung und Ablehnung einer Lizenzpflicht eines SEP-Inhabers auf allen Marktebenen (*multi-level-licensing*) sowie des zunehmend in den Fokus gelangte Verhalten von SEP-Nutzern, die ihre Lizenzbereitschaft hinreichend zum Ausdruck bringen und umsetzen müssen. Lizenzverweigerungs- oder Verzögerungstaktiken – sprich „*patent hold-out*“ Szenarien, vor denen auch im US-Recht gewarnt wird, haben in deutschen Gerichtsverfahren bereits eine entscheidende Rolle gespielt, mit dem Ergebnis, dass patentrechtliche Unterlassungsansprüche zugunsten von SEP-Inhabern, trotz eines FRAND-Lizenzversprechens, zugesprochen wurden.

Für die gegenwärtige und künftige Beurteilung missbräuchlicher FRAND-Lizenzpraktiken lässt sich – bildlich gesprochen – folgendes zusammenfassen: Während im US-Recht das „Pendel“ weg von Sec. 2 Sherman Act und hin zum Vertrags- und Patenrecht geschwungen ist und in der Tendenz auch dort bleiben wird, bewegt sich dasselbe „Pendel“ im europäischen und deutschen

Recht ausschließlich über dem kartellrechtlichen Missbrauchsverbot, wobei rechtsordnungsübergreifend zu erkennen ist, dass die Rechtsposition des SEP-Inhabers zunehmend gestärkt und vor treuwidrigem Verhalten von Patentnutzern geschützt werden soll. Für die Ahndung missbräuchlicher Lizenzpraktiken eines SEP-Inhabers, der ein FRAND-Versprechen abgegeben hat, ist daher insgesamt kein Auseinanderdriften der Rechtsordnungen auf beiden Seiten des Atlantiks auszumachen oder zu befürchten. Sowohl das US-Recht als auch das deutsche und europäische Recht – wenngleich unter anderen rechtlichen Vorzeichen – können solche Praktiken effektiv erfassen und auch sanktionieren.

Anhang: Relevante US-kartellrechtliche Vorschriften

I. Sherman Antitrust Act

Section 1 [15 U.S.C. § 1]

Every contract, combination in the form of trust or otherwise, or conspiracy, in restraint of trade or commerce among the several States, or with foreign nations, is declared to be illegal. Every person who shall make any contract or engage in any combination or conspiracy hereby declared to be illegal shall be deemed guilty of a felony, and, on conviction thereof, shall be punished by fine not exceeding $100,000,000 if a corporation, or, if any other person, $1,000,000, or by imprisonment not exceeding 10 years, or by both said punishments, in the discretion of the court.

Section 2 [15 U.S.C. § 2]

Every person who shall monopolize, or attempt to monopolize, or combine or conspire with any other person or persons, to monopolize any part of the trade or commerce among the several States, or with foreign nations, shall be deemed guilty of a felony, and, on conviction thereof, shall be punished by fine not exceeding $100,000,000 if a corporation, or, if any other person, $1,000,000, or by imprisonment not exceeding 10 years, or by both said punishments, in the discretion of the court.

Section 4 [15 U.S.C. § 4]

The several district courts of the United States are invested with jurisdiction to prevent and restrain violations of sections 1 to 7 of this title; and it shall be the duty of the several United States attorneys, in their respective districts, under the direction of the Attorney General, to institute proceedings in equity to prevent and restrain such violations. Such proceedings may be by way of petition setting forth the case and praying that such violation shall be enjoined or otherwise prohibited. When the parties complained of shall have been duly notified of such petition the court shall proceed, as soon as may be, to the hearing and determination of the case; and pending such petition and before final decree, the court may at any time make such temporary restraining order or prohibition as shall be deemed just in the premises.

II. Clayton Antitrust Act

Section 1 [15 U.S.C. § 12] (Relevanter Auszug)

(a) "Antitrust laws," as used herein, includes the Act entitled "An Act to protect trade and commerce against unlawful restraints and monopolies," approved July second, eighteen hundred and ninety; sections seventy-three to seventy-six, inclusive, of an Act entitled "An Act to reduce taxation, to provide revenue for the Government, and for other purposes," of August twenty-seventh, eighteen hundred and ninety-four; an Act entitled "An Act to amend sections seventy-three and seventy-six of the Act of August twenty-seventh, eighteen hundred and ninety-four, entitled 'An Act to reduce taxation, to provide revenue for the Government, and for other purposes,' " approved February twelfth, nineteen hundred and thirteen; and also this Act.

Section 2 [15 U.S.C. § 13, in der durch den Robinson Patman Act geänderten Fassung] (Relevanter Auszug)

(a) Price; selection of customers

It shall be unlawful for any person engaged in commerce, in the course of such commerce, either directly or indirectly, to discriminate in price between different purchasers of commodities of like grade and quality, where either or any of the purchases involved in such discrimination are in commerce, where such commodities are sold for use, consumption, or resale within the United States or any Territory thereof or the District of Columbia or any insular possession or other place under the jurisdiction of the United States, and where the effect of such discrimination may be substantially to lessen competition or tend to create a monopoly in any line of commerce, or to injure, destroy, or prevent competition with any person who either grants or knowingly receives the benefit of such discrimination, or with customers of either of them (…).

Section 3 [15 U.S.C. § 14]

It shall be unlawful for any person engaged in commerce, in the course of such commerce, to lease or make a sale or contract for sale of goods, wares, merchandise, machinery, supplies, or other commodities, whether patented or unpatented, for use, consumption, or resale within the United States or any Territory thereof or the District of Columbia or any insular possession or other place under the jurisdiction of the United States, or fix a price charged therefor, or discount from, or rebate upon, such price, on the condition, agreement, or understanding that the lessee or purchaser thereof shall not use or deal in the goods, wares, merchandise, machinery, supplies, or other commodities of a competitor or competitors of the lessor or seller, where the effect of such lease, sale, or contract for sale or such condition, agreement, or understanding may be to substantially lessen competition or tend to create a monopoly in any line of commerce.

Section 4 [15 U.S.C. § 15] (Relevanter Auszug)

(a) Amount of recovery; prejudgment interest

(…) any person who shall be injured in his business or property by reason of anything forbidden in the antitrust laws may sue therefor in any district court of the United States in the district in which the defendant resides or is found or has an agent, without respect to the amount in controversy, and shall recover threefold the damages by him sustained, and the cost of suit, including a reasonable attorney's fee. (…).

Section 5 [15 U.S.C. § 16] (Relevanter Auszug)

(a) Prima facie evidence; collateral estoppel

A final judgment or decree heretofore or hereafter rendered in any civil or criminal proceeding brought by or on behalf of the United States under the antitrust laws to the effect that a defendant has violated said laws shall be prima facie evidence against such defendant in any action or proceeding brought by any other party against such defendant under said laws as to all matters respecting which said judgment or decree would be an estoppel as between the parties thereto: Provided, That this section shall not apply to consent judgments or decrees entered before any testimony has been taken. Nothing contained in this section shall be construed to impose any limitation on the application of collateral estoppel, except that, in any action or proceeding brought under the antitrust laws, collateral estoppel effect shall not be given to any finding made by the Federal Trade Commission under the antitrust laws or under section 45 of this title which could give rise to a claim for relief under the antitrust laws.

Section 16 [15 U.S.C. § 26] (Relevanter Auszug)

Any person, firm, corporation, or association shall be entitled to sue for and have injunctive relief, in any court of the United States having jurisdiction over the parties, against threatened loss or damage by a violation of the antitrust laws (…), when and under the same conditions and principles as injunctive relief against threatened conduct that will cause loss or damage is granted by courts of equity, under the rules governing such proceedings, and upon the execution of proper bond against damages for an injunction improvidently granted and a showing that the danger of irreparable loss or damage is immediate, a preliminary injunction may issue (…). In any action under this section in which the plaintiff substantially prevails, the court shall award the cost of suit, including a reasonable attorney's fee, to such plaintiff.

Literaturverzeichnis

Abbott, Alden F./ Wright, Joshua D., Chapter 8: Antitrust Analysis of Tying Arrangements and Exclusive Dealing, in: Hylton, Keith N., Encyclopedia of Law and Economics – Volume 4, Antitrust Law and Economics, S. 183-212, 2. Aufl., Cheltenham/Northampton, 2010 (zit.: *Abbott/Wright*, in: Hylton, Antitrust Law and Economics, S.).

Apel, Katharina, Die kartellrechtliche Zwangslizenz im Lichte des europäischen Wettbewerbsrechts, Baden-Baden 2015 (zit.: *Apel*, S.).

Areeda, Phillip E./Hovenkamp, Herbert, Antitrust Law, An Analysis of Antitrust Principles and Their Application, Volume IIIB, 3. Aufl., Austin 2008 (zit.: Areeda/Hovenkamp, Antitrust Law, Vol. IIIB, §, S.).

Arena, Amedeo/Bergmann, Bettina/Himes, Jay L., Two Bodies of Law Separated by a Common Mission: Unilateral Conduct by Dominant Firms at the IP/Antitrust Intersection in the EU and the US, 9 (3) European Competition Journal, 623-675 (2013).

Augsburger, Matthias, Der kartellrechtliche Zwangslizenzeinwand, Baden-Baden 2017 (zit.: *Augsburger*, S.).

Barnett, Jonathan et al., Letter to Makan Delrahim (February 13, 2018), abrufbar unter: https://cpip.gmu.edu/wp-content/uploads/sites/31/2018/02/Letter-to-DOJ-Supporting-Evidence-Based-Approach-to-Antitrust-Enforcement-of-IP.pdf (Stand: 22.03.2021).

Bechtold, Rainer/Bosch, Wolfgang, GWB, 9. Aufl., München 2018 (zit.: Bechtold/Bosch, GWB).

Bechtold, Rainer/Bosch, Wolfgang/Brinker, Ingo, EU-Kartellrecht, 3. Aufl., München 2014 (zit.: Bechtold/Bosch/Brinker).

v. Bechtolsheim, Sebastian Frhr./Bruder, Florian, Die Essential Facilities Doktrin und § 19 (4) Nr. 4 GWB, WRP 2002, 55-63.

Bekkers, Rudi/Updegrove, Andrew, A Study of IPR policies and practices of a representative group of Standard Setting Organizations worldwide, Arbeitspapier (September 2012), abrufbar unter: https://ssrn.com/abstract=2333445 (Stand: 22.03.2021).

Benkard, Georg, Patentgesetz, Gebrauchsmustergesetz, Patentkostengesetz, 11. Aufl., München 2015 (zit.: Benkard/*Bearbeiter*, PatG).

Ders., Europäisches Patentübereinkommen, 3. Aufl., München 2019 (zit.: Benkard/*Bearbeiter*, EPÜ).

Biddle, Brad/White Andrew/Woods, Sean, How Many Standards in a Laptop? (And Other Empirical Questions), Arbeitspapier (September 2010), abrufbar unter: https://ssrn.com/abstract=1619440 (Stand: 22.03.2021).

Blind, Knut/Pohlmann, Tim, Patente und Standards: Offenlegung, Lizenzen, Patentstreitigkeiten und rechtspolitische Diskussionen, GRUR 2017, 713-719.

Bloch, Robert E./Kamann, Hans-Georg/Brown, Jay S./Schmidt, Jens Peter, A Comparative Analysis of Art. 82 of the EC Treaty and Sec. 2 of the Sherman Act, ZWeR 2005, 325-358.

Bohannan, Christina/Hovenkamp, Herbert, IP and Antitrust: Reformation and Harm, 51 Boston College Law Review, 905-992 (2010).

Borghetti, Jean-Sébastien/Nikolic, Igor/Petit, Nicolas, FRAND Licensing Levels under EU Law (2020), S. 1-48, abrufbar unter: https://papers.ssrn.com/sol3/papers.cfm?abstract_id=3532469 (Stand: 22.03.2021).

Bork, Robert H., The Antitrust Paradox – A Policy At War With Itself, New York 1978 (zit.: Bork, The Antitrust Paradox, S.).

Bosworth, Scott D./Mangum III, Russel W./Matolo, Eric C., Chapter 2: FRAND Commitments and Royalties for Standard Essential Patents, in: Bharadwaj, A./Devaiah, V./Gupta, I., Complications and Quandaries in the ICT Sector, 1. Aufl., Singapur (2018) (zit.: *Bosworth/Mangum III, Matolo*, in: Bharadwaj/Devaiah/Gupta, Complications and Quandaries in the ICT Sector, S.).

Brakhahn, Doris, Manipulation eines Standardisierungsverfahrens durch Patenthinterhalt und Lockvogeltaktik, Konstanz 2013 (zit.: *Brakhahn*, S.).

Briggs, John DeQ., Re-Designing the American Antitrust Machine Part I: Treble Damages, Contribution and Claim Reduction, in: Charbit, Nicolas/Malhad, Carolina S./Yang, Ellie, Douglas H. Ginsburg – An Antitrust professor on the Bench – Liber Amicorum, Volume I, 1. Aufl., New York 2018, 291-318 (zit.: *Briggs*, in: Charbit u.a., Ginsburg – Liber Amicorum).

Brunsson, Nils/Rasche, Andreas/Seidl, David, The Dynamics of Standardization: Three Perspectives on Standards, 33 (5-6) Organization Studies, 613-632 (2012).

Burghartz, Heribert, Technische Standards, Patente und Wettbewerb, Berlin 2011 (zit.: *Burghartz*, S.).

Busse, Rudolf/Keukenschrijver, Alfred, Patentgesetz, 8. Aufl., Berlin/Boston 2016 (zit.: *Bearbeiter*, in: Busse/Keukenschrijver, Patentgesetz).

Cary, George S./Nelson, Mark W./Kaiser, Steven J./Sistla, Alex R., The Case for Antitrust Law to Police the Patent Holdup Problem in Standard Setting, 77 Antitrust Law Journal, 913-945 (2011).

Carrier, Michael A./Muris, Timothy J. et. al., Letter to Makan Delrahim (May 17, 2018), abrufbar unter: https://law.rutgers.edu/f/mc-05-18-2018.pdf (Stand: 22.03.2021).

Casper, Matthias, Wettbewerbsrechtliche Begründung von Zwangslizenzen, ZHR 166 (2002), 685-707.

Cavanagh, Edward D., Detrebling Antitrust Damages in Monopolization Cases, 76 Antitrust L.J., 97-125 (2009).

Chronopoulos, Apostolos, Patenting standards – A Case for US Antitrust Law or a Call for Recognizing Immanent Public Policy Limitations to the Exploitation Rights Conferred by the Patent Act?, 7 International Review of Intellectual Property and Competition Law, 782-816 (2009).

Contreras, Jorge, A Market Reliance Theory for FRAND Commitments and Other Patent Pledges, 2 (5) Utah Law Review, 479-558 (2015).

Cotter, Thomas F., Comparative Law and Economics of Standard-Essential Patents and FRAND Royalties, 22 Texas Intellectual Property Law Journal, 311-363 (2014).

Ders., Patent Holdup, Patent Remedies, and Antitrust Responses, 34 Journal of Corporation Law, 1151-1207 (2009).

Cournot, Antoine, Researches into the Mathematical Principles of the Theory of Wealth, Nathaniel T. Bacon und Irving Fisher, New York/London 1897 (zit.: *Cournot*, Researches into the Mathematical Principles of the Theory of Wealth, S.).

David, Paul A./Greenstein, Shane, The Economics of Compatibility Standards: An Introduction to Recent Research, 1 Economics of Innovation and New Technology, 3-41 (1990).

Delrahim, Makan, Take It to the Limit: Respecting Innovation Incentives in the Application of Antitrust Law, Vortrag vom 10.11.2017 an der USC Gould School of Law, abrufbar unter: https://www.justice.gov/opa/speech/assistant-attorney-general-makan-delrahim-delivers-remarks-usc-gould-school-laws-center (Stand: 22.03.2021).

Ders., The "New Madison" Approach to Antitrust and Intellectual Property Law, Vortrag vom 16.03.2018 in Philadelphia, abrufbar unter: https://www.justice.gov/opa/speech/file/1044316/download (Stand: 22.03.2021).

Ders., The Long Run: Maximizing Innovation Incentives Through Advocacy and Enforcement, Vortrag vom 10.04.2018 in Washington, D.C., abrufbar unter: https://www.justice.gov/opa/speech/assistant-attorney-general-makan-delrahim-delivers-keynote-address-leadership-conference (Stand: 22.03.2021).

Ders., Antitrust Law and Patent Licensing in the New Wild West, Vortrag vom 18.09.2018 in San Francisco, abrufbar unter: https://www.justice.gov/opa/speech/assistant-attorney-general-makan-delrahim-delivers-remarks-iam-s-patent-licensing (Stand: 22.03.2021).

Ders., Broke ... but Not No More: Opening Remarks – Innovation Policy and the Role of Standards, IP, and Antitrust, Vortrag vom 10.09.2020 in Washington DC, abrufbar unter: https://www.justice.gov/opa/speech/file/1316251/download (Stand: 22.03.2021).

Demsetz, Harold, George J. Stigler: Midcentury Neoclassicalist with a Passion to Quantify, 101 (5) Journal of Political Economy, 793-808 (1993).

Dornis, Tim, Standardessenzielles Patent, FRAND-Bindung und Rechtsübergang, GRUR 2020, 690-699.

Ders., Das standardessentielle Patent und die FRAND-Lizenz (Teil 1), WRP 2020, 540-548.

Ders., Das standardessentielle Patent und die FRAND-Lizenz (Teil 2), WRP 2020, 688-696.

Dreher, Meinrad, Die komplexe und fortdauernde Zuwiderhandlung im europäischen Kartellrecht, ZWeR 2007, 276-302.

Eckel, Philipp, Anspruch auf Lizenzeinräumung aus FRAND-Erklärung bei standardessentiellen Patenten – Teil 1, NZKart 2017, 408-414.

Ders., Anspruch auf Lizenzeinräumung aus FRAND-Erklärung bei standardessentiellen Patenten – Teil 2, NZKart 2017, 469-475.

Edwards, Lindsey M./Ginsburg, Douglas H./Wright, Joshua D., Section 2 Mangled: FTC v Qualcomm on the Duty to Deal, Price Squeezes, and Exclusive Dealing, 8 (2) Journal of Antitrust Enforcement, 335-353 (2020).

Ehlenz, Christian, FRAND-Lizenz nach *Sisvel/Haier* – was wissen wir und wohin geht die Reise, NZKart 2020, 470-472.

Elhauge, Einer, Defining Better Monopolization Standards, 56 Stanford Law Review, 253-344 (2003).

Epstein, Richard A./Noroozi, Kayvan B., Why Incentives for „Patent Holdout“ Threaten to Dismantle FRAND, and Why It Matters, 32 Berkeley Technology Law Journal, 1381-1431 (2017).

Epstein, Richard A., Judge Koh's Monopolization Mania: Her Novel Antitrust Assault Against Qualcomm Is an Abuse of Antitrust Theory, 98 Nebraska Law Review 241-271 (2019).

Farnsworth, Allen E., Farnsworth on Contracts, Boston/Toronto/London 2990 (zit.: *Farnsworth*, Contracts, Vol., §, S.).

Farrell, Joseph/Hayes, John/Shapiro, Carl/Sullivan, Theresa, Standard Setting, Patents, and Hold-Up, 74 (3) Antitrust Law Journal, 603-670 (2007).

Farrell, Joseph/Saloner, Garth, Standardization, Compatibility, and Innovation, 16 (1) The RAND Journal of Economics, 70-83 (1985).

Dies., Economic Issues in Standardization (1985), Working Paper, abrufbar unter: https://www.researchgate.net/profile/Joseph_Farrell/publication/4904810_Economic_Issues_in_Standardization/links/00b49529e5c6597b1a000000/Economic-Issues-in-Standardization.pdf (Stand: 22.03.2021).

Ferguson, Paul R./Ferguson, Glenys J., Industrial Economics – Issues and Perspectives, 2. Aufl., New York 1994 (zit.: *Ferguson/Ferguson*, Industrial Economics, S.).

Fischmann, Filipe, Die Pflicht zur Lizenzerteilung in Patent-Ambush-Fällen nach deutschem und europäischem Kartellrecht, GRUR In. 2010, 185-195.

Fisher, Irving, Cournot and Mathematical Economics, 12 (2) The Quarterly Journal of Economics, 119,138 (1898).

Fräßdorf, Henning, Rechtsfragen des Zusammentreffens gewerblicher Schutzrechte, technischer Standards und technischer Standardisierung, Wiesbaden 2009.

Frankfurter Kommentar zum Kartellrecht, hrsg. von *Jaeger, Wolfgang/Kokott, Juliane/Pohlmann, Petra/Schroeder, Dirk*,

Band III – Art. 102 AEUV, VO (EG) Nr. 139/2004, VO (EG) Nr. 1/2003, Köln 2014

Band VI – §§ 74-186 GWB, Auslandsrechte, Köln 2014 (zit.: *Bearbeiter*, in: FK, Bd.).

Fröhlich, Michael, Standards und Patente – Die ETSI IPR Policy, GRUR 2008, 205-218.

Froman, Michael B.G. Letter to Honorable Irving A. Williamson, Chairman, U.S. International Trade Commission (August 3, 2013), abrufbar unter: https://ustr.gov/sites/default/files/08032013%20Letter_1.PDF (Stand: 22.03.2021).

Fuchs, Andreas, Entwicklung und Praktizierung von Industriestandards im Spannungsfeld von Immaterialgüter- und Kartellrecht, in: Lange, Knut W./Klippel, Diethelm/Ohly, Ansgar, Geistiges Eigentum und Wettbewerb, Band 26, Tübingen 2009, 147-176 (zit.: *Fuchs*, in: Lange/Klippel/Ohly).

Ders., Kartellrechtliche Schranken für patentrechtliche Unterlassungsklagen bei FRAND-Lizenzerklärungen für standardessentielle Patente, NZKart 2015, 429-436.

Fu, Wendy, Do SEP Holders Seeking Injunctions Violate Section 2?, LAW360, vom 21.03.2013, (zugangsbeschränkt) abrufbar unter: http://www.law360.com/articles/425011/do-sepholders-seeking-injunctions-violate-section-2 (Stand: 22.03.2021).

Gärtner, Anette/Vormann, Thorsten, Der kartellrechtliche Zwangslizenzeinwand im Patentverletzungsstreit – „Orange-Book Standard“ und seine Folgen für die Praxis, MittdtPatA 2009, 440-444.

Geradin, Damien, Pricing Abuses by Essential Patent Holders in a Standard-Setting-Context: A View from Europe, 76 (1) Antitrust Law Journal, 329-357 (2009).

Galetovic, Alexander/Haber, Stephen/Levine, Ross, An Empirical Examination of Patent Holdup, 11 (3) Journal of Competition Law & Economics, 549-578 (2015).

Galetovic, Alexander/Gupta, Kirti, The Case of the Missing Royalty Stacking in the World Mobile Wireless Industry, 23 (3) Industrial and Corporate Change, 827-853 (2020).

Ginsburg, Douglas H./Kobayashi, Bruce H./Wong-Ervin, Koren W./Wright, Joshua D., “Excessive Royalty” Prohibitions and the Dangers of Punishing Vigorous Competition and Harming Incentives to Innovate, 4 (3) CPI Antitrust Chronicles, 1-7 (2016).

Ginsburg, Douglas H./Wong-Ervin, Koren W./Wright, Joshua D., The Troubling Use of Antitrust to Regulate FRAND Licensing, 10 (1) CPI Antitrust Chronicles, 1-8 (2015).

Ginsburg, Douglas H./Owings, Taylor M./Wright, Joshua D., Enjoining Injunctions: The Case against Antitrust Liability for Standard Essential Patent Holders Who Seek Injunctions, 14 (1) The Antitrust Source, 1-7 (2014).

Grabitz, Eberhard/Hilf, Meinhard/Nettesheim, Martin, Das Recht der Europäischen Union, 69. EL, München 2020 (zit.: *Bearbeiter*, in: GHN, AEUV).

Haedicke, Maximilian/Timmann, Henrik, Handbuch des Patentrechts, 2. Aufl., München 2020 (zit.: *Bearbeiter*, in: Haedicke/Timmann, Hdb. PatR, § Rn.).

Hartmann, Eva, Patenthinterhalte in Normungsprozessen, Tübingen 2016 (zit.: *Hartmann*, S.).

Hauck, Ronny/Kamlah, Dietrich, Was ist „FRAND“? Inhaltliche Fragen zu kartellrechtlichen Zwangslizenzen nach *Huawei/ZTE*, GRUR Int. 2016, 420-426.

Hauck, Ronny, Das Phänomen „Patent Privateering“, WRP 2013, 1446-1454.

Hawkins, Richard/Blind, Knut/Page, Robert, Handbook of Innovation and Standards, 1. Aufl., Cheltenham/Northampton 2017 (zit.: *Bearbeiter*, in: Hawkins/Blind/Page, Handbook of Innovation and Standards, S.).

Hay, Peter, US-amerikanisches Recht, 7. Aufl., München 2020 (zit.: *Hay*, US-amerikanisches Recht, Rn.).

Hazard Jr., Geoffrey C./Fletcher, William A./Bundy, Stephen McG./Bradt, Andrew D., Pleadings and Procedure – Cases and Materials, 11. Aufl., St. Paul 2015 (zit.: *Hazard/Fletcher/Bundy/Bradt*, Pleadings and Procedure).

Hesse, Renata B./Marshall, Frances, U.S. Antitrust Aspects of FRAND Disputes, in: Contreras, Jorge L, The Cambridge Handbook of Technical Standardization Law, Competition, Antitrust, and Patents, 1. Aufl., Cambridge 2017, Part V, Chapter 16, S. 263-289 (zit.: *Hesse/Marshall*, in: Contreras, The Cambridge Handbook of Technical Standardization Law, S.).

Heyers, Johannes, Standard Essential Patent Ambush, WRP 2014, 1253-1260.

Höppner, Thomas, Der kartellrechtliche Zwangslizenzeinwand, ZWeR 2010, 395-429.

Höppner, Thomas/Weber, Markus, Die Modernisierung der Missbrauchskontrolle nach dem Referentenentwurf für eine 10. GWB-Novelle, K&R 2020, 24-51.

Hötte, Daniel Antonius, Die kartellrechtliche Zwangslizenz im Patentrecht, Münster 2011 (zit.: *Hötte*, S.).

Hilty, Reto/Slowinski, Peter, Standardessentielle Patente – Perspektiven außerhalb des Kartellrechts, GRUR Int. 2015, 781-792.

Holmes, William C., Intellectual Property Law and Antitrust Law, 68. EL, Eagan 2020, Westlaw Online-Ausgabe (zit.: Holmes, Intellectual Property Law and Antitrust Law, §).

Hovenkamp, Erik/Simcoe, Timothy, Tying and Exclusion in FRAND Licensing: Evaluating Qualcomm, 19 (4) The Antitrust Source, 1-14 (2020).

Hovenkamp, Erik, Tying, Exclusivity, and Standard-Essential Patents, 19 (1) Columbia Science and Technology Law Review, 79-135 (2017).

Hovenkamp, Herbert J., FRAND and Antitrust, 105 Cornell Law Review, 101-164 (2020).

Ders., Evolutionary Models in Jurisprudence, 64 (4) Texas Law Review, 645-685 (1985).

Ders., Federal Antitrust Policy, The Law of Competition and Its Practice, 5. Aufl., St. Paul 2016 (zit.: Hovenkamp, Federal Antitrust Policy, §, S.).

Hovenkamp, Herbert/Janis, Mark D./Lemley, Mark A./Leslie, Christopher R./Carrier, Michael A., IP and Antitrust – An Analysis of Principles Applied to Intellectual Property Law, Volume 2, 3. Aufl., New York 2016 (zit.: *Hovenkamp/Janis/Lemley/Leslie/Carrier*, IP and Antitrust, Vol. 2).

Huber, Bertram, Why the ETSI IPR Policy Does Not and Has Never Required Compulsory 'License to All': A Rebuttal to Karl Heinz Rosenbrock (2017),

S. 1-12, abrufbar unter: https://papers.ssrn.com/sol3/papers.cfm?abstract_id=3038447 (Stand: 22.03.2021).

Immenga, Ulrich/Mestmäcker, Ernst-Joachim, Wettbewerbsrecht,

Band 1 EU – Kommentar zum Europäischen Kartellrecht, 6. Aufl., München 2019

Band 2 GWB – Kommentar zum Deutschen Kartellrecht, 6. Aufl., München 2020 (zit. *Bearbeiter*, in: I/M, Bd.).

Jakobs, Moritz, Standardessentielle Patente und FRAND-Selbstverpflichtungen – Konkretisierung der kartellrechtlichen Maßgaben durch jüngste Kommissionsentscheidungen und die neuen Technologie-Transfer-Leitlinien, NZKart 2017, 394-399.

Jung, Stefanie, Bluffing in Business-to-Business Contract Negotiations – The Relationship between Moral Intuition, Rechtsgefühl, and the Law in the United States and Germany, 92 (4) Southern California Law Review, 973-1001 (2019).

Kamann, Hans-Georg/Ohlhoff, Stefan/Völcker, Sven, Kartellverfahren und Kartellprozess, München 2017 (zit.: *Bearbeiter*, in: Kamann/Ohlhoff/Völcker, Kartellverfahren und Kartellprozess, §).

Kattan, Joseph, FRAND Wars and Section 2, 27 (3) Antitrust, 30-35 (2013).

Katz, Michael L./Shapiro, Carl, Network Externalities, Competition, and Compatibility, 75 (3) The American Economic Review, 424-440 (1985).

Kaysen, Carl/Turner, Donald F., Antitrust Policy – An Economic and Legal Analysis, Cambridge 1959 (zit.: *Kaysen/Turner*, Antitrust Policy, S.).

Kellenter, Wolfgang, Patentstreit um GPRS-Technik: BGH zu FRAND-Bedingungen bei kartellrechtlicher Zwangslizenz, WuW 2020, 478-487.

Klees, Andreas, Standardsetzung und „patent ambush" im US-amerikanischen und europäischen Wettbewerbsrecht, EWS 2008, 449-455.

Klein, Benjamin, Why Hold-Ups Occur: The self-enforcing Range of Contractual Relationships, 34 Economic Inquiry, 444-463 (1996).

Kling, Michael/Thomas, Stefan, Kartellrecht, 2. Aufl., München 2016 (zit.: Kling/Thomas, Kartellrecht, §).

Kluge, Friedrich, Etymologisches Wörterbuch der deutschen Sprache, 25. Aufl., Berlin/Bosten 2011 (zit.: Kluge, Etymologisches Wörterbuch der deutschen Sprache).

Kobayashi, Bruce H./Wright, Joshua D., Federalism, Substantive Preemption, and Limits on Antitrust: An Application to Patent Holdup, 5 (3) Journal of Competition Law & Economics, 469-516 (2009).

Dies., The Limits of Antitrust and Patent Holdup: A Reply to Cary et al., 78 (2) Antitrust Law Journal 505-526 (2012).

Kobayashi, Bruce H./Muris, Timothy J., Chicago, Post-Chicago, and Beyond: Time to let go of the 20th century, 78 Antitrust L.J. 147-172 (2012).

Koenig, Bryan, Full 9th Circ. Won't Rethink FTC's Qualcomm Licensing Loss, LAW360, vom 28.10.2020, (zugangsbeschränkt) abrufbar unter: https://www.law360.com/articles/1323792?e_id=3149133b-6b69-41f2-aae3-1a148e8888ab&utm_source=engagement-alerts&utm_medium=email&utm_campaign=case_updates (Stand: 22.03.2021).

Koenig, Bryan/Perlman, Matthew, FTC Goes Toe-To-Toe-To-Toe With Qualcomm, DOJ, LAW360, vom 11.02.2020, (zugangsbeschränkt) abrufbar unter: https://www.law360.com/articles/1243004/ftc-goes-toe-to-toe-to-toe-with-qualcomm-doj (Stand: 22.03.2021).

Körber, Torsten, Standardessentielle Patente, FRAND-Verpflichtungen und Kartellrecht, 1. Aufl., Baden-Baden 2013 (zit.: *Körber*, Standardessentielle Patente, FRAND-Verpflichtungen und Kartellrecht, S.).

Ders., Kartellrechtlicher Zwangslizenzeinwand und standardessentielle Patente, NZKart 2013, 87-98.

Ders., Nokia ante portas – die „Patentkriege" erreichen Autohersteller und Industrie 4.0, NZKart 2020, 493-494.

Kovacic, William E./Winerman, Marc, Competition Policy and the Application of Section 5 of the Federal Trade Commission Act, 76 Antitrust Law Journal 929-950 (2010).

Kovacic, William E., Competition Policy in the European Union and the United States: Convergence or Divergence?, Vortrag vom 02.06.2008 bei der Fifth Annual Antitrust Conference in Washington D.C., abrufbar unter: https://www.ftc.gov/sites/default/files/documents/public_statements/competition-policy-european-union-and-united-states-convergence-or-divergence/080602bateswhite.pdf (Stand: 22.03.2021).

Krislov, Samuel, How Nations Choose Product Standards and Standards Change Nations, 1. Aufl., Pittsburgh 1997 (zit.: *Krislov*, How Nations Choose Product Standards and Standards Change Nations, S.).

Kühnen, Thomas, Handbuch der Patentverletzung, 12. Aufl., Köln 2020 (zit.: Kühnen, Hdb. Patentverletzung, Kap Rn.).

Ders., FRAND-Lizenz in der Verwertungskette, GRUR 2019, 665-673.

Lampert, Michael, Die kartellrechtliche Kontrolle der Ausübung standardwesentlicher Schutzrechte, Berlin 2018 (zit.: *Lampert*, S.).

Langen, Eugen/Bunte, Hermann-Josef, Kartellrecht, Kommentar,

Band 2 – Europäisches Kartellrecht, 13. Aufl., Köln 2018 (zit. *Bearbeiter*, in: Langen/Bunte, Bd. 2).

Larenz, Karl/Canaris, Claus-Wilhelm, Methodenlehre der Rechtswissenschaft, 3. Aufl., Berlin/Heidelberg/New York 1995 (zit.: Larenz/Canaris, Methodenlehre).

Layne-Farrar, Anne, Proactive or reactive? An empirical assessment of IPR policy revisions in the wake of antitrust actions, 59 (2) The Antitrust Bulletin, 373-429 (2014).

Dies., Patent Holdup and Royalty Stacking Theory and Evidence: where do we stand after 15 years of history?, Arbeitspapier für das 122. OECD-Treffen des Competition Committee am 17/18.12.2014 (Dezember 2014), abrufbar unter: http://www.oecd.org/officialdocuments/publicdisplaydocumentpdf/?cote=DAF/COMP/WD(2014)84&doclanguage=en (Stand: 22.03.2021).

Dies., Nondiscriminatory Pricing: Is Standard Setting Different?, 6 (4) Journal of Competition Law & Economics, 811-838 (2010).

Layne-Farrar, Anne/Padilla, Jorge A., Assessing the Link Between Standards and Patents, 9 (2) International Journal of IT Standards and Standardization Research, 19-49 (2011).

Layne-Farrar, Anne/Salinger, Michael A., Bundling of RAND-committed patents, 45 Research Policy, 1155-1164 (2016).

Layne-Farrar, Anne/Stark, Richard J., License to All or Access to All? A Law and Economic Assessment of Standard Development Organizations' Licensing Rules, 88 George Washington Law Review, 1307-1349 (2020).

Lemley, Mark A., Intellectual Property Rights and Standard-Setting Organizations, 90 California Law Review, 1892-1973 (2002).

Lemley, Mark A./Shapiro, Carl, Patent Holdup and Royalty Stacking, 85 Texas Law Review, 1991-2049 (2007).

Llobet, Gerard/Padilla, Jorge, The Optimal Scope of the Royalty Base in Patent Licensing, 59 (1) The Journal of Law & Economics, 45-73 (2016).

Loest, Thomas/Bartlik, Martin, Standards und Europäisches Wettbewerbsrecht, ZWeR 2008, 41-57.

Loewenheim, Ulrich/Meessen, Karl/Riesenkampff, Alexander/Kersting, Christian/Meyer-Lindemann, Hans Jürgen, Kommentar zum Deutschen und Europäischen Kartellrecht, 4. Aufl. München 2020 (zit.: *Bearbeiter*, in: Loewenheim/Meessen/Riesenkampff/Kersting/Meyer-Lindemann).

Maaßen, Stefan, Normung, Standardisierung und Immaterialgüterrechte, Köln 2006 (zit.: *Maaßen*, S.).

Markus, Keith/Merrill, Stephen A., Patent Challenges for Standard-Setting in the Global Economy – Lessons from Information and Communication Technology, 1. Aufl., Washington, D.C. 2013 (zit.: *Markus/Merrill*, Patent Challenges for Standard-Setting in the Global Economy).

Martinez, Juan, FRAND as Access to All versus License to All, GRUR Int. 2019, 630-640.

Maume, Philipp/Tapia, Claudia, Der Zwangslizenzeinwand ein Jahr nach Orange Book Standard – mehr Fragen als Antworten, GRUR Int. 2010, 923-930.

Mayer, Richard L./Butler, Jeffrey M./Molnia, David, Das US-Patent, 5. Aufl., Köln 2017 (zit.: Mayer/Butler/Molnia, US-Patent, Rn.).

McGuire, Mary-Rose, Die FRAND-Erklärung – Anwendbares Recht, Rechtsnatur und Bindungswirkung am Beispiel eines ETSI-Standards, GRUR 2018, 128-135.

McSweeney, Terrell, Holding the Line on Patent Holdup: Why Antitrust Enforcement Matters, Stellungnahme vom 21.03.2018, abrufbar unter: https://www.ftc.gov/system/files/documents/public_statements/1350033/mcsweeny_-_the_reality_of_patent_hold-up_3-21-18.pdf (Stand: 22.03.2021).

Melamed, Douglas A./Shapiro, Carl, How Antitrust Can Make FRAND Commitments More Effective, 127 (7) The Yale Law Journal, 2110-2141 (2018).

Mes, Peter, Patentgesetz – Gebrauchsmustergesetz, 5 Aufl., München 2020 (zit.: *Mes*, PatG, § Rn.).

Müller, Tilman, Der kartellrechtliche Zwangslizenzeinwand im Patentverletzungsverfahren – Drei Jahre nach der BGH-Entscheidung "Orange-Book-Standard", GRUR 2012, 686-691.

Münchener Kommentar zum Wettbewerbsrecht, hrsg. von *Säcker, Franz Jürgen/Meier-Beck, Peter/Bien, Florian/Montag, Frank*,

Band I – Europäisches Wettbewerbsrecht, 3. Aufl., München 2020

Band II – Gesetz gegen Wettbewerbsbeschränkungen (GWB) §§ 1-96, 185, 186, 3. Aufl., München 2020 (zit. *Bearbeiter*, in: MüKo WettbR, Bd.).

Murray, John E./Murray, Timothy, Corbin on Contracts, Desk-Edition, New York 2019 (zit.: *Murray/Murray*, Corbin on Contracts Law, §).

Nazzini, Renato, Level Discrimination and FRAND Commitments Under EU Competition Law, 40 (2) World Competition, 213-239 (2017).

Nägele, Thomas/Jacobs, Sven, Zwangslizenzen im Patentrecht – unter besonderer Berücksichtigung des kartellrechtlichen Zwangslizenzeinwands im Patentverletzungsprozess, WRP 2009, 1062-1075.

Note[1810], Deception as an Antitrust Violation, 125 Harvard Law Review, 1235-1255 (2012).

1810 Nicht genannte Verfasser (N.N.).

Narayen, Vishesh, 8 Northwestern Journal of Technology and Intellectual Property, 307-322 (2010).

Ohly, Ansgar/Sosnitza, Olaf, UWG, 7. Aufl., München 2016 (zit.: Ohly/Sosnitza, UWG).

Padilla, Jorge/Wong-Ervin, Koren W., Portfolio Licensing to Makers of Downstream End-User Devices: Analyzing Refusals to License FRAND-Assured Standard-Essential Patents at the Component Level, 62 (3) The Antitrust Bulletin, 494-513 (2017).

Palandt, Otto, Bürgerliches Gesetzbuch, 80. Aufl., München 2021 (zit.: Palandt/*Bearbeiter*, BGB).

Palzer, Christoph, Patentrechtsdurchsetzung als Missbrauch – der Zwangslizenzeinwand aus unionsrechtlicher Sicht, EuZW 2015, 702-706.

Perlman, Matthew, DOJ Deepens Split with FTC in Qualcomm Antitrust Appeal, LAW360, vom 06.09.2019, (zugangsbeschränkt) abrufbar unter: https://www.law360.com/articles/1196490 (Stand: 22.03.2021).

Petrovčič, Urška, Competition Law and Standard Essential Patents: oscillating between protection of patent rights and access to standards, Florenz 2014 (zit.: *Petrovčič*, S.).

Picht, Peter, Strategisches Verhalten bei der Nutzung von Patenten im Standardisierungsverfahren aus der Sicht des europäischen Kartellrechts, Bern 2013 (zit.: *Picht*, Strategisches Verhalten, S.).

Ders., Standardsetzung und Patentmissbrauch – Schlagkraft und Entwicklungsbedarf des europäischen Kartellrechts, GRUR Int. 2014, 1-17.

Piraino, Thomas A., Reconciling the Harvard and Chicago Schools: A New Antitrust Approach for the 21st Century, 82 Indiana Law Review, 346-409 (2007).

Ders., Reconciling the Per Se and Rule of Reason Approaches to Antitrust Analysis, 64 Southern California Law Review, 685-739 (1991).

Posner, Richard A., Antitrust Law, 2. Aufl., Chicago 2001 (zit.: Posner, Antitrust Law).

Ders., The Chicago School of Antitrust Analysis, 127 University of Pennsylvania Law Review, 925-948 (1979).

Pregartbauer, Maria, Der Anspruch auf Unterlassung aus standardessentiellen Patenten im Telekommunikationssektor, Berlin 2017 (zit.: *Pregartbauer*, S.).

Ramirez, Edith, Standard-Essential Patents: The U.S. Antitrust Enforcement Experience, 4 (1) Italian Antitrust Review, 41-59 (2017).

Riesenguber, Karl, Europäische Methodenlehre, 3. Aufl., Berlin/München/Boston 2015 (zit.: *Bearbeiter*, in: Riesenhuber, Europäische Methodenlehre).

Rill, James/Kallay, Dina/Kress, James, A Ringing Endorsement of "Regulatory Humility": The New U.S. Statement on Remedies for Infringement of Essential Patents, CPI vom 12.02.2020, abrufbar unter: https://www.competitionpolicyinternational.com/a-ringing-endorsement-of-regulatory-humility-the-new-u-s-statement-on-remedies-for-infringement-of-essential-patents/ (Stand: 22.03.2021).

Rill, James F./Kress, James G./Kallay, Dina/Hollman, Hugh M., Antitrust and FRAND Bargaining: Rejecting the Invitation For Antitrust overreach Into Royalty Disputes, 30 (1) Antitrust Magazine 72-79 (2015).

Riziotis, Dimitrios, Patent Misuse als Schnittstelle zwischen Patentrecht und Kartellrecht – Eine rechtsvergleichende Darstellung, GRUR Int. 2004, 367-377.

Rosenbrock, Karl Heinz, Why the ETSI IPR Policy Requires Licensing to All (2017), S. 1-13, abrufbar unter: http://www.fair-standards.org/wp-content/uploads/2017/08/Why-the-ETSI-IPR-Policy-Requires-Licensing-to-All_Karl-Heinz-Rosenbrock_2017.pdf (Stand: 22.03.2021).

Scher, Irving/Scott, Martin, Antitrust Adviser, 5. Aufl., Eagan aktualisierte Version 2019, Westlaw Online-Ausgabe (zit.: *Bearbeiter*, in Scher/Scott, Antitrust Adviser, §).

Schöler, Karolina, Patents and Standards: The Antitrust Objection as a Defense in Patent Infringement Proceedings, in: zu Waldeck und Pyrmont, Wolrad/Adelman, Martin J./Brauneis, Robert/Drexl, Josef/Nack, Ralph, Patents and Technological Progress in a Globalized World – Liber Amicorum Joseph Straus, 1. Aufl., Berlin/Heidelberg 2009, 177-194 (zit.: *Schöler*, in: zu Waldeck und Pyrmon u.a., Patents and Technological Progress in a Globalized World).

Schulte, Rainer, Patentgesetz mit EPÜ, 10. Aufl., Köln 2017 (zit.: *Bearbeiter*, in: Schulte, PatG).

Schuster, Fabian/Grützmacher, Malte, IT-Recht Kommentar, 1. Aufl. Köln 2020 (zit.: *Bearbeiter*, in: Schuster/Grützmacher).

Schwalbe, Ulrich/Zimmer, Daniel, Kartellrecht und Ökonomie, 2. Aufl., Frankfurt am Main 2011 (zit.: *Schwalbe/Zimmer*, Kartellrecht und Ökonomie, S.).

Schwartz, Alan/Scott, Robert E., Third-Party Beneficiaries and Contractual Networks, 7 Journal of Legal Analysis, 325-361 (2015).

Schweitzer, Heike/Haucap, Justus/Kerber, Wolfgang/Welker, Robert, Modernisierung der Missbrauchsaufsicht für marktmächtige Unternehmen, 2018, abrufbar unter: https://www.bmwi.de/Redaktion/DE/Publikationen/Wirtschaft/modernisierung-der-missbrauchsaufsicht-fuer-marktmaechtige-unternehmen.pdf?__blob=publicationFile&v=15 (Stand: 22.03.2021)

Shapiro, Carl, Setting Compatibility Standards: Cooperation or Collusion? in: Dreyfuss, Rochelle C./Zimmerman, Diane L./First, Harry: Expanding the Boundaries of Intellectual Property – Innovation Policy for the Knowledge Society, 1. Aufl., Oxford 2001, 81-101 (zit.: *Shapiro*, in: Dreyfuss/Zimmerman/First, Expanding the Boundaries of IP).

Shapiro, Carl/Lemley, Mark A., The Role of Antitrust in Preventing Patent Holdup, 168 University of Pennsylvania Law Review, 1-43 (2020).

Sidak, Gregory J., The FRAND Contract, 3 The Criterion Journal of Innovation, 1-25 (2018).

Ders., Is Patent Holdup a Hoax?, 3 The Criterion Journal of Innovation, 401-554 (2018).

Ders., Bargaining Power and Patent Damages, 19 Standford Technology Law Review, 1-31 (2015).

Simons, Joseph, Prepared Remarks of Chairman Joseph Simons, Georgetown Law Global Antitrust Enforcement Symposium, Vortrag vom 15.09.2018, abrufbar unter: https://www.ftc.gov/system/files/documents/public_statements/1413340/simons_georgetown_lunch_address_9-25-18.pdf (Stand: 22.03.2021).

Staniszewski, Piotr, 2 Journal of Intellectual Property Law & Practice, 666-681 (2007).

Steinberg, Phillip Marc/Wirtz, Markus, Der Referentenentwurf zur 10. GWB-Novelle, WuW 2019, 606-612.

Stitzing, Robin/Sääskilahti, Pekka/Royer, Jimmy/Van Audenrode, Marc, Over-Declaration of Standard Essential Patents and Deter-minants of Essentiality (2018), abrufbar unter: https://papers.ssrn.com/sol3/papers.cfm?abstract_id=2951617 (Stand: 22.03.2021).

Straus, Joseph, Das Regime des European Telecommunications Standards Institute – ETSI: Grundsätze, anwendbares Recht und die Wirkung der ETSI gegenüber abgegebenen Erklärungen, GRUR Int. 2011, 469-480.

Stucke, Maurice E., How Do (and Should) Competition Authorities Treat a Dominant Firm's Deception, 63 SMU Law Review, 1069-1123 (2010).

Sullivan, Thomas E./Hovenkamp, Herbert/Shelanski, Howard A./Leslie, Christopher R., Antitrust Law, Policy, and Procedure: Cases, Materials, Problems, 7. Aufl., New Providence/San Francisco 2014 (zit.: *Sullivan/Hovenkamp/Shelanski/Leslie*, Antitrust Law, Policy, and Procedure, S.).

Taeger, Jürgen/Pohle, Jan, Computerrechts-Handbuch Informationstechnologie in der Rechts- und Wirtschaftspraxis, 34. EGL, München 2018 (zit.: *Bearbeiter*, in: CHB).

Teece, David J./Sherry, Edward F., Standards Setting and Antitrust, 87 Minnesota Law Review, 1913-1994 (2003).

Tochtermann, Lea, Das Schicksal der ETSI FRAND-Erklärung bei Übertragung des SEP, GRUR 2020, 905-914.

Tsai, Joanna/Wright, Joshua D., Standard Setting, Intellectual Property Rights, and the Role of Antitrust in Regulating Incomplete Contracts, 80 (1) Antitrust Law Journal, 157-188 (2015).

Tsang, King Fung/Jyh-An, Lee, Unfriendly Choice of Law in FRAND, 59 (2) Virginia Journal of International Law, 220-304 (2019).

Tsilikas, Haris, Emerging Patterns in the Judicial Determination of FRAND Rates: Comparable Agreements and the Top-Down Approach for FRAND Royalties Determination, GRUR Int. 2020, 885-892.

Turner, Donald F., Basic Principles in Formulating Antitrust and Misuse Constraints on the Exploitation of Intellectual Property Rights, 53 (3) Antitrust Law Journal, 485-502 (1984).

Ullrich, Hanns, Patente, Wettbewerb und technische Normen: Rechts- und ordnungspolitische Fragestellungen, GRUR 2007, 817-830.

zu Waldeck und Pyrmont, Wolrad, USA – CAFC entscheidet *en banc* zur (engen) Reichweite des *Patent Misuse*-Einwands (*Princo v. ITC*), GRUR Int. 2010, 1113-1114.

Weiss, Leonard W., The Structure-Conduct-Performance Paradigm and Antitrust, 127 University of Pennsylvania Law Review, 1104-1140 (1979).

Werden, Gregory J./Froeb Luke M., Why Patent Hold-Up Does Not Violate Antitrust Law, 27 (1) Texas Intellectual Property Law Journal, 1-30 (2019).

Wiedemann, Gerhard, Handbuch des Kartellrechts, 4. Aufl., München 2020 (zit.: *Bearbeiter*, in: Wiedemann, KartellR-Hdb).

Williamson, Oliver E., The Economic Institutions of Capitalism: Firms, Markets, Relational Contracting, 1. Aufl., New York/London 1985 (zit.: Williamson, The Economic Institutions of Capitalism, S.).

Wolf, Alexander, Ist der „Justizstandort Deutschland" international wettbewerbsfähig?, RIW 2019, 258-272.

Wong-Ervin, Koren W./Hicks, Evan/Slonim, Ariel, Tying and Bundling involving Standard-Essential Patents, 24 George Mason Law Review, 1091-1116 (2017).

Wong-Ervin, Koren W./Wright, Joshua D./Kobayashi, Bruce H./Ginsburg, Douglas H., Extra-Jurisdictional Remedies Involving Patent Licensing, George Mason Law & Economics Research Paper No. 16-46 (2016), S. 1-9, abrufbar unter: https://ssrn.com/abstract=2870505 (Stand: 22.03.2021).

Wright, Joshua D., SSOS, FRAND, and Antitrust: Lessons from the Economics of Incomplete Contracts, 21 (4) George Mason Law Review, 791-809 (2014).

Wright, Joshua D./Ginsburg, Douglas H., Whither Symmetry? Antitrust Analysis of Intellectual Property Rights at the FTC and DOJ, 9 (2) CPI Antitrust Chronicles, 41-52 (2013).

Yao, Yu, Missbräuchliche Ausnutzung standardessentieller Patente in der VR China, Siegen 2019.

Rechtsprechungsverzeichnis

I. US-amerikanische Rechtsprechung

Accord Klamath Water Users Protective Ass'n v. Patterson, 204 F.3d 1206 (9th Cir. 1999)

Adjustacam, LLC v. Newegg, Inc., 861 F.3d 1353 (Fed. Cir. 2017)

Aerotec International, Inc. v. Honeywell International, Inc., 836 F.3d 1171 (9th Cir. 2016)

Aetna Cas. & Sur. Co. v. Fireguard Corp., 455 S.E.2d 229 (Va. 1995)

Allen Archery, Inc. v. Browning Mfg. Co., 1982 WL 1840 (D. Utah 1982)

Allied Tube & Conduit Corp. v. Indian Head, Inc., 486 U.S. 492 (1988)

American Photocopy Equip. Co. v. Rovico, Inc., 359 F.2d 745 (7th Cir. 1966)

American Photocopy Equip. Co. v. Rovico, Inc., 257 F. Supp. 192 (N.D. Ill. 1966)

American Society of Mechanical Engineers, Inc. v. Hydrolevel Corp., 456 U.S. 556 (1982)

American Tobacco Co. v. U.S., 328 U.S. 781 (1946)

Apple, Inc. v. Motorola Mobility, Inc., 886 F.Supp.2d 1061 (W.D. Wis. 2012)

Apple, Inc. v. Motorola Mobility, Inc., 2012 WL 5416941 (W.D. Wis. 2012)

Apple, Inc. v. Motorola, Inc., 869 F. Supp. 2d 901 (N.D. Ill. 2012)

Apple Inc. v. Motorola, Inc., 757 F.3d 1286 (Fed. Cir. 2014)

Apple Inc. v. Samsung Electronics Co., Ltd., 2011 WL 4948567 (N.D. Cal. 2011)

Apple, Inc. v. Samsung Electronics Co., Ltd., 2012 WL 1672493 (N.D. Cal. 2012)

Applera Corp. v. MJ Research, Inc., 349 F.Supp.2d 338 (D. Conn. 2004)

Aspen Skiing v. Aspen Highlands Skiing, 472 U.S. 585 (1985)

Atari Games Corp. v. Nintendo of Am., Inc., 897 F.2d 1572 (Fed. Cir. 1990)

A.D. Bedell Wholesale Co. v. Philip Morris Inc., 263 F.3d 239 (3d Cir. 2001)

Berkey Photo, Inc. v. Eastman Kodak Co., 603 F.2d 263 (2d Cir. 1979)

Blue Shield of Virginia v. McCready, 457 U.S. 465 (1982)

Broadcom Corp. v. Qualcomm Inc., 2006 WL 2528545 (D. N.J. 2006)

Broadcom Corp. v. Qualcomm Inc., 501 F.3d 297 (3d Cir. 2007)

Broadway Delivery Corp. v. United Parcel Serv. Of. Am., 651 F.2d 122 (2d Cir. 1981)

Brooke Group Ltd. v. Brown & Williamson Tobacco Corp., 509 U.S. 209 (1993)

Brown Shoe Co. v. U.S., 370 U.S. 294 (1962)

Brown v. Pro Football, Inc., 518 U.S. 231 (1996)

Brulotte v. Thys Co., 379 U.S. 29 (1964)

Brunswick Corp. v. Pueblo Bowl-O-Mat, Inc., 429 U.S. 477 (1977)

Cal. Motor Transp. Co. v. Trucking Unlimited, 404 U.S. 508 (1972)

Carter-Wallace, Inc. v. U.S., 1970 WL 10124 (Ct. Cl. 1970)

Colorado Interstate Gas v. Natural Gas, 885 F.2d 683 (10th Cir. 1989)

Commonwealth Scientific & Indus. Research Org. v. Cisco Sys., Inc., No. 15-1066 (Fed. Cir. 2015)

Continental Auto. Sys., Inc. v. Avanci, LLC, 2020 WL 5627224 (N.D. Tex. 2020)

Continental Ore Co. v. Union Carbide Corp., 370 U.S. 690 (1962)

Conwood Co. v. U.S. Tobacco Co., 290 F.3d 768 (6th Cir. 2002)

Data General Corp. v. Grumman Systems Support Corp., 36 F 3d 1147 (1st Cir 1994)

David Ungar et al., v. Dunkin' Donuts of America, Inc., 531 F.2d 1211 (3d Cir. 1976)

Dowagiac Mfg. Co. v. Minnesota Moline Plow Co., 235 U.S. 641 (1915)

East Portland v. Providence Health, 280 F.App'x 584 (9th Cir. 2008)

Eastern R.R. Presidents Conf. V. Noerr Motor Freight, Inc., 365 U.S. 127 (1961)

Eastman Kodak Co. v. Image Technical Services, Inc., 504 U.S. 451 (1992)

eBay Inc. V. MercExchange, L.L.C., 547 U.S. 388 (2006)

Ericsson Inc. v. D-Link Sys., Inc., 2013 WL 4046225 (E.D. Tex. 2013)

Ericsson, Inc. v. D-Link Systems, Inc., 773 F.3d 1201 (Fed. Cir. 2014)

ESS Technology, Inc. v. PC-Tel., Inc., 1999 WL 33520483 (N.D. Cal. 1999)

Exmark Mfg. Co. Inc. v. Briggs & Stratton Power Prods. Grp., LLC, 879 F.3d 1332 (Fed. Cir. 2018)

E.I. du Pont de Nemours & Co. v. Kolon Indus., Inc., 637 F.3d 435 (4th Cir. 2011)

FTC v. Motion Picture Advertising Service Co., 344 U.S. 392 (1953)

FTC v. Qualcomm Inc., 411 F.Supp.3d 658 (N.D. Cal. 2019)

FTC v. Qualcomm Inc., 969 F.3d 974 (9th Cir. 2020)

FTC v. Sperry & Hutchinson Co., 405 U.S. 233 (1972)

Garretson v. Clark, 111 U.S. 120 (1884)

Georgia-Pacific Corp., v. U.S. Plywood Corp., 318 F. Supp. 1116 (S.D. N.Y. 1970)

Georgia-Pacific Corp., v. U.S. Plywood-Champion Papers Inc., 446 F.2d 295 (2d Cir. 1971)

Grp. Life & Health Ins. Co. v. Royal Drug Co., 440 U.S. 205 (1979)

Hecht v. Pro-Football, Inc., 570 F.2d 982 (D.C. Cir. 1977)

Home Placement Serv. v. Providence Journal, 819 F.2d 1199 (1st Cir. 1987)

Honeywell Inc. v. Sperry Rand Corp., 1973 WL 903 (D. Minn. 1973)

HTC Corp. v. Telefonaktiebolaget LM Ericsson, 407 F.Supp.3d 631 (E.D. Tex. 2019)

Hynix Semiconductor Inc. v. Rambus Inc., 441 F.Supp.2d 1066 (N.D. Cal. 2006)

Illinois Brick Co. v. Illinois, 431 U.S. 720 (1977)

Illinois Tool Works Inc. v. Independent Ink, Inc., 547 U.S. 28 (2006)

Image Technical Services, Inc. v. Eastman Kodak Co., 125 F.3d 1195 (9th Cir. 1997)

Impression Prods., Inc. v. Lexmark Int'l, Inc., 137 S. Ct. 1523 (2017)

Intergraph Corp. v. Intel Corp., 3 F.Supp.2d 1255 (N.D. Ala. 1998)

Intergraph Corp. v. Intel Corp., 195 F.3d 1346 (Fed. Cir. 1999)

International Salt Co., Inc. v. United States, 332 U.S. 392 (1947)

In re Indep. Serv. Orgs. Antitrust Litig., 203 F.3d 1322 (Fed. Cir. 2000)

KMG Kanal-Muller-Gruppe Int'l, GmbH v. Inliner USA, 1999 WL 1078556 (S.D. Tex. 1999)

Lawrence v. Fox, 20 N.Y. 268 (1859)

LePage's Inc. v. 3M, 324 F.3d 141 (3d Cir.2003)

Lucent Technologies, Inc. v. Gateway, Inc., 580 F.3d 1301 (Fed. Cir. 2009)

McGahee v. Northern Propane Gas Co., 858 F.2d 1487 (11th Cir. 1988)

McWane, Inc. v. Fed. Trade Comm'n, 783 F.3d 814 (11th Cir. 2015)

MetroNet Services Corp. v. Qwest Corp., 383 F.3d 1124 (9th Cir. 2004)

Microsoft Corp. v. Motorola, Inc., 864 F.Supp.2d 1023 (W.D. Wash. 2012)

Microsoft Corp. v. Motorola, Inc., No. C10-1823JLR (W.D. Wash. 2013)

Microsoft Corp. v. Motorola, Inc., 795 F.3d 1024 (9th Cir. 2015)

Microsoft Corp. v. Motorola, Inc., 696 F.3d 872 (9th Cir. 2012)

Microsoft Mobile Inc. v. Interdigital, Inc., 2016 WL 1464545 (D. Del. 2016)

Miller v. LeSea Broadcasting, Inc., 87 F.3d 224 (7th Cir.1996)

Miller Insituform, Inc. v. Insituform of North America, Inc., 830 F.2d 606 (6th Cir. 1987)

Morris Comm. Corp. v. PGA Tour, Inc., 235 F.Supp.2d 1269 (M.D. Fla. 2002)

Nitro Distributing, Inc. v. Dunn, 194 S.W.3d 339, 345 (Mo. 2006)

Nobelpharma AB v. Implant Innovations, Inc. 141 F.3d 1059 (Fed. Cir. 1998)

Novell, Inc. v. Microsoft Corp., 731 F.3d 1064 (10th Cir. 2013)

NYNEX Corp. v. Discon, Inc., 525 U.S. 128 (1998)

Otter Tail Power Co. v. United States, 410 U.S. 366 (1973)

Pacific Bell Telephone Co. v. linkLine Communications, Inc., 555 U.S. 438 (2009)

Parklane Hosiery Co., Inc. v. Shore, 439 U.S. 322 (1979)

Paul E. Volpp Tractor Parts v. Caterpillar, Inc., 917 F. Supp. 1208 (W.D. Tenn. 1995)

Peelers Co. v. Wendt, 260 F.Supp. 193 (W.D. Wash. 1966)

Pollock Riley, Inc. v. Pearl Brewing Co., 498 F.2d 1240 (5th Cir. 1974)

Princo Corp. v. International Trade Com'n, 563 F.3d 1301 (Fed. Cir. 2009)

Prof'l Real Estate Investors, Inc. v. Columbia Pictures Indus., Inc., 508 U.S. 49 (1993)

Quanta Computer, Inc. v. LG Elecs., Inc., 553 U.S. 617 (2008)

Rambus Inc. v. FTC, 522 F.3d 456 (D.C. Cir. 2008)

Rambus, Inc. v. Infineon Technologies AG, 164 F. Supp. 2d 743 (E.D. Va. 2001)

Rambus Inc. v. Infineon Technologies AG, 318 F.3d 1081 (Fed. Cir. 2003)

Realtek Semiconductor Corp. v. LSI Corp., 946 F.Supp.2d 998 (N.D. Ca. 2013)

Realtek Semiconductor, Corporation v. LSI Corporation, 2014 WL 2738226 (N.D. Cal. 2014)

Rebel Oil Co., Inc. v. Atl. Richfield Co., 51 F.3d 1421 (9th Cir. 1995)

Research In Motion Ltd. v. Motorola, Inc., 644 F.Supp.2d 788 (N.D. Tex. 2008)

Rotec Industries, Inc. v. Mitsubishi Corp., 215 F.3d 1246 (Fed. Cir. 2000)

Seaver v. Ransom, 224 N.Y. 233 (1918)

Saint Alphonsus Med. Center-Nampa Inc. v. St. Luke's Health Sys., Ltd., 778 F.3d 775 (9th Cir. 2015)

Satellite T Associate v. Continental Cablevision of Virginia, Inc., 586 F.Supp. 973 (E.D. Va. 1982)

Schering-Plough Corp. v. FTC, 402 F.3d 1056 (11th Cir. 2005)

Scheiber v. Dolby Labs., Inc., 293 F.3d 1014 (7th Cir. 2002)

Simpson v. Union Oil Co. of California, 377 U.S. 13 (1964)

SolidFX, LLC v. Jeppesen Sanderson, Inc., 935 F.Supp.2d 1069 (D. Col. 2013)

SolidFX, LLC v. Jeppesen Sanderson, Inc., 841 F.3d 827 (10th Cir. 2016)

Spansion, Inc. v. ITC, 629 F.3d 1331 (Fed. Cir. 2010)

Spectrum Sports, Inc. v. McQuillan, 506 U.S. 447 (1993)

Standard Oil Co. v. United States, 337 U.S. 293 (1949)

State of Ill. ex Rel. Burris v. Panhandle E. Pipe Line Co., 935 F.2d 1469 (7th Cir. 1991)

State ex Rel. the Illuminating Co. v. Court 97 Ohio St. 3d 69 (Ohio 2002)

TCL Commc'ns Tech. Holdings, Ltd. v. Telefonaktiebolaget LM Ericsson, 2018 WL 4488286 (C.D. Cal. 2018)

TCL Commc'ns Tech. Holdings, Ltd. v. Telefonaktiebolaget LM Ericsson, 943 F.3d 1360 (Fed. Cir. 2019)

Theme Promotions v. News America Marketing Fsi, 539 F.3d 991 (9th Cir. 2008)

Times-Picayune Pub. Co. v. U.S., 345 U.S. 594 (1953)

Tops Markets, Inc. v. Quality Markets, Inc., 142 F.3d 90 (2d Cir. 1998)

Townshend v. Rockwell Intern. Corp., 2000 WL 433505 (N.D. Cal. 2000)

USM Corp. v. SPS Technologies, Inc., 694 F.2d 505 (7th Cir. 1982)

U.S. Anchor Mfg., Inc. v. Rule Indus., Inc., 7 F.3d 986 (11th Cir. 1993)

U.S.v. Aluminium Co. of America, 148 F.2d 416 (2d Cir. 1945)

U.S. v. Colgate & Co., 250 U.S. 300 (1919)

U.S. v. E. I. du Pont de Nemours & Co., 351 U.S. 377 (1956)

U.S. v. Dentsply Intern., Inc., 399 F.3d 181 (3d Cir. 2005)

U.S. Football League v. Natl. Football League, 887 F.2d 408 (2d Cir. 1989)

U.S. v. General Electric Co., 272 U.S. 476 (1926)

U.S. v. Grinnell Corp., 384 U.S. 563 (1966)

U.S. v. Line Material Co., 333 U.S. 287 (1948)

U.S. v. Microsoft Corp., 253 F.3d 34 (D.C. Cir. 2001)

U.S. Philips Corp. v. International Trade Com'n, 424 F.3d 1179 (Fed. Cir. 2005)

U.S. v. Terminal R.R. Ass'n of St. Louis, 224 U.S. 383 (1912)

Verizon Communications Inc. v. Law Offices of Curtis V. Trinko, LLP, 540 U.S. 398 (2004)

Walker Process Equip., Inc. v. Food Mach. & Chem. Corp., 382 U.S. 172 (1965)

Zenith Electronics, LLC v. Sceptre, Inc., 2015 WL 12765633 (C.D. Cal. 2015)

II. Europäische Rechtsprechung

EuGH, Urteil v. 13.07.1966, Consten/Grundig, Rs. 56 und 58/64, ECLI:EU:C:1966:41

EuGH, Urteil v. 08.06.1971, Deutsche Grammophon/Metro, Rs. 78/70, ECLI:EU:C:1971:59

EuGH, Urteil v. 21.02.1973, Continental Can/Kommission, Rs. 6/72, ECLI:EU:C:1973:22

EuGH, Urteil v. 06.03.1974, Commercial Solvents, Rs. C-6/73, ECLI:EU:C:1974:18

EuGH, Urteil v. 14.02.1978, United Brands/Kommission, Rs. 27/76, ECLI:EU:C:1978:22

EuGH, Urteil v. 13.2.1979, Hoffman/La Roche, Rs. 85/76, ECLI:EU:C:1979:36

EuGH, Urteil v. 09.11.1983, Michelin/Kommission, Rs. 322/81, ECLI:EU:C:1983:313

EuGH, Urteil v. 05.10.1988, Volvo/Veng, Rs. C-238/87, ECLI:EU:C:1988:477

EuGH, Urteil v. 13.07.1989, Tournier, Rs. 395/87, ECLI:EU:C:1989:319

EuGH, Urteil v. 03.07.1991, AKZO/Kommission, Rs. C-62/86, ECLI:EU:C:1991:286

EuGH, Urteil v. 18.02.1992, Kommission/Italien, Rs. C-235/89, ECLI:EU:C:1992:73

EuGH, Urteil v. 06.04.1995, Magill, Rs. C-241/91 P und C-242/91 P, ECLI:EU:C:1995:98

EuGH, Urteil v. 14.11.1996, Tetra Pak, Rs. C-333/94 P, ECLI:EU:C:1996:436

EuGH, Urteil v. 26.11.1998, Oscar Bronner/Mediaprint, Rs. C-7/97, ECLI:EU:C:1998:569

EuGH, Urteil v. 07.01.2004, Aalborg Portland, Rs. C-204/00, ECLI:EU:C:2004:6

EuGH, Urteil v. 29.04.2004, IMS Health, Rs. C-418/01, ECLI:EU:C:2004:257

EuGH, Urteil v. 15.03.2007, British Airways, Rs. C-95/04 P, ECLI:EU:C:2007:166

EuGH, Urteil v. 14.10.2010, Deutsche Telekomm, Rs. C-280/08 P, ECLI:EU:C:2010:603

EuGH, Urteil v. 27.03.2012, Post Danmark I, Rs. C-209/10, ECLI:EU:C:2012:172

EuGH, Urteil v. 06.12.2012, AstraZeneca, Rs. C-457/10 P, ECLI:EU:C:2012:770

EuGH, Urteil v. 16.07.2015, Huawei/ZTE, Rs. C-170/13, ECLI:EU:C:2015:477

EuGH, Urteil v. 06.10.2015, Post Danmark II, Rs. C-23/14, ECLI:EU:C:2015:651

EuGH, Urteil v. 19.04.2018, Meo/Serviços de Comunicações e Multimédia, Rs. C-525/16, ECLI:EU:C:2018:270

EuGH, Beschluss v. 24.06.2021, Nokia/Daimler, Rs. C-182/21, ECLI:EU:C:2021:575

EuG, Urteil v. 12.12.1991, Hilti/Kommission, Rs. T-30/89, ECLI:EU:T:1991:70

EuG, Urteil v. 06.10.1994, Tetra Pak, Rs. T-83/91, ECLI:EU:T:1994:246

EuG, Urteil v. 12.06.1997, Tiercé Ladbroke/Kommission, Rs. T-504/93, ECLI:EU:T:1997:84

EuG, Urteil v. 17.07.1998, ITT Promedia/Kommission, Rs. T-111/96, ECLI:EU:T:1998:183

EuG, Urteil v. 17.09.2007, Microsoft/Kommission, Rs. T-201/04, ECLI:EU:T:2007:289

EuG, Urteil v. 01.07.2010, AstraZeneca, Rs. T-321/05, ECLI:EU:T:2010:266

EuG, Urteil v. 13.09.2012, Protégé International, Rs. T-119/09, ECLI:EU:T:2012:421

III. Deutsche Rechtsprechung

BGH, Urteil v. 29.09.1989, V ZR 1/88, BGHZ 108, 380

BGH, Urteil v. 13.07.2004, KZR 40/02, Standard-Spundfaß, BGHZ 160, 67-82

BGH, Urteil v. 06.05.2009, KZR 39/06, Orange Book Standard, BGHZ 180, 312-323

BGH, Urteil v. 24.10.2011, KZR 7/10, Grossistenkündigung, NJW 2012, 773-777

BGH, Urteil v. 22.02.2019, V ZR 244/17, BGHZ 221, 229

BGH, Urteil v. 05.05.2020, KZR 36/17, FRAND-Einwand, BGHZ 225, 269-297

BGH, Urteil v. 24.11.2020, KZR 35/17, FRAND-Einwand II, NZKart 2021, 178-185

OLG Karlsruhe, Urteil v. 23.03.2011 – 6 U 66/09 (juris)

OLG Düsseldorf, Urteil v. 30.03.2017 – I-15 U 66/15 (juris)

OLG Düsseldorf, Urteil v. 03.04.2019 – VI-U 6/18 (juris)

OLG Karlsruhe, Urteil v. 30.10.2019 – 6 U 183/16 (juris)

LG Düsseldorf, Urteil v. 30.11.2006 – 4b O 508/05 (juris)

LG Düsseldorf, Urteil v. 13.02.2007 – 4a O 224/05 (juris)

LG Düsseldorf, Urteil v. 13.02. 2007 – 4a O 124/05 (juris)

LG Düsseldorf, Urteil v. 17.04.2007 – 4b O 287/06 (juris)

LG Mannheim, Urteil v. 27.02.2009 – 7 O 94/08 (juris)

LG Mannheim, Urteil v. 18.02.2011 – 7 O 100/10 (juris)

LG Mannheim, Beschluss v. 27.05.2011, 7 O 65/10 (abrufbar nur bei BeckRS 2012, 2785)

LG Düsseldorf, Urteil v. 07.06.2011 – 4b O 31/10 (juris)

LG Düsseldorf, Urteil v. 04.08.2011 – 4b O 54/10 (juris)

LG Düsseldorf, Urteil v. 24.04.2012 – 4b O 273/10 (juris)

LG Düsseldorf, Urteil v. 03.11.2015 – 4a O 93/14 (juris)

LG Düsseldorf, Urteil v. 19.01.2016 – 4b O 120/14 (juris)

LG Düsseldorf, Urteil v. 31.03.2016 – 4a O 73/14 (juris)

LG Düsseldorf, Urteil v. 09.11.2018 – 4a O 16/17 (juris)

LG Mannheim, Urteil v. 18.08.2020 – 2 O 34/19 (juris)

LG München I, Urteil v. 10.09.2020 – 7 O 8818/19 (juris)

LG München I, Urteil v. 30.10.2020 – 21 O 11384/19 (juris)

LG München I, Urteil v. 30.10.2020 – 21 O 3891/19 (bislang nicht bei juris veröffentlicht, Stand: 21.06.2021)

Kartellbehördliche Mitteilungen, Stellungnahmen und Leitlinien

Europäische Kommission, Mitteilung der Kommission an das Europäische Parlament, den Rat und den Europäischen Wirtschafts- und Sozialausschuss – Eine strategische Vision der europäischen Normung: Weitere Schritte zur Stärkung und Beschleunigung des nachhaltigen Wachstums der europäischen Wirtschaft bis zum Jahr 2020, KOM(2011) 311 endg., vom 01.06.2011, abrufbar unter https://eur-lex.europa.eu/legal-content/DE/TXT/PDF/?uri=CELEX:52011DC0311&from=DE (Stand: 22.03.2021).

Mitteilung der Kommission an das Europäische Parlament, den Rat und den Europäischen Wirtschafts- und Sozialausschuss über den Umgang der EU mit standardessenziellen Patenten, COM(2017) 712 final, vom 22.11.2017, abrufbar unter: https://eur-lex.europa.eu/legal-content/DE/TXT/PDF/?uri=CELEX:52017DC0712&from=DE (Stand: 22.03.2021).

White Paper on Damages actions for breach of the EC antitrust rules, vom 02.04.2008, SEC(2008) 404, abrufbar unter: https://eur-lex.europa.eu/LexUriServ/LexUriServ.do?uri=SEC:2008:0404:FIN:EN:PDF (Stand: 22.03.2021)

Mitteilung, „Leitlinien zur Anwendung von Art. 101 des Vertrags über die Arbeitsweise der Europäischen Union auf Vereinbarungen über horizontale Zusammenarbeit“, ABl. C 11 vom 14.01.2011.

Mitteilung, „Leitlinien zur Anwendung von Art. 101 des Vertrags über die Arbeitsweise der Europäischen Union auf Technologietransfer-Vereinbarungen“, ABl. C 89/03 vom 28.03.2014.

Mitteilung, „Erläuterungen zu den Prioritäten der Kommission bei der Anwendung von Artikel 82 des EG-Vertrags auf Fälle von Behinderungsmissbrauch durch marktbeherrschende Unternehmen“, ABl. C 45/02 vom 24.02.2009.

Bekanntmachung über die Definition des relevanten Marktes, ABl. C 372/5 vom 09.12.1997.

Pressemitteilung, Antitrust: Commission confirms sending a Statement of Objections to Rambus, MEMO/07/330 vom 23.08.2007, abrufbar unter: https://ec.europa.eu/commission/presscorner/detail/en/MEMO_07_330 (Stand: 22.03.2021).

Pressemitteilung: Kartellrecht: Kommission akzeptiert Rambus' Verpflichtungsangebot zur Senkung der Lizenzgebühren für Speicherchips, vom 09.12.2009, IP/09/1897, abrufbar unter: https://ec.europa.eu/commission/presscorner/detail/de/IP_09_1897 (Stand: 22.03.2021).

Pressemitteilung, Antitrust: Commission opens proceedings against two manufacturers of refrigerants used in car air conditioning, vom 16.12.2011, IP/11/1560, abrufbar unter: https://ec.europa.eu/commission/presscorner/detail/en/IP_11_1560 (Stand: 22.03.2021).

Pressemitteilung, Kartellrecht: Kommission übermittelt Honeywell und DuPont Mitteilung der Beschwerdepunkte zu deren Zusammenarbeit bei neuem Kältemittel für Pkw-Klimaanlagen, vom 21.10.2014, IP/14/1186, abrufbar unter: https://ec.europa.eu/commission/presscorner/detail/de/IP_14_1186 (Stand: 22.03.2021).

Pressemitteilung, Antitrust: Commission initiates formal proceedings against Qualcomm, MEMO/07/389 vom 01.10.2007, abrufbar unter: https://ec.europa.eu/commission/presscorner/detail/en/MEMO_07_389 (Stand: 22.03.2021).

Pressemitteilung, Antitrust: Commission closes formal proceedings against Qualcomm, MEMO/09/516 vom 24.11.2009, abrufbar unter: https://ec.europa.eu/commission/presscorner/detail/en/MEMO_09_516 (Stand: 22.03.2021).

Pressemitteilung, Kartellrecht: EU-Kommission nimmt bindende Verpflichtungszusagen von Samsung Electronics zu Unterlassungsverfügungen bei standardessentiellen Patenten an, vom 29.04.2014, IP/14/490, abrufbar unter: https://ec.europa.eu/commission/presscorner/detail/de/IP_14_490 (Stand: 22.03.2021).

Bericht über die Wettbewerbspolitik 2007, KOM(2008) 368 endg., abrufbar unter: https://ec.europa.eu/competition/publications/annual_report/2007/de.pdf (Stand: 22.03.2021).

U.S. Department of Justice und Federal Trade Commission, Antitrust Enforcement and Intellectual Property Rights: Promoting Innovation and Competition, April 2007, abrufbar unter: http://www.ftc.gov/sites/default/files/documents/reports/antitrust-enforcement-and-intellectual-property-rights-promoting-innovation-and-competition-report.s.department-justice-and-federal-trade-commission/p040101promotinginnovationandcompetitionrpt0704.pdf. (Stand: 22.03.2021).

Antitrust Guidelines for the Licensing of Intellectual Property, Januar 2017, abrufbar unter: https://www.ftc.gov/system/files/documents/public_statements/1049793/ip_guidelines_2017.pdf (Stand: 22.03.2021).

Horizontal Merger Guidelines, August 2010, abrufbar unter: https://www.justice.gov/sites/default/files/atr/legacy/2010/08/19/hmg-2010.pdf (Stand: 22.03.2021).

U.S. Department of Justice and U.S. Patent and Trademark Office, Policy Statement on Remedies for Standards-Essential Patents Subject to Voluntary F/RAND Commitments, Januar 2013, abrufbar unter: https://www.justice.gov/atr/page/file/1118381/download (Stand: 22.03.2021).

U.S. Department of Justice, U.S. Patent and Trademark Office and National Institute of Standards and Technology, Policy Statement on Remedies for Standards-Essential Patents Subject to Voluntary F/RAND Commitments, Dezember 2019, abrufbar unter: https://www.justice.gov/atr/page/file/1228016/download (Stand: 22.03.2021).

U.S. Department of Justice, Antitrust Division, Brief of the United States of America as Amicus Curiae in Support of Appellant and Vacatur, vom 30.08.2019, abrufbar unter: http://cdn.ca9.uscourts.gov/datastore/general/2019/11/20/19-16122%20-%20United%20States%20amicus%20brief.pdf (Stand: 22.03.2021).

U.S. Federal Trade Commission, Statement of Enforcement Principles Regarding "Unfair Methods of Competition" Under Section 5 of the FTC Act, August 2015, abrufbar unter: https://www.ftc.gov/system/files/documents/public_statements/735201/150813section5enforcement.pdf (Stand: 22.03.2021).

www.ingramcontent.com/pod-product-compliance
Ingram Content Group UK Ltd.
Pitfield, Milton Keynes, MK11 3LW, UK
UKHW020715041026
15590UKWH00002B/682

9 783631 876824